INTERNATIONALE ANGELEGENHEITEN

Selbst ist die Frau

CANDY ROXO

© 2024 – all rights reserved
Ideen haben Rechte! Das Werk ist einschließlich aller seiner Teile urheberrechtlich geschützt.
Jede urheberrechtswidrige Verwertung ist unzulässig.
Alle Rechte sind vorbehalten, insbesondere die Rechte der gesamten Reproduktion/des Nachdrucks sowie der Verbreitung und Übersetzung.
Kein Teil des Werkes darf in irgendeiner Form (weder durch Fotokopie, digitale Verfahren sowie PC-Dokumentation) ohne schriftliche Genehmigung des Autors bzw. des Verlages reproduziert oder in Datenverarbeitungsanlagen sowie im Internet gespeichert werden.

Text: Candy Roxo
Lektorat: Verlagshaus Schlosser
Covergestaltung:Simon Schmid
Umschlagabbildung:Simon Schmid
Satz und Layout: Verlagshaus Schlosser
ISBN 978-3-96200-685-3
Druck: Verlagsgruppe Verlagshaus Schlosser
D-85652 Pliening • www.schlosser-verlagshaus.de

Printed in Germany

Vorwort

Stell dir visuell vor, du verbringst gerade einen arbeitsfreien Nachmittag an deinem Lieblingsort. Sei es dein schön eingerichtetes Wohnzimmer, dein gemütlichstes Lieblingscafé. Vielleicht bist du an einem von der Sonne gewärmten Sandstrand oder in einem grünen blühenden Park. Du kannst den besinnlichen Duft beinahe riechen, welchen du mit diesem vertraulichen Ort verbindest. Dein Blick verliert sich für einen Augenblick in deiner stimmigen Umgebung, während du versuchst, einzelnen Details des Panoramas deine Aufmerksamkeit zu widmen. Du fokussierst dich auf die Natur, deren erdende Farben dich mit ihr verbinden und dich spüren lassen, warum du eigentlich hier bist. Losgelöst von der Zeit und mit einem leckeren Getränk in der Hand genießt du den Moment deiner eigenen Gegenwart. Du lässt den Strudel deiner Gedankenwelt fließen und dein Geist wird mit Erinnerungen überströmt. Deine Fantasie vermischt sich mit Vorstellungen und Träumen, von denen du dir wünschst, dass sie so passiert wären. Wie bei einem Film spiegeln sich diese Szenarien von Momentaufnahmen aus der Vergangenheit vor dem inneren Auge. Du hast dich so hingesetzt, dass vor dir ein in Leder gebundenes Tagebuch liegt, dessen Seiten noch unbeschrieben sind. Das Alltagsleben hat sich so eingeschlichen, dass du dafür noch nie deine Zeit hast aufwenden können. Dabei gäbe es so viel, was du auf Papier bringen möchtest. So viele Emotionen, gekoppelt an durchdringende Erfahrungen. Du fragst dich jedoch, wo du überhaupt beginnen sollst. Und was wäre, wenn jemand dein Tagebuch eines Tages lesen und somit einen Einblick in einen Teil deiner geheimen Gedankenwelt erhalten würde? Die im Militär gesammelten Erfahrungen haben dich etwas paranoid werden lassen, was dich beim Nachdenken etwas die Realität verlieren lässt. In der Erinnerung an die bereits vergangene Zeit, spürst du deine Wangen leicht erröten. Einerseits fürchtest du dich davor, deiner Wahrheit zu tief ins Gesicht zu sehen. Auf der anderen Seite hast du versucht, das Beste aus dem Leben zu machen und erkennst somit das Privileg, es größtenteils so erlebt haben zu dürfen. Mit seinen guten, wie auch schlechten Facetten. Du entscheidest dich dazu, das Erlebte Revue passieren zu lassen und öffnest das Tagebuch mit deiner freien Hand. Eine feine Windbrise beflügelt dein Gefühl, es sei der richtige Moment. Als Erstes gibst du etwas Gewicht auf die abgehobenen Seiten und streichst sie glatt. Du weißt im ersten Moment nicht, wo du beginnen sollst, und entscheidest dich für das einschneidende Ereignis, welches dir als Erstes durch den Kopf schießt. Dann greifst du nach deinem bereit gelegten Stift und siehst, wie deine Hand sich routinierten Bewegungen hingibt. Bei dem ersten Kontakt mit der leeren Seite beobachtest du, wie der erste Farbtupfen sich im Papier verewigt. Dann setzt du mit einer schwungvollen Handbewegung für das Datum deines ersten Eintrages an.

28.07. Camp Rava Cuta

Meine digitale Wanduhr blinkte in roten Zahlen 0300 «Null Dreihundert», als unerwartet heftig an die Tür meines Wohncontainers gehämmert wurde. Das dumpfe Gepolter und der durchdringende, schrille Befehl: «Roxo aufwachen! Treffpunkt im Aufenthaltsraum!», entriss mich aus einer verbotenen Traumwelt. Einer Fantasie, in der ich mich verborgenen Gelüsten hingegeben hatte. Doch die Dringlichkeit in der herrischen Stimme von Adjutant Steiff hatte mir unmissverständlich zu verstehen gegeben, dass ich keinen weiteren Augenblick in meinem 90 Zentimeter breiten Bett verweilen durfte. Ich genoss dennoch die Weichheit der Matratze unter mir und spürte meine Körperwärme, welche vom Stoff reflektiert wurde. Entgegen meinem Willen riss ich die Augen auf und starrte die kahle Decke über mir an. Da in meinem militärischen Camp die Außenbeleuchtung nie komplett ausgeschaltet wurde, durchdrangen hauchdünne Lichtstrahlen die Dunkelheit der Nacht. Sie schlichen sich durch feine Spalten in meinem Fensterrollo rechts von mir rein, doch ihr Schimmer auf den Umrissen meines stationären Zimmers enttarnte sie. Meine zehnköpfige Einheit gehörte zu den wenigen Privilegierten, die auf Grund ihrer militärischen Funktion das Anrecht auf ein privates Einzelzimmer erhalten hatten. Die meisten Soldaten der anderen Nationen, welche in meinem militärischen Camp vertreten waren, mussten sich die wenigen Quadratmeter mit mindestens einem Zimmernachbarn über ein halbes Jahr oder länger hinweg teilen. Ich war froh über diese einzige Gelegenheit für etwas Privatsphäre, die mir durch meine Jobausschreibung so zuteilgeworden war. Ich wollte mir nicht die Anstrengung vorstellen, tagtäglich meine privaten Bedürfnisse der Anwesenheit eines Zimmergenossen unterordnen zu müssen. Mich über ein noch brennendes Nachtlicht aufzuregen oder mich selbst nicht nach Lust und Laune befriedigen zu können, gehörte zum Glück nicht zu meinen Sorgen. Bei meinem standardisierten Schlafzimmer handelte es sich um einen umfunktionierten weißen Frachtcontainer, der 2 Meter breit und 5 Meter lang war. An mehreren Stellen blätterte die weiße Wandfarbe bereits ab, welche einst von einem Vorgänger aufgebracht worden war. Ich war selbst schuld an zwei ausgefransten Wandflecken. Meine Familie und Freunde hatten mir als Erinnerung Fotos zugeschickt, welche ich mit einem doppelseitigen Klebestreifen aufgehangen hatte. Beim Versuch, diese umzuhängen, hatte der Kleber die Farbe gleich mitgerissen und unförmige Kreisformen von Grau hinterlassen. Die Wände waren zudem so dünn, dass ich meine direkten Containernachbarn bei privaten Telefongesprächen unfreiwillig belauschen konnte. Doch in diesem Moment hörte ich nur das Poltern von Adjutant Steiff an der nächsten Zimmertür. Da ich kein Morgenmensch war, brauchte ich einen kurzen Moment, um zu realisieren, wer ich war und wo ich mich überhaupt gerade befand. Ich war Candrissia Roxo, ewig Suchende nach dem Lebenssinn und lag in einem Bett in dem mir fremden Land namens Borava. Der Verlauf meines turbulenten Lebens hatte mich nach einigen Jobwechseln und Reisen so navigiert, dass ich gemeinsam mit dem Militär im Namen meines Heimatlandes einen uneigennützigen Dienst leistete. Es war mein Versuch gewesen, mir das Recht auf mein Leben zu verdienen. Borava galt als Krisengebiet auf einem Kontinent, welcher sich mit wirtschaftlicher Stabilität und einem generell guten Sozialsystem rühmte. Doch während es vielen Bewohnern dieses Kontinents grundsätzlich gut ging, kämpften die

Menschen in Borava entweder für die staatliche Unabhängigkeit oder Zugehörigkeit. Der Konflikt Boravas bestand darin, dass dieses Gebiet zwei unterschiedliche Ethnien beherbergte, welche sich das Land jedoch nicht teilen wollten. Im Militär unterschied man somit zwischen der boravamuslimischen «BM» und boravaorthodoxen «BO» Bevölkerung. Der Konflikt wurde jedoch von der Welt medial kaum abgedeckt, weshalb ich erst durch das Jobangebot begonnen hatte, die brodelnden Unruhen wahrzunehmen. Einige Grenzen Borovas mussten militärisch kontrolliert werden, um beiden Ethnien den Schutz für ein möglichst konfliktfreies Leben bieten zu können. Die BMPolitik kämpfte für deren staatliche Unabhängigkeit, welche weltweit noch nicht von allen anerkannt worden war. Die BO-Bevölkerung hingegen anerkannte das Nachbarland Zunkjur als staatliche Hoheit an und befolgte dessen Grenzeinteilung, wie auch gesetzlichen Regelungen. Als kritischstes Gebiet galt somit Boravas südwestliche Grenze zu Zunkjur.

Ich hatte das Bett, in dem ich gerade lag, quer gegen die kurze Wand rechts von mir gestellt, sodass das Fenster neben meinem Kopfende war. Ich fühlte mich müde, doch mein Körper versprühte genügend Energie, um funktionieren zu können. Meine Haut war heiß, verschwitzt und klebrig. Noch während ich lag, zog ich an der Schnur meines Fensterrollos und inspizierte das Gelände vor mir. Das Fenster gewährte mir eine Aussicht auf einen großen Exerzierplatz. Die Fläche entsprach zwei Fußballfeldern, welche jedoch mit gräulichen Kieselsteinen übersät war. Auf der gegenüberliegenden Seite konnte ich das in einem E-förmigen Wohnkomplex untergebrachte Hauptquartier der amerikanischen Nation beobachten. Wie die meisten Häuser im Camp war es zweistöckig und bestand aus den gleichen weißen, aneinandergereihten Containern. Doch nichts schien sich darin zu rühren. Das restliche Camp hatte sich der Ruhe der Nacht hingegeben und dachte im Schlaf nicht daran, welchen Heimtücken sie Unterschlupf gewähren könnte. Während ich meine Augen wach blinzelte, erkannte ich noch weitere Lichtstreifen, die meine Wand mit einem regelmäßigen Muster verzierten. Sie hatten jedoch einen grellen Farbton und entwichen einem zweiten Fensterrollo, welches sich diagonal meines Außenfensters befand. Dieses Fenster war direkt auf den Korridor meines Wohnhauses gerichtet. Bei einem freistehenden Wohncontainer hätte dieses Fenster noch Sinn ergeben. Doch mein Container befand sich inmitten von unzähligen anderen Wohncontainern. Alle entsprachen sie derselben Norm und hatten eine identische Grundausstattung. Die Eingangstür neben dem verschlossenen Fenster führte zu einem mit Parkett ausgelegten Korridor und gleich gegenüber befand sich eine weitere Reihe von Wohncontainern. In diesem Wohnkomplex erkannte ich den Nutzen dieser Fenster nicht und wollte nicht von den anderen Soldaten während des Schlafens beobachtet werden. Ich ließ somit das Rollo immer unten. Meine militärische Einheit teilte sich das provisorische Haus mit Italienern und ein paar Angehörigen der griechischen Einheit, welche im ersten Stockwerk über uns untergebracht war. Bereits um 0600 in der Früh weckte mich jeweils das rumpelnde Getrampel meiner lärmigen Nachbarn. Ich war noch während meiner Ausbildungszeit zu Hause von erfahrenen Missionsgängern vorgewarnt worden, dass die Griechen lebhafte und sehr laute Gesellen wären, an die ich mich widerstandslos zu gewöhnen hatte. Auch wenn mich morgens die strapazierende Lärmkulisse nervte, so verschafften sie mir mit ihrer Lebensfreude und mit der Beliebtheit ihres Aufenthaltsraumes unzählige positive Erinnerungen. Denn jeder Wohnkomplex einer Nation hatte jeweils einen Aufenthaltsraum, in dem die Angehörigen der Armee «AdA» ihre Freizeit verbringen konnten. Meistens enthielt dieses eine Sofaecke und Tische, an denen zu Abend gegessen und abgehangen wurde. Die meisten hatten auch eine kleine Hausbar, einen Fernseher zur Unterhaltung und Gesellschaftsspiele, wie zum Beispiel eine Dartscheibe. Jedes Kontingent würde jeweils neues Mobiliar, Spiele für Konsolen oder sonstige Brettspiele dazukaufen, um so einen Beitrag zur militärischen Gemeinschaft zu leisten. Obwohl diese Pausenräume in der Regel nur für die vorgesehene Nation bestimmt waren, gab es einige lockere Nationen im Camp, die den Zutritt Fremdnationen erlaubten. Die Griechen blühten in der Rolle der Gastgeber auf und veranstalteten gerne mal einen gemütlichen Film- oder Grillabend, bis hin zu illegalen Partys. Dabei verlangten sie einen kleinen finanziellen Beitrag von ein paar Euro, um ihre Ausgaben gewinnfrei zu decken. Da ich durch die erzwungene Wohnsituation regelmäßigen Kontakt zu ihnen pflegte, kam es unter der Woche nach der Arbeit oftmals zu Zusammenkünften. Aus gelegentlichen Unterhaltungen entstanden tägliche Treffen, welche sich mit der Zeit zu innigen Freundschaften entwickelten. Leider war aus Sicherheitsgründen ihre Missionsdauer nicht mit der meiner Einheit abgeglichen, wodurch es nach drei Monaten zu einem Austausch ihres Kontingents kam. Zu meinem Glück hatten sich die Neuankömmlinge als genauso gastfreundlich herausgestellt, wie ich es von ihren Vorgängern gewohnt war. Die anfängliche Befürchtung über den Verlust des coolen Party-Aufenthaltsraumes legte sich bereits an ihrem ersten Wochenende im Camp. Da hatten sie eine prächtige Willkommensgrillade geschmissen. Auch mit dem neuen Kontingent verbrachte ich unzählige Stunden im griechischen Aufenthaltsraum, bei denen zusammen gesungen oder über das Leben philosophiert wurde. Am meisten bewunderte ich sie für ihre gemütliche Lebensweise, welche vor ungebändigter Positivität strotzte. Ich empfand einen Besuch bei den herzlichen Griechen immer als eine nette Abwechslung zu der sonst kalten Attitüde des restlichen Heeres.

Obwohl ich gerade abrupt aus dem Schlaf gerissen worden war, herrschte über mir jedoch die Stille der Nacht. Meine logische Schlussfolgerung lautete, dass es sich nicht per se um einen Notfall handeln konnte. Bei einem Angriff auf das Camp wären in allen Zimmern der amerikanischen Nation die Lichter angegangen. Bei einem Brandalarm wäre zumindest mein gesamter Wohnkomplex geweckt worden. Doch Befehl war Befehl und ich durfte mich keine weitere Sekunde mehr meinem verflogenen Traum widmen. Durch ruckartiges Aufsetzen schüttelte ich die verbliebene Schlaftrunkenheit ab und setzte mich kerzengerade auf meiner Bettkante auf. Ich streckte meine Arme der Decke entgegen und räkelte meinen Rücken. Gleich neben dem Kopfende meines Bettes stand ein grauer Schreibtisch. Neben einer griffbereiten Tischlampe übersäten mehrere Schreibutensilien und militärische Briefumschläge das Pult. Selbst in der Dunkelheit erkannte ich die weiße Farbe des Briefpapieres. Ich nutzte beinahe wöchentlich die Gelegenheit, kostenlos Briefe und Pakete in die Heimat zu verschicken. Am Vorabend hatte ich bereits begonnen, einen weiteren Liebesbrief an meinen Freund Raphael zu verfassen, jedoch reichte die Zeit nicht mehr aus, um kleine Herzen zu zeichnen. Wie bei einem Pflaster, welches, ohne zu zögern, abgerissen wird, knipste ich das grelle Licht an. Reflexartig schlossen sich meine Augen und ich gönnte ihnen einen Atemzug, um sich an die blendende Helligkeit zu gewöhnen. Dabei fokussierte ich mich auf die künstliche Zierpflanze, welche auf einem Tablar über meinem Tisch thronte. Diese hatte ich mit weiteren privaten Gegenständen von meinem Vorgänger übernommen. Soldat Bonheur hatte ich während der einwöchigen Übergabephase flüchtig kennengelernt, weil ich durch den Missionsantritt seine Rolle übernommen hatte. Da mein Kontingent schnellstmöglich in den routinierten Alltag eingegliedert werden musste, hatte man Soldat Bonheurs Kontingent provisorisch in Transfercontainer untergebracht. Hierbei hatte es sich um weiße Standardcontainer gehandelt, welche jedoch nur für 1 bis 2 Wochen von Transfersoldaten bezogen wurden. Bei der damaligen Übergabe seines Zimmers hatte er mich auf die Gegenstände hingewiesen, welche er selbst schon von seinem Vorgänger übernommen hatte. Zu meinem zusätzlichen Inventar gehörte somit noch ein 1 Meter hoher Spiegel und eine Fernsehhalterung über meinem Bett. Unter dem Bett waren zudem noch in einer Kiste Spielpistolen und zwei Halloweenmasken verstaut, die ich jedoch nicht zu nutzen gedachte. Und genau so, wie ich diese Gegenstände übernommen hatte, würde ich sie in wenigen Monaten dem nächsten Soldaten weitervererben. Hinter meinem Schreibtisch stand mein metallischer Kleiderschrank, welcher den Containereingang verdeckte und mit dessen Rückseite einen kahlen Eingangsbereich formte. Während meines Aufenthaltes hatte ich an der Rückseite einen Kleiderhacken ran gebastelt, um so meine Uniformjacken aufhängen zu können. Ich hatte den Schrank bewusst vor die Eingangstür gestellt, damit die vorbeimarschierenden Soldaten keinen Einblick in meine kleine Welt erhaschen konnten, wenn ich meinen Container durchlüftete. Schließlich hielt ich mich in meiner Freizeit entweder in Sportkleidung oder in Unterwäsche darin auf. Der Umfang meines derzeitigen Schrankes betrug nur einen Bruchteil meiner bisherigen Kleiderschränke. Auch wenn ich von mir selbst behaupten konnte, dass ich hart im Nehmen war, so liebte ich es doch, mich schick anzuziehen. Mode war eine Möglichkeit, meiner Stimmung Ausdruck zu verleihen. Ich besaß lieber eine zu große Auswahl, als mit wenig hantieren und kombinieren zu müssen. Der Schrank in meinem Container bestand aus 2 Komponenten. Die linke Seite hatte zwei Türen und ermöglichte durch die Kleiderstange das Aufhängen meiner Uniformen. Sie war breit genug, damit ich am Boden meine metallische Transportkiste verstauen konnte. Die Kiste war theoretisch so gross, um meine 1.70 Meter darin zusammengekauert zu verstecken. Jeder Soldat meines Kontingentes hatte solch eine Kiste erhalten, um damit sämtliche Militärgadgets wie die Gasmaske «Schuma» oder das Notrettungsset zu verfrachten. Beim zweiten Abschnitt des Schrankes handelte es sich um einen halb so großen Kasten mit fünf unterschiedlich hohen Fächern. Doch für diese militärische Friedensförderungsmission reichte es aus. Alles, was ich für diese sechs Monate brauchte, war mir vom Militär zur Verfügung gestellt worden. Unter anderem vier komplette Sets an Tarnanzügen «Taz». Zwei davon waren mit dunkelgrünen und braunen Flecken gemustert, die für die nötige Tarnung in grünbewachsenem Gelände sorgten. Die anderen beiden Uniformen gehörten der Gattung Wüstentarnanzug an und hatten durch das häufige Waschen einen rosarot-beigen Farbstich angenommen. Da diese Farbpalette meinem hellen, olivbraunen Hautteint schmeichelte, entschied ich mich jeweils gerne für den beigerosa Taz. Andere Nationen belächelten mein Kontingent und erlaubten sich jeweils herablassende Sprüche bezüglich unserer Uniform. Doch der Wüsten-Taz bestand aus einem dünneren Stoff, welcher das Tragen der langen Ärmel während heißen Sommertage erträglicher machte. Die militärische Kleiderordnung erforderte zudem neben dem grünen Gürtel noch ein olivgrünes Unterhemd, von denen ich fünf Stück besaß. Sogar olivgrüne Unterhosen und schwarze Wollsocken hatte ich erhalten. Zwei Fächer in meinem Schrank waren übriggeblieben und durften für private Besitztümer eingesetzt werden. Ich hatte meine persönliche Note eingebracht, indem ich mir für meine zusammengeknüllte Unterwäsche eine bunte Kartonkiste besorgt hatte. Diese hatte ich mir im Anschluss an einen Tagesausflug in einem kleinen boravarischen Einkaufsladen zugelegt. Im Gegensatz zu anderen Soldaten durfte ich nicht nur, sondern musste das Camp-Gelände täglich verlassen. Denn meine Hauptaufgabe als informationsbeschaffender Soldat für die Force for Borava «FORB» bestand darin, mich mit der boravarischen Bevölkerung auszutauschen und die extrahierten Informationen in Berichten festzuhalten. Zurück im Büro wurden diese Berichte abgetippt und an die Kommandozentrale weitergeleitet, welche sich um die Sortierung nach Relevanz und Dringlichkeit kümmerte. Ein großer Teil der Soldaten in meinem Kontingent von über hundert Mitgliedern war stattdessen dazu verdammt, den gesamten Auslandeinsatz ausschließlich innerhalb der Camp-Umzäunung zu verbringen. Um der Monotonie ihrer Umgebung etwas entgegenzuwirken, erhielten sie durch organisierte Ausflüge die Gelegenheit, alle paar Wochen für einen Tag das Camp in einer geführten Tour zu verlassen. Anderen Nationen, welche kein Anrecht auf Urlaub hatten, war es dafür erlaubt, für ein ganzes Wochenende eines der umliegenden Länder besuchen zu dürfen. Ich hatte selbst schon an den Tagesausflügen teilgenommen und mit Reisegruppen einen Tierpark, Wasserfälle und religiöse Stätten bewundert. Die orthodoxen Stätten waren der eigentliche Ursprung des bestehenden Konfliktes in Borava. Denn die verschiedenen Religionsgruppen, Orthodoxe und Islamisten, erhoben Anspruch auf das Land, auf dem diese Stätten erbaut worden waren; ein Grund, warum der Konflikt bereits seit Generationen bestand. Solche Ausflüge boten jeweils die optimale Gelegenheit, um Kontakt zu fremden Nationen herzustellen. Die männlichen Soldaten waren anfangs meistens zu verklemmt, als dass sie ein Gespräch mit einem weiblichen Soldaten initiiert hätten. Doch sobald ich mit einem auflockernden Spruch oder passenden Witz den ersten Schritt gewagt und sie in eine Unterhaltung verwickelt hatte, kam es zu einem regen Austausch und interessanten Bekanntschaften. Ich persönlich empfand es als mein Lieblingshobby, neue Bekanntschaften zu schließen. Ich liebte es, neue Menschen kennenzulernen und einen Einblick in deren Leben zu erhalten. Ich erkannte in jedem eine spannende

Geschichte, die es wert war, gehört zu werden. Und auch wenn ich selbst gerne mein Erlebtes teilte, so konnte ich nur durch Zuhören Neues dazulernen und meinen Geist weiterwachsen lassen. Als Frau musste mir jedoch bewusst sein, dass jede Interaktion zwischen einem weiblichen und männlichen Soldaten für die Aufheizung der Gerüchteküche sorgte.

Das verbleibende zweite Fach in meinem Schrank reichte aus, um zusätzlichen Schnickschnack wie Haarbürste, Bodylotion, Duschmaterial und Make-Up zu verwahren. Es wurde jedoch nicht gerne gesehen, wenn ich mich als Frau zu aufwendig schminkte und der Männerwelt mit meinem äußerlichen Erscheinungsbild imponierte. Ich schminkte mich, wenn überhaupt, nur am Samstagabend zu offiziellen Feiern. Es gab nur wenige Frauen, welche sich dennoch für das Auftragen von Make-Up entschieden und sich nicht um die konservativen Meinungen der männlichen Soldaten kümmerten. Ich war ehrlich gesagt zu faul, mich zu schminken. Durch das Ungleichgewicht des Frauenanteiles war es für jede Frau auch ohne den künstlichen ego-pusher Make-Up ein leichtes, sich bei Bedarf einen Mann zu angeln. Schließlich erstreckte sich die Auswahl für 35 Frauen mehr wie 1'000 männliche Soldaten. Die einzige, potentielle Konkurrenz stellten theoretisch die einheimischen Angestellten des Camps dar. Ihre Rolle beschränkte sich auf die Führung der Gastronomie, der Einkaufsmöglichkeiten und die Aufrechterhaltung der Hygiene. Das Camp war wie eine kleine Stadt aufgebaut und ermöglichte einen regulierten Alltag. Für sämtliche Nationen wurde eine kostenlose Camp-Kantine geführt. Auf private Kosten konnte noch ein Camp-Café und ein Restaurant genutzt werden. Einkaufen konnte man in den Camp-Shops und für die schmutzige Wäsche gab es eine Wäscherei. Doch weder die Einheimischen noch die Soldaten ließen sich auf Grund eines Camp-Verbotes auf das Gegenüber ein. Die boravarischen Frauen hatten schnell gelernt, dass die Soldaten nur zeitlich begrenzt im Camp waren und es so gut wie keine Hoffnung gab, dass sie von einem Soldaten in dessen Heimatland mitgenommen werden würden. Ich hatte viel darüber erfahren, als mir im Laufe der Zeit die BM-Servicekräfte Mady und Ludra zwei gute Freundinnen wurden. Die bildhübschen Brünetten hatte ich durch meine Restaurantbesuche im Camp kennengelernt. Da das Restaurant Rosa zahlungspflichtig war, empfand ich den Besuch jeweils als kurze Pause vom militärischen Alltag. Ich trug zwar auch vor Ort noch die Uniform, jedoch wirkte das hölzerne Mobiliar heimelig einladend. Die kühl eingerichtete Kantine bot zwar hinsichtlich der Ernährung viel mehr Vielfalt; jedoch fehlte ihr das Besondere: Mady und Ludra. Meistens teilten sich die beiden einheimischen Kellnerinnen eine Schicht und beim Abendessen versprühten sie mit ihrer Unbeschwertheit eine positive Stimmung. Ihre offene Art hatte es nicht lange dauern lassen, bis aus den regulären Bestellungsaufnahmen spannende Unterhaltungen florierten. Bis schließlich jeder Restaurantgang zum Besuch meiner neuen Freundinnen wurde. Mit den beiden konnte ich mich zur Abwechslung vollkommen in meiner Mädchenhaftigkeit entfalten und die einfachen Dinge des Lebens genießen. Zudem gab es keine zickigen Auseinandersetzungen, da das Ausspannen von Männern kein Thema war. Sie hatten die Sehnsucht nach einem Retter aufgegeben und ich hatte mein Herz Raphael verschrieben. Die Gesprächsthemen drehten sich um Schönheitstipps, Jungs und Mode. Ich schmuggelte sie ab und zu mit zu einer der illegalen Partys, bei denen sie nicht zugelassen waren und jedes Mal für Aufsehen sorgten. Schließlich gab es unter den Gästen viele nach einem Frauenkörper lüsterne Männer, welche sich nicht an ihnen sattsehen konnten. Zudem waren Mady und Ludra bei den Partys die einzigen zivil gekleideten Gäste. Doch meine Lieblingsmomente mit ihnen beiden waren andere. An manchen ihrer Schichtenden verweilte ich mit ihnen im Restaurant Rosa und leistete ihnen beim Abschließen des Lokals Gesellschaft. Oft liefen dabei in voller Lautstärke ihre einheimischen Lieblingslieder und stimmten uns für eine Tanz- oder Singrunde ein. Ich verstand zwar den Inhalt der Texte nicht, doch aus dem Internet ablesen konnte ich trotzdem.

   Die einzige Musik, die ich beim Aufstehen in meinem Container um 0301 vernahm, kam vom Container zu meiner linken. Es lief Rock-Musik, wahrscheinlich um die verbliebene Müdigkeit zu vertreiben. Rechts von mir war es still, da der Captain meiner Einheit auf Grund von privaten Problemen für einen Monat nach Hause zurückgekehrt war. Seine Rückkehr war erst in ein paar Tagen vorgesehen. Dabei hatte sich die Dynamik meiner zehnköpfigen Einheit um 180 Grad verbessert, seit Captain Adlerauge abrupt verreist war. Aber über den mag ich jetzt nicht mehr in diesem Eintrag schreiben.

Yogi

Ich musste der Aufforderung von Adjutant Steiff Folge leisten und traute mich nicht, die Müdigkeit weiterhin über mich walten zu lassen. Sein Auftrag hatte gelautet, sofort in den Aufenthaltsraum zu kommen. Ich berührte mit meinen nackten Füßen als Erstes meine runde Yogamatte. Sie dekorierte die Mitte meines kahlen Wohn-Schlafcontainers. Am besten gefiel mir das in Weiß eingezeichnete geometrische Gitter, welches mir als Ausrichtungsmöglichkeit zur Eigenkontrolle von Körperstellungen diente. Darunter befand sich ein tropisches Muster und so sorgte die Matte für etwas Farbe in meinem weiß-grauen Container. Die spitzen Blüten des exotischen Blumenmusters verführten mit einem rot-gelben Verlauf. Unterschiedliche Blättergattungen in Blau- und Türkistönen untermalten den Dschungel im Hintergrund. Diese Matte erinnerte mich immer an eine meiner größten Passionen, die ich in Nicaragua hatte erfahren dürfen. Die Blumen ließen mich die Hitze des teilweisen trockenen Landes wieder spüren, während der blaue Hintergrund mich zurück ans Meer zauberte. Bevor ich beim Militär gelandet war, hatte ich mich in Nicaragua über Monate hinweg zur therapeutischen Yogalehrerin ausbilden lassen. Als Sportart sorgte Yoga dafür, dass ich körperlich fit und dehnbar blieb. Nach jeder Trainingseinheit fühlte ich mich geschmeidig und aktiviert, wodurch ich vor Energie strotzte. Spirituell krabbelte ich erst noch auf dem langen Weg, Herrin über meinen Geist zu werden und degradierte mich selbst noch als Schüler dieser Disziplin. Somit hatte diese Yogamatte mich nach Borava begleiten müssen. Bei meiner Anreise hatte ich zudem mein handliches Keyboard in der Yoga-Matte eingewickelt. Es hatte für das Einfliegen eines Instrumentes einer zusätzlichen Bewilligung des Kommandanten bedurft, doch der extra Aufwand war die Bürokratie wert gewesen. Das Keyboard lag nun neben dem Fußende des Bettes, da ich es am Vorabend bei meinem Besuch im griechischen Aufenthaltsraum mitgenommen hatte. Ich hatte noch nie fehlerfrei spielen können, was meinem Eigenbild einen Dämpfer verpasste. Denn es vermittelte mir den Eindruck, als gäbe es nichts auf dieser Welt, was ich wirklich gut konnte. Mir schien, als gäbe es keinen Skill, dessen Ausführung ich absolut beherrschte. Bei allem, was ich machte, sorgte ich mich, dass mir wieder ein Fehler unterlaufen könnte. Doch beim Militär reichten meine Spielkünste für einen gemütlichen Abend bei den Griechen aus und ihr überschwänglicher Gesang überdeckte jeden Fehler. Yoga war das Einzige, was ich machen konnte, ohne mir über mögliche Fehler Gedanken zu machen; dort ging es nur um mich und mein Körpergefühl. Die Verbindung zwischen meinem Geist und meinem physischen Ich. Ich genoss das Gefühl des faserigen Materials unter meinen blanken Zehenspitzen, obwohl ich die Yogamatte dadurch zu einem kunstvollen Teppich erniedrigte. Doch im Fitnesscenter brauchte ich sie effektiv nur beim Yoga. Wann immer ich mit der Matte trainierte, erwarteten mich schon die verstohlenen Blicken meiner Mitsoldaten. Auch wenn ichaus meinen selbstgeführten Unterrichtsstunden viele Blicke gewohnt war, so waren diese neugierig und hungrig. Die einen ließen sich von den artistischen Posen hypnotisieren, während andere sich am Anblick meiner weiblichen Kurven ergötzten. Der Gedanke hatte mich immer wieder gepackt, dass, wenn sie schon nutzlos starren konnten, sie doch wenigstens gleich mitmachen sollten. Da ich in der Sporthalle dennoch meinem persönlichen Training nachging, hatte ich mich nach ein paar

Wochen entschieden, die Lebensansichten der Mitsoldaten um die der Yogalehre zu erweitern. Hierfür hatte ich mittels eines ausgehängten Plakates als therapeutische Yogalehrerin in der Sporthalle am Sonntagmorgen um 1000 eine kostenlose Lektion angeboten. Mein freiwilliger Unterricht hatte überraschenderweise von Beginn an Anklang gefunden und wurde von 10 - 30 Schülern besucht. Sicherlich gab es einige Soldaten, die insgeheim einfach stretchy und hautenge Yogahosen in Aktion sehen wollten. Doch solange sie dabei mitmachten und ich somit indirekt zu ihrer persönlichen und mentalen Fitness beisteuern konnte, war mir die Sexualisierung fast egal. Durch diese Stunde hatte ich einen Schnittpunkt für den Austausch zwischen Nationen kreieren können. Die Sporthalle war einer der Treffpunkte, an dem alle Nationen zusammenkamen. Es gab massenhaft Geräte für Kraftaufbau und Ausdauer. Eine Wand war für die Kletterer mit Griffen bestückt. Meine Yogahalle konnte zudem für Basketball, Badminton oder Fussball umfunktioniert werden. Auf der anderen Seite des Gebäudes befand sich noch ein mit Matten ausgestatteter Bereich für Nahkampfsportarten. Jeder, der Expertise in einer Sportart hatte, offerierte freiwillige Trainingsgruppen. Dienstags war jeweils Kickboxen angesagt; ich nahm jeden Donnerstagabend an einer Fitnessgruppe teil, die gemeinsam Kraftübungen nachging. Dabei spornte man sich gegenseitig an und feierte die Erfolge eines auslaugenden Sets. Da ich mit meinem Rang das Camp nach der offiziellen Arbeitszeit nicht mehr verlassen durfte, blieben mir nicht viele Alternativen. Ich konnte entweder im riesigen Sportzentrum an meiner Fitness arbeiten oder um das weitläufige Camp-Gelände joggen. Die Architekten der Anlage hatten eine Laufstrecke entworfen, welche beinahe das gesamte Gelände umrundete; sie begann mit einem Rasenabschnitt und führte hinter dem Landeplatz der Helikopter vorbei. Ein kurzer Abschnitt auf einem Kiesweg passierte zuerst noch den abgeschotteten

Wohnkomplex des Camp-Kommandanten, dann ein Beachvolleyballfeld. Es folgte der aufsteigende Teil der Rennstrecke, bei dem man in Kurven am Restaurant Rosa vorbeilief. Dabei wurde man von den Gästen beobachtet, welche es sich auf der Terrasse gemütlich gemacht hatten. Nach einem Erdwall steuerte man auf eine 500 Meter gerade Laufbahn zu. Zur linken war ein sichtgeschützter Zaun, welcher verhinderte, dass die Zivilbevölkerung in das Camp hineinsehen konnte. Eingerahmt zwischen dem Erdwall auf der rechten Seite und einem weiteren, parallel angelegten Wall befand sich eine flache Trainingsfläche. Am Ende der Strecke folgte eine Rechtskurve, danach führte der Weg an einem weitläufigen Kiesplatz und ausgetrockneten Rasenflächen vorbei. Nach der Querung der gesamten Breite des Camps folgte wieder eine abfallende Rechtskurve. Diese mündete in eine kilometerlange Hauptstraße bis zum Camp-Eingang. An der Strecke befand sich die Camp-Kantine und das Fitnesscenter. Um wieder zum Anfang der Strecke zu gelangen, konnte man stattdessen auch durch die Wohnkomplexe laufen und somit die Trainingsdauer verlängern. Ich bevorzugte es jedoch, auf der äußersten Spur der Hauptstraße zu bleiben, um nicht während des Joggens die falsche Aufmerksamkeit zu erregen. Der Weg führt an einem riesigen Parkplatz vorbei. Es war jedes Mal ein surreales Gefühl, an Panzern vorbeizujoggen, welche im Einsatz als Tötungsmaschinen die Welt zerstörten. Doch wenigstens boten diese etwas Schatten auf der anspruchsvollen, monotonen Laufstrecke. Denn die restliche Zeit über war man der prallen Sonne ausgesetzt. Wenn mir nicht nach übermäßigem Schwitzen war, entschied ich mich nur für eine Trainingseinheit im Fitnesscenter. Nach dem täglichen Training zogen sich die meisten Soldaten in ihre Wohnkomplexe zurück und verbrachten ihre Freizeit in deren Containern oder in den Aufenthaltsräumen. Ein anderer Zeitvertreib war das Bummeln in den kleinen Shops, welche Dinge für den täglichen Bedarf und militärische Gadgets verkauften. Die Soldaten, welche keine Ausfuhrmöglichkeiten hatten, konnten sich dort mit Snacks, Hygieneartikeln oder anderen Kleinigkeiten eindecken. Es gab sogar süße Geschenke, mit welchen man die Familie zu Hause überraschen konnte. Ich bekämpfte die Ödnis nach meiner täglichen Trainingseinheit im Restaurant Rosa oder im Camp-Café. Das Restaurant Rosa beschränkte sich zwar auf Verpflegung, hatte jedoch eine gemütliche Außenterrasse. Das Café Cremo, zwei Querstraßen von meinem Wohngebäude, bot neben einer kleinen Bar noch Billardtische, einen Tischfußball und Dartscheiben an. Zudem gab es noch einen Fernseher, welcher die aktuellen Fußballspiele ausstrahlte. Unter der Woche galt die Einhaltung der Nachtruhe bereits ab 2300. Nur am Samstagabend führte das Café Cremo ausnahmsweise alkoholische Getränke und sperrte erst um 0000 zu. Samstag wurde somit zur Partynacht, bei der es im Café Cremo manchmal sogar Karaoke oder einen DJ gab. Das Café wurde zum Treffpunkt, an dem es zum Austausch zwischen – häufig angetrunkenen – Soldaten verschiedener Nationen kam. Spätestens hier konnte ich meinem Hobby nachgehen und neue Menschen kennenlernen.

Militärischer Fauxpas

Durch das Aufstehen vom Bett konnte ich schon einen großen Teil meiner Müdigkeit um 0301 abwerfen. Bei meinem metallischen Kleiderschrank angekommen griff ich als Erstes nach einem frischen olivgrünen Unterhemd, während ich in Gedanken versunken noch immer meinem verbotenen Traum nachhing. Ich zog es mir über und betrachtete mich kurz im Spiegel. Dieser hing auf der Innenseite der Kleiderschranktür. Der Spiegel überragte mit 1.80 Metern nur knapp meinen Kopf. Es war eine meiner alltäglichen Routinen, um mein Selbstbild zu formen. Dabei musterte ich mich und suchte nach Eigenschaften, die mir an mir selbst gefielen. Da ich am Abend zuvor geduscht hatte, ohne anschließend meine Haare zu trocknen, flossen braune Wellen entlang meiner Kieferpartie. Die Mähne wirkte feminin, aber ungebändigt. Ich gefiel mir selbst am besten, wenn ich meinen kahlrasierten Sidecut über dem rechten Ohr sah. Er erinnerte mich an mein Versprechen, etwas gegen die Unausgeglichenheit dieser Welt unternehmen zu wollen. Der freche Sidecut verlieh mir das Gefühl einer unbezähmbaren Kriegerin, welche sich zum Kampf im Namen der Gerechtigkeit bereit erklärt hat. Mir war selbst schon aufgefallen, dass ich viel Wert darauf legte, nicht wie eine zerbrechliche Frau zu wirken. Der Sidecut war dementsprechend schon ein ziemlich klares Statement dazu, welches Aggressivitätslevel man bei einer Interaktion mit mir erwarten könnte. Eine prägnante Nase und mittelvolle Lippen verliehen meinem Gesicht zudem noch etwas Härte. Ursprünglich hatte ich mich an meinen Gesichtsmerkmalen gestört und musste lernen, damit umzugehen. Bis icherkannt hatte, dass es effektiv nur zwei Lösungen gab. Abgesehen von einer Operation blieb mir nichts anderes übrig, als sie einfach zu akzeptieren. Also begann ich bei einer täglichen Spiegelübung, Dankbarkeit dafür zu empfinden, dass diese Merkmale die Brücke zwischen mir und meinen Vorfahren bildeten. Sie waren der Grund, warum ich durch die Gesellschaft einer der unterschiedlichen Gruppierungen der menschlichen Rasse zugeordnet wurde. Diese Merkmale waren die einzigen Indizien, welche durch meine äußerliche Erscheinung Auskunft über meine historische Herkunft gaben. Somit erhielt ich ein etwas klareres Bild davon, wo ich eigentlich herkam und welche Kulturen meinen Genstrang geprägt hatten. Meine mandelförmigen Rehaugen offenbarten meine Sinnlichkeit, wenn man ihnen zu viel Beachtung schenkte. Ich hatte bereits Männer zu tief in diese goldbraunen Honigtöpfe eintauchen lassen und wusste um die Wirkung, die sie haben konnten. Wenn ich mich selbst im Spiegel begutachtete, erkannte ich, dass meine oberen Augenlieder mir durch ihre tiefere Lage einen Schlafzimmerblick bescherten. Doch selbst wenn die bisherige Wirkung meiner Augen eigentlich für sich selbst sprach, so fühlte ich mich nicht dementsprechend und traute mich nicht, mich selbst als schön zu bezeichnen. Das bestehende Selbstwertgefühl beruhte vor allem auf meinen Körperbau, welcher in einigen Aspekten dem gesellschaftlichen Schönheitsideal entsprach. Ich war dankbar für die Tatsache, dass ich wenigstens auf meinen Körper durch Sport und Fleiss selbst Einfluss nehmen konnte. Er war durch regelmässiges Yoga athletisch geformt und ich stand kurz davor, ein Sixpack zu haben. Durch Joggen und eine Anpassung der Ernährung hatten meine Beine keine Cellulite mehr und imponierten mit ihrer Strammheit. Der Übergang zwischen dem kräftigen Becken und Brustbereich erinnerte an eine Sanduhr. Ich schätzte mich glücklich, dass ich einen runden Hintern hatte, welcher durch das Training eine knackige Form hatte. Meine Hautfarbe hatte durch Boravas Sonne und aufgrund meiner südländischen Gene einen olivbraunen Teint angenommen. Bei Betrachtung des Spiegelbildes wurde ich daran erinnert, dass mein Körper bereits einige Male zur Leinwand unterschiedlicher Künstler geworden war. Ich hatte die Motive zwar selbst gezeichnet, dennoch rühmte ich meine Tätowierer für deren Umsetzung. Selbst nach mehreren Jahren verliebte ich mich noch immer in diese Erinnerungsfetzen und ließ mich von deren Bedeutungen inspirieren. Ein schwarzgestochenes Tribal an meiner Hüfte symbolisierte meine Eigenständigkeit, welche ich mir mit meinem 18. Lebensjahr zugesprochen hatte. Denn ich hatte lange Zeit nicht daran geglaubt, dass ich die Volljährigkeit erleben würde und das Tattoo war der Gegenbeweis. Das Ebenbild eines türkisgrünen Edelsteines unter meinem Brustbein versetzte mich zurück in die Zeit, als ich eine persönliche Krise bewältigt hatte und erinnerte mich daran, warum ich noch leben wollte. Das Motiv hatte ich in einer Klinik während einer Kunsttherapie über Stunden hin entworfen, wodurch es meiner Auffassung von Perfektion entsprach. Doch für den Moment galt es, mich anzuziehen und zu sehen, warum Adjutant Steiff mich geweckt hatte. Ich ärgerte mich über die Tatsache, dass es viel zu heiß für ein Unterhemd sein würde. Doch ich hatte meine Lektion bezüglich der Einhaltung der Uniformregelung bei meinem ersten Heimflug gelernt. Während ich mich im Spiegel betrachtete, zupfte ich das olivgrüne T-Shirt zurecht und überdachte die Erinnerung an meine erste Heimreise. Meinem Kontingent standen im Gegensatz zu anderen Nationen zwei Heimflüge während des sechsmonatigen Einsatzes zur Verfügung. Wir flogen jedoch nicht mit einer gewöhnlichen Airline, sondern waren auf die Kooperation mit einer privaten Fluggesellschaft angewiesen, welche sich auf militärische Transporte spezialisiert hatte. Grund war, dass man Soldaten nicht mit Zivilisten mischen wollte, um mögliche Komplikationen zu vermeiden. Denn nicht jeder Boravare hieß unsere Präsenz in seinem Land willkommen. Dementsprechend hatten wir einen separaten Militärflughafen etwas abseits der Hauptstadt Dnizliro. Inmitten einer ausgestorbenen und wüstenartigen Landschaft tarnte sich das einstöckige Flughafengebäude, welches hauptsächlich aus einem Wartesaal mit aufgereihten braunen Sitzbänken bestand. Die Belegschaft vor Ort setzte sich zur Hälfte aus Soldaten und BM-Angestellten zusammen. Nur ein winziges Café darin erinnerte an die Ticketverkaufsstelle eines Bahnhofes und bot nebst Kaffee noch eine Handvoll Snacks an. Es gab einen Fernseher, auf dem tonlos eine lokale Sendung übertragen wurde. Die Wartezeit überbrückte man entweder mit einer langgezogenen Raucherpause vor dem Haupteingang oder indem man im Wartesaal Platz nahm und sich mit dem Handy beschäftigte. Bereits in der zweiten Woche hatten sich alle Soldaten eine boravarische Sim-Karte zugelegt, welche ihnen Internetzugriff gewährte. Das Handy war somit der treueste Begleiter und das Gegenmittel für Langeweile bei längeren Wartezeiten.

Ich hatte die Wartezeit vor dem Eingang des Flughafens mit Gesprächen überbrückt. Als es gemäß einer Durchsage endlich so weit war, reihten sich in einem Nebenraum alle abfliegenden Soldaten zu einem Glied auf. Vor uns separierte uns eine Tischreihe von dem dahinterstehenden Kommandanten. Er war der Stellvertreter des National Contingent Commanders «NCC». Jeder Soldat hatte eine offene Aufbewahrungskiste vor sich liegen. Der laut verordnete Befehl forderte uns dazu auf, sämtliche elektronischen und metallischen Gegenstände in unsere zugeteilten Kisten zu legen. Es wurde hektisch, als alle Soldaten gleichzeitig den Auftrag auszuführen begannen. Überall raschelten Hosentaschen und metallische Gürtelschnallen sprangen auf. Da meine Uniformhose perfekt saß und ich auf Grund einer einprägsamen Erfahrung eine Aversion gegen Gürtel empfand, hatte ich hierauf verzichtet. Das Einzige, was ich somit in meine Kiste legen konnte, war mein Handy. Während alle sich noch irgendwie bewegten und ihre Kisten füllten, tigerte der Kommandant an der menschlichen Parade entlang und beobachtete seine Soldaten. Bei mir angekommen, schaute er in meine ziemlich leere Kiste, bevor er den Blickkontakt zur mir herstellte. Ich konnte ihm die Skepsis in seinen schmalen, dunkelbraunen Augen ansehen, sagte jedoch nichts und starrte zurück. «Soldat Roxo!», erregte er die Aufmerksamkeit des stillen Raumes, «Auch sie müssen den Gürtel ausziehen. Die metallische Schnalle leuchtet sonst beim Security Check auf.» Die Belehrung war mit einer lauten und bestimmten Stimme erfolgt, sodass alle Anwesenden es mitbekommen hatten. In mir stieg der Nervositätspegel und ich gestand mit einer möglichst selbstsicheren Stimme: «Ich trage keinen Gürtel, Kommandant.» Er verzog seine wildgewachsenen, orangebraunen Augenbrauen, sodass sich diese beinahe berührten: «Und wieso nicht? Wurden sie in der Ausbildung nicht über die Uniformvorschriften informiert? Das Tragen eines Gürtels ist Pflicht und keine Wahl.» Wahrscheinlich war mir dies während der Grundausbildung mal gesagt worden, jedoch hatte ich diese Information nicht so wahrgenommen gehabt, dass es effektiv Pflicht war. Meine Hose hatte von Anfang an top gesessen und ich somit keinen Gürtel benötigt. Zudem war ich auch nicht davon ausgegangen, dass es jemals jemand merken würde. Schließlich trug man im Militär das Hemd des Taz über der Hose, wodurch der Gürtel jederzeit verdeckt war. Die einzige Notwendigkeit für das unnötige Tragen eines Gürtels, welcher mir einleuchtete, wäre der Einsatz des Gürtels zum Abbinden einer Gliedmaße. Aber auch wenn ich ein Bein hätte abbinden müssen, so war meine Grundausrüstung mit einem Tourniquet ausgestattet. Ich musste mir nun genau überlegen, was ich ihm antworten würde, da ich keine Strafe auferlegt bekommen wollte: «Ich kann mich nicht mehr daran erinnern, Herr Kommandant. Aber wenn dies die Regel besagt, werde ich sie natürlich zukünftig ausnahmslos einhalten.» Der Kommandant verschränkte genervt die Arme vor seiner Brust und stellte sich breitbeinig hin, während er mich mit schiefgehaltenem Kopf musterte. Ich senkte vor Scham meinen Blick, da ich es leider wieder geschafft hatte, etwas falsch zu machen. Zwischenzeitlich hatten alle Soldaten sich ihrer Gegenstände entledigt und warteten auf die nächste Instruktion. Alle warteten sie gebannt, wie der Kommandant wohl auf meinen Ungehorsam reagieren würde. Er löste die verschränkten Arme wieder auf, stützte beide geballten Fäuste auf dem Tisch ab und beugte sich mit dem Oberkörper zu mir vor: «Lassen sie dies das letzte Mal gewesen sein, dass sie ohne Gürtel ihren Container verlassen.» Mit einem lauten «Verstanden!» nahm ich seine Drohung zur Kenntnis und richtete mich stolz wieder in Wartehaltung auf. Der Kommandant drehte sich von mir weg, stellte sich neben den Security Check Eingang und erteilte den nächsten Befehl. Ich spürte, wie meine erröteten Wangen langsam wieder verblassten. Alle griffen ihre Kiste und drehten sich nach links. Der Reihe nach erfolgte ein Schritt auf das Laufband zu, auf welches man dann seine Kiste platzierte und die SecurityKontrollschleuse passierte. Bei einigen leuchtete der Alarm auf, worauf hin sie ihre Schuhe oder das Oberteil ihres Tazs ausziehen mussten. Andere gelangten ungehindert in den nächsten Wartebereich. Mein Herz hämmerte und ich hoffte, dass ich reibungslos durch die Schleuse marschieren konnte. Doch ein Gefühl alarmierte mich bereits, dass sicherlich wieder etwas schieflaufen würde. Auch wenn ich meinen Instinkt für dessen Genauigkeit eigentlich wertschätzte, so fürchtete ich mich vor genau solchen Momenten. Ich musste mich komplett auf meine Gefühlswelt fokussieren, damit ich erkennen konnte, ob ich diesen Instinkt im Bauch oder im Herzen fühlte. Denn im Herzbereich entstehen nur die irrationalen Angstgefühle. Doch mein Bauch wusste, dass die Situation gerade entgleiste und ich jedoch nichts dagegen unternehmen konnte. Als ich an der Reihe war, legte ich meine Kiste mit meinem Handy auf das Band, zog prophylaktisch schon mal die schwarzen Kampfstiefel aus und betrat die Schleuse. Als ich mich unter dem Detektor befand, blinkte der verdammte Alarm auf. Unverhofft brachte der metallische Reisverschluss meines Taz-Hemdes die Gerätschaften zum Aufleuchten. Der Kommandant schaute mich desinteressiert an und ging davon aus, dass ich wüsste, was zu tun wäre. Mir war klar, dass ich mich meines Oberteils entledigen musste, um reingelassen zu werden. Mein Herz trommelte jedoch wie wild, als mir bewusst wurde, dass mich mein unachtsames Verhalten ungewollt schon wieder in eine unangenehme Situation gebracht hatte. Eine belastende Eigenschaft, welcher ich irgendwie nicht entkommen konnte. Ich hätte mich nicht einmal daran gestört, den Taz einfach auszuziehen und die Kontrollschleuse nur in meinem giftgrünen BH zu passieren. Denn das olivgrüne Unterhemd hatte ich seit der Ankunft in Borava nicht mehr angezogen. Zur Sommerzeit hatte ich den zusätzlichen Stoff nicht aushalten können. Mir war klar, dass der Kommandant jedoch nicht so viel Freude an dieser Aktion haben würde. Ich brauchte einen möglichst eskalationsfreien Plan. Denn ich repräsentierte gerade die Frauenwelt vor den männlichen Soldaten. Und ich hasste es, in diese Rolle gesteckt zu werden. Denn ich wusste, dass ich kein Vorzeigemodel war, sondern einfach nur versuchte, das Beste zu geben. Daher war ich auch bereit, die Konsequenzen hierfür zu tragen. Also zog ich den Reisverschluss zunächst nur zur Hälfte runter und blickte verunsichert zum Kommandanten: «Herr Kommandant.» Nur sein Kopf drehte sich in meine Richtung, während seine Arme sich noch immer vor seiner geschwollenen Brust verschränkten. «Ich trage kein Unterhemd.» Das zwischenzeitliche Gemurmel anderer Soldaten verstummte plötzlich. Ich ergänzte: «Wenn es ihnen nichts ausmacht, dann ziehe ich dennoch das Hemd aus und passiere die Schranke im BH.» Die Augen des Kommandanten weiteten sich vor Schock und ich verfolgte deren Blick auf meinen bereits spaltbreit entblößten Brustkorb. Sein Gesichtsausdruck reflektierte eine Abfolge verschiedenster Emotionen: Verwirrung, Ungläubigkeit, Genervtheit und Wut: «Soldat Roxo!», rief er aus, «Auch das Tragen eines Unterhemdes ist Teil der Kleiderordnung!» Er war so aufgebracht, dass sich seine Stimme beim letzten Wort überschlug und sich die feinen Umrisse einer pulsierenden Ader an der Schläfe bemerkbar machten. Diesmal traute ich mich nicht zu antworten und wartete angespannt seine nächste Reaktion ab. Mit dem einen verschränkten Arm stützte er den anderen ab, während er den Daumen und Zeigefinger auf die Innenseiten der zusammengekniffenen Augen presste. Ich hörte einen Mitsoldaten das Wort «Schlampenstein» flüstern und wusste, was damit gemeint war. Die Strafe bei einem inkorrekten Tenue beinhaltete das nutzlose Rumschleppen eines schweren Steines durch den AdA. «Was soll ich mit Ihnen anstellen?», fragte er, ohne mich dabei anzusehen. «Wie gesagt Herr Kommandant, für mich ist es kein Problem, als Konsequenz mein Oberteil auszuziehen und so die Schleuse zu passieren.» Er löste den Griff auf, während er kraftvoll seine Frustration ausatmete: «Ich kann mir vorstellen, dass es für sie kein Problem ist. Unter anderem, weil es theoretisch für eine Privatperson auch keine Sache wäre. Es ist aber ein Imageproblem für das Militär aufgrund der anwesenden Einheimischen.» Wir schauten uns beide um und ich bemerkte, dass bei der Security-Schleuse zwei BM-Männer arbeiteten. «Also», begann er nach ein paar Sekunden Bedenkzeit, «sie haben 5 Minuten Zeit, um ein T-Shirt zu finden. Ansonsten fliegen sie nicht mit.» Meine Reisetasche hatte blöderweise den Scanner bereits passiert und war verfrachtet worden. Ohne zu überlegen, drehte ich mich zu meinen Berufskameraden um und fragte, ob jemand noch ein T-Shirt dabeihatte. Doch niemand konnte mir helfen, da jedermanns Gepäck bereits eingeladen worden war. Also wandte ich mich den Soldaten zu, welche an diesem Flughafen arbeiteten. Zum Glück meldete sich ein weiblicher Soldat, welchen ich zuvor noch nie gesehen hatte. Sie hatte für den Nachmittag Sport eingeplant und somit ihre Sporttasche mit auf ihren Posten genommen. Ohne große Unterredung nahm sie mich zur Seite und fischte das Oberteil aus ihrer Sporttasche. Danach verwies sie mich auf ein kleines Büro, in dem ich mich kurz umziehen konnte. Schlussendlich konnte ich die Schleuse problemlos passieren und durfte trotzdem noch mitfliegen.

Wenn ich etwas aus diesem Fauxpas gelernt hatte, dann war es die unnatürliche Geschwindigkeit, mit welcher Lästereien und Gerüchte die Runde machten. «Tenueschlampe» war die Bezeichnung für einen AdA, welcher ein inkorrektes Tenue auswies. Da die meisten Soldaten unter dem routinierten Alltag litten, stürzten sie sich wie Aasgeier auf erzählenswerte Geschichten. Als Frau stand ich noch härter unter Beschuss, da über unser Verhalten ununterbrochen geurteilt wurde. Bei diesem Zwischenfall war effektiv meine Unachtsamkeit Ursache dieser Lästerrunde, aber zwischenzeitlich hatte schon so vieles die Runde gemacht, dass es mir egal werden musste. Um mit dieser Situation klarzukommen, redete ich mir immer wieder das folgende Motto ein: Ist der Ruf mal ruiniert, lebt es sich ganz ungeniert. Eine Einstellung, welche mir etwas die Scham über meine Fehler nahm. Und solange ich die Konsequenzen tragen konnte, versuchte ich mein Leben danach zu richten. Denn am Ende des Tages war ich die einzige, welche über meine Fauxpas nachdachte und mich damit beschäftigte. Und so stand ich nun in meinem Container vor meinem Kleiderschrank im Camp Rava Cuta und es waren bereits 2 Minuten verstrichen, seit Adjutant Steiff mich geweckt hatte. Ich zupfte mir das T-Shirt zurecht, welches mich noch zum unnötigen Schwitzen bringen würde. Den Taz hatte ich mir am Vorabend auf meinem Bürostuhl rausgelegt und ich drehte mich gedankenverloren um meine eigene Achse. Eine kleine Stimme in mir verbot mir das Nachschwelgen meiner Fantasie. Denn das, was ich in dieser Nacht geträumt hatte, war nichts anderes als falsch gewesen. Doch die unbefriedigte Lust in mir verführte mich dazu, in meiner Erinnerung einzelne Szenen nochmal abzuspielen. Während ich den Reißverschluss meines Taz zuzog, ließ ich die pulserhöhenden Szenen genüsslich über mich ergehen. Obwohl ich am Vorabend gedankenlos eingeschlafen war, hatte mich mein Traum in meine ehemalige Wohnung zurückversetzt; zurück in die Zeit, als ich noch bei meinem Freund Raphael gewohnt hatte. Ich genoss die Erinnerung an unsere letzten Stunden, bevor ich mich von ihm und von unserem alten Leben verabschiedet hatte. Denn er hatte seine eigenen Pläne geschmiedet. Mit meinem Antritt des militärischen Einsatzes hatte er seine neue Lebensgrundlage einem dreijährigen Studium in Graz in Österreich verschrieben. Diese Umstellung und der physische Abstand brachten den Beginn eines neuen Lebensabschnittes mit sich. Mir stand bis zum Ende meines militärischen Einsatzes noch die Entscheidung bevor, wie ich mein Leben danach gestalten wollte. Ich konnte entweder mein bestehendes Fundament in meiner wohlbekannten Heimat ausbauen, indem ich mir dort eine neue Anstellung und Wohnung suchen und den Anschluss in meinen alten Freundeskreisen wieder aufbauen würde. Oder ich konnte mich für Raphael in Graz entscheiden, indem ich ihm auf seinem Weg folgen und mich von ihm mitziehen lassen würde. Mir standen noch viel Bedenkzeit und Sorgen bevor, doch in unseren letzten zweisamen Stunden lagen sie für ein letztes Mal außer Reichweite. Es war kurz bevor er mich mit dem Auto seiner Eltern eine Stunde zu meinem militärischen Ausbildungszentrum gefahren hatte. Unser letztes Mal, bevor ich dann für sechs Monate den Auslandseinsatz im Krisengebiet Borava angetreten hatte.

Der verbotene Traum (18+)

Ich lag auf einem riesigen Boxspringbett, welches mit einem purpurroten Bettüberzug ausgestattet war. Unter meinem Körper spürte ich die angenehme Kühle der Matratze. Nur unter meinen ausgestreckten Beinen empfand ich die Weichheit der wolligen Bettdecke, welche in der Hälfte gefaltet worden war. Ich lag rücklings und stützte meinen Oberkörper mit angewinkelten Armen ab. Als Zeitvertreib beschäftigte ich mich, indem ich einhändig mit meinem Handy rumspielte. Raphael hatte sich in unserem Schlafzimmer vor mich gestellt. Das gemietete WG-Zimmer war ein mit Möbeln vollgestopfter Raum. Unter anderem, weil ich mich außerplanmäßig bei ihm eingenistet hatte. Bereits einen Monat, nachdem wir uns über eine online Plattform kennengelernt hatten, hatte er mir den Einzug vorgeschlagen. Die Chemie zwischen uns hatte von Anfang an so gestimmt, dass ich in diesen riskanten Schritt bedenkenlos eingewilligt hatte. Obwohl unsere Freunde uns davor gewarnt hatten, waren wir uns beide sicher gewesen, dass wir funktionieren würden. Bereits in der dritten Woche war ich davon überzeugt gewesen, dass ich mir ein Leben ohne ihn nicht mehr vorstellen konnte. Meine Angst, dass diese intensiven Gefühle nur einseitig waren, beseitigte er von Beginn an. Er band mich, wann immer es ging, in seinen Alltag mit ein, sodass wir so oft wie möglich beieinander sein konnten. Doch obwohl ich nach solch kurzer Zeit bei ihm eingezogen war, nahmen nach einem halben Jahr noch immer meine nicht ausgepackten Kisten einen Großteil des Raumes ein. Den meisten Platz beanspruchte jedoch sein Boxspring-Bett. Aufgrund seiner großgewachsenen Statur brauchte Raphael ein großes Bett, in dem er seine langen Beine komplett ausstrecken konnte. Er war ein beinahe 2 Meter großer Mann. In unserem Zimmer gab es nur noch seinen Schreibtisch, einen massiven Holzschrank und meinen Bürotisch. Die eigens am Spiegel montierten Lichter hatte ich als Ersatz einer Nachttischlampe angelassen und die laszive Ausleuchtung sorgte für eine erotische Stimmung. Als ich Raphael bemerkte, konnte ich an seiner standhaften Körperhaltung bereits sein Vorhaben ablesen. Ich wandte meinen Blick für einen Moment wieder von ihm ab. Auf meinem Handy schaltete ich die Playlist «Bumsfolder» ein und legte das Handy neben das Kopfkissen. Es dauert noch ein paar Sekunden, bis die Melodie eines romantischen Liedes begann, doch dies gab mir die Gelegenheit, Raphael einen herausfordernden Blick zuzuwerfen. Das erste Lied begann und ich erkannte an Raphaels Schmunzeln, dass er die Playlist wiedererkannte. Mit Musikbeginn knüpfte Raphael sein rot-schwarz kariertes Hemd langsam auf. Wann immer er seinen Brustkorb um einen weiteren Knopf entblößte, verlagerte er rhythmisch sein Gewicht von einem Fuß auf den anderen. Sein Blick wanderte zu mir und ein selbstsicheres Lächeln huschte ihm über das Gesicht. Denn er wusste, wie gut er aussah. Ich beobachtete ihn währenddessen und musterte seinen durchtrainierten Körper. Am meisten begehrte ich Raphaels kräftige Schulterpartie, die mich an das Ebenbild Supermans erinnerte. Eine schön definierte Muskelmasse, dessen Schatten bei jeder Bewegung das Volumen der Muskelstränge preisgab. Den leicht gebräunten Rumpf zierten nur vereinzelte dunkle Brusthaare. Sein lockiger Wuschelkopf und der kurzgehaltene Vollbart hingegen waren hellbraun. Er streifte sich das Hemd über die Arme und spannte kurz seinen Bauch an. Er hatte sich einen heimlichen Bierbauch in den letzten paar Monaten angetrunken, doch ich störte mich nicht wirklich daran. Seine Hände wanderten zum Hosenbund runter und schon zog er an seiner schwarzen Funktionshose. Sie glitt mit nur einer Handbewegung runter und zurück blieben bordeauxfarbene Boxershorts mit einem schwarzen Bund. Die Markenaufschrift glänzte in matt-schwarz auf. Eine große Wölbung machte sich bemerkbar und presste den Stoff in meine Richtung. Ich beobachtete, wie sich die Schwellung zu einem Berg zuspitzte und den losen Stoff der Unterhose straffte. Raphaels Finger griffen nach dem schwarzen Bund und zogen langsam den Stoff runter. Die Wölbung war noch immer so stramm und verzog den Stoff in die entgegengesetzte Richtung seines Zuges. Als er die Shorts mit einem kräftigen Ruck nach unten zog, richtete sich sein Prachtstück gerade auf und peilte mich an. Sein massives Glied wirkte wie ein von der Pornoindustrie fabrizierter Dildo. Seitlich konnte ich die leicht bläuliche Färbung von flachliegenden Adern erkennen. Die Eichel glänzte rosarot und reflektierte an einem Punkt das Licht meines Pultes. Sie wirkte groß und geschwollen, sodass sie in mir die Lust erweckte, sie mit meiner Zunge ertasten zu wollen. Während Raphael mir zusah, wie ich seinen Stolz begehrte, bewegte er durch An- und Entspannung seinen Penis. Mir war, als ob die einäugige Schlange den Schlangenbeschwörer hypnotisiert hätte. Ich wollte nichts mehr, als diesen massiven Schwanz in mir zu spüren und mich mit ihm vereinen. Meine Vulva begann vor Lust zu pulsieren, als ich daran dachte, wie er sich normalerweise in mir anfühlte. Ich liebte es, wenn sein Prügel mich innerlich ausfüllte. Doch ich bewegte mich noch nicht. Ich wollte sehen, was er als Nächstes machen würde. Ich befreite mich selbst von der Hypnose und blickte ihm in die Augen. Er bückte sich, um mit den Füßen aus der Kleidung rauszusteigen. Ich lag noch immer komplett gekleidet auf dem Bett und machte keine Anstalten, mich selbst auszuziehen. Stattdessen verfolgte ich gespannt jede seiner Bewegungen und genoss seine private Strip-Show. Der Anblick seines nackten Körpers erinnerte mich an die Verbildlichung des griechischen Gottes Adonis. Als kleinen Witz versteinerte er für ein paar Sekunden in einer Bodybuilder Pose und begutachtete selbst seinen angespannten Bizeps. Dies war einer dieser sympathischen Momente, bei denen ich seinem lockeren Gemüt und Humor verfiel und für die ich ihn liebte. Auch wenn mich sein Selbstbewusstsein manchmal einschüchterte, so gönnte ich ihm das Gefühl der gesunden Selbstliebe. Ich musste ihm somit mit einem Augenzwinkern recht geben, dass sein Bizeps eine stolze Größe hatte und ich ihn äußerst attraktiv fand. Als ehemaliger Football-Spieler hatte er sich muskulöse Oberschenkel antrainiert, welche ihn stämmig wirken ließen. Obwohl er sich an deren kräftigen Umfang störte, empfand ich sie als ungemein sexy und männlich. Seine Beine waren von feinen hellbraunen Haaren übersäht, die fast nicht auffielen. Schlagartig veränderte sich seine Körperhaltung von einem standfesten Baumstamm zu der einer agilen Raubkatze. Zuerst platzierte er sein linkes Knie auf die Bettkante, gefolgt vom rechten. Ich spürte die Matratze unter meinen Füßen, welche sich durch das zusätzliche Körpergewicht verformte. Während er seinen Oberkörper über das Bett lehnte, stützte er sich mit den Händen neben meinen Beinen ab. Dann pirschten die Hände beinahe unmerklich meine ausgestreckten Beine entlang. Erst beim Hosenbund stoppten sie. Dabei fixierte er meine Augen mit seinem lauernden Blick. Er führte seinen Angriff so sorgsam aus, dass ich als Opfer dabei zusehen konnte und es mit mir geschehen ließ. Behutsam umklammerte er den Stoff und zog mir meine Hose über meine angewinkelten Beine aus. Meine türkise Unterhose glitt gleich mit, wodurch ich ihm entblößt ausgeliefert war. Raphael brummte ein sarkastisches: «Ups...», während er den Hosenbund und die Unterhose gemächlich über meine Füße streifte. Die Hosenbeine waren so eng geschnitten, dass er beinahe meine

Socken mit auszog. Doch Raphael kannte mich gut genug und stülpte die Socken wortlos wieder zurück. Als Oberteil hatte ich mich an diesem Abend für einen schwarzen Rollkragenpullover ohne BH entschieden. Beim Dekolleté benetzten schwarze Pailletten ein schwarzes Spitzenmuster, welches neckisch meine olivbraune Haut durchschimmern ließ. Mein Körper konnte Raphaels Körperwärme kaum abwarten und meine angespitzten Nippel drückten sich durch den Stoff. Mir war bewusst gewesen, dass Raphael diesem Oberteil nicht widerstehen könnte. Ich beobachtete ihn, wie er sich nach meinem von schwarzem Cashmere verdeckten Busen sehnte. Mit seiner tiefen, vibrierenden Stimme flüsterte er jedoch, dass wir dieses noch anlassen würden. Stattdessen wandte er seine gesamte Aufmerksamkeit der Erkundung meines Beins zu, nachdem er die Hose schwungvoll zu Boden geworfen hatte. Er zog mein linkes Bein zu sich heran und begann mit sanften Küssen meinen Fußknöchel zu umgarnen. Seine weichen Lippen wanderten ruhig meinen gesamten Unterschenkel entlang, bis er bei meinem Knie anlangte. Während seine eine Hand mein angewinkeltes Bein festhielt, spreizte seine andere mein rechtes Bein weg. Dabei spürte ich einen kühlen Windstoß an meiner entblößten Vulva und wusste, dass sie vor Feuchtigkeit triefte. Raphael küsste mit geschlossenen Augen meinen Oberschenkel entlang. Ich empfand Gefallen am Gefühl seiner sanften und warmen Lippen auf meiner Haut. Er wurde langsamer, als er mein Becken erreichte. Nur einen langanhaltenden Kuss gewährte er meinem Schambein, bevor er seine vollen Kusslippen von meiner Haut löste. Dabei richtete er seinen Oberköper wieder auf und amüsierte sich über meinen enttäuschten Gesichtsausdruck. Langsam tigerte er in meine Richtung und blickte mir dabei tief in die Augen. Ich verlor mich in seinen grünbraunen, abfallenden Augen. Sie erinnerten an einen Teddybären und verliehen ihm einen liebenswürdigen Ausdruck. Doch in diesem Moment erfüllte die Gier nach meinem Körper seinen Blick und verlieh ihm eine finstere Miene. Während er sich an mich ranschlich, zäumten mich seine Hände wie die Pfeiler eines Zaunes ein. Sein aufgeplusterter Oberkörper ähnelte einem kampfwütigen Tier, welches sich auf die Jagd vorbereitete. Sein rechtes Knie berührte meinen Intimbereich und schon hatte er meinen Körper in einem Käfig eingeschlossen. Doch die Gefangenschaft scherte mich nicht, da eine Flucht nicht in meinem Sinne war. Ich war seinen Gelüsten ausgeliefert und bereit, mich ihnen hinzugeben. Zögerlich wartete ich wie eine brave Gespielin gespannt seine nächste Handlung ab. Sein betörender Duft ließ mich einen tieferen Atemzug nehmen. Noch währenddessen wurde mein Herzschlag etwas schwächer und ich ließ das ungebändigte Gefühl der Begierde meinen Körper durchfluten. Jede Phase meines Körpers verlangte danach, Raphael zu spüren. Also füllte ich meine gesamte Lunge mit seinem aphrodisierenden Duft und verinnerlichte ihn. Raphael hatte sich bereits daran gewöhnt, dass ich mich am liebsten in seiner Schulter eingrub und dabei an ihm roch, während er mir über die Haare streichelte. Seine menschliche Form war wie eine persönliche Droge, welche ich in ihm gefunden hatte und von der ich mich nicht mehr trennen wollte. Sein natürlicher Körpergeruch löste in mir Entspannung aus und vermittelte mir ein Gefühl der Sicherheit. Natürlich trug auch seine massive Statur zu dieser Empfindung bei. Und ihn definierte eine Intelligenz und Raffiniertheit, welche uns aus jeder problematischen Situation einen Ausweg verschaffen konnte. Doch sein Duft strömte die Selbstsicherheit aus, dass er sich um mich kümmern würde. Ich empfand ihn nicht nur als angenehm lecker und biss ab und zu zum Vergnügen in seinen Oberarm. Er schien auf sämtliche meiner Bedürfnisse abgestimmt zu sein und es gab nichts, was ich daran ändern wollte. Sein Geruch löste in mir den Urinstinkt aus, dass ich mich mit ihm vereinen musste. Mich überkam das Verlangen danach, alles von mir mit ihm teilen zu wollen. Auch wenn ich eine persönliche Grenze hatte, welche ich nicht überschreiten wollte, so war ich bereit, ihm fast alles von mir zu geben, was ihn befriedigen würde. Ein schelmisches Lächeln huschte über sein Gesicht, kurz bevor er seine Lippen gegen die meinen presste. Dabei schloss ich meine Augen und genoss jede Berührung unserer Münder. Ich spürte die feinen Stoppeln seiner kurzgehaltenen Barthaare an meinem Kinn und an meiner Oberlippe kitzeln. Seine Lippen waren anfangs trocken, jedoch weich und warm. Aus einem zärtlichen Kuss entwickelte sich innerhalb von Sekunden ein leidenschaftlicher Zungenkampf. Noch nie hatte ich einen Mann geküsst und war seinem Geschmack willenlos verfallen. Raphael war mein persönliches Dessert und ich durfte davon kosten. Beide wollten wir uns miteinander verbinden und das Aroma des Gegenübers aufnehmen. Ich liebte Raphaels neutralen Mundgeschmack. Alles an ihm ließ meine feinen Hauthaare sich aufstellen. Nur ein Verlangen war noch stärker und entsprang meinem Schoß - meine Klitoris dürstete es nach seiner feuchten Zunge und sie wollte nichts weiter, als einen Orgasmus meinen Körper durchströmen zu lassen. Während ich mit dem einen Arm meinen Oberkörper vom Bett hochdrückte, umklammerte ich mit der anderen seine Haarpracht. Dabei stieß ich seinen Kopf von meinem weg und versuchte, ihn in die Richtung meines Beckens zu drücken. Ich war Raphael körperlich komplett unterlegen und hatte keine Chance. Ich zog stark genug daran, dass er meine Aufforderung nicht einfach ignorieren konnte, jedoch zart genug, damit ich ihn nicht verärgerte. Ich befürchtete sonst das Worst-Case Szenario einer Trotzreaktion, dann würde ich auf eine orale Liebkosung verzichten müssen. Doch er war mir wohlgesonnen und gab meiner nonverbalen Bitte nach. Er brach seinen leidenschaftlichen Zungenkuss ab und setzte sich zu meinem Becken zurück. Während er mir ununterbrochen in die Augen starrte, spürte ich eine unvorhergesehene Berührung meiner Vulva. Er streifte mit seinem Zeigefinger langsam über meine Schamlippen. Als würde er ganz sachte über die Schnauze eines Kätzchens streifen, so fasste er meinen Intimbereich mit größter Sorgfalt an. Ich konzentrierte mich auf das wärmende Gefühl zwischen meinen Beinen und verfolgte, wie er sich gemächlich meiner feuchten Öffnung näherte. Als er sie berührte, entwich ihm erneut ein belustigtes Lächeln. Mit seiner Fingerkuppe ertastete er die Öffnung, als auch schon die Berührung aufhörte. Er zog seinen Finger zwischen unseren Blickkontakt. Er rieb den Daumen am Zeigefinger und ertastete so das durchsichtige Sekret. Beide beobachteten wir, wie sich mein schimmernder Ausfluss auf seinen Fingern verhielt, wenn er sie langsam auseinanderzog. Mein Blick wechselt zwischen der Aufführung seiner Finger und seinem observierenden Blick. Dann nahm Raphael den feuchten Zeigefinger in den Mund und leckte ihn ab. Ich hatte noch nie verstanden, warum meine bisherigen Liebschaften Gefallen an meinem körpereigenen Nektar empfanden und sie jedes Mal probierten. Für einen kurzen Augenblick überkam mich ein Schamgefühl und ließ mich etwas erröten. Ich probierte, die Hitze in meinem Gesicht zu unterdrücken, doch mein Körper hatte die Oberhand. Raphael lächelte mich mit teuflischen Zügen an und ich starrte erwartungsvoll zurück. Ich beobachtete, wie sich sein Mund leicht bewegte, als ob er den Geschmack gerade aufnahm. Sein rechter Mundwinkel verzog sich zu einem zufriedenen Lächeln und ein kaum hörbares Brummen erklang. In Zeitlupe senkte er anschließend seinen Kopf, bis ich nur noch seine Augen über dem Horizont meines Beckens erblickte. Endlich berührte seine angefeuchtete Zunge meinen Intimbereich und streichelte diesen sanft. Ich ließ vor Erregung meinen Kopf auf das Bett nieder und gab mich der Entspannung hin. Mein Körper fühlte sich federleicht an und ich genoss das Wissen, mich nun in guten Händen zu befinden. An meiner Klitoris verspürte ich die angenehme, warme Nässe seiner Zunge. Er wusste genau, wo er seine Zungenspitze ansetzen musste, um anschließend mit rotierenden Bewegungen meine Beine zum Zucken zu bringen. Seine Zunge wechselte von zärtlichen Streicheleinheiten zu groben Stupsern. Er verfiel in eine angenehme Regelmäßigkeit, während ein Finger langsam in mich eindrang. Durch einen zunehmenden Druck wusste ich, dass er gerade die zweite Fingerkuppe gegen meine angespannte Öffnung presste. Doch er ließ den Finger noch etwas auf sich warten und penetrierte mich vorerst nur mit seinem Zeigefinger. Dabei winkelte er den Finger so an, dass seine Fingerkuppe meine Bauchdecke massierte. Als er schließlich zwei Finger langsam in mich schob, entwich mir ein Stöhnen. Plötzlich verharrte er in der Bewegung und hob seinen Kopf an. Irritiert von der Unterbrechung der angenehmen Liebkosung richtete ich mich auf und sah ihn an. Ich wollte mehr. Mit der einen Hand umfasste ich erneut die Haare an seinem Hinterkopf und probierte ihn runterzudrücken. Doch er presste selbstbestimmt dagegen und gab mir das klare Zeichen, wer in diesem Spiel der Hierarchie den diktierenden Rang belegte. Ich beugte mich willenlos seinen Gesetzen und gab auf. Meine Hand zog ich zurück und stützte meinen Oberkörper vom Bett auf. Er ließ sich seitlich auf seinen Po nieder und legte sich hin. Die Arme verschränkte er hinter seinem Kopf und formte mit ihnen ein Kissen. Durch diese Körperhaltung verspannten sich seine Bauchmuskeln und kündigten erneut die ersten Umrisse eines Sixpacks an. Seinem Blick entnahm ich die gesetzliche Verordnung, dass ich mich zuerst um die Gelüste des Diktators zu kümmern hatte, bevor er mich wieder verwöhnen würde. Ich drehte mich über meine rechte Seite zu ihm und stellte mich als Erstes wie ein Puma auf. Mit einem natürlichen Hüftschwung schlich ich zu ihm hin und setzte mich über sein linkes Bein. So, dass ich meine Klitoris an seinem haarigen Bein reiben konnte, wann immer ich mich bewegte. Ich ließ meinen Oberkörper über seinem schweben und stützte mich hierfür mit meinen Ellenbogen auf dem weichen Bett ab. Dabei drückte ich meinen Busen an seine Brust und begann, seinen Hals zu küssen. Langsam wanderte ich zu seiner Brustwarze, an der ich ganz fein knabberte. Raphaels Brustmuskel zuckte dabei auf, woraufhin ich die Seite wechselte. Er hatte mir bereits gesagt, dass seine Nippel durch ehemalige Piercings eher empfindlich seien und er darum Berührungen nicht wirklich mochte. Doch ich erlaubte mir jeweils den Spaß, ihn mit meiner Unartigkeit etwas herauszufordern. Ich konnte an seinem Blick ablesen, dass er mich innerlich gerade zugleich verfluchte und begehrte. Doch er ließ meine Provokation bestehen und über sich ergehen. Ich hatte mich somit als Rebellin seiner Führung behauptet und ihm gezeigt, dass ich so oder so das machen würde, was ich wollte und er nichts daran ändern könnte. In diesem Moment wollte er etwas von mir und ich hatte entschieden, dass ich mir zuerst das nehmen würde, was ich wollte. Ich spielte mein eigenes kleines Machtspiel und probierte, ihn zu konditionieren. Ich verlangte als Preis, dass ich mich an seinen Nippeln vergreifen durfte und ihn mit einer Gegenleistung entlohnte. Also wanderte ich weiter hinunter. Bei jedem Kuss seiner Bauchdecke zitterten seine Muskeln vor Nervosität. Ab dem Bauchnabel wanderte ich kerzengerade zu seiner rasierten Intimzone. Mich erwartete ein groß angeschwollener Penis, welcher meine eigene Handlänge überragte. Mit meinen Lippen küsste ich um das Glied herum, während meine eine Hand sanft seine Vorhaut über die Eichel streifte. Doch bevor ich diese mit meiner Zunge umrunden würde, hatte ich mich noch für einen kurzen Abstecher zu seinen angeschwollenen Hoden entschieden. Sie waren so groß, dass nur einer in meinen weit geöffneten Mund passte. Während die Zunge die faltige Haut abtastete, verschloss ich sämtliche Durchgänge und begann leicht daran zu saugen. Nach nur wenigen Sekunden wechselte ich zum anderen Hoden und rieb noch immer mit der Hand seine Vorhaut vor und zurück. Mein Kontrollblick bestätigte, dass Raphael mit geschlossenen Augen sich der Entspannung durch meine Zungenfertigkeiten hingab. Während mein Mund sich anschließend bis zur angefeuchteten Eichel herantastete, leckte ich genüsslich den Schaft seines straffen Gliedes ab. Gerade, als ich mich an die Arbeit machen wollte und die Eichel meine Zunge berührte, packte Raphael meine Schultern und drehte mich schwungvoll auf den Rücken. Etwas verwirrt suchte ich in seinen Augen nach dem Grund für diesen abrupten Abbruch. Währenddessen spreizte er bereits meine Beine und platzierte seinen Penis am Eingang meiner Scheide. Mein Blick wanderte zu meinem Becken. Mit meinen Ellenbogen stützte ich meinen Oberkörper wieder so weit ab, dass ich die Verbindung zwischen meinem Schambereich und seinem Penis sah. Ich spürte die Wärme an mir, welche seine pulsierende Eichel ausstrahlte. Der Druck an den Schamlippen meiner Öffnung nahm zu, je fester er gegen den schmalen Schlitz presste. Es fühlte sich an, als ob mein Eingang gedehnt wurde. Meine Bauchdecke zuckte vor Vorfreude und ich genoss den Anblick seiner männlichen Pracht. Gleich würden wir uns vereinen. Noch bevor er eindrang, wollte ich Raphael noch einmal ansehen. Während mein Blick seinen Körper emporwanderte, veränderte sich jedoch sein Brustkorb. Die Hautfarbe wurde weißer und der Rumpf schmächtiger. Die Nippel waren hellrosa und unbekannte Muttermale benetzen die gesamte Fläche. Die Schultern und die Halspartie waren hardcore muskulös trainiert. Unerwarteterweise hatte sich das ovale Gesicht in das kantige eines anderen Mannes verändert. Ich starrte ungläubig in die kristallblauen Augen eines englisch sprechenden Militaristen der britischen Nation. «Captain Happy Meal?!», fragte ich ungläubig, während er mich mit seinem verführerischen Lächeln verzauberte.

Eigentlich hieß er Tom. Er war 1.90 Meter groß und hatte das schönste Gesicht unter allen Soldaten im Camp Rava Cuta. Er war von mehreren Frauen als Schönling des Camps betitelt worden. Die tiefgezogenen Lider seiner katzenförmigen Augen verliehen ihm einen bestimmenden Schlafzimmerblick, in den ich mich bisher noch nie zu tief zu blicken gewagt hatte. Hauptsächlich aus Angst, mich darin zu verlieren. Seine Augen erinnerten an eine siamesische Katze. Seine feinen Augenbrauen waren eine Farbnuance heller als seine dunklen Wuschelhaare. Die Mähne war lange genug, dass er sie hinter seine Ohren streifen konnte und einzelne Strähnen rebellierten gegen die Anordnung. Zwei hellbraune Muttermale unterbrachen die makellose Reinheit seiner porzellanweissen Gesichtshaut und nahmen seinem elfenhaften Antlitz etwas die Perfektion. Meinen Freundinnen zu Hause hatte ich bereits über meine unbedeutende Verliebtheit erzählt und ihm dabei den Kosenamen *Captain Happy Meal* verliehen - denn ich fand ihn zum Anbeißen heiß. Er war einfach ungeheuer gutaussehend und seine Anwesenheit stimmte mich jedes Mal nervös. Dass ich die einzige Frau im Camp war, mit der er Kontakt pflegte, machte es nicht einfacher. Wir hatten uns im «Golden Lion» auf einer Party kennengelernt. Dabei handelte es sich um den Aufenthaltsraum des britischen Kontingents, welcher sich als illegale Bar rühmte. Die Wände waren geschmückt mit Fahnen, Lichterketten und gesellschaftskritischen Bildern aus dem Internet. Ich mochte die Briten für ihren pechschwarzen Humor und ihre unumstrittene Trinkfestigkeit. Captain Happy Meal war derjenige gewesen, der in einer Partynacht das Gespräch mit mir gesucht hatte. Ich war damit beschäftigt gewesen, die kritischen Witze über ehemalige Politiker zu lesen, als er sich unbekümmert und desinteressiert neben mich gestellt hatte. Erst als er mir seine Bierflasche zum Anstoßen entgegengestreckt und gefragt hatte, ob ich die bekannte Yogalehrerin sei, von der alle schwärmten, hatte ich ihn wahrgenommen. Nachdem ich bejaht hatte, hatte er begonnen, Yoga als eine Sportart für Schwächlinge niederzureden. Ichwar über seine herablassende Art genervt und ließ den Angriff auf meine Überzeugung natürlich nicht auf mir sitzen. Also hatte ich ihn mit einer Challenge herausgefordert, sich selbst ein Bild von meiner Lektion zu machen. Als Reaktion auf meinen Wettvorschlag verfing ich mich zum ersten Mal im Bann seines hypnotisierenden Lächelns. Er hatte makellose, weiße Zähne und dünne, altrosafarbene Lippen. Er hatte die Angewohnheit, beim Lächeln nur die Zähne der einen Hälfte aufblitzen zu lassen, so dass sich auf der Seite seines Mundwinkels ein Grübchen formte. Das Lächeln saß somit leicht schief, doch versprühte es eine gewisse Erotik. Ihn amüsierte meine Prophezeiung, dass er nicht bei meinen Übungen mithalten könnte, da er solch ein Muskelprotz war. Am darauffolgenden Tag hatte er verkatert meine freiwillige Yogalektion im Fitnessstudio besucht und sich Mühe gegeben. Ich muss jedoch zugeben, dass ich den Unterricht bewusst etwas anspruchsvoller gestaltet hatte, was zu meinem unweigerlichen Sieg in unserer Challenge geführt hatte. Denn dem Sieger hatte ein Mittagessen im Restaurant Rosa auf Kosten des Verlierers zugestanden. Obwohl ich der Gerüchteküche keine Munition geben wollte, hatte ich mich entschieden, meinen Gewinn einzulösen. Ich hatte schließlich gewonnen und freute mich auf ein saftiges Steak. Gedanklich hatte ich mich bereits auf ein langweiliges Treffen vorbereitet, bei dem mich nur die Freude am Essen motivierte, sitzen zu bleiben. Ich war davon überzeugt gewesen, dass er wie jeder andere Soldat sei. Ich hatte bereits meine Vorstellungen über die Gespräche im inneren Dialog abgehandelt, welche er mit mir führen würde und war mir sicher gewesen, dass er mit seinen bisherigen militärischen Erfolgen angeben und sich als toller Fang verkaufen würde. Doch beim Mittagessen hatte er mich mit seiner lockeren Ungezwungenheit überrascht. Er hatte mich zum Lachen gebracht, mich mit seiner leicht schwulen Attitude amüsiert und mir das Gefühl gegeben, dass jeder mit seinen Makeln in Ordnung ist, so wie er ist. Er war überzeugt davon, dass er selbst aus den Schwächen seiner Soldaten sich einen Vorteil ziehen konnte und einfach herausfinden musste, wie er diese positiv einsetzen konnte. Von da an hatten wir gemeinsame Mittag- und Abendessen vereinbart, bei denen wir uns besser kennengelernt und uns gegenseitig unterhalten hatten. Doch auch wenn ich mir mit Captain Happy Meal nicht mehr als eine Freundschaft vorstellen konnte, so verlor ich mich gerne im Anblick seines wunderschönen Gesichts. Er war für mich wie ein künstlerisches Gedicht aus Aphrodites Feder, welches mich amüsierte und für Unterhaltung sorgte.

Während Captain Happy Meal in meiner verbotenen Fantasie seinen nackten Körper vor mir auftürmte, verzog er seine dünnen Lippen zu einem schmalen Lächeln. Dabei überraschten zwei kleine Grübchen. Durch die angehobenen Wangen formten sich seine Augen zu schmalen Schlitzen. Sein angriffslustiger Blick zog mich in seinen Bann und weder konnte, noch wollte ich wegsehen. Die Möglichkeit, ihm so nahe sein zu können, entfachte eine verborgene Sehnsucht in mir, welche ich bis jetzt verleugnet hatte. Ich wusste, dass ich gerade tagträumte und somit ein Stück weit Kontrolle über die Situation hatte. Also stellte sich mir die Frage, welche Regeln mich in einer Traumwelt schon aufhalten könnten? Mein Verlangen nach seinem Körper ließ meine Hände Captain Happy Meals Hals umschlingen. Ich musste diese zierlichen Lippen berühren und seinen Geschmack entdecken. Ich pirschte mich vorsichtig an sein Gesicht heran, aus Angst, er würde wieder verschwinden. Ich umschloss mit meinen Lippen zögerlich seine Unterlippe. Dabei spürte ich an meinem Kinn das Kratzen seines Dreitagebartes, welches seinem Gesicht noch etwas mehr Konturen verlieh. Ich schloss meine Augen und fühlte nach ihm. Ich atmete ein, roch jedoch nichts. Obwohl ich seine Lippen berührte, so spürte ich sie nicht. Ich konnte nicht von etwas träumen, was ich nicht erlebt hatte. Doch ich wollte nicht, dass der Tagtraum so endete. Langsam öffneten wir unsere Münder und verschlangen sie ineinander. Mit einer Hand streichelte ich während des Kusses über seine kantige Kieferpartie, bevor ich mich wieder von ihm löste. Captain Happy Meal hielt mit seiner kräftigen Hand meinen Hinterkopf fest, sodass uns nur eine Handlänge trennte. Obwohl ich ihn gerade zum ersten Mal geküsst hatte, konnte ich die Erinnerung nicht nachempfinden und Frustration überkam mich. Während ich mich in meiner Fantasie im Anblick seiner Schönheit verlor, presste er auch schon seine angeschwollene Eichel gegen mich. Anstatt mich zu wehren, gab ich mich meiner tiefsitzenden Lust hin und wartete gespannt auf das Eindringen seines gesamten Gliedes.

FRAUENPOWER

Gedankenverloren schloss ich gerade die Tür meines Containers ab, während die verbotenen Gedanken an Captain Happy Meal meinen Puls zum Rasen brachten. Neben mir öffnete sich die Tür meiner Zimmernachbarin; Leutnant Ronny trat verschlafen heraus und tastete ihre Hosentaschen nach dem Containerschlüssel ab. Sie hatte die Uniform zwar an, jedoch war der Reißverschluss ihres Hemdes noch nicht geschlossen. Sie war wie ich 1.75 Meter groß und galt als die exotische Schönheit des Camps. Ihre Hautfarbe erinnerte an einen frisch angerührten Latte Macchiato, dessen cremiger Schaum mit dem dunklen Kaffee vermischt worden war. Ihre afrikanische Haarwucht zügelte sie jeden Tag durch einen enganliegenden Pferdeschwanz und probierte so, das Volumen zu verringern. Auch wenn die Haare gezähmt waren, so erkannte ich bei genauerer Betrachtung die kleinen Wellen der einzelnen Strähnen. Doch wenn sie ihre gekräuselten Locken nach ihrer Abenddusche wie einen dunkelbraunen Heiligenschein offen trug, wirkte sie mit ihrem trainierten Körper wie eine afrikanische Kriegsgöttin. Obwohl sie kein Make-Up verwendete, stachen ihre aufschwingenden dunklen Augen hervor. Sie hatte natürliche, lange Wimpern, deren voluminöse Pracht bei jedem Wimpernschlag von neuem faszinierte. Ihre durchdringenden Blicke durchschauten nicht nur alles, sondern entlockten jedem etwas Freundlichkeit. Trotz ihrer zurückhaltenden Art zierte immer ein makelloses Lächeln ihr Gesicht. Sie hatte volle Lippen, deren zartes Rosarot Sanftheit ausstrahlte;

gegen die Trockenheit pflegt sie sie mit einem klassischen Balsam, wodurch sie oftmals in einem durchsichtigen Glanz schimmerten. Die regelmäßige Zahnhygiene nach jeder Mahlzeit verschaffte ihr schöne, weiße Zähne, die einst durch eine Zahnspange zur Perfektion geformt worden waren. Ihre kurvige Figur füllte den Taz aus und ihre Weiblichkeit verdrehte nicht nur der Männerwelt die Köpfe. Umso sympathischer machte sie ihre grundlose Schüchternheit, da sie sich ihrer Ausstrahlung nicht bewusst zu sein schien. Als wir im Borava angekommen waren, führte unser gemeinsames Interesse für das Gesundheits- und Bildungswesen zur Einteilung in das Team 7.C. Die Zahl symbolisierte das Territorium, der Buchstabe das Themengebiet. Da niemand mit Captain Adlerauge gemeinsam arbeiten wollte, hatte er sich bei uns in 7.C mit eingeteilt. Er war somit nicht nur mein Teamkommandant, sondern auch unser Gruppenführer und erfüllte die vorgegebene männliche Quote eines Teams. Leutnant Ronny war durch die Absolvierung der Rekrutenschulung und durch die bestandene Offiziersprüfung zum Leutnant befördert worden. Gemäß der militärischen Rangordnung war sie mir somit übergeordnet. Uns unterschied hauptsächlich die Einhaltung von Disziplin. Jeder klassische Morgen begann mit dem Morgenmeeting um 0800 in der Früh und dauerte je nach Thema etwa eine halbe Stunde. Anschließend hatte ich noch bis 0900 Zeit, um mich persönlich auf die Ausfahrt vorzubereiten. Leutnant Ronny und die anderen meines Teams erwachten um 0600, machten Sport und frühstückten anschließend. Da ich bis 0750 schlief, hoffte ich immer auf kurzgehaltene Meetings und holte in dieser Zeit Tätigkeiten wie Zähne putzen oder das packen meines Kampfrucksackes «Karusa» nach. Meine Einheit war in vier Teams aufgeteilt worden und jedes hatte ein Geländefahrzeug zugesprochen bekommen. Die Autos waren 100 Meter von unserer Unterkunft entfernt abgestellt und standen auf einer riesigen Parkfläche. Zwischen dem Morgenmeeting und 0900 würde jeweils ein Mitglied des Teams zum Parkfeld marschieren, das Auto holen und es unerlaubterweise vor der Unterkunft kurz abstellen. Obwohl ich meistens als Fahrerin fungierte, kümmerte sich Leutnant Ronny um die Vorbereitung des Wagens und fuhr diesen immer um 0855 vor unseren Wohnkomplex. Captain Adlerauge und ich brauchten somit nur noch unseren Karusa in den Kofferraum zu legen, die letzten Vorkehrungen zu treffen, einzusteigen und uns auf die Fahrt einzustellen. Nach der Passage des Tores erfolgte durch den Beifahrer die Standortmeldung über Funk, damit die Kontrollzentrale wusste, in welchen Ortschaften wir uns während der Missionen aufhalten würden. Die Zentrale konnte zwar live den Standort unseres Autos über ein Tracking-System mitverfolgen, jedoch war unser abgeschiedenes Einsatzgebiet für unzählige Funklöcher bekannt. Es kam somit zur Doppelabsicherung, indem wir unsere Standorte oder ungeplante Verlängerungen von Aufenthalten jeweils über Handy oder via Funk bekannt gaben. Auf dem Weg zu unseren Destinationen holten wir täglich einen unserer Übersetzer zu Hause ab. Zu viert fuhren wir anschließend zu Krankenhäusern, Schulen, Kindergärten und Nichtregierungsorganisationen, damit wir uns durch den Austausch mit der lokalen Bevölkerung einen Überblick über die derzeitige Lage des Landes verschaffen konnten. Als Captain Adlerauge unerwartet ausgefallen war, wurde während meiner Mission Leutnant Ronny von meiner Teamkollegin zu meiner Gruppenführerin ernannt. Wir hatten uns bereits während der Ausbildungszeit in der Heimat kennengelernt, jedoch nie ein Wort miteinander geredet. Die ersten Worte wechselten Leutnant Ronny und ich erst beim Missionsantritt in Borava, und zwar auf Englisch. Da sämtliche Rapporte unserer Treffen in englischer Sprache verfasst wurden, beschränkte sich auch die Umgangssprache während unseres gemeinsamen Einsatzes auf Englisch. Doch die dreimonatige Ausbildungszeit hatte bereits viel Spielraum für Vorurteile geschaffen, die es zu Beginn erst noch zu überbrücken galt. Ich hatte sie aufgrund ihrer Schüchternheit als eine langweilige Person abgestempelt, die meinen Arbeitsalltag öde gestalten würde. Sie hatte mich als eine «möchtegern-macht-auf-hart» Frau eingeschätzt, die einen seltsamen Humor hatte. Vor allem nach dem «Nussknacker-Vorfall», doch das passt jetzt nicht in diesen Eintrag. Durch die täglichen Ausfahrten lernten wir uns gezwungenermassen als Menschen kennen und es entstand eine ausgeglichene Freundschaft. Sie begann erst richtig zu florieren, als Captain Adlerauge für einen Monat beurlaubt worden war und Leutnant Ronny somit die Führung des ersten Frauenteams übernahm. Eine Formation, die bis zu diesem Zeitpunkt nicht der Norm entsprach und Aufsehen im Camp erregt hatte. Da die anderen Teams sich bereits alle in ihre Bereiche und Kontaktstellen eingearbeitet hatten, hätte eine Umstrukturierung der bestehenden Teams keinen Sinn ergeben. Also hatten wir das erste reine Frauenteam geformt. Durch diese neue Teamkonstellation war uns beiden bewusst geworden, dass der Fokus nun noch stärker auf unserer Leistung lastete. Auch wenn wir diesen Zustand nie besprochen hatten, so war uns klar geworden, dass wir mehr denn je zuvor unter wachsamen Augen performten. Und es war uns beiden ein Anliegen, der Männerwelt keinen Grund zu liefern, künftig reine Frauengruppen zu unterbinden. Das gesamte Kontingent hatte davon erfahren, dass ein zweier Frauenteam neu in Sekjr Dalab patrouillierte. Das Gebiet galt als das kritischste Einsatzgebiet des Landes und war unter ständiger Observation. Es handelte sich um das südwestliche Grenzgebiet zwischen Borava und dessen orthodoxem Nachbar Zunkjur, in dem vor allem BO-Städte die Mehrheit bildeten. Nur eine BM-Enklave hielt noch unter dem Schutz des Militärs die Stellung. Im ganzen Land waren Informationssammler wie ich, aus jeglichen Nationen, verteilt. Doch das Militär hatte sich bei Sekjr Dalab bewusst für mein Kontingent entschieden. Denn die Aufgabe bestand darin, den beiden vertretenen Ethnien das Gefühl der Neutralität, Sicherheit und Kontrolle zu vermitteln. Das Militär hatte sich auch bewusst dafür entschieden, dass wir mit offensichtlichen Geländefahrzeugen uns der Bevölkerung preisgaben und somit mit offenen Karten spielten. Es stand fest, dass Leutnant Ronny und ich nunmehr Leistung erbringen mussten, um im Namen der Frauenwelt ein vorbildliches Exempel zu statuieren. Leutnant Ronnys Persönlichkeit war eher vorsichtig, wodurch sie die ruhige Rolle der reservierten Autoritätsperson in unserem Team übernommen hatte. In Meetings stellte sie nur gelegentlich Fragen und probierte mit kühler Ausstrahlung ihre Position zu festigen. Mit meiner offenen und kommunikativen Persönlichkeit war ich für die Sympathiegewinnung unserer zu befragenden Kontaktpersonen zuständig. Denn in diesem Job konnte ich meinem Hobby nachgehen, Menschen kennenzulernen und alles über sie zu erfahren. Obwohl unser oberstes Ziel der Schutz der Bevölkerung war, so war es eher ein schwieriges Unterfangen. Auf der einen Seite wussten die Boravaren, dass wir diese Arbeit ausführten, um für ihre Sicherheit zu sorgen und gewalttätige Ausschreitungen zu unterbinden. Dennoch bestand der Hauptteil dieser Arbeit in der Kommunikation mit fremden Menschen, die es zuerst von sich selbst zu überzeugen galt. Ich übernahm die Rolle als Verbindungsglied zwischen der Kontaktperson und Leutnant Ronny und wurde zur geselligen Gesprächspartnerin, welche jeweils auf einer persönlichen Ebene eine Beziehung zu den vorgegebenen Kontakten aufbaute. Es war das erste Mal, wo ich mich fühlte, als würde ich etwas von Natur aus gut können. Im Büro war zu jeder Kontaktperson jeweils eine Akte hinterlegt, in der sämtliche, bereits extrahierten Informationen aufgelistet waren. Wann immer Leutnant Ronny und ich uns ein Treffen mit einem Informanten vorgenommen hatten, las ich mich in dessen Unterlagen ein und suchte nach Anhaltspunkten, damit ich bei einem Gespräch das Eis brechen konnte. Mein Ziel wurde es, gemocht zu werden und dadurch ein offenes Gespräch führen zu können. Den alles andere war nur Zeitverschwendung und nicht zielführend. Sobald ich eine stabile Beziehung hergestellt hatte, konnten Leutnant Ronny und ich uns den relevanten Fragen widmen. Mit charmant aufgesetztem Lächeln und aufmerksamen Kommentaren gewannen wir jeweils das Wohlwollen der meisten Kontakte und galten am Ende der Mission sogar als das am besten performende Team unseres Gebietes. Selbst die harten Fälle überzeugte ich von uns, indem ich mich immer desselben Tricks bediente. Wann immer wir wieder streng patriarchischen Männern begegneten, nach deren Auffassung eine Frau nichts im Militär verloren hatte, spielte mir ihre Sucht und Neugierde in die Hände. Während der ersten halben Stunde des anstrengenden Meetings machten die Männer Leutnant Ronny und mir von Beginn an deutlich, dass sie unsere Anwesenheit missbilligten. Sie lieferten nur halbherzige oder intransparente Antworten, gefolgt von verstohlenen, abschätzigen Blicken. Manche stellten sogar bewusst frauenfeindliche Fragen, um uns zu verunsichern oder zu demütigen. Die Besuche solch schwieriger Kontaktpersonen waren der Beginn meiner Raucherphase. Da die meisten Männer in meinem zugeordneten Gebiet der Zigarettensucht verfallen waren, nutzte ich diese Gelegenheit aus. Auf dem boravarischem Markt gab es keinen Zugang zu Zigaretten mit Geschmackskugeln. Im Filter steckten, je nach Marke, ein bis zwei mit Flüssigkeit gefüllte Kügelchen, welche ich kurz vor dem Anzünden der Zigarette mit etwas Fingerspitzengefühl zerdrücken musste. Dadurch wurde eine aromatische Geschmacksnote freigesetzt. Wenn das geplante Gespräch harzig oder nicht nach meinen Vorstellungen verlief, schlug ich eine kurze Raucherpause vor. Einige Kontakte pafften bei geschlossenen Fenstern noch in den Meetingräumen, während andere hierfür das

Gebäude verließen. In Borava war das Rauchen in öffentlichen Räumlichkeiten immer noch gestattet. Mein Übersetzer und ich würden uns sogleich der Raucherpartie anschließen. Während alle Raucher ihre Zigaretten auspackten, ließ ich durch den Übersetzer verkünden, dass ich der Kontaktperson eine meiner Zigaretten anbieten wollte. Nachdem diese reflexartig verneinten, da sie ihre eigenen hatten, ließ ich ihnen das Prinzip meiner sonderbaren Zigarette von dem Übersetzer erklären. Auch wenn ich die Sprachen meiner Kontakte nicht verstand, so ermächtigte ich mich einzelner Wörter. Wie zum Beispiel die beiden Geschmacksrichtungen meiner Zigaretten. Also forderte ich meinen Übersetzer dazu auf, meine Illustration zu dokumentieren. Ich zeigte ihnen während meiner englischen Erzählung demonstrativ meine Zigarette. Sobald der Übersetzer den Fruchtgeschmack aussprach, führte ich mit meiner Zigarette das Klicken vor und wiederholte das Wort der Geschmacksrichtung in deren Sprache. Mich erwarteten jedes Mal dieselben überraschten Blicke von neugierigen Buben, woraufhin ich ihnen erneut meine Schachtel mit einer bereits hervorgezogenen Zigarette offerierte. Die Neugierde des Mannes siegte immer. Fasziniert würden sie zögerlich eine Zigarette rausfischen und den Filter nach der Kugel abtasten. Sobald ich etwas Unsicherheit in ihrer Körpersprache wahrnahm, trat ich einen Schritt näher auf sie zu und bestärkte sie mit einem zuckersüßen Lächeln und einem vertrauensvollen Blick in ihrem Vorhaben, zu klicken. Ich fühlte mich dabei etwas schuldig, da ich sie somit zum Rauchen animierte. Doch sie hätten sowieso geraucht – also wieso nicht gleich eine von meinen anbieten und sie somit in meine Schuld bringen? Zeitgleich führte ich meine bereits angezündete Zigarette der Person vor und klickte für die zweite Geschmackskugel, gefolgt von dem Wort für die zweite Geschmacksrichtung in ihrer Sprache. Sobald sie die Geschmackskugel zerdrückten und sich über das entstandene Geräusch «Klick» amüsierten, rauchten wir gemeinsam gemütlich die Zigaretten. So banal es auch klingen mag, doch spätestens ab diesem Moment hatte ich deren Sympathie gewonnen und begann zum Einstieg ein harmloses Gespräch über ihr Leben in Borava. Ich ließ mir von ihrem Familienleben und ihren Ansichten über die pubertierende Jugend erzählen. Ich empfand es als höchst spannend, ihre unterschiedlichen Lebensweisen zu erfahren und nachzuempfinden, wie sie das weltliche Dasein erlebten. Jeder klagte gerne über das schamlose Verhalten der jüngeren Generation, welche das Maß an Unverschämtheit immer auf ein neues Level brachte. Während die Kontaktpersonen bei ihren Herummäkeleien aufblühten, ließ ich sie sogleich einen Vergleich zu ihrem eigenen früheren Leben und ihrer Kindheit ziehen. Beim nächsten Treffen würde ich ihnen dann mein aufmerksames Zuhören beweisen, indem ich ihre damalige Erzählung mit einem aktuellen Thema verknüpfte. Daraus resultierten Informationsflüsse, die mir und Leutnant Ronny einen tieferen Einblick in die sozialen Strukturen unserer Region gewährten.

Leutnant Ronny und ich waren entgegen unserer anfänglichen Erwartungen zu einem perfekt eingespielten Team geworden. Erst durch die Ausfahrten lernte ich ihr wahres Ich kennen. Ihre Schüchternheit mir gegenüber legte sich nach den ersten zwei Monaten. Bis ich irgendwann zu der Erkenntnis gelangte, dass sie nicht schüchtern, sondern extrem ruhiger und gelassener Mensch war. Es gab nur wenig, was sie zum Staunen brachte oder sie verblüffen konnte. Sie war für mich der Inbegriff der englischen Bezeichnung «smooth». Wenn sie sich bewegte, wirkte alles so elegant und präzise. Wenn sie sprach, dann in einem entspannten Ton. Sie überdachte zuerst noch die Informationen, welche sie preisgeben würde. Durch sie lernte ich, dass ich mehr Autorität erlangen konnte, indem ich auch mal schwieg und dann einfach zuschauen konnte, wie das Gegenüber die unerträgliche Stille von selbst überbrücken würde. Ich hingegen redete gerne einfach darauf los und würde Leutnant Ronny mit gewissen direkten Fragen aus dem Konzept bringen. Während den stundenlangen Ausfahrten öffnete sie sich mir mit der Zeit, wodurch wir zu Freundinnen wurden. Als wir uns darüber im Klaren waren, dass durch unsere Zweierkonstellation nun das gesamte Augenmerk auf uns lag, musste eine neue Strategie her. Denn wir beide wollten uns der Männerwelt als würdig erweisen und ihnen zeigen, dass es uns nicht zu unterschätzen galt. Wir wollten #Frauenpower beweisen. Gemeinsam interagierten wir mit der Bevölkerung, indem wir unseren privaten Einkauf in ihren Shops ausführten und dabei mit den Verkäufern Freundlichkeiten austauschten. Wir aßen in den Dörfern mit der lokalen Bevölkerung zu Mittag. Wir lancierten soziale Projekte und sammelten Spenden für Schulen und Kindergärten. Wir leisteten unseren Beitrag bei der Errichtung einer Brücke, wodurch eines der Dörfer nicht mehr durch einen ausufernden Fluss waten musste. Wir halfen freiwillig bei dem Bau einer Klettertreppe zur Via Ferrata Kunjf. Am meisten Fürsorge von uns erhielt eine alte Dame, welche noch als einzige Bewohnerin in einem verlassenen Dorf abseits lebte. Alle paar Wochen besuchten wir sie und brachten ihr Lebensmittel wie Brot, Milch, Kaffee und Aufstriche vorbei. Sie lebte in solch ärmlichen Verhältnissen, dass ihre Wasserzufuhr im Winter zufror und sie nicht mehr duschen oder kochen konnte. Die gesamte Nachbarschaft Sekir Palabs kannte die Greisin und schätzte es ungemein wert, dass wir uns ihr annahmen. Wir führten solch eine liebevolle Beziehung, dass ich sie in meinem Umfeld als meine boravare Großmutter bezeichnete. Sie hatte auch schon um Wolle gebeten, damit sie Leutnant Ronny und mir Socken stricken konnte. Neben den bestehenden Kontakten lernten wir durch sie viele neue kennen, die wir in unsere Datenbank aufnehmen konnten. Mit kleinen Aufmerksamkeiten aus meiner Heimat überraschte ich unsere Kontaktpersonen. Ein paar Kontakte mochten uns so sehr, dass wir zu privaten Mittagessen und zeremoniellen Festivitäten eingeladen wurden. Leutnant Ronny und ich hatten nicht nur eine boravare Großmutter, sondern auch eine boravare Mutter. Wann immer wir sie besuchten, erwartete uns ein reichlich gedeckter Tisch mit regionalen Spezialitäten. Durch sie wussten wir jeweils aus erster Hand, was in der Nachbarschaft vorging. Wir wurden von allen unseren Kontakten zum hausgebrannten Schnaps gedrängt, um erfolgreiche Meetings zu zelebrieren – ein hochprozentiger Alkohol, welcher die Speiseröhre brennen ließ. Es gab auch fruchtige Variationen davon, welche den Konsum noch etwas genussvoller gestalteten. Doch das Militär hatte während der Ausbildung darauf hingewiesen, dass das Trinken von alkoholischen Getränken während des Dienstes untersagt sei. Jedem Soldaten auf dieser Mission war jedoch auch bewusst, dass man solch ein Angebot nicht ablehnen durfte. Die lokale Bevölkerung hätte nämlich eine Verweigerung kulturell bedingt als Beleidigung empfunden. Was zur Folge hatte, dass das bereits kompromisslos eingeschenkte Getränk des Fahrers von einem anderen Teammitglied ausgetrunken werden musste. Da ich meistens als Fahrerin unterwegs war, mussten sich Leutnant Ronny oder einer der Übersetzer für mich aufopfern. Ich lernte gleich zu Beginn, dass ich das Shotglas nicht gleich exen sollte, wenn ich mit dem Trinken mal an der Reihe war. Denn ein leeres Glas wurde gleich wieder mit einer neuen Portion gefüllt. Die beste Ausgangslage war somit, dass ich das Getränke zuerst dankend annahm und es Schluck für Schluck während der Dauer des gesamten Treffens leerte.

    Leutnant Ronny und ich hatten uns so gut in die zivile Bevölkerung integriert, dass wir ab und zu beim lokalen Frisör die Haarspitzen schneiden ließen. Ich ließ meinen Sidecut glattrasieren und genoss den Badass-Look. Obwohl wir uns beide nicht wirklich um unsere äußere Erscheinung kümmerten und wir zu faul für Beautytrends waren, so ließen wir uns von einer Kosmetikerin zum ersten Mal die Nägel lackieren. Aus unserem ersten Besuch wurde ein Ritus und alle drei Wochen erhielten wir uns unsere Gelnägel aufgefrischt. Und dass, obwohl wir uns beide zuvor nie künstliche Nägel hatten machen lassen. Auf der einen Seite war es schön, für einen Augenblick die feminine Ader aufblühen zu lassen und die kosmetische Behandlung als kleine Auszeit zu genießen. Die einzige Vorgabe des Militärs diesbezüglich lautete, dass es eine neutrale Farbe wie zartrosa zu sein hatte. Das Tragen der Uniform brachte solch eine Monotonie mit sich, dass die rosafarbenen Nägel einen kleinen Ausbruch aus der Routine ermöglichten und gepflegt aussahen. Tatsache war, dass weibliche Kontakte gerne und offener redeten. Somit bot der Besuch bei diesen Frauenlokalen uns den Vorteil, dass wir einen Teil des neuesten Klatschs und Tratschs der Stadt erzählt bekamen. Denn sind wir ehrlich – Frauen in einem Beautysalon lästern gerne und mögen es, sich über andere auszulassen. Doch von nichts kommt nichts. Was bedeutete, dass auch Leutnant Ronny und ich mitreden mussten, in dem wir unbedeutende Geschichten von unserem Leben im Militär oder mit unseren Kontakten preisgaben. Es war jedoch eine feine Gratwanderung, nichts systemrelevantes preiszugeben, was dann negative Auswirkungen haben konnte. Doch unsere Geschichten waren spannend genug, dass es so zu regen Gesprächen zwischen uns kam. Nach einem unserer Besuche hatte uns die Kosmetikerin am Ende des Treffens den Tipp gegeben, uns nach diesem Termin mal in der nächsten Querstraße umzuschauen. Eine Quartierstraße, welche sich eigentlich nicht auf unserer üblichen Route befand. Nur so waren wir durch diesen Hinweis dann auf einen Bombenanschlag gestoßen, welcher auf einen kandidierenden Politiker verübt worden war. Jemand hatte dessen vor der Einfahrt eines Ladens stehendes Auto zur Abschreckung in die Luft gejagt. Es gab nämlich einen bereits amtierenden Stadtpräsidenten, welcher jedoch in schmutzige Geschäfte verwickelt war. Der klassische Bad-Guy in einem Film. Seines Opponenten hatte er sich somit durch eine Morddrohung entledigt. Wir inspizierten das Fahrzeug noch gleich vor Ort und verfassten einen Bericht, welchen niemand in der Zentrale von uns erwartet hätte, da es nicht zu unserem Bereich gehörte. Diese Thematik hätte eigentlich vom Team 7.A aufgegriffen und bearbeitet werden sollen, bestehend aus Spezial Offizier «Spec Of» Regliger, Soldat Lotti und Unteroffizier Nungi, denn ihrem Team oblagen unter anderem die Thematiken Blaulichtorganisation und Politik. Doch in der Rolle des Militärs konnte man nie davon ausgehen, dass man aktiv auf solch einen Vorfall hingewiesen werden würde. Denn obwohl alle Stadtbewohner innerhalb kürzester Zeit davon erfahren hatten, so hätte niemand dem Militär freiwillig davon erzählt. Auf der einen Seite waren sich beide Ethnien in der Bevölkerung zwar bewusst, dass das FORB den Erhalt des Friedens zwischen der BM- und BO-Bevölkerung gewährleistete. Trotzdem wurde das Militär wie ein schlechtes Omen gemieden und es wurden nur auf spezifische Anfragen hin Informationen offenbart. Umso wichtiger war es, dass Leutnant Ronny und ich uns auf unsere sicheren Kontakte verlassen konnten. Das Einzige, was wir nicht beeinflussen konnten, war das Glück. Oder der Zufall, dass wir genau zur richtigen Zeit den richtigen Kontakt treffen würden. Als Leutnant Ronny und ich unsere Zimmer um 0304 in der Früh gerade zusperrten, wussten wir noch nicht, dass wir das Ende dieser Geschichte vielleicht hätten umschreiben können. Wenn wir doch nur den richtigen Kontakt zur richtigen Zeit getroffen hätten

Der Dancon Marsch

Während ich an Leutnant Ronny rechts vorbei Richtung Aufenthaltsraum marschierte, grüßten wir uns nur mit brummendem Gemurmel. Ich hatte mir selbst nicht die Mühe gemacht, tatsächlich ein Wort auszusprechen. Ich hatte noch keine überschüssige Energie, mit welcher ich sie hätte begrüssen können. Leutnant Ronny schien es zu dieser frühen Stunde gleich zu gehen. Auch sie war wohl genauso aus ihrem Tiefschlaf gerissen worden wie ich. Während ich die Türe des Aufenthaltsraumes öffnete, dachte ich über die möglichen Gründe nach, warum wir wohl um diese Uhrzeit so abrupt geweckt worden waren. Vielleicht war es Teil der Routineübung «Ground Attack», die eigentlich erst für Morgen angesagt war und somit die Soldaten überraschen sollte. Das Militär stellte mit regelmäßigen Übungen sicher, dass die Soldaten nicht durch die Gemütlichkeit der Routine der Langeweile verfielen. Die Routine beherbergte die Gefahr, dass Warnzeichen nicht mehr frühzeitig erkannt wurden. Und auch wenn zu diesem Zeitpunkt die Lage als ruhig eingestuft worden war, so waren wir dazu getrimmt worden, niemals die Deckung zu vernachlässigen. Es gab zwei unterschiedliche Übungsarten. Bei den Kontingentsübungen kamen sämtliche im Land verteilten Soldaten zusammen und erfuhren dann vor Ort den Tagesablauf und die Aktivität. Manchmal handelte es sich um Schießübungen, bei denen die Technik wiederholt und die Zielgenauigkeit trainiert wurde. Dabei verbrachte ich den gesamten Tag auf einem nicht überdachten Schießgelände und behauptete mich gegen die Hitze. Manchmal waren es strategische Übungen, welche die Aufmerksamkeit für die aktuelle Situation wieder schärften. Ich mochte die Gelegenheit dieser Übungen, um so die anderen Soldaten meiner Ausbildungszeit wieder zu treffen und mich mit ihnen über ihre Erfahrungen auszutauschen. Ich zelebrierte die Tage, an denen sich ein Großteil meines Kontingentes an einer verlassenen Ecken Boravas wiederfand und wir gemeinsam einen aktionsreichen Tag verbrachten. Die zweite regelmäßige Pflichtübung wurde nur im Camp abgehalten und durch den Captain einer Einheit geführt. Auch hier wurden vorbereitete Trainings abgehalten, bei denen die Waffenhandhabung wiederholt oder die Soldaten auf unerwartete Ereignisse vorbereitet wurden. Obwohl ich den anderen Teammitgliedern im Büro oder im Camp begegnete und wir manchmal gemeinsam zu Abend aßen, so boten diese Übungen eine neue Zusammenkunft der gesamten Gruppe an. Mit dabei in meiner zehnköpfigen Einheit waren zwei verschlossene Teammitglieder, mit denen ich mich, wenn überhaupt, nur rigoros über die Mission austauschen konnte. Unteroffizier Mättu und Adjutant Steiff waren beide Berufsunteroffiziere «BU», welche sich von Beginn an auf keinen Kontakt mit weiblichen Soldaten eingelassen hatten. Unteroffizier Mättu war mit seinen 1.97 Meter der größte unserer Einheit und in seiner Funktion oblag ihm die Zuständigkeit der Unterkunft. Da wir als kleine Einheit galten, kümmerte er sich zusätzlich noch um die buchhalterischen Handhabungen. Durch regelmäßigen Sport war sein Körper athletisch fit. Er hatte kleine leicht abstehende Augen, welche je nach Lichteinfall grünbraun schimmerten. Seine Haut hatte trotz der Sonne Boravas immer einen hellen Teint. Die braunen Haare waren kurz getrimmt und ein gepflegter langer Bart kaschierte einen Großteil seines ovalen Gesichtes. Seine Stimme hatte einen nasalen Unterton und aufgrund seines Heimatortes hatte er einen niedlichen Akzent. Daher fiel es mir bei einem ernsten Gespräch teilweise schwer, ihn vollkommen ernst nehmen zu können. Vielleicht war Unteroffizier Mättu deswegen so wortkarg und die Ruhe selbst. Es gab nichts Persönliches, was ich über ihn erfahren hatte. Adjutant Steiff war von Beginn an sein Binom gewesen und die beiden ergänzten sich auf sämtlichen Ebenen. Sie hatten sich im Borava bei der Bildung der Teams als reines Männerteam etabliert und formten zu zweit 7.B. Ihrer Zuständigkeit oblag unter anderem die Nachhaltigkeit der Landwirtschaft. Anfangs hatte ich deren Ablehnung mir gegenüber als einen persönlichen Angriff empfunden. Nach Monaten bemerkte ich schließlich, dass sie sich bei jeder Frau so unzugänglich verhielten. Auch wenn keine Frau meines Kontingentes je irgendwelche Avancen gemacht hatten, so waren die beiden Berufssoldaten so auf ihre zu Hause wartenden Partnerinnen fixiert, dass sie jegliche Arten von privaten Interaktionen vermieden. Mit den anderen Teammitgliedern konnte ich mich hingegen gerne auch mal über private Geschehnisse austauschen. Da Captain Adlerauge zu diesem Zeitpunkt noch abwesend und dessen Stellvertreter Spec Of Regliger gerade im Urlaub war, hatte der nächst ranghöhere die Organisation und Planung dieser Monatsübung übernommen. Adjutant Steiff war ursprünglich gelernter Gärtner, doch das militärische Verhalten war ihm in die Wiege gelegt worden. Mit seinem militärischen Grad kümmerte er sich unter anderem um die Ausführung der Ausbildungen. Er war 1.65 Meter groß und hielt seinen schmächtigen Körper durch tägliches Training in top Form. Er hatte kurzgeschorene dunkelbraune Haare und einen millimetergenau getrimmten Bart. Egal ob er saß oder stand, seine Körperspannung hielt er immer stramm. Seine Gesichtsmimik war der Inbegriff der Neutralität. Seine gletscherwasser-blauen Augen verrieten nichts über seinen Gedankengang und ließen ihn unantastbar wirken. So selten es auch war, erstaunte er manchmal mit einem herzhaften Lachen, welchem nach nur wenigen Augenblicken der Unbeschwertheit jedoch wieder Einhalt geboten wurde. Sein Wecker klingelte jeden Tag um die exakt selbe Zeit. Es dauerte jeweils drei Pieptöne, bis er den Alarm ausschaltete und sein Tag mit einer Laufrunde begann. Er verfolgte auf die Minute genau seine täglichen Routinen und überließ nichts dem Zufall. Selbst seine Gangart zur Toilette erinnerte an einen kalkulierten Marsch. Wenn er auf eine Kurve zulief, dann erfolgte beim erstmöglichen Wendepunkt eine kontrollierte 90 Grad Drehung um die eigene Achse, bevor er seinen Stechschritt fortsetzte. Wann immer ich seinen Container passierte und einen Einblick in sein Zimmer erhaschte, fand ich eine perfekt geordnete und aufgeräumte Schlafstelle wieder. Seine Notizen waren trotz seiner hässlichen Schrift penibel präzise und perfektionistisch angeordnet. Obwohl Adjutant Steiff bereits in der Militärakademie Soldaten geführt hatte, schien er sich in seiner stellvertretenden Rolle während des Auslandseinsatzes erst noch einfinden zu müssen. Bis vor einer Woche war er nur der Gruppenkommandant eines zweier Teams mit Unteroffizier Mättu gewesen. Ihre Schwachstelle war, dass sie beide keine Männer großer Worte waren und ihnen das Gespräch mit den Bauern schwerfiel. Ich hatte durch die anderen Übersetzer erfahren, dass ihre Ausfahrten somit ziemlich entspannt verliefen und sie sich eher auf das Beobachten aus der Ferne spezialisierten. Sie hatten sich sogar eine handliche Kaffeemaschine angeschafft, mit welcher sie an manchen abgelegenen Stellen Pausen einlegten und die Aussicht über die boravarischen Gebirge genossen. Doch nun befahl Adjutant Steiff unerwartet die gesamte Einheit von Captain Adlerauge. Auch wenn seine Befehle klar strukturiert und logisch waren, so entwich ihm gelegentlich etwas Unsicherheit. Ich konnte erkennen, wie wichtig es ihm war, alles penibel korrekt auszuführen und dem Militär alle Ehre zu machen. Das Militär war für ihn sein Leben. Zu diesem Zeitpunkt wusste ich noch immer nicht, ob seine eingehaltene Distanz nach unserem letzten gemeinsamen Dancon Marsch noch größer oder kleiner geworden war. Ich hatte einige Male probiert, mit ihm durch etwas Smalltalk ins Gespräch zu kommen, wurde jedoch innerhalb kürzester Zeit abgewimmelt. Rauchen gehörte auch nicht zu seinen Lastern. Das letzte Mal, an dem wir uns gut verstanden hatten, war während des 25 Kilometer Marsches außerhalb des Camp Geländes gewesen. Das dänische Kontingent veranstaltete zwei bis vier Mal pro Jahr einen Marsch, an dem sogar Soldaten anderer Camps teilnehmen durften. Beim Dancon Marsch handelte es sich jedes Mal um eine neu definierte Strecke, die nach unzähligen Hügeln und Feldlandschaften wieder in den Camp Eingang mündete. Die Route bestand aus geteerten Straßen, Kiesel- und Feldwegen. Die Regel setzte voraus, dass ein Soldat den ganzen Marsch über seine gesamte Ausrüstung und 10 Kilogramm Gepäck mittragen musste, wobei der Proviant nicht dazu gerechnet wurde. Dafür erwarteten die Teilnehmer mehrere Verpflegungsstationen auf dem Weg durch die boravarischen Nachbarschaften. Einige Soldaten packten zusätzlich schwere Steine ein, damit sie noch mehr Gewicht zu tragen hatten und sich gegenseitig herausfordern konnten. Der Marsch hatte sich wie eine überdimensionale Schulklassenwanderung angefühlt, bei dem die groß gewordenen Mobber, Waffen mit sich trugen. Mit dem Ziel, den Freunden durch schnelle Geschwindigkeit und Durchhaltevermögen ihre Männlichkeit beweisen zu wollen. Die Ausrüstung beinhaltete nicht nur die geladenen Waffen, sondern auch die 10 Kilogramm schwere Splitterschutzweste «SpliSchu», die Kampfstiefel und den Helm. Das Gewicht des Karusas wurde von den dänischen Organisatoren vor dem Marsch gewogen, bevor jeder nach der Bezahlung der Teilnahmegebühr seine Startnummer zugeteilt bekam. Das gesammelte Geld wurde im Anschluss für einen wohltätigen Zweck an eine lokale Organisation gespendet. Denn auch die dänische Nation hatte im Norden des Landes eine Einheit in einem BM-Gebiet aufgestellt, die für die Informationsbeschaffung zuständig waren. Diese erhielten somit die Möglichkeit, sich so ihre Informationskanäle aufzubauen, indem sie dann mit dem gesammelten Geld die Loyalität lokaler Organisationen durch Spenden für sich gewannen. Da ich mich selbst herausfordern wollte, schloss ich mich bei diesem Marsch einer kleinen Gruppe von vier Soldaten an. Mein Kontingent hatte sich unterteilt in diejenige, die gemütlich teilnehmen wollten und die, die mit hoher Schnelligkeit das Ziel erreichen wollten. Bei der zweiten Gruppe war auch Adjutant Steiff mit dabei. Um 1200 erklang der Startschuss und über 1'000 Soldaten marschierten in der prallen Sommerhitze los. Einige Gruppen marschierten mit erhobener Landesflagge, während andere mit laut brummenden Musikboxen motivierten. Meinem Team wurde gleich zu Beginn vorgeführt, dass wir nicht den ersten Platz belegen würden, als die ungarischen Hardcore Soldaten los sprinteten. Sie waren alle muskulöse Kampfmaschinen und widersetzten sich den Strapazen des Marsches. Die Sonne brannte auf mich nieder, wodurch die gesamte Uniform nach weniger als einer Stunde von Schweiß durchtränkt war. Auf der gesamten Strecke waren immer wieder Kontrollposten aufgebaut worden, bei denen ich mir einen Stempel abholen musste. Wer nicht alle Stempel am Ende des Marsches vorweisen konnte, wurde disqualifiziert. Zwischen den Kontrollposten hatten die Dänen noch freiwillige Helfer positioniert, welche bei einem Notfall kontaktiert werden konnten. Es kam immer wieder vor, dass Soldaten auf Grund der Hitze kollabierten und abtransportiert werden mussten. Die boravarische Bevölkerung stellte sich an die Hauseingangstüren und beobachtete skeptisch die Parade. Für sie muss unser friedlicher Marsch wie eine Machtdemonstration der FORB gewirkt haben. Um die Anspannung etwas zu lockern, kauften viele Teilnehmer zuvor sämtliche Süßigkeiten der Campshops auf. Während dem Marsch verteilten sie dann die Süßigkeiten an die Kinder, die sich seitlich unserer Kolonne aufgereiht hatten und gierig ihre Hände ausstreckten. Bereits nach der zweiten Stunde spürte ich, wie sich die Haut an gewissen Fußstellen zu lösen begann. Und dass, obwohl ich sämtlichen Tipps und Tricks für lange Wanderungen Folge geleistet hatte. Ich trug eine Strumpfhose unter den zuvor mal schweißgetränkten Wollsocken, die vor der Wanderung mal getrocknet haben. Und trotzdem hatte ich brennende Stellen rund um meine Füße herum, welche meine Aufmerksamkeit auf sich zogen. Doch mein Wille war stärker und ich hielt weiterhin das straffe Tempo durch. Ich lenkte mich selbst ab, indem ich meine Mitsoldaten über deren Leben ausfragte. Adjutant Steiff schien sich wie erwartet, nicht an meiner Unterhaltung beteiligen zu wollen. In der dritten Stunde erreichte der Schmerzpegel einen neuen Zenit und ich war mir sicher, dass ich bereits in meinem Blut vor und zurück rutschte. Das Klima in meinem Schuh war eine Mischung aus schweißiger Feuchtigkeit und Wundwasser. Egal in welche Richtung sich meine Füße in den Schuhen bewegten, mich überraschte immer wieder eine neue Stelle, welche bei etwas Druck aufbrannte. Ich hatte selbst gemerkt, wie sich meine Gangart verändert hatte, um die schmerzhaftesten Druckstellen zu entlasten. Ich wollte zwar im Gleichschritt mit den anderen Soldaten mithalten, doch dafür galt es, das Gefühl des Schmerzes zu unterdrücken. Selten fuhren Autos an uns vorbei, mit denen ohnmächtige Soldaten abtransportiert wurden. Mit Antritt der vierten Stunde war ich komplett verstummt und wurde sichtlich langsamer. Mit jeder Minute, die verging, wurden meine Schritte träger und ich begann, mir Vorwürfe zu machen. Ich scheiterte nicht an fehlender Energie oder sonstigen Defiziten; nur meine Füße brannten von allen Seiten und jeder Schritt war eine Qual. Ich wusste, dass ich das Team an ihrem Potential hinderte. Also wollte ich mich von der Gruppe abspalten, um sie nicht von ihrem Ziel abzuhalten. Als ich der Gruppe meinen Entscheid bekannt gab, stand Adjutant Steiff unerwartet plötzlich für mich ein. Mit lauter Stimme übernahm er die Rolle des Führers und bezeugte, dass er mich unter keinem Umstand im Stich lassen würde. Obwohl er normalerweise eher der reservierte Typ war, begann er mich mit Fragen zu löchern. Ich konnte nicht einschätzen, ob er auch wirklich zu hörte oder versuchte, mich einfach abzulenken. Er fragte mich über meine Traumvorstellung eines Eigenheimes, die Beziehung zu meinem Partner Raphael und meine Erfahrungen als Frau im Militär. Da ich meine verbleibende Energie nur noch auf das Ignorieren meiner Schmerzen versteift hatte, erhielt er nichts als kurz angebundene Antworten. Doch er ließ nicht locker und redete die gesamte Zeit über mit mir. Bei einem äußerst steilen Hügel erreichte ich meine Grenze und war bereit, mich hinzusetzen und auszuruhen. Auch wenn ich nicht mehr wollte, so durfte ich meine Schuhe nicht ausziehen. Die Füße wären danach sonst so angeschwollen, dass ich sie nicht wieder in die Schuhe reinbekommen hätte. Die anderen Teammitglieder hatten mein Scheitern erwartet und marschierten weiter. Adjutant Steiff stellte sich unvorhergesehen vor mich und befahl mir, mich an seinem Rucksack festzuhalten. Als ich das Angebot zu Beginn nicht annehmen wollte, schrie er mich an und forderte mich erneut auf, mich an seinem Rucksack festzuklammern. Dabei streckte er mir seine Hand entgegen und bereitete sich darauf vor, mich von Boden hochzuziehen. Sein neuer Plan lautete, dass er weitermarschieren und mich mitziehen würde. Nach seiner herrischen Aufforderung befolgte ich seinen Befehl, umklammerte eine Lasche seines Karusas und ließ mich von ihm führen. Nach dem Hügel erkannte ich in der Ferne die Umrisse des Campzaunes. Wir erreichten erst die entgegenliegende Seite des Campeinganges, doch das Ziel war absehbar. Nach 4 Stunden und 24 Minuten überschritten wir gemeinsam als Zweierteam die Ziellinie und nahmen beim Empfang stolz unsere Medaillen entgegen. Erschöpft bedankte ich mich bei Adjutant Steiff, dass er mich bis zum Ende gepusht und nicht zurückgelassen hatte. So bescheiden wie er war, lehnte er nur dankend ab und belehrte mich, dass Kameradschaft das wichtigste Hab und Gut eines Soldaten sei. Beim Treffpunkt innerhalb des Camps humpelte jeder Dritte leicht, weil alle ihre Füße überstrapaziert hatten. Während zur Feier des Tages mit einem Getränk angestoßen wurde, verschwand ich auch schon im Ärztezelt und ließ meine Füße behandeln. Elf Blasen und zwei Fußnägel hatte mich die Wanderung gekostet. Ich hatte es als eine spannende Erfahrung empfunden, die beiden Nägel meiner kleinen Zähen eigenhändig langsam abreißen zu können. Nachfolgend erhielt ich einen einwöchigen Dispens für die militärischen Kampfstiefel, wodurch ich nicht mehr für den Außeneinsatz zugelassen war. Schließlich konnte ich nicht mit zivilen Schuhen in einer militärischen Uniform auftreten. Im gesamten Camp war ich somit nicht mehr nur die bändige Yogalehrerin, sondern die, welche in türkisen Flip-Flops rumspazierte und vom Camp aus Büroarbeit leistete. Ich übte mich in dieser Zeit darin, keinen Fuck auf die verstohlenen Blicke zu geben. Meine Brust war erfüllt mit Stolz, dass ich als schnellste Frau meines Kontingentes den Marsch vollendet hatte. Und ich erhoffte mir einen Durchbruch in der Beziehung mit Adjutant Steiff. Ich wusste, dass wir noch immer keine Freunde waren, doch ich war mir sicher, dass dieses Event uns doch irgendwie zusammengeschweißt hatte. Ich empfand tiefen Respekt für ihn als Mensch und wusste, dass er als temporäre Stellvertretung die neu zugewiesene Führungsposition hervorragend meistern würde. Und dementsprechend freute ich mich bereits auf die Monatsübung, in die er voller Enthusiasmus offensichtlich viel Elan und Ehrgeiz bei der Planung reingesteckt hatte. Warum sonst, sollte er mich um 0300 geweckt haben?

MILGA TEIL 1 VON 2

Der Aufenthaltsraum meiner Einheit bestand aus vier zusammengesetzten Containern, bei denen man jeweils zwei Wände rausgenommen und somit die Größe eines Wohnzimmers nachgestellt hatte. Bei diesem Raum hatten sich die Vorgänger sogar noch die Mühe gemacht, ein hellbraunen Parkett Boden reinzulegen. Die Wände waren mit Postern beklebt. Entweder waren es Berglandschaften oder Bilder von erotischen Frauen. Gleich neben der Tür war ein runder Holztisch mit vier Klappstühlen. Gegenüber davon hatten die Vorbesitzer eine kleine Bar mit einer Herdplatte und einem Waschbecken eingebaut. Unter dem Herd waren drei Schubladen mit den notwendigsten Kochutensilien für die Grillfeiern, die meine Einheit manchmal veranstaltete. Es gab zudem noch unzählige Tassen und Teesorten neben einem Wasserkocher. Auf der Abstellfläche stand eine Mikrowelle, die jedoch auf Grund der bequemen Verpflegungsmöglichkeiten im Camp so gut wie nie genutzt wurde. Dahinter befand sich ein metallischer Wandschrank, welcher mit Alkohol, DVDs, Gesellschaftsspielen und Büchern bestückt war. Auf der gegenüberliegenden Seite des Eingangs hatte man drei unterschiedliche Sofas zu einer Insel aufgestellt. Sie zeigten jedoch nicht zum Fernseher, welcher in der Zimmerecke auf einer Kiste aufgestellt worden war; sie umrundeten einen niedrigen Tisch. Der Holztisch war übersät mit Zeitungen, Zeitschriften und einer kleinen Zierpflanze. Um Fernzusehen oder auf der Konsole zu spielen, musste ich ein Sofa verschieben. Doch für die anstehende Besprechung passte die derzeitige Formation der Sitzgelegenheiten. Im Aufenthaltsraum eingetreten nahm ich neben dem einzigen Soldaten Platz, da einige im Urlaub waren. Soldat Lotti hatte es sich auf dem gelben Stoffsofa gemütlich gemacht. Ich setzte mich daneben und grüßte mit einem stummen Kopfnicken. Der frisch gefüllten Tasse in der Hand war somit auch der Kaffeegeruch zu verdanken, der den Aufenthaltsraum erfüllte. Mit 1.50 Metern und einem schmächtigen Körper war sie der kleinste Soldat in meinem Kontingent. Auch wenn sie diese Aussage hassen würde, so war alles an ihr niedlich. Sie hatte große, dunkle Bambieaugen, welche durch ihre Brille noch vergrößert wurden. Selbst der Wimpernkranz wurde vervielfacht und die aufgetragene Wimperntusche bescherte ihr ein voluminöses Blinzeln. Nur für wichtige Meetings, auf ihren täglichen Ausfahrten oder bei Partys trug sie Kontaktlinsen. Da auch sie aus dem Tiefschlaf gerissen worden war, hatte sie noch keine Zeit, sich die Linsen einzusetzen. Doch ihre liebevollen Augen waren wie immer mit einem dunklen Kajal untermalt. Ihre kastanienbraunen, glatten Haare trug sie in einem frechen Kurzhaarschnitt, welcher jedoch vom Schlaf noch etwas verwuschelt war. Das schönste an ihr war ihre immer fröhliche Ausstrahlung, unterstrichen von einem herzhaften Lachen. Auf Grund ihrer Wirkung verlieh ich ihr bei privaten Unterredungen den Kosenamen «mein Sonnenschein». Aufgestellt wie sie war, grüßte sie enthusiastisch und setzte sich aufrecht auf die Sofakante. Wann immer sie ihre geröteten Pausbacken zu einem Grinsen verzog, rümpfte sie dabei ihre kleine Stupsnase. Ihre liebliche Stimme unterstrich die Süße ihres Wesens. Da sie für die kleinste Einheitsuniform zu schmächtig war, war sie die erste Woche in unserer gemeinsamen MILGA Ausbildungszeit im überschüssigen Stoff geschwommen. À la #SelbstistdieFrau hat sie die Hose so gekürzt, dass sie die Naht nach Missionsende wieder lösen konnte und die Uniform wieder das ursprüngliche Volumen annehmen würde. Ich bewunderte sie für ihren eisernen Willen ihre Niedlichkeit mit Standfestigkeit und Intelligenz zu untergraben. Sie hatte sich bei der Bildung der Einheiten im Borava auf Grund ihrer diplomatischen Vorkenntnisse im Bereich Politik in Team 7.A einteilen lassen. Dieses Themengebiet galt als das anspruchsvollste, für welches man sich aufstellen lassen konnte. Ihr Dreierteam hatte gehofft, sich durch den Kontakt mit Politikern Zugang zu systemrelevanten Informanten zu verschaffen. Jedoch stellten sich diese Kontakte als die schwierigsten Gesprächspartner heraus. Auch wenn das Team 7.A offizielle Termine mit den Ranghöchsten vereinbarte, so wurden sie immer mal wieder im letzten Moment auf ein anderes Datum vertröstet. Zudem wussten sie von den zwielichtigen Stricken, die unter anderem der Stadtpräsident zog. Die Vertrauensbasis war von Beginn an nicht gegeben und jedes Treffen war ein reiner Stressakt. Nicht nur für Soldat Lotti, sondern auch für ihren Teamkommandant Spec Of Regliger und Unteroffizier Nungi. Während ich mit Soldat Lotti etwas Smalltalk führte, genossen ihre Teammitglieder derzeitig ihre Urlaube. Soldat Lotti war daher für zwei Wochen im Team 7.B untergebracht worden. Während Soldat Lotti an ihrem Kaffee schlürfte, erzählte sie mir, wie die Ausflüge mit Team 7.B verliefen. Sie liebte das Ritual des schweigsamen Männerduos, bei dem sie sich nach Ankunft im Einsatzgebiet als Erstes einen ruhigen Naturspot raussuchten und einen Kaffee brühten. Sie bemängelte jedoch, dass ihr zwischen Adjutant Steiff und Unteroffizier Mättu zu wenig geredet wurde und sie derzeitig an einem Gesprächsdefizit litt. Sie konnte es kaum erwarten, bis ihr Team 7.A in eine paar Tagen wieder vollständig und einsatzbereit wäre. Sie wusste zwar, dass die Ausfahrten nicht mehr so unbeschwert wären, jedoch empfand sie Gefallen an Herausforderungen. Zudem schätzte sie Unteroffizier Nungi ungemein wert. Denn Unteroffizier Nungi war bereits im vorherigen Kontingent demselben Bereich zugeordnet und hatte das Team 7.A mit Vorwissen unterstützen können. Sie war der zweitkleinste Soldat meines Kontingentes. Doch der Unterschied war mit nur einem Blick ersichtlich. Sie hatte intensive grüne Kulleraugen, die immer den Überblick über die Situation bewahrten. Diese Eigenschaft ergänzte ihre Funktion, da sie im regulären Militärdienst bis zu acht Soldaten geführt hatte und nach offiziellem Dienstschluss für den Wachtposten zuständig gewesen war. Ihre schulterlangen eichenbraunen Haare band sie zu einem lockeren Pferdeschwanz. Dabei ging es ihr nicht um die Ästhetik, sondern rein um die Funktionalität. Ihre Gesichtszüge waren kantig und sehr markant. Ihre Stimme war rau und sie hatte eine äußerst direkte und burschikose Umgangssprache. Ich bewunderte Unteroffizier Nungi für ihr scharfes Mundwerk, mit welchem sie ihren Gegenübern immer mal wieder subtil den Wind aus den Segeln nahm. Wer sich mit ihr unterhielt, wurde innerhalb von wenigen Sätzen sogleich in seine Schranken gewiesen. Sie war die Person, welche den weiteren Verlauf der Unterhaltung durch ihre Selbstbestimmtheit leitete. Sie strahlte eine Bedrohung aus, die es nicht zu unterschätzen galt und ich erkannte an ihrer standfesten Körperhaltung, dass ich mich nicht von ihrer Körpergröße verleiten lassen sollte. Unteroffizier Nungi war für mich der Inbegriff des weiblichen Soldaten, wie es sich das Militär wünschte. Ich probierte immer wieder, sie mir als Vorbild zu nehmen. Im Gegensatz zu Soldat Lotti und mir hatte Unteroffizier Nungi sich die militärische Karriere als Ziel gesteckt. Durch den Antritt ihrer zweiten Mission wollte sie sich einen neuen Rang dazuverdienen. Soldat Lotti und mir waren für diese Mission nur der Rang des Soldaten zugeteilt worden, nachdem wir gemeinsam die militärische Grundausbildung MILGA absolviert hatten. Dabei hatte es sich um einen dreiwöchigen Vorkurs gehandelt, bevor die missionsbezogene Ausbildung für weitere Monate mit dem gesamten

Kontingent durchgeführt worden war. Das Ausbildungszentrum hatte sich im Landesinneren befunden und war somit für jeden gut erreichbar gewesen. Während der MILGA waren 17 Frauen und mir die Rekrutenschulung «RS», welche eigentlich ein halbes Jahr lang dauert, im Schnelldurchlauf indoktriniert worden. Der Unterricht war unter anderem in Schiessübungen, Rechtskunde, Sportunterricht, Exerzieren (in Formation parademässig gehen), Selbstverteidigungskurse und ABC-Übungen aufgeteilt. Bei Letzterem ging es um den Verhaltensdrill bei einem Atomaren/ Biologischen/ Chemischen Angriff und wie man die gesamte Ausrüstung innerhalb einer Minute anbrachte. Dieser Drill setzte voraus, dass gelegentlich während der MILGA ein metallischer C-Alarm aufheulte, welcher einen bevorstehenden Angriff simuliert hatte. Wenn dies so war, musste ich mir zuerst die SchuMa über das Gesicht ziehen und durch einen Atemcheck die Dichtung prüfen. Wichtig war auch die Sicherstellung, dass keine einzelnen Haare mir die Dichtung versauten. Anschließend war das Anziehen eines schwarzen Anzuges erfolgt, welcher selbst die Kampfstiefel vor einer Kontamination schützte. Der Finale ABC Test war in einem Container abgehalten worden, bei dem die Ausbilder die MILGA mit Bananengas darin eingesperrt hatten. Versagt hatten diejenigen, welche den süßlichen Bananenduft in der Nase hatten. Als eine der Folgen dieses penetranten Duftes galt Brechreiz. Bei unserer MILGA Gruppe bestand jeder Soldat diese Übung. Die einzige Disziplin, in der Soldat Lotti während der Ausbildung zu versagen gedroht hatte, war das Schießen gewesen. Wie die meisten Frauen in der MILGA hatte auch sie zuvor noch nie eine Waffe gehalten und sich von Beginn an bei der Handhabung unsicher gefühlt. Zudem konnte sie die Tatsache nicht mit sich vereinbaren, auf ein anderes Lebewesen zielen und schießen zu müssen. Ich persönlich hatte die Schießübungen kaum abwarten können. Die gesamte Ausbildung über waren wir alle paar Tage eine halbe Stunde zu einem abgeschotteten Schießplatz marschiert, um über Stunden den sicheren Umgang mit der Handpistole üben zu dürfen. Beim Schießplatz gab es nichts außer einer kleinen Holzhütte mit Toiletten. Genau wie allen anderen hatte auch mir die Januar Kälte schwer zu schaffen gemacht und meine Hände erfroren trotz selbstgekaufter Handschuhe zu Eiszapfen. Wenigstens der Pamir hatte die Ohren geschützt und gewärmt. Die Wärmepads für die eingefrorenen Schuhe waren von allen als ineffizient verflucht worden, woraufhin sogar Wärmesocken die Runde gemacht hatten. Das Training war hart und anstrengend gewesen, doch ich hatte es geschafft, mich während der meditativen Übung des Zielens zu entspannen. Nur bei bewegten Übungen, eine Kombination von gehen, evaluieren und der Entscheidung, zu schießen, war die Entspannung etwas geringer ausgefallen. Es hatte einige Wochen gedauert bis ich erlernt hatte, alles um mich herum auszuschalten und meinen gesamten Fokus auf die Zielfläche zu beschränken. Und ich hatte mich nicht vom Anschiss ablenken lassen, dass ich im Anschluss an meine Schießübung mindestens noch eine Viertelstunde jede einzelne Hülse zusammen sammeln musste. Denn am Ende jeder Schießübung hatten wir uns in einem Kreis versammelt und jeder musste sich von Kopf bis Fuß abtasten. Die Aufbewahrung von Hülsen wurde nämlich als Verbrechen geahndet. Um den Ehrgeiz unter den Frauen etwas anzuspornen, hatte das heiße Ausbildungsteam regelmäßige Wettbewerbe veranstaltet, bei denen die Erreichung der höchsten Punktzahl das Ziel gewesen war. Dafür musste sich die MILGA auf dem Schießplatz zu einem Glied aufreihen und jeder erhielt eine Zielscheibe. Im Gleichschritt wurde der Schießplatz betreten und jeder hatte das weiße Blatt Papier, an seinem Holzrahmen zu befestigen. Schwarze Linien verteilten die Punktzahlen, welche die Trefferquote definierten. Da ich bereits im Vorfeld oftmals Schießen war, hatte ich schnell den Platz als beste weibliche Schützin eingenommen und meine Rolle genossen. Sie passte zu der mir damals zusätzlich auferlegten Position als «Det Chef». Gleich nach der Materialerfassung bei meiner Ankunft im Ausbildungszentrum war mir diese in der Kennenlernrunde im Schulungszimmer zuteilgeworden. Nach einer kurzen Einführung hatten wir als Frauengruppe die Aufgabe erhalten, einen Chef des Detachements für die Führung der MILGA Frauengruppe zu bestimmen. Ohne dass ich es darauf angelegt hatte, hatte sich die Gruppe nach einer kurzen Diskussionsrunde für mich entschieden. Ich glaube, es lag an meinem aggressiv wirkenden Sidecut. Daraus war meine Rolle gegenüber der MILGA Gruppe entstanden, sie bei den Kursen an- und abzumelden, Abwesenheiten zu verkünden und die neuen Treffpunkte zu koordinieren. Zu Beginn hatte mich diese ungeplante Verantwortung etwas überrumpelt und ich erhielt die erste Gelegenheit mich in «SABTA» zu üben. Dabei handelte es sich um den Leitspruch, mit welchem sich die Soldaten das Maul über das Kader zerrissen. Ich hatte mich bei der Führung der Gruppe für den einfachen Weg entschieden und jeweils am Morgen eine Zusammenfassung des Tagesplans als Textnachricht herumgeschickt. Darin stand, wann sie mit was und wo zu sein hatten. Es hatte nur einmal die Bestrafung eines Soldaten gebraucht, welcher zu spät zu einem Treffen erschienen war. Doch im Anschluss an diesen Vorfall hatten alle gelernt, meinen Anweisungen Folge zu leisten. Eine Aufgabe, welche mich bei den Lästermäulern doch etwas nervös gestimmt hatte. Jede übergeordnete Funktion war automatische eine Zielscheibe für Hater. Doch ich konnte gedanklich entweder an der Angst zerbrechen, was wohl über mich gelästert wurde oder einfach einen Fuck darauf geben. Als Det Chef musste ich mich unweigerlich mit den einzelnen Charakteren auseinandersetzen, die ich zu führen hatte. Ich konnte sämtliche Frauen der MILGA in drei Gruppe kategorisieren und dementsprechend meine Umgangssprache anpassen. Einige hatten sich für diese Mission angemeldet, weil sie entweder ihrem Umkreis oder sich selbst etwas beweisen mussten. Sobald ein Auftrag wie eine Challenge formuliert wurde, hatte ich diese Kategorie im Sack. Ich erkannte schnell Soldat Lottis Zugehörigkeit zu dieser Gruppe. Andere waren beruflich in einer Sackgasse gelandet und hatten somit einen neuen Weg eingeschlagen. Tatsache war, dass man auf Kosten der Freiheit bei solch einer Mission gutes Geld verdienen konnte. Diese Gruppierung ließ sich einfach führen und freute sich auf den Feierabend. Die übrigen der MILGA Gruppe waren aus Neugierde und Faszination für das Militär angetreten. Hier fuhr ich eher die verständnisvolle und motivierende Schiene, um ihnen klarzumachen, dass sie gerade eine neue Chance erhielten und daher 100 Prozent geben sollten. Ich würde sagen, ich zählte selbst zu der letzteren Gruppe.

Als ich mal auf den Tisch haute

Mich hatte das Militär bereits im Kindesalter interessiert. Es existiert sogar ein Kinderfoto von mir, bei dem ich mit sechs Jahren in eine Uniform gesteckt worden war. Ich verband die olivgrüne Farbe mit Autorität und wollte schon damals meinen Platz in einer großen und bewegenden Einheit einnehmen. Doch dies entsprach auch nach der Jahrtausendwende ins 21. Jahrhundert noch nicht der gesellschaftlichen Norm. Ich hätte mir in der entscheidenden Endphase der obligatorischen Schulzeit gewünscht, eine nähere Aufklärung bezüglich der beruflichen Karrieremöglichkeiten zu erhalten. Ich kann nicht sagen, ob sich etwas an meinem Lebensweg geändert hätte, da meine Eltern damals der strikten Auffassung waren, dass eine Frau nichts im Militär verloren hatte. Doch ich erkannte schon damals die Unfairness dieser geschlechtlichen Unterscheidung. Mir ging es um die Tatsache, dass Jungs sich für ihr Land verpflichten mussten, während den Mädchen nichts dergleichen abverlangt wurde. Ich fand, dass wenn die Frauenwelt schon nach Gleichberechtigung verlangte, dass auch in diesem Punkt Gleichberechtigung eingefordert werden sollten. Anstelle eines Militärdienstes könnte der Staat Militärunwillige für ein ziviles Jahr im öffentlichen Dienst einsetzen. Sei es im Gesundheits- oder Sozialbereich, in denen man sowieso über zu wenig Arbeitnehmer klagt. Doch was für mich in meinem Erwachsenenleben nun zählte, war diese berufliche Gelegenheit, welche sich mir nach meiner Yogaausbildung ergeben hatte. Eigentlich hatte ich mich für die normale Rekrutenschule als Frau bewerben wollen.

Ich war nach meinem letzten Aufenthalt am anderen Ende der Welt in der Schweiz gestrandet und hatte mir überlegt, was ich als Nächstes Cooles entdecken könnte. Denn ich schöpfte Lebensenergie durch das Ziel, so viele neue Dinge wie möglich in meinem Leben entdecken und ausprobieren zu wollen. Denn zurück in mein altes Lebensmuster vor meiner Findungsphase wollte ich nicht mehr. Die depressive Unzufriedenheit hatte mich beinahe das Leben gekostet. Ich hatte diesen ersten Versuch eines Lebens mit einem düsteren Kapitel abgeschlossen und mir als neues Ziel gesetzt, den Neuanfang, soweit es ging, auszureizen. Als ich Raphael nach meiner Rückkehr aus Südamerika kennengelernt hatte, hatte er mir aufgrund seines hohen militärischen Ranges vieles über das Militärleben erzählen können. Gespannt und interessiert verschlang ich jede seiner Geschichten und in mir wuchs der Wunsch, dass ich dies gerne selbst mal erleben wollte. Denn das Militär hatte auf mich wie ein Ort gewirkt, an dem ein Mensch neu geformt und in Disziplin trainiert wurde. Raphael war eine Kampfmaschine, welche seit der Militärzeit vor Selbstdisziplin strotzte und jede Challenge mit Willensstärke meisterte. Unter anderem, weil ihn sein strenges Training darauf getrimmt hatte. Und ich wollte ein Stück weit so sein, wie er. Nachdem ich mich eines Tages wieder in ein langes Gespräch mit ihm über seine bevorstehende Ausbildungseinheit verstrickt hatte, wagte ich den ersten Schritt. Ich setzte mich als Erstes an den Laptop, um nähere Informationen zum Militär im Internet zu suchen. Bereits nach wenigen Minuten war ich mir so sicher gewesen, dass dies mein neuer Weg sein würde, dass ich den Laptop wieder schloss. Ich war schon immer der «einfach mal machen» Typ gewesen und entschied mich, am nächsten Tag direkt zum Rekrutierungszentrum zu fahren. Ich hatte hierfür bewusst darauf geachtet, mich nicht allzu sehr aufzutakeln. Die Fingernägel waren kurz geschnitten und als Make-Up trug ich nur einen leicht verblassten Eyeliner, welchen ich mir einst hatte tätowieren lassen. Auch wenn das Prozedere ziemlich schmerzhaft gewesen war, so hatte meine Faulheit die Zeiteinsparung genossen. Kleidungsmässig hatte ich mich für eine olivgrüne Cargo-Hose, ein graues Star-Wars T-Shirt und eine schwarze Lederjacke entschieden. Das Outfit hatte mir das Gefühl gegeben, zumindest optisch schon mal wie jemand auszusehen, der in das Habitat des Militärs passen würde. Mein Herz trommelte vor Nervosität, als ich mit meinem Wagen vor der Einfahrt des Rekrutierungszentrums stand. Es war ein riesiger Komplex aus mehreren Gebäuden. Hinter einer patrouillierten Schranke sah ich riesige Betonplätze und erkannte neben einer Tankstelle die Teile eines Parkplatzes. Im Rückspiegel sah ich ein doppelstöckiges Gebäude, welches aus weissen Containern zusammengesetzt worden war. Das längliche Gebäude war umgeben von Trainingsflächen und weiteren Büros. Dieser Teil des Ausbildungszentrums hatte jedoch einen separaten Wachposten. Ich parkte mein Auto und begab mich zum Wachmann, um mich anzumelden. Schon bei der Begrüssung beflügelte mich das Selbstbewusstsein und ich fühlte mich, als sei ich am richtigen Ort angekommen. Mit ruhigem Atem passierte ich anschließend die Schranke. Am Empfang äußerte ich mein Vorhaben und erkundigte mich nach der Person, welche für die Rekrutierung zuständig sei. In einem Nebenzimmer wurde ich nach einer kurzen Wartezeit durch einen Militärtyp empfangen und nahm ihm gegenüber Platz. Der größte Teil seines Gesichtes bestand aus einem schwarzen Vollbart und buschigen Augenbrauen. Seine Augen strahlten Skepsis aus und wirkten so, als ob er mich nicht ernst nehmen würde. Während des Gesprächs hatte ich geäußert, dass ich mich gerne für den Durchdiener-Dienst anmelden wollte. Als er sich über meine Erwartungen ans Militär erkundigt hatte, verschwieg ich meine Vorfreude, meine Zielgenauigkeit beim Schießen verbessern zu wollen. Der Militärtyp inspizierte mich während der Unterhaltung genauestens und begann mit der Aufnahme meiner Daten. Name, Vorname, Geschlecht. Beim Geburtsjahr stellte sich jedoch ein wesentliches Problem heraus. Mit der schwerwiegenden Folge, dass ich deswegen nicht in das Programm aufgenommen werden konnte. Zu diesem Zeitpunkt galt für Frauen eine Eintrittsbeschränkung von 26 Jahren. Ich war am Tag meiner Anfrage bereits zwei Monate darüber hinaus. Der Militärtyp versuchte mir mit großem Bedauern weiszumachen, dass ich auf Grund dieser zwei Monate nicht mehr zugelassen war. Während eines Bruchteils eines Menschenlebens war mein Traum geplatzt. Meine Frustration war so groß, dass ich ihn entrüstet ins Kreuzverhör nahm: «Auf der einen Seite beklagt sich das Militär über die Tatsache, dass es einen zu geringen Frauenanteil hat. Und nun steht eine top ausgebildet Frau in ihrem Büro, die nicht nur körperlich äußerst fit ist, sondern zusätzlich außerordentliche Motivation mitbringt. Und aufgrund von 60 Tagen wollen sie mir nun die Ausbildung verweigern?». Während ich dem mir gegenübersitzenden Militärtypen meine Meinung aufbrummte, schlug ich für die Dramaturgie mit der flachen Hand auf den Tisch. Selbst ich war überrascht über mein auffälliges Verhalten, entschied jedoch noch eins obendrauf zu legen. Zu verlieren hatte ich ja sowieso nicht mehr. Ich starrte ihn mit einem herausfordernden Blick wortlos in die Augen und bewegte mich kein bisschen. Selbst das Kauen meiner Unterlippe unterdrückte ich, als die Nervosität überhandnahm. Den ununterbrochenen Blickkontakt hielt ich für einen langanhaltenden Atemzug an, bevor ich mich mit einem abschätzigen Seufzer zum Aufbruch erhob. Perplex über diesen kleinen Gefühlsausbruch begutachtete mich der Militärtyp, während ich mir meine Lederjacke überzog. Kurz bevor ich mich von ihm abwenden konnte, erwiderte er mit einer trockenen Stimme: «Wir melden uns wieder.» Ich wusste in diesem Moment nicht, was dies zu bedeuten hatte. Schließlich war die Altersgrenze gesetzlich verankert. Ich verabschiedete mich halbfreundlich von ihm und machte mich wieder auf den Heimweg. Es verging eine Woche, bis mich der Anruf des Rekrutierungszentrums mit einem Jobangebot überraschte. Was bedeutete, dass ich trotzdem eine militärische Grundausbildung erhielt und sogar ordentlich dafür bezahlt werden würde. Bevor meine Anstellung definitiv fest war, wurde ich noch einigen Gesprächen und körperlichen Fitness-Tests unterzogen. Nach der Aussortierung kam es dann zur Zusage für den Missionsantritt. Und so war ich Teil der FORB geworden, welche für Ruhe und Stabilität im Krisengebiet Borava sorgte.

MILGA TEIL 2 VON 2

Wenige Tage nach Ausbildungsbeginn hatten sich in unserem Ausbildungscamp bereits Frauencliquen gebildet. Diese Konstellationen hatten im einfachen Zeitvertreib der Lästereien resultiert. Die weiblichen Soldaten waren erbarmungslos übereinander hergezogen und spielten sich gegenseitig als Konkurrenten aus. Als Hauptgewinn winkte die Aufmerksamkeit der gutaussehenden Ausbildungscrew. Diese Männer hatten durch ihre Präsenz die angespannte Situation unwillentlich noch etwas verschärft. Die MILGA war von sieben durchtrainierten Experten begleitet worden, die alle ihren eigenen gewissen Reiz versprühten. Und die meisten der MILGA hatten ihren Favoriten auserkoren und versuchten, sich mit dem jeweiligen Champion gut zu stellen. Ich selbst hatte ein Auge auf einen Ausbilder geworfen, der mich an Raphael erinnerte. Einfach etwas kleiner und fester. Doch ich hätte mir niemals erlaubt, irgendwelche Avancen zu wagen. Nicht, wenn die Premium-Version zu Hause auf mich wartete. Dennoch hatten unsere gelegentlichen Gespräche in Pausen bereits ausgereicht, dass mein Name einmal die Runde bei den Lästerschwestern gemacht hatte. Innerhalb kürzester Zeit begannen unterschiedlichste Geschichten über mehrere Soldaten zu kursieren. Dabei war es immer darum gegangen, wer sich mit wem eingelassen haben soll. Effektiv hatte sich nur eine dieser unzähligen Geschichten irgendwann dann mal als wahr entpuppt. Als es jedoch so weit war, hatte sich die Betroffene bereits einen anderen Soldaten des Kontingents in Borava geangelt. Mit dem neuen Partner waren sie das einzige Kontingentspaar, welches sich alle zwei Wochen besuchen konnten. Ich hatte schnell gelernt, dass jede Interaktion eine neue Lästerwelle auslösen konnte. Nur vor der eigenen Container-Mitbewohnerin konnte ich mich in Sicherheit wiegen. Während der gesamten Ausbildungsdauer hatte ich mit Soldat Sigi zu zweit einen Wohncontainer inmitten von 50 anderen Containern bezogen. Durch die gemeinsame Zimmereinteilung hatten wir bei Übungen automatisch ein Binom geformt. Soldat Sigi war ein kleines zierliches Mädchen mit einer piepsig hohen Stimme. Ihre braune Brille lenkte von ihren vertrauenswürdigen Augen ab, ihre hellbraunen Haare fühlten sich an wie Seide und sie trug jeden Tag denselben Pferdeschwanz. Einige hätten sie als unscheinbar beschrieben. Ihre Figur war schmächtig, aber trainiert. Ich hatte sie jeden Tag dafür bewundert, weil sie vor dem Frühstück in der Dunkelheit des eiskalten Morgens allein joggen ging. Sie gehörte zu den Kandidaten, welche sich durch diese Mission selbst Stärke und Durchsetzungsvermögen beweisen wollten. Als ich sie kennengelernt hatte, verkörperte sie Unsicherheit und ich wünschte mir, dass sie das Militär überstehen würde. Als mein Binom hatten wir bei Gruppenübungen automatisch ein Team geformt und ich durfte viel Zeit mit ihr verbringen. Sie war in der Tat der liebste und hilfsbereiteste Mensch der gesamten MILGA Gruppe gewesen. An manchen Abenden waren wir frühzeitig in unserem Container verschwunden, während die anderen sich noch im Pausenraum mit einem Kartenspiel die Zeit vertrieben hatten. Nach der Abenddusche hatten wir im Bett gechillt und uns vor dem Schlafengehen einander Erlebnisse erzählt. Dabei hatte sie mir auch ihren insgeheimen Wunsch anvertraut, dass sie durch das Militär selbstbewusster werden wollte. Ich hatte entschieden, mir ihr Ziel zu Herzen zu nehmen und probierte, sie mit Tipps und Tricks dabei so gut es ging zu unterstützen. Die Ausbildungszeit hatte ich ausgenutzt, damit sie sich bei Gesprächen auch mal behaupten und ihre Meinung platzieren konnte. Auch wenn ihre Meinung nichts an der Schlussentscheidung geändert hätte, so ging es in der Übung darum, dass sie sich mit ihrer Stimme Präsenz verschaffte. Sie hatte bereits nach ein paar Unterhaltungen langsam die Sicherheit gewonnen, ihre Stimme kräftiger einzusetzen. Mein Vorhaben mit ihr war von den anderen eher belächelt anstatt unterstützt worden, aber das spielte keine Rolle. Als Det-Chef hatte ich sie manchmal ein paar Aufträge ausführen lassen, bei denen sie vor der Mannschaft einen Befehl hatte durchgeben müssen. Als in der vierten Woche noch die Männer für die missionsbezogene Ausbildung dazu gestoßen waren, hatte ich sie in die Gespräche mit Jungs verwickelt. Soldat Sigi war zwar glücklich liiert, jedoch wollte ich, dass sie sich das Sprechen mit dominanten Männern zur Gewohnheit machte. Sie war zu Beginn noch durch ihre Schüchternheit blockiert gewesen, doch nach einem Monat konnte ich sehen, wie es ihr stetig leichter fiel. Meine Brust hatte Soldat Sigi mit Stolz erfüllt, als sie sich am Ende der Ausbildungszeit freiwillig für den Morgenrapport bei der ersten Zusammenkunft des Tages gemeldet hatte. Denn jeder Tag hatte mit dem Antrittsverlesen «AV» der gesamten Kompanie vor einer gehissten Nationsflagge begonnen. Dabei war als Erstes die Nationalhymne gesungen und einmal sogar durch Soldat Lotti mit der Violine begleitet worden. Der Hauptteil des AVs bestand in der Auffassung der Befehlsausgabe. Gefolgt von der Einteilung der Übungsgruppen. Am Ende des AVs hatte dann jeweils ein Soldat die derzeitige Lage in Borava als Rapport vorzutragen. Für die Aufbereitung des Rapports hatte Soldat Sigi einen Tag Zeit erhalten. Ich hatte mit ihr somit vor dem Schlafengehen noch ihren Text geübt. Am Tag selbst hatte ich an ihrer stabilen und kräftigen Stimme hören können, dass sie viel Selbstsicherheit gewonnen hatte undsomit ihrem Ziel ein Stück näher war.

Es hatte drei Wochen gedauert, bis die Mitglieder der MILGA ihre unnötigen Rivalitäten zur Seite schieben konnten und begannen, effektiv miteinander zu arbeiten. Dies war vor allem durch die Teambuilding-Übungen gefördert worden, bei denen das Zusammenarbeiten unausweichlich war. Beim Übungsgelände gab es eine Hindernisbahn «Hiba», durch welche wir einen massiven Holzstamm navigieren mußten. Diese Aufgabe hatte nicht nur Stärke verlangt, sondern auch viel Geschick und vorausschauende Planung. Durch weitere Übungen war zudem das Vertrauen zwischen Soldaten aufgebaut worden, die sich eigentlich überhaupt nicht ausstehen konnten. Soldat Lotti hatte ich jedoch von Beginn an zu den treuen Gefolgsfrauen einordnen können, die protestlos meinen Befehlen als Det-Chef Folge geleistet hatte. Bereits vom ersten Tag an, hatte sich zwischen uns eine Zweck-Freundschaft ergeben, damit wir während der Mission harmonisch miteinander arbeiten konnten. Mit Soldat Lotti gab es immer ein heiteres Thema zu besprechen und sie war eine äußerst angenehme Gefolgsfrau gewesen. Nach der MILGA war meine Position als Det-Chef wieder aufgehoben worden, wodurch ich Soldat Lotti gleichgestellt war. Von da an wurde unsere Freundschaft echt und wir unterstützten uns gegenseitig.

Obwohl ich absolut kein Morgenmensch war, saß ich neben Soldat Lotti im Camp Rava Cuta und versuchte, ihr um 0307 geduldig zu zuhören. Bei ihren lebhaften Erzählungen über 7.B verschüttete sie beinahe ihren Kaffee, konnte es jedoch im letzten Moment mit etwas Gegenschwung noch verhindern. Vor uns stand zwischenzeitlich Adjutant Steiff breitbeinig und mit verschränkten Armen. Er war so in sein schwarzes Notizheft vertieft, dass er die reintröpfelnden Teammitglieder unserer Einheit gar nicht bemerkte. Zwei Minuten später saßen auch schon Leutnant Ronny und Unteroffizier Mättu auf dem beigen Sofa nebenan. Die restlichen Mitglieder unserer Einheit befanden sich gerade im Urlaub, wodurch wir nur zu fünft waren. Außer Soldat Lotti sahen alle verschlafen und leicht irritiert aus. Niemand sagte ein Wort, um die letzte Ruhe vor dem Sturm noch zu geniessen. Endlich löste Adjutant Steiff seinen Blick von seinen Notizen und bemerkte die Vollständigkeit seiner Einheit. Sein intensiver Blick verursachte eine Unbehaglichkeit, welche mich unruhig stimmte. Irgendetwas hatte er vor. Mit finsterer Miene musterte er jeden einzelnen Soldaten und prüfte dessen Bereitschaft. Nach einem tiefen Atemzug plusterte er seinen Brustkorb auf und begann mit der Ansprache.

Der Auftrag

«Auch ich wurde soeben abrupt von der Kommandozentrale geweckt und darüber in Kenntnis gesetzt, dass soeben im boravamuslimischen Gebiet die Durchführung einer Razzia freigegeben wurde. In diesem Moment bereitet sich eine boravamuslimische Polizei-Patrouille auf die unerlaubte Überschreitung der boravaorthodoxen Grenze vor, mit dem Ziel, die laufenden Schmuggelaktionen zu unterbinden. Unsere Aufgabe wird es sein, diese Patrouille zu verfolgen, zu beobachten und anschließend darüber zu rapportieren.

Befehlsausgabe!

Roxo Fahrerin, ich Beifahrer, Soldat Lotti auf der Rückbank.
Wir bilden das Führungsteam Alpha.
Ziel: Qgokno.
Weg ins Ziel: Roxo fährt mit Fahrzeug 7.C die Route P über Checkpoint Foxtrott.
Verhalten am Ziel: Beobachtung der Razzia und anschließende Rapportierung von auffälligem Verhalten.

Leutnant Ronny Fahrerin, Unteroffizier Mättu Teamkommandant, ihr formt das zweite Team Beta.
Ziel: Sedqu.
Weg ins Ziel: Leutnant Ronny fährt mit Fahrzeug 7.B die Route Z über Checkpoint November.

Verhalten am Ziel: Beobachtung der Razzia und über Funk an mich auffälliges Verhalten rapportieren.
Zusätzliche Ausrüstung für beide Teams: Nachtsichtgeräte.

Befehlsausgabe beendet.»

Niemand hatte einen Einwand zu diesem korrekt ausgeführten 3-Punkte Befehl und alle starrten wir Adjutant Steiff wortlos an, als er seinen Monolog weiter fortsetzte.

«Mättu, Dir werde ich noch ein Nachtsichtgerät aushändigen und von Dir erwarte ich auch wieder die Rückgabe nach Beendigung dieses Auftrages. Um 0400 treffen wir uns alle bei den Geländefahrzeugen auf dem Parkplatz. Meeting Ende – gibt es noch Fragen?»

Was für ein ausgeklügeltes Szenario sich Captain Adlerauges stellvertretender Adjutant Steiff ausgedacht hatte, schmunzelte ich in meiner Gedankenwelt. Meine Beobachtungen hatten bereits gezeigt, wie militärgetrimmt er war. Mir war seine Darstellung wie eine Filmszene vorgekommen, bei deren Live-Performance ich hatte mit dabei sein dürfen. Bei diesem erfundenen Szenario hatte seine Kreativität meine Erwartungen echt übertroffen. Die geschilderte Situation schien mir etwas überspitzt, da es eine offensive Handlung mit hohem Eskalationspotential der BM-Polizei wäre. Team 7.B hatte zwar in den vergangenen paar Wochen die Aufgabe erhalten, die laufenden Schmuggelaktionen an der südwestlich liegenden orthodoxen Landesgrenze zu beobachten und darüber zu rapportieren. Diese waren durch die Steuererhöhung von über 100% auf orthodoxe Konsumgüter durch Borava ausgelöst worden. Die boravarische Politik wollte Druck auf das orthodoxe Nachbarsland Zunkjur ausüben, um ihrem Ziel, der Anerkennung ihrer Unabhängigkeit, einen Schritt näher zu kommen. Durch diese Maßnahme hatte sich das BO-Volk jedoch keine alltäglichen Dinge wie Zeitschriften, Schweinefleisch und Kleidung mehr leisten können. Somit passierten seit der Steuererhöhung alle paar Tage mit Waren gefüllte Lastwagen die unbewachten Grenzübergänge in den südlichen boravaorthodoxen Gebirgen. Doch die vertraglichen Bedingungen zwischen Borava und Zunkjur besagten, dass keine BM-Polizei die BO-Gebiete passieren durfte, ohne damit gegen das derzeit friedliche Abkommen zu verstoßen. Das letzte Mal, als es zu physischen Auseinandersetzungen zwischen den beiden Ethnien gekommen war, war beinahe 15 Jahre her. Seither hatte sich die Präsenz des Militärs durch diese Friedensmission so gefestigt, dass beide Ethnien in Harmonie miteinander leben konnten. Für mich machte es daher keinen Sinn, dass die BM-Polizei gewillt war, die derzeit friedlichen Verhältnisse in dem zersplitterten Land aufs Spiel setzen zu wollen. Umso wilder rotierten meine Gedanken bei der Planung, wie das Militär bei solch einem Ernstfall wohl wirklich reagieren würde. Ich ärgerte mich über die Dramaturgie, dass wir dieses Szenario zu solch einer frühen Stunde absolvieren mussten. Andererseits fand ich es irgendwie cool, weil, wenn in einem Beruf so etwas zu erwarten war, dann ja wohl beim Militär. Niemand im Team hatte einen Einwand vorzubringen, woraufhin Adjutant Steiff sein Notizbuch in der Brusttasche verstaute, sich in einer kalkulierten Bewegung um 180 Grad drehte, die Arme seinem Körper entlang versteifte und im Schnellschritt aus dem Aufenthaltsraum herausmarschierte. Da ich über eine halbe Stunde Zeit für die persönliche Vorbereitung hatte, machte ich mich gemächlich wieder auf den Weg zurück in meinen Container und bereitete mich auf die Übung vor. Ich widmete mich als Erstes dem Sackbefehl und stellte alle Gegenstände sicher, welche immer auf Mann/Frau mitgetragen werden mussten. Ich packte in meinem Karusa noch eine Zwischenverpflegung «Zwipf», falls mich während der Übung der Hunger überkommen sollte. Aus früheren

Übungseinheiten wusste ich bereits, dass uns währenddessen manchmal keine Zeit für Verpflegung zur Verfügung stand. Die Bereitstellung meiner Waffe und meines Pfeffersprays empfand ich jedes Mal als ein Vergnügen. Ich hatte meine Handwaffe bereits am Vorabend gründlich gereinigt und eingefettet, damit diese bei der Übung dann als vorbildliches Exemplar gelten würde. Ich fühlte mich als Frau permanent unter Beobachtung und achtete besonders darauf, dass ich der Männerwelt militärisch keine Angriffsfläche für eine Zurechtweisung bieten konnte. Vor allem nach dem Fauxpas mit der Kleiderordnung am Flughafen wollte ich sichergehen, dass ich nicht wieder das Gesprächsthema Nr. 1 der Lästergruppe wurde. Ich sicherte mich mit einem letzten Kontrollblick in meinem Zimmer ab, dass ich nichts Relevantes vergessen hatte. Da mich Adjutant Steiff in sein Team eingeteilt hatte, scherte ich mich nicht um die Beschaffung des Nachtsichtgerätes. Ich war mir sicher, dass er sich als Teamkommandant darum kümmern und diese dann auch handhaben würde. Zudem hatte er während der Befehlsausgabe nichts darüber gesagt. Nach der Morgentoilette holte ich schon mal den Schlüssel des Fahrzeuges 7.C im Aufenthaltszimmer und kümmerte mich um die letzten Vorbereitungen des Fahrzeuges. Ich kontrollierte, ob der Tank noch voll war, ob alle Lichter funktionierten, ob die Verfolgungsbox aktiviert war und ob es ordentlich aussah. Normalerweise fuhren Leutnant Ronny und ich unsere täglichen Ausfahrten mit dem 7.C und ließen aus Bequemlichkeit unsere persönlichen Gegenstände drin. Bei der aufgestellten Musikbox entschied ich mich, diese im Staufach zu verstecken. Ich wollte Adjutant Steiff keinen Grund liefern, um irgendetwas an unserem Auto zu bemängeln oder uns später dafür verachten zu können. Es reichte schon, dass wir einen Batman-Sticker von der ehemaligen Crew noch am Dashboard kleben hatten, welchen er als unmilitärisch abstempeln würde. Ich konnte mir seine Belehrung bereits vorstellen, dass ein Zivilist in den

Wagen schauen könnte und dieser Sticker die Glaubwürdigkeit und Ernsthaftigkeit des Militärs in Verruf bringen würde. Ich holte zudem noch eine Sechserpackung Wasser, da die Reserven an den schwülen Tagen schnell aufgebraucht wurden. Der Norm entsprechend, kontrollierte ich wieder mal das Notfall-Set für den Fall, dass Adjutant Steiff uns noch mit einer medizinischen Übung überraschen sollte. Wir hatten nämlich schon lange keinen Refresher unserer medizinischen Ausbildung durchgeführt, weshalb ich mir sicher war, dass die Wahrscheinlichkeit hierfür heute ziemlich groß war. Neben dem Waffenumgang hatte diese Thematik zu meinem Lieblingsunterricht gehört. Das medizinische Ausbildungsteam hatte sich während der Einsatzausbildung nach dem ausführlichen theoretischen Teil verschiedene Szenarien ausgedacht. Mit Hilfe von Statisten aus der laufenden Rekrutenschule waren diese tagelang und gruppenweise durchgespielt worden. Diese Übungen hatten mich auf mögliche Notfälle vorbereitet, die mir im Einsatzgebiet widerfahren konnten. So waren mein Team und ich mit dem Auto bestimmte Strecken abgefahren und auf medizinische Opfer gestoßen, die es zu behandeln galt. Bei einem Szenario hatte ich eine angeschossene Person entdeckt und musste diese mit schnellen Handgriffen versorgen. Oder Bewohner, die in einem Autounfall involviert waren und die es nach der Befreiung zu pflegen galt. Wir hatten auch etwas ausgefallenere Extremsituationen, wie zum Beispiel die Verarztung eines Patienten mit einem durch eine Motorsäge abgetrennten Bein. Bei einem anderen Szenario hatte der gestellte Patient bewusstlos und halb erfroren hinter einem Haus gelegen. Es erforderte Assistenz bei der Verabreichung einer Spritze, nachdem dieser einen allergischen Schock erlitten hatte. Alle diese Szenarien schossen mir bei der Vorbereitung des Notfallrucksacks im Camp Rava Cuta durch den Kopf und halfen mir dabei, mich mental auf die möglichen Fälle vorzubereiten. Um 0355 erschien Adjutant Steiff neben meinem vorbereiteten Auto und bemängelte in einem Selbstgespräch die Abwesenheit der anderen Teammitglieder: «Fünf Minuten vor der Zeit, ist des Soldaten Pünktlichkeit.» Ein Satz, den ich nie wirklich verstand und hasste, da er meinem Grundsatz der eigentlichen Pünktlichkeit widersprach. Wenn ich schon für eine bestimmte Uhrzeit herbestellt wurde, dann befolgte ich auch nur diese Zeitangabe. Es war für mich unverständlich, warum ich mich dann bereits 5 Minuten vorher zum Treffpunkt begeben sollte, nur um dort dann 5 Minuten zu warten. Diese Einstellung galt als einer meiner Makel unter den Führungspersonen. Doch ich hatte mir vorgenommen, mich einfach gegen den sich reimenden Spruch aufzulehnen. Wenn es im Auftrag hieß, dass ich um 0400 dort zu sein hatte, da stellte ich einfach sicher, dass ich um 0400 einsatzbereit dort stand. Fertig. Schluss. Glücklicherweise war ich aufgrund der Vorbereitung des Fahrzeuges zu früh beim Treffpunkt und freute mich über diesen einen Erfolg, dass Adjutant Steiff nichts an meinem Verhalten auszusetzen haben konnte. Um 0400 standen wir zu fünft vor den beiden Autos und Adjutant Steiff befahl uns das Einsteigen in die Fahrzeuge. Ich setzte mich als Fahrer vorne rein, während Soldat Lotti es sich auf der Rückbank hinter mir gemütlich machte. Da ich nicht wusste, wo im Camp diese Übung stattfinden würde, fragte ich Soldat Lotti nach ihrer Meinung. Ich tippte auf die riesige Wiese im hinteren Teil des Camps, um die ich meine Runden joggte oder auf der die bulligen Ungaren ihr Kampftraining absolvierten. Sie sah mich nur verdutzt an und fragte mich verständnislos, ob ich beim Meeting noch geschlafen hätte. Also retournierte ich über den Rückspiegel den verständnislosen Blick und erkundigte mich mit unsicherer Stimme, ob sie davon ausging, dass wir für diese Übung ausnahmsweise das Camp Gelände verlassen würden. So viel ich wusste, durften die Monatsübungen, welche nur unsere kleine Einheit betrafen, nicht außerhalb des Camps durchgeführt werden. Für einen Moment tauschten wir beide verwirrte Blicke aus. Soldat Lotti rückte näher an meinem Sessel und versicherte mir mit einer etwas aufgeregten Stimme, dass es sich nicht um eine vorgezogene «Ground Attack» Routineübung handelte. Sondern um ein echtes Szenario, zu welchem wir gleich hinfahren würden. Vor Überraschung wollte ich mich gerade zu ihr umdrehen, als auch schon Adjutant Steiff ins Auto stieg und die Tür hinter sich zuschlug. Während er sich den Sicherheitsgurt umlegte, hatte ich nur noch einen kurzen Augenblick Zeit, um mir über den Ernst der Lage bewusst zu werden. «Zum Glück habe ich einen Zwipf eingepackt», dachte ich mir.

Unerreichbare und deren Swimmingpool

Ich spürte, dass mein Puls vor Aufregung über die bevorstehende Razzia etwas schneller geworden war. Mich beunruhigte der Gedanke, was dies für die politische Stabilität des Landes bedeuten könnte. Der Krieg war vor 30 Jahren ausgebrochen, doch seit den letzten gewalttätigen Unruhen waren bereits über 10 Jahre vergangen. Ich konnte somit nicht einschätzen, wie die jetzige Generation wirklich über die gesamte Situation und den bestehenden Konflikt dachte. Sie war sicherlich von den Eltern und Großeltern geprägt worden, welche die Traumata blutiger Auseinandersetzungen hautnahe miterlebt hatten. In mir schlummerte jedoch die Hoffnung, dass die neue Generation bereit war, den nächsten Schritt in eine friedliche Zukunft zu wagen. Die Jugend, mit der ich bisher Gespräche geführt hatte, wünschte sich nichts weiter, als einen Beruf zu erlernen und sich ein eigenständiges Leben aufbauen zu können. Zu viele spielten mit dem Gedanken, das Land zu verlassen, um so der Negativität und Aussichtslosigkeit der Situation zu entfliehen. Mental ging ich noch einmal die gesamte Packliste meines Karusa durch und hatte nur noch kurz Zeit, bevor wir den Camp-Ausgang erreichen würden. Ich musste rational denken. Ich ging jedes Gadget einzeln durch und probierte mich daran zu erinnern, ob ich es eingepackt hatte. Nachdem ich die Liste durchdacht hatte und mich in Sicherheit wiegte, konnte ich beruhigt tief ausatmen. Ich bog in die letzte Straße ein und erkannte auch schon Team Beta vor dem Tor.

Ich stellte mein Fahrzeug hinter ihrem auf und schaltete den Motor aus. Die Passage eines Camp-Ausganges dauerte immer ein paar Minuten. Doch wenigstens war der Austritt schneller als der Eintritt in ein Camp. Die Überwachung des Camp-Gates oblag 24/7 dem dänischen Kontingent. Die Durchfahrt wurde somit zu einem täglichen Augenschmaus. Die Dänen waren für ihre gutaussehenden, durchtrainierten, blauäugigen und blonden Soldaten bekannt, die sich jedoch als verschlossene Fraktion nie auf andere Nationen einließen. Sie galten unter all den Nationen als die Unerreichbaren. Gerüchte besagten zudem, dass das dänische Kontingent einen Pool in seinem Innenhof aufgebaut hatte. Doch niemandem wurde je von den Dänen Einlass in ihre kleine Festung gewährt, wodurch niemand das Gerücht bestätigen konnte. Pools waren ein äußerst beliebtes Thema im Camp. Eine zweite Einheit meines Kontingents in meinem Camp, welche eher an einem abgesonderten Ort stationiert war, galt als eine dieser verschlossenen Gruppen. Bei dieser Einheit mussten die Soldaten sich ihre Wohncontainer zu zweit teilen. Da ich mich gut mit den Jungs verstand, die für den Transport von Gütern, die Reparatur von Geländewagen oder für die Postauslieferung zuständig waren, wurde ich manchmal bei ihnen zu Partys eingeladen. Die restlichen Mitglieder meiner Einheit wurden nicht gerne bei ihnen gesehen, weil mein Team dieser Gruppierung das Gefühl vermittelte, dass sie sich für etwas besser hielten. Ich hingegen hatte mir immer die Mühe gemacht, sie für ihren Anteil an der Mission wertzuschätzen und mich auch dankbar zu zeigen. Tatsache war, dass sie genauso elementar für eine erfolgreiche Mission waren, wie ich. Nachdem ich in ihren Freundeskreis aufgenommen worden war, erhielt ich sogar eine Einladung zu ihrem privaten Pool, von dem im Kontingent niemand etwas wusste. Sie hatten an einer anderen Ecke des Camps hinter dem Panzerfeld eine Lagerfläche umgebaut, welche für Außenstehende wie ein Abstellareal wirkte. Doch gleich nach dem Durchgang durch einen seitlich versteckten Eingang überraschte ein im Holz-Stil eingerichtetes Wohnzimmer. Es gab lange Biertische und Sitzbänke, so dass 20 Soldaten sich darin aufhalten konnten; dazu noch eine reichlich gefüllte Bar mit Frischwasserzufuhr. Auf der gegenüberliegenden Seite des Einganges war auch schon der Ausgang zum Pool. Da, wo eigentlich ein komplett von anderen Containern eingeschlossener Container stehen sollte, hatten sie in der passenden Grösse einen Pool eingebaut. Eine Blache verdeckte einen Drittel des fehlenden Daches, so dass es im Pool auch noch einen Schattenbereich gab. Das einzig Negative bei diesem Badespaß war die Tatsache, dass die aufgegeilten männlichen Soldaten natürlich nicht aufhören konnten, sich an meinen weiblichen Kurven in einem Bikini satt zu starren. Umso mehr wertschätzte ich meine Freundschaft mit der wohl coolsten Frau, die ich je in meinem Leben kennenlernen sollte. Sie war die Frau, die jeder Mann im Camp begehrte und deren Namen man kannte. Julie war eine wandelnde Sexbombe. Ihre wilde, platinblond gefärbte Mähne trug sie bei der Arbeit in zwei Zöpfen. Diese flocht sie enganliegend an ihrer Kopfhaut entlang, sodass sie wie Pythons von ihrem Kopf wegschlängelten. Die Zopfspitzen endeten genau auf der Höhe ihrer Nippel. Sie hatte wunderschöne grüne Katzenaugen, deren Reiz sie gerne mit einen Liedstrich und viel Mascara betonte. Ihr Gesicht zierte eine perfekte Nase und leicht aufgespritzte Lippen. Das Volumen ihrer Lippen betörte auch mich als bisexuelle Frau und ich stellte mir gerne vor, wie sich wohl ein Kuss mit ihr anfühlen würde. Zudem duftete sie wie eine aphrodisierende, exotische Blume. Julie trainierte jeden Tag während ihrer Mittagspause oder nach der Arbeit für zwei Stunden im Fitness-Studio. Dementsprechend hatte sie einen muskulös athletischen Körper und ernährte sich aus Überzeugung streng vegan. Sie war eine der wenigen Menschen, bei der die figurlose Uniform richtig sexy aussah, da ihre prallen Brüste und der durchtrainierte Apfelarsch alles ausfüllten. Sie war jedoch nicht nur äußerlich ein Hingucker, sondern überaus intelligent und raffiniert. Wann immer sie von der Männerwelt auf ihr äußerliches Erscheinungsbild reduziert wurde, überzeugte sie mit ihrem Scharfsinn und schlagfertigen Mundwerk. Sie lernte ich erst im Camp kennen, da sie bereits beim vorherigen Kontingent ihre erste Mission geleistet hatte. Noch während sie an meinem ersten Einsatztag im Camp meinen Ausweis erstellt hatte, hatten wir uns in ein Gespräch verstrickt, als ob wir schon seit Jahren die besten Freundinnen seien. Gemäß ihr ergänzten ich, mit dem Sternzeichen Fisch, und sie, mit dem Sternzeichen Skorpion, uns perfekt. In der Tat hat sie mir viel über die Astrologie und den Veganismus gelehrt, wofür ich tiefe Dankbarkeit empfand. Ich verbrachte meine Freizeit am liebsten mit ihr. Oft sonnten wir uns nach dem Sport auf einer Wiese und belustigten uns an den verstohlenen Blicken der vorbeijoggenden Soldaten. Immer wieder amüsant waren auch unsere Treffen mit den Servierdüsen Mady und Ludra vom Restaurant Rosa. Sobald das Restaurant schloss, ließen die beiden gerne einheimische Musik laufen, zu der wir gemeinsam tanzten und das Leben feierten. Doch das Coolste war der Besuch von Julies Wohnkomplex und ihrer kleinen Gartenanlage. Da sie mit ihrer hochstehenden Funktion nicht einer spezifischen Einheit in unserem Camp angegliedert war, befand sich ihr Container in einem durchmischten Wohnhaus unterschiedlicher Nationen. Sie war somit als einzige Vertreterin meines Kontingentes von fremden Nationen umringt. Da es sich bei ihrem Wohnkomplex um die Behausung rangmäßig hochgestellter AdA's handelte, genoss sie einen umzäunten Garten mit einem aufgeblasenen Pool. Julie machte es sich immer wieder den Spaß, die heißesten Soldaten aus dem Fitnesszentrum auf eine private Party einzuladen. Durch den Zaun waren wir vor sämtlichen Augen geschützt und konnten uns zu lauter Musik austoben. Doch selbst die heiße Julie hatte es nicht geschafft, einen Dänen zu umgarnen.

Zum Glück blieb mir und meinem Team bei der Ausfahrt aus dem Camp Rava Cuta die Bombenkontrolle erspart, bei der die Dänen mit Spiegeln die Unterseite der Autos überprüften. Beim Ausgang ging es vor allem um die Kontrolle des Ausweises, damit man anschließend auch wieder Einlass erhielt. Die Kontrolle bei Team Beta war durch, worauf hin ich das Auto wieder startete und vorfuhr. Heute stand ein junges Duo vor Ort, während im Hintergrund ein leise gestelltes Radio lief. Der kleinere der Beiden bewegte sich kein Stück und schaute immer wieder in beide Richtungen des Tores. Dabei hielt er mit beiden Händen sein Maschinengewehr fest und zog eine grimmige Miene. Trotz seiner kleinen Statur war er kräftig trainiert und hatte leuchtend grünblaue Augen. Der Zweite war groß und schlank. Seine ausgestreckte Hand forderte nach drei Ausweisen. Während er mit einem kleinen Scanner den Barcode erfasste, verfiel ich seinen wunderschönen, strahlend blauen Augen. Die Haare hatte er wie die meisten dänischen Soldaten kurz geschoren, sodass seine weisse Kopfhaut durchschimmerte. Der Schönling streckte mir die Ausweise wieder entgegen und wünschte uns in einem reservierten Ton und mit dänischem Akzent noch eine sichere Fahrt.

Als Che Guevara zum Nussknacker wurde

Obwohl «Route P über Checkpoint Foxtrott» sich richtig aufregend angehört hatte, handelte es sich für mich um meine alltägliche Strecke, die ich bereits in und auswendig kannte. Die holprige Hauptstrasse war zur Abwechslung mal kaum befahren, wodurch ich mich während der Fahrt auf meine Gedanken fokussieren konnte. Es war mein Mechanismus, um mich auf jede mögliche Situation mental schon mal vorbereiten zu können. Während spärlich belichtete Shops mir den Weg bahnten, spielte ich gedanklich mögliche Entwicklungen durch, welche mich in meiner Area of Action «AoA» erwarten konnten. In mir verspürte ich dabei eine Vorfreude, die auf einen eher extremeren Verlauf hoffte. Egal was mich vor Ort erwarten würde, mein oberster Impuls lautete immer «kräftig durchatmen und ruhig bleiben». Ich hatte bereits während der Absolvierung von Übungen in der Ausbildungsphase das Kompliment zugesprochen erhalten, dass ich jeweils einen kühlen Kopf bei Extremsituationen bewahrte. Trotzdem war ich der Logik trotzend etwas eingeschnappt, dass Adjutant Steiff mit der Formation von Team Alpha bewusst mich und Soldat Lotti unter seine Fittiche genommen hatte. Ich verstand seinen Schachzug, welcher gemäss der militärischen Taktik her Sinn ergab. Dennoch war ich überzeugt davon, dass er mir nicht die Fähigkeit zusprach, in der Hektik rational agieren zu können. Ich hasste es, wenn ich von der Männerwelt unterschätzt wurde. Dabei hatte ich ihm und dem Ausbildungskontingent schon einmal bewiesen, dass ich gut auf mich selbst achten konnte. Nicht umsonst hatte man mir meinem ersten Übernamen «Che Guevara» noch den zweiten Nicknamen «Der Nussknacker» angefügt. Leutnant Ronny hatte mir gestanden, dass sie für den ersten Teil die Verantwortung trug. Che Guevara hatte sie mir zu einer Zeit verliehen, als ich ihr noch unsympathisch gewesen war. Sie hatte mich während der Ausbildungszeit zum Witz hinter meinem Rücken mit Che Guevara verglichen, was sich dann jedoch weitläufig etabliert hatte. Dabei ging es nicht darum, dass ich dieselbe Willensstärke oder Kämpfernatur gezeigt hatte, wie der marxistische Revolutionär. Wann immer ich beim An- und Abtreten das schwarze Barett aufsetzte, erinnerte sie meine einseitig gewellte und schulterlange Mähne an den Autor. Der zweite Teil meines neuen Namens war der Endphase der Ausbildung entsprungen. Die finale Ausbildungsphase basierte auf gestellten Szenarien. Wir hatten Möglichkeiten durchgespielt, welche das Kontingent auf potentielle Extremsituationen trainierten, die während der Borava Mission den geregelten Alltag überrumpeln könnten. In den letzten drei Wochen der Ausbildung war ich bereits in die Gruppe eingeteilt geworden, mit denen ich während der Mission als Einheit der FORB dienen würde. Einige Übungen waren eher etwas brutaler gewesen, bei der meine Einheit entführt worden war oder sich mit einem aggressiven Feind auseinandersetzen musste. Zudem musste ich bei jeder Übung immer darauf achten, nicht eine versteckte Mienenattrappe auszulösen. In Borava gab es noch immer Gebiete, deren Kriegsnarben übersäte Mienenlandschaften auszeichneten. Zur Bekämpfung dieser Problematik gab es Mienenentschärfungsteams, welche sich auf die Säuberung dieser verseuchten Areale spezialisiert hatten. Sie galten als die absolute Elite unter den militärischen Einheiten und die meisten Soldaten strebten nach deren Karriere. Diesen Teams war es auch als einzige erlaubt gewesen sichtbare Tattoos zu tragen und sie genossen das Privileg einiger Freiheiten. Mein Zuständigkeitsbereich in Sekjr Dalab war dafür bekannt, dass es noch aktive Mienenfelder gab. Ich war von Beginn an jedoch beruhigt worden, dass zusätzliche einheimische Organisationen sich um deren Entschärfung kümmerten. Für meine Einheit galt die strenge Auflage, dass abseits der gekennzeichneten Routen das Betreten mit lebensbedrohlichen Risiken verbunden war und somit ausnahmslos zu vermeiden galt. Bei anderen Übungsszenarien während der Endphase der Ausbildung hatte der Fokus auf das Verhandlungsgeschick oder die Anwendung von Diplomatie gelegen. Beispielsweise hatten wir als Team einmal den Unterschlupf eines eigenständigen Kriegsführers betreten, welcher auf Konfrontation aus war. Bei dieser Übung hatte ich zum ersten Mal erlebt, was der zierliche Soldat Lotti mit ihren diplomatischen Skills so auf dem Kasten hatte. In mehreren Übungseinheiten wurde der Umgang mit der zivilen Bevölkerung trainiert. Je nachdem waren die Schauspieler dem Militär freundlich oder aggressiv gesinnt gewesen.

Bei einem nervenaufreibenden Szenario befanden sich mein Team und ich gemäss dem Instruktor auf einer Routinefahrt in kompletter Kampfmontur. Also trug ich nebst dem regulären Taz noch zusätzlich die SpliSchu und den Helm. Ich sass auf der Rückbank eines Geländefahrzeuges, welches einer vorgegebenen Route folgte und durch eine unerwartete Blockade aufgehalten wurde. Es standen fünf schwarz gekleidete Jungs vor einer improvisierten Absperrung und vertrieben sich die Zeit mit Fussball. Die Schranke versperrte den einzig möglichen Durchgang zwischen zwei Häuserreihen, um zur Enddestination zu gelangen. Mein fünfköpfiges Team hatte noch über Soldat Lottis Witz gelacht, die neben mir im Auto sass: «Die wollen sicher Bestechungsgeld für die Passage verlangen.» Spec Of Regliger auf dem Beifahrersitz schlug vor, dass zwei Abgesandte für die Gesprächsführung aus dem Wagen aussteigen sollten. Spec Of Regliger war auf Grund seines Ranges immer in der führenden Position und im Boravaeinsatz der eigentliche Stellvertreter von Captain Adlerauge. Sein Grad als Fachoffizier bedeutete, dass er eine Offiziersfunktion ausüben konnte, obwohl er unter den Offizieren nicht als Offizier anerkannt wurde. Doch seine Fachkenntnisse würden je nach Situation einer Offiziersausbildung bevorzugt werden. Er war 1.80 gross, schmächtig, hatte dunkle kurgeschnittene Locken und einen schwarzen halbvollen Bart. Seine Gesichtsform war langgezogen. Dazu dunkelbraune Augen und Schneewittchens blasse Haut. Nur auf der Nase und den Backen durchbrachen Sommersprossen die Reinheit. Er hatte etwas von einem kleinen Jungen, der zu schnell grossgewachsen war. Seine Stimme erinnerte an einen Stimmbruch, welcher soeben vollzogen worden war, dessen Beständigkeit er jedoch noch nicht ganz trauen konnte. Mit seinem schlaksigen Körper blieb noch viel Stoff der Uniform übrig. Er hatte sein Wirtschaftsstudium vor kurzem beendet und ich wusste nicht, warum er eigentlich diese Mission absolvierte. Da ich mich nie mit ihm unterhielt oder ihn bei der Arbeit miterlebt hatte, konnte ich auch kein Urteil über seine Kompetenzen abgeben. An manchen Tagen erkannte ich sogar die bestimmende Seite an ihm, welche eine Frau als betörend empfinden konnte. Spec Of Regliger und der Fahrer Unteroffizier Mättu verließen das Auto und probierten uns den Durchgang auszuhandeln. Leutnant Ronny, Soldat Lotti und ich waren von der Rückbank aus für die Observation der Situation zuständig. Die Sitzsituation war auf Grund der SpliSchus eher ungemütlich und eng. Als kleinster Soldat war die Sitzordnung im Fahrzeug klar gewesen, sodass Soldat Lotti zwischen mir und Leutnant Ronny ihren Platz eingenommen hatte. Durch das runtergekurbelte Fenster konnte ich nur einen Bruchteil des gesprochenen Dialoges verstehen und erkannte sogleich das Hauptproblem. Es konnte sprachlich kein Austauschen stattfinden. Die Schauspieler bedienten sich irgendwelchen

Fantasiesprachen, auf welche niemand in unserer Teamkonstellation eingehen hätte können. Dieselbe Ausgangslage könnte uns schließlich auch in Borava erwarten, da niemand in meiner Einheit die Sprache der Einheimischen sprach. In der Theorie waren für unsere Ausfahrten durch Borava jeweils pro Team ein Übersetzer angedacht. Jedoch befasste sich dieses Szenario mit der Ausgangslage, dass wir sprachlich auf uns selbst gestellt wären. Während Unteroffizier Mättu sich mit Handzeichen in Argumentationen verstrickte, bemerkte ich, wie jede verstrichene Minute gelegentlich sich ein paar neue Schauspieler der Verhandlung anschlossen. Im Handumdrehen standen Unteroffizier Mättu und Spec Of Regliger unverhofft umzingelt von 16 Menschen. Die Achtsamkeit beider war von ihren getrennt geführten Unterhaltungen eingenommen. Aus meinem rechten Autofenster konnte ich beobachten, wie die Schauspieler des Menschenmeers losgelöst selbst miteinander zu diskutieren begannen. Ich entschied, den beiden an der Front unsere Observationen durchzugeben, damit wir unseren Rückzug einleiten konnten. Ich verließ das Fahrzeug und stellte mich in Spec Of Regliger's Sichtfeld. Als ich seine Aufmerksamkeit hatte, wies ich ihn mit einer rotierenden Handbewegung auf die brodelnde Stimmung hin und marschierte sogleich wieder zurück zum Wagen. Dabei verfolgten mich ein paar Schauspieler und begannen dubios um das Fahrzeug zu tigern. Soldat Lotti war die Nervosität ins Gesicht geschrieben, ich entschied das Fenster zu schließen und Leutnant Ronny setzte sich prophylaktisch vorne ans Steuer. Ihre Hand drehte am Zündschlüssel und der Motor begann zu brummen. Spec Of Regliger verordnete Unteroffizier Mättu den Rückzug zum restlichen Team im Auto. Die beiden verabschiedeten sich von den anfänglichen Gesprächspartnern mit universellen Handzeichen, als auch schon der Lärmpegel aufgebrachter Menschen zunahm. Im Schnellschritt marschierten sie zum Auto und erkannte währenddessen, dass sie von einer potentiell gewaltausübenden

Menge die Flucht ergreifen mussten. 30 Schauspieler hatten sich zwischenzeitlich angesammelt und verfolgten sie bis zum Auto. Geballte Fäuste und düstere Mienen offenbarten so gleich die Stimmung dieses Aufstandes, während eine Wand aus Menschenkörper sich um das robuste Geländefahrzeug formierte. Jeder Blickwinkel offenbarte wütende und brüllende Männer, die uns die Sicht jeder Seite versperrten. Leutnant Ronny konnte weder vor noch rückwärtsfahren, ohne dabei jemanden zu verletzen. Die Sichtbarkeit im Innenraum unseres Autos begann zu schwinden, als plötzlich noch flächendeckende Protestplakate sämtliche Fenster verhüllten. Die einzige Lichtquelle entsprang der Windschutzscheibe, während heftig an unserem Wagen gerüttelt und gehämmert wurde. Der Blick aus den jeweiligen Fenstern war sinnlos, wodurch wir alle unsere Köpfe zur Frontscheibe richteten. Nur Leutnant Ronny und Spec Of Regliger sahen sich an und sprachen über das weitere Vorgehen: «Ich kann nicht losfahren», fasste Leutnant Ronny ihre Evaluation der Lage in nur einem Satz zusammen. Spec Of Regliger schien noch mental sämtliche Pläne abzuarbeiten, unter welchen er sich den Lösungsweg erhoffte. Unteroffizier Mättu lockerte die Situation in der Gruppe, während er wegen dem heftigen Gerüttel mit seiner Linken den Haltegriff umklammerte: «Ob sich das Militär Autoschäden während einer Übung wohl leisten kann?» Ich konterte auf seinen Stimmungsheller Versuch: «Also ich habe mich soeben abgeschnallt. In echt würde die Meute vielleicht das Auto kippen, was sicher ein spannendes Gefühl wäre. Aber in diesem Szenario wird man sich sicherlich eine Alternative ausgedacht haben, um uns zu verjagen.» Plötzlich kletterte ein junger Typ auf unsere Motorhaube und begann eine bräunliche Flüssigkeit aus einem Benzinkanister über das Auto zu schütten. Leutnant Ronny übernahm das Zepter und schrie den Befehl: «Sofortiger Rückzug!», als Spec Of Regliger gleich mit dem Countdown begann: «Fertig? Los!». Das Team löste beim Wort

«Fertig?» ihre Sicherheitsgürtel und presste bei «Los!» die Autotüren auf. Ich wollte gerade rausprinten, als Soldat Lotti aufschrie, dass ihre Schnalle festhing. Ich drehte mich zurück und rüttelte mit voller Kraft an ihrem Gürtel. Soldat Lotti spannte in der Hitze des Gefechtes mit ruckartigem Ziehen das schwarze Band, was sich jedoch als sinnlos erwies. Der Einsatz meines Sackmessers an meinem Gürtel erschien mir für ein Übungsszenario zu dramatisch. Jedoch war es für mich beruhigend zu wissen, dass ich diese Alternativlösung in echt gehabt hätte. Der metallische Bügel hatte sich bei der unbiegsamen SpliSchu verfangen und durch mein heftiges Rütteln endlich gelöst. Am schwindenden Geräusch der Menschenmasse konnte ich erkennen, dass auf ihrer Seite weniger Menschen waren. Wahrscheinlich war ein Teil des Mobs auf der linken Seite des Fahrzeuges Leutnant Ronny und Unteroffizier Matti hinterhergerannt. Mein Blick hetzte zur linken Autotür, wo nur noch die Hälfte der vorherigen Menschenmenge stand, jedoch weiterhin auf das Auto einschlugen. Hinter deren Köpfen sah ich Silhouetten vorbei huschen, die in die Richtung meines geplanten Fluchtweges rannten. Also sah ich Soldat Lotti kurz in die Augen. Sie war vor Nervosität in eine hektische Atmung verfallen und ich probierte sie zu beruhigen: «Das ist nur eine Übung und ich bin für dich da. Bist du ready?» Sie bejahte und rückte zur anderen Autotür rüber. «Los!», schrie ich den zweiten Startschuss und setzte meinen Fluchtversuch fort. Da gegen die Tür gepresst wurde, erforderte es ungemein viel Kraft, um sie zu öffnen und mich an der Meute durchzuquetschen. Ich wurde dabei angeschrien, angespuckt und getreten. In geduckter und geschützter Haltung drängte ich mich zum hinteren Heck des Autos und rannte dann in die Richtung, wo die Routinefahrt ursprünglich begonnen hatte. Ich sah in der Ferne die Silhouetten meiner Teammitglieder, welche alle noch wegrannten. Keiner blickte zurück und es war klar, dass jeder bei diesem Abschnitt gegen sich selbst um die Wette lief. Selbst die engagiertesten Schauspieler wurden nach bereits 10 Meter wieder langsamer, sodass ich an ihnen vorbeirannte. Während dem Rückzug wurden Soldat Lotti und ich zusätzlich mit Steinen beworfen. Glücklicherweise trug ich bei diesem Szenario meinen Helm, da ein Stein mir direkt auf den Kopf knallte und mir für den kommenden Nachmittag noch Kopfschmerzen verursachte. «Der Nussknacker» war jedoch der anschließenden Übung entsprungen, bei der ich mit einem vierköpfigen Team einen Barbesuch nachstellen musste. Vor Beginn des Szenarios hatten wir uns mit dem Prüfer vor dem Eingang einer Holzhütte versammelt. Das neue Team bestand aus Spec Of Regliger, Leutnant Ronny und Soldat Lotti. Mich überkam für einen Moment ein mulmiges Gefühl, als der Prüfer die Rahmenbedingungen für die Übung absteckte: «Ihr befindet euch im Boravaorthodoxen Teil des Landes und werdet nun dieses euch unbekannte Lokal betreten.» Spec Of Regliger, welcher für dieses Szenario als Ranghöchster automatisch wieder die Rolle des Teamkommandanten eingenommen hatte, hackte nach, ob sich das Lokal auf der schwarzen Liste befand. Im Borava erwartete uns nämlich eine offizielle Liste von Restaurants, deren Besuch es zu unterlassen galt. Hier wusste das Militär auf Grund ehemaliger Ereignisse, dass sie als Gäste nicht erwünscht waren. Da es nicht im Interesse der FORB lag Unruhe zu stiften, wurden diese Lokale demensprechend ausnahmslos gemieden. Der Prüfer beharrte darauf, dass wir das Lokal nicht kannten und einfach mal für eine kurze Verpflegung rein gehen sollten. Ich erkundigte mich, ob alle den vorgesehenen Schutz trugen, welchen sie für diese Situation benötigten. Mein Schädel pulsierte noch immer vom vorherigen Fluchtszenario. Der Prüfer bejahte und wünschte uns anschließend gutes Gelingen. Als Erstes versammelte sich meine Gruppe vor dem Eingang und stellte die Korrektheit der Uniform sicher. Das Tenue hatten wir gemäss den Instruktionen wieder gelockert und nur den normalen Taz an. Ich fasste an meine Waffe, welche am rechten

Bein im schwarzen Beinholster gesichert war. Der Pfefferspray hing bei den meisten Soldaten jeweils am Gürtel, während ich meinen in der Bauchtasche meiner Jacke aufbewahrte. Dies war nur möglich, solange ich nicht die SpliSchu anhatte. Die offiziell geschulte Variante mit der Fixierung am Gürtel hinderte mich am schnellen Hervorzücken des Sprays und so hatte ich mir eine Alternative zurechtgelegt. Auf der einen Seite war diese Personalisierung gut, da schlussendlich ich damit schnell und effizient umgehen können musste. Doch die Vereinheitlichung diente dazu, dass ein fremder Soldat an meinem Leichnam Ersatzmaterial finden könnte, welches ihm im Einsatz dienlicher ist. Als jeder sein OK gab, betrat ich mit meinem Team das Lokal. Es handelte sich um eine temporär erbaute Holzhütte inmitten des militärischen Übungsgeländes. In der Ferne hörten wir noch das Geschrei einer anderen Einheit, die nach uns gerade von einer Menschenmenge verjagt und mit Steinen beworfen wurde. Als Erstes betrat Spec Of Regliger die Hütte, gefolgt von Soldat Lotti und Leutnant Ronny. Ich betrat als letzte das Gebäude und folgte meinem Team zum einzig freien Tisch. Gleich nach dem Eingang standen mehrere Stehtische, um die sich vier Schauspieler mit einem Getränk aufgestellt hatten. Die Jugend konnte man ihren Pickeln abzählen und es handelte sich um als Zivilisten verkleidete Rekruten. Auf der linken Seite befand sich eine eingebaute Bar, welche nur durch eine verschlossene Türe betreten werden konnte. Eine blonde Frau besetzte einen von drei Barhockern, die vor dem Tresen standen. Diese unterhielt sich mit dem Barkeeper und snackte aus einem Tellerchen mit unterschiedlichen Nusssorten. Der Barkeeper schenkte ihr dabei gelangweilt ein Heissgetränk ein. Auf der rechten Seite befand sich unser rechteckiger Tisch, welcher mit langen Sitzbänken umrundet war. Das unausgesprochene Ziel der Einheit lautete, dass jeder die Lage möglichst achtsam im Auge behalten musste. Also entschieden wir uns instinktiv für eine U-Formation. Jeder sass an einer Seite des Tisches. Dadurch deckte jedes Teammitglied einen Blickwinkel ab und verschaffte die Möglichkeit für ein schnelles Zücken des Pfeffersprays oder der Waffe. Dem gesamten Team war das Misstrauen ins Gesicht geschrieben. Nichts geschah und wir beredeten das nächste Vorgehen als Gruppe. Ich prophezeite die Möglichkeit, dass es sich hierbei durchaus auch um eine Übung handeln konnte, bei der gar nichts passiere würde. Wir waren die vergangenen paar Tage so auf die extremen Situationen getrimmt worden, dass sich die Ausbildner vielleicht gedacht hatten, dass ein normales Szenario die Anspannung vor dem Einsatz etwas lockern würde. Ich bezweifelte, dass wir in diesem Szenario die Waffe ziehen müssten oder sonst etwas geschehen würde. Noch immer geschah Nichts. Die Schauspieler redeten ungestört miteinander und niemand schenkte uns Beachtung. Spec Of Regliger rezitierte den Auftrag des Ausbildners: «Er hat gesagt, dass wir hier eine kurze Rast einlegen sollen. Ich schlage vor, dass in diesem Falle nun Verpflegung angesagt ist» und erhob sich vom Tisch. Also kümmerte er sich um die Beschaffung von Getränken, um so beim Szenario mitzuspielen. Vor mir sass Soldat Lotti, welche nervös den Raum abscannte und dabei mit den Fingerkuppen auf dem Tisch tippte. Hinter ihr befand sich die verschlossene Türe zur Bar. Rechts von mir hatte sich Leutnant Ronny auf der Rückbank platziert und hatte die Rückwand des Gebäudes hinter sich. Die Hände verstaute sie in den Jackentaschen und behielt mit einem unbekümmerten Blick den Ausgang im Auge. Ich konnte die elektrisierende Nervosität in der Luft förmlich spüren und jeder schien gespannt darauf zu warten, dass etwas passieren würde. Ich stellte mir alle alarmierenden Entwicklungen dieser Situation vor, mit denen der Prüfer unsere Aufmerksamkeit und Reaktionsfähigkeit austesten könnte. Vielleicht würde jemand in den Raum stürmen und uns angreifen. Wahrscheinlicher war jedoch, dass die Barbesucher uns in Gespräche verwickeln würden. Ich war mir zu diesem Zeitpunkt sicher, dass dieses Schauspiel in kein extremes Szenario ausarten würde. Es lag im Interesse der Ausbildner uns darauf zu sensibilisieren, dass wir nicht zu viel in gewissen Situationen hineininterpretieren durften. Da es zu dieser frühen Jahreszeit draussen eiskalt war, freuten wir uns als Gruppe auf eine Runde wärmenden Tee. Spec Of Regliger balancierten auch schon die ersten drei Pappbecher zu unserem Tisch rüber und schüttete sich währenddessen etwas über die Finger. Dann begab er sich wieder auf den Rückweg, um seinen eigenen Becher zu holen. Plötzlich gingen die ersten Interaktionen mit den platzierten Schauspielern los. Die Männerrunde, welche sich zuvor unterhalten hatte, splittete sich auf. Ein männlicher Schauspieler setzte sich neben mich auf die Sitzbank, während andere Schauspieler sich Soldat Lotti und Leutnant Ronny widmeten. Selbst Spec Of Regliger wurde an der Bar von der Schauspielerin umgarnt und mit Komplimenten für seine Uniform überschüttet. Der Typ, welcher sich neben mich gesetzt hatte, erkundigte sich über meine Beweggründe und fragte nach, wie es mir in Borava gefiel. Während ich ihm aus Höflichkeit knappe Antworten lieferte, erlaubte ich mir eine schnelle Beurteilung von ihm als Menschen. In seiner äusserlichen Erscheinung erkannte ich balkanische Züge. Das einzig schöne an ihm war sein sattes schwarzes Haar. Sein Gesicht zierten, im Vergleich zu seinen Kameraden, nur eine Handvoll eitergefüllte Pickel. Erhebungen, welche nur darauf warteten, mit einer desinfizierten Nadelspitze aufgestochen und ausgedrückt zu werden. Sein Flaum eines Bartes befand sich gerade im Endstadium seiner Entwicklung zum Bart eines Mannes. Obwohl er nicht meinem präferierten Schönheitsideal entsprach, konnte ich ihm seine Selbstverliebtheit ablesen. Bei der Sprache bediente er sich einem negativ behafteten Slang. Dieser wurde von der Jugend verwendet, welche in ihrer Freizeit in Trainerhosen auf krass machte und sich für kleine Gangster hielten. Da ich hinter seinem gespielten Interesse eine Falle witterte, antwortete ich so reserviert wie möglich und retournierte keine seiner Fragen. Während der Typ irgendetwas vor sich her laberte, fokussierte ich mich auf das restliche Geschehen im Raum. Soldat Lotti hatte sich mit ihrem Enthusiasmus und mit ihrer Freundlichkeit komplett in ein Gespräch über die derzeitige Lage vertieft. Ihrem Gesprächspartner war die Überforderung ins Gesicht geschrieben und er beschränkte sich nur auf das Zuhören. Zu diesem Zeitpunkt kannte ich Soldat Lottis Arbeitshaltung noch nicht und wusste daher auch noch nicht um ihr diplomatisches Talent. Ich hatte sie bisher nur als die kleine aufgestellte Quaseltante gekannt, welche immer für eine kleine Plauderei zu haben war. Infolgedessen beschäftigte mich zu diesem Zeitpunkt noch die Befürchtung, dass ich bei ihr sicherstellen musste, dass sie nicht zu viel ausplapperte. Auch Leutnant Ronnys wachsames Auge ruhte auf Soldat Lotti und sie schien sicherstellen zu wollen, dass Soldat Lotti nichts Unbedachtes entwich. Leutnant Ronny sollte später noch belehrt werden, dass es Soldat Lotti und ihre zierliche Grösse nicht zu unterschätzen galt. Der Person neben sich zeigte Leutnant Ronny die kalte Schulter, indem sie ihn abwimmelte und erklärte, dass sie gerade arbeitet. Der Rekrut bemühte sich noch, einen Satz zu formulieren, jedoch sah sie ihn nach den ersten zwei Denkpausen nicht mal mehr an. Unerwartet spürte ich an der Vibration meiner langgezogenen Sitzbank, dass sich etwas darauf bewegte. Als ich meinen Kopf wieder in die Richtung des Typs drehte, war er ein Stück näher zu mir herangerückt. Ich spürte eine feurige Welle Wut langsam in mir aufbrodeln. Ich glaubte zu wissen, welche Rolle ich in diesem Szenario gezogen hatte, wollte es jedoch noch nicht wahrhaben. Auf meine Feststellung hin kam auch schon die bereits erwartete Frage, ob ich denn vergeben sei. Ich konnte es nicht fassen, dass ich für die Rolle des sexuell zu belästigenden Soldaten auserkoren worden war. Mein temperamentvolles Feuer war erwacht und ich probierte mich durch Rationalität zu beruhigen. Einmal tief ein und ausatmen war angesagt. Meine gesamte Wut fokussierte sich auf diesen Rotzbengel vor mir, welcher mich auserwählt hatte. Ich hatte mich gewundert, ob es wohl an meiner äußerlichen Erscheinung lag oder warum er mich als ein leichtes Opfer angepeilt hatte. Dabei empfand ich Soldat Lotti aufgrund ihrer Niedlichkeit als ein viel einfacheres Opfer. Ich musste schnell durchdenken, wie der Typ mit welcher Antwort umgehen würde und was dies für Konsequenzen mit sich tragen würde. Ich konnte mir vorstellen, dass er dieses Gespräch mit einer Anmache fortfahren würde. Im privaten Umfeld hätte ich ihn daraufhin mit einem Augenzwinkern aufgefordert, dass er mich jetzt sofort auf der Toilette nehmen soll. Nur um zu sehen, wie es ihm durch Überforderung die Sprache verschlagen würde. Danach hätte ich gelacht und mich von ihm abgewandt. Doch ich durfte nicht ich selbst sein und musste mich am militärischen Regelwerk orientieren. Ich entschied mich dazu, ihn mit einer klaren Bejahung abzuwimmeln, wobei ich ihm noch meinen linken Ringfinger präsentierte. Es handelte sich zwar um den Ring meiner Mutter, jedoch missbrauchte ich ihn als Liebesbeweis für meine Liaison mit Raphael. Doch der Rekrut ließ natürlich nicht locker. Der Typ konterte mit der Offerte, dass er mir ein viel besserer Liebhaber sein könnte. War dies die Bestätigung, dass ich belästigt werden würde? Dann unterbreitete er mir ungefragt den Vorschlag, dass ich meinen Partner für ihn verlassen und mit ihm in Borava ein spannenderes Leben führen sollte. Spätestens jetzt war ich mir meiner unwillkommenen Rolle in diesem Szenario sehr bewusst. Ich schäumte innerlich vor Wut und empfand es als eine Frechheit, dass ich sein Opfer werden sollte. Dieser junge Typ spielte den penetranten Macho und hatte mich dann als sein einfachstes Ziel auserkoren. Ich debattierte im inneren Monolog, was das Militär wohl für einen Handlungsablauf meinerseits erwartete. Ich wusste, dass er so lange weitermachen würde, bis ich mich an Spec Of Regliger wenden musste. Bis ich meinen männlichen Vorgesetzten darum bitten müsste, das Lokal auf Grund meiner Unbehaglichkeit zu verlassen. Doch ich weigerte mich, mich dieser Stigmatisierung der schwachen Frau hinzugeben. Ich entschied, dass ich den Männern zeigen würde, wie eine selbstbewusste Frau mit der Situation umgehen könnte. Ich beobachtete racheerfüllt den Rekruten, wie er in seiner Rolle geradezu aufblühte und er unter keinen Umständen lockerlassen würde. Ich erteilte ihm auf sein Angebot hin eine unmissverständliche Abfuhr und probierte, ihn so in seine Schranken zu weisen. Er entschied sich wie erwartet dazu, diese unangebrachte Unterhaltung weiter auszureizen und rückte noch einmal ein Stückchen näher zu mir ran. Dabei preiste er sich selbst für seine Manneskraft an. Als ich wieder zur Bar blickte, drehte der Barchef die Musik noch etwas lauter und sorgte für einen erhöhten Lärmpegel. Die laufenden Gespräche nahmen automatisch an Volumen zu und wurden von balkanischer Volksmusik unterstrichen. Mit einer kräftigen Stimme forderte ich ihn dazu auf, den Abstand einzuhalten und mich allein mein Getränk genießen zu lassen. Meine Tonlage strahlte Selbstsicherheit und Bestimmtheit aus. Ich sagte es laut genug, damit meine anderen Teammitglieder auf meine alarmierende Stimme hätten aufmerksam werden sollen. So dass mein Team realisiert hätte, dass ich die Situation im Griff habe, jedoch eine Konfrontation bevorstehen könnte. Und wieder scannte ich den Raum vor mir ab und erkannte dabei, dass ich auf mich allein gestellt war. Jeder von meinem Team war in irgendeine Interaktion verstrickt, bei der sie zu sehr von sich selbst eingenommen waren. Ich hatte somit kein Backup. Als ich über meine Schultern blickte, ertappte ich den Prüfer am offenen Fenster, welcher sich von draußen gerade die Lage notierte. Ich spürte, wie er nur darauf wartete, dass ich einknickte. Er zielte darauf ab, dass ich mich vom Tisch erhob und bei meinem Teamkommandanten Hilfe hole. Doch ich entschied mich, ihm eine Alternative aufzuzeigen. Egal wie diese Situation sich noch entwickeln würde, ich musste sichergehen, dass ich mich bei den nächsten Schachzügen militärisch korrekt verhielt. Durch die Erhebung meiner Stimme hatte ich erfolglos an die Achtsamkeit meiner Einheit appelliert und keine Reaktion erhalten. Dieser Anforderung hatte ich somit für mein Verständnis bereits ausreichend Folge geleistet. Das Militär bot keinen Raum für Einzelkämpfer. Doch von hier an konnte ich meine nächsten Handlungen bereits rechtfertigen, da ich auf mich allein gestellt war. Ein letztes Mal rutschte der Typ noch ein Stück näher zu mir heran, sodass sich unsere Oberarme nun berührten. Ich drehte meinen Kopf blitzartig in seine Richtung, blickte ihm tief in die Augen und verlieh meiner Stimmlage eine bedrohliche Note. Ich fühlte mich wie ein angriffslustiges Tier, dessen Körperdomina selbst die Drohung aussprach. Ich formte meine Stimme auffordernd und deutlich. Mit verständlich ausgesprochenen Worten warnte ich ihn: «Ab jetzt lässt du mich in Ruhe und gehst dahin zurück, wo du hergekommen bist. Hast du mich verstanden?» Noch bevor er die Gelegenheit auf eine Antwort hatte, entschied ich mich dazu, mich vom Tisch zu erheben. Ich wusste zwar noch nicht, wo ich danach hingehen würde. Doch diese Entscheidung überließ ich meinem Zukunftsich. Vielleicht würde sie sich an der Bar ein neues Getränk holen und Spec Of Regliger darüber informieren, dass sie draußen eine Zigarette rauchen geht. Ich war schon gespannt darauf rauszufinden, was draußen dann passiert. Ob der Ausbildner dann mich beobachten kommen würde, wenn der Rekrut mir folgen würde? Was bestätigt hätte, dass diese Übung der Frauenwelt galt, welche sich in der militärischen Welt behaupten musste. Oder ob deren Fokus dennoch nur auf den Innenraum gerichtet wäre. Mich festigte jedoch beim Aufstehen die Sicherheit, dass es gar nicht erst dazu kommen würde. Unverhofft aber erwartet tat es mir der Schauspieler gleich. Und so stand er genau vor mir und schnitt mir den Weg Richtung Ausgang und Bar ab. Etwas frustriert über diese Berechenbarkeit pustete ich die Luft durch den Mund raus und steckte meine Hände in die Jackentaschen. Die Schultern fächerte ich breit auf und baute meinen Körper so groß es ging auf. Zum Glück war der Typ nur wenig größer als ich, wodurch mir die spontane Anwendung meiner trainierten Selbstverteidigungskünste realistischer erschien. Ich bemerkte frühzeitig, dass er seine Hand anhob und in Richtung meiner rechten Hand in der Jackentasche navigierte. Da überkam mich der Geistesblitz, wie ich es ihm heimzahlen und den Prüfer eines Besseren belehren konnte. Seiner Körpersprache konnte ich bereits ablesen, dass er nach meiner Hand greifen wollte, um die sexuelle Belästigung zu überspitzen. In meiner rechten Hand, nach welcher er greifen wollte, ertastete ich den Griff meines Pfeffersprays, welchen ich darin aufbewahrte. Ich wusste, dass der Einsatz des Pfeffersprays als zu aggressiv geahndet worden wäre. Diese Option schloss ich somit aus. Durch das Abwarten des richtigen Moments konnte ich jedoch die Situation so darstellen, dass der Prüfer nichts einwenden könnte. Was, wenn der Schauspieler es möglicherweise auf mein Pfefferspray abgesehen hatte? Natürlich wusste er nicht, dass sich dieses dort befand. Jedoch entschied ich mich dazu, die Unschuldsschiene zu fahren. Vielleicht hatte er meine Erscheinung mit den anderen Soldaten verglichen und daraus eruiert, dass mein Pfefferspray an einem nicht sichtbaren Ort verstaut war. Schließlich trugen die anderen dieses am Gürtel. Von seinem vorherigen Stehtisch hatte er meinen Rücken und die Hüfte im Visier gehabt. Als ich mir sicher war, dass ich eine solide Ausrede hatte, war Action angesagt. Ich konnte den Moment kaum abwarten, als seine Fingerspitzen endlich meinen Handrücken ertasteten. Ich nährte meine Vorfreude mit dem Hass über die Vorstellung, wie er im Anschluss seinen Kollegen voller Stolz und Eitelkeit von seiner erfolgreich gespielten Rolle erzählen würde. Schließlich hatte er dieses Szenario an diesem Tag bereits mehrmals durchgespielt. Er würde sich so hinstellen, als dass ich als Frau keine Chance gehabt hätte und ich wie ein kleines Mädchen meinen Vorgesetzten um

Hilfe bitten musste. Und dasselbe Ergebnis erwartete auch der Prüfer. Sie erwarteten, dass ich mir meine Schwäche als Frau eingestehen und lernen musste, wie ich mich in diesem Falle zu verhalten hätte. Ich hasste es, in diese Opferrolle gesteckt zu werden. Das Leben hatte mich bereits mehrmals zu einem Opfer gemacht. Doch in diesem neuen Leben hatte ich die Oberhand über meinen Lebenslauf und wollte mir nie wieder etwas gegen meinen Willen gefallen lassen. Ich hasste den Gedanken daran, dass ich von dieser Schauspielergruppe als das Opfer auserkoren worden war, um sexuell belästigt zu werden. Und so freute ich mich diabolisch darauf, den Missstand dieser Situation ausnutzen zu können. Als seine Fingerkuppen meinen rechten Handrücken berührten, zog ich beide Hände ruckartig raus und legte sie meinem Gegenüber auf die Schultern. Dabei bohrten sich meine Finger in dessen Haut. Seinem überraschten Blick konnte ich bereits die Verwirrung ablesen. Der Blickkontakt war ein köstlicher Moment, welcher meine Sinne euphorisch belebte. Sein Mund formte noch keine Worte, als ich seinen Oberkörper mit festem Griff und voller Kraft zu mir runterzog. Währenddessen rammte ich genüsslich mein Knie in seinen Genitalbereich und schaute ihm zeitgleich noch immer selbstbestimmt in die Augen. Ich spürte die Weichheit, die unter mit gerade zerquetscht wurde. Ich hätte noch härter vorgehen können, jedoch wollte ich ihn ja nicht gleich kastrieren. Ich sah zu, wie seine Augen sich zu feinen Schlitzen verformten und seinem weit geöffneten Mund kein Ton entwich. Im ersten Moment spielte ich meine Überraschung darüber, dass mein Knie auf eine komplett ungeschützte Stelle getroffen hatte. Langsam sank der Rekrut zu Boden. In der Ferne hörte ich den langgezogenen Schrei des Prüfers: «Stoooop!» Alle Anwesenden erstarrten und verstummten. Einzig die rhythmische Musik trällerte weiter ungestört vor sich hin. Der Prüfer ordnete durch das Fenster den Abbruch der Simulation an und verschwand aus dem Sichtfeld. Ich entschuldigte mich mit gespielter Fürsorge beim Rekruten, welcher zwischenzeitlich komplett zu Boden gesackt war. Ich bückte mich sogar zu ihm runter, während er auf den Knien sich mit beiden Händen in seinen Schritt fasste. Ich streichelte ihm behutsam ein paar Mal über die Schulter und ergötzte mich an einer Träne, die seine Wange runterkullerte. Gleich neben dem Eingang erwartete uns der Prüfer mit seinen Notizen und erkundigte sich in ungeduldigem Ton, was soeben geschehen war. Ich antwortete bewusst nicht als Erste. Aus militärischer Sichtweise wollte ich die Rangordnung nicht missachten und zudem überdachte ich die Wortformulierung meiner Situation, damit es so wirkte, als ob ich genau nach dem militärischen Skript korrekt gehandelt hätte. Spec Of Regliger begann mit seiner Perspektive und erzählte davon, dass er sich mit einer Zivilistin an der Bar über das Leben in Borava unterhalten hätte. Plötzlich sei das Szenario abgebrochen worden und er hatte einen am Boden knieenden Schauspieler vorgefunden. Gespannt drehte sich der Prüfer und auch alle anderen vom Team in meine Richtung und forderte mich zu einer Erläuterung auf: «Wie sie vom Fenster aus beobachten konnten, war mir die Rolle als sexuell zu belästigendem Soldaten zugeteilt worden. Daher war der Schauspieler äußerst aufdringlich und ging nicht auf meine wiederholte Aufforderung ein, dass er mich in Ruhe zu lassen hat. Wie sie richtig vermerkt haben, waren sämtliche Teammitglieder in eigene Interaktionen verwickelt, sodass ihnen mein lauter Hilferuf nicht aufgefallen war. Als ich mich vom Tisch erhob, entschied sich der Schauspieler es mir gleich zu tun und mich weiterhin zu belästigen. Er griff mit seiner Hand in meine Jackentasche, in der sich mein Pfefferspray befindet. Ich konnte nicht ausschließen, ob es sich hierbei um den Anbeginn eines physischen Übergriffes handelte oder ob er sich meines Pfeffersprays bemächtigen wollte. Unter Berücksichtigung seines anfänglichen Standorts bestand die Möglichkeit, dass er den Vergleich zwischen mir und den anderen Soldaten gezogen und erraten hatte, dass sich mein Spray dort befindet. Ich musste intuitiv agieren und entschied, beiden seiner möglichen Vorhaben vorzugreifen. Schließlich hatten wir während der Ausbildung für genau solche Szenarien ja einen Selbstverteidigungskurs absolviert. Damit ich mich bei Bedarf selbst verteidigen könnte. Ich konnte somit verhindern, dass er Zugriff auf meinen Pfefferspray erlangte. Ich war jedoch überrascht zu spüren, dass der Schauspieler nicht, wie von ihnen versichert, einen Schutz hierfür trug. Hatten Sie denn einen anderen Verlauf erwartet?» Der Prüfer starrte mir wortlos in die Augen, als ob es ihm die Sprache verschlagen hätte. Soldat Lotti und Leutnant Ronny wechselten unsichere Blicke. Ich konnte ihren Gesichtern ablesen, wie sie sich soeben durch den Kopf gehen ließen, wie sie in meiner Situation gehandelt hätten. Bei Soldat Lotti war ich mir sicher, dass sie bei Spec Of Regliger Hilfe geholt hätte. Bei Leutnant Ronny stellte ich mir gerne vor, dass sie sich den Rekruten auch vorgeknüpft hätte. Ich verkniff mir die Frage, ob ich falsch reagiert hatte oder nicht. Der Inspektor vertiefte sich noch einmal in seine Notizen, bevor er dann die Übung mit einem: «Also gut.» beendete. Dann verabschiedete er sich von meinem Team, schickte uns zum nächsten Posten und betrat die Hütte, um sich um den Rekruten zu kümmern, welcher noch immer am Boden kauerte. Und so hatte sich mein Nickname *Che Guevara* um *der Nussknacker* erweitert.

Teller Frisbee

O500 und ich passierte den Checkpoint Foxtrott, gefolgt von der Funkmeldung durch Adjutant Steiff an die Kommandozentrale. Er informierte sie über unseren Standort und stellte zudem sicher, dass die Funkverbindung gewährleistet war. In der BM-Enklave Qgokno parkte ich das Auto auf einem Schotterplatz an einer unbeleuchteten Hauptstrasse. Der Platz war breit genug, damit ich in einer 180 Grad Wendung den Motorenblock in die Richtung wenden konnte, aus welcher ich gekommen war. Ich konnte somit möglichst weit vorausschauen und würde die Polizeiautos frühzeitig erkennen. Zudem musste ich bei der Planung der Positionierung bedenken, dass ich den Polizeiwagen unmittelbar Folge leisten konnte. Also schlug ich die Reifen in die entgegengesetzte Richtung ein und schaltete der Umwelt zuliebe den Motor aus. Um nicht aufzufallen, drehte ich zudem noch alle Lichter ab. Da es sich bei meiner AoA hauptsächlich um ein BO-Gebiet handelte, hatte ich bisher noch nie ein BM-Polizeiauto bewusst wahrgenommen. Ich war mir jedoch sicher, dass dieses situationsgegeben leicht zu erkennen wäre. Die Bevölkerung schien zu dieser frühen Stunde noch nicht wach zu sein. Abgesehen von einer streunenden schwarzen Katze bewegte sich nichts. Die erste halbe Stunde verging, in der wir wortlos in die gähnende Leere starrten. Die sich anschleichende Morgendämmerung erleichterte mir die Sicht in die Ferne, wodurch jedoch das Nachtsichtgerät seinen Zweck nicht mehr erfüllen konnte. Adjutant Steiff spielte dennoch als Zeitvertreib mit dem Gerät rum und testete die unterschiedlichen Funktionen. Da er keine Musik erlaubte, war das Radio auf stumm gestellt. Ich musste irgendetwas gegen die nervtötende Langeweile unternehmen. Mein Blick wanderte von der Straße zum Rückspiegel, wodurch ich Soldat Lotti gleich mit im Visier hatte. Sie stützte ihren müden Kopf am Fenster ab und hielt die Augen geschlossen. Da ich sowieso nichts zu tun hatte, starrte ich so lange in den Rückspiegel, bis Soldat Lotti auf mich aufmerksam wurde. Es vergingen einige Minuten, bis mir endlich der Blickkontakt gelang. Ohne Vorwarnung stellte ich ihr eine Frage, bei der ich wusste, dass ihr gesprochenes Wort keine Auskunft über die Wahrheit geben würde: «Hast du schon das neuste Gerücht über dich selbst gehört?» Ihre zuvor träge Körperhaltung versteifte sich und sie rückte aufgeregt näher zu mir ran. Die Unterbrechung der Stille hatte Adjutant Steiff kurz aufhorchen lassen. Mit gespannter Miene, aber der Neugierde auf ihrer Zunge tanzend, erkundigte sie sich: «Ein Gerücht über mich? Erzähl mal!» Obwohl Adjutant Steiff nichts von der ununterbrochen brodelnden Lästerküche hielt, lauschte er unbekümmert mit, während er wieder das Nachtsichtgerät inspizierte. Ich erlöste Soldat Lotti von der Ungewissheit: «Die Mechaniker-Jungs haben erzählt, dass du was mit einem der Griechen am Laufen hättest.» Soldat Lotti lachte herzhaft auf, lehnte sich wieder zurück auf ihre Rückbank und drückte ihren Oberkörper gegen die Sitzlehne. Ich wartete gespannt ihre Antwort ab und beobachtete sie weiterhin über den Rückspiegel. Sie blickte gedankenversunken aus dem Fenster zu ihrer Linken und begann nervös an ihrer Unterlippe zu knabbern: «Du weißt doch selbst, wie das mit den Gerüchten ist», murmelte sie kleinlaut vor sich hin. Ihre Mimik nahm verträumte Züge an und ich entschied, nicht weiter darauf einzugehen. Ich hörte Adjutant Steiff in sich hinein schmunzeln. Über jeden weiblichen Soldaten bot die Lästerküche reichlich Stoff. Immer wieder wurde darüber getuschelt, wer mit wem bei einem Abendessen oder in der Freizeit zusammen gesichtet worden war. Es schien ein Ding der Unmöglichkeit zu sein, eine reine Freundschaft mit einem männlichen Soldaten zu führen, ohne gleich eine Affäre nachgesagt zu bekommen. Die betroffenen Männer würden jedoch auch meistens nichts dagegen einwenden, wenn solch ein Gerücht wieder mal die Runde machte. Schließlich galten sie dann als die Hengste unter den Soldaten, die alle monatelangem Sexentzug ausgesetzt waren. Als Frau wurde man ohne Hinterfragung gleich als Schlampe abgestempelt. Gemäß der Gerüchteküche hatte ich mich mit mindestens 11 Soldaten eingelassen. Obwohl mein gesamtes Kontingent über Raphael Bescheid wusste, hatten die Gerüchte bereits während meiner Ausbildung ihren Lauf genommen. Das eine Gerücht war zugegeben etwas selbst verschuldet. Zu gern hätte ich Soldat Lotti im Kampf gegen die Langeweile in mein Geheimnis eingebunden, wollte jedoch Adjutant Steiff keine Informationen preisgeben, die er gegen die weiblichen Soldaten hätte einsetzen können. Dabei ging es um meine angebliche Affäre mit einem Küchengehilfen.

Noch vor der militärischen Ausbildung hatte mir Raphael ans Herz gelegt, dass ich mir unbedingt ein gutes Verhältnis mit dem Küchenpersonal aufbauen sollte. Gesagt, getan. Bei einer Raucherpause hatte ich mich zu der Crew dazugesellt und eine Unterhaltung begonnen. Den Küchengehilfe Ebi hatte ich als Eisbrecher auf sein auffälliges Tattoo angesprochen, welches sich mit einem Naturmotiv über seinen gesamten Unterarm erstreckte. Sein Körperbau war schmächtig und er hatte eine etwas schlaksige Körperhaltung. Er war etwa 1.85 Meter groß und gewann durch eine freche Aufstellfrisur noch ein paar Zentimeter dazu. Seine sonnenblonden Haare stellte er mit Haargel zu einem kleinen Irokesen auf. Er hatte dunkle Knopfaugen und dazu passend zierten zwei schwarze Plugs seine Ohrläppchen. Von weitem sah es so aus, als hätte sein Gesicht vier schwarze Löcher. Ebi hatte eine markante Hakennase, dünne Lippen und der Anfang eines blondbraunen Bartes umrundete sein Gesicht. Er war ein Freigeist, welcher das Abarbeiten seiner Dienstzeit als eine unnötige Verschwendung seiner Lebensenergie erachtete. Bei jedem Gespräch regte er sich über das militärische Getue seiner Mitsoldaten auf. Er hasste es, sich rangmäßig ständig unterordnen zu müssen. Noch mehr hasste er die Tatsache, dass er die bereits wohlgenährten ranghöheren AdA zu bekochen hatte. Bei unserem ersten Gespräch hatte ich in Erfahrung gebracht, dass er die stopfende Militärschokolade nicht ausstehen konnte. Also hatte ich bei der nächsten Raucherpause meine von Freunden zugeschickten Schokoladetafeln mit ihm und seinem Team geteilt. Nicht einmal, weil ich mir eine Gegenleistung davon erhofft hatte. Aber wenn ich ihm mit so was Kleinem etwas Freude in seinen Alltag bringen konnte, warum dann nicht teilen? Im Gegenzug dafür hatte ich bei der Essensausgabe größere Portionen oder ein extra Dessert zugeschoben bekommen. Da ich aufgrund meiner Körperstatur aber gar nicht mehr essen konnte, lehnte ich meistens dankend ab. Wir hatten uns freundschaftlich sehr gut verstanden und ich verbrachte somit gerne meine Freizeit mit ihm und der Crew. Als wir am Ende der Ausbildungszeit angelangt waren, hatte uns auch schon der Abschied bevorgestanden. Am letzten Tag vor dem Abflug war ich bei der Mittagsausgabe zur Verabschiedung von ihm eingeladen worden: «Kommst du heute Abend gegen 2000 zum Hintereingang der Küche? Die Crew und ich wollen dich ehrwürdig verabschieden.» Ich freute mich über die Einladung und berechnete die Chancen, ob das gut kommt. Denn die Küche, wie auch die Hörsäle und der Trainingsraum befanden sich auf einem anderen Gelände, zwischen dem zwei Wachposten patrouillierten. Da mich Ebi erst um 2000 in die Küche reinschleusen konnte, befürchtete ich bereits, dass die Einhaltung der Nachtruhe um 2200 schwierig werden würde. Meinem Kontingent war es nur aufgrund des Fitnessstudios nebenan erlaubt gewesen, sich bis 2200 im Hauptareal aufzuhalten. Doch Ebi hatte mir versichert, dass mich sein Kollege beim Wachposten problemlos wieder reinschmuggeln könnte. Also genoss ich ab 2000 die extra für mich arrangierte private Feier in der Küche. Zum ersten Mal hielt ich mich in einer industriellen Küche auf, welche für 200 Menschen am Tag kochte. Riesige Öfen, breite Kochkessel, überdimensionale Kühlschränke und enorme Essenspackungen faszinierten mich. Zuvor hatte ich davon nur einen Bruchteil aus Sicht des Speisesaales gesehen. Wenn das Essen geschöpft worden war, hatte ich mir durch einen Spalt einen Einblick in die Küche erhaschen können. Doch für diesen Abend hatten sie den silbernen Rollladen bei der Essensausgabe runtergelassen, wodurch die Küche ein geschlossener Raum war. Mich erwartete eine Auswahl von übrig gebliebenen Desserts, Tanzmusik und gute Laune. Auf Grund der metallischen Schränke und des chromstählernen Mobiliars hatte sich die Küche wie eine kleine Disco angefühlt. Wir vergnügten uns mit dem Spiel, wer den lustigsten oder ausgefallensten Sitzplatz in dieser Küche finden würde. Ich machte es mir auf einer Herdplatte gemütlich, während sich die anderen auf alle möglichen Küchenmöbel verteilten. Ein Rekrut entschied sich für die Backofentür, wobei mir die Stabilität dieser Sorgen bereitete. Während der kleinen Feier weihte mich die Crew in ein Geheimnis ein. Sie hatten am Vortag einen unbeaufsichtigten Weinschrank gefunden und es sich zum Ziel gemacht, diesen an meinem Abschiedsabend komplett zu leeren. Der Befehl wurde durch Ebi mit einer gespielten Autorität verordnet, während er sich den rechten Handrücken wie eine Fischflosse gegen die Stirn schlug. Es wurde eine Flasche nach der anderen von fünf Leuten leer getrunken. Der Wein war nicht einmal besonders gut, aber gut genug für einen amüsanten Abend. Die Stimmung wurde immer aufgeheiterter, lebendiger und ich hörte vergnügt ihren Militärgeschichten zu. Jeder von ihnen hatte spannende Storys auf Lager, welche sie im Nachhinein mit einem Lächeln rezitierten. Aus dem nichts begann einer der Küchengehilfen auf einmal durchzudrehen. Er fluchte ununterbrochen und trat auf das Küchenmobiliar mit seinen Militärstiefeln ein. Passenderweise wurde er von der Crew Locco genannt, was ich bis zu dem Zeitpunkt noch nie hinterfragt hatte. Ich erkundigte mich leicht irritiert, aber mit cooler Miene, bei Ebi, was den Loccos Problem sei. Ich wollte verhindern, dass ich ihn noch mehr triggerte. Denn so einen Abschluss konnte ich gar nicht gebrauchen. Ebi erklärte, dass Locco einen ungemeinen Groll gegen den Vorgesetzten hegte. Damit ich Verständnis für seinen Frust aufbringen konnte, schilderte mir Ebi ein paar unfaire Vorkommnisse. Seine Erzählungen über unzählige Fehltritte nährten wie erwartet das feurige Temperament Loccos, wodurch er noch mehr Krawall verursachte. Er begann, die gestapelten Porzellanteller als Frisbeescheiben zu missbrauchen und schmetterte diese gegen eine kahle weiße Wand. Immer wieder zuckte ich durch das Klirren von zersplitternden Tellern, woraufhin die restlichen Anwesenden zur Feier mit einem Schluck Wein auf den Klang der Rebellion anstießen. Locco passte die Abstände zwischen seinen Würfen der schrillen Rockmusik an, die im Hintergrund dröhnte. Natürlich hätten wir in aufhalten können, doch niemand wollte sich Loccos Zorn freiwillig stellen. Selbst der Befehl der patrouillierenden Wache aus dem Speisesaal, welche den Tumult aus der Küche hörte und Ruhe einforderte, schien Locco keinen Einhalt gebieten zu können. Ich folgte Ebis Gelassenheit und mischte mich nicht ein. Nach fünf Minuten purem Zerstörungswahn verließ Locco die Küche. Die restliche Küchencrew und ich konnten uns endlich wieder entspannen und gingen davon aus, dass Locco sich abreagiert hatte. Zur Feier des Tages stießen wir mit erhobenen Weingläsern an. Noch bevor ich den Trinkspruch mit einem Schluck glorifizieren konnte, hörten wir in der Ferne unverhofft wildes Gerumpel. Alle Anwesenden horchten auf. Als der Lärm von zerbrechendem Plastik kein Ende fand, rannten wir fünf zur Ausgangstür, bei der wir Locco das letzte Mal gesichtet hatten. Der Küchenausgang führte zu einem länglichen Korridor. Ich kannte bisher nur die Hauseingangstür links von mir, durch welche ich von draußen in die Küche reingeschmuggelt worden war. Gleich gegenüber dem Kücheneingang befand sich das Büro des Vorgesetzten der Küchenmannschaft. Im Gegensatz zu vorher, stand dessen Bürotür nun sperrangelweit offen und ein breitgrinsender Locco mittendrin. Das Arbeitszimmer war simpel eingerichtet, hatte zwei Bücherregale, einen Schreibtisch und einen Computer. Ich erkannte als Erstes die in der Mitte zerbrochene Tastatur, welche zur Hälfte von der Tischkante herunterhing. Locco drehte uns den Rücken zu, griff nach einem geordneten Papierstapel und schmiss diesen quer durch den gesamten Raum. Im Büro regnete es Arbeitsblätter und das Zimmer versank in einem Meer von weiß. Schockiert über diese Ausartung starrten ich und die restliche Küchencrew Locco ungläubig an. Doch es hatte anscheinend nur noch diesen finalen Akt gebraucht, damit er sich dann endlich beruhigen konnte. Für etwa eine Minute standen wir alle wie gelähmt vor dem demolierten Büro und inspizierten das Ausmaß des Chaos. Locco war sich dem Vandalismus bewusst geworden, doch Reue war keine zu erkennen. Ebi ergriff das Kommando und befahl seinen drei Mitarbeitern, Locco in sein Schlafzimmer zu eskortieren. Er wollte ihn seinen Rausch ausschlafen lassen, damit er sich dann am nächsten Tag eine Ausrede für den Vorgesetzten ausdenken konnte. Wortlos packten sie Locco unter den Armen und führten ihn den Gang entlang zu einer mir unbekannten Tür. Somit standen nur noch Ebi und ich in der Küche. Er wechselte die Musik zu einem gechillten Beat und unsere Blicke verloren sich auf dem Boden. Die grauen Fliesen waren übersäht von tausenden weißen Scherben. Ebi begann, mit dem Besen die Tellerscherben zusammen zu kehren, woraufhin ich ihm meine Mithilfe anbot. Die anderen Drei hatten entweder gedacht, dass sie keine Lust auf Aufräumen haben oder wollten Ebi seinen nächsten Schachzug nicht vermasseln. Gemeinsam räumten Ebi und ich die Küche auf und entsorgten die leergetrunkenen Flaschen. Meine Handyuhr zeigte bereits 2300. Ebi schmunzelte darüber und meinte, dass es jetzt von der Zeit her sowieso nicht mehr darauf ankäme, wann ich mich zurück ins Schlaflager schleichen würde. Ich dachte mir «Recht hat er – fuck it!» Also fragte ich ihn, was wir nach so viel Verrücktheit von Locco selbst noch Verrücktes anstellen könnten. Ebi schlug vor, dass wir noch mehr Dinge kaputtschlagen könnten. Doch wir waren beide zu faul, um uns noch ein zweites Mal um die daraus entstehende Unordnung kümmern zu müssen. Also schaute ich mich in der Küche um und fragte ihn erneut, ob es denn nicht etwas anderes gäbe, was er schon immer mal hier drin machen wollte. Abgesehen von Sex natürlich. Ebi wusste um meine Liebesbeziehung mit Raphael und machte auf keine Art und Weise irgendwelche Anstalten. Als wir beide die Küche nach Kreativität durchforsteten, fielen unsere Blicke auf die beiden riesigen industriellen Kochtöpfe. Sie waren groß genug, damit ein ganzes Kontingent bekocht werden konnte. Sie waren auch groß genug, dass sich ein Mensch theoretisch reinsetzen und darin baden könnte. Ich fragte Ebi mit einem schelmischen Grinsen im Gesicht, ob er das gleich dachte wie ich. Ich weiß ehrlichgesagt nicht, warum ich manchmal auf solche Ideen komme. Aber es passiert einfach. Mit einem Lachen ließ Ebi auch schon Wasser in die Töpfe einlaufen und stellte die Beheizung auf die zweite Stufe. Nach einer kurzen Wartezeit zogen wir uns beide bis auf die Unterwäsche aus und jeder setzte sich in einen eigenen Topf rein. Das Wasser hatte die perfekte Temperatur, welche meistens nur Frauen aushalten. Dementsprechend musste Ebi zuerst noch etwas Kaltwasser bei sich reinlassen und die Beheizung runter stellen. Ich schloss währenddessen meine Augen und genoss das Gefühl der geborgenen Wärme. Da der Topf genau meinen Körper umfasst, stellte ich mir so das Sein in der Gebärmutter vor. Während wir in den Kochtöpfen badeten, schlürften wir weiterhin Wein, lauschten sanften Musikklängen und redeten über Gott und die Welt. Wir offenbarten uns geheime Wünsche und träumten über die unzähligen Möglichkeiten unserer Zukunft. Sein Ziel war es, mit dem im Militär angespartem Geld anschließend nach Gran Canaria auszuwandern und dort einfach vor sich hinzuleben. Er war überzeugt davon gewesen, dass er problemlos auf der Insel eine Anstellung finden würde, mit der er dort überleben könnte. Ich wusste noch nicht, was meine Träume sind, und begnügte mich damit, seine Träume gedanklich durchzuleben. Um 0230 riss uns eine patrouillierende Wache aus der Trance, indem sie vom Speisesaal aus gegen die Rollläden der Essensausgabe hämmerte. Aufgescheucht sprangen wir aus den Kochtöpfen raus, ließen das Wasser ablaufen und zogen unsere Uniformen wieder an. Anschließend reinigten wir die Töpfe gründlich, damit man uns hygienetechnisch keinen Vorwurf machen konnte. Da ich eigentlich alle aus dem Kontingent mochte und ich ihnen durch meine leichte Verrücktheit nichts zu Schuld kommen lassen wollte, gab ich mir besondere Mühe. Ich war mir sogar ziemlich sicher, dass die Töpfe anschließend sauberer waren, als wenn die Küchencrew sie normalerweise reinigte. Dann begleitete mich Ebi durch den Hintereingang bis zum ersten Tor und verschwand für eine kurze Unterredung in der Wachthütte. Ich probierte die Kälte zu ignorieren, die meinen Körper umschlang. Da ich mich im Stress nicht hatte abtrocknen können, war der Stoff meiner Uniform durchnässt. Nach einer kurzen Umarmung zur Verabschiedung öffneten sich auch schon die Tore und ich schlich mich mit meiner feuchten Uniform zurück zu meinem Container. Meine Mitbewohnerin Soldat Sigi schlief wie ein Engelchen und bemerkte meine Ankunft gar nicht. Ich legte mich ins Bett und freute mich auf zwei Stunden Schlaf. Beim Einschlafen ließ ich den Abend Revue passieren und fand, dass sich dieser Abend gelohnt hatte. Jetzt zum weniger coolen Teil dieses Eintrages. Nach dem Erwachen bereiteten mein Kontingent und ich uns nach dem Frühstück auf den Abflug vor. Jeder von uns wiederholte den Gang vom Container zur Lagerhalle mehrfach, da man mit seinem Binom die metallische Materialkiste zu zweit dahinschleppen musste. Mit einem Car ging es anschließend zum Flughafen, wo wir dann in zwei Gruppen aufgeteilt wurden. Es erfolgten noch die letzten Anrufe mit meinen Eltern und Raphael. Das Flugzeug hob ab und ich genoss die letzten Ausblicke über die grüne Landschaft meiner Heimat. Kurz nach dem Abflug erklang die Durchsage des Flugkapitäns, dass das Flugzeug auf Grund einer Fehlermeldung wieder den Rückflug startete. Dies war wieder einer dieser Momente, wo ich mich darauf vorbereitete, dass der Kosmos oder was auch immer wieder lustige Pläne für mich hatte. Wie der Zufall es wollte, brachte ein Defekt des Treibwerkes die Tagesordnung durcheinander. Solange der Kerosintank noch voll war, durfte das Flugzeug nicht gelandet werden. Denn durch den Treibstoff bestand ein erhöhtes Brandrisiko bei einer Landung. Und so verbrachte ich über eine Stunde im Kreis fliegend. Bei der Landung stand die Feuerwehr bereit und alles verlief reibungslos. Doch bevor die neue Reise nach Borava angetreten werden konnte, war Warten angesagt. Zurück im Ausbildungszentrum angekommen, mussten wir für weitere Stunden die Zeit totschlagen. Es wurde gesnackt, Karten gespielt, Filme auf dem Handy geschaut oder in der Sonne gedöst. Plötzlich vibrierte mein Handy in meiner Hosentasche und Ebi probierte mich mit hoher Dringlichkeit telefonisch zu erreichen. Da ich nur im Ausbildungszentrum rumgammelte, bot ich ihm gleich an, dass wir uns kurz treffen könnten. Wir vereinbarten Zeit und Treffpunkt, wobei ich seiner Stimme eine Unbehaglichkeit entnehmen konnte. Ich wartete beim Treppenaufgang des Hauptgebäudes, als Ebi gestresst auf mich zustürmte. Ich konnte bereits an seiner nervösen Körperhaltung erkennen, dass etwas vorgefallen sein musste. Als wir uns gegenüberstanden, verzichtetet er auf eine Umarmung zur Begrüßung und begann gleich, auf mich einzureden. Es ging um ein Gerücht, welches sich an diesem Morgen wie ein Lauffeuer verbreitet hatte. Er versicherte mir jedoch noch im selben Satz, dass er nichts davon bestätigt hätte. Er hätte das Gerücht jedoch auch nicht verneint. Er plädierte, dass er sich überhaupt nicht zu den Gerüchten geäußert hatte. Da ich seinen hektischen Rechtfertigungen nicht ganz folgen konnte, hakte ich nach, worum es denn bei diesem Gerücht ging. Ebi erklärte, dass seine Rekruten an diesem Morgen begonnen hatten, ihm zu seinem gestrigen Fick im Büro seines Vorgesetzten zu gratulieren. Obwohl er nichts bestätigt hatte, mischten zwei Zeugen mit, welche glaubten die Wahrheit zu kennen. Unter anderem die patrouillierende Wache, welche uns vom Speisesaal aus verjagt hatte. Diese versicherte, dass sie das Rascheln zweier metallischer Gürtelschnallen gehört hätte. Der ursprüngliche Grund, warum ich danach das Tragen des Gürtels boykottiert hatte. Dann gab es noch die zweite Wache am Tor, welche mich zurück geschleust hatte und somit Ebis späten Frauenbesuch bestätigen konnte. Als ich Ebi gefragt hatte, was er darauf geantwortet hätte, zuckte er mit den Schultern. Ebi rechtfertigte sich vor mir, dass er den Rekruten nicht die Wahrheit hätte sagen können. Schließlich konnte das Baden in den Kochtöpfen aus hygienischen Gründen militärisch bestraft werden. Logisch. Zudem wollte er seinen Freund Locco nicht verraten, da dieser schon genug Probleme mit sich herumschleppte. Ebi saß in einer Zwickmühle und hatte sich nicht vor seinen

Soldaten rechtfertigen können. Also fragte er mich, welches Verhalten ich von ihm erwartete. Schließlich war es mein Ruf, welcher auf dem Spiel stand. Wir saßen beide in der Klemme und ich wusste nicht, was ich tun sollte. Also rief ich Raphael an. Er wusste immer, was zu tun war. Als er verwundert den Hörer abhob, fand er meine beschriebene Situation idiotisch, in welche ich mich wieder einmal hinein navigiert hatte. Ich glaubte zu wissen, dass er meine Aktionen nur lustig fand, wenn er selbst dabei war. Nachdem er mich kurz ausgelacht hatte, empfahl er uns, ein Gespräch mit dem NCC zu suchen und die Situation zu bereinigen. Dieser hatte zum Glück im selben Flieger gesessen, welcher auf Grund des Defektes zurückgeflogen war. Der National Camp Commander war ein kleiner wohlgenährter Mann mit einem rundlichen Gesicht, kurzgeschorenen blonden Haaren und einer unauffälligen Brille. Das Lächeln seines kleinen Mundes prägte eine ungemeine Sympathie und war ansteckend. Er war gut gelaunt und immer für einen Witz zu haben. Während der Ausbildung hatte er sich mit sämtlichen Rängen unvoreingenommen unterhalten und wurde als äußerst zugänglich wahrgenommen. Er entsprach nicht der klassischen Erwartung von einem herumschreienden Choleriker, welcher sich durch die höchstmögliche Position zu profilieren brauchte. Mit ihm konnte man reden und er fand einen Weg, um Verständnis für die Lage aufbringen zu können. Es war ein unangenehmes Gespräch gewesen, da Ebi und ich auf viele Fragen nicht eingehen konnten. Ich konnte dem mit Skepsis erfüllten Stirnrunzeln des NCC ansehen, dass er sich mein Gesicht spätestens nach dieser Unterredung gemerkt hatte. Unser Gespräch endete mit dem nicht erfüllten Geheimnis, warum unsere Gürtel geraschelt hatten. Doch der NCC versicherte uns, dass er jegliche Gerüchte unterbinden würde. Am Ende strafte er mich mit einem warnenden Blick für die Nichteinhaltung der Nachtruhe und befahl mir, abzutreten.

Die Verfolgungsjagd

Eine halbe Stunde verging, in der nur lose Blätter durch eine leichte Brise aufgewirbelt wurden. Weitere 20 Minuten verstrichen, in denen ich ununterbrochen auf die gähnende Leere der Straße vor mir starrte. Adjutant Steiff hatte zwischenzeitlich sein Interesse an dem Nachtsichtgerät verloren und setzte seinen Fokus neu auf seinen Notizblock. Während ich weiterhin gebannt in den Weiten nach Polizeiautos Ausschau hielt, wunderte ich mich, was er wohl so Faszinierendes darin vermerkt hatte. Vielleicht waren es weitere vertrauliche Befehlsangaben, welche seine gesamte Aufmerksamkeit einnahmen. Andererseits muss ihm wohl genau so langweilig gewesen sein wie mir und Soldat Lotti. Er muss seine Notizen bestimmt schon 30-mal durchgelesen haben und ich wusste nicht, wonach er suchte. Vielleicht war dies seine Art, eine Unterhaltung zu vermeiden, die uns vom Ernst der Lage ablenken könnte. Ich bemerkte, dass ich den ganzen Morgen über noch nicht auf mein Handy geschaut hatte, traute mich dieses jedoch nicht hervorzuzücken. Da Soldat Lotti von ihrem Platz aus nicht bis zum Ende der Straße sah, beschäftigte sie sich mit ihrem Handy. Der Glückspilz. Endlich erklang das Funkgerät und die vertraute Stimme von Teamkommandant Unteroffizier Mati durchbrach die Ruhe der Morgendämmerung. Die teilweise abgeschnittene mechanische Durchsage lautete, dass soeben vier BM-Polizeiautos mit 120 km/h an Team Beta vorbeigerast seien. Adjutant Steiff setzte sich kerzengerade hin und sein Blick weitete sich. Mit großer Aufregung befahl Adjutant Steiff Team Beta, sofort die Verfolgung aufzunehmen. Obwohl er noch immer den Sicherheitsgurt trug, kontrollierte er noch einmal, ob der Metallbügel eingerastet war. Ich startete den Motor. In einer zweiten Funkmeldung versicherte er zudem, dass sich Team Alpha ihnen so schnell wie möglich anschließen würde. Noch während der Befehlsgabe wedelte Adjutant Steiff hektisch seinen linken Arm Richtung Sekir Palab, woraufhin ich losfuhr. Mit den bereits eingeschlagenen Reifen befand ich mich sogleich in der richtigen Fahrtrichtung und trat das Gaspedal durch. Für die Einheimischen war es noch immer zu früh, wodurch mir das Ausbleiben des Gegenverkehres in die Hände spielte. Ich spürte, wie die Kieselsteine unter den durchdrehenden Autoreifen davon spickten und das Auto leicht ins Driften geriet. Während der Fahrt bemerkte ich erst die massige Wolkenbank, welche an diesem Morgen keine Sonnenstrahlen durchlassen würde. Ich konzentrierte mich auf die Verfehlung einzelner Schlaglöcher und wich losen Steinbrocken aus, welche die rustikale Straße benetzten. Im Rückspiegel beobachtete ich die Staubwolke, welche meine hohe Geschwindigkeit auf der Schotterpiste empor wirbeln ließ. Ich hörte meinen eigenen Herzschlag in meinen Ohren, welcher durch die Ekstase gleich mit an Geschwindigkeit aufgenommen hatte. Ich erlebte gerade meine erste Verfolgungsjagd und ich fühlte mich in eine actionreiche Filmszene Hollywoods reinversetzt. Als Kind hatte ich mir unerlaubterweise mit meinem großen Bruder Actionfilme angesehen und solche Szenen am coolsten befunden. Ich konnte es für einen Augenblick lang nicht glauben, dass ich mich nun selbst inmitten einer solchen Szene befand und die Fahrerin war. Ich fragte mich, ob einen Polizisten derselbe Enthusiasmus überkam, wie er mich gerade belebte. Ich kümmerte mich nicht um die möglichen Risiken, auf die ich gerade zusteuerte. Ganz im Gegenteil, ich erhoffte mir ein möglichst actionreiches Unterfangen, bei dem ich den Puls des Lebens erfahren würde.

Ich stellte mir vor, wie die Schmuggler von der Polizei aufgescheucht worden waren. Ich hoffte auf eine gewaltvolle Auseinandersetzung zwischen den beiden Parteien, damit ich mich anschließend um die medizinische Erstversorgung der Opfer kümmern könnte. Im besten Fall könnte ich jemandem das Leben retten. Vielleicht würde ich mir bei diesem Zusammenstoß selbst eine Verletzung zuziehen und wäre gezeichnet von einer Narbe. Wenn ich mir etwas aussuchen dürfte, dann wäre es ein harmloser Streifschuss an meinem linken Oberarm gewesen. Da ich die feinmotorischen Tätigkeiten sowieso mit der rechten Hand ausübte, empfand ich die Entbehrung meines linken Armes als einen angemessenen Preis für diese Erfahrung. Denn ich fragte mich nicht nur, wie sich ein Pistolenschuss anfühlte, sondern was es mit einem machte, solch einer Situation ausgesetzt zu sein. Ich fokussierte mich auf die gewundene Straße vor mir, analysierte jedoch dabei das Ausmaß meiner eigenen Fantasie und was sie wohl über meinen Charakter aussagte. Ein bisschen crazy wahrscheinlich, aber so bin ich halt. Passend zur Dramaturgie der Fahrt benetzte ein leichter Nieselregen die Frontscheibe. Von der BM-Enklave Qgokno führten nur zwei Routen nach Sekir Palab. Entweder folgte ich meiner derzeitigen Schotterpiste, welche links vom Fluss Jkon zum hinteren Ende der Stadt führte. Oder ich überquerte die nächste Brücke und wechselte somit die Flussseite. Ich fand mich in einer dieser entscheidenden Augenblicke wieder, bei denen ich normalerweise die Verantwortung einem Münzwurf übergab und meinen weiteren Pfad vom Schicksal entscheiden ließ. Da die Polizeiautos in Sedqu gesichtet worden waren, konnte ich mich in Adjutant Steiffs Gedankenwelt hineinversetzen: «Kameradschaft ist das höchste Gut im Militär.» Seine Einstellung setzte klar voraus, dass er bei seinem Team sein und es beschützen wollte. Also verleugnete ich meine professionelle Entscheidung und bretterte über die Brücke. Jedoch war ich mir sicher gewesen, dass der andere Weg uns Einblick in die Sicht der BO gewährt hätte. Und ich glaubte zu wissen, dass das Militär diesen Blickwinkel eher wertgeschätzt hätte. Aufgrund der hohen Geschwindigkeit hob das Auto in der Mitte der klapprigen Brücke etwas vom Boden ab. Meine Fahrgäste musste dasselbe Achterbahnfahrt-Gefühl in der Bauchhöhle überkommen haben wie mich, doch niemand sagte ein Wort. Ein paar Kurven später befand ich mich wieder auf einer geteerten Hauptstraße, welche mir die Navigation des weißen Geländewagens etwas vereinfachte. Links von mir ging es einen wild bewachsenen Hang runter zum Fluss, wobei dessen tiefer Wasserstand von der Fahrerseite nur knapp zu sehen war. Zu meiner rechten verschwamm das Panorama aus Feldern und Waldabschnitten. Ich überschritt bewusst das vorgegebene Tempolimit, damit ich mich schnellstmöglich Team Beta anschließen konnte. Ich wollte so wenig wie möglich vom Geschehen verpassen. Zudem war ich mir sicher, dass Adjutant Steiff nichts dagegen einzuwenden hatte. Sein früheres Verhalten ließ mich ihn so einschätzen, dass er so rasch wie möglich aufschließen wollte, um dann seine beiden Teams kontrollieren und führen zu können. Durch meine hohe Fahrtgeschwindigkeit spürte ich jede einzelne Bodenschwelle um ein Vielfaches. Im Rückspiegel nahm ich Soldat Lotti wahr, welche sich aus Unbehaglichkeit am Haltegriff über dem Autofenster festklammerte. Es fehlten nur noch wenige Kilometer bis zum Stadteingang von Sekir Palab, als ich am Ende einer langgezogenen Hauptstraße stillstehende Fahrzeuge erkannte. Ich verlangsamte das Auto und beurteilte das Szenario vor mir. Links von mir trennte eine Leitplanke die Hauptstraße vom Hang, welcher zum Fluss Jkon runter führte. Rechts von der Straße ragte eine steile Felswand hinauf, dessen Bergspitze von Bäumen umzingelt war. Hinter dem Berg stieg eine schwarzgraue Wolke den Himmel empor. Obwohl ich mich nicht ganz auf meine Schätzkünste verlassen konnte, musste diese Wolke über 200 Meter in die Luft ragen, bevor sich die dichte Masse verflüchtigte. Der schwarze Rauch bewegte sich schnell, was auf ein großes Feuer hindeutete. Auf der Straße erkannte ich vier stehende Fahrzeuge. Beim hintersten handelte es sich wohl um ein BM-Polizeiauto. Davor stand der militärische Geländewagen 7.B von Team Beta. Vor ihnen erblickte ich noch zwei weitere Fahrzeuge. Beim vordersten erkannte ich jedoch nur noch knapp das hintere Heck, bevor der Rest in der Rechtskurve verschwand. Die beiden vorderen Autos sahen zudem gleich aus, genauso wie der Wagen hinter 7.B. Ich kombinierte die stehenden Autos mit der riesigen Rauchwolke und vermutete, dass wohl etwas Brennendes den Weg blockierte. Die BO-Bevölkerung musste einen Roadblock errichtet haben. Dies führte mich aber zu meinem Rückschluss, dass die BO-Bevölkerung bereits die Ankunft der BM-Polizei erwartet hatte. Woher hätten sie das wissen können? Während ich langsam hinter der Kolonne auffuhr, beschallten plötzlich unerwartete Schüsse die Umgebung. Ich zählte neun Schüsse. Durch die schnelle Abfolge dieser tippte ich auf den Einsatz eines Maschinengewehrs. Weit und breit war jedoch niemand zu sehen, woraufhin ich den Schützen auf der anderen Seite des Flusses vermutete. Noch während Adjutant Steiff mir mit hektischem Herumfuchteln des Armes den Rückzug in sicheres Gelände befahl, stellte ich bereits den Rückwärtsgang ein. Vor der Bergwand gab es einen kleinen Waldabschnitt, in dem ich einen verwachsenen Waldpfad in die Wildnis entdeckte. Was wäre gewesen, wenn ich in Qgokno geradeaus gefahren wäre? Ich entschied mich dazu, mit dem Geländewagen rückwärts in den rustikalen flachgedrückten Pfad reinzufahren, damit wir zumindest das erste Auto noch im Visier behalten konnten. Zwischenzeitlich waren die Polizisten aus den Fahrzeugen geflüchtet und versteckten sich zwischen den Autos und der Felswand. Sie hockten sich hinter die Reifen, in der Hoffnung, dass die Kugeln vom Fahrzeug abgefangen werden würden. Spätestens jetzt war ich mir sicher, dass die Schüsse von der anderen Seite des Flussufers abgegeben worden waren. Mit meiner Handpistole konnte ich nur bis zu 20 Meter einen genauen Schuss abgeben. Die andere Seite des Ufers lag außerhalb meiner Möglichkeiten und mir blieb nur diese eine Option. Während dem Parken überkam mich ein Gefühl der Machtlosigkeit. Mein Team und ich waren in einen Hinterhalt geraten und mit unseren Handpistolen ausgeliefert. Angst verspürte ich jedoch keine. Ich ließ den Motor des Autos weiterhin laufen, doch der Wagen stand still. Mein Herzpochen war erhöht und eine kleine Stimme in mir begann Team Beta um ihre Position zu beneiden. Ich wünschte mir, dass ich näher am Geschehen wäre und die ausartende Situation aus erster Hand beobachten konnte. Ich war mir sicher, dass die Schüsse nicht der militärischen Einheit gegolten hatten und Team Beta sich daher in Sicherheit befanden. Adjutant Steiff beobachtete das Verhalten der Polizisten und befahl Team Beta über Funk, es ihnen gleich zu tun. Aus Nervosität verfiel er dabei in einen ohrenbetäubenden Schreimodus. Es lagen nur 100 Meter zwischen uns und dem ersten Polizeiauto, doch ich fühlte mich trotzdem durch den Wald in Schutz genommen. Teamkommandant Mättu gab über Funk bekannt, dass er und Leutnant Ronny sich nun hinter dem Motorenblock versteckten und weitere Befehle abwarteten. Adjutant Steiff erkundigte sich über den Funk, wie sie überhaupt in diese Situation geraten waren. Teamkommandant Mättu erklärte, dass sie gemäß Befehl die Verfolgungsjagd aufgenommen hatten und den Polizeiautos nachgerast seien. Bei dieser Kurve kam es plötzlich zum abrupten Halt und sie wären beinahe mit dem vorderen Polizeiauto kollidiert. Im kompletten Stillstand entschieden sie, die Situation vorerst zu beobachten und dann darüber zu rapportieren. Unerwartet kesselte sie ein verspäteter Nachzügler ein. Es folgte eine Schweigeminute, in der weder Soldat Lotti noch ich

Adjutant Steiff in seinem Denkprozess unterbrechen wollten. Dieser kaute nervös auf seiner Unterlippe herum und evaluierte die überspitzte Lage. Die Anspannung seines gesamten Körpers verriet sein erhöhtes Stresslevel. Sein Rücken war so steif wie ein Brett und eine Hand stützte sich am schwarzen Armaturenbrett ab. Ich war mir sicher, dass wir nicht wegfahren würden und entschied, den brummenden Motor vorerst auszuschalten. Durch das Abdrehen des Schlüssels kehrte eine Stille ein. Endlich gewann er wieder die Fassung und befahl als Erstes Soldat Lotti, im Auto zu bleiben und sich nicht zu rühren. Soldat Lotti, welche aufgrund der Schüsse in eine hektische Atmung verfallen war, schien dieser Befehl allzu recht zu sein. Ich wartete gespannt auf meinen Befehl und probierte, meine Vorfreude mit Ernsthaftigkeit zu überspielen. Adjutant Steiff befahl mir, ihm in geduckter Haltung zum Kofferraum zu folgen und die SpliSchu umzuhängen. Anschließend sollte ich Soldat Lotti ihre mitbringen und mich wieder auf dem Fahrersitz platzieren. Gleich nachdem sich Adjutant Steiff von mir abwandte, öffnete ich auch schon meine Autotür und sprintete zum hinteren Teil des Autos. Ich öffnete vor seiner Ankunft die beiden Kofferraumtüren wie einen Schrank und erblickte die erste Weste. Der grasgrün gefleckte Stoff passte nicht zum hellbeigen Wüstentaz, welchen ich anhatte. Aber das war nur eine modische Banalität. Eine aufgeklebte längliche Namenstafel mit den Wörtern D. Steiff zierte vertikal die Partie des Brustbeines. Beim Klettverschluss wäre links davon noch für eine weitere längliche Beschilderung Platz gewesen. Da kam in der Regel eine Stofftafel mit der englischen Abkürzung des Ranges hin. Ich griff nach der SpliSchu und händiget sie Adjutant Steiff aus. Er nahm sie wortlos entgegen, woraufhin ich ihn noch auf das Tragen seines Helmes hinwies. Er lobte mich mit einem kurzen: «Sehr gut!», und fokussierte sich wieder auf die Montur seiner Uniform. Drei Helme lagen nebeneinander und nur einer war ummantelt mit dem Stoff analog des Wüstentazes. Nur Leutnant Ronny und ich hatten unsere Helme angepasst dabei. Ich fischte Adjutant Steiffs Helm raus, indem ich nach einem dunkelgrünen Helm griff und das Funktionsabzeichen über der Stirn inspizierte. Ich hatte Glück und legte ihm seinen Helm auf der Kante des Kofferraums bereit. Ich schmiss meine hellbeige Dachkappe, dessen Tragen außerhalb eines Gebäudes Bestandteil der Pflichtuniform war, in den Kofferraum und zog mir meine SpliSchu über den Kopf. Der Überhang war schwer und unbiegsam. Die SpliSchu war beständig und ich musste mich ihr anpassen. Dabei erkundigte ich mich mit einer ruhigen Stimme bei Adjutant Steiff, wie sein nächster Befehl lautete. Von seinen stahlblauen Augen konnte ich einen Hauch Überforderung ablesen, welche er jedoch gleich wieder ablegte. Er musste sich selbst erst noch im Klaren darüber werden, was es als Nächstes zu tun galt. Also bot ich ihm an, dass ich mit Soldat Lotti die Kommandozentrale über die Lage informieren könnte. Durch die starre SpliSchu kam er nur mühselig an seine Hosentasche, händigte mir aber schließlich sein altbackenes Militärhandy aus und hakte den Verschluss seines Helmes zu. Ich verstaute das Handy in meiner Hosentasche und kontrollierte noch ein letztes Mal meine Uniform. Einer der Nachteile des Funkgerätes war es, dass in dieser Gegend die Gefahr eines Funkloches bestand und man somit nur naheliegende Stationen anfunken konnte. Zudem umging man mit dem Handy die Unverständlichkeit des Funkgerätes. Als finalen Akt angelte ich mir noch Soldat Lottis Helm und SpliSchu. Mit den Ellenbogen schlug ich beide Türen schwungvoll zu und marschierte zu ihrer Autotür. Bei ihr angekommen öffnete sie bereits die Tür und ich händigte ihr die Ausrüstung aus. Während sie mit ihrem kleinen Körper in die Weste schlüpfte, begab ich mich wieder zu meinem Fahrersitz und somit in fiktive Sicherheit.

Die Meldung

Seltsamerweise zeigte das Militärhandy keinen Empfang an. Das war zuvor noch nie geschehen. Unter anderem weil die Auflage lautete, dass dieses Handy 24/7 erreichbar sein musste. Das Telefon erfüllte nur einen Zweck, und zwar die Instandhaltung der Verbindung zur militärischen Kommandozentrale. Es war unser Backup für den Notfall, falls das Funkgerät sich in einem Funkloch befand. Perplex blickte ich als Erstes in den Rückspiegel und suchte nach meinem Teamkommandanten. Er musste sofort über diese Ausgangslage informiert sein. Dieser tigerte hinter dem Auto von links nach rechts und starrte verloren den erdigen Boden unter seinen Füßen an. Mit der einen Hand zupfte er an seiner Unterlippe herum und schien gedanklich das weitere Vorgehen durchzuspielen. Er musste all das Wissen hervorrufen, was ihm in seiner militärischen Karriere beigebracht worden war. Das Geräusch meiner sich öffnenden Autotür hatte ihn aufhorchen lassen, woraufhin er alarmiert zu mir nach vorne hechtete. Wortlos forderte sein eiskalter Blick eine Erklärung für mein Ungehorsam, da ich gerade seinen Befehl missachtet hatte. Mit einer locker gehaltenen Stimme informierte ich ihn über das Ausbleiben des Handyempfanges und darüber, dass ich stattdessen versuchen würde, eine Funkmeldung abzusetzen. Ich streckte ihm das Handy entgegen, damit er sich selbst von dieser alarmierenden Tatsache überzeugen konnte. Gleich nachdem er das Handy ergriffen hatte, schloss ich auch schon wieder die Autotür. Im Seitenspiegel beobachtete ich ihn, wie er mit geöffnetem

Mund den Bildschirm anstarrte und unbeholfen das Handy dem Himmel entgegenstreckte. Als ob das etwas geändert hätte. Ich griff nach dem Funkgerät und drehte mich zu Soldat Lotti über die Sitzbanklehne um. Ihre Augen waren weit aufgerissen und ihr Blick fixierte die Rückseite meines Sessels. An ihrem Mund konnte ich erkennen, dass sie sich gerade an einer beruhigenden Atemübung versuchte. Durch die Nase ein und durch den Mund langsam wieder aus. Ich war so von der Sensation der Situation eingenommen gewesen, dass ich ihren Angstzustand gar nicht realisiert hatte. Ohne Vorwarnung überkam mich der Gedanke, ob ich nicht selbst auch in Angst verfallen sollte. Noch im selben Moment atmete ich einmal tief ein und fokussierte meine Achtsamkeit auf die Ruhe, die meinen Körper umgab. Ich war nur etwas nervös und hatte einen leicht erhöhten Puls. Wie konnte es sein, dass ich es trotz dieses Hinterhaltes schaffte, so ruhig zu bleiben? Meine Gedankenwelt war bis jetzt von der Angst verschont geblieben. Ich fürchtete mich nicht vor dem möglichen Tod. Wenn überhaupt, erfreute ich mich an der Vorstellung einer militärischen Beisetzung. Es wäre zwar schade um meinen Lebensplan gewesen, welcher sich mir nach der Mission hoffentlich noch ergeben würde. Doch der Tod war mir kein Feind. Bevor ich mich weiter in meine Gedanken verstricken konnte, fokussierte ich mich wieder auf Soldat Lottis Angstzustand. Mir schien es ein gutes Ablenkungsmanöver zu sein, Soldat Lotti in meine Aufgabe miteinzubeziehen. Also streckte ich ihr das Funkgerät entgegen und befahl ihr, die Durchsage durchzuführen. Wir hatten bereits in der Ausbildung das Funken geübt und während der Mission auf täglicher Basis praktiziert. Das einzig Wichtige war, die Funkdisziplin einzuhalten. Dazu zählte unter anderem, dass man nach dem Drücken des Sprechknopfes zuerst einmal leer schluckte, bevor man mit der Durchsage begann. Ihre weitgeöffneten Augen starrten mich panisch an, woraufhin ich ihr versicherte, dass wir die Meldung gemeinsam machen würden. Zögerlich nickte sie mir zu und schaute verloren das Funkgerät an. Sie wirkte wie ein kleines Mädchen, dass zum ersten Mal eine futuristische Gerätschaft sah und überhaupt nicht wusste, was sie damit anfangen sollte. Um ihr etwas entgegenzukommen, rückte ich noch ein Stückchen näher und streckte ihr das Funkgerät griffbereit hin. Sie atmete einmal tief durch, erhob langsam ihre rechte Hand und griff danach. Ich lächelte sie zuversichtlich an und erklärte ihr, welchen Kanal sie einstellen soll. Sie drehte langsam am Zeiger und sah mich wieder an. Noch bevor ich ihr das weitere Prozedere ansagen musste, berührte auch schon das Mikro ihre Lippen. Sie drückte mit dem Zeigefinger die Sprechtaste herunter. Nach einmal Schlucken begann sie mit der Meldung: «Kommandozentrale, 7.C hier, bitte kommen!» Soldat Lotti und ich sahen uns beide hoffnungsvoll in die Augen. Sie beschäftigte gedanklich sicherlich dieselbe Frage wie mich. Was, wenn nun niemand auf unsere Meldung reagieren würde, weil wir uns zur falschen Zeit am falschen Ort befanden. Wie spannend wäre diese Situation gewesen, wenn ich von Qgokno geradeaus gefahren wäre und die Blockade von der anderen Seite rapportieren könnte? Ich konzentrierte mich auf die Lösungsfindung dieser Funkthematik. Wenn die Ortschaft die problemauslösende Komponente war, dann musste diese verändert werden. Die Lösung lautete somit, dass ich dann mit dem Auto kurz wegfahre, Soldat Lotti die Meldung absetzt und wir anschließend wieder in diese Nische zurückfahren würden. Soldat Lotti unterbrach die Spannung und setzte schon die nächste Meldung ab: «Unser derzeitiger Standort ist bei einem Berghang zwischen Sedqu und Sekir Palab. 7.B ist zwischen boravamuslimischen Polizeiautos festgefahren und kann sich nicht selbst befreien. 7.C hat sich von der Gefahrenzone entfernt, nachdem Schüsse gefallen sind.» Nach einem kurzen Rauschen löste die Rückmeldung der Zentrale die Spannung auf:

«Kommandozentrale hier. Was für Schüsse sind gefallen?», fragte eine monotone Männerstimme zurück. Soldat Lotti erschrak und blickte hilfesuchend zu mir herüber. Ich sprach vor, was sie sagen soll: «Sag ihnen, dass mindestens neun Schüsse von einem Maschinengewehr abgefeuert worden sind.» Nach dem Drücken der Sprechtaste wiederholte sie meine Worte eins zu eins und ließ den Finger wieder locker. Die Kommandozentrale vertröstete uns mir der Durchsage, dass sie sich wieder melden würden und wir bis dahin nichts unternehmen sollten. Ich lächelte Soldat Lotti stolz an. Sie lächelte erleichtert zurück und übergab mir das Funkgerät. Ich hielt es in der Hand und fühlte Dankbarkeit für diese Gegebenheit. Das wenigstes das Funkgerät funktionierte, hatte sicher einen beruhigenden Effekt auf die Entschärfung dieser Lage. Durch die Verschiebung unseres Standortes mit einem Fahrzeug hätten wir wieder Unruhe in eine prickelnde Situation gebracht, welche für den Augenblick gerade erstarrt war. Die Windschutzscheibe war mein Fernseher, auf dessen Bildschirm eine Liveausstrahlung stehen geblieben war. Die Spannung in der Luft war förmlich spürbar. Dies war erst der Anfang gewesen. Die Ruhe vor dem Sturm. Die Stille vor dem Angriff. Ich konnte jedoch nichts weiter machen, als abzuwarten und zu sehen, was dieser Tag für mich noch so geplant hatte. Also dachte ich über den fehlenden Handyempfang nach. Es schien mir ein verdammt komischer Zufall zu sein, dass genau an diesem Morgen das Militärhandy zum ersten Mal keinen Empfang hatte.

Noch immer in der Falle

Adjutant Steiff tigerte hinter dem Auto rastlos umher und Soldat Lotti lenkte sich auf meinen Rat hin mit ihrem Handy ab. Als ich es ihr gleichtun wollte, fiel mein Blick bei meinem privaten Handy auf die fehlenden Balken oben rechts. Diese zeigten mir normalerweise die Empfangsstärke an. Als ich mich über Soldat Lottis Empfangsverhältnisse erkundigte, bestätigte sie im verunsicherten Flüsterton meine Befürchtung. Sie hatte auch keine Verbindung und lenkte sich deshalb mit einem Spiel ab. Ich öffnete wieder die Tür und erwartete, dass Adjutant Steiff zu mir nach vorne sprinten würde. Doch er war in seiner geschützten Strecke hinter dem Fahrzeug festgefahren. Also stieg ich aus dem Auto aus und stellte mich vor ihn hin. Ich achtete darauf, dass ich nicht in der Schusslinie stand, welche von der anderen Flussuferseite möglich gewesen wäre. Leichter Nieselregen hatte erneut eingesetzt. Er wandte seinen Blick von seinem privaten Handy ab und erkundigte sich bei mir, ob ich auch keinen Empfang hätte. Ich nickte ihm zu, woraufhin er kraftvoll aus dem Mund ausatmete. «Findest du das auch einen merkwürdigen Zufall», misstraute er der Situation, «dass genau heute das Telefonnetz deaktiviert ist?» Ich nickte ihm skeptisch zu. Die Intention hinter seiner Frage war nicht die Bestätigung gewesen, ob es sich hierbei wirklich um einen Zufall handelte. Wir hatten uns auf ein Indiz geeinigt, welches wir im anschließenden Rapport zu vermerken hatten. Mir stellte sich nur die Frage, wer am Ende des Tages dazu fähig wäre, diesen Rapport zu verfassen. Umso wichtiger war es, solche Überlegungen im Team zu teilen, für den Fall, dass jemand eine Beobachtung verpasst hätte. Ich war mir sicher, dass diese Razzia mit dem fehlenden Telefonnetz zusammenhing. Ich musste mir jedoch zuerst noch überlegen, warum die BO bereits gewusst hatte, dass diese Razzia stattfinden würde. In der Ferne vernahm ich das Geräusch eines sich nähernden Fahrzeuges. Es war nur eine Frage der Zeit gewesen, bis ein Zivilist diese Hauptstraße passieren würde. Noch während dieses Gedankens überkam mich eine neue Welle der Skepsis. Denn andererseits war schon zu viel Zeit vergangen, in der kein Zivilist die Route befahren hatte. Dabei handelte es sich um eine der Hauptstraßen, um vom Westen Boravas über Sekjr Dalab nach Zunkjur zu gelangen. Hatte die gesamte Region gewusst, dass sie heute diese Straße umfahren sollten? Ein kleiner silberner PKW schloss sich nicht der Kolone an, sondern parkte das Auto rückwärts vor dem Wald. Zwei schwarzgekleidete Männer stiegen aus. Sie wirkten jedoch nicht wie Abgesandte einer autoritären Organisation. Während der Beifahrer sich hinter dem Seitenspiegel in Sicherheit aufstellte und die Situation vor sich inspizierte, öffnete der Fahrer den Kofferraum und holte eine riesige Videokamera heraus. Mir war zu Beginn dieses Szenenwechsels nicht mal aufgefallen, dass Adjutant Steiff sich in ihre Richtung aufgemacht hatte. Militärisch gesehen hätte ich einfach stehen bleiben sollen, da ich keinen anderen Befehl erhalten hatte. Der gesunde Menschenverstand folgte der Intuition und hätte wieder auf dem Fahrersitz Platz genommen. Doch diese Auseinandersetzung schien mir viel spannender zu sein, woraufhin ich mich eigenwillig dazu entschied, Adjutant Steiff einfach zu folgen. Ich fühlte mich in diesem Moment in der Rolle seines Bodyguards. Im Stechschritt marschierte er zum Reporter und begann in seinem gebrochenen Englisch auf ihn einzureden. Der Reporter wurde von ihm darauf hingewiesen, dass er sich in einer gefährlichen Situation befand und dass das Militär seinen Schutz nicht gewährleisten konnte. Mit universellen Handsymbolen probierte Adjutant Steiff erfolglos, auf den Ernst der Lage hinzuweisen. Der Reporter ergriff die Gelegenheit beim Schopf und begann, ihn mit Fragen zu löchern. Der Kameramann schwenkte den Kamerafokus von der Straße zu Adjutant Steiff, welcher sich aus Nervosität versuchte, von der Kamera abzuwenden und begann, zu haspeln. Erneute Schüsse von einem Maschinengewehr retteten Adjutant Steiff vor dem ungewollten Interview. Doch zu welchem Preis? Im ersten Moment zuckten wir alle durch den plötzlichen Lärm zusammen. Dabei hob ich reflexartig meine Schultern an und verbarg meinen Hals so gut es ging. Dann duckten wir uns automatisch und suchten Schutz hinter dem Fahrzeuggerüst. Gänsehaut überkam meinen ganzen Körper, da mich im Vergleich zu vorhin nicht mehr die Sicherheit des 7.C Fahrzeuges schützte. Ich konnte das schnelle Rauschen des Blutes in meinen Ohren hören und endlich überkam mich die Angst, dass mir effektiv etwas zustoßen könnte. Ich fürchtete mich jedoch nicht vor dem Schuss selbst. Meine Neugierde fand es ja spannend, herauszufinden wie sich der Schmerz eines Schusses anfühlen würde. Meine Angst nährte sich eher von der Befürchtung, durch die Verletzung als Krüppel zu enden. Ich fürchtete mich davor, nie wieder ein normales Leben führen zu können. Der Reporter schrie dem Kameramann die Aufforderung zu, die Kamera sofort wieder auf die Straße zu richten. Dieser rannte mutig hinter den Motorenblock, setzte die Kamera auf der Motorhaube ab und filmte die Szenerie vor uns. Ich sah theatralisch in den Himmel rauf und flüsterte in diesem Moment «Oh mein Gott!»

Das **Oh** bedeutete, dass die Dramaturgie dieser Situation meine volle Aufmerksamkeit erhielt. Ich nahm jeden einzelnen Augenblick mit höchster Alarmbereitschaft war und analysierte meine Umgebung wie in Zeitlupe versetzt. Als Hintergrundgeräusch vernahm ich die im Wind wehenden Blätter und das fließende Wasser des Jkons. Auf der anderen Seite des Ufers hörte ich einen Befehl, welcher von einem Mann geschrien wurde. Mich lenkte kurz die unregelmäßige Atmung dreier Männer um mich herum ab. Bei jeder ihrer Bewegungen raschelten ihre Kleidungsstücke auf. Wann immer der Kameramann seine Kamera verschob, kratzte das Gehäuse am silbernen Autolack. Ein Maschinengewehr begann erneut, die rasante Melodie des Krieges zu spielen, doch ich hörte jede einzelne Note klar und deutlich raus. Die Schüsse zu zählen, ergab jedoch keinen Sinn, da ich waffentechnisch sowieso unterlegen war. Flucht war die einzig rationale Option. Ich spürte die mit Feuchtigkeit gesättigte Luft auf meiner Haut. Am trägen Gewicht erkannte ich, wie sich mein Wüstentaz langsam mit der Feuchtigkeit vollsog und etwas schwerer auf meiner Haut lag. Mein Körper befand sich in einem alarmierten Status, bei dem mein Hormonhaushalt eine Ladung Adrenalin durch meine Arterien pumpte. Meine Muskeln schienen durch das Stresshormon, energetisch aufgeladen zu sein und ich hätte sofort meine sportliche Höchstleistung erreicht. Das **M**ein verband diese situative Eskalation mit dem Kern meiner Seele. Es bezog sich auf mein tiefstes Inneres, welches dieser Lage ausgesetzt war und neue Gedankengänge in mir auslöste. Ich konnte spüren, wie mein Herzschlag sich veränderte. Und das Wort **G**ott wies mich auf den persönlichen Lebenspfad hin, auf dem ich gerne wäre. Bei dem ich mir erhoffte, dass ich doch ein Bruchteil von einem größeren Ganzen war. Ich empfand zwar das wissenschaftliche und unspektakuläre Ende des Todes als eine äußerst angenehme Vorstellung. Dabei würden meine Gehirnsynapsen blitzartig aufhören, zu funktionieren, was ich aus meiner Sicht so wahrnehmen würde, als ob jemand den Stecker meines Fernsehers gezogen hätte. Ein letztes aufleuchtendes Bild würde vor meinem geistigen Auge aufflackern, bevor sich alles zu einem nichts vermischen würde. Der letzte aktive Gedanke wäre irgendetwas Banales und das Bewusstsein würde einfach verschwinden. Als ob meine Datei dauerhaft aus dem Computersystem gelöscht worden wäre. Was für ein stressfreies und absolutes Ende einer Lebensgeschichte. Ich freute mich bereits auf die Ruhe, die mein turbulentes Ich dann einnehmen würde. Die andere Vorstellung, welche sich mir ergab, entsprang eher meinem Freidenker-Ich. Was, wenn meine Seele eine Energie wäre, welche sich nach dem Tod von meinem Körper abspalten würde. Nicht als Geist im Sinne eines Gespenstes, der dann einfach bis in die Unendlichkeit auch auf der Erde mit chillt; die hätten ja gar nicht alle Platz. Eher eine immaterielle flexible Einheit, die widerstandslos vor sich hin schwebt und sich wie eine formlose Qualle fortbewegt. Das energetische Etwas wäre nicht durch menschliche Gegebenheiten eingeschränkt, wie zum Beispiel Nahrung als Energieträger aufzunehmen und abgestorbene Körperzellen durch den Toilettengang wieder ausscheiden zu müssen. Sie würde einfach bestehen und wäre somit keiner kosmischen Ordnung unterstellt. Es gäbe dementsprechend auch keine konkreten Aufgaben, denen ich als Energie-Etwas nachgehen müsste. Ich könnte auch einfach im Weltall herumgleiten und andere Galaxien bereisen. Ob ich in diesem Zustand noch durch Gedanken geführt wäre oder alles nur noch auf einem intuitiven Level geschieht, war eigentlich egal. Falls ich noch immer denken könnte, würde ich all den verborgenen Geheimnissen der Menschheitsgeschichte auf den Grund gehen. Ich würde endlich Einsicht darin erhalten, ob ich meine Rolle im Vergleich zu anderen Mitmenschen bedeutungslos ausgelebt hatte. Ich fände es eine äußerst spannende Gelegenheit, zu erfahren, wie andere Menschen die Welt erfuhren. Ich würde wissen wollen, wie ein paar wenige Menschen, den grössten Teil der menschlichen Entwicklung beeinflussten. Ich könnte mich an einen Politiker klammern, der selbst nur als Marionette des Systems agierte.

Und dann erfahren, wer hinter verschlossenen Türen wirklich die Pläne des Weltgeschehens schmiedete. Ich würde das Geheimnis des Vatikans lüften wollen. Und dann herausfinden, wer hinter 9/11 steckte. Ich würde in Erfahrung bringen, wie diese Menschen leben und wie ihr Alltag aussah. Vielleicht würde ich mich in dieser energetischen Form verschiedensten menschlichen Leben anheften und so unterschiedliche Lebensgeschichten als passiver Zuschauer miterleben dürfen. Ich könnte mir einen Platz bei einem Star ergattern und dabei zusehen, wie das Leben in vollen Zügen und Dekadenz ausgekostet wird. Ich könnte mich auch auf die Suche von anderen meiner Art machen. Ich bevorzugte jedoch die Ideologie, dass ich in dieser Form nicht mehr von Gefühlen geleitet würde und einfach im Universum umher floate. Dabei hätte ich zwar ein Bewusstsein, wäre jedoch zu nichts verpflichtet. Ich müsste mich einfach nur als diese schwebende Masse treiben lassen. Nichts denken oder fühlen zu müssen, erschien mir als meine Lieblingsoption. Ich kämpfte bereits mein Leben lang mit einer ermüdenden Gefühls- und chaotischen Gedankenwelt und freute mich darauf, wenn dies endlich ein Ende finden würde. Während eine Reihe von ununterbrochen abgedrückten Schüssen fiel, zog Adjutant Steiff seinen Kopf noch tiefer herunter und verstecke seinen Hals hinter dem Kragen seiner SpliSchu. Ich hatte mich aufgrund meiner christlich geprägten Kindheit bereits mit der Bibel befasst, fühlte jedoch in diesem Moment, dass es noch viel mehr zu wissen gab. Durch die Yogaausbildung hatte ich bereits erste Einblicke in den Hinduismus und Buddhismus erhalten, doch ich entschied, dass ich dem noch mehr nachgehen wollte. Ebenso packte mich die Neugierde über den Koran. Ich stellte mir den Tod aus einem Zusammenschnitt mehrerer Religionen vor. Was, wenn durch den Todeseintritt die Seele den Körper verließ. Das Gewicht der Seele beträgt, bereits wissenschaftlich erwiesen, durchschnittlich 21 Gramm. Bei einer Studie hatte man das Gewicht sterbender Menschen gemessen. Kurz vor dem Tod und gleich nach Todeseintritt. Die Differenz betrug im Durchschnitt 21 Gramm. Auch hier stellte ich mir die Seele nicht im durchsichtigen Geisterformat eines zweiten Menschenkörpers vor. Sondern als eine energetische Masse, welche nur durch Artgenossen anhand individueller Farben als Aura wahrgenommen werden könnte. Manche Kulturen behaupten, Auren wahrnehmen zu können. Ein pulsierender Farbschein, welcher den Körper vollständig umhüllt. Sobald sich die Aura von der menschlichen Hülle losgelöst hat, würde sie von dem Ort angezogen werden, an dem eine höhere Gewalt herrscht. Zum Ursprung, welcher im Verlauf der Menschheitsgeschichte verschiedenste Namen verliehen bekommen hatte. Zur Ursprungsenergie, welche das Universum und jedes einzelne Lebewesen darauf erschaffen hat, indem es einen Bruchteil seiner Energie dazu abgespalten hat. Ich könnte mich mit dieser Energie vereinen und zu meinem Ursprung zurückfinden. Ein Ort, wo das Bewusstsein sämtlicher Auren zusammengetragen werden würde und sich die Geschichten des Kosmos vereinten. Vielleicht fänden Auren, welche sich auf der Welt als Seelenverwandte begegnet waren, in dieser Ursprungsenergie wieder zueinander und wären dort auf ewig miteinander verbunden. Und die eigentliche Hölle bestünde aus der ewigen Verurteilung durch die restlichen energetischen Auren, vor denen schändliche im Leben vollbrachte Taten nicht verborgen gehalten werden könnten. Weitere Maschinengewehre traten als Chor des Todes der gespielten Kriegsmelodie bei, jedoch wurden diese Schüsse von meiner Flussseite aus abgefeuert. Plötzlich durchbrach eine tiefe männliche Stimme mit einem schmerzverzerrten Schrei die Arie. Mein Herz setzte einen Schlag aus und ich war mir sicher, dass mindestens ein menschliches Lebewesen getroffen worden war. Ich konnte an meinem Körper spüren, wie der mögliche Tod als Windhauch gerade an mir vorbeizog. Die Angst, dass ihm vielleicht noch auffallen könnte, dass er mich übersehen hatte, ließ meine Muskeln erstarren. Ich probierte selbst, das Geräusch meiner Atmung zu unterdrücken und mich so vor ihm versteckt zu halten. Auch wenn ich mich nicht vor dem Tod fürchtete, so wollte ich noch nicht das letzte Sandkorn meiner Lebensuhr fallen sehen. Das Leben hatte sich für mich schon immer so angefühlt, als ob es mein Ziel wäre, so viel Unterschiedliches wie möglich zu erleben. Ich war immer mal wieder an dem Gedanken zerbrochen, mein Leben lang immer im selben Umfeld verbringen zu müssen, um so der gesellschaftlichen Vorstellung eines glücklichen Lebens gerecht zu werden. Alles, was ich wollte, war so viele Erfahrungen wie möglich zu sammeln. Plötzlich ergab sich mir eine letzte Vorstellung und insgeheim wünschte ich mir, dass es wahr werden würde. Meine Seele würde sich intuitiv auf den Weg zu der Ursprungsenergie machen, als ob sie mich automatisch zu sich hinziehen würde. Am Ziel angekommen würde mein Bewusstsein bereits aus der Ferne ein strahlendes Wesen wahrnehmen. Dieses Wesen würde für meine Auffassungsgabe die Form eines menschlichen Wesens annehmen und ein Buch in den Händen halten. In einer modernen Interpretation wäre es eher ein Tablet oder eine App auf einem Handy. Vielleicht wäre es ein Greis, dessen ruhige Stimme Klarheit und Weisheit spricht. Vielleicht wäre es die Form einer weiblichen Gottheit, welcher zwar ihre Reifheit äußerlich anzusehen wäre, sie jedoch anmutige Eleganz und Macht ausstrahlen würde. Während ich mich dem Wesen zögerlich annähern würde, würde sich die äußerliche Erscheinung langsam verändern. Die Falten würden sich glätten, das weiße Haar seine einst sonnige Farbe zurückgewinnen und die Körperhaltung mit jeder Annäherung jünger werden. Bis ich davorstehen und der reinsten Form begegnen dürfte. Ein kindliches Wesen, dessen Geschlecht nicht erkennbar wäre. Mit offenen Armen würde es mich empfangen und sich meiner annehmen. Dabei würden wir uns die Liste aller möglichen Erfahrungen ansehen, welche ich in meinem vorherigen Leben bereits abhaken konnte. Für das nächste mir bevorstehende Leben dürfte ich dann entscheiden, welche neuen Erfahrungen ich gerne ausprobieren möchte oder was ich gerne erneut erleben wollen würde. Mit dem Ziel, dass ich irgendwann das gesamte Buch/die App der Erfahrungen durchgearbeitet hätte und dazu bereit wäre, mich wieder mit der Ursprungsenergie zu vereinen. Während meinem Oh mein Gott-Moment hatte ich mich von all diesen Gedanken durchfluten lassen. In mir erblühte ein Keim der Hoffnung, dass jemand über mich wachte und sicherstellte, dass mir nichts zustoßen würde. Auch wenn ich mich selbst dafür belächelte, so sah ich hoffnungsvoll in den Himmel hinauf und wünschte mir, von ihm/ ihr/ es gesehen zu werden. Ich versuchte daran zu glauben, dass Gott meine persönliche Reise dorthin war, wo ich gerne wäre. Dann erkannte ich Gott als Inspiration an, welche mich über das Leben lehrte. Mein Leben war so verlaufen, dass ich in diesem Moment diese gewalterfüllte Erfahrung sammelte. Ich erhielt Einsicht in einen gewalterfüllten Konflikt in der Menschheitsgeschichte und fühlte in diesem Moment Dankbarkeit. Ich konnte nur nicht ahnen, ob der Preis dafür mein Leben sein würde. Damit ich nicht in der Aussichtslosigkeit versank, stellte ich mir meine Verbundenheit zum größeren Ganzen vor. Mit aufmunternden Worten überzeugte ich mich davon, dass mir nichts zustoßen würde. Und wenn mir wirklich nichts zustoßen sollte, dann wollte ich das Leben von nun an anders ausleben. Ich wollte das absolute Maximum herausholen, was ein menschliches Dasein bieten konnte. Ich sah Adjutant Steiff an und wartete auf den Befehl. Adjutant Steiff drehte sich zu mir um und schrie mir das Wort Rückzug ins Gesicht. Noch bevor ich daran dachte, seinen Befehl auszuführen, begannen meine Beine bereits, so schnell sie konnten Richtung 7.C zu flüchten. Mein Bewusstsein nahm nur noch meine schnelle Atmung war, welche vom Lärm verschossener Patronen unterbrochen wurde. Ich rannte so schnell ich konnte, doch die Sicherheit beflügelte mich, dass am Ende alles gut werden würde. Egal, was eintreffen sollte. Ich dachte mir während meinem Sprint, dass dies ein cleverer Schachzug der BO war. Sie mussten sich wohl ihrer Medienpräsenz bewusst geworden sein und sorgten mit den Schüssen für eine spannende Reportage. Ich empfand beinahe Bewunderung für deren Schachzug, mediale Aufmerksamkeit zu erlangen. Schließlich hatte sich die Situation seit 30 Jahren nicht verbessert und ich konnte mir ihre Müdigkeit vorstellen. Endlich saß ich wieder im Auto, als auch schon eine Funkmeldung von Team Beta erklang. Teamkommandant Mättus Stimme berichtete über einen Schuss, der gerade über ihre Köpfe geflogen war. Ich konnte die ersten Schweißperlen Adjutant Steiffs Gesicht runterrollen sehen. Obwohl ich mir sicher war, dass dieser Angriff nicht auf das Militär abzielte, überlegte ich, ob ich eine Abschiedsnachricht verfassen sollte. Mir war bewusst, dass ich noch immer keinen Empfang hatte. Doch spätestens bei der Retournierung meiner Leiche würde ein Wertgegenstand wie ein Handy sicherlich mitübergeben werden. Raphael kannte zudem mein Passwort und könnte mein Handy entsperren. Ich entspannte mich zumindest halb als ich wieder auf dem Fahrersitz saß, während Adjutant Steiff unruhig auf dem Beifahrersitz herumrutschte. Beide probierten wir, unsere noch hektische Atmung zu regulieren. Durch den Rückspiegel widmete ich meine Aufmerksamkeit Soldat Lottis Zustand. Ihre Brillengläser wurden von der Helligkeit ihres Handybildschirmes erleuchtet und reflektierten ein Kartenspiel. Ich zückte mein Handy und öffnete die Nachrichtenfunktion. Würde ich nun eine Abschiedsnachricht verfassen? Und an wen sollte diese gehen?

Die letzte Nachricht

Zuerst tippte ich Raphaels Namen in die Suchfunktion meines Handys ein. Das Chatfenster öffnete sich und verhöhnte mich mit der Empfangslosigkeit. Der Bedeutung dieses Zustandes probierte ich, keinen weiteren Gedanken zu widmen und so spielte es für mich in diesem Moment keine Rolle. Ich hoffte einfach, dass mein Handy irgendwann den Weg zurück in eine Empfangszone finden würde, falls mir etwas zustoßen sollte. Noch bevor ich überhaupt mit der Verfassung der Nachricht begann, überkamen mich andere Sorgen. Würde ich jetzt in der mir noch verbliebenen Zeit meine letzte Botschaft verfassen? Welcher Worte sollte ich mich bedienen, um einem kurzen Inhalt eine möglichst tiefgründige Bedeutung zu verleihen? Während ich in eine negative Gedankenspirale schlitterte, griff ich in ein verstecktes Seitenfach meiner pinken Handyhülle und zückte ein weißes Stück Papier hervor. Darauf stand nur eine Zahlenabfolge, doch ich wollte, dass Raphael wusste, dass dieses Stück Papier ihm gehörte. Ich überlegte, ob ich ihm davon erzählen sollte. Bedrängt von der Sorge, dass dies nun mein letzter Kontaktversuch zu Raphael war, bevor ich nicht mehr mein derzeitiges Ich wäre. Es bestand durchaus die Möglichkeit, dass sich meine momentane Lage verschlimmern und mit meinem Tod enden könnte. Bereits während der Ausbildung hatten Übungsszenarien mich auf die Eventualität vorbereitet, dass mir etwas Tragisches widerfahren könnte. Zu Beginn waren es Übungen gewesen, bei denen ich körperlich verhindert war und mich von meinen Teamkollegen verarzten oder gar retten lassen musste. Doch die Verletzungsgefahr barg das Leben auch sonst und diese Aussicht schreckte mich nicht ab. Doch eine Unterrichtsstunde hatte mir bewusstwerden lassen, dass in dieser Mission die Ernsthaftigkeit und Gefährlichkeit nicht vergessen werden durfte. Die Lektion im Hörsaal hatte mit dem Ausfüllen eines Formulars geendet. Ich musste mich innerhalb von fünf Minuten damit auseinandersetzen, ob ich mir ein normales oder militärisches Begräbnis wünschte. Ich hatte mich für eine militärische Beisetzung entschieden. Einerseits, um meinen Tod vor meiner Familie und meinen Freunden etwas dramatischer und heldenhafter zu gestalten. Andererseits ging es mir jedoch eigentlich um etwas viel Elementareres. Darum, dass ich mich während meines Lebenspfades für einen Weg entschieden und somit meinen gesellschaftlichen Beitrag geleistet hatte. Ich war ungefragt mit dem Privileg zur Welt gekommen, innerhalb schützender Landesgrenzen aufwachsen zu dürfen. Wobei der gegebene Reichtum auf der Ausnutzung und auf Kosten anderer Bevölkerungen bestand. Umso wichtiger war es mir gewesen, dass ich mich durch eine nicht selbstbezogene Arbeit für eine positive Weiterentwicklung der Menschheit einsetzen wollte. Dies war meine einzige Bedingung an mich selbst gewesen, als ich mich noch vor einem Jahr aktiv für das Weiterleben entschieden hatte. Mein eigener, unantastbarer Deal setzte voraus, dass ich mir dieses angenehme Leben nachträglich verdienen musste, damit ich die glückliche Fügung meines Schicksals annehmen konnte. Der Wunsch nach meinem Anteil am Weltgeschehen hatte mein Herz beflügelt, doch zu Beginn war meine Willenskraft an der überwältigenden Auswahl gescheitert. Seit Anbeginn meines bewussten Medienkonsums hatte mich eine viel zu lange Liste von Missständen in dieser Welt belastet, welche es zu bereinigen galt. Kriege, missachtete Menschen- und Tierrechte und nicht zuletzt die stetige Zerstörung der Umwelt. Die Gewissheit hatte mich psychisch depressiv gestimmt, dass an anderen Flecken dieser Welt Menschen nicht mit demselben Sicherheitsgefühl einschlafen konnten. Während unzähliger Gespräche hatte ich meine Mitmenschen über unfaire Zustände klagen und diskutieren hören. Die Unterhaltungen hatten zwar mit der Ausarbeitung von Lösungsvorschlägen geendet, doch die darauffolgenden Umsetzungen waren ausgeblieben. Ein Phänomen, welches sich über das gesamte Spektrum der mir bekannten Menschen gezogen hatte. Gestützt von der bequemen Ausrede, dass man ja als Einzelner eh nichts bewirken konnte. Also wollte ich durch den Antritt dieser Mission die Zivilcourage selbst in die Hand nehmen und hatte nach einem Projekt gesucht, wo ich realistische Chancen erkannte, etwas bewirken zu können. Ich verhoffte mir bei meinem militärischen Begräbnis, dass mein von mir Abschied nehmendes Umfeld über meine Entscheidung nachdenken würde, und dass ich mir wenigstens eine Problematik ausgesucht und uneigennützig in deren Namen gekämpft hatte. Und so freute ich mich etwas auf den Tod und an manchen Tagen hatte ich mir schon gewünscht, dass ich in der Uniform ein ehrenhaftes Ende finden würde. Ein Tod, bei dem die Menschen, die mich kannten, denken würden, dass er nicht umsonst war und meine Existenz einen Sinn ergeben hatte.

Das Einzige, wovor ich mich wirklich fürchtete, war neben einer Verkrüppelung die Möglichkeit einer Gefangenschaft. Ich wollte es nicht erneut erleben müssen, dass mir der Wille eines fremden Menschen widerstandslos auferlegt würde. Selbst diesen Fall hatte ich während eines Entführungsszenarios in der Ausbildung durchgespielt. Zu Beginn des Szenarios hatten wir die Koordinaten zu einem Treffpunkt mit einem uns wohlgesinnten NGO-Vertreter erhalten. Ein Abgesandter einer Nichtregierungsorganisation. Bei dieser Übung bestand mein Team aus Spec Of Regliger, Adjutant Steiff und Soldat Lotti. Ich hatte uns zum Treffpunkt am Rande einer unbefahrenen Straße eines Tals gefahren. Spec Of Regliger unterhielt sich mit der Kontaktperson, während das restliche Team um unser Geländefahrzeug aufgestellt war und zuhörte. Zu Beginn erweckte das Treffen den Anschein, dass uns der Informant über die derzeitige kritische Lage der Umgebung aufklären wollte. Er entfaltete eine Karte und zeigte die Gebiete auf, welche durch das Mienenentschärfungsteam gesäubert worden waren. Während des friedlichen Meetings tauchte plötzlich in der Ferne ein Auto auf, welches mit hoher Geschwindigkeit auf uns zu zurasen schien. Mein Team und ich bemerkten zwar das Fahrzeug, gingen jedoch nicht davon aus, dass es mit uns etwas zu tun haben könnte. Schließlich befanden wir uns außerhalb des abgesperrten Übungsgeländes, wo eine Begegnung mit Zivilisten unausweichlich war. Wir fokussierten uns weiterhin auf das Gespräch mit dem Informanten und ich probierte mir auf der Karte zu merken, welche umliegenden Gebiete noch mienenverseucht waren. Ich war mir nicht sicher, ob das Memorisieren dieses Wissens Teil einer darauffolgenden Aufgabe sein könnte. Ich unterteilte gedanklich die Landkarte in Kästen und merkte mir die Abfolge und Anzahl rot markierter Gebiete. Eine eingezeichnete Flussschlaufe diente mir als Orientierungspunkt, falls ich die Karte verkehrt herum erhalten sollte. Als das rasende Auto in unmittelbarer Nähe war, kam es zum abrupten Halt des Fahrzeuges. Der Verschleiss der Reifen kündigte mit ihrem schrillen Geräusch den drastischen Szenenwechsel an. Eine Gruppe maskierter und schwer bewaffneter Rebellen verließ zeitgleich das Fahrzeug und schlossen ihre Türen. Sie begannen Drohungen zu schreien, während sie auf uns zustürmten. Der Lauf ihrer Waffen war auf unsere Gesichter gerichtet, was eine automatische Körperreaktion auslöste. Arme rauf und deeskalierend ruhig bleiben. Die Instruktion des Militärs für solch einen Fall lautete während der Ausbildung, dass wir uns nicht wehren, sondern gefangen nehmen lassen sollten. Innerhalb von Sekunden umzingelten uns die Rebellen, schwenkten ihre Waffen von einem Opfer zum anderen und brüllten wild durcheinander. Mein Team und ich standen mit erhobenen Händen da, während wir unsichere Blick austauschten. Den Nussknacker empfand ich hier für ineffizient. Für die Dramaturgie wurde zuerst Soldat Lotti ein schwarzer Sack über den Kopf gestülpt, dann mir. Es wurde absolut schwarz vor meinen Augen, doch mein Körper funktionierte noch und die anderen Sinne erwachten. Der Stoff der Maske roch, als ob er gewaschen, aber feucht aufbewahrt worden war. Ich spürte, wie grobe Griffe meine Hände mit einem Kabelbinder hinter meinem Rücken eng zusammenbanden. Fußtritte setzten mich in Bewegung, ohne mein Wissen, wo ich hin gehen sollte. Zwei Hände navigierten mein Stolpern in die von ihnen vorgesehene Richtung. Ich zögerte, da sie mich in die Richtung meines Autos schubsten. Brüsk wurde ich auf den linken Rücksitz meines Geländefahrzeuges gepresst, bevor eine lange und kurvenreiche Autofahrt mich desorientierte. Einer der Entführer hatte den Sitzplatz des Fahrers eingenommen und genoss die Gelegenheit, rücksichtslos Auto zu fahren. Ich kam zum Entschluss, dass ich mit zwei weiteren Teammitgliedern auf die Hinterbank gepresst worden war, wo wir normalerweise nur zu zweit saßen. Jemand drehte das Radio zur Ablenkung laut auf, während mit hoher Geschwindigkeit um die Kurven gebrettert wurde. Zwei weitere verstellte Schauspielerstimmen befanden sich im Wagen und sorgten mit lautem Gerede und Auslachen für Unruhe. Eine Hand zupfte an meinem Kopf rum, tätschelte mir den Kopf, würgte mich kurz, streichelte mir dann meinen Hals bis zu meinem Schlüsselbein runter. Ich erkannte die tiefe Stimme des Ausbildners. Sie bedrohte mich auf mein Leben, sollte ich Probleme verursachen. Ich gab kein Wort von mir und wartete ab, bis er sein Schauspiel beendet hatte. Gleichzeitig performte eine weitere Stimme denselben Akt bei einer anderen Geisel. Als meinem Rebellen die Lust, mit mir zu spielen, vergangen war, spürte ich, wie er zur schmächtigen Person neben mir wechselte und diese begann, zu befummeln. Ich war überzeugt davon, dass neben mir Soldat Lotti saß. Vom Körperumfang hätte es vielleicht auch Adjutant Steiff sein können. Doch meine rechte Schulter drückte sich bei einer scharfen Rechtskurve an den Oberkörper neben mir und das kurze Aufbrummen entsprang einer weiblichen Stimme. Zudem bezweifelte ich irgendwie, dass die Rebellen einen Mann mit so viel Vergnügen anmachen und begrabschen würden. Mir die Anzahl und Richtungen der Kurven zu merken, ergab keinen Sinn mehr, da ich durch den anfänglichen Schock den Beginn der Route verpasst hatte. Ich probierte mich während der Fahrt, auf die Dauer der Lieder zu konzentrieren, um wenigstens mein Zeitgefühl nicht zu verlieren. 1,5 Lieder dauerte die Fahrt. Es lief Diamonds von Rihanna. Etwa 5 Minuten waren vergangen, als auch schon ein ruckartiger Halt meinen Körper erschütterte. Ich lauschte den Rebellen, wie sie das Auto verließen und die Türen wieder hinter sich zuschlugen. Als Erstes öffnete sich meine Tür und mich erfasste ein kühler Luftzug an meinem Hals. Ich wurde brutal am Kragen aus dem Auto gezerrt und mit dem Bauch gegen das Fahrzeug gepresst. Der ungewöhnlichen Ruhe und hohen Luftfeuchtigkeit konnte ich entnehmen, dass sie mich und mein Team in einen Wald gefahren hatten. Zudem stimmte der erdige Untergrund mit dem ruppigen Fahrstil überein. Wo sonst hätte das Militär auf öffentlichen Straßen so rücksichtslos und kurvenreich fahren können? Während mein Körper kraftvoll gegen das Auto gepresst wurde, spreizte ein Knie mit Schlägen meine Beine auseinander. Eine zusätzliche Hand presste brüsk meinen Kopf gegen die Autotür. Mein gesamter Körper wurde grob abgetastet und um mein sämtliches Hab und Gut erleichtert. Ich spürte den Griff in jede einzelne Tasche und wie der Taz-Stoff anschließend weniger spannte. Ich probierte daran zu denken, was ich überhaupt alles dabeihatte. Einen pinken Kugelschreiber an einem schwarzen dünnen Notizblock, ein paar Zwipfs, eine Taschentuchpackung, meinen militärischen Ausweis, eine Debitkarte, ein Schweizer Taschenmesser, ein Pfefferspray und meine Waffe. Ein kräftiger Schauspieler packte mich wieder am Kragen, zog mich vom Auto weg und schmiss mich ein paar Schritte weiter auf den Boden. Dabei drückte jemand meinen Kopf kraftvoll gegen die feuchte Erde unter mir und drohte mir, mich nicht zu rühren. Seine Fußstapfen führten dann wieder von mir weg und ich lauschte den Bewegungen um mich herum. Ich konnte den angenehmen Duft von feuchter Erde unter mir riechen. Ich hörte zu, wie meinen Teamkollegen dasselbe Prozedere widerfuhr. Dreimal erfolgte dieselbe Reihenfolge von Geräuschen, nur die Distanzen variierten. Das Öffnen der Autotür, das Klirren von metallischen Reißverschlüssen gegen die Karosserie des Autos, das Abklopfen von Uniformen, das Rascheln von verschlossenen Taschen. Am Ende kam der dumpfe Aufprall eines willenlosen Körpers auf den Boden, welcher wie Abfall weggeschmissen worden war. Plötzlich führten ein paar Schritte wieder in meine Richtung. Ich lag noch immer regungslos auf dem Boden und malte mir bereits aus, wie sich in einem echten Szenario Rebellen nun wohl an meinem Körper vergehen würden. Es wäre nicht das erste Mal gewesen, doch damals hatten meine Augen meine Seele mit dem Fokus auf eine städtische Skyline von der Grausamkeit ablenken können. Doch mit verhülltem Gesicht und zusätzlich geschärften Sinnen als Ersatz für das Augenlicht müsste ich mir eine Alternative aneignen, um einen Übergriff verarbeiten zu können. Die Schritte blieben auf meiner Kopfhöhe stehen und ein unerwartetes klirrendes Geräusch zu meiner linken Seite durchbrach das Muster. Es klang, als ob etwas Metallisches in ein Gebüsch mit großen Blättern geschmissen worden war. Ich verhielt mich weiterhin regungslos und probierte, keine Aufmerksamkeit auf mich zu lenken. Ich konnte nichts weiter machen, als den Fußstapfen zu lauschen. Es waren vier Fußpaare, deren Körpergewicht das lose Laub und dünnes Geäst unter ihnen zum Knirschen brachte. Als sie sich ein paar Meter hinter mir trafen, wurden gleichzeitig vier Autotüren geöffnet und dann wieder zugeschlagen. Das Einrasten des Türschlosses klang jedoch heller als bei meinem gewohnten Geländefahrzeug. Ich ging somit davon aus, dass der vierte Rebell mit ihrem Überfallauto unserem gekidnappten Auto hinterhergefahren war. Zudem war ich mir sicher, dass die Ausbilder uns nicht ohne ein Fahrzeug im Wald zurückgelassen hätten. Schließlich mussten wir ja irgendwie zur nächsten Übung fahren. Ich hörte dem wegfahrenden Auto zu und wartete die Stille des Waldes ab. Niemand von meinen Teamkollegen sagte ein Wort. Ich hörte nur meinen eigenen Atem und das Geräusch davonrasender Autoreifen. Die überdrehenden Reifen schleuderten kleines Gestein weg und der aufbrausende Motor beschallte die Umgebung. Die Ruhe kehrte nach ein paar Minuten in den Wald zurück und die Vögel begannen, zu zwitschern. Ich probierte mit kleinen Bewegungen, mir die Maske vom Kopf herunterzuschieben. Hierfür presste ich meine Stirn gegen den Boden und machte eine nickende Kopfbewegung. Ich spürte, wie der Stoff langsam über meinen Mund, dann über meine Nase glitt. Als ich mich von der blickdichten Maske befreit hatte, starrte ich die dunkelbraune Erde unter mir an. Die feuchte Erde war teilweise mit Moos überwachsen. Ich blinzelte ein paar Mal und gewöhnte mich schnell wieder an die Helligkeit. Dann drehte ich mich auf die Seite und stülpte meine Hände über meine angewinkelten Beine. Yoga sei Dank, war ich trotz meiner langen Beine dazu beweglich genug. Mit den Händen vor meinem Bauch fühlte ich mich schonmal etwas befreiter. Dann kniete ich mich langsam auf den Boden und analysierte die Lage. Der feuchte Boden hatte Flecken auf meiner Uniform hinterlassen, was mich für einen Moment lang nervte. Denn diese Flecken verursachten den Aufwand eines zusätzlichen Waschganges, was ich nicht gerade zu meinen Lieblingsaktivitäten zählte. Ich war umringt von drei weiteren am Boden liegenden Soldaten, die sich noch nicht trauten, sich zu bewegen. Wie erwartet stand unser Geländefahrzeug zwischen uns. Ich befand mich auf einer Waldlichtung, von wo aus nur ein Weg zurück zur Zivilisation führte. Ich flüsterte so laut es ging und gab meinem Team Bescheid, dass die Entführer nicht mehr da seien. Dann stürzte ich mich als Erstes auf Adjutant Steiff und zog ihm die Maske vom Gesicht. Nur seine Kabelbinder konnte ich nicht von Hand lösen, da die Ausbilder mir mein Taschenmesser weggenommen hatten. Soldat Lotti half in der Zwischenzeit Spec Of Regliger auf, nachdem sie mühelos ihre Hände über die Beine nach vorne genommen hatte. Ich widmete mich als Nächstes unserem Fahrzeug. Natürlich war dieses abgeschlossen worden. Ich erinnerte mich sogleich an das letzte Geräusch, als die Fußstapfen des Rebellen noch einmal bei mir gewesen waren. Ich marschierte zurück zu meinem Liegeplatz und inspizierte den mit Pflanzen und Büschen übersäten Abschnitt vor mir. Ein steiler Hang führte den Hügel rauf. Mit den Fingern fuhr ich durch das Gebüsch, auf der Suche nach dem Autoschlüssel. Auf einmal entdeckte ich den silbern schimmernden Schlüsselbund inmitten von Efeubüschen. Ich hätte zwar nach einem Stock suchen können, um den Autoschlüssel rauszufischen, entschied mich jedoch für den direkten Weg. Ich fasste einfach rein. Das Brennen würde dann mit der Zeit wieder nachblassen und für das bisschen Schmerz war ich mir nicht zu schade. Mein Team wartete bereits beim Auto auf mich. Mit einem geheim platzierten Messer befreite ich zuerst mich selbst und überreichte dann Soldat Lotti das Messer. Plötzlich erklangen Schritte hinter uns. Ruckartig drehten wir uns alle alarmbereit um und zwei Prüfer standen vor uns. Beide hielten sie einen schwarzen Notizblock in der einen Hand und verglichen ihre vermerkten Beobachtungen. Das Team hatte als Gesamtes gut abgeschnitten. Ich wurde für zwei Fehltritte getadelt. Erstens sei ich zu früh aufgestanden, falls dies ein echtes Szenario gewesen wäre. Zweitens hatte ich um einen Fußtritt eine platzierte

Mienenattrappe verpasst, die mich in der Realität mindestens ein Bein gekostet hätte. Dies war ihre Mahnung an mich gewesen, dass es in Borava noch unzählige Mienenfelder gab, welche Spezialeinheiten derweilen noch bereinigten. Doch abgesehen davon, bestanden mein Team und ich die Übung. Für die kompanieübergreifende Nachbesprechung dieser Übung gab es zum Tagesende noch eine Lektion in einem Schulungszimmer. Der Sprecher zeigte uns währenddessen auf, was es als Geisel zu beachten galt. Nach der Geiselnahme würde irgendwann der unabsehbare Zeitabschnitt kommen, bei dem man in einer Zelle als Gefangener festgehalten werden würde. Im Fall einer solchen Gefangenschaft galt der Ratschlag, den Humor und die positiven Erinnerungen nicht verlieren zu dürfen. In einem weiteren Kapitel behandelten wir den Schutz unseres privaten Umfeldes. Es wurde empfohlen, unsere Namen auf Social Media zu verschleiern und keine Fotos von Angehörigen an der Uniform mitzutragen. Also weder hinter dem Ausweis versteckt noch in einer Brieftasche oder als Handyhintergrund. Das Ziel war es, zu verhindern, dass wir einem Entführer Informationen für eine mögliche Erpressung lieferten. Da meine Ambitionen niemandem in meinem Umfeld schaden sollten, hielt ich mich an diese Tipps. Ich wechselte meinen Vornamen auf Social Media und entfernte sämtliche Familienfotos aus meiner Brieftasche. Mein Portemonnaie enthielt nichts außer etwas Geld und meinen militärischen Ausweis. Nur in einem Hinterfach meiner Handyhülle hatte ich eine Erinnerung versteckt. In der Form eines weißen Stück Papieres, welches etwas breiter aber genauso lang wie mein Zeigefinger war. Darauf standen in schwarzer Schrift zwei Zahlenabfolgen. Bei der ersten Zahl handelte es sich um eine Artikelnummer und bei der zweiten um den Durchmesser eines Fingers.

Wenn Briten eskalieren

Ich starrte aus der Windschutzscheibe raus und überlegte, ob ich Raphael eine Sprachnachricht hinterlassen sollte. Vielleicht würde es die Tragik etwas erträglicher machen, wenn er wenigstens meine Stimme noch ein letztes Mal hören könnte. Ich war mir aber nicht zu 100 Prozent sicher, wie meine Stimme am Telefon klingen würde. Würde sie zittern, weil ich Raphael durch eine gespielte Selbstsicherheit vorlügen würde, dass es mir gut ging? Sollte ich erwähnen, in was für einer Lage ich mich gerade befand oder einfach nur eine Liebesbotschaft aufnehmen? Ich wollte aber den auf der Rückbank kauernden Soldat Lotti nicht noch mehr beunruhigen. Ich beobachtete sie durch den Rückspiegel, während ihre Brille das erhellte Handydisplay reflektierte. Ihre verängstigte Körperhaltung sprach Bänder und sie probierte sich noch immer mit einem Spiel von der akuten Situation abzulenken. Ich legte instinktiv das Handy wieder weg und fokussierte mich wieder auf die Arbeit. Bei einer Sprachnachricht hätte sie mir unfreiwillig bei meinem Abschied zuhören müssen, was sie sehr wahrscheinlich nur noch stärker verängstigt hätte. Schließlich saßen wir noch immer gemäß Adjutant Steiffs Befehl im Fahrzeug 7.C, während nur wenige Meter vor uns unser Team angegriffen wurde. Teamkommandant Mättu gab in regelmäßigen Abständen seine Beobachtungen über Funkdurchsagen durch, woraufhin sich Soldat Lottis Atmung vor Nervosität wieder beschleunigte. Ich sah ununterbrochen durch die Windschutzscheibe raus und beobachtete jeden Winkel meines Arbeitsbildschirmes. Ich spürte die Anspannung meines Körpers, den festen Griff um das Lenkrad. Alles an mir wartete darauf, einen Szenenwechsel als Erstes zu sehen und darauf reagieren zu können. Ich probierte, mich nicht mit dem traurigen Gedanken zu betrüben, wie mein Tod sich wohl auf Raphaels Leben auswirken würde. Ich wünschte mir, dass seine Trauer ihn nicht länger als ein Jahr daran hindern würde, nach einer neuen Partnerin Ausschau zu halten. Mein Hals begann, sich dabei langsam zu zuschnüren. Ein Körpergefühl, welches mich normalerweise überkam, kurz bevor ich zu weinen begann. Denn meine eigene Gedankenstimme quälte mich mit der Befürchtung, dass ich ihn von Anfang an gar nicht verdient hatte. Ich war diejenige gewesen, die ihn durch eine Kontaktanfrage über eine Datingplattform zu seinem Schicksal mit mir verdammt hatte. Und dass, obwohl ich zum damaligen Zeitpunkt nur auf der Suche nach einem ungezwungenen Fick gewesen war und ihn als meine zu erobernde Beute auserkoren hatte. Nie im Leben hatte ich damit gerecht, dass mir mit ihm das Liebe-auf-den-ersten-Blick-Phänomen widerfahren würde. Unsere Beziehung war von Anbeginn an nicht immer einfach gewesen. Und ich wusste, dass die unharmonischen Aussetzer größtenteils nicht an ihm lagen. Denn Raphael war die Ruhe selbst, der mit seinem unbeschwerten Charakter reibungslos durch das Leben schlenderte. Immer wieder schaffte er es, mich mit seiner Entdeckungsfreude und seinem überschwänglichen Elan zu überraschen. Er hauchte mir Leben ein, wenn mir die Energie dazu fehlte. Er war einer der Geheimnisträger, denen ich mich komplett offenbart hatte. Er wusste über mich und meinen psychischen Zustand Bescheid. Denn mein neues Leben hatte in einer Klinik mit der Diagnose der psychischen Krankheit Borderline begonnen. Ich hatte ihm bereits bei unserer ersten Begegnung von meiner Emotionsregulationsstörung erzählt. Ich wollte ihm nichts verheimlichen, was am Ende doch nur wieder als Trennungsgrund geendet hätte. Ehemalige Beziehungen hatten mich bereits gelehrt, dass sie irgendwann nicht mehr *damit* umgehen konnten. Der Alltag mit mir bestand daraus, dass ich seit Kind auf innerlich mit einem äußerst volatilen Stimmungsverlauf jonglierte, bei dem kleinste Vorkommnisse meine Laune für den restlichen Tag drastisch beeinflussen konnten. Die extreme Auslebung meiner drei Stimmungen bestand entweder aus einem emotionalen Hoch, angetrieben durch euphorische Willenskraft und mit optimistischen Aussichten auf ein erfüllendes Leben. Dies zeichnete sich in kreativen Phasen ab, in denen mich die Muse küsste und ich meine Vorstellungen umzusetzen versuchte. Ich konnte mich jedoch auch in ein tiefes emotionales Loch navigieren, in dem ich mich mental gefesselt im Bett als Gefangene festhielt. Nur ein schmerzhaftes Prozedere konnte mich jeweils aus dieser Dunkelheit befreien. Ein Prozess, bei dem ich mich bewusst verletzte, manchmal körperlich, manchmal mental. Doch der am schwersten zu ertragende Gemütszustand war der Nullpunkt auf der dreistufigen Emotionsskala bei dem nichts meine Seele zu berühren schien und die Trostlosigkeit meine Lebensfreude verschleierte. Eine innerliche Leere, bei der ich wie ein Computer einfach funktionierte und mit der Umwelt gemäß dem vorprogrammierten Standby-Modus interagierte. In diesem Zustand wurde mein Geist zum Richter über die Handlungen meiner Gefühlswelt. Geurteilt wurde durch erbarmungslos rationale Analysen meiner bisher getroffenen Entscheidungen und resultierte im strengsten Urteil. Die damaligen Ergebnisse meiner Lebensevaluation in diesem Nullpunktzustand hatte mir jeweils bewiesen, dass meine Existenz für diese Welt eigentlich nur eine physikalische Belastung war. Diese Erkenntnis hatte meine Seele immer wieder verkümmern lassen und mich in suizidale Teufelskreise getrieben. In diesem gefühlstoten Zustand erachtete ich den Tod als meinen treuesten Gefährten. Auch aus dieser Phase gab es nur ein schmerzhaftes Entkommen. Aufgrund meiner Emotionsregulationsstörung redete ich mir oft ein, dass ich in der Männerwelt als unvermittelbare Partnerin galt. Schließlich konnte sich meine Meinung und Laune durch nur einen Satz komplett verändern und den restlichen Tagesverlauf massiv beeinflussen. Bindungsängste und Akte der Selbstsabotage erschwerten die Führung einer gesunden Beziehung. Dafür hatte Borderline aber auch seine positiven Seiten, welche mich mit aufregenden oder gefährlichen Abenteuern belohnten. Es hätte sich jedoch Raphael gegenüber nicht fair angefühlt, wenn ich ihn nicht schon von Beginn an vorgewarnt hätte. Denn mein manchmal gesellschaftlich gesehen abnormales Verhalten hatte zur Folge, dass meine Entscheidungen auch gerne mal nicht gesellschaftskonforme Optionen betrafen. Raphael hatte mir während des ersten Dates achtsam zugehört und seither probiert, den bestmöglichen Umgang für meine schwierigen Phasen zu finden. In ihm hatte ich einen Partner gefunden, der mich wie ein Buch zu lesen vermochte. Wann immer ich nervös oder aufgebracht war, wusste er genau, welche Worte er mir zu säuseln oder wie er mich zu berühren hatte. Es konnte auch sein, dass er mir einfach einen Snack zubereitete und die Welt dann auch wieder etwas anders aussah. Natürlich hatte ich dem Militär beim Assessment nichts von meiner Borderline Diagnose erzählt. Ich verschwieg dem Militär auch die Zeit meines Selbstmordversuches, weshalb ich überhaupt in eine Klinik verfrachtet worden war. Eine emotional düstere Zeit, bei der ich noch überzeugt war, dass mein damaliger Verlobter Hackar meine große Liebe gewesen ist. Hackar war es gewesen, welcher mich an meinem endgültigen Vorhaben gehindert und anschließend trotzdem verlassen hatte. Er war ein groß gewachsener, muskulöser, schwarzer Brite mit einer rasierten Glatze. Er hatte große braune Kulleraugen, ausgeprägte Wangenknochen und ein unwiderstehliches Lächeln. Hackar war ein Frauenheld, welcher mit seiner sexuellen

Auslebung die gesellschaftlichen Normen sprengte. Seine Bekanntschaft hatte in mir eine neue Begierde entfacht, dessen Stillung eher besonderer Natur war. Doch Hackar ist eine verflossene Liebesgeschichte, für einen anderen Eintrag. Dank diesem dreimonatigen Klinikaufenthalt hatte ich eine tiefere Einsicht über Borderline erlangt. Ich hatte gelernt, warum ich diese Zustände erlebte und wie ich mit ihnen leben lernen konnte. Ich war nicht damit geboren worden, sondern hatte mir dieses Verhalten in der Kindheit aufgrund von Traumata angeeignet. Mir waren Achtsamkeitsübungen und Skills beigebracht worden, mit denen ich je nach Phase Einfluss auf den restlichen Tagesverlauf nehmen konnte. Der damalige Aufenthalt war ein Heilungsprozess, bei dem ich erkannt hatte, wie ich mir für mein Gewissen meinen Platz auf dieser Welt verdienen konnte. Ein Weg, mit dem ich die Daseinsberechtigung des Nullpunktzustandes besiegen konnte. Dieser Pfad neuer Entscheidungen war nun jedoch der Grund, warum ich mich in dieser außerordentlichen Situation kurz vor Sekjr Dalab gestrandet wiederfand. Ich liebte Raphael dafür, dass er sich dazu entschieden hatte, mich trotz dieser Besonderheit seins zu nennen. Dennoch verfiel ich an manchem Tagen in mein altes Muster und focht einen inneren Kampf gegen mich selbst. Ein Zustand, der sich auch negativ auf Raphael auswirkte. Denn er musste mit ansehen, wie ich mir mit Selbstsabotage oder Selbstverletzung das Leben erschwerte. Raphael war mein erster Partner, der einfach wusste, wie mit mir und meinen selbstzerstörerischen Phasen umzugehen war. Ich hatte schon ernsthafte Beziehungen vor ihm geführt, doch mit ihm hatte ich zum ersten Mal einen Mann an meiner Seite, der mich so akzeptierte, wie ich war. Und trotzdem wünschte ich ihm eine einfachere Beziehung. Ich liebte ihn so sehr, dass ich ihm nur das Beste gönnte. Wohlwissend, dass nicht ich seine beste Wahl wäre und dass ich ihm nie eine vollkommen harmonische Partnerschaft bieten könnte.

Zu oft hatte ich ihm eine pflegeleichtere Partnerin gewünscht. Ich wünschte mir für ihn, dass er jemand Tollen in seinem Leben kennenlernen würde, die ihm all das geben könnte, was sein reines Wesen verdiente. Noch während diese traurigen Wahrheiten mir eine Träne entlockten, wischte ich sie sogleich weg und hoffte, dass die anderen Insassen des 7.C Autos sie nicht bemerkt hatten. Dann schob ich diesen herzzerreißenden Aspekt von mir weg, griff nach meinem Handy und formulierte in seinem Chatfenster die ersten Worte. Mit den Fingern tippte ich «Mein liebstes Schmausi», ein Kosename, welcher eine Mischung aus Schatz und Mausi war. Es schien mir die passendste Art, um ihn ein letztes Mal zu adressieren. Er mochte es zwar, wenn ich ihn bei seinem vollständigen Namen nannte, denn es erinnerte ihn an seine Namensbedeutung. Seine Mutter hatte sich vom christlichen Erzengel Raphael inspirieren lassen. Doch ich wollte die liebliche Schiene fahren und entschied mich für seinen Kosenamen, was ihm sicherlich ein Lächeln entlocken würde. Als Nächstes versicherte ich ihm, dass es mir jetzt gerade gut ging und ich während dieser kritischen Zeit Kraft daraus schöpfte, gedanklich bei ihm zu sei. Ich beendete meinen Text mit einem Liebesgeständnis. Sollte ich noch mehr schreiben? Ich empfand den Text als zu kurz und hatte ja gerade sowieso nichts zu tun außer im Auto den wohlmöglichen Tod abzuwarten. Ich blickte auf den Handybildschirm und las die Nachricht erneut durch. Ich entschied mich dazu, die Erinnerung an unsere gemeinsame letzte Nacht zu rezitieren. Die Nacht, bevor ich zum Einsatzort verfrachtet worden war. Meine Daumen flitzten über meinen Handybildschirm. Ich tippte einen Satz nach dem anderen, als meine Gedankengänge eine neue Richtung einschlugen. Während ich an unsere Nacht zurückdachte, ließ ein niederes Schamgefühl meine Wangen erröten. Eine Rückblende erweckte die erträumten Bilder, welche mich noch vor ein paar Stunden überkommen hatten. Ich hasste es, dass in diesem Moment Captain Happy Meal sich in meiner betrübten Gedankenwelt breit machte. Es ging doch jetzt eigentlich um mich und Raphael. Captain Happy Meal fühlte sich wie ein ungebetener Gast zwischen uns an, welcher meine kostbare Erinnerung ruinierte. Doch noch schmerzhafter war die Erkenntnis, dass ich an dieser Beschmutzung selbst schuld war. Schließlich war es meine eigene Fantasie gewesen, die sich diese Bilder erträumt hatte. Er war der Letzte, an den ich bei meiner Abschiedsnachricht an Raphael denken wollte. Doch wie eine unaufhaltbare Welle fluteten seine eisigen Augen meinen Geist. Ich stellte mir seinen durchtrainierten Körper vor, welchen ich im Fitnesscenter immer wieder heimlich begutachtet hatte. Jedes Mal, wenn ich mich nach der Arbeit meiner körperlichen Fitness gewidmet hatte und mich mit einem Dessert für die Augen verwöhnen wollte. Ich stellte mir vor, wie kleine Schweißtropfen durch sein hartes Training seine leicht gebräunte Haut glänzen ließen oder sein perfektes Gesicht herunterrollten. Oft trug er dabei ein graues Tanktop, dessen dünne Stoffstreifen seine muskulösen breiten Schultern betonten. Von der Schulterpartie aus formte sein Rumpf ein perfekt durchtrainiertes V. Darunter trug er eine schwarze lockere Trainingshose, die über seinen Knien endete. Seine langen Beine und strammen Waden erinnerten an die eines Marathonläufers. Während ich ihn mir ausmalte, schmunzelte ich über seine langen dunkelbraunen Wuschelhaare. Seit Monaten ließ er diese wachsen und weigerte sich aus Provokation, sie zu kämmen. Aufgrund seiner hohen Position erfuhr er hierfür viel Verachtung von seinen Kollegen und machte sich gerne einen Spaß aus deren Missbilligung. Im Gegensatz zu den anderen Kommandanten war Captain Happy Meal ein Mann, der sich keiner Dummheit zu scheu war. Ich wunderte mich, was er wohl in diesem Moment machte. Drei Wochen zuvor hatte ich ihn beim Mittagessen rausgefordert, aus dem Fajita Fladenbrot eine Gesichtsmaske zu basteln. Ohne meine Challenge überhaupt zu hinterfragen, hatte er mit dem Zeigefinger bedenkenlos drei Löcher reingebohrt und sich die Fajita Maske aufs Gesicht gelegt. Es hatte ihn einfach nicht gekümmert, dass die anderen Soldaten uns dabei zu gesehen und über sein unmilitärisches Verhalten gespottet hatten. Mit Captain Happy Meal hatte es immer etwas zu Lachen gegeben. Sein lockerer Humor war einer der Gründe, warum ich gerne meine Freizeit mit ihm verbracht hatte. Er war nicht nur wunderschön zum Anschauen, sondern auch noch außerordentlich klug. Sein scharfsinniger Intellekt war der einzige Grund, warum er sich trotz seiner unmilitärischen Etikette in seiner Position halten konnte. Vor seinem Borava Einsatz war er in Afghanistan stationiert. Das Schlimmste, was ihm dort auf dem Feld widerfahren war, war die eigenhändige Tötung eines Feindes. Er hatte einen Terroristen verfolgt, der kurz davor einen Vater vor den Augen der Familie gefoltert hatte, nur um sie anschließend alle zu exekutieren. In Borava hingegen saß Captain Happy Meal in einem umzäunten Hochsicherheitstrakt innerhalb des Camps und koordinierte seine Truppen. Keine andere Nation hatte Zutrittsberechtigung zum britischen Komplex und jeder betitelte es als «die britische Festung.» Das Gebäude war nicht nur mit einer zwei Meter hohen Betonwand umzäunt, sondern zusätzlich noch von zwei Stacheldrähten umzingelt. Die Festung befand sich genau vor meinem Wohnhaus und neben dem Parkplatz meines Einheitsautos. Unter manchen Nationen galt Captain Happy Meal aufgrund seiner ziemlich kühlen Ausstrahlung als der arrogante englische Kommandant. In seinem eigenen Kontingent kritisierten ihn die Ranghöheren, weil seine Truppe dafür bekannt war, dass sie ständig Mist baute. Jede illegale Party im Golden Lion, zu der ich von ihm eingeladen worden war, war irgendwann ausgeartet und hatte das Image des gesamten englischen Kontingents geschädigt. Entweder kam es zu Kämpfen, dekadenter Alkoholverschwendung oder zur Partyauflösung durch die MP, die Militärpolizei. Ich muss ehrlich zugeben, dass ich unter anderem durch die MP um 0130 mit 12 weiteren Mechaniker-Soldaten bei einer seiner Golden Lion Partys aufgegriffen worden war. Dies hatte mich mein Erstes Disziplinarverfahren «Diszi» gekostet. Denn die Ausgangssperre am Samstag galt ab 0000. Eine weitere Diszi-Verwarnung hätte dazu geführt, dass ich von jeglichen weiteren Missionen ausgeschlossen werden würde. Captain Happy Meals wildeste englische Party hatte Folgen für das gesamte Camp mit sich gebracht. Seine englische Besatzung hatte aufgrund einer Planänderung spontan einen Nachmittag frei erhalten. Ein Zustand, welcher die Gefährlichkeit der Langeweile wieder unter Beweis gestellt hatte. Da diese Gruppe von Soldaten nicht gewusst hatte, wie sie sich sonst die Zeit innerhalb des Camps vertreiben sollten, hatten sie am helllichten Tag zu trinken begonnen. Die englischen Soldaten waren für ihren exzessiven Alkoholkonsum bereits bekannt. Deren Wohnkomplex eignete sich hervorragend für eine Saufparty, da der verschlossene Innenhof durch weiße Wohncontainer eingezäunt und dadurch vor ungewollten Augen geschützt war. Darunter auch vor den wachsamen Augen der MP. Die Soldaten entschieden an diesem Nachmittag ihre kurzlebige Freiheit auszuleben. Gegen Abend war ihnen ein übriggebliebenes Sofa zum Opfer gefallen und in der sandigen Mitte des Innenhofes aus Spaß in Brand gesetzt worden. Die stark betrunkenen Soldaten hatten daraufhin wie Höhlenmenschen um das Feuer herumgetanzt und begonnen, um die zwei Meter hohen Flammen zu feiern. Während dem Tanz hatten sich einige von ihnen nackt ausgezogen. Andere hatten noch mehr obsolete Gegenstände aus dem Aufenthaltsraum und den Wohncontainern geholt und sie an das lodernde Feuer verfüttert. Mit dem konstanten Anstieg des Alkoholpegels war irgendwann alles Mögliche hineingeworfen worden, alles, was nicht niet- und nagelfest war. Unter anderem auch eine metallische Trainingskugel, welche bei den Fitnessgerätschaften rumgelegen hatte. Das Metall hatte sich durch die Hitze so stark ausgedehnt, dass die Kugel unerwartet in alle Richtungen explodiert war. Mehrere nackte Tänzer hatten mittelschwere Verbrennungen erlitten und mussten notfallmäßig ins Spital eingeliefert werden. Diese Party hatte zur Folge, dass die gesamte Aktion ans Tageslicht kam und daraufhin eine rigoros kontrollierte Ausgangssperre ab 2200 für das gesamte Camp einberufen worden war. Das Privileg, sich nach dieser Zeit noch vor dem eigenen Wohnhaus aufzuhalten, war jedem entzogen worden. Nach dieser eskalierten Feier patrouillierte die MP noch intensiver, was jedoch auch das gefährliche Spiel des Rumschleichens spannender gestaltet hatte. Ich fühlte mich wie bei Mission Impossible und huschte schwarz gekleidet zwischen Containern und Zäumen zu den Partys. Captain Happy Meal wusste, dass man unter anderem ihm die Schuld für diese einschränkende Maßnahme in die Schuhe schob. Doch das war ihm egal. Er kümmerte sich allgemein nie um die Meinung der anderen oder um die Gerüchte, welche über ihn erzählt wurden. Dazu gehörte auch die weitverbreitete Behauptung, dass er schwul sei.

In einer Masche verstrickt

Während meine Daumen das Tippen meiner letzten Nachricht an Raphael eingestellt hatten, beobachtete ich wieder das Gelände vor mir. Das Reporterteam hatte sich hinter ihrem Auto verbarrikadiert und probierte, mögliche Opfer zu filmen. Teamkommandant Mättu funkte durch, dass er eine baldige Lösung wertschätzen würde. Gelegentliche Schüsse durchbrachen jedoch immer wieder die Stille und ließen mich nicht zur Ruhe kommen. In meiner Fantasie schweifte ich zu meinem letzten Wiedersehen mit Captain Happy Meal vor vier Tagen ab. Es war das letzte Mal gewesen, wo ich ihn getroffen und ihm geschrieben hatte, seit es diesen einen seltsamen Moment zwischen uns gegeben hatte.

Wir waren zu einem gemeinsamen Mittagessen im Restaurant Rosa verabredet gewesen. Während dem Essen alberten wir wie gewöhnlich rum und führten jegliche Arten von Diskussionen. Ich redete mit ihm über ernsthafte Themen wie seine Militärerfahrung in Afghanistan, philosophierte über die Sinnhaftigkeit des Krieges und ließ mich zwischendurch von seinen flachen Witzen belustigen. Mit ihm konnte ich meiner etwas verrückten Ader freien Lauf lassen und brauchte mich nicht militärisch verstellen. Bei Captain Happy Meal konnte ich mir eine kleine Auszeit von der unermüdlichen Militärwelt der Disziplin und Ordnung gewähren. Von den restlichen Soldaten wurde ich meistens dafür belächelt, wenn ich meiner femininen Seite etwas Raum verschaffte oder eine zu lockere Umgangsform auslebte. Er selbst hatte manchmal einen femininen Touch dargeboten, woraufhin auch ich selbst schon die Möglichkeit in Betracht gezogen hatte, dass er schwul sein könnte. Auf seinem Social Media hatte ich zudem lauter Bilder gefunden, auf denen er knapp kostümiert und von einem Haufen heißer Männer umringt war. Es hat mich nicht gestört, dass er es war. Er gehörte zu den schönsten Menschen, die ich kannte und er hatte mir nie irgendwelche Avancen gemacht. Ich empfand es daher als ein Kompliment, dass mein Charakter so jemanden von mir als Gesellschaft überzeugt hatte. Ich sprach ihn trotzdem nie darauf an, weil ich den Verlust für die Frauenwelt nicht akzeptieren oder ihn in eine unbehagliche Lage bringen wollte. Ich wusste, dass auch Captain Happy Meal mit mir die Abwechslung zu seinem sonstigen stieren Alltag genoss, wann immer wir uns trafen. Es hatte nicht lange gedauert, bis wir ein gewisses Vertrauen zueinander aufgebaut hatten. Ich hatte ihm als Einzigem im Militär von meiner Badenacht in den Kochtöpfen erzählt. Nach dem gemütlichen Mittagessen hatte Captain Happy Meal noch eine Stunde Zeit, bevor seine nächste Schicht ihn einholen würde. Wir entschieden gemeinsam, mein neues Spiel für meine Konsole auszuprobieren. Diese befand sich in meinem Aufenthaltsraum, bei dem eigentlich keiner fremden Nation der Zutritt erlaubt war. Diese Regel konnte jedoch nicht verglichen werden mit der strikten Zutrittsbeschränkung einer Kontrollzentrale, woraufhin ich ihm sorgenfrei Einlass gewährte. Ich wusste, dass die anderen Soldaten meiner Einheit nichts dagegen einwenden würden. Außer vielleicht Captain Adlerauge, doch der war nicht da. Und auch wenn, so wollte ich mir von dem Arsch nach unserer letzten Auseinandersetzung nichts mehr vorschreiben lassen. Im Aufenthaltsraum hatten wir die beiden Sofas parallel zueinander zugeschoben. Wir lagen somit nebeneinander und hatten durch unsere Liegeposition den Blick auf den Fernseher gerichtet. Alle paar Minuten tauschten wir beim Spielen den Controller aus, während wir uns mit flinker Fingergeschicklichkeit durch die Level navigierten. Mit aufhetzenden oder sarkastischen Sprüchen stichelten wir uns gegenseitig an und kritisierten Fehlentscheidungen. Das Spiel war nicht einmal so spannend gewesen, doch ich genoss Captain Happy Meals unbeschwerte Anwesenheit. Als er wieder einmal an der Reihe war, fragte er mich zusammenhanglos nach meinen Vorlieben. Zu Beginn ließ mich meine Naivität noch glauben, dass er mit seiner Frage auf meine Hobbys abgezielt hatte. Dabei hatten wir bereits bei unserem Kennenlernen im Golden Lion darüber gesprochen. Oder vielleicht war es ja unter Schwulen in Ordnung, sich so offen über die sexuellen Vorlieben auszutauschen. Trotzdem antwortete ich mit der Aufzählung meiner Hobbys. Tauchen, Essen, Adrenalinsport und das Mitwirken in Musicals. Unerwartet pausierte Captain Happy Meal das Spiel und setzte sich im Schneidersitz vor mir auf. Ich tat es ihm intuitiv gleich. Da wir die Sofas nebeneinander aufgereiht hatten, berührten sich unsere Knie. Wir hatten normalerweise nie Körperkontakt. Ich spürte durch den Stoff meiner Uniformhose seine Körperwärme. Seinen durchdringenden blauen Augen war unmissverständlich abzulesen, worauf seine Frage abgezielt hatte. Überrascht über den Anschnitt dieser sexuellen Thematik starrte ich ihn nur ungläubig an. Sein Blick bestätigte meine Interpretation, dass er meine Hobbys bereits gekannt und eigentlich was anderes im Sinne hatte. Ich hinterfragte meinen Schwulenradar, ob er vielleicht doch nicht homosexuell war. Als Erstes fühlte ich mich geehrt, dass jemand so heißes durch diese Frage eventuell Interesse an mir zeigte. Denn worauf sonst hätte diese Unterhaltung abgezielt, wenn nicht die Absicht auf Sex. Zudem waren die meisten Soldaten im Camp sexuell ausgehungert. Der Vorstellung mit ihm war ich nicht Mal abgeneigt, da ich doch ein bisschen in ihn verknallt war. Ich begehrte seinen perfekt trainierten Körper, doch noch mehr seinen Scharfsinn und Humor. Mit meiner sapiophilen Neigung war es hauptsächlich sein Verstand, der mich anturnte. Aber egal wie ich für ihn empfand, ich durfte auf keinen Fall dieser Verliebtheit nachgehen. Ich hatte mein Herz bereits an Raphael verschenkt. Zudem waren Affären im Militär verpönt und ich wollte niemandem die Genugtuung geben, gerechtfertigt über mich lästern zu können. Es bestand jedoch auch noch die Möglichkeit, dass das Ganze gar keine Anmache war und ich mich blamieren würde, wenn ich darauf einging. Ich konnte mich nicht entscheiden, wie ich antworten sollte. Je nach Beweggrund dieser Frage schlug Captain Happy Meal einen Weg ein, von dem es kein Zurück zur reinen Freundschaft gab. Dabei war ich noch nicht dazu bereit, mich von ihm verabschieden zu müssen. Schon zu viele Freundschaften mit anderen Soldaten waren daran zerbrochen, dass sie irgendwann eine Grenze überschritten. Sei es mit unangebrachten Kommentaren oder unverschämten Avancen. Komischerweise störte es mich bei Captain Happy Meal nicht ganz so sehr. Ich genoss seine Gesellschaft ungemein, warum ich ihn als Freund nicht verlieren wollte. Seine Augen formten sich zu zwei inspizierenden Schlitzen, während er seinen Kopf leicht schräg stellte: «Ich glaube», begann er mit seiner betörenden tiefen Stimme, «dass du zu den richtig Versauten gehörst.» Ich traute meinen Ohren nicht und er entlockte mir ein unkontrolliertes Aufzucken meiner rechten Augenbraue. Was konnte ich ihm darauf schon antworten? Mit seiner Einschätzung lag er nicht mal falsch, doch wollte ich, dass er das über mich wusste? Mein Ego ließ es jedoch auch nicht zu, als prüde Persönlichkeit von ihm eingestuft zu werden. In einem inneren Monolog tadelte ich mich dafür, dass es eigentlich gar keine Rolle spielen sollte, was er über mich dachte. Ich debattierte, ob ich ihm antworten und schauen sollte, was die Folgen wären. Mir stand eine Gradwanderung bevor, bei der ich nicht einmal einschätzen konnte, wo sie mich hinführen würde. Ich wusste nur, dass auf beiden Seiten steile Abhänge zum Ende dieser Bekanntschaft führten.

Ein Impuls forderte mich dazu auf, auszutesten, wie weit ich mit ihm diesen Grad bewandern konnte. Es fühlte sich wie der alberne Zeitvertreib an, bei dem ich mit der Fingerkuppe über eine lodernde Flamme streifte. Mit dem Wissen, dass wenn ich zu lange auf der Flamme verweilen würde, ich mich noch daran verbrenne. Ein Teil in mir hoffte auf die Bestätigung, dass auch er mich begehrenswert fand. Ich probierte jedoch meine Hoffnung flach zu halten. Mit einem verschmitzten Lächeln antwortete ich knapp: «Vielleicht...», und zog dabei meine Augenbrauen herausfordernd hoch. Dann drehte ich meinen Kopf wieder zum Fernseher und fühlte mich verloren. Nach außen probierte ich Unbekümmertheit auszustrahlen, doch innerlich wartete ich gespannt seine Reaktion ab. Mir war, als stünde ich an einer unbeschrifteten Kreuzung. Überraschenderweise wünschte ich mir, dass er das riskante Spiel fortsetzen würde. Ich wollte nicht, dass die Unterhaltung bereits zu Ende war, redete mir aber trotzdem ein, dass ich mich dafür nicht schlecht fühlen müsste. Schließlich hatte ich nur vage eine Frage beantwortet. Wie versteinert schaute ich noch immer auf den eingefrorenen Bildschirm und wartete Captain Happy Meals nächste Aktion ab. Doch nichts geschah. Also schwenkte ich meinen Blick wieder zu ihm herüber. Er hatte sich kein bisschen bewegt und musterte ununterbrochen meine Augen. Mir schien, als ob er versuchte, meine Gedanken zu lesen. Seine dünnen Lippen verzog er zu einem schmalen Lächeln an und seine Augen warteten geduldig auf meine Gegenfrage. Seiner Körperspannung konnte ich ablesen, dass er so lange auf sich warten lassen würde, bis ich von mir aus weiterhin auf das Thema eingehen würde. Doch was sollte ich nun sagen? Sollte ich ihm von meiner Vorliebe für Bondage erzählen? Eine Sexualpraktik, die ich seit meinem Exverlobten Hackar nicht mehr ausgelebt hatte? Unteranderem, weil Raphael zu gutherzig dafür war? Mit Hackar hatte ich zum ersten Mal den BDSM-Fetisch ausprobiert. Bei „Bondage &

Discipline, Dominance & Submission, Sadism & Masochism" hatte ich die Rolle der verzogenen Untergebenen eingenommen, bei der mich Hackar für mein unartiges Benehmen bestraft hatte. Am liebsten mochte ich die Bondage Fesselspiele, bei denen ich seinem erbarmungslosen Willen ausgeliefert war. Ich dachte an die vielen Male zurück, bei denen sein fester Handgriff mich am Hals gepackt hatte und mein Wille durch seine Manneskraft ihm untergeordnet worden war. Meine Beziehung mit Hackar war sexgetrieben und spannend gewesen. Es war ein stetiges Entdecken und Austesten neuer Grenzen. Mit Raphael hatte ich bisher noch keine solchen Erfahrungen sammeln können, da ihm diese Sexualpraktik nicht zusprach. Der Sex mit ihm war auch atemberaubend, aber eben anders. Während ich mich in Captain Happy Meals Augen verlor, konnte ich mir genau vorstellen, wie er dieselben animalischen Züge wie Hackar ausstrahlte. Eine kleine Stimme in mir befahl mir herauszufinden, ob er tatsächlich genauso wie Hackar wäre. Also fragte ich mit einer möglichst neutralgehaltenen Stimmlage: «Hast du mich gefragt, damit du mir nun von deinen Vorlieben erzählen kannst?» Da er noch immer aufrecht im Schneidersitz saß und keine Anstalten machte, sich wieder dem Spiel widmen zu wollen, probierte ich mit einer schnellen Handbewegung, ihm den Controller aus der Hand zu klauen. Flink wie er war, hatte er meinen Versuch schon kommen sehen und zog den Controller außerhalb meiner Reichweite. Seine Hand schwang er hinter seinen Kopf. Wollte er, dass ich mich über ihn lehne, um nach dem Controller zu greifen? Lust auf dieses kindliche Spiel hatte ich schon, denn nur so konnte ich ihm näherkommen. Selbst wenn es nur für den Bruchteil einer Sekunde gewesen wäre. Doch ich entschied mich für die coole Schiene und blieb weiterhin auf meiner Seite des Sofas. Er klickte mit seiner Zunge und schüttelte sanft seinen Kopf. «Was für ein unartiges Mädchen», säuselte er leise vor sich hin. Ich erwiderte trotzig: «Ich habe nie behauptet, zu der braven Sorte zu gehören.» Ich bemerkte, wie meine Stimme sich dabei verändert hatte. Sie klang selbstsicher und herausfordernd. Ich spürte, wie mein Herz zu rasen begann. Für einen Moment überraschte es mich selbst, dass ich reflexartig so darauf geantwortet hatte. Ich klang genau wie die Göre, welche sich von Hackar hatte verführen lassen und sich unterworfen hatte. Captain Happy Meal entfachte in mir das Verlangen danach, von jemandem beherrscht und geführt zu werden. Captain Happy Meal lockerte seine aufrechte Haltung und entriss mich aus meinem Gedankenstrudel: «Ich mag es, wenn sich meine Frauen mir untergeben.» Mein Körper fühlte sich an, als ob er gerade in Flammen aufging. Ich hoffte, dass ich aus Nervosität nicht zu schwitzen begann oder mein Gesicht errötete, doch es war bereits zu spät. Mein neuestes Ziel galt der Verbergung meiner Unsicherheit. Ich regulierte meine Atmung, damit ihm meine Aufregung nicht auffallen würde. Raphaels Ebenbild kreuzte meinen Geist und ich lehnte mich auf die Sofalehne zurück. Ich musste gegen meinen intuitiven Impuls mehr Distanz zwischen uns bringen. Gleichzeitig fühlte es sich so an, als ob Captain Happy Meal seine Knie etwas fester gegen meine drückte, um die physische Verbindung aufrecht zu erhalten. Oder bildete ich mir das nur ein? Ich befürchtete, dass er meine pulsierende Halsschlagader sehen könnte und setzte alles an die Deeskalation dieser Situation. Doch ehe ich das Thema wechseln konnte, setzte er fort: «Ich glaube, dass wir beide gar nicht so verschieden sind, was das anbelangt. Ich würde sogar behaupten, dass wir uns...», er machte eine kurze Denkpause und leckte sich hungrig über die Unterlippe. Seine Augen schmälerten sich und ich konnte ihnen ansehen, dass er im Geiste ein anderes Bild vor sich hatte: «...ergänzen würden.» Ich erstarrte und probierte, meine nervöse Atmung zu verbergen. Die Zeit stand still und nichts auf der Welt schien sich zu rühren. Er setzte fort: «Ich stelle mir gerade vor, wie du wohl in meinen Kostümen aussehen würdest...» Mein Herz vergaß, den nächsten Schlag auszulösen. In seinen Kostümen? Ich dachte zurück an die vielen Kostümbilder auf seinem Social Media Profil. Bei einem Bild trug er nur einen schwarzen Lederschurz, welcher seine durchtrainierte Brustpartie offenbarte. Nur die mit weißer und schwarzer Farbe aufgemalten Knochen eines Skelettes lenkten davon ab. Bei diesem Bild stand er inmitten von vier ebenbürtig heißen Typen, doch die Interpretation der Ausgangslage nahm interessantere Züge an. In diesem Moment wollte ich nichts mehr als zu erfahren, in was für Kostümen er mich reinfantasierte. Oder wo und mit wem diese Kostüme in den Einsatz kommen könnten. Unverhofft drehte sich Captain Happy Meal wieder zum Fernseher um, klickte auf Play und setzte das Spiel fort. Ich konnte es nicht fassen, dass er sich nach diesem Kommentar einfach wieder der Konsole widmete. Also drehte ich mich wieder um, legte mich auf die Couch und verfolgte seine Spielhandlungen. Ich gab mir Mühe, ab und zu noch einen Kommentar zu erzwingen, bei dem ich seine Spielweise kritisierte. Aber gedanklich herrschte absolutes Chaos. Ich war überzeugt davon, dass diese ganze Aktion gerade Teil einer Männermasche gewesen war. Ein von ihm persönlich erfundenes Spiel, um zu sehen, wie leicht ich zu kriegen wäre. Auf der einen Seite empörte mich seine Dreistigkeit, mich als seinen Egopusher ausnutzen zu wollen. Auf der anderen Seite fühlte ich mich geschmeichelt, von solch einem charakterlich schönen Menschen als Spielgefährtin auserkoren worden zu sein. Obwohl ich auf den Fernsehbildschirm starrte, schweiften meine Gedanken zu Raphael ab und ich probierte, wieder Herrin der Lage zu werden. Wir spielten noch für etwa 10 Minuten, bevor er mir beim Zusammenräumen der Sofas half. Ich richtete noch die Kissen auf den Sofas an, als er auch schon an der Türschwelle des Aufenthaltsraumes stand und sich mit einem schelmischen Lächeln verabschiedete: «Ich melde mich später noch bei dir.»

Der Moment

Wie ein verlassener Hund stand ich vor dem Glasfenster der Haupteingangstür meines Wohnkomplexes und beobachtete mein Herrchen, wie Captain Happy Meal nach unserer Spielrunde die Tür zur Festung hinter sich zuzog. Er musste für die nächsten 12 Stunden darin ausharren und sich einen Überblick über seine Truppen verschaffen. Nachdem ich den Aufenthaltsraum wieder in Stand gesetzt hatte, stand mir der restliche Tag zur freien Verfügung. «Ich melde mich später noch bei dir» waren seine letzten Worte an mich gewesen. Meinem aufgeregten Herzschlag entnahm ich meine Vorfreude. Ich wollte, dass er sich wieder bei mir meldet. Ich wollte wissen, wie es ihm ging und was er gerade machte. Ich wollte den Herzaussetzer spüren, wann immer sein Name auf meinem Handybildschirm aufleuchtete. Ich fragte mich selbst, ob er wohl das unbeendete Thema von zuvor wieder aufgreifen würde. Da er in der Zentrale festsaß, ging ich davon aus, dass er mir wahrscheinlich noch eine Textnachricht schreiben würde. Zur Zeitüberbrückung könnten wir uns lustige Bilder zuschicken. Insgeheim hoffte ich, dass er mich anrufen würde. Vielleicht hatte er anhand meiner Reaktion die Konklusion getroffen, dass ich für sexuelle Themen zu schüchtern sei und er mir über das Handy mehr entlocken könnte. Ich konnte es mir nicht erklären, warum Captain Happy Meal solch eine Wirkung auf mich hatte. Er fühlte sich wie das fehlende Puzzlestück an, welches mir verloren gegangen war. Hackar war der Einzige gewesen, der dieses bodenlose Begehren in mir erweckt hatte. Mich umfasste das grundlegende Bedürfnis danach, dieser Art von Männern gefallen zu wollen. Doch ich konnte diesem Verlangen nicht nachgehen. Ich musste mich nach dieser Szene im Aufenthaltsraum abreagieren und entschied mich, das Fitnessstudio aufzusuchen. Der Nachmittag verging und ich traf mich mit meiner besten Freundin Julie in der Kantine zum Abendessen. Dabei erzählte ich ihr von meiner Spielstunde mit Captain Happy Meal. Ich wusste, dass sie nicht viel von Monogamie hielt und sie mich darin bestärken würde, meiner Lust nachzugeben. Ihrer Ansicht nach war das unberechenbare Leben viel zu kurzlebig und zu wertvoll, um sich selbst eine Erfahrung zu verwehren. «Komisch, ich dachte er sei schwul», wunderte sich Julie über meine Erzählung, «Magst du ihn denn überhaupt oder findest du ihn einfach nur geil?», hinterfragte sie mein Verlangen, während sie mit einer Gabel das Eigelb vom Eiweiß eines hartgekochten Eis trennte. Der militärische Alltag bot keinen Raum für die Spezialanfertigung veganer Gerichte. Doch aufgrund ihres herausfordernden Trainings hatte sie eine Lösung gefunden, um ihren Proteinhaushalt aufstocken zu können. «Ich finde ihn mehr als nur abartig heiß.», schwärmte ich wie ein verliebtes Schulmädchen, «Er erinnert mich irgendwie an Hackar.» «War der nicht braun?!», unterbrach sie mich mit verwirrten Stirnfalten im Gesicht. Mit einem Schmunzeln klärte ich sie auf: «Ja schon. Aber abgesehen davon sind beide äußerst klug, belustigen mich mit viel schwarzem Humor, haben einen anturnenden britischen Akzent und diese dominante Ader, der ich einfach nicht widerstehen kann, oder will...» Schweigsam widmeten wir unsere Achtsamkeit unserem Essen, bevor Julie mich mit weiteren Fragen löcherte: «Fragst du dich nicht, wie er riecht oder schmeckt? Wie groß sein Penis ist und wie sich dieser in dir anfühlen würde? Welche Techniken er anwendet? Er ist ziemlich stark, vielleicht kann er dich während dem Vögeln herumschwingen oder so.» Schon nur der Gedanke daran, seine Lippen zu berühren, ließ mir die

Nackenhaare zu Berge stehen, geschweige denn, mir den Sex mit ihm vorzustellen. «Ich darf nicht so über ihn denken!», unterbrach ich meine Tagträumerei über seine Berührungen. Doch obwohl ich es nicht sollte, setzte ich weiterhin damit fort. Ich spürte, wie meine harten Nippel gegen den Stoff meines Unterhemdes streiften: «Und ich hoffe, dass auch er nicht nur so von mir denkt», belog ich mich selbst, «Schließlich sind wir bisher nur Freunde gewesen, die nie über irgendwas Sexuelles gesprochen haben. Ich hoffe, dass er mich als mehr als nur einer wandelnde Fickgelegenheit sieht.» Plötzlich leuchtete mein Handybildschirm auf. Die Benachrichtigung zeigte mir Captain Happy Meals Namen an und ich setzte mich vor Aufregung aufrechter hin. Julie bemerkte meine Unruhe und fragte nach, was denn los sei. «Er hat mir geschrieben!», überschlug sich meine Stimme. «Bei unserem Abschied meinte er doch noch, dass er sich melden würde.» «Na dann lies die Nachricht vor!», forderte Julie mich ungeduldig auf und rückte wie beim Lauschen eines Geheimnisses etwas näher. Ich räusperte meine Stimme und las kleinlaut vor: «Was treibst du gerade? Willst du mir gegen 2200 Gesellschaft leisten?» Julie und ich verarbeiteten den Inhalt der Einladung und starrten uns beide an. Ich spürte, wie sich meine Gesichtsmuskeln automatisch zu einem Grinsen verzogen. «Hast du nicht gesagt, dass er heute in der Festung sei?», hinterfragte sie mich und spannte ihre linke Augenbraue skeptisch an. «Eigentlich schon», erwiderte ich verunsichert. «Cool!», begann Julie mit einer aufgehellten Stimme, «Niemand darf da normalerweise rein.» Vor Aufregung und Vorfreude begann sie, sich auf dem Stuhl hin und her zu wälzen: «Dann kannst du mir anschließend erzählen, was da drin Geheimes abgeht!». In der Tat wunderte es mich, wie es in deren Zentrale wohl aussah. Also antwortete ich mit einem kurzen OK.

Um 2159 stand ich an der Innenseite der Eingangstür meines Wohnhauses. Nur die Straßenlampen durchbrachen die Dunkelheit der Nacht. Ich spitzelte durch das Türfenster und stellte sicher, dass keine MP gerade die Straße zwischen mir und der englischen Kommandozentrale patrouillierte. Ich war nervös. Meine Hände schwitzten und mein Puls wollte sich nicht normalisieren. Ich hatte mich gegen die Uniform entschieden, damit ich bei einer Entdeckung durch die MP behaupten könnte, dass ich nur kurz frische Luft schnappen musste. Stattdessen trug ich eine hautenge Yogahose, deren abstraktes Blättermuster in pink, rosa und grau meinen Po betonte. Ich hatte mir auch schon sagen lassen, dass diese Hose ihn sehr knackig formte. Zur Entschärfung trug ich einen dunkelgrauen Pullover mit einer Kapuze und einer Bauchtasche, in der ich meine schwitzigen Hände verstauen konnte. Ich umklammerte den Innenstoff, damit dieser die Nässe absorbieren konnte. Ich war zuvor noch duschen und hatte meinen Körper mit meiner Bodylotion eingerieben. Es war die einzige Art von Parfüm, die ich auf dieser Mission dabeihatte. Noch als ich sie aufgetragen hatte, redete ich mir ein, dass es hierbei nur um die Erhaltung der Feuchtigkeit meiner Haut ging. Mir gefiel der blumige Orchideenduft, welcher mit einer Sandelholznote verfeinert worden war. Um meine Körperbehaarung hatte ich mich zum Glück schon vor zwei Tagen gekümmert, sodass ich mich nicht mit den Gewissensbissen plagen musste, ob ich mich nun extra für ihn epiliert hatte oder nicht. Denn aus dieser Frage hätte sich dann die Auseinandersetzung ergeben, ob ich denn die Erwartung hatte, dass er die glatten Körperstellen an diesem Abend zu Gesicht bekäme. Ich spielte nervös mit meinem Zimmerschlüssel in der Bauchtasche meines Pullovers rum und entschied, dass ich den Schritt nach draußen wagen würde. Ich schaute nervös auf das Handy und wartete, bis die digitale Anzeige 2200 blinkte. Ich hatte noch mit mir selbst ausgefochten, ob ich für die Coolness erst ein paar Minuten zu spät kommen sollte. Doch ich war zuvor immer pünktlich zu unseren Treffen erschienen, also wieso mein

Verhalten nun absichtlich verstellen? Mit schnellen Schritten überquerte ich die Straße. Dabei schrieb ich Captain Happy Meal eine Nachricht, dass ich vor dem Tor stand. Es dauerte nur wenige Sekunden, bis der Klang einer sich öffnenden Tür die Stille durchbrach. Ich analysierte, dass er also schon vor der Tür bereitgestanden und auf mich gewartet hatte. Zwei Sekunden später quietschte eine weitere Türklinke und das Tor vor mir öffnete sich. Captain Happy Meal widmete mir nur einen kurzen Blick, bevor er sich zu meiner rechten und linken mit einem Kontrollblick absicherte. Er wollte sicherstellen, dass mich niemand entdeckte. Dann drehte er sich wortlos um, sodass ich eintreten konnte. Ich schloss die Tür hinter mir zu und befand mich in einem kleinen Gang. Captain Happy Meal tippte einen Code neben der Containertür ein, die direkt in die Kommandozentrale führte. Ein grünes Licht leuchtete auf und ein sanftes Surren wies darauf hin, dass das Türschloss für die nächsten paar Sekunden entsperrt war. Er zog die Tür auf und erschien mir durch die Raumbeleuchtung wie ein erleuchteter Engel. Das grelle Licht bestrahlte die Silhouette seines athletischen Körpers, während er eine Stufe in die Höhe klomm. Er trat ein und bat mich mit einer einladenden Handbewegung in den Raum herein. Dabei sahen wir uns wieder in die Augen und er lächelte mich an. Doch niemand sprach ein Wort. Ich sagte nichts, damit niemand außerhalb des Zaunes meine Stimme hören konnte. Warum er nichts sagte, war mir ein Rätsel. Die schwere Tür fiel automatisch hinter mir zu und das Schloss rastete ein. Ich fand mich in einem Raum wieder, welcher die Größe meines Aufenthaltsraumes übertraf. Das englische Kontingent hatte sechs Container zusammengeführt und zu einem Raum geschweißt. Mehrere Deckenlampen leuchteten alle Ecken des Raumes aus. Sämtliche Fenster waren mit blickdichter Folie verbarrikadiert worden, was darauf hinwies, dass der Raum nie Tageslicht sah. An zwei Wänden hingen unzählige Landkarten, bei denen mit farbigen Klebern und Pins gewisse Ortschaften markiert waren. Einzelne Gebiete waren mit einem Leuchtstift eingefärbt und symbolisierten wohl deren AoA. An einer Wand befand sich ein Arbeitsplan, gemäß dem die Soldaten in Teams eingeteilt worden waren. An der fensterlosen Wand standen drei aneinander gereihte Arbeitstische. Der erste war übersäht mit Funkgeräthalterungen. Ich ging davon aus, dass die fehlenden Funkgeräte sich wohl alle gerade im Einsatz befanden. Die anderen beiden Tische dienten als Schreibtische und hatten jeweils sechs Computer Bildschirme an der Wand hängen. Der eine Stuhl, welcher nicht unter den Tisch gezogen war, schätzte ich als Captain Happy Meals Arbeitsstuhl ein. In der Mitte formten drei zueinander geschobene Tische das Zentrum des Raumes. Eine riesige Landkarte Boravas bedeckte die Tische. Wie erwartet steuerte er den einladenden Stuhl an und setzte sich hin. Captain Happy Meal und ich hatten noch immer kein Wort miteinander gewechselt. Ich schlenderte langsam um die überdimensionale Borava-Karte herum und inspizierte die bunten Markierungen. Ich wusste nicht, wonach ich genau suchte. Ich wusste in diesem Moment überhaupt nicht, was ich eigentlich in diesem Raum verloren hatte. Warum war ich von ihm hierher bestellt worden? Wozu sollte er einen Soldaten einer fremden Nation Einblick in die Kommandozentrale gewähren? War ihm so langweilig gewesen, dass er mich zur Unterhaltung herbestellt hatte? Oder wollte er mit mir an einem Ort sein, an dem uns niemand sehen konnte? Die Festung war so gut isoliert, dass mich auch niemand hätte hören können. Eine Tatsache, die mich eigentlich hätte beunruhigen sollen – doch das tat sie nicht. Er saß breitbeinig da, hatte die Arme vor seiner Brust verschränkt und beobachtete meine nächsten Schritte. Ich ging um den Tisch rum, bis ich ihm gegenüberstand. In der Mitte der Karte entdeckte ich ein zusammen gestecktes Spielflugzeug aus Pappe. Um dieses greifen zu können, bückte ich mich über den Tisch. Währenddessen bemerkte ich meine Körperhaltung, mit der ich gerade meinen Allerwertesten ihm provokativ zur Begutachtung entgegenstreckte. Ich hatte diesen nicht bewusst präsentieren wollen, doch es war bereits geschehen. Ich schnappte mir schnell das Flugzeug, drehte mich rasch wieder zu ihm um und spottete: «ist der missionsrelevant? Ich wusste nicht, dass ihr Kampfjets in Borava fliegt.» Dabei setzte ich ein zuckersüßes Lächeln auf, welches mich unschuldig wirken lassen sollte. Ich ließ das Flugzeug mit einer sanften Handbewegung zu ihm rüber gleiten. Er fing den Flieger ohne großen Aufwand mit zwei Fingern ab und erkundigte sich: «Und? Hast du dir die Festung so vorgestellt?» Ich drehte meinen Kopf zu den Seiten und scannte den Raum erfolglos nach unüblichen Details ab. Dann nickte ich ihm zu und merkte an, dass es sich gar nicht so von meiner Kommandozentrale unterschied. «Nur eure übertriebenen Schutzmaßnahmen lassen euch potenter wirken, als ihr es tatsächlich seid.», neckte ich ihn mit einer skeptisch verzogenen Miene. Captain Happy Meal begutachtete das Flugzeug in seiner Hand, bevor er dieses wieder in meine Richtung gleiten ließ. Ich fing es auf und in meinem Kopf ratterte es nach Gesprächsthemen. Was hatte er sich wohl dabei gedacht, mich hierher einzuladen. Würden wir so tun, als ob das Gespräch an diesem Mittag nie stattgefunden hätte? Nun war ich diejenige, die verlegen das Flugzeug inspizierte und dabei einen kleinen aufgemalten Piloten entdeckte. Als ich mich im direkten Blickkontakt mit Captain Happy Meal wiederfand, erhob er sich vom Stuhl und machte einen Schritt auf mich zu. Ich klammerte mich am Flugzeug fest, da ich nicht wusste, was mit meinen Händen anstellen. Er war nur noch einen weiteren Schritt von mir entfernt und seine Gangrichtung steuerte direkt auf mich zu. Mein Herz begann wieder zu rasen, meine Haut zu kribbeln und meine Atmung zu stocken. Würde er jetzt einfach auf mich zukommen und mich küssen? Schon nur der Gedanke daran ließ meine Knie etwas weicher werden. Würde ich ihn zurück küssen und ihn nach ein paar Sekunden des Genusses dramatisch von mir wegstoßen? Solange er mich küsste, könnte Raphael es mir nicht vorhalten. Erst wenn ich ihn zurück küssen würde, galt es als betrügen. Doch was ist schon ein Kuss, fragte ich mich, verglichen mit all dem, was ich tatsächlich gerne mit ihm in diesem verschlossenen Raum anstellen wollte. Wie verhofft führte sein nächster Schritt auf mich zu, doch im letzten Augenblick drehte er sich zur Tischkarte neben mir. Ich drehte mich enttäuscht um und wir standen nebeneinander, während wir die Karte vor uns inspizierten. Er begann irgendwas über die unterschiedlichen Markierungen zu erklären. Er zeigte mir ihre AoA auf und prahlte mit ihrer Ausrüstung. Enttäuscht über das langweilige Thema diskutierte ich mit mir selbst, ob ich mich für den von mir erhofften Kuss schlecht fühlen sollte. Doch ich entschied mich gegen Schuldgefühle Raphael gegenüber. Schließlich war ja nichts geschehen. Endlich rückte Captain Happy Meal so nah an mich heran, dass unsere Oberarme sich berührten. Es war das zweite Mal an diesem Tag, an dem er den Körperkontakt initiiert hatte. Es war nicht viel, doch ich genoss die Bestätigung, dass er die physische Nähe zu mir aufsuchte. Etwas in mir wollte es ja auch. Auch wenn ich es mir selbst nicht gerne eingestand, so wollte ich noch mehr von ihm an mir spüren. Nach der Beendigung seines Monologes spielte ich mein Interesse für die soeben erklärten Symbolzeichen vor und richtete meinen forcierten Fokus auf die Karte. «Und jetzt?», hörte ich Captain Happy Meal fragen. Anhand der Lautstärke seiner Stimme konnte ich vernehmen, dass sein Kopf mir zugewandt war und er mich dabei ansah. Ich drehte meinen Kopf zu ihm rüber und fand mich von seinen fesselnd blauen Augen gefangen genommen. In diesem Moment konnte ich nichts weiter tun, als ihn anzusehen. «Ich weiß es nicht...», begann ich mit einer leicht verunsicherten Stimme zu stottern. Ich war genervt von meiner Gehemmtheit.

Vor Überforderung musste ich meinen Blick kurz von ihm abwenden und sah mir seine Lippen an. Ich wollte nicht wie eine leichte Beute wirken, die sich bereits in seinem Netz verstrickt hatte. Es sollte nicht so wirkten, als ob es nur noch eine Frage der Zeit war, bis er sich mich nehmen könnte. Doch wenn er sich mich nehmen sollte, wusste ich genau, wie ich mich ihm geben würde. Ich richtete mich gerade auf, wandte meinen Blick wieder der Karte vor mir zu und tadelte ihn mit einer kräftigen Stimme, «Schließlich hast du mich hierher eingeladen. Gehört dann die Aktivitätenplanung nicht zu deinem Aufgabenbereich als Gastgeber?» Ich war überzeugt davon, dass ich meine Selbstsicherheit überzeugend genug gespielt hatte. Doch mein Körper zitterte vor Nervosität. Mich plagte die Paranoia, dass er das Zittern meines Kopfes sehen konnte, und ich probierte alles in meiner Macht Stehende zu tun, um diese Enttarnung zu unterbinden. Doch ich versagte. Noch immer hielt ich mich am Spielflugzeug fest und probierte so, wenigstens meine Hände still zu halten. Captain Happy Meal gab ein geschlagenes Lachen von sich und machte eine halbe Drehung. Dabei lehnte er seinen Po gegen den Kartentisch und verschränkte die Arme vor seinem Brustkorb. Der Körperkontakt war somit unterbrochen, was mich frustrierte. Ich schaute erneut zu ihm rüber und bemerkte seinen analysierenden Blick auf die Monitore. Dabei formten seine Augen zwei Schlitze und seine Stirn offenbarte vor Konzentration ein paar Falten. Nachdem er die Standorte seiner Truppen kontrolliert hatte, drehte er seinen Kopf wieder zu mir. Ich schenkte ihm ein Lächeln. Ich wusste selbst nicht warum. «Lag ich richtig, mit meiner Einschätzung?», fragte er mich und hielt den Blickkontakt stand. Wir waren also zurück beim Thema, ob ich zu der sexuell versauten Partie gehörte. Er hatte mich herbeigerufen, damit er mich verführen konnte. Ich wollte es selbst nicht wahrhaben, dass ich mich über sein Interesse an mir freute. Ich spürte, wie meine

Wangen sich röteten und probierte, dies mit meiner mentalen Willenskraft zu unterdrücken. Doch mein Körper trotzte meinen Befehlen und meine Wangen fühlten sich feurig an. Ich verfolgte Captain Happy Meals Blick auf meine Röte und unterdrückte die nächste Runde Schamgefühl darüber, dass ihm der Farbunterschied aufgefallen war. Er schmunzelte mit einem tiefen Brummen und sah mich an. Seine Augenlieder waren leicht runtergezogen und verliehen ihm eine verführerische Note. Wie ein greifbarer Schatz hatte mich sein Blick in seinen Bann gezogen und ich konnte nicht aufhören, ihn anzustarren. Er stupste mich mit seinem Oberarm an. Ich war mir sicher, dass ich gerade zum spannendsten Wettbewerb für ihn geworden war, den es zu gewinnen galt. Dabei wusste er über meine Beziehung mit Raphael. Nichtsdestotrotz würde er bereitwillig seinen gefährlichen Zeitvertreib fortsetzen, welcher mit mindestens einem gebrochenen Herzen enden würde. Dass ich nach seiner Masche im Aufenthaltsraum trotzdem in ein weiteres Treffen eingewilligt hatte, war für ihn Indiz genug gewesen, dass er eine Chance bei mir hatte. Verdammt, musste er so schön sein? Mit errötetem Gesicht hatte mich mein Körper in die Rolle des verunsicherten Opfers versetzt, die ich seit langem nicht mehr gewohnt war. Ich wollte selbst wieder die Oberhand über den weiteren Verlauf des Abends gewinnen und entschied, bei diesem Match mit meinen Regeln mitzuspielen. «Hast du schonmal von Bondage gehört?», fragte ich mit einer siegessicheren Stimmlage und legte das Flugzeug vor mir auf den Tisch. Die Hände steckte ich in die Bauchtausche. Meine Oberschenkel drückte ich gegen die Tischkante und empfand Dankbarkeit für deren Unterstützung. Ich konnte nicht einschätzen, ob ihn diese Praktik abschrecken würde. Doch irgendwie wiegte ich mich in der Sicherheit, dass er genau wie Hackar war. Gebannt wartete ich seine Reaktion ab, die Aufschluss über sein verborgenes Wesen geben würde. Und wieder lachte er auf, sodass der Tisch leicht zu wippen begann. Dann rückte er mit seinem Oberkörper näher zu mir heran, sodass unsere Oberarme sich wieder berührten. Unsere Köpfe waren nur noch eine Handbreite voneinander entfernt. Zum ersten Mal nahm ich die unterschiedlichen Blautöne seiner Iris wahr. In der Mitte war eine dunklere Farbnuance, die an die Tiefe des Ozeans erinnerte. Nach außen hin hellte das Blau auf und wirkte wie ein wolkenloser Himmel mit einzelnen helleren Verstrebungen. Sein Mund war einen feinen Spalt geöffnet und wirkte wie eine verbotene Versuchung. Er roch nach einem alkoholhaltigen Aftershave und als er sprach, entströmte seinem Mund der süßliche Geruch eines Energydrinks: «Was, wenn ich dir sage, dass ich ein Meister darin bin, unartige Mädchen zu fesseln?» Wusste ich es doch, dachte ich mir. Eine neue Welle des Verlangens durchströmte meinen Körper. Ich wollte zu den Unartigen gehören, die er sich gefügig machen würde. Ich spürte, wie ich beim Gedanken daran, automatisch an meiner Unterlippe zu lecken begann und hörte sogleich wieder damit auf. Ich war noch immer gefesselt von seinem durchdringenden und bestimmten Blick. Er war also genau wie Hackar. Seine hellgrüne Uniform verlieh ihm noch mehr Autorität, welcher ich gehorchen wollte. Ich getraute mich nicht, ihn zu fragen, was er von Fetisch Partys hielt. Ich war mir sicher, dass ich damit die Büchse der Pandora öffnen würde, die ich danach nicht mehr schließen konnte. «Zu gerne stelle ich mir dich in Fesseln vor, liebe Candrissia», beendete er den Moment der Ungewissheit. Überrascht über seine Direktheit verschlug es mir im ersten Augenblick die Sprache. Ich stellte mir vor, wie er meine Hände hinter meinem Rücken verbinden und ich dann seinen nackten Oberkörper an meinem spüren würde. Wie er mich auf diesen Arbeitstisch schmeißen und mir dabei mit einem festen Handgriff die Luft abschnüren würde. Wie er anschließend meine beiden Füße an den Tischbeinen fesseln würde. Wie ich willenlos seinen Befehlen Folge leisten müsste, da ich mich sowieso nicht wehren könnte. Wie sein Körpergewicht auf meinem lastete, während er langsam in mich eindringen würde. Mir wurde heiß und meine Füße fühlten sich an wie festgewachsen. Meinem Körper widerstrebte es, den Abstand zu ihm zu suchen. Jede Faser meines Körpers verlangte nach seiner Berührung. Meine intimste Stelle wollte ich mit ihm teilen. Der letzte rational denkende Verstand in mir realisierte den Moment, an dem unsere Freundschaft ein Ende fand. Die einzige ungeklärte Frage im Raum lautete, ob dies der Anbeginn einer Affäre war oder ob ich mich endgültig von ihm verabschieden musste. Ich war mir nicht sicher, ob Captain Happy Meal nur eine Sexbeziehung im Sinne hatte oder ob er in mir vielleicht mehr als ein Sexobjekt erkannte. Schließlich hatten wir bereits viel Zeit miteinander verbracht, bei der Erotik nie thematisiert worden war. Ich glaubte sogar, dass ich einiges über ihn wusste, was er nur seinem engeren Freundeskreis über sich offenbart hatte. Der Blickkontakt war intensiv und keiner von uns sagte ein Wort. Er probierte in meinen Augen eine Reaktion abzulesen. Ich beobachtete, wie seine schwarzen Pupillen langsam größer wurden. Die körperliche Reaktion für Begehren. Ich bemerkte, wie er mit seinem Oberkörper langsam zu mir rüber kippte und der Druck an meinem Oberarm zunahm. Gleich würde er mich küssen. Endlich hatte ich die Bestätigung, dass auch er mich wollte. Ein Teil in mir freute sich über die Aussicht, gleich seine Lippen auf den meinen zu spüren und mich seinem lang ersehnten Kuss hinzugeben. Mein Herz hämmerte vor Aufregung und Lust. Dann schoss mir ein Abbild von Raphaels Gesicht wie ein Alarmsignal vor meine Augen und ich zuckte zusammen. Wie aus einem Traum aufgeschreckt blinzelte ich auf und befreite mich von seiner Hypnose. Ohne ein Wort an Captain Happy Meal zu richten, wandte ich mich von ihm ab, marschierte um den Kartentisch rum und verließ mit schnellen Schritten die Festung.

Das Codewort

Ich starrte noch immer Raphaels Namen über dem Chatfenster in meinem Handy an, während der immer wiederkehrende Klang von abgefeuerten Patronen aus Maschinengewehren mich von meiner Erinnerung an die Festung zurück in die Realität holte. Ich war noch immer Gefangene eines Hinterhaltes. Soldat Lotti hatte sich zwischenzeitlich an die Lage gewöhnt und lenkte sich erfolgreich mit ihrem Handy ab. Ich unterdrückte mein Schamgefühl. Das Revue passieren lassen meiner letzten Begegnung mit Captain Happy Meal hatte mein Herz bedrückenderweise in Aufregung versetzt und ich probierte, mein Verlangen nach ihm zu ignorieren. Ein verborgener Teil in mir wünschte sich, dass er mich schneller geküsst hätte. Gleichzeitig redete ich mir ein, dass ich in der Kommandozentrale richtig reagiert hatte, indem ich rausgestürmt war. Dann wandte ich mich wieder meiner letzten Textnachricht an Raphael zu und tippte zum Schluss die Worte «Ich liebe Dich.» Nichts war zwischen mir und Captain Happy Meal geschehen und ich brauchte mich nicht schlecht fühlen. Nachdem ich die Nachricht in die Ungewissheit abgesendet hatte, öffnete ich die Ansicht sämtlicher Chats und klickte instinktiv auf das Chatfenster von Captain Happy Meal. Ich hatte seine Nachricht bewusst noch nicht gelesen. Doch in diesem Moment schien es mir der richtige Augenblick zu sein. Er hatte sich gestern um 2330 erneut bei mir erkundigt, wie es mir ging und gefragt, ob wir uns wieder sehen würden. Obwohl ich mit ihm in Kontakt bleiben wollte, hatte ich ihm nicht darauf geantwortet. Was hätte es für einen Sinn ergeben? Das Einzige, was er mir bieten konnte, wäre zeitlich begrenzter Sex. Ich hatte aus seiner mir bisher erzählten Lebensgeschichte nicht vernommen, dass er je eine langfristige Beziehung mit jemanden geführt hatte. Er wirkte wie ein einsamer Wolf, dessen Lebenstrieb aus dem Spaß für die Jagd bestand. Dasselbe hatte ich bei Hackar gesehen und erlebt. Auch er war ein ungezügelter Junggeselle gewesen, der sich zum Eigenschutz nie auf eine ernsthafte Beziehung eingelassen hatte. Ich war die Erste, die ihn mit meiner impulsiven und volatilen Persönlichkeit herausgefordert hatte. Manchmal schien er sogar süchtig nach mir gewesen zu sein. Ich war mir sicher, dass ich dasselbe bei Captain Happy Meal heraufbeschwören könnte, wenn wir uns aufeinander einlassen würden. Ich hätte seinen sexuellen Hunger nach immer mehr zu meinem eigenen gemacht und so ein aufregendes Leben mit ihm geteilt. Wenn ich mit meiner Einschätzung korrekt lag, so war er genau der gleiche Typ Mann wie Hackar. Wie so viele sadistische Männer war auch er nur ein verunsicherter Junge, der nur nicht verletzt werden wollte, sich aber innerlich eigentlich nach einer tieferen Verbindung sehnte. Ich war überzeugt davon, dass Captain Happy Meal glaubte, dass er mich nur als Fickpartnerin zu seiner Belustigung während der Mission erobern könnte. Und wenn ich ehrlich war, hätte ich mich ihm schon längst an den Hals geschmissen, wenn ich freistehend den Einsatz angetreten hätte. Doch ich war mit Raphael zusammen und führte eigentlich eine glückliche Beziehung. Wieso also ließ ich mich von Captain Happy Meal so einnehmen? Wieso verführten seine blauen Augen meine Gedanken? Ich schloss sein Chatfenster wieder und wechselte zu dem von meinem Vater. Ich wusste, dass er und vor allem meine Mutter Stolz für meinen Einsatz in einer militärischen Mission empfanden. Also tippte ich die Nachricht, dass ich mich gerade in einer Schiesserei befände und zur Ablenkung an sie dachte. Ich wünschte ihnen noch einen schönen restlichen Tag und bat darum, dass ich sie später am Abend noch via Videoanruf sehen wollte. Nachdem ich die Nachricht verschickt hatte, steckte ich mein Handy zurück in die Hosentasche. Adjutant Steiff war zwischenzeitlich erneut beim Reporter gewesen und hatte erfolglos probiert, ihn zu vertreiben. Während einem neuen Hagelsturm aus verschossenen Patronen erklang erneut ein schmerzerfüllter männlicher Schrei aus der Nähe und es war klar, dass dieser Konflikt gerade seinen nächsten Tribut eingefordert hatte. Irgendjemand war ihm körperlich soeben zu Opfer gefallen und es gab nur eine Gewissheit. Es war nicht Leutnant Ronny. Doch alle anderen Möglichkeiten schossen mir durch den Kopf und ich flehte gedanklich, dass es nicht Teamkommandant Mättu getroffen hatte. Und falls ja, dass er es möglichst unversehrt überleben würde. Auch wenn ich nie wirklich mit ihm geredet hatte, so war er ein Teil meiner militärischen Einheit und somit meiner derzeitigen Familie. Der Bund zwischen uns war in einem Einsatz stärker als eine normale Freundschaft. Und für mich war klar, dass ich hinrennen würde, um ihn zu verarzten, da ich im Team das beste Händchen dafür hatte. Ich konnte nicht einschätzen, ob er dasselbe für mich getan hätte oder ob ihm der Eigenschutz wichtiger gewesen wäre. Aber ich fokussierte mich auf den möglichen Plan. Angespannt saß ich im Auto und überdachte die Aktion, wie ich das Sanitätsmaterial vorbereiten würde. Ich beobachtete Adjutant Steiff, wie er in geduckter Haltung zurück zu unserem Fahrzeug sprintete und rechts von mir einstieg. Teamkommandant Mättu funkte durch, dass ein BM-Polizist an der Hüfte angeschossen worden sei und dessen Teamkollege ihn gerade rustikal verarztete. Adjutant Steiff erstarrte zu einer Steinstatue. Stille dominierte uns und nichts schien sich mehr zu rühren. Ich fühlte mich wie in einer Luftblase eingeschlossen, in der die Zeit ihren Zweck ignorierte. Selbst der Wind stand still, sodass sich kein Blatt rührte. Nichts und niemand rührte sich, wodurch ich nicht einmal den

Atem der anderen vernahm. War nun nicht der Moment angelangt, an dem wir handeln mussten? Ich fragte Adjutant Steiff, ob er bereits neue Instruktionen für mich hätte. Mit geschlagener Miene verneinte er und griff nach dem Funkgerät. Er stellte die Verbindung zur Kommandozentrale her und forderte Verstärkung an. Die mechanische Stimme der Kommandozentrale fragte nach, wie dringend es wäre. Ich konnte Adjutant Steiff den Zwiespalt im Gesicht ablesen, welchen ihn verunsicherte. Während der Ausbildung war uns ein Codewort indoktriniert worden, welches es nur im absoluten Notfall zu verwenden galt. Adjutant Steiff fand sich gefangen in einer Situation, aus der er kein eigenständiges Entkommen mehr erkannte. Beinahe die Hälfte seines Teams saß inmitten einer polizeilichen Autokolonne fest, aus der sie sich selbst nicht befreien konnten, solange sie noch unter Beschuss von der anderen Uferseite standen. Da er nicht wusste, wie er weiter fortfahren sollte, sprach er langsam und deutlich das Codewort aus: «Kavallerie». Das Schweigen der Befangenheit wurde von einem leisen Rauschen des Funkgerätes begleitet. Über den Rückspiegel sah ich Soldat Lotti die Erleichterung an. Durch die Inkraftsetzung dieses Codewortes wurde somit endlich Hilfe angefordert, um uns aus dieser misslichen Lage zu befreien. Ein paar Sekunden vergingen, als die Kommandozentrale das Wort wiederholte und die Bestätigung funkte, dass Hilfe organisiert wird. Der neue Befehl lautete, dass wir weiterhin unseren Standort nicht verlassen sollten. Also mussten wir hier ausharren. Die Autofahrt vom nächst gelegenen Militärcamp betrug über eine Stunde. Niemand im Auto rührte sich. Noch eine ganze Stunde voller Zweifel stand uns bevor, bis Hilfe da wäre und wir uns anschließend wieder zurück ins sichere Camp evakuieren konnten. Adjutant Steiff schaltete die Verbindung zu Teamkommandant Mättu ein und unterrichtete ihn über das soeben abgesetzte Codewort. Teamkommandant Mättu bestätigte den Erhalt der Durchsage und versicherte, dass er weiterhin im Schutz des Motorenblockes abwarten würde. Nun war für jeden nur noch 60 Minuten Warten angesagt.

Neue Schüsse wurden abgefeuert, doch diesmal schienen sie näher zu sein. Hatten die Angreifer uns nun doch noch ins Auge gefasst? Vielleicht hatten sie neue Befehle erhalten und die Gelegenheit erkannt, dass ein Angriff direkt auf das Militär noch eher für internationale Schlagzeilen sorgen würde. Wieder machte sich eine leichte Nervosität im Geländefahrzeug bemerkbar. Ich spürte, wie sich Schweißtropfen auf meiner Stirn formten und ich mit der Befürchtung kämpfte, dass es jeden Moment so weit sein könnte. Ich konnte die Denkweise der schießwütigen Angreifer nicht mehr einschätzen und es bestand die Chance, dass sich deren Angriff doch noch gegen uns richten konnte. Es kristallisierte sich die Befürchtung heraus, dass ich vielleicht nicht unversehrt oder gar lebend aus dieser Mission retournieren würde. Dabei gab es doch noch so Vieles, was ich eigentlich erleben wollte. Mir stellte sich die Frage, was ich anders machen würde. Was wäre, wenn ich es heil aus dieser Situation schaffen und ich eine zweite Chance im Leben erhalten würde.

INKOMPETENZ IN PERSON

Captain Happy Meals herausfordernder Blick offenbarte sich mir immer wieder in meiner Gedankenwelt und hinterließ das aufregende Bedürfnis, ihn treffen zu wollen. Nicht nur, damit ich mich an seiner adonischen Schönheit satt sehen konnte. Ich wollte wissen, wie er fühlte, was er dachte, was er machte und wie er seinen Tag gerade verbrachte. Vor unserem Moment in der Festung hatten wir beinahe täglich miteinander geschrieben. Es fehlt mir ungeheuerlich, ein Bestandteil seines Alltages zu sein. Ich vermisste selbst die Tage, an denen unser Austausch sich nur auf den elektronischen Versand von Witzen und Memes beschränkt hatte. Wenn wir uns mal nichts Neues zu berichten hatten, hatten wir uns stattdessen Geschichten unserer Mitsoldaten weitererzählt, die irgendwie spannend waren. An anderen Tagen hatte ich mit Captain Happy Meal über die Unfähigkeit meines Einheitskommandanten gelästert. Doch in diesem Augenblick wäre es mir egal gewesen, über was ich mit ihm geredet hätte. Er hätte sich köstlich über die Situation amüsiert, in der ich mich derzeitig befand. Nach seiner Afghanistan Erfahrung würde er meine Situation sicherlich als Kinderspiel empfinden. Doch ich musste mich selbst dazu zwingen, aufzuhören, an ihn zu denken. Ich probierte, irgendein anderes Thema aufzugreifen, um ihm die Herrschaft über meine Gedankenwelt zu entreißen: «Hey Lotti!», unterbrach ich die Anpassung und sah wieder mal in den Rückspiegel, «Stell Dir vor, wir säßen mit Captain Adlerauge fest!» Soldat Lotti stimmte ein zurückhaltendes Lachen an und meinte:

«Du, Glück im Unglück.» Captain Adlerauge nannte ich ihn aufgrund seines lahmen linken Auges. Ich hatte böserweise diesen Namen vor anderen Soldaten verwendet, wodurch sich dieser Spitzname bereits nach wenigen Wochen im gesamten Camp hinter seinem Rücken etabliert hatte. Seine Augen waren kristallgrün, wobei das lahme Auge von deren Schönheit ablenkte. Aufgrund seiner teils griechischen Herkunft hatte er eine sehr helle Haut und schwarzes Haar. Der perfekt getrimmte Bart umrundete nur seinen Mund, er ließ den Bart 4mm lang. Die Wangen und den Hals hingegen rasierte er täglich glatt. Sein Bartwuchs war so satt, dass man nirgendwo die Haut durchschimmern sah und der Rahmen um seinen Mund herum von der Ferne wie ein schwarz angemalter Zensurbalken aussah. Captain Adlerauge war knapp 1.75 Meter groß, hatte hier und da ein Fettpölsterchen und eine grauenhafte Körperhaltung. Die Schultern ließ er vorne runter sacken, wodurch sein Rücken einen kleinen Buckel formte. Der wohlgenährte Bauch drückte sich durch die straffe Uniform durch und seine Knie waren leicht gebeugt. Die Fußspitzen verliefen nicht parallel, sondern weiteten sich auseinander, wodurch sein lahmer Gang an den eines schlappen Pinguins erinnerte. Captain Adlerauge war vor meiner Ausbildungszeit bereits für ein Kontingent in Borava stationiert gewesen. Jedoch in Fjlnawjso und in einer niedrigeren Funktion. Damals war er nur als Teamkommandant eines zweiköpfigen Teams angestellt. Ihm hatte sich diese Opportunität ergeben, als der eigentliche Kandidat im letzten Moment abgesprungen war. Das Militär hatte aus Zeitnot in den verbleibenden drei Ausbildungswochen den Posten des Einheitskommandanten decken müssen. Spec Of Regliger hatte das Angebot abgelehnt. Ihm war der Lohnzuschlag im Tausch gegen eine viel höhere Verantwortung es nicht wert gewesen. Trotz der mangelhaften Bewertung hatte Captain Adlerauge die Position als Notlösung kurz vor Missionsbeginn angeboten bekommen.

Seither rühmte er sich mit der gewonnenen Verantwortung über ein zehnköpfiges Team. Warum er so verachtet wurde? Zu einem seiner nervigen Merkmale gehörten durchgebissene Zahnstocher, um so seine konstante Anspannung abzubauen. Er zerbiss sie so lange, bis die mit Speichel vollgesogene Struktur des Holzes in der Mitte zerbrach. Daraufhin steckte er sich immer gleich wieder einen neuen in den Mund. Er hatte sich spezielle bestellt, die mit einem Pfefferminz-Geschmackstoff ummantelt waren. Falls kein Zahnstocher in der Nähe war, begnügte er sich mit einem Kaugummi. Diesen kaute er mit offenem Mund und lautem Schmatzen. Seine Geräusche trieben mich in den Wahnsinn, doch wenigstens half der Kaugummi gegen seinen strengen Mundgeruch. Es war eine säuerliche Mischung aus unverdauten Essensresten und Kaffee. Mein Team und ich hatten bereits während der Ausbildung nur Schlechtes über ihn gehört und dennoch probiert, möglichst unvoreingenommen die Mission mit ihm in der Rolle des Einheitskommandanten anzutreten. Er war in seinem ehemaligen Team für seine berufliche sowie soziale Inkompetenz verschmäht worden. Die Hoffnung hatte bestanden, dass er bei einem Neuanfang neuen Ansätzen nachgehen würde. In den ersten Wochen beinhalteten seine Befehlsangaben aufgeregtes Herumfuchtel der Arme und ablenkendes Knabbern an den Zahnstochern, was das Team und ich seiner Nervosität zugesprochen hatten. Meinen Respekt hatte er erst verloren, als ich ihn im Berufsalltag mit unseren Informanten erlebt hatte. Als Einheitskommandant und Teamkommandant eines Dreierteams mit Leutnant Ronny und mir, hätte er eigentlich die Rolle der Autoritätsperson einnehmen sollen. Doch wann immer er ein Wort an die Kontaktpersonen richtete, hofften Leutnant Ronny und ich nur noch auf das möglichst kleinste Übel. Ihm fehlte schlicht und einfach die Sozialkompetenz, mit Menschen ein normales Gespräch zu führen. Er attackierte sie zu voreilig mit viel zu kritischen und sensiblen

Fragen, für die man sich zuerst eine Grundbasis hätte erarbeiten müssen. Wenn er mir die Gesprächsführung überließ, begann ich die Unterhaltung mit etwas Smalltalk und erkundigte mich über die aktuelle Lebenslage meiner Kontaktperson. Ich thematisierte deren Familien oder fragte sie über ihr Leben im Allgemeinen aus. Ich suchte nach irgendetwas Auffälligem in ihrem direkten Umfeld und erkundigte mich anschließend über ihre Meinung. Es konnte sich um den Inhalt eines ausgestellten Bildes handeln, ein bemerkenswertes Objekt auf dem Arbeitstisch oder einen besonderen Anlass, welcher bald abgehalten wurde. Captain Adlerauge hingegen erkannte sie nicht als Mitmenschen an, sondern degradierte sie durch seine ruppige Art zu reinen Informationsquellen. Für die Bewohner war er nur eine lästige Autorität, die es gezwungenermaßen zu dulden galt. Doch Respekt zollte ihm niemand. Auf jede Zusammenarbeit mit ihm folgte ein bitterer Nachgeschmack. Er hatte das Prinzip nicht verstanden, dass er etwas von der Bevölkerung wollte und nicht umgekehrt. Ein Grund, warum er von keiner Kontaktperson vermisst wurde, als ihm aufgrund eines persönlichen Zwischenfalles einen Monat Sonderurlaub zugesprochen wurde. Seine Mutter war verstorben, woraufhin er zurückreisen und sich um ihre Hinterlassenschaften kümmern musste. Auch wenn der Grund tragisch war, so freute sich die gesamte Einheit über seinen temporären Abzug. Denn so waren wir ihn wenigstens für einen Monat los. Auch die Übersetzer, welche uns bei den Ausfahrten begleiten mussten, empfanden die Arbeit so als viel angenehmer. Eigentlich traurig, dass er niemandem fehlte. Bei seinen Meetings hatten die Übersetzer den zusätzlichen Aufwand, seine zu direkten Fragen erst noch umgangsfreundlicher formulieren zu müssen. Jedem Gesprächsteilnehmer war dadurch aufgefallen, dass die Sätze der Übersetzer viel länger waren als die von Captain Adlerauge. Als er die Übersetzer diesbezüglich nach einem der Meetings angeschnauzt hatte und sie ihm ihre Beweggründe erklärt hatten, unterband er ihr Prozedere. Somit erschwerte er dem gesamten Team die Arbeit und sorgte für eine ungemütliche Stimmung. Es fehlten nur noch wenige Tage, bis er wieder zurück in den Einsatz kommen würde. Durch die Gerüchteküche hatte ich zudem erfahren, dass er in der Trauer seiner Freundin einen Heiratsantrag gemacht hatte. Diese hatte ihn dann nach einer Abfuhr zusätzlich auch gleich noch verlassen. Diese Umstände waren der einzige Grund, warum er noch etwas Sympathie von mir zugesprochen bekam. Doch Captain Adlerauges inkompetente Planung von Meetings hatte bereits vor diesem Zwischenfall für Unruhe gesorgt. Bei jedem Teammitglied oder anderen militärischen Kontaktpersonen hatte er irgendetwas vermasselt, wodurch er seine eigene Reputation geschädigt hatte. Meine Kommandozentrale tadelte ihn für seine schlecht vorgetragenen oder unverständlichen Rapporte. Adjutant Steiff und Spec Of Regliger missbilligten Captain Adlerauges inkonsequente Leitung des gesamten Teams. Sein Versagen kam spätestens ab dem Zeitpunkt ans Licht, als Spec Of Regliger dessen Stellvertretung für einen Monat übernommen hatte. Die Prozesse verliefen flüssiger, die Abhaltung von Meetings wurde effizienter und die Stimmung im Büro war deutlich angenehmer. Der einzige Grund, warum Leutnant Ronny und ich uns auf seine Rückkehr freuten, war die Genugtuung ihm aufzeigen zu können, dass wir seit seiner Abwesenheit wertvollere Rapporte geliefert hatten. Ich freute mich auf den Moment, ihm dieses Tatbestandsmerkmal unter die Nase reiben zu dürfen. Mir war bewusst, dass dies unser Verhältnis sicherlich verschlechtern würde, doch ich wollte ihn von seinem hohen Pferd runter auf den Boden der Tatsachen holen. Vom restlichen Team freute sich auch niemand auf seine Rückkehr. Captain Adlerauge hatte unter anderem durch abschätzige Kommentare den Zorn der weiblichen Soldaten auf sich gezogen. Er war nämlich der Meinung, dass man Frauen die alleinige Ausführung dieser Arbeit nicht zumuten konnte. Er war davon überzeugt, dass sich Frauen aufgrund ihres schwächeren Geschlechts einer anderen Berufsgattung widmen sollten. Ich glaubte zu wissen, dass Captain Adlerauges Aversion gegenüber Frauen sich gefestigt hatte, als Soldat Lotti und ich ihn einst bei der Boravischen Via Ferrata hatten weinen sehen.

Adjutant Steiff hatte zur Kontaktpflege einer touristischen Organisation die physische Hilfe der Einheit angeboten, damit die Kletterwand Via Ferrata Kunjf ausgebaut werden konnte. Denn Adjutant Steiff hatte sich durch unsere Teilnahme anschließend den Zufluss wertvoller Informationen durch die Kontaktperson sichern wollen. Also waren wir an einem Arbeitstag alle für eineinhalb Stunden in einen tiefen Waldabschnitt gefahren. Der Weg dahin war schlammig und rutschig gewesen, doch mit unseren Geländefahrzeugen verlief die Verschiebung problemlos. Am Treffpunkt erwartete uns das Organisationsteam, welches aus professionellen Kletterern bestand. An einer Lichtung hatten sie das Lager aufgeschlagen und die Fahrzeuge geparkt. Den fünf Organisatoren konnte man die Sportlichkeit ansehen, wann immer sie die Arme verschränkten und die Muskelstränge sich dadurch anspannten. Nach einer kurzen Einführung in ihren Plan standen wir den Profis als freiwillige Mitarbeiter zur freien Verfügung. Ziel war die Erbauung einer Kletterstrecke, welche dann den Tourismus in dieser Region fördern sollte. Mit dem nachhaltigen Aspekt hatte Adjutant Steiff in erster Linie bei Captain Adlerauge argumentiert und somit das Einverständnis eingeholt. Es war ein Bedürfnis der gesamten Einheit gewesen, während der Mission einen positiven Fußabdruck zu hinterlassen. Die Profis kümmerten sich um die Verankerungen an der steilen Felswand, welche dann von touristischen und einheimischen Kletterern genutzt werden konnte. Hierfür wanderten sie eine steile Bergkante hinauf, welche mit zunehmender Höhe immer weniger Pflanzen beherbergte. Danach seilten sie sich gesichert von der Bergspitze ab, um Haken an der Felswand zu fixieren. Meine Einheit erhielt die weniger riskante Aufgabe, für eine Treppe zum Abstieg zu sorgen. Hierfür waren uns dunkelbraune Holzbretter und metallische Haken mitgegeben worden. Mit der nicht hierfür vorgesehenen Militärausrüstung wanderten wir auf der abgeflachten Bergkante durch den spärlichen Wald hinauf und schleppten das gesamte Material mit uns mit. Die männlichen Soldaten stemmten die Holzbretter, die weiblichen Soldaten trugen die Verantwortung für das Werkzeug und die eisernen Stäbe. Die Eisenstäbe hatten ein gebogenes Ende, in welchen dann die Brettkanten verkeilt wurden. Auf dem Weg zur Spitze hämmerte ein Binom die Stäbe in den Boden und fixierte das Brett für eine Treppenstufe. Die Arbeit war anstrengend, da die Verankerungen nur mit viel Kraftaufwand die harte Erde penetrierten. Je höher wir rauf wanderten, desto ruhiger wurde Captain Adlerauge. Ich hatte mir anfangs gedacht, dass er aufgrund seiner körperlichen Statur, nun mit seiner nicht vorhandenen Fitness zu kämpfen hatte. Doch es stellte sich heraus, der Grund war seine Höhenangst. Weder ich noch das Team hatten bis dahin gewusst, dass ihm diese Phobie ein Laster war. In der Mitte des Aufstiegs setzte er sich auf einmal hin und begann für uns verstörend, zu weinen. Niemandem war anfangs verständlich, was diese Reaktion ausgelöst hatte. Ihm war einzig die Scham in knallroter Farbe ins Gesicht geschrieben, da kein anderes Teammitglied mit der Lage zu kämpfen hatte. Weder die männlichen, noch die weiblichen Soldaten. Soldat Lotti und ich probierten erfolglos, ihn noch zu trösten, was die Situation jedoch zu verschlimmern schien. Ihm war es überaus unangenehm, dass wir ihn so verletzlich und verunsichert erlebten. Ich probiere, ihm mit einem Taschentuch auszuhelfen, welches er aus Trotz jedoch wegschmiss. 10 Minuten später ließ Captain Adlerauge sein Werkzeug auf der Stelle liegen und machte sich wortlos auf den Rückweg. Soldat Lotti und mir war nicht klar, ob wir ihn begleiten sollten oder nicht. Da jedoch der Einheit sonst gleich drei Paar Hände gefehlt hätten, entschieden wir uns dazu, zu bleiben. Das restliche Team setzte somit mit der Erbauung der Abstiegstreppe fort. Es gab immer wieder heikle Situationen, wo uns bewusst wurde, dass wir wirklich nicht für solch eine Arbeit ausgerüstet waren. Und wir bezweifelten auch, dass wir bei einem Unfall das Verständnis des Militärs erhalten hätten. Doch nach ein paar Stunden harter Arbeit beendeten wird erfolgreich das Projekt. Wir waren stolz aufeinander, dass wir wenigstens so den ersten Schritt für eine florierende Zukunft dieser Gegend machen konnten. Denn eine Zunahme des Tourismus bedeutete, dass mehr Geld in das Land fließen und somit der generelle Umsatz und Wohlstand steigen würde. Es folgte eine lange Wanderung zurück zur Basis und wir wurden mit einem vorbereiteten Festessen belohnt. Es gab unter anderem das traditionelle Gericht Spanferkel, welches über einem Feuer drehte. Captain Adler richtete währenddessen an niemandem das Wort und schottete sich von der Einheit ab. Dabei saß er bereits abfahrbereit in einem Geländefahrzeug auf dem Beifahrersitz. Das Team hatte es sich jedoch erlaubt, beim Festessen teilzunehmen und hatte sich erst nach einer halben Stunde auf den Weg gemacht. Seither hatte er begonnen, die weiblichen Soldaten durch abwertende Kommentare schlecht zu reden und seine Schwäche mit Tyrannei zu überkompensieren.

Gedanken über | GEDANKEN |

Ich schaute immer wieder auf die Uhr und verfolgte den schleichenden Minutenzeiger auf seinem Weg. |*einunddreissig, zweiunddreissig* | Gedanklich probierte ich, mich abzulenken, wenn ein Schussgewitter wieder die Ruhe durchbrach. | *vierunddreissig, fünfunddreissig* |Am Anfang war ich manchmal zusammengezuckt, doch diese körperliche Reaktion legte sich unbemerkt und ich starrte nur noch auf das Gelände. | *wenn ich die wäre, würde ich mich von hinten angreifen* | Bis endlich eine Stunde schleichend vergangen war und ich wusste, dass die Special Force demnächst aufkreuzen sollte. | *fuck man, wo bleiben die denn* | Eine weitere Viertelstunde verging und ich bemerkte, dass seit geraumer Zeit nicht mehr geschossen worden war. | *es ist zu ruhig* | Ich erkundigte mich bei Adjutant Steiff, wann er den letzten Schuss vernommen hatte. «Vor 12 Minuten», antwortete er trocken. | *logo wusste der das so genau* | Niemand von uns konnte einschätzen, wie die Angreifer auf die Ankunft der Spezialeinheit reagieren würden. | *Rückzug oder Provokation, weiterleben oder sterben* | Im schlimmsten Fall würde es zu einer eskalierenden Auseinandersetzung kommen. | *ob sie dann auch auf mich schießen würden* | Doch zu der konnten wir mit unseren Handwaffen nichts beitragen. | *mit der Pistole sehe ich für uns nur game over* | Die elektrisierende Anspannung im Auto war geladen mit Nervosität und Alarmbereitschaft. | *wen von uns nimmt es wohl als Ersten* | Endlich erschien von der linken Seite ein dunkelgrünes Geländefahrzeug mit vier uniformierten Insassen. |

cool, jetzt ist endlich mal Action angesagt | Langsam rollte das Auto auf die Kolonne zu, als auch schon ein zweites Fahrzeug von links erschien. | *nice, doppelt ist ja noch besser* | Noch während das Erste auf das stehende Polizeiauto zusteuerte, blieb das Zweite vor dem Auto der Reporter stehen. | *mal schauen, was jetzt passiert* | Der Kameramann filmte deren Ankunft, während der Reporter über die Veränderung der Lage berichtete. | *ja komm, dreh deinen scheiß Bericht jetzt fertig und dann fahrt endlich* | Drei Scharfschützen einer fremden Nation verließen den zweiten Wagen. | *fuck, jetzt geht es los* | Sie stellten sich hinter ihrem Fahrzeug auf und richteten ihre Gewehrläufe auf die andere Seite des Flusses. | *wenn ich hier bloß lebendig und gesund raus komme* | Der Teamkommandant signalisierte mit einer Handbewegung ihre Einsatzbereitschaft. | *ich schwöre bei allem, was mir lieb und heilig ist, ich nutze diese zweite Chance so richtig aus* | Das erste Auto passierte das Polizeiauto und positionierte sich neben 7.B. | *verdammt, es gibt viel zu viel, was ich noch erleben will* | Teamkommandant Mättu und Leutnant Ronny stiegen in ihr Fahrzeug ein. | *was sich die Polizisten wohl gerade denken* | Dieses legte kurze Zeit später den Rückwärtsgang ein, um sich von der angestauten Kolonne der BM-Polizeiautos loszulösen. | *und jetzt mit aller Ruhe gemächlich rausfahren* | Da ihnen das hintere Polizeiauto zu nah aufgefahren war, blieb ihnen nicht viel Platz für eine direkte Wendung des Wagens. | *ah fuck* | Es kam zu einem Stillstand. | *Ronny du schaffst das, einfach ein paar Mal einschlagen und raus mit euch* | Das Geländefahrzeug der Spezialeinheit begann sich zu verschieben und stellte sich so nah wie möglich an die Leitplanke. | *die anderen haben hoffentlich Schiss vor der Spezialeinheit* | Der Schutz vor der gegenüber liegenden Flussseite und deren Schützen war somit noch immer gewährleistet. | *wenn ich die wäre und mediale Präsenz erhalten wollen würde, denn wäre jetzt der richtige Moment* | Der Beifahrer der Spezialeinheit sicherte mit seinem Scharfschützengewehr einen erneuten Angriff durch die BO-Angreifer ab. | *jetzt darf einfach niemand eine nervöse Fingerzuckung haben, sonst eskaliert es* | 7.B benötigte noch einen weiteren Anlauf und setzte ein drittes Mal den Rückwärtsgang an. | *go Ronny, go* | Nach der erfolgreichen 180 Grad Wendung zeigte die Fahrzeugschnauze Richtung Sedqu und sie waren für die Abfahrt bereit. | *Ronny du Vieh, super gemacht* | Wieder kam es zu einem Stillstand und nichts bewegte sich. | *loooos, abfahren und beten, dass uns das Schicksal in die Hände spielt* | Um so lange wie möglich den Schutz der Spezialeinheit zu genießen, wurde 7.B von der rückwärtsfahrenden Einheit im Schritttempo aus der Gefahrenzone begleitet. | *durchatmen, es wird alles gut* | Endlich passierte 7.B das Auto des Reporterteams und bog gleich in unseren Wald Pfad rein. | *so weit, alles klar* |

Das Ende dieser dramatischen Geschichte

Leutnant Ronny parkte das Auto diagonal vor meinem und beide stiegen aus. Ich fühlte mich ungemein erleichtert, die zwei unversehrt zu sehen. Doch eine gewisse Grundanspannung blieb bestehen und ich ermahnte mich selbst, dass wir es noch nicht überstanden hatten. Adjutant Steiff verließ das Fahrzeug und marschierte mit einem breiten Grinsen zu Teamkommandant Mättu. Anfangs reichten sie sich die Hand, bevor sie dann unerwartet doch noch mit dem freien Arm zu einer freundschaftlichen Umarmung wechselten. Die Umarmung hielt nur für ein paar Sekunden stand, bevor ihre militärische Korrektheit sie wieder einnahm und die beiden sich voneinander lösten. Ich verließ das Auto und steuerte auf Leutnant Ronny zu. Ich beobachtete dabei gebannt die Spezialeinheit, welche noch immer angriffsbereit in der Nähe der Reporter stand. Leutnant Ronnys Gesichtsfarbe hatte durch den erlebten Schreck eine Bleiche angenommen. Ich legte meine Arme für eine fürsorgliche Umarmung um ihre Schultern und spürte, wie ihr zuvor zitternder Körper vor Erleichterung erschlaffte. Nachdem wir uns voneinander lösten, lächelten wir uns dankbar an. Auch sie war sich bewusst, dass wir der Gefahrenzone noch immer nahe waren. Jedoch sah ich Leutnant Ronnys Gesicht an, dass ihre Gesichtsdurchblutung sich langsam wieder normalisierte. Soldat Lotti stieß noch dazu und umarmte zuerst Unteroffizier Mättu, danach Leutnant Ronny. Wir wussten alle, dass sich körperliche Zuneigung im Militär nicht gehörte, doch die Auflösung dieser unerträglichen Anspannung ließ alle ein Auge zudrücken. Selbst Adjutant Steiff verschloss sein militärisches Auge hierfür zur Hälfte. Er zückte das Funkgerät aus seiner Hosentasche hervor und gab bei der Kommandozentrale die Meldung durch, dass das Team 7.B erfolgreich evakuiert worden sei. Noch im selben Satz forderte er die nächste Befehlsangabe an. Die Kommandozentrale teilte ihm mit, dass die Situation weiterhin zu beobachten und eine Veränderung der Lage sofort zu rapportieren sei. Also stellten wir uns hinter den beiden Autos auf, so dass jeder die Straße im Visier hatte. Die BM-Polizeiautos hatten sich noch nicht gerührt, das Reporterteam filmte weiterhin in die Richtung der Autokolonne. Ein Geländefahrzeug der Spezialeinheit verschwand nach einer 180 Grad Drehung wieder Richtung Sedqu. Zu fünft standen wir hinter dem Schutz des 7.B Autos und warteten gebannt die nächste Reaktion dieser laufenden Auseinandersetzung ab. Adjutant Steiff wandte seinen Blick kein einziges Mal von der Gefahrenzone ab. Eine halbe Stunde Langeweile überbrückten Soldat Lotti und ich, indem wir uns zu Leutnant Ronny und Unteroffizier Mättu umdrehten. Sie erzählten von ihrem Zeitvertreib hinter dem Motorenblock, bei dem sie die Angst fest im Griff hatte. Gleich hinter dem Motorenblock hätten sie sich auf den Boden gesetzt und die anderen Polizisten beobachtet. Adjutant Steiff funkte der Kommandozentrale, dass sich die Lage noch nicht verändert hätte, aber zumindest nicht mehr geschossen wurde. Zeitgleich stand noch immer das zweite Spezialeinheitsteam neben dem Reporterteam und war auf der Lauer. Sie hatten von dort einen guten Überblick über die Situation. Die Kommandozentrale antwortete mit der neuen Befehlsausgabe, dass wir die Rückkehr antreten sollen. Wortlos, aber erleichtert, bestiegen wir alle unverzüglich die beiden Fahrzeuge 7.B und 7.C und fuhren langsam aus unserer Deckung. Mein Handgriff um das Lenkrad war noch immer fest und angespannt. Ich legte besonders viel Wert darauf, meinen Fuß auf dem Gaspedal so locker wie möglich mit nur leichten Bewegungen zu führen. Die erdrückende Realisation lastete auf meinen Schultern, dass in diesem Moment das Leben meiner Einheit und allen Beteiligten in meinen Händen und auf meinem Fuß lag. Eine unbedachte Bewegung und die gesamte Situation könnte mit fatalen Folgen eskalieren. Doch ich fokussierte mich auf meine Atmung und wich mit meinem starren Blick nicht von meinem Ziel ab. Es fehlten noch 20 Meter bis zur Hauptstraße und ich probierte, durch die Einhaltung des Schritttempos keine Unruhe auszulösen. Leutnant Ronny gliederte sich mit dem 7.B Auto hinter mir ein und passte sich meinem zögerlichen Fahrverhalten an. Während wir das Auto des Reporterteams passierten, forderte mich Adjutant Steiff unerwartet auf, kurz anzuhalten. Ich drückte sogleich auf die Bremse, wodurch das Auto zu einem abrupten Halt verharrte. Diese Spontanität war genau diese Art von ungechilltem Handlungen, die ich mit vollem Herzblut zu vermeiden versuchte. Er verließ das Fahrzeug und marschierte zum neuen Beobachtungsteam. Der Fahrer ließ die Fensterscheibe herunter, damit sich die beiden kurz austauschen konnten. Wenige Sätze später drehte sich Adjutant Steiff wieder zu mir um und marschierte im Stechschritt auf das Auto zu. Nachdem er sich angeschnallt hatte, deutete er mit einer flachen Handbewegung die Fahrtrichtung zum Camp an und meinte, ich solle Gas geben. Ich presste voller Elan das Gaspedal runter, lenkte in die Hauptstraße ein und fuhr mit der zugelassenen Höchstgeschwindigkeit los. Endlich befanden wir uns nach dieser misslichen Lage auf dem Heimweg. Die Wolkenbank schien sich langsam aufzulösen und erhellte den Weg, doch niemand sprach die gesamte Fahrt über ein Wort. Kurz vor der Ankunft im Camp gab Adjutant die Funkmeldung durch, dass sich 7.B und 7.C als Nächstes im Restaurant Rosa treffen würden.

Die Nachbesprechung

Im Restaurant Rosa angekommen setzte ich mich neben Soldat Lotti an einen Esstisch auf der Terrasse. Während ich den Stuhl an den Tisch heranzog, sah ich zu ihr herüber und lächelte sie an. Und ich meinte es auch, da für mich der bisherige Tag zu den spannendsten meines Lebens gehörte. Noch spannender war, dass wir uns in diesem Moment erst gerade in der Halbzeit befanden. Denn das Erlebte würde sicherlich noch interessante Folgen und Besprechungen mit sich bringen. Zu meinen persönlichen Highlights zählte definitiv der kribbelnde Adrenalinkick, welcher mir beim Reporterauto durch meine Arterien geschossen war und mich belebt hatte. Oder die Begegnung mit dem möglichen Tod, welche einen Tsunami neuer Gedankenimpulse in mir ausgelöst hatte. Ich hatte förmlich den rasanten Puls des Lebens fühlen dürfen und war nun unversehrt wieder zurück in der Basis. Ich war noch immer ein Teilnehmer des Spiels namens Leben und empfand dafür tiefe Dankbarkeit. Mir wurde jedoch bewusst, dass diese Ansichtsweise wohl eher nicht der Norm entsprach, als ich Soldat Lottis Gesichtsausdruck analysierte. Schon den gesamten Tag über spiegelte ihr Kosename Sonnenschein zum ersten Mal nicht ihre energetische Ausstrahlung wider. Die ganze Ausbildungszeit über hatte sie selbst während herausfordernden Zeiten nie ihr Lächeln verloren. Doch nun imitierten ihre Mundwinkel nur meine Mimik und probierten so, ihre Lüge zu verbergen. Eine Sorgenfalte hatte sich tief in ihre Stirn gebohrt und gab ihren wahren bedrückten Gemütszustand preis. Die Leichtigkeit ihrer normalerweise ansteckenden guten Laune war verloren gegangen und ich sorgte mich, wann sie diese wohl wieder finden würde. Die Mittagszeit stand erst noch bevor, wodurch das Restaurant kaum Gäste beherbergte. Eine frische Brise sorgte für etwas Abkühlung und eine cremefarbene Abdeckung schützte uns vor der zwischenzeitlich strahlenden Sonne. Gegenüber von uns hatten Leutnant Ronny, Adjutant Steiff und Unteroffizier Mättu ihren Platz eingenommen. Der Blick von jedem verlor sich auf dem eichenfarbigen Holztisch vor uns. Der Esstisch war frisch geputzt worden, weshalb man noch den feuchten Wischverlauf des Putzlappens erkennen konnte. Niemand rührte die Menükarte an, welche im Zentrum des Tisches bereit lag. Die erdrückende Stille wurde durch die Aufnahme der Bestellung etwas aufgelockert, als sich die gut gelaunte Servicekraft Ludra unsere Getränkewünsche notierte. Es waren die ersten Worte, welche gesprochen wurden, seit Adjutant Steiff Team Alpha und Beta über Funk zum Restaurant beordert hatte. Ich konnte den Unterschied in jeder ihrer Stimmen wahrnehmen. Schließlich hatte ich über Monate gelernt, mit diesen Menschen zu funktionieren und sie lesen zu lernen. Somit konnte ich den Vergleich zu ihrem sonstigen Auftreten ziehen und die Dramaturgie erkennen. Die kaum merkliche Nuance in ihren Stimmlagen war reservierter und spiegelte eine gedämpfte Lebensenergie wider. Obwohl niemand von uns bisher etwas gegessen hatte, war das Hungergefühl bei allen noch nicht eingetreten. Leider ließ sich Ludra von der bedrückenden Stimmung anstecken und verbarg ihr Lächeln. Sie verschwand in der Küche, wodurch wir wieder Zuflucht in der tröstlichen Umarmung der Schweigsamkeit suchten. Ich hätte problemlos irgendein Thema zu Ablenkung anschneiden können, um sie damit etwas abzulenken. Doch alles schien nach dem Schrecken, der ihnen widerfahren war, belanglos. Ich wunderte mich, was wohl bei den anderen im inneren Dialog gerade vor ging. Ich dachte über mein Versprechen an mich selbst nach. Kurz bevor uns die Spezialeinheit aus unserer Lage befreit hatte, war ich gedanklich einen Deal mit dem Schicksal eingegangen. Ich hatte mir selbst vorgenommen, dass ich die zweite Chance auf mein Leben anders angehen würde. Denn was war für mich eigentlich wirklich wichtig im Leben? In dem Moment, als ich der Möglichkeit eines abrupten Endes meiner Lebenslinie begegnet war, hatte ich weder an die Arbeit noch über materielle Dinge nachgedacht, die ich mir noch kaufen würde. In mir hatte sich stattdessen das Verlangen nach Erfahrungen herauskristallisiert. Begleitet von der Aufgabe, die Umsetzung einer neuen Lebensstrategie auszuarbeiten. Mein Ziel wurde es, möglichst viele unterschiedliche Erfahrungen zu sammeln, die in einem Menschenleben möglich waren. Während ich mein nachdenkliches Team beobachtete, dachte ich über meine Zukunft nach. Dieser neue Wunsch manifestierte sich in meiner Seele, während mir die Erinnerung an den Klang abgefeuerter Patronen durch den Kopf schoss. Ich wollte diesem Hobby, Erfahrungen zu sammeln, von nun an einen viel höheren Stellenwert widmen. Anstatt meine Lebensenergie an eine Karriere zu verschwenden, bei der mich irgendein mir fremder Mensch in Lackschuhen sein Geld als Arbeitskraft anschaffen lässt. Ich wollte herausfinden, wie andere Menschen das Leben auf dem Planeten Erde erfuhren. Das Interesse brannte so fest in mir, dass ich bereit dazu war, mein gesamtes Leben für das Erfahren dieses Wissens umzustellen. Ich stellte mir vor, wie ich mich in unterschiedlichsten Kulturen für eine Zeit einleben könnte. Dies würde mir einen unvoreingenommenen Einblick in ihre wahren Wertvorstellungen ermöglichen. Und aus jeder erzählten Lebensgeschichte wollte ich mir dann das rauspicken, was ich für die Umsetzung eines glücklichen Lebens als sinnvoll erachtete. Ich wollte nach dieser zweiten Chance zukünftig jeden Moment vollkommen auskosten und das Bestmögliche aus jeder Lebenssituation rausholen. Ich nahm mir vor, dass ich gleich all meinen Liebsten schreibe, sobald ich mich allein in meinen Container verkriechen konnte. Adjutant Steiff richtete sich auf und stützte seinen Oberkörper mit angewinkelten Armen auf dem Tisch ab. «Wir sollten darüber reden, was passiert ist», unterbrach er die Stille. Obwohl ihn jeder ansah und seine Aufforderung hörte, ergriff niemand die Initiative. Ich wechselte unsichere Blicke mit Leutnant Ronny, welche diagonal von mir saß. Unteroffizier Mättu, welcher sich gegenüber von mir hingesetzt hatte, starrte noch immer geistesabwesend die Tischkante an. Ich beobachtete ihn, wie er überraschenderweise einmal tief Luft holte und ebenso wie Adjutant Steiff seinen Oberkörper auf dem Tisch abstützte. Er rieb sich mit der einen Hand über die Stirn und schien sich den Stress wegreiben zu wollen. Mit zusammengekniffenen Augen ließ erdas Geschehnis noch einmal Revue passieren, bevor er seine Sicht des Vorfalles schilderte. Er erzählte, wie sie die Verfolgungsjagd gemäß Adjutant Steiffs Anordnung aufgenommen hatten. Als sie auf die Autokolonne aufgefahren waren, hatte sie ein verspäteter Nachzügler der BM-Polizei überrascht. Dies resultierte in der misslichen Lage, aus der sie nicht mehr eigenhändig entkommen konnten. Als die ersten Schüsse gefallen waren, hatten sie sich gleich zu Beginn im Auto geduckt und waren dann über den Fahrersitz rausgerobbt. Teamkommandant Mättu war durch seine Beifahrerposition zuerst draußen und ließ Leutnant Ronny neben sich noch Platz hinter dem Motorenblock. Unteroffizier Mättu offenbarte uns ein paar persönliche Gedanken, welche ihn währenddessen überkommen hatten. Er war sich zuvor sicher gewesen, dass er sich nach diesem Auslandseinsatz bei der Polizeiakademie bewerben würde. Doch die lähmende Angst, welche ihn übermannt hatte, saß ihm tief in den Knochen. Während er zwischen dem Motorenblock und der Bergwand in der Hocke um sein Leben gefürchtet hatte, war im bewusst geworden, dass er nie wieder einem lebensgefährlichen Job nachgehen wollte. Sein einst felsenfester Entscheid, sich zu einem Polizisten ausbilden zu lassen, war somit verfallen. Seine Stimme bebte, als er von den Sorgen um seine verworfene Zukunftsplanung erzählte. Ich erkannte die Unsicherheit in seinem Gesichtsausdruck, da er sich nun, anders als geplant, eine neue Karriere ausdenken musste. Als er verstummte, setzte Leutnant Ronny fort. Sie erzählte schrittweise, wie sie sich plötzlich zwischen den Autos gefangen sah. Wie sie als Erstes zu Gott gebetet hatte. Als sie sich an das strömende Blut des angeschossenen Polizisten erinnerte, nahm ihr Gesicht wieder eine Bleiche an. Plötzlich erhob sie sich und stürmte Richtung Toilette. Schon nur der Gedanke an die stressige Situation hatte Übelkeit verursacht. Jeder schaute beklemmt in eine andere Richtung. Es fühlte sich wie die einzige Option an, um ihr etwas Privatsphäre zu gewähren. Soldat Lotti fuhr zur Ablenkung von Leutnant Ronnys abruptem Abgang fort, während sie nervös an ihren Fingernägeln zupfte. Sie gestand, dass sie sich zum ersten Mal um ihr Leben gefürchtet hatte und diese Erfahrung nicht zu wiederholen gedachte. Obwohl wir während der Ausbildung für Notsituationen ausgebildet worden waren, war sie davon überzeugt gewesen, sich niemals während dieser Mission in einer solchen wiederzufinden. Anschließend sprach sie ihre Dankbarkeit für den Einsatz der Spezialeinheit aus. Nur durch sie war es uns möglich gewesen, der brenzligen Situation zu entkommen. Dann bedankte sie sich direkt bei mir, was mich für einen Moment aus dem Konzept brachte. In mir hatte sie einen Ruhepol gefunden, der ihr etwas Stress nehmen konnte. Sie legte ihre Hände wieder ruhig auf den Tisch, als die Getränke serviert wurden. Alle verstummten währenddessen und wir warteten den Abgang von Ludra ab. Sie hätte zwar sowieso nichts verstanden, da wir nur auf Englisch mit ihr kommunizieren konnten. Doch diese ausgesprochenen Worte waren sowieso einzig für diese intime Runde bestimmt. Ich war an der Reihe und wusste anfangs nicht, was ich sagen sollte. Ich hatte mich zwar während der Schießerei mit dem Tod auseinandergesetzt, jedoch nicht dieselbe Angst wie meine Teamkollegen erlebt. In mir tobte noch immer die Eifersucht auf Leutnant Ronny und Unteroffizier Mättu, dass sie so nahe am Geschehen sein durften. Ich befürchtete jedoch, dass ich dieses Gefühl nicht eingestehen durfte. Ich wollte vermeiden, dass mir dieser Umgang mit einer Notsituation beim nächsten Einsatz zum Verhängnis werden könnte. Vielleicht würde ich vom Team als zu risikofreudig eingeschätzt und dementsprechend anders aufgeboten werden. Also log ich, dass auch mir dieses Erlebnis eingefahren sei. Dann sprach ich meinen Dank an Adjutant Steiff aus. Ich war überzeugt davon, dass die Situation mit Captain Adlerauge als Führer wesentlich chaotischer ausgefallen wäre. Die anderen Teammitglieder stimmten mir mit einem Kopfnicken wie ein schweigsamer Chor zu. Das wars meinerseits auch schon. Mit einem Blick zu Adjutant Steiff gab ich ihm das Zeichen, dass meine Ausführungen über mein Erlebnis bereits ein Ende gefunden hatten. Adjutant Steiff weihte uns ein, dass er sich zuvor noch mit dem NCC telefonisch ausgetauscht hatte. Sein Lösungsansatz war das Angebot einer Seelsorge. Eine Dame, die im Verlauf des Nachmittags noch eingeflogen und auf uns zukommen würde. Ziel war die Durchführung eines Gespräches mit jedem Einzelnen von uns. Das Militär wollte somit sicherstellen, dass alle eine Ansprechperson hatte, bei der man sich unbekümmert öffnen konnte. Bereits in einer Stunde sollte sie eintreffen und somit die Gesprächsrunde eröffnen. Bis dahin erhielten wir nun noch Zeit für die persönlichen Belange. Adjutant Steiff bestimmte die Reihenfolge und mein Name wurde als Erstes genannt. Jeder trank sein Getränk aus und machte sich zu seinem Container auf. In meinem angekommen, entledigte ich mich als Erstes meiner verschwitzten Uniform. Es folgte eine lange und erfrischende Dusche.

Okay

Mein Gespräch am anderen Ende des Camps mit der Dame von der Seelsorge handelte ich innerhalb von 10 Minuten ab. Ich erzählte von meiner Sichtweise des Vorfalles und schilderte ihr die zwei kritischsten Momente. Als die BM-Polizisten angeschossen wurden und als die Schüsse plötzlich näher fielen, sodass ich befürchtete, dass der Angriff doch noch für uns bestimmt war. Ich log, dass ich mich während der Schießerei vor dem möglichen Tod gefürchtet hätte. Diese Antwort schien mir das Verhalten zu reflektieren, welches von der Seelsorge als gesunde Menschenreaktion auf solch ein Erlebnis erwartet wurde. Mein Ziel lag darin, ihr verständlich zu machen, dass sich das Militär wegen meiner psychischen Verfassung nach dieser Schießerei keine Sorgen machen müsste. Ich wollte verhindern, dass ich in ein anderes Camp verfrachtet würde, bei dem zukünftig meine Sicherheit gewährleistet wäre. Und ich wollte nicht unnötig ihre Zeit beanspruchen, wenn ich mir doch bewusst war, dass andere Teammitglieder die Aussprache mit ihr besser gebrauchen konnten. Ich wusste, dass Unteroffizier Mättu sich nun neu mit seiner beruflichen Laufbahn auseinandersetzen musste, da seine bisherigen Zukunftsträume geplatzt waren. Solch einen neuen Lebensweg zu bestimmen war sicherlich mit einer Existenzkrise verbunden, mit welcher er unerwartet konfrontiert wurde. Bei Leutnant Ronny ging ich davon aus, dass sie mit der Zeit über dieses Erlebnis hinauswachsen und es problemlos verarbeiten würde. Auch wenn sie wie eine zarte Blume wirkte, so hatte sie ein kämpferisches Feuer in sich, welches es nicht zu unterschätzen galt. Soldat Lotti hingegen erweckte in mir die Befürchtung, dass ihr die Angst wohlmöglich bei zukünftigen Ausfahrten noch Komplikationen bereiten könnte. Ich wäre nicht überrascht gewesen, wenn sie die Mission frühzeitig abbrechen und sich eine neue Arbeitsstelle suchen würde. Nur Adjutant Steiff konnte ich nicht einschätzen. Erstens hatte er sich bei der Besprechung im Restaurant Rosa selbst nicht zu seinem eigenen Befinden geäußert. Zweitens gaben weder seine Körpersprache noch seine Gesichtsmimik preis, ob er sich noch immer im Stressmodus befand oder die Schießerei bereits verarbeitet hatte. Ich kannte ihn noch nicht gut genug, doch seinem militärischen Wesen traute ich durchaus zu, dass ihn dieser Vorfall nachträglich kalt lassen könnte. Er hatte seine Aufgabe während der Notsituation mit der Bewahrung eines kühlen Kopfes gemeistert und wahrscheinlich das Geschehene bereits in seinen Gedanken abgeschlossen. Ich beendete das Gespräch mit der Seelsorge, indem ich mich für ihre Zeit bedankte und ihr noch weitere klärende Gespräche mit den anderen Soldaten wünschte. Auf dem Rückweg von ihrem improvisierten Büro zu meinem Container lief ich entlang einer langen Hauptstraße in der Mitte des Camps. Sie begann an einem Ende des Camps. Die geteerte Straße führte am Fitnesszentrum, dem medizinischen Zentrum, später noch am Café Cremo, meinem Schweizer Wohnkomplex und an der Festung vorbei und endete beim Kommandanten Haus. Somit war dieses Kapitel für den Tag beendet und der restliche Nachmittag stand mir zur freien Verfügung. Bereits nach den ersten Schritten dachte ich darüber nach, wie ich nun mein neues Leben angehen sollte. Am wichtigsten schien mir das persönliche Umfeld zu sein. Während der langen Strecke begann ich, meinen Liebsten Sprachnachrichten zu schicken. Dabei erwähnte ich, wie wichtig sie mir waren und dass ich mich auf ein baldiges Wiedersehen freute. Bei einigen erwähnte ich während dem Monolog, was ich alles an ihnen wertschätzte oder rezitierte meine Lieblingserinnerung mit ihnen. Während die pralle Sonne auf mich nieder schien, genoss ich jede kühle Windbrise. Ich krempelte die Ärmel meiner Uniform hoch, doch es war so heiß, dass mir trotz meiner vorherigen Dusche wieder neue Schweißperlen den Rücken runterrollten. Ich entschied, dass ich mir gleich wieder eine Erfrischung gönne und mich dann in meinem Container zurückziehen würde. Als ich die nächste Sprachnachricht an meinen grossen Bruder begann, erkannte ich in der Ferne eine mir allzu bekannte Silhouette wieder. Die sportliche Kleidung verriet, dass sich Captain Happ Meal gerade auf dem Heimweg vom Sportzentrum befand. Er trug eine lockere schwarze Shorts und sein übliches graues Tanktop. Mein erster Gedanke war die Vorfreude auf den Anblick seiner durchtrainierten Oberarme. Gefolgt von der Panik, wie ich nun als Nächstes reagieren sollte. Es lagen noch etwa 200 Meter zwischen uns und er marschierte die gegenüberliegende Straßenseite entlang. Ich konnte es nicht fassen, was der Zufall manchmal für Stricke zog. Ich ließ mich gerne vom Gedanken leiten, dass alles aus einem gewollten Grund geschah. Sein Kopf war nach unten gerichtet und die Haltung der angewinkelten Arme wies darauf hin, dass er gerade von seinem Handy eingenommen war. Sollte ich meine Nachricht an meinen Bruder lieber schreiben und so tun, als ob ich Captain Happy Meal dabei gar nicht sehe? Zu groß war das Verlangen in mir, mit ihm zu sprechen und mich an seiner Schönheit zu ergötzen. Ich entschied, dass ich meinen normalen Weg wie geplant gehen würde. Wenn er mich dabei sehen sollte und sich dazu entschied, die Straßenseite zu wechseln, dann würde sich mein Zukunfts-Ich um das weitere Vorgehen kümmern. Mein Herz wünschte sich, dass er mich entdecken würde, doch mein Kopf wollte sich mein Verlangen nach ihm nicht eingestehen. Seine Silhouette wurde immer deutlicher, während sein Blick auf dem

Handy in seinen Händen verharrte. Mein Herz begann, das Blut etwas schneller durch meine Ohren zu pumpen und ich fühlte mich irgendwie komisch. Ich wusste nicht, ob ich nervös war oder ein mulmiges Gefühl mich gerade vorwarnte. In einer Kurzschlussreaktion entschied ich mich, doch noch umzukehren, als er in diesem Moment nach vorne blickte. Ich war mir sicher, dass auch er mich erkannt hatte. Zumal es nur wenige weibliche Soldaten gab und die meisten gerade im Einsatz waren. Er wechselte sogleich die Straßenseite und nährte meine Hoffnung, dass er mich erkannt hatte. Yeahi, aber verdammt! Er hatte sich also so entschieden, dass wir uns unweigerlich über den Weg laufen und es zu einer persönlichen Konfrontation kommen würde. Die Option umzudrehen, war somit entfallen, was mich verbotenerweise erfreute. Ich gestand mir selbst zu, dass ich mich gar nicht von ihm abwenden wollte. Es fehlten nur noch zehn Meter, bis wir einander gegenüberstehen würden. Erneut überkam mich an diesem Tag ein Adrenalinkick. Ich merkte, wie ich mit jedem Schritt langsamer und zögerlicher wurde. Meine Hände zitterten und ich probierte, tief durchzuatmen. Ich hatte kaum noch Zeit mir zu überlegen, was ich ihm sagen würde. Sollte ich ihm von der Schießerei erzählen, um das Gespräch führen zu können? In seinem Gesicht erkannte ich bereits die Züge eines verschmitzten Lächelns. Es fehlten nur noch ein paar Sekunden, bis sich unsere Wege kreuzen würden. Ich dachte an meine Gedanken an ihn, welche mich während der Schießerei begleitet hatten. Ich erinnerte mich an meinen Deal mit dem Schicksal. An mein Versprechen an mich selbst, dass ich nichts mehr im Leben verpassen wollte. Das Leben war zu kurz, um nicht das zu machen, was ich wollte. Unter anderem wollte ich die Tatsache nicht mehr ignorieren, dass ich ihn ungeheuerlich begehrte. Nur noch ein paar Meter und Captain Happy Meal wäre genau vor mir. Ich merkte, wie er sein Schritttempo verlangsamte. Mit einem Meter Abstand kamen wir beide zeitgleich zu einem Halt und sahen uns als Erstes an. Er lächelte und begann mit einem fröhlichen: «Hey du.» Dabei lockerte er seine Arme und streckte die Handflächen von sich weg. Es war eine einladende Geste, bei der ich ihn mit einer gewohnten Umarmung hätte begrüßen können oder es problemlos lassen konnte, ohne sein Ego zu kränken. Instinktiv hielt ich mich zurück. «Du lebst!», setzte er fort, bevor er seine Arme vor seiner Brust wieder verschränkte und sich breitbeinig hinstellte. «Natürlich lebe ich», erwiderte ich mit einer verständnislosen Mine und rümpfte die Nase. «Das ganze Camp redet über euren kleinen Ausflug», antwortete er mit einem belächelnden Unterton, während er lässig auf und ab wippte. Ich probierte, mich nicht von seinen muskulösen Oberarmen ablenken zu lassen. Ich bemerkte dennoch, wie seine Muskelfasern bei jeder Armbewegung aufzuckten. «Ach diesen», winkte ich ab, «Das war ein Kinderausflug. Paar Schüsse hier und da, doch niemandem ist was zugestoßen. Außer zwei Polizisten. Aber alles halb so wild.» Ich probierte meine Stimme cool zu halten, damit er meine Aufregung nicht raushören konnte. Im Vergleich zu dem, was er in Afghanistan erlebt hatte, war mein Erlebnis wirklich ein Kinderspiel gewesen. Captain Happy Meal musterte mein Gesicht und fragte mit einer leicht besorgten Note: «Wie geht es dir denn? Hab schon lange nichts mehr von dir gehört...» Ich wusste im ersten Moment nicht, was ich auf diese Anschuldigung antworten sollte. Denn er wusste genau, warum ich mich nicht mehr bei ihm gemeldet hatte. Ich hatte ihm durch mein ruckartiges Verschwinden aus der Festung klar gemacht, dass ich nicht auf seinen Kuss einsteigen wollte. Meine Antwort hätte nicht klarer sein können. Doch wenn er nur wüsste, wie ich jetzt empfand. Diesmal würde ich ja sagen. Diese Entscheidung überraschte mich selbst, doch ich hatte sie gefällt. Gleichzeitig wollte ich nicht wirken, als ob ich so leicht zu haben wäre. «Ich hatte während der Schießerei keinen Empfang und konnte dir deswegen nicht auf deine Nachricht antworten», bediente ich mich der gegebenen Ausrede, «Und seit ich zurück bin, musste ich mich zuerst noch um Wichtigeres kümmern.» Gut so, dachte ich mir. Zeig ihm, dass du nicht den ganzen Morgen damit verbracht hast, an ihn und seine wunderschönen Augen zu denken. Ich fantasierte kurzeitig darüber, wie seine Augen wohl über dem Horizont meines Beckens aussehen würden. Und schon überkam mich wieder eine Welle der ungebändigten Lust. Nun pumpte mein System nicht nur eine neue Welle Adrenalin durch meine Adern, nun war ich auch noch geil. Ich spürte, wie es zwischen meinen Beinen heißer wurde und zupfte an meinem Oberteil. Die Bewegung sorgte mit der Zufuhr frischer Luft für etwas Abkühlung. «Dann ist es doch perfektes Timing, dass wir uns hier auf der Straße begegnet sind», stichelte Captain Happy Meal mit einem verzogenen Grinsen, «Dann brauchst du deine kostbare Zeit nicht mit dem Antworten zu verschwenden.» Ich schmunzelte über seinen Sarkasmus und blickte verlegen zum Boden runter. Keiner sagte was und nur ein sanfter Windstoß untermalte das Schweigen. Die Stille nahm bereits eine peinliche Länge an, als ich meinen Blick wieder zu ihm wandte. Ich konnte einfach nicht anders, als ihn anzulächeln. Wie konnte jemand so teuflisch schön aussehen? Seine Anwesenheit strahlte eine Versuchung aus. Ich konnte Eva und ihrem verbotenen Apfel nachempfinden. Er kratzte sich verlegen hinter dem Kopf und schien nach einem neuen Thema zu suchen. «Hör mal...», begann er in einem unsicheren Ton, «wegen neulich Abend wollte ich...» Er unterbrach seinen angefangenen Satz und rieb weiterhin an seinem Nacken rum. Ungeduldig wartete ich gespannt auf die Weiterführung seines Satzes. Würde er sich nun für seinen Annäherungsversuch entschuldigen? Oder würde er wohl sein Eroberungsspiel weiter fortsetzen? Seine unruhige Körpersprache ließ mich eher auf Ersteres tippen. Dabei wünschte ich mir, dass er mich noch nicht aufgegeben hat. Ich würde ihn nicht meinerseits anmachen oder einen Annäherungsversuch wagen. Doch wenn er es nur noch einmal probieren würde, dann hätte er mich. Ich verabscheute selbst den Gedanken, was dies für mich und Raphael heißen würde. Doch Captain Happy Meal musste mich nur noch einmal darauf ansprechen und ich würde mich auf ihn einlassen. Ich war dazu bereit, mit ihm eine neue Erfahrung auszukundschaften. Vielleicht würden wir uns nicht nur körperlich harmonisch ergänzen. Ich war mir absolut sicher, dass er ein grandioser Liebhaber sein würde. Doch was, wenn wir mehr als nur Geliebte werden könnten? Alles an ihm wirkte anziehend auf mich. Seine äußerliche Erscheinung, wie auch sein Charakter. Ich hatte bisher noch keine Eigenschaft an ihm entdeckt, die mir nicht gefallen hatte. Doch empfand er auch so für mich? Wohin würde ein Verhältnis mit ihm führen, wenn ich es zulassen würde? Vielleicht würden wir zusammenkommen. Es zerriss mir das Herz, wenn ich daran dachte, was dies mit Raphael machen würde. Doch aus Wollen war ein Müssen geworden. Ich musste erfahren, ob mehr als nur körperliche Anziehung dahintersteckte. Vielleicht würde ich nach Beendigung unserer Mission mit ihm nach London reisen und dort mit ihm leben. Vielleicht würde ich mit ihm das Glück finden, welches mir mit Hackar verwehrt geblieben war. Mit Hackar hatte ich die perfekte kinderlose Zukunft geplant, bei der unser Leben sich nur um Reisen, Kulinarik und Sex gedreht hatte. Wenn Captain Happy Meal gemäß meiner Vermutung wie Hackar war, dann könnte ich mit ihm vielleicht genau dieses Leben führen, welches mir mit Hackar entgangen war. «Weißt du was?», beendete Captain Happy Meal die unerträgliche lange Pause, «ich werde mich nicht dafür entschuldigen Candrissia.» Sein Gesichtsausdruck hatte seriöse Züge angenommen und zwei Stirnfalten untermalten seine Ernsthaftigkeit. Sein lässiges Schwanken hatte er eingestellt und er strahlte Selbstbestimmtheit aus. Ich spürte, wie mein Herz einen kleinen Aussetzer machte. Ich hatte keine Ahnung, was nun als Nächstes kommen würde und starrte ihm regungslos in die Augen. «Die Einzige, die mich auch nur im Geringsten in diesem Camp interessiert, bist du. Und ich weiß, dass du einen Freund hast und dieser auf dich wartet. Doch wir beide könnten was richtig Gutes haben. Denn ich weiß, was du willst», rechtfertigte sich Captain Happy Meal, «und was du brauchst.» Theatralisch hob er am Ende seine Augenbraue. Sein provokanter Blick hielt mich fest und ließ mich nicht mehr los. Selbst wenn ich probiert hätte, wegzuschauen, hätte ich es nicht gekonnt. Ich war gefangen im Netz seiner stahlblauen Augen, die den wolkenlosen Himmel hinter ihm ergänzten. Wieder war Stille zwischen uns eingetreten. Auf der einen Seite wollte ich noch abwarten, um zu sehen, was er als Nächstes sagen würde. Doch ich befürchtete, dass er mein Schweigen als erneute Abfuhr interpretieren könnte. Also entschied ich mich für ein knappes: «Okay.» Dann lächelte ich ihn an. Verwundert blinzelte er zurück und probierte, meine Antwort zu kategorisieren. Ich war selbst über meine kurze und knackige Antwort überrascht und schluckte einmal leer. Um Selbstvertrauen auszustrahlen, legte ich meinen Kopf leicht schief und forderte ihn mit meinem Blick heraus. Mein Herz raste vor Ekstase und ich freute mich über die Aussicht seiner möglichen Reaktionen. Er wiederholte verwundert mein «okay» und stützte ungläubig seine Hände auf seiner Hüfte ab. So sah er also aus, wenn er sprachlos war. Er leckte sich kurz über die Unterlippe und verzog seine Mundwinkel gleich zu einem verführerischen Lächeln. Seine Augen formten sich zu zwei analysierenden Augenschlitzen und er wechselte wieder zur standsicheren Haltung von zuvor. Die Arme verschränkte er erneut vor seinem Brustkorb, wodurch sein Bizeps angespannt wurde. Ich war mir selbst nicht sicher, was ich mit meinem Okay ausdrücken wollte. Doch ich wollte sehen, wie er meine Antwort interpretieren würde. «Na dann…», begann er mit einer aufgesetzten Zuversicht, «sehen wir uns heute Abend», unterbrach er den Moment der Ungewissheit. Er hatte bewusst keine Frage formuliert, sondern meine Einwilligung bereits bestimmt. Genau, wie ich es mochte. Mit einem schüchternen Lächeln erwiderte ich wieder nur ein knappes «Okay» und setzte meine Heimreise fort. Während ich an ihm vorbeimarschierte, streiften sich unsere Oberarme. Die Stelle meines Armes durchzuckte durch die Berührung ein kleines Feuerwerk. Dabei schaute ich links zu ihm rüber und fixierte ihn beim Abgang währenddessen mit runter gezogenen Augenliedern. Mein Blick war eine unausgesprochene Herausforderung an ihn. Ich wusste, dass er sie richtig lesen konnte. Während diesem Bruchteil einer Sekunde setzte ich alles daran, Coolness auszustrahlen. Seine Augen folgten meinen. Dann wandte ich meine Blickrichtung wieder meiner Strecke zu und marschierte zu meinem Container. Ich widerstrebte meiner ungebändigten Neugierde, noch einmal zurückzublicken. Das Einzige, was nun zählte war, dass ich mich heute Abend mit Captain Happy Meal treffen würde.

INTERNATIONALE ANGELEGENHEITEN

Jeder meines Schweizer Teams hatte sich nach dem Gespräch mit der Seelsorge Zeit für sich selbst genommen und sich in seinem Container verbarrikadiert. Ich hatte mich in mein Zuhause zurückgezogen und gammelte in meinem 90cm Bett. Ich hörte die Ankunft jedes Teammitgliedes, wann immer sie vom Gespräch zurückkehrten. Mir war zuvor nie aufgefallen, wie hellhörig die Container auf meiner Ebene wirklich waren. Von meinem Bett aus erkannte ich ihre Gangart und hörte die Zahl der Schritte, bis sie mit zwei schleifenden Endschritten vor ihrem Eingang stehen blieben. Ich lauschte, wie sie ihre Zimmertüren aufschlossen und danach in den Containern verschwanden. Ab da trat Ruhe ein. Ich wälzte mich unbehaglich in meinem Bett und probierte, die kühlste Stelle der Matratze zu finden. Gedankenversunken starrte ich die Decke über mir an und versuchte, alle möglichen Szenarien durchzuspielen. Was führte Captain Happy Meal wohl im Schilde. Würde er mir noch schreiben und genauere Infos bezüglich seiner Vorstellung von heute Abend schicken? Würden wir uns bei mir oder bei ihm treffen und was sollte ich anziehen? Ich wusste nur, dass ich erneut duschen und mich mit meiner Body-Lotion eincremen sollte. Um welche Uhrzeit würde er mich treffen wollen? Trotz meiner unzähligen Fragen weigerte ich mich, ihm zuerst zu schreiben. Und dass, obwohl ich bis zu diesem Moment noch immer nicht auf seine letzte Nachricht geantwortet hatte. Ich schob dieses Verhalten meinem südländischen Stolz zu, obwohl ich selbst den Sinn dahinter nicht wirklich verstand. Es war zwar etwas unfair den Südländern gegenüber, doch dies war in diesem Moment halt meine Empfindung gewesen. Um 1800 machte sich zum ersten Mal das Hungergefühl bemerkbar und ich setzte mich für das Abendessen allein ins Restaurant Rosa. Ich entschied mich gegen die Terrasse und platzierte mich an einem leeren Zweiertisch. Unerwartet stieß Soldat Lotti kurze Zeit später dazu und setzte sich wortlos mir gegenüber. Wir bestellten gemeinsam unser Abendessen. Intuitiv hatte ich mich für einen Salat entschieden, welcher mich hoffentlich mit einem geruchlosen Atem und nicht aufgeblähten Bauch belohnen würde. Die normalerweise gesprächige Soldat Lotti saß apathisch am Tisch und stocherte gedankenversunken in ihrem Essen rum, bevor sie sich einen Happen gönnte. Plötzlich erblickte ich Captain Happy Meal beim Betreten des Restaurants und beobachtete ihn, wie er nach einem Platz suchte. Dabei zog er seinen Hut aus und umklammerte diesen mit beiden Händen. Sein Blick wanderte durch die leeren Sitzplätze im Restaurant und unsere Blicke trafen sich. Ich lächelte ihn an und machte zur Begrüßung eine zunickende Kopfbewegung. Er spiegelte meinen Gruß mit derselben Kopfbewegung und entschied sich daraufhin für einen Platz. Er hatte einen Tisch gewählt, der sich genau in meinem Blickwinkel befand. Ich zwang mich dazu, mich stattdessen auf Soldat Lotti zu fokussieren. Doch ihre ungewohnte Wortkargheit erschwerte mir die erhoffte Ablenkung. Obwohl ich Captain Happy Meal nicht direkt ansah, vernahm ich jede seiner Bewegungen. Er bestellte sich bei der Servierdüse Mady ein Abendessen und zückte zum Zeitvertreib sein Handy. Kurz daraufhin vibrierte es überraschenderweise in meiner Hosentasche. Ich tadelte mich selbst für meine Hoffnung, dass er mir geschrieben hätte. Wäre es peinlich, wenn ich jetzt mein Handy hervornehmen würde und die Nachricht nicht von ihm wäre? Wenn er nicht geschrieben hat, dann würde es vielleicht so wirken, als ob ich ein Spiel mit ihm spielen würde. Weil er das Handy hervorgenommen hatte, hätte ich es auch genommen und ihm noch immer nicht geantwortet. Was, wenn er dann dachte, dass ich jetzt gerade nur so getan hätte, als ob ich eine Nachricht bekommen hätte. So viele wirre Gedanken wühlten mich plötzlich auf und ich zwang mich zur Konzentration. Jemand hatte mir so oder so eine Nachricht geschrieben, die es dann zu beantworten galt. Nach dieser kurzen Debatte entschied ich mich, mein Handy hervorzukramen. Mein Herz setzte einen Schlag aus. Sein Name leuchtete auf meinem Display und ich probierte, mir die Aufregung nicht anmerken zu lassen. Ich spürte, wie er in diesem Moment zu mir rüberstarrte und gebannt meine Reaktion abwartete. Ich spielte mit der Überlegung, ob ich mein Handy wieder weglegen sollte, doch mir schien dieses Verhalten dann unnötig fies. Ich wollte ihm ja nicht das falsche Signal senden, dass ich nicht mit ihm schreiben wollte. Das Einzige, was ich wirklich wollte, war, bei ihm zu sein. Selbst wenn es in diesem Moment nur über eine Chatfunktion möglich war. Stattdessen wandte ich meinen Kopf in seine Richtung, um ihm ein zuckersüßes Lächeln zu schenken. Wie erwartet war sein durchdringender Blick auf mich fokussiert. Dabei wirkte er, als würde er diesen so lange nicht von mir abwenden, bis ich seine Nachricht gelesen hätte. Bei der Vorstellung an seinen Körper leckte ich mit der Zungenspitze über meine Unterlippe, bevor ich die Lippe unter meiner oberen Zahnreihe sanft zurückzog. Dann unterbrach ich den Blickkontakt und öffnete sein Chatfenster. «Bist du bereit für unser Meeting zur Förderung internationaler Angelegenheiten?», stand da. Seine Ausdrucksweise entlockte mir ein Schmunzeln und ich mochte ihn für seinen manchmal etwas trockenen Humor. Ich konnte mir einen amüsierten Blick zu ihm rüber nicht verkneifen und zeigte ihm mit einer aufzuckenden Augenbraue, dass mich sein Witz belustigt hatte. Soldat Lotti hatte sowieso nichts zu sagen und ich entschied ihm gleich zu antworten: «Besten Dank für die Übermittlung dieser Einladung. Leider fehlen mir noch konkrete Daten bezüglich des Meetings, damit ich eine Entscheidung zu treffen vermag.» Vergnügt legte ich mein Handy auf die Seite und empfing auch schon mein Dessert. Ich wusste gar nicht, ob dieser Glaubensansatz überhaupt eine Daseinsberechtigung hatte, doch ich war überzeugt davon, dass mein Körper durch den Verzehr von Ananasscheiben süßer schmecken würde. Schließlich machen dies Männer ja auch, damit deren Sperma angenehmer zu schlucken ist. Ich war bereit, alles daran zu setzen, um seine beiden Augen heute Abend noch zwischen meinen Beinen versinken zu sehen. Und wieder leuchtete das Handy auf: «Mein Container befindet sich oberhalb des Golden Lions. Von rechts führt eine Treppe rauf. Ich lasse die Tür geöffnet. Uhrzeit: 2300.» Ich freute mich über die Tatsache, dass er unser kleines Treffen bei sich geplant hatte. Mich beruhigte das Wissen, dass ich einfach gehen könnte, falls etwas passieren sollte. Bei One-Night-Stands traf ich mich immer lieber bei meinem Spielzeug, als dass ich es nicht mehr aus dem eigenen Haus bekommen konnte. Ich wusste nun also, wann ich wo zu sein hatte. Das rüber schleichen im Dunkeln erachtete ich als ein Leichtes, da ich schon mehrmals in das Golden Lion zu einer illegalen Party geschlichen war. Ich hatte somit noch genügend Zeit, um mich auf heute Abend vorzubereiten. Nur eine Frage stellte sich noch. Da ich während meiner Mission nicht mit Sex gerechnet hatte, hatte ich dementsprechend auch keine Verhütung eingeplant. «Wie sieht es mit dem Dokument aus, welches wir für dieses Meeting zwingend benötigen?», erkundigte ich mich in einer hastigen Nachricht. «Die britische Partei übernimmt hierfür die Verantwortung», antwortete er zu meiner Beruhigung. Hätte ich mich jetzt noch auf die Suche nach einem Kondom machen müssen, wäre die Gerüchteküche angeheizt gewesen. Man konnte in den Shops innerhalb des Geländes

Kondome kaufen, doch jeder hätte innerhalb von Tagen gewusst, dass ich dort welche eingekauft hätte. Captain Happy Meals Pizza kam an, welche er gemäß der Verpackung zum Mitnehmen bestellt hatte. Nach der Übergabe des Trinkgeldes erhob er sich vom Tisch. Es wirkte so, als ob er die Bewegung bewusst etwas verlangsamt vollzog. Er erschien mir wie ein strahlender Pokal, welcher mir als Trophäe vorgeführt wurde. Ich schaute mir genüsslich seinen sexy Körper an. Die Uniform stand ihm so gut und verlieh ihm eine anziehende Autorität. Ich wollte ihn. Hypnotisiert von seinem Abgang starrte ich in seine Richtung, als er noch ein letztes Mal den Blickkontakt zu mir suchte. Diesmal sprachen seine Augen eine eindeutige Einladung aus. Wir wussten beide, dass der Sex in wenigen Stunden versaut zu- und hergehen würde. Deswegen hatte er mich im Aufenthaltsraum gefragt, ob ich zu den Wilden gehörte. Weil wir beide voneinander erwarteten, dass das Gegenüber sexuelle Begierden hatte, welche nicht der gesellschaftlichen Norm entsprachen.

Candrissia, der Ninja

Es fehlten nur noch 10 Minuten, bis meine digitale Uhr 2300 anzeigen würde. Ich war so ultra nervös, dass ich nicht mehr stillsitzen konnte. Ich tigerte unruhig in meinem Container umher und ging noch einmal kurz meine mentale Checkliste durch. Sämtliche Körperteile unterhalb meines Halses waren bereits epiliert und mit Body-Lotion eingecremt worden. Ich hatte bewusst noch etwas Creme an meinen Nacken und Intimbereich geschmiert, damit sie mir als Parfüm dienen würde. Ich entschied mich für dasselbe Outfit wie bei unserem letzten Treffen in der Kommandozentrale. Eine körperbetonende Yogahose und darüber meinen dunkelgrauen Pullover. Meine Kleidung war unauffällig genug, sodass mich die MP draußen in der Nacht nicht beim Rumschleichen erkennen würde. Doch auffällig genug, um Captain Happy Meal einen kleinen Vorgeschmack auf meinen Körper zu gewähren. Die Auswahl bezüglich aufreizender Unterwäsche fiel einfach, da ich keine dabeihatte. Was dem am nächsten kam, war ein einziges passendes Pärchen in giftgrüner Farbe und mit etwas Spitzen verziert. Der Stoff des Tangas ließ neckisch etwas Haut des Schambeins durchblicken, gefolgt von zwei dünnen Stoffstreifen über der Hüfte. Ich hatte mir sogar die Mühe gemacht und mir gleichfarbige Socken rausgesucht. Die Haare hatte ich mit einer duftenden Haarmaske gepflegt, wodurch sie nach dem trocknen eine natürliche Wellenform erhalten hatten. Ich hatte mich gegen Make-Up entschieden, da ich nicht wusste, ob er es mir vielleicht versauen würde. Ich fantasierte darüber, ob er mich mit der Hand oder seinem Penis schlagen würde. Oder vielleicht ins Gesicht abspritzten, während ich mit offenem Mund den Geschmack seines Samens aufnehmen würde. Ich brauchte nichts weiter einzupacken, außer meinen Containerschlüssel und das Handy. Zum Glück überkam mich kurz vor Aufbruch noch die blendende Idee, meine Zimmertür einfach aufgesperrt zu lassen, damit ich geräuschlos zurückschleichen könnte. Ich wusste noch nicht, wie lange ich weg sein würde. Doch in der Stille der Nacht könnte das Aufschließen des Türschlosses jemanden auffallen. Sicherheitshalber packte ich noch meinen Vibrator mit ein. Ich wollte gewährleisten, dass ich zu meinem Spass komme. Mit dem Handy und dem Vibrator in der Bauchtasche verließ ich auf Zehenspitzen meinen Container. Ich zog die Zimmertür langsam hinter mir zu und probierte, die nicht knarrenden Holzbalken bei meinem Abgang zu erwischen. Obwohl eine Hauptstraße vom Haupteingang bis zum Wohnkomplex der Engländer führte, entschied ich mich, den hinteren Ausgang zu nehmen und mich heimlich über das Gelände des polnischen Kontingents zu schleichen. Sicher war sicher und ich wollte mir durch nichts diese Nacht verderben lassen. Ein Blick auf die rechte und linke Seite stellte sicher, dass keine MP auf der Querstraße zum Sportfeld patrouillierte. Ich sprintete schnell die Straße rüber und probierte dabei, nicht zu schwitzen. Gleich nach dem Sportplatz erwartete mich auch schon der Wohnkomplex der Engländer. Im Innenhof saßen noch einige Soldaten an den hölzernen Picknicktischen und tranken gemütlich ein Bier. Da der Innenhof von Wohnblöcken umzingelt war, brauchten sie sich keine Sorgen über eine Entdeckung durch die MP zu machen. Sämtliche Eingangstüren der zweistöckigen Containerreihen zeigten zum Innenhof. Auf den ersten Blick sah ich niemanden, welcher mich bemerken könnte und stieg langsam die Treppe empor. Das rostige Metallgitter quietschte und ich verlangsamte meine Bewegungen zu Zeitlupe.

Nichtsdestotrotz untergrub jede Stufe meine Ninja-Aktion und gab schrille Geräusche von sich. Oben angekommen, lehnte ich mich an die Wand des ersten Containers an und schaute nur mit dem Kopf um die Ecke. Sogleich zuckte ich wieder zurück, als ich auf der Terrasse zwei miteinander quatschende Gestalten erblickte. Die Eingangstür des Containers, gegen welchen ich gerade meinen Körper presste, stand einen Spalt offen. Das musste dann wohl Captain Happy Meals Container sein. Und mit dieser lauten Treppe gleich neben seinem Container hatte er mich bestimmt auch schon kommen hören. Ich zückte mein Handy und stellte als Erstes die Helligkeit niedrig. Dann öffnete ich Captain Happy Meals Chatfenster: «Mayday, Mayday! Da stehen Leute auf der Terrasse. Die Invasion kann nicht ausgeführt werden.» Ein kleiner Augenblick verging, als er auch schon antwortete: «Großbritannien steht zu Ihren Diensten.» Plötzlich unterbrach das klappernde Geräusch von Fensterrollläden die Abendruhe. Sie wurden aufgezogen, denn mein Blick fiel auf den Boden vor mir und ein grelles Licht ließ den metallischen Gitterboden glänzen. Er hatte also das Fenster geöffnet, damit ich in seinen Container reinklettern konnte. Jetzt wurde die Situation ernst und erneut überkam mich eine Welle von Lebensfreude. Ich konnte das Blut in meinen Ohren vor Aufregung rauschen hören. Ich atmete noch einmal tief ein und evaluierte, was ich gerade machte. Ich befand mich gerade auf dem Weg zu wahrscheinlich / hoffentlich richtig geilem Sex. Ich löste mich von der Wand und wagte selbstsicher einen Schritt auf die Terrasse. Mein inneres Radio untermalte die Situation mit der Titelmusik von James Bond. Die Tür hatte er zwischenzeitlich so weit geöffnet, dass sie die komplette Terrassenbreite einnahm und ich somit nicht von den Soldaten entdeckt werden konnte. Die Helligkeit aus Captain Happy Meals Container blendete mich für eine Sekunde, als ich auch schon mit dem ersten Bein den Fensterrahmen erklomm. Mir stand nicht viel mehr als eine Fußbreite zur Verfügung, da sein Bürotisch gleich davorstand. Ich probierte mühevoll, die Balance nicht zu verlieren. Ich fiel beinahe über den Tisch und stützte mich im letzten Moment noch mit dem Arm ab. Ich ärgerte mich über die Unsexyness dieser Invasion. Nachdem ich mein zweites Bein hineingeschwungen hatte, zwängte ich mich am Tisch vorbei. Captain Happy Meal zog dabei die Tür hinter sich zu und kümmerte sich sogleich um die Schließung der Fensterrollläden. Ich stand endlich in Captain Happy Meals Zimmer und blickte noch einmal zum Innenhof raus. Eigentlich wäre es cleverer gewesen, wenn er das Licht für meine Kletteraktion ausgemacht hätte. Beim direkt gegenüberliegenden Container leuchtete in der Dunkelheit die Glut einer Zigarre auf und ich erkannte eine menschliche Silhouette. Jemand saß gerade gemütlich vor dem Containereingang und hatte mich bei der unbeholfenen Kletteraktion beobachtet. Shit.

In der Höhle des Löwen

Ich konnte es nicht fassen, dass ich mich in das Zimmer von Captain Happy Meal gewagt hatte. Nun gab es kein Zurück mehr. Wir schwiegen, als er das Fensterrollo komplett runterzog. Mein Herz pochte wild durcheinander und schien sich nicht mehr normalisieren zu wollen. Meine Hände hielt ich nervös in meiner Bauchtasche und fingerte an meinem Vibrator rum. Dann drehte er sich zu mir um und wir sahen uns beide in die Augen. Die Zeit in meiner Welt kam für einen Augenblick zum Stillstand. Er machte einen Schritt auf mich zu und stand auch schon nur noch eine Unterarmlänge von mir entfernt. Ein sanft ausgesprochenes: «Hey» entwich seinen Lippen. Ich mochte das tiefe Knurren, welches seine Stimme bei der Aussprache mancher Wörter von sich gab. Hypnotisiert von seinen stahlblauen Augen grüßte ich mit einer gedämpften Stimme zurück: «Hey.» Wir sahen uns für einen langen Augenblick an und keiner wagte es, sich zu bewegen. Es hätte nur noch ein romantisches Lied im Hintergrund abgespielt werden müssen und die Intensität dieser Szene wäre oscarreif gewesen. Ich überlegte, was er sich wohl gerade dachte. Sekunden waren bereits vergangen und wir standen noch immer reglos da. Doch es war noch zu früh für unseren ersten Kuss. Dies war erst der Trommelwirbel, welcher ein bevorstehendes Spektakel ansagte. Ich beobachtete den Fokus seiner Augen und sah, wie dieser zwischen meinen Augen wechselte. Als ob er sie einzeln betrachtet hätte. Ich hatte meine Augen nie als etwas Besonderes empfunden, außer, dass ein langer dunkler Wimpernkranz sie umrandete.

Heute Abend wirkte meine Iris wie ein schwarzer Krater auf einem goldbraunen Erdberg, welcher von einem grauen Meer umzingelt war. Nichtsdestotrotz hatte ich schon von einigen meiner Exliebhabern ein Kompliment für meine Augen bekommen. Waren sie es, die Captain Happy Meal an mir gefielen? War es nur mein sportlicher Körper, an welchem er sich bedienen wollte? Oder war es ich als Mensch, den er begehrte? Für den Bruchteil einer Sekunde hinterfragte ich mich, was ich ihm eigentlich zu bieten hatte. Vielleicht sah er mich auch nur als eine Trophäe, die es in diesem testosterongeladenen Camp zu erobern galt. Die Tatsache, dass ich nicht von Beginn an auf seinen Annäherungsversuch eingestiegen war, hatte sein Eroberungsspiel sicherlich spannender gestaltet. Und die Tatsache, dass ich in diesem Moment vor ihm stand, hatte ihn zum Gewinner auserkoren. Ich unterbrach unseren Augenblick und wandte meinen Kopf ab, damit ich sein Zimmer inspizieren konnte: «Das ist also dein Reich?», stellte ich fest und drehte mich in Richtung seines Bettes. Er hatte dieses wie ich an die hintere Containerwand versetzt und somit ein Fenster zur Hauptstraße. Die Fensterrollläden dieses Fensters waren zum Glück schon unten. Neben dem Kopfende hatte er einen kleinen Nachttisch, welcher mit Dingen überhäuft war. Eine Nachttischlampe, eine offene Getränkedose, Unterlagen und obendrauf ein blaues Kulturtäschchen. Von weitem entdeckte ich die quadratische Kondomverpackung in der geöffneten Tasche. Neben dem Nachttisch stand auch schon derselbe Kleiderschrank, wie ich ihn bei mir im Container hatte. Eine Schranktür stand sperrangelweit offen und gewährte mir Einblick in seine Privatsphäre. Ich fand ordentlich aufgehängte Uniformen vor. Unten ragte eine übergroße schwarze Tasche raus, wodurch er die Schranktür nie geschlossen halten konnte. Darin befand sich seine SpliSchu und noch weitere militärische Gadgets. «Diese Tasche lässt dich fast so wirken, als ob du eine wichtige Rolle in deinem Kontingent hättest», spottete ich über die kleine Unordnung. Ich wusste, dass er durchaus eine wichtige Position führte und machte mir gerne einen Spaß daraus, ihn zu degradieren. Meistens verzog er dabei nur lässig die Miene und überspielte meine Angriffe. Doch manchmal hatte ihn dieses Verhalten dazu angespornt, mir imponieren zu wollen. Und dieser Ansatz schien mir für den Anfang dieses Abends ein guter zu sein. Captain Happy Meal, welcher wieder breitbeinig und mit verschränkten Armen vor mir stand, schmunzelte und legte dabei seinen Kopf schief. «Du kommst hier rein und beleidigst als Erstes die Vertragspartei? Ich sehe uns einer schweren Verhandlung zusteuern, Soldat Roxo», erwiderte er. Ich gab ein selbstzufriedenes Lächeln von mir und drehte mich weiter gegen den Uhrzeigersinn: «Dein Fehler liegt darin zu glauben, dass wir Vertragsparteien seien.» Ich drehte meinen Kopf nur für einen kurzen Blickkontakt zu ihm rum: «Das hier ist gerade eine Invasion mein Lieber» und zwinkerte ihm frech zu, bevor ich meine Inspektion fortsetzte. Ich hörte ihn ein leises Schmunzeln unterdrücken. Zwischen dem Schrank und meinem soeben bestiegenen Fenster befand sich der Schreibtisch, welcher als Kleiderständer missbraucht wurde. Ich vollendete meinen Kreis, machte einen Schritt darauf zu und lehnte die Hinterseite meiner Oberschenkel gegen die Tischkante. Den Oberkörper drehte ich in Captain Happy Meals Richtung. Ich genoss die Standfestigkeit, welcher mir der Tisch somit gewährte. Mein ganzer Körper schien vor Nervosität gelähmt zu sein und ich brauchte jede Stütze, die ich kriegen konnte. Wir schauten uns wieder wortlos für ein paar Sekunden an. «Habe ich Dir schon mal erzählt», unterbrach ich seine Musterung, «wie ich dich in meinem Handy gespeichert habe?» Während er lächelte, rieb er sich unsicher am Kinn. «So wie ich dich kenne, ist es sicherlich was sehr schmeichelhaftes» riet er, wobei ihm der Sarkasmus ins Gesicht geschrieben war. «In der Tat» überraschte ich ihn, «ich habe dich unter Captain Happy Meal gespeichert.» Ich entlockte ihm damit einen erstaunten Gesichtsausdruck, gefolgt von einem zufriedenen Grinsen. «Ich empfand dich bereits vom ersten Anblick an als einen Snack», beendete ich meine plumpe Anmache. Er gab ein geschmeicheltes Lachen von sich und erinnerte mich an das Ebenbild eines Schönheitsgottes. Wir standen uns ungemein nah, berührten uns jedoch noch nicht. Mir war heiß und ich probierte, meine Aufregung zu unterdrücken. Mein Hals fühlte sich so an, als ob meine wild pulsierende Halsschlagader bald sichtbar wäre. Mein Herz musste sich endlich beruhigen. Also atmete ich tief ein, jedoch so, dass er es nicht bemerken würde. Er ließ seine verschränkten Arme locker und verkleinerte den Abstand seiner Beine, gefolgt von einem halben Schritt auf mich zu. Ich konnte es nicht glauben, dass ich das machen würde. Raphaels Gesicht ließ sich gedanklich kurz blicken, doch ich sperrte es wieder weg. Ich hatte es bis hierher gewagt und würde nun keinen Rückzieher machen. Ich hatte mir während der Schießerei selbst versprochen, dass ich das Leben ausgiebig auskosten wollte. Das Leben war zu kurz, um es nicht vollkommen zu geniessen und auszureizen. Mit großen Augen sah ich Captain Happy Meal an und fragte mit einer gespielten Unschuld: «Und jetzt?» Ungewollt entwich dabei meiner Stimme vor Unsicherheit beinahe ein Flüstern. Ich wusste genau, wie er auf meine Frage antworten würde. Wie erwartet, machte er noch einen Schritt näher auf mich zu, sodass meine Brüste seinen Brustkorb berührten. Unsere Gesichter waren nur noch 1cm voneinander entfernt und ich spürte seinen heißen Atem auf meinen Lippen. Es fehlten nur noch Millimeter, bis sie sich berühren würden. Ich liebte den Moment der Ungewissheit, kurz vor einem Kuss. Wenn zwei Menschen, die sich zutiefst begehren, sich auf ihre erste Verbindung einlassen. Der letzte Augenblick, bevor man sich mit dem Gegenüber vereinen würde. Ununterbrochen starrten wir uns dabei in die Augen und ich verlor mich in deren Schönheit. Sie waren eine Farbpallette der Weltmeere. Seine

Augen hatten eine wunderschöne Katzenform. Der Wimpernkranz bestand aus langen hellbraunen Wimpern. Er hatte sich den Dreitagebart glattrasiert, wodurch seine makellose Haut zum Vorschein kam. Nur zwei hellbraune Muttermale durchbrachen die Reinheit seines leicht gebräunten Gesichtes. Ich empfand seine kantige Kieferpartie als äußerst attraktiv. Seine Oberlippe war schmal, die Unterlippe hatte eine neckische Fülle. Unsere Münder waren leicht geöffnet. Der Gedanke daran, dass ich sie gleich berühren würde, verschlug mir den Atem. Dabei drückte ich meine Oberschenkel noch etwas tiefer gegen die Tischkante. Ich brauchte vor Erregung mehr Stabilität. Erneute blitzte Raphaels Gesicht auf, bevor ich es verbannen konnte. War es das, was ich wollte? Er würde mir diesen Betrug nie verzeihen. Doch ich musste es tun; ich wollte es tun. Plötzlich gestand ich mir ein: das hier war nicht nur ein kleiner One-Night-Stand. Ich glaubte, mich in Captain Happy Meal verliebt zu haben. Er hatte den gesamten Tag meine Gedankenwelt so eingenommen, dass ich es nicht mehr verleugnen konnte. Ich wollte alles von ihm. Seinen Körper, seine Zuneigung, die Einsicht in sein wahres Ich. Ich wollte erfahren, wer er wirklich war und Teil davon werden. Er war für mich wie eine weiße Version Hackars. Hackar hatte ich als Konsequenz meines gescheiterten Selbstmordversuches für immer verloren. Mit Captain Happy Meal offerierte mir das Leben, Gott oder wer auch immer für mich zuständig war, die Chance auf einen Ersatz. Ich erkannte es in seinen Augen, dass er Hackar genau gleich war. Sie beide strahlten dieselbe Selbstsicherheit aus und waren sich ähnlich. Nur wer genauer hinschaute konnte erkennen, dass sie beide nur verletzte Seelen waren, die eine verfälschte Stärke ausstrahlten. Ich wusste, dass in Captain Happy Meal eine Dunkelheit schwirrte, die er nur den wenigsten offenbarte. Ich war mir sicher, dass ich dieselbe Finsternis auch in Hackar aufgedeckt hatte. Und beide würden sie ihre gespielte Selbstbestimmtheit überkompensieren, indem sie eine Frau im Bett wie eine Marionette genau das ausführen ließen, was sie kontrollieren konnten. Eine neue Hitzewelle durchströmte meinen Körper und ließ meinen Intimbereich pulsieren. Gleich würde Captain Happy Meal mit meinem Einverständnis Besitz von mir ergreifen und meinen Körper als sein Spielzeug missbrauchen. Er war kräftig genug, um mich gegen meinen Willen rumzutragen und nach seiner Vorstellung zu positionieren. Captain Happy Meal strahlte eine gefährliche Autorität aus, welche es ihm sogar erlauben würde, mich bei Belieben zu schlagen. Nicht so, dass ich mit blauen Flecken nach Hause gehen würde. Nur fest genug, damit für den Rest des Abends noch ein roter Abdruck als Andenken mich an denheißen Sex mit ihm erinnern würde. Meine Beine wurden beim Gedanken an ihn so schwach, dass ich meine Oberschenkel noch ein Stückchen gegen die Tischkante drückte. Durch den Druck versetzte sich der Tisch ein Stück weit nach hinten und sorgte für einen größeren Abstand zwischen unseren Mündern. Die abrupte Bewegung erschreckte uns beide, wobei der Augenkontakt nie unterbrochen wurde. Ich starrte noch immer in die endlosen Tiefen des Ozeans, als ich an meinen beiden Ellenbogen spürte, dass seine Hände mich umklammerten. Die erste Berührung sorgte für ein nervöses Prickeln auf meiner Haut. Ich spürte seinen warmen Griff durch meinen dunkelgrauen Pullover durch. Die Hand an meinem rechten Ellenbogen bewegte sich in die Richtung meiner schmalen Taille runter und umfasste sie. Zeitgleich schleifte die andere Hand bei meinem linken Ellenbogen den Oberarm entlang rauf. Mit einem gefährlichen Lächeln näherte sich sein Gesicht und erinnerte mich an einen sich heranpirschenden Löwen. Er hatte seine Beute bis zur Wand getrieben. Es gab nun kein Entfliehen mehr und ich spürte, wie er sich für den finalen Akt der Jagd vorbereitete. Sein Becken presste er an meines und stützte seinen Oberkörper an meinem ab. Meine Brüste berührten wieder seinen strammen Brustkorb. Mit einer Hand umfasste er meinen Hals und Nacken, damit ich nicht noch ein zweites Mal zurückweichen könnte. In dem Moment, als er seine Lippen auf meine drückte, schloss ich überwältigt meine Augen. Die Berührung unserer Lippen löste eine energetische Welle aus, welche meinen gesamten Körper durchflutete. Ich wollte jeden Moment dieses Kusses spüren und erleben. Zuerst vernahm ich die Kühle, da er seine Unterlippen leicht angefeuchtet hatte. Obwohl seine Lippen eher schmal waren, genoss ich die Glattheit der Haut. Ich spürte sein rasiertes Kinn, denn die raue Haut kratzte ganz fein an meiner. Ich roch die feine, alkoholische Note seines Aftershaves und merkte, wie mich sein männlicher Körpergeruch etwas entspannte. Sein Geruch entsprach genau meinem Beuteschema und törnte mich an. Was als zögerlicher Kuss begann, verwandelte sich nach nur wenigen Sekunde zu einem leidenschaftlichen Tanz unserer Zungen. Der langanhaltende Kuss war feucht und brachte mich zum Verzweifeln. Ich wollte mehr, jedoch wartete ich geduldig auf seine nächste Mundbewegung. Er hatte sich zuvor die Zähne mit einer Zahnpasta geputzt, welche glücklicherweise den reinlichen Geruch von Pfefferminze hinterlassen hatte. Er setzte genau das richtige Maß an Zungenwendungen ein, wodurch mein Mund nicht gleich als Auffangbecken seiner Spucke diente. Manchmal entzog er mir seinen Mund und streifte mit seiner Zungenspitze meine Zunge entlang. Dann holte er wieder Anlauf und umschloss mit einem etwas weiter geöffneten Mund meinen. Ich genoss seine perfekt getimten Pausen, in denen er die Intensität des Tangos unserer Zungen wieder etwas abflachen ließ. Jedes Mal löste er Verlustängste in mir aus, wenn er seinen Mund zurückzog und nur meine Unterlippe küsste. Doch immer wieder öffnete er seinen Mund und vereinte sich mit meinem. Unser erster Kuss war einfach perfekt.

Wie ein braves Mädchen (18+)

Während seine rechte Hand noch immer meinen Nacken umklammerte, zog er mit der linken Hand meinen Oberkörper näher zu sich heran. Ich spürte seine Körperwärme durch meine Kleidung und legte meine Hände um seine Taille. Dabei berührten meine Daumen seine stramme Bauchdecke, welche mich noch heißer einstimmte. Der Aussicht auf ein verhofftes Sixpack würde ich später noch nachgehen. Der letzte funktionierende Funken in meinem Verstand, welcher beim Gedanken an Raphael aufgeflammt war, verflüchtigte sich wie ausgeblasener Zigarettenrauch. Dieser Moment gehörte nur mir und Captain Happy Meal. Während unsere Zungen weiterhin miteinander rangen, stellte ich mich kurz auf meine Zehenspitzen und probierte, mich auf den Tisch hinter mir zu setzen. Seinen Griff um meinen Nacken hielt er jedoch so streng, dass ich mit meinem Oberkörper nicht nach hinten ausweichen konnte. Also umklammerte ich mit den Beinen seine Hüfte und hob mich auf die Tischkante. Er wechselte seinen Griff zur Haarpartie meines Hinterkopfes. Er löste den Kuss auf, indem er meinen Kopf an den Haaren von sich wegriss. Ich öffnete sogleich meine Augen und blickte verwundert in die seinen. «Öffne mein Hemd», befahl er mir mit seiner tief vibrierenden Stimme. Er löste seine Hand von meiner Taille. Nichts in mir strebte danach, seine Befehlsgewalt über mich zu untergraben. Das Einzige, was ich in diesem Moment zu machen hatte, war seiner Anweisung gehorsam Folge zu leisten. Er brachte einen halben Schritt Abstand zwischen uns, damit ich besser hingreifen konnte. Während meine Hände sich an die Öffnung der fünf Knöpfe machten, umklammerte seine andere Hand noch immer meinen Haaransatz. Die Dominanz stand ihm verführerisch gut. Sie war wie eine Ritterrüstung, welche für seine Statur gegossen worden war. Mein Körper bebte vor Vorfreude. Unter dem Hemd enttäuschte mich ein olivgrünes Unterhemd, welches auch bei den Briten Bestandteil der Grunduniform war. Als das Hemd offen war, griff ich nach den beiden Enden seines Kragens und stülpte es über seine Schultern. Er ließ sogleich beide Arme locker und sah mir dabei zu, wie ich sein Hemd auf den Boden warf. Das Unterhemd zog er selbst aus. Ich genoss den unverschämten Anblick auf seinen perfekt trainierten Bauch, während sein Gesicht durch das Shirt verdeckt war. Die angespannte Bauchmuskulatur erinnerte mich an einen Laib Brot, welcher sich aus sechs Brötchen zusammensetzte. Während er die Arme ausfädelte, geilte ich mich an den aufzuckenden Muskelsträngen seiner durchtrainierten Oberarme auf. Sein Unterhemd glitt auf den Boden und ich war als nächste an der Reihe. Ich überkreuzte meine Arme, um mir den Pullover auszuziehen. Mit einer verneinenden Kopfbewegung und schnalzender Zunge hielt er unerwartet meine Hände fest: «Daddy kümmert sich darum.» Genau wie Hackar, dachte ich mir. Ich stellte meinen Oberkörper senkrecht auf und winkelte meine Arme nach oben. Mit jedem Stück Stoff, welches er langsam meinen Oberkörper rauf zog, umfasste mich die Kälte seines Zimmers. Was hätte ich dafür gegeben, um seinen verstohlenen Blicken zu folgen, während mein Gesicht durch den Pullover verdeckt war. Ich war mir sicher, dass er von meinem Tattoo unterhalb meiner Brüste eingenommen war. Es war doch größer als meine Handfläche. Unterhalb des Brustbeinknochens zierte ein türkisgrüner Malachit das Zentrum zwischen den Brüsten. Der Stein war eingebettet in symmetrische schwarze Ketten und Blattmuster, welche gesamtheitlich wie ein Kronleuchter wirkten. Das Tattoo hatte ich durch zwei Dermal-Piercings noch komplettieren lassen, die meine Haut mit echten türkisfarbenen Steinen verzierten. Dieses Tattoo hatte ich während der Kunsttherapie in der Klinik selbst entworfen. Nicht das Motiv an und für sich, sondern der Entstehungsgrund war eine Erinnerung an mich, dass ich für mich leben wollte. Dass ich mich nicht mehr den gesellschaftlichen Normen und Erwartungen beugen sollte, sondern das Einzige machte, was ich konnte. Und zwar mich selbst sein. Als mein Blick endlich vom Pullover befreit war, ertappte ich ihn bei der Musterung meiner Piercings. Seinem faszinierten Blick war klar abzulesen, dass ihn der Anblick antörnte. Den Pullover legte er gedankenversunken hinter sich ab, während ich warnte: «Vorsichtig! Da ist ein Vibrator drin...» Captain Happy Meal lachte selbstgefällig auf: «Den wirst du aber nicht brauchen. Daddy wird sich gut um dich sorgen.» Er streichelte mir zärtlich eine wellige Haarsträhne hinter das Ohr. Dann wanderte sein Blick zu meinen Brüsten. Mit einem Finger streichelte er sanft über die entblößte Brustpartie oberhalb des Büstenhalters. Ich wartete gespannt darauf, wo er mich als Nächstes anfassen würde. Sein Finger wanderte meinen Busen entlang zum grünen Träger. Mit einem schnellen Fingerschnippen schob er den Träger runter, sodass dieser über meinem Oberarm hing. Er streifte mit dem Zeigefinger mein Dekolleté entlang, rüber zum zweiten Träger. Ich probierte, meine Atmung abzuflachen. Ich wollte nicht, dass meine Körpersprache meine Ungeduld preisgab. Ich verfolgte die Wanderung seiner Augen und stellte mir vor, was er wohl gerade fühlte. Ich wusste, dass alles in mir nach dieser Berührung bettelte. Die Zeit fühlte sich verlangsamt an, während er meinen umhüllten Körper aus dessen Schichten schälte. Als seine Augen wieder zu mir blickten, wartete ich brav darauf, dass der zweite Träger fallen würde. Captain Happy Meal stellte seinen Kopf schräg und unterbrach sein Vorhaben: «Nein, noch nicht...» Als ob er seiner Gier Einhalt geboten hätte, zuckte seine Hand zurück und er nahm einen Schritt Abstand von mir. Er betrachtete mich, als ob ich ein Ausstellungsstück in einem Museum sei. Mit den Händen machte er sich an die Öffnung seiner Hose. Zuerst wurde der Knopf gelöst, bevor er den Hosenschlitz runterzog. Seine Bewegungen wirkten auf mich wie die eines privat gebuchten Strippers, welcher sich während der Show seiner militärischen Uniform entledigte. Ich schloss meine Beine und stützte meinen Oberkörper mit ausgestreckten Armen während der Aufführung am Tisch ab. Mit beiden Händen griff er an die Seiten seiner Hose und zog diese runter. Dann stellte er sich wieder gerade hin und meine Fantasie drehte beim Anblick seiner militärgrünen Unterhose durch. Durch den lockeren Stoff konnte ich bereits erkennen, dass ich mir einen Jackpot geangelt hatte. Der leicht erregte Penis drückte sich durch den dünnen Stoff und richtete sich langsam in meine Richtung auf. Er schlüpfte mit dem ersten Bein aus einem Hosenbein. Dann winkelte er das zweite Bein an, umklammerte mit dem Fuss den Stoff und kickte die Hose lässig auf die Seite. Zögerlich zupfte er an seiner Boxershorts rum und sah an seinem eigenen Körper runter. Während eines Bruchteils einer Sekunde konnte ich eine Unsicherheit erkennen, die ihn beschäftigte. Grundlos, meiner Meinung nach. Ich genoss den Anblick und empfand ihn wie einen Nachtisch für die Augen. Er hatte lange Beine, die athletisch trainiert waren. Ich erkannte die Umrisse eines knackigen Poos und wanderte mit dem Blick zu seinem Bauch. Der Oberkörper war schlank und muskulös. Seine Brustmuskeln straff und kräftig trainiert. Was mich am meisten anturnte, war der definierte Trapezmuskel, welcher die Schultern mit dem Hals verband. Dieser war bei Captain Happy Meal so stark ausgeprägt, dass der Muskel zwischen Halt und Schulter eine Wölbung formte. Sein Oberkörper glich einer Bulldogge. Seine Körperdomina wechselte die Unsicherheiten durch Machthunger aus. Ich konnte die Gier in seinen Augen brennen sehen. Als er wieder zu mir blickte, saß ich noch immer auf der Tischkante und winkelte intuitiv meine Beine an. Genauso, wie er mir vorher den Pullover ausgezogen hatte, würde mir Daddy nun auch die Hose runterziehen. Captain Happy Meal machte zielstrebig einen Schritt auf mich zu und umklammerte mit groben Handgriffen seitlich meinen Hosenbund. Während er an ihm zupfte, stütze ich mein Becken mit meinen Oberarmen vom Tisch ab. Er lächelte mich mit einem Hauch von Vorfreude an. Als die Hose bereits über den Knien war, realisierte ich ein Hindernis. Ich trug noch immer meine Turnschuhe und er würde die Yogahose nicht über die Schuhe stülpen können. Doch ich entschied, zu schweigen und den Mann mal machen zu lassen. Captain Happy Meal hatte die Hose bereits bis zu den Fussgelenken runtergezogen, als er die Schuh-Problematik erkannte. Mit einer Hand umklammerte er meine beiden Fussgelenke, während die zweite Hand mich nacheinander meiner Schuhe entledigte. Diese wurden achtlos zur Containertür geschmissen. Die Hose zog er nun problemlos aus und ließ sie auf den Boden fallen. Jetzt fehlte nur noch die Unterhose, dachte ich mir. Ich bereitete mich körperlich darauf vor, meinen Hintern erneut vom Tisch anheben zu müssen, damit er sie mir ausziehen konnte. Stattdessen zwängte er seine beiden Hände zwischen meine Knie und spreizte meine Beine auseinander. Gebannt beobachtete ich ihn, wie er sogleich auf seine Knie zu Boden sank und zwischen meinen Schenkeln abtauchte. Ich probierte, die Röte zu unterdrücken, die meine Wangen durchblutete. Wie oft hatte ich mir diese Intimität vorgestellt und konnte es nicht fassen, dass sich meine Tagträume gerade bewahrheiteten. Mit einem Finger schob er meinen grünen Tanga auf die Seite, sodass eine Schamlippe offen lag. Also zückte er den Tanga noch weiter zur Seite und ich spürte einen kühlen Luftzug an meiner feuchten Vulva. Ihm beim Ausziehen zuzusehen hatte mich bereits so scharf gemacht, dass meine Pussy vor Begierde triefte. Während die eine Hand das Höschen festhielt, streichelte sein Zeigefinger der anderen Hand meine Schamlippen. Als ob er sie sanft begrüßte und sich ihnen vorstellte. Sein Blick schien jedes kleinste Detail meines Intimbereiches zu analysieren. Das Streicheln meiner Lippen verlangsamte sich und ich spürte, wie seine Fingerspitze zum nassen Eingang schlich. Ich wollte seinen Finger in mir spüren und mein Bauch zuckte vor Aufregung. Bei der feuchten Öffnung angekommen, glitt er ohne grossen Aufwand in mich rein. Ich spürte, wie lang sein Finger sich anfühlte, denn das Gefühl des Reingleitens nahm kein Ende. Er durchbohrte mich so tief, bis ich seine Fingerknöchel an meinen Schamlippen fühlte. Langsam entzog er seinen Finger wieder, doch ich wollte ihn noch einmal spüren. Meine Bitte wurde erhört und er glitt erneut gemächlich rein. Seinen Blick hatte er diesmal auf mich gerichtet. Als er den Finger wieder rauszog, biß ich verzweifelt auf meine Unterlippe. Ich war kurz davor, nach mehr zu flehen. Plötzlich spürte ich den kantigen Ansatz einer weiteren Fingerspitze bei meiner Öffnung. «Ich glaube», behauptete er, «da passt noch mehr rein...» Erneut glitt er ohne jeglichen Aufwand in mich rein und füllte mich mit zwei Fingern aus. Er verweilte für ein paar Augenblicke in einer rhythmischen Bewegung und ich schloss meine Augen. Ich genoss das Gefühl, von seiner Hand verwöhnt zu werden. Ich war ihm durch meine Pose komplett ausgeliefert und wollte, dass er mit meinem Körper spielte. Er wurde langsamer, bis er zum kompletten Stillstand gelangte. Also öffnete ich wieder meine Augen. Er sah mir direkt in die meinen und begann mit dem Rückzug seiner Finger von meinem Eingang. Dann setzte er sich gerade auf, nahm seine beiden Finger zum Mund und leckte einmal über die feuchten Stellen. Ich fürchtete mich jeweils vor diesem Moment. Ich hatte Angst, dass meine Ausscheidung keinen guten Geschmack haben könnte, da diese von der

Ernährung abhing. «Du schmeckst lecker», beruhigte er mein Bangen und ließ das Höschen wieder an seinen Platz zurückspringen. Captain Happy Meal stand auf und ich tat es ihm gleich. Wir standen uns gegenüber und musterten uns gegenseitig. Ich fasste wie ein schüchternes Mädchen die Konturen seines Sixpack-Brötchens an und wanderte mit den Händen zu seinen muskulösen Oberarmen. Ich wollte seinen Körper anfassen, um mich selbst von dessen Strammheit zu überzeugen. Captain Happy Meal stand stolz wie eine Statue da und ließ sich von mir erkunden. Ich war seine persönliche Sklavin, die ihren Meister verehrte. Mein Blick wanderte von seiner Schulterpartie seinen Hals entlang nach oben. Sein Gesicht zierte ein selbstgefälliger Blick, da er von sich und seinem Körper überzeugt schien. Als ich wieder in seine Augen blickte, erlaubte ich mir den neckischen Kommentar: «Damit lässt sich arbeiten» und grinste ihn verschmitzt an. Er gab ein kurzes Lachen von sich und wandte dabei seinen Kopf auf die Seite. Seine langen Haare schwangen zeitversetzt mit. Er erschien mir wie das Model einer Shampoo-Werbung, welches von der Deckenlampe vorteilhaft beleuchtet wurde. Nun war ich an der Reihe mit spielen. Ich sank mit den Knien zu Boden und griff zeitgleich an die Seiten seiner Unterhose. Ich sah seinen Bauchnabel, welcher mit feinen dunkelbraunen Haaren umzingelt war. Ich folgte der haarigen Spur seiner Männlichkeit und gelangte zum Bund. Ich zog langsam den Stoff runter und wurde von einer frisch rasierten Intimzone begrüsst. Ich zog die Unterhose weiter runter und erkannte bereits den Anfang seines Schafts. Während die Boxershorts reibungslos abwärts glitt, erblickte ich die Dicke seines Penis und verglich ihn mit einer großen Karotte. Nach einer guten Handlänge begrüßte mich die Eichel, welche durch den erigierten Zustand des Penis bereits ungeduldig auf mich wartete. Der Penis peilte mich an und hatte nur einen leichten Rechtsdrall. Seine Hoden waren etwa so gross wie ein Tischtennisball und hatten eine ästhetisch schöne, pralle Form. Ich überlegte, ob ich seinen Ständer bereits in den Mund nehmen sollte, entschied mich jedoch zuerst noch für die Rolle der Untergebenen. Ich zog den olivgrünen Stoff bis zu seinen Füssen runter und bückte mich ehrfürchtig zu Boden. Er hob automatisch zuerst den einen Fuss an, damit ich den Stoff unten durchziehen konnte und wechselte anschließend das Standbein. Die Boxershorts ließ ich vor ihm auf dem Boden liegen und drehte nur meinen Kopf zu ihm. Dann pirschte ich langsam bis zu seinem Penis wieder rauf und hielt dem Blickkontakt stand. Mit den Händen streichelte ich seine Oberschenkel entlang und verharrte um sein Schambein rum. Obwohl ich ihn schmecken wollte, wartete ich zuerst noch seinen Befehl ab. Er verstand und brummte: «Du darfst ihn in den Mund nehmen.» Ich gehorchte, öffnete meinen Mund und streckte die Zunge flach raus. Ich hatte mir mit 18 Jahren ein Zungenpiercing stechen lassen, welches weit genug hinten angebracht worden war, sodass es meine Gesprächspartner in der Regel nie bemerkten. Captain Happy Meals überraschtem Anblick konnte ich ablesen, dass auch ihm der türkisfarbene Kristallball bei Gesprächen noch nie aufgefallen war. Ich liebte das Gefühl der Unberechenbarkeit und war überzeugt davon, dass mein Typ Mann dies als ein attraktives Attribut von mir empfand. Ich umkreiste im Uhrzeigersinn jede Stelle seiner rosaroten Eichel mit meiner angefeuchteten Zungenspitze und rollte dabei mit dem metallischen Piercing mit. Bisher hatte das Extra allen meinen Liebhabern gefallen. Einen Geschmack erkannte ich noch keinen, da die Zungenspitze nur für die Erkennung von Salz und Süße zuständig war. Meine linke Hand umklammerte den Schaft seines Gliedes. Die andere streifte zu seinen Eiern runter und hielt sie sachte fest. Meine Zunge wechselte die Richtung und zirkelte noch einmal um die Eichel. Eine Hand begann die Hodensäcke mit feinen Bewegungen zu massieren. Als ob zwei Kugeln sich vom Wasser treiben ließen, imitierten meine Finger eine Wellenbewegung. Der Einbruch der Welle begann mit dem kleinsten Finger und die anderen folgten der Reihe nach dem Flow. Die unterschiedlichen Druckstellen simulierten somit eine Massage der kugelförmigen Eier. Es folgte der Rückzug der Welle mit dem kleinen Finger. Der Daumen umkreiste abwechseln die Oberseite der Eier. Ich drückte meinen Kopf gegen seinen Penis und nahm seinen Schaft so tief es ging in den Mund. Es roch nach einem männlichen Duschmittel, mit dem er sich wohl an diesem Abend gereinigt hatte. Captain Happy Meal gab ein zufriedenes Stöhnen von sich und ließ seinen Kopf nach hinten sacken. Da ich nicht mehr in seinem Visier war, entspannte ich meinen Blick zur Decke und somit meinen Nacken. Den Kopf schob ich von vorne nach hinten, während meine Zunge noch immer die Eichel umrundete. Ich konnte den Penis nicht ganz in den Mund nehmen, ohne dabei einen Würgereflex auszulösen. Ich wollte ihm damit zudem noch etwas Spielraum lassen, für den Fall, dass er mich dazu zwingen wollte. Als ob er meine Gedanken gelesen hatte, packte er wieder den Haarschopf an meinem Hinterkopf und drücke mein Gesicht zu sich ran. Ich spürte, wie seine Eichel meinen Rachen kitzelte. Um keine Schwäche zu zeigen, unterdrücke ich den Würgereflex und sah wieder unterwürfig zu ihm rauf. Sein Gesichtsausdruck gab mir zu verstehen, dass er die Oberhand über mich hatte. Was er wollte, würde geschehen. Die Lampe über ihm warf einen Schatten über sein Gesicht, während er mich beobachtete. Die Schattierung unter den Augen verlieh ihm eine bösartige Ausstrahlung, doch ich wollte in diesem Moment nichts mehr, als ihn auszusaugen. Wann immer er mir seinen Penis in den Mund rammte, hielt ich die Lippen um den Schaft verschlossen und saugte daran. Wir verharrten in dieser Position für etwa eine halbe Minute und ich spürte, wie er in den Knien lockerer wurde. Es wirkte, als ob ihm mein Handwerk gefiel. Obwohl ich mir große Mühe gab, ihn vollkommen zu befriedigen und dabei noch die Hoden zu massieren, wollte ich nicht, dass er mir schon in den Mund spritzte. Also hörte ich einfach auf. Ich zog meinen Kopf zurück und setzte mich auf meine Unterschenkel. Seine Mine verfinsterte sich und er riss gewaltvoll an meinen Haaren. Mit einem gefährlich bösen Unterton forderte er nach meiner Begründung: «Habe ich gesagt, du sollst aufhören?» Seine Stimme war ruhig und bestimmt gewesen. Doch ich konnte ihr entnehmen, dass er gar nicht mit meinem abrupten Abbruch zufrieden war. Ich hielt seinen strengen Blick stand und stellte mich auf die Rolle einer trotzigen Göre ein. «Nein», begann ich mich zu rechtfertigen, «aber ich habe keine Lust mehr darauf.» Ich erkannte, wie er seine Frustration bändigte, doch der kräftigere Handgriff an meinem Haarschopf gab sie preis. Ich lächelte ihn herausfordernd an und erwartete bereits gespannt meine Bestrafung für mein freches Benehmen. Mit der anderen Hand verpasste er mir eine mittelsanfte Ohrfeige. Die Züchtigung schmerzte nicht wirklich. Er zog meine Haare zu sich rauf, damit ich aufstand. Ich stellte mich ebenbürtig vor ihn hin und verschärfte meine Herausforderung mit einer selbstsicheren Körperhaltung. Er würde mehr wie nur eine Ohrfeige brauchen, um mich zu zähmen. Er konnte dies meiner Mimik ablesen und stellte sich darauf ein, dass ich noch etwas mehr Härte ertragen konnte. Plötzlich riss er meinen Kopf von sich weg, schubste meine rechte Schulter an und ich drehte mich in Richtung des Bettes. Dann stieß er mich mit einer Hand an meinem Kopf und mit der anderen Hand an meinem Rücken dem Bett zu. Beinahe fiel ich um, konnte mich jedoch mit den Händen gleich an der Matratze abstützen. Er nützte meine über das Bett gebückte Körperhaltung aus und schlug mit seiner flachen Handfläche über meine rechte Pobacke. Der Schlag war stark genug gewesen, um mir einen kleinen Aufschrei zu entlocken. Zurück blieb ein surrendes Gefühl. Dann zog er in einem brutalen Ruck meine Unterhose runter. Ich hatte gerade noch Zeit, um mich mit den Füssen aus den Öffnungen des Spitzenstoffes zu befreien, als er mich heftig zu fingern begann. Er winkelte seine Finger so an, dass er meine Lieblingsstelle penetrierte. Ich unterdrückte die Lust, befriedigtes Stöhnen von mir zu geben. Das Fingern jetzt, hatte keine Ähnlichkeiten mehr mit seiner Entdeckungsreise zu Beginn. Ihm ging es nur darum, mir zu zeigen, wer die Oberhand hatte. Als ihm langweilig wurde, drehte er mich erneut kraftvoll zu sich um. Mein Körper fühlte sich wie eine Spielpuppe an, die in die Hände eines ruppigen Jungen gelangt war. Schwungvoll wirbelte er sich Captain Happy Meal zu, als auch schon der nächste Stoß erfolgt. Mit beiden Händen schubste er meinen Körper zur Matratze runter, welche zum Glück weich genug war, um mich sanft aufzufangen. Er beugte sich mit seinem nackten Körper über mich. Ich genoss die Wärme seines Brustkorbes auf meinem und spürte seine Eichel am Ansatz meiner Vulva. Mit großen Augen sah ich ihn an, denn ich wollte nicht, dass er ungeschützt in mich eindrang. Dann ordnete er an: «Sei ausnahmsweise ein braves Mädchen und beweg dich nicht.» Sein Sexappeal war getrieben von Macht und Beherrschung. Genau wie bei Hackar. Da ich ihn ja verführen wollte, entschied ich mich dazu, ihn noch nicht zu sehr herauszufordern. Ich erstarrte in meiner derzeitigen Körperhaltung und beobachtete, wie er sich zum Kleiderschrank umdrehte. Er öffnete die verschlossene Tür und entnahm einem Fach ein schwarzes Seil. Wo er dieses wohl besorgt hatte? Er schloss die Tür wieder und wandte sich wie ein Dompteur seinem störrischen Tier zu. Seine Gangart war überheblich, denn er wusste, dass ich gehorsam seine Rückkehr abwartete. Mit einer Hand spreizte er meine Beine und sah meinen Intimbereich an. Dann bückte er sich über mich drüber, sodass sein ganzer Körper auf mir lag. Ich spürte seinen angeschwollenen Penis gegen mein

Schambein drücken. Ich konnte meine Vorfreude auf das Gefühl seines langen Gliedes kaum abwarten. Er griff nach meinen Händen und zauberte mit schnellen Handgriffen Handschellen. Deren losen Enden wurden an die hintere Bettkante geknotet. Ich begrüßte das Gefühl der Gefangenschaft, welches mir wie ein alter Freund erschien. Es war ein mir altbekannter Zustand. Jetzt gab es definitiv kein Entkommen mehr vor ihm. Ich hatte ihm freiwillig die komplette Gewalt über mich ausgehändigt. Er stützte seinen auf mir lastenden Oberkörper wieder ab und wanderte zwischen meine Beine. «Du hast dir also vorhin einfach so gedacht», knurrte er mit einem tiefen Brummen, «dass du keine Lust mehr hast, mir einen zu blasen?» Ich getraute mich nicht, ihm zu antworten, als auch schon unerwartet ein feiner Schlag auf meinen Venushügel mir einen stillen Schrei entlockte. «Wieso gehst du in erster Linie überhaupt davon aus» setzte er fort, gefolgt von einem erneuten stärkeren Schlag auf meine Schamlippen, «dass mich deine Lust kümmert?» Erneut etablierte er Dominanz, indem er mir diesmal die Klitoris tätschelte. Ich unterdrückte meinen Aufschrei, damit sein Zimmernachbar nicht über seinen Frauenbesuch Bescheid wusste. Ich war Pussy Slaps von Hackar gewohnt gewesen und freute mich darüber, dass auch Captain Happy Meal sich ihrer bediente. Wieder rammte er seine beiden Finger in mich rein und winkelte sie leicht an, sodass er mit den Fingerspitzen das Nervengeflecht an der oberen Decke stimulierte. Eine Technik, welche vor allem von den Männern genutzt wurde, die davon überzeugt waren, den mysteriösen Standort des G-Punkts einer Frau zu kennen. «Es ist ganz einfach», säuselte er mir ins Ohr, während er sich mit seiner Handbewegung Aufmerksamkeit verschaffte. «Wenn du willst, dass ich damit weiter mache», erpresste er mich und setzte die regelmäßigen Stöße fort, «dann erwarte ich von dir, dass du dich brav verhältst.» Die Bewegungen verlangsamten sich, also nickte ich ihm stumm zu und willigte somit in seine Bedingung ein. Ich wollte nichts mehr, als seine Augen zwischen meinen Beinen versinken zu sehen. «Wir werden niemandem was davon erzählen, ja?» fuhr er mit gedämpfter Stimme fort, «das bleibt ein kleines Geheimnis zwischen dir und deinem Daddy.» Ich starrte ihn an und dachte über seinen letzten Satz nach. Er hatte es so klingen lassen, als ob der Sex zwischen uns verborgen bleiben müsste. Wieso wohl? Stellte er sich mich als jemand anderen vor, mit dem der Sex verboten wäre? Er hatte mir die Verwirrung wohl angesehen und erklärte: «Ich habe ein Ding für die Unschuld 17jähriger, minderjährige Mädchen.» Eine Fantasie, die ich mit meiner äußerlichen Erscheinung als bald 30-jährige Frau wohl kaum gerecht werden konnte. Das Einzige, was mir in diesem Fall übrigblieb, war in die Rolle eines 17-jährigen unerfahrenen Mädchens zu schlüpfen und zu seinem Vergnügen mitzuspielen. Voller Begierde verfolgte ich seine blauen Augen, die wie ein Sonnenuntergang hinter meinem Schambein verschwanden. Und endlich spürte ich seine nasse Zungenspitze meine Schamlippe ablecken. Er nahm diese in den Mund und saugte leicht an ihr. Dann wechselte er die Seite und gab der anderen Lippe einen Kuss. Als Nächstes wanderte seine Zungenspitze zu meiner Öffnung. Er leckte einmal kräftig rein und ließ sie noch nasser zurück. Dann blies er sanft auf die angefeuchtete Stelle, was mir ein Schaudern den Rücken hinunterlaufen ließ. Die Zungenspitze wechselte zu meiner Klitoris und die erste Berührung ließ meine Beine vor Erregung zucken. Ich spürte anhand der Wärme, dass sein ganzer Mund meine Pussy umfasst hatte, während seine Zunge leichte, kreisende Bewegungen machte. Dieser Kuss war für mich die Definition einer zärtlichen Liebkosung und ich genoss jede Millisekunde. Ich hatte nicht einmal gemerkt, dass ich vor Lust die Augen geschlossen hatte, um mich auf jede seiner Bewegungen einlassen zu können. Als ich wieder zu meinem Becken schaute, ertappte ich ihn, wie er mich bei meinem Kontrollverlust beobachtet hatte. Noch während seine Zunge meine Klitoris in regelmäßigen Abständen ableckte, spürte ich, wie zwei Fingerspitzen sich an meine Öffnung rantasteten. Er wechselte die Richtung seiner Zungenbewegung und drang allmählich komplett in mich ein. Nach einer unendlichen Reise fühlte ich wieder die Fingerknöchel an meinem Schambein. Man, konnte Captain Happy Meal gut lecken. Und da ich ein Fan von positiver Bestärkung bin, stöhnte ich mit einer naiven Stimme: «Oh Daddy, das fühlt sich richtig gut an.» Normalerweise musste ich mir noch mental einen BDSM-Porno im Kopf ausdenken. Doch seine Koordination von Zunge und Fingern war hervorragend, sodass ich mich nur auf seine Anwesenheit fokussierte und ihn genoss. Immer wieder glitt er in mich rein und streichelte innerlich meine Bauchdecke, während seine Zunge ununterbrochen kreisende Bewegungen machte. Er sorgte für Abwechslung, als er meine Klitoris mit den Lippen umfasste und sanft daran zu saugen begann. Das Gleiten der Finger verwandelte sich unbemerkt zu einem Rammen und ich genoss die zunehmende Intensität der Stimulation. Ich spürte, wie meine Beine unkontrolliert vibrierten. Ich fühlte den Zwang, ihn erst um Erlaubnis fragen zu müssen, ob ich kommen dürfte: «Daddy, darf ich kommen?» «Noch nicht», verbot er mir. Ich musste tief einatmen, um dem Gefühl des Orgasmus nicht zu verfallen. Er hatte es mir noch nicht erlaubt und das Spiel setzte voraus, dass ich gehorchen musste. Er verlangsamte seine Handbewegung, doch ich wollte nicht abwarten müssen. Ich wollte kommen und flehte mit einer etwas lauteren Stimme: «Daddy, bitte. Darf ich kommen?» Erneut löste er seine Zunge von meiner Klitoris und befahl mit herrischer Stimme «noch nicht!» Zur Strafe entzog er mir seine Finger und tätschelte erneut auf meine Klitoris. Die kleine Pause der Zunge verschaffte mir eine kleine Unterbrechung von der geilen Stimulation, wodurch ich den Orgasmus noch etwas weiter zu verzögern vermochte. Während er nur um meine Schamlippen streichelte, starrte er mir ununterbrochen in die Augen. Sein herausfordernder Blick bestätigte, dass er in der Rolle des Masochisten aufblühte. Er drang noch einmal tief mit den Fingern ein und beobachtete mich, wie ich lustvoll meinen Kopf nach hinten kippte. Er hatte mich wortwörtlich im Griff und die Entscheidungsgewalt darüber, ob ich kommen durfte oder nicht. Als er die Finger wieder rauszog, stand er unterwartet auf. Ein erneuter Pussy Slap ließ mich leicht aufstöhnen. Ich richtete meinen Kopf wieder auf und suchte verzweifelt nach dem Grund, warum er aufgehört hatte. Er drehte sich seitlich und machte einen Schritt auf seinen Nachttisch zu.

Verbunden (18+)

Captain Happy Meal griff nach der Kondompackung in seinem Kulturtäschchen, biss wie ein Tiger mit seinem Eckzahn auf die eine Kante und riss die Packung auf. Ich belauerte ihn, wie er sich das cremefarbene Kondom über seinen erigierten Penis streifte. Als er sich wieder mir zuwandte, ergriff er meine beiden Füsse und hob mich längs in sein Bett. Da meine Hände noch immer an der Bettkante fixiert waren, konnte ich nichts weiter tun, als meinen Körper bei der Vorführung seiner Manneskraft zu beobachten. Dann probierte er wieder, meine Beine auseinander zu spreizen, welche ich zum Trotz zusammengekniffen hielt. Ich konnte mir selbst nicht erklären, wieso mir Gehorsamkeit intuitiv widerstrebte. Sein provoziertes Ego ließ seine Augen gefährlich funkeln und er sah dabei betörend heiß aus. Er griff brüsk nach meinen beiden Fussgelenken, streckte sie in die Luft und entblößte somit meine Pobacken. Mit der anderen Hand gab es zur Züchtigung meiner Rebellion einen stärkeren Hieb auf die nackte Haut. Ich unterdrückte mit aller Kraft einen Aufschrei und beraubte ihm somit seiner Genugtuung. Doch ich hatte meine Grenzen für den Anfang abgesteckt und wusste nun, wie weit ich ihn provozieren durfte. Nachdem er meine Füsse wieder zum Bett runterdrückte, fügte ich mich wie ein dressiertes Tier seinen Anweisungen. Er brauchte nur mit der Hand meine zusammengekniffenen Beine zu berühren und ich spreizte sie empfängnisbereit auf. Er tigerte über mich und ummauerte meinen Körper mit seinen massiven Gliedmaßen. «Sag mir,» begann er mit einer verführerischen Stimmlage, «dass du ihn willst.» Ich bestätigte seine Anfrage, indem ich nickte. Captain Happy Meal hob seine Handfläche an und verpasste mir eine Ohrfeige: «Ich sagte, du sollst es mir sagen!» Sprachlos nahm ich einen scharfen Luftzug und spürte die aufsteigende Wärme in meiner Wange. Der Schlag war etwas stärker gewesen, doch noch immer ertragbar. «Ja bitte…», erwiderte ich und drückte meine Füße in die Weichheit der Matratze. Während er seinen Oberkörper mit einem Arm abstützte, umfasste er mit der anderen Hand sein Glied. Sein Blick wanderte zu meinem Intimbereich und er lenkte sein Prachtsteil zu meiner pulsierenden Muschi. In diesem Moment wollte ich nichts mehr auf dieser Welt, als ihn in mir zu spüren und mich mit ihm zu verbinden. Er setzte an und ich erfreute mich am Druck einer glatten Oberfläche an der Öffnung meines Tempels. Nachdem er sein Glied für den nachfolgenden Stoß positioniert hatte, ließ er den Penis los und stützt mit beiden kräftigen Armen seinen Oberkörper über mir ab. Ein undefinierbares Lächeln huschte über sein Gesicht, als er den intensiven Blick nicht lockerte. Dann drückte er langsam sein Becken an mich und drang in mich ein. Der Penis war dick genug, dass ich mich komplett ausgefüllt fühlte. Jeder einzelne Millimeter, an dem die Glattheit seiner Eichel an mir streifte, erfüllt mich voller Lust und Begierde. Ich wollte ihn so tief es ging in mir aufnehmen. Das Reingleiten hörte auf, als seine Peniswurzel ihn blockierte. Captain Happy Meal stöhnte dabei lusterfüllt auf und wandte seinen Blick der Decke zu, als ob er schon zu lange auf diese befreiende Befriedigung gewartet hätte. Er entfernte sich mit seinem Becken von mir und setzte für den nächsten Stoß an. Diesmal war er etwas schneller, was mich genüsslich aufstöhnen ließ. Als ob ein rhythmisches Lied ihn begleitete, verfiel er einem gleichmäßigen Takt. Wann immer er in mich eindrang, entlockte er mir ein lusterfülltes Stöhnen. Ich wollte ihm zeigen, dass er sich genau zu meiner Zufriedenstellung bewegte und belohnte ihn dafür. Ich umklammerte mit meinen Beinen sein Becken, damit ich ihn noch tiefer einnehmen konnte. Ich genoss das Gefühl seiner prallen Eier, die gegen meine Pobacken klatschten, wann immer er wieder in mich eindrang. Unerwartet ergriff seine Hand meinen Hals und umklammerte diesen. Mir war, als ob er gerade sein Revier markierte und mich meinem untergeordneten Platz im Rudel zuwies. Er hatte die Macht über mich und meinen Körper. Er würde an diesem Abend über mich verfügen und zu allem zwingen, nach dem ihm der Sinn stand. Ich war seine freiwillige Gefangene geworden. Langsam sank sein Körper auf meinen und sein Gesicht näherte sich meinem Mund. Während er noch immer in regelmäßigen Abständen sein Becken gegen mich stieß, legte er seinen Mund auf meinen und setzte den Zungentango vom Vorspiel fort. Während sein Griff um meinen Hals mir das Atmen erschwerte, drückte er meinen Büstenhalter zu meinem Dekolleté auf. Sein Kopf wanderte zu meinen nun offenliegenden Brüsten und er küsste meinen Nippel. Bei der anderen Brust umfasste er den gesamten Nippel mit seinem Mund und saugte sanft an der herausstehenden Spitze. Gleichzeitig umklammerte er den anderen Nippel mit seinem Zeigefinger und Daumen. Der Druck seines Griffes wurde immer stärker und begann zu schmerzen. Ich spannte meinen Brustmuskel an, um das brennende Gefühl durch Ablenkung etwas zu lindern. Noch während die eine Brust liebevoll liebkost wurde, schlug er mit dem Handrücken über die andere. Jedes Mal, wenn er darüber schlug, entwich mir ein feines Aufseufzen. Die Oberfläche dieser Brust fühlte sich abseits der errötenden Fläche kalt an. Er wandte einen angenehmen Druck an, wodurch der Schmerz erträglicher wurde. Sein Kopf wanderte küssend meinen Hals rauf, bis sein Mund bei meinem Ohr Halt fand. «Wirst du wie ein braves Mädchen mitspielen?», flüsterte er mir ins Ohr. «Ich bin mir sicher, dass dir das hier auch gefällt.» «Ich werde brav Folge leisten, Daddy», willigte ich in sein Angebot ein. Während er noch auf mir lag, die stoßende Hüftbewegung jedoch weiterführte, löste er die gebundene Handschelle auf. Ich spürte, wie der Druck an meinen Handgelenken sich lockerte und ich meine Arme wieder frei bewegen konnte. Er fuhr mit einem Arm unter meiner Taille durch, bis die Finger die gegenüberliegende Seitenflanke im Griff hatten. Mit einem kräftigen Ruck drehte er meinen Körper seitlich und legte sich sogleich auf das Bett. Also war ich wieder an der Reihe, zu spielen. Ich drehte mich durch das Ausstrecken meines Armes von der Matratze und verschaffte ihm noch etwas mehr Platz auf dem schmalen Bett. Nachdem er in die Mitte des Bettes gerobbt war, setzte ich mich verkehrt über ihm auf. Auch bekannt als the reversed Cowgirl. Mit der einen Hand griff ich nach seinem Glied und stellte mit einem Rückblick Blickkontakt her. Während ich mein Becken langsam absenkte, setzte ich seine Eichel an meine Öffnung und spannte meinen Intimbereich an. Ich wollte die Öffnung für die Intensität durch etwas Anspannung enger gestalten. Während ich mich komplett auf ihn niedersetzte, beobachtete ich ihn dabei. Er schloss beim Eindringen kurz die Augen und genoss das warme Gefühl in mir. Ich setzte mich gleichmäßig immer wieder auf und runter. Ich genoss das Gefühl der Hitze, welche sich an unserem Verbindungspunkt gebildet hatte. Eine angenehme Mischung aus Körperwärme und Körperflüssigkeiten. Ich spürte meine eigene Nässe, wann immer ich mich wieder auf sein Glied setzte und sein Penis mich ausfüllte. Ich wandte meinen Blick von ihm ab und fokussierte mich darauf, meinen BH auszuziehen. Also fuhr ich verführerisch mit den Händen meinen Körper entlang. Ich wollte ihm eine private Show liefern, wie es war, wenn ich mich einem Mann hingab. Die eine Hand massierte meine Brust. Auch wenn er sie nicht direkt sah, so konnte er von seiner Perspektive erkennen, dass ich mich selbst anfasste. Die zweite strich über mein offenes Haar. Ich schwang meinen Kopf theatralisch auf die Seite und glitt mit der Hand sinnlich meinen langen Hals runter. Dann bückte ich mich über seine Knie und stützte die ausgestreckten Arme auf seinen Schienbeinen ab. Ich hob dadurch mein Hinterteil an, wodurch er noch einen besseren Blick auf sein eindringendes Glied erhielt. Mein Blick war auf seine leicht behaarten Beine gerichtet, doch ich erhielt meine Bestätigung durch sein brummendes Stöhnen. Es gab noch so viel, was ich mit ihm anstellen wollte. Ich hob mein Becken so weit an, bis sein Glied beinahe komplett wieder im freien stand und spürte einen kühlen Luftzug an meiner feuchten Intimzone. Dann schwang ich mein Bein über das Bett und stellte mich vor ihn. Er setzte sich sogleich hin und baute sich gefährlich groß vor mir auf. Ich machte auf eingeschüchtertes Mädchen, gefolgt von einem ausweichenden Schritt hinter mich. Empfangen wurde ich sogleich von der verschlossenen Metalltür seines Kleiderschrankes. Er folgte mir und trat einen weiteren Schritt auf mich zu. Mit seinen perfekt in Szene verwuschelten Haaren wirkte er wie ein gereizter Löwe, dessen Rast soeben unterbrochen worden war. Seine Augen funkelten vor Hunger nach meinem Körper. Während seine Hand wieder nach meinem Hals packte, presste er mich kraftvoll gegen den Schrank. Das Metall fühlte sich erfrischend kühl auf meiner nackten Haut an. Nur meinen Po und Schulterbereich erfasste die Kälte. Wir brauchten weder zu sprechen noch uns durch Blicke zu unterhalten, da wir beide von Natur aus wussten, was zu machen war. Wir waren zwei ungebändigte Bäche, deren Quellen irgendwo in der Wildnis entsprangen und sich nun zu einem mitreißenden Fluss vereinten. Ich ging leicht in die Knie, damit er mit der freien Hand nach meiner Kniekehle greifen konnte. Er legte sich mein angehobenes Bein um seine Hüfte und griff nach dem zweiten Bein. Ich umklammerte sein Becken mit meinen Beinen, da er mich offensichtlich in dieser stehenden Position nehmen wollte. Die freie Hand umklammerte wieder seinen Penis und führte ihn zu meiner tropfenden Pussy. Er schob mir seine Zunge in den Mund und küsste mich leidenschaftlich, als er endlich in mich eindrang. Unsere Körper bewegten sich einheitlich zu einem Rhythmus, den nur wir beide in uns spürten. Wir küssten uns, während er mich im Stehen seiner Lust entsprechend benutzte. Von diesem Standpunkt aus fand ich mich wieder kurz vor einem Orgasmus. Ich spürte die Zunahme der nervlichen Anspannung an meiner Klitoris. Sie pulsierte und strahlte eine Welle der Erregung durch meinen gesamten Körper. Ich atmete kraftvoll ein und aus, wann immer er mich vollkommen penetrierte und dabei meinen Hals umklammerte. Ich wusste bereits, was er sagen würde, dennoch bettelte ich ihn an: «Darf ich bitte kommen?» Ruckartig stoppte er die wippende Hüftbewegung und erstarrte. Er überraschte mich mit einem sanften Kuss auf meine Lippen und verharrte mit dem Körper noch immer im abrupten Halt. «Ich will aber nicht, dass du so kommst», enttäuschte er mich. Er löste seinen Griff um meinen Hals und glitt langsam aus mir raus. Ich folgte seiner Körpersprache, lockerte die umklammernden Beine von seiner Hüfte und stellte die Füße auf dem Boden ab. Seine Hände berührten meine Schultern und er drehte mich schwungvoll um 180 Grad. Ich starrte den Schrank vor mir an, bevor eine Hand meinen Oberkörper kraftvoll runter drückte. «Stell dich auf die Zehenspitzen», ordnete er an. Er nutzte seinen Handrücken als Peitsche und dressierte mich. Ich gehorchte und gab dem Druck seiner Hand nach. Plötzlich rammte er sein strammes Glied in mich rein und löste einen dumpf gehaltenen Schrei aus. Ich spürte sein warmes Becken an meine Pobacken klatschen. Interessante Wahl, dachte ich mir. Er begann mich wieder zu durchstoßen. Mich überraschten seine beiden Hände, welche unbemerkt ihren Weg zu meinen Brüsten gefunden hatten. Er machte kreisende Handbewegungen und kniff mit dem Zeigefinger und dem Daumen wieder meine

Nippel. Erneut drückte er fest genug zu, dass ich ein Ziehen spürte, es jedoch noch als eine angenehme Stimulation empfand. Ich genoss die Wucht, mit welcher er immer wieder in mich bohrte. Ich stellte mir vor, wie seine Eichel meine Bauchdecke stimulierte und somit die nervliche Befriedigung verursachte, die ich empfand. Seine Hände lösten sich von meinen Brüsten und spreizten im nächsten Moment meine Pobacken auseinander. Mit seinem kreisenden Daumen streichelte er über mein Arschloch, als es plötzlich kalt wurde. Das Kältegefühl verwandelte sich zur Empfindung von Nässe. Captain Happy Meal hatte mir geräuschlos auf das Arschloch gespuckt. Er massierte die feuchte Masse ein, während er mit dem Daumen dabei leicht gegen die Öffnung presste. Ich wollte nicht, dass er mich anal mit seinem Finger auskundschaften würde. Doch ich war mir sicher, dass, wenn ich was sagen würde, er umso mehr Gefallen daran empfinden würde. Also entschied ich mich, zu schweigen und mich auf die rhythmische Penetration durch sein Prachtstück zu fokussieren. Als Nächstes verlangsamten sich die rhythmischen Stöße und ich hörte ihn selbstgefällig flüstern: «So kommst du mir aber auch nicht.» Meine Pobacken erfassten die Frische des Raumes, als er sein Becken zurückzog. Ich stellte mich anmutig auf und drehte mich wieder zu ihm um. Ich nutzte die Gelegenheit, um meine Haare etwas zu richten und ihn dabei gelangweilt anzusehen. Ich war es zwar nicht, jedoch wollte ich ihn provozieren und erhoffte mir ein weiteres sexuelles Abenteuer. Er nahm unerwartet zärtlich meine Hand, drehte sich zum Bett und führte mich behutsam hin. Seine Körperdomina hatte sich von der eines machthungrigen Tyrannen zu der eines Gentlemans verändert. Er führte meine Hand sachte, doch die Aufforderung war klar verständlich. Ich folgte seinen Schritten und steuerte auf das Bett zu. Seine Hand lenkte mich über das Bett und ich setzte mich hin. Ich zog die Beine gleich mit rein und legte mich flach hin. Er winkelte ein Bein an und kletterte über mich rauf. Er machte behutsame Bewegungen, als ob ich eine fragile Porzellanfigur wäre. Er manövrierte sein Becken wieder zwischen meine gespreizten Beine. Sein Oberkörper schwebte über meinem, als er langsam zu mir runter sank. Er küsste mich. Doch dieser Kuss war anders als die feurige Leidenschaft von zuvor. Er küsste mich liebevoll und zärtlich. Seine Lippen streichelten meine sanft. Als er den Kuss wieder löste, öffnete ich meine Augen und verlor mich wieder einmal von neuem in die Tore zu seiner Seele. Er schenkte mir ein sanftes Lächeln, welches sich heimelig und geborgen anfühlte. Mit der einen Hand verhalf er seinem Penis wieder zum Eingang. Bevor er eindrang, legte er seine Lippen auf die meinen und küsste mich sinnlich. Eine andere Art von Lust überkam mich. Es war nicht mehr das temperamentvolle Verlangen nach seiner Überhand über mich. In diesem Augenblick ging es darum, dass wir uns endlich verbanden. Er hatte sich den Sex sicherlich auch schon mit mir vorgestellt und den Ablauf vorbestimmt. Dass wir nach dem anfangs feurigen Sex zu solch einer vertrauten Stellung gewechselten hatten, verdutzte mich jedoch. Doch mit Hackar war es genau gleich gewesen. Diesen Wechsel interpretierte ich als ein Zeichen dafür, dass ich nicht nur zur Auslebung einer sexuellen Begierde missbraucht worden war. Männer, die nur dies im Sinn hatten, wechselten nie zu solch einem intimen Austausch. Dies hatte ich schon oft genug in FetischClubs erlebt. Ich blickte ihn mit verträumten Augen an, während ich mich an dieser Tatsache erfreute. Es war schön zu wissen, dass ich nicht nur gerade benutzt worden war und ihm meine Befriedigung wichtig genug war. Ich spürte, dass es etwas zwischen uns gab, was auch er weiter auskundschaften wollte. Endlich drang er wieder in mich ein, während er mir dabei in die Augen schaute. Mir war, als probierte er mein Gesicht dabei zu lesen. Ich lächelte ihn zufrieden an und stöhnte sehnsüchtig. Ich dachte dabei an die Pornodarstellerinnen und probierte, sie zu kopieren. Er wechselte zu einer leicht kreisenden Hüftbewegung, wodurch meine Klitoris durch sein Schambein jeweils angestupst wurde. Endlich spürte ich wieder den sich anbahnenden Orgasmus. Er war zum Greifen nah und es fehlten nur noch ein paar Stöße. Ich zeigte ihm, dass mir seine Technik gefiel, indem ich meine Augen schloss und mich auf das Gefühl zwischen meinen Beinen fokussierte. Ich atmete seinen Geruch ein, als er mich unvermutet zu küssen begann. Ich genoss seinen angenehmen Mundgeschmack und die Zärtlichkeit seiner sanften Zungenumkreisungen. Mir wurde heiß, meine Atmung beschleunigte sich und ich spürte die Reizüberflutung an meiner Klitoris. Ein angestauter Damm von Euphorie drohte endlich zu brechen und meinen gesamten Körper zu überfluten. Ich konnte förmlich spüren, wie meine Klitoris heftig zu pulsieren begann. Wie fallende Dominosteine spannten sich meine Muskeln nacheinander durch die befreiende Erlösung an. Während mein Körper erzitterte, spannte ich die Füsse an und spürte ein Kräuseln meiner Nervenbahnen in den Beinen. Während er mich bei meinem Orgasmus beobachtete, erhöht er die Schnelligkeit seiner Stöße. Jede Faser in meinem Intimbereich schien zu prickeln und meine Beine zuckten vor Erregung. Mein gesamter Intimbereich war energetisch geladen und die Spannung breitete sich über meinen gesamten Körper aus. Ich umklammerte mit meinen Armen seinen Oberkörper und zog ihn zu mir ran. Ich musste seinen Körper an mir spüren. Er küsste meinen Nacken und ließ mich meinen Orgasmus genießen. Zwei Finger umkreisten wieder meinen Nippel. Ich zuckte noch immer unter der Last seines Körpers, während die erfüllende Welle langsam über mich kam. Ich atmete die Entspannung meiner gesamten Muskulatur aus. Schlagartig begann seine Hüftbewegung zu stocken und er gab ein tiefes Stöhnen von sich. Ich spürte, wie das Gewicht seines Körpers auf mir zunahm, während er sich gerade seinem Höhepunkt hingab und dabei gehen ließ. Ich spannte währenddessen meine Beckenbodenmuskulatur an, um seine Stimulation noch zu vervielfachen. Sein Oberkörper zuckte zusammen, als ihn die nervlichen Impulse durchströmten. Ich umarmte noch immer seinen Oberkörper, als er sich komplett auf mich runtersacken ließ. Ich hob meine Hand zu seinem Kopf rauf und kräuselte sanft sein Haar. Mit der anderen Hand streichelte ich zärtlich seinen Rücken entlang, rauf und runter. Ich wollte ihm das Gefühl der Geborgenheit schenken, während ich seine Körperwärme wie eine umhüllende Decke auf mir empfand.

Kuschelrunde

Eine Flut des Kuschelhormons Oxytocin durchströmte meine Blutbahnen und sättigte meinen Bedarf nach körperlicher Zuneigung. Nachdem sich Captain Happy Meal wieder gefangen hatte, löste er seinen Oberkörper von mir. Er kippte gegen die Wand hinter sich. Seinen wenigen Schweißperlen auf der Stirn entnahm ich, dass er sich sicherlich gerade über die Frische der metallischen Containerwand freute. Ich lauschte, wie er gepresst atmete und dabei seine Augen noch geschlossen hielt. Ich debattierte mit mir selbst über die Möglichkeiten, wie nun der Rest des Abends verlaufen könnte. Entweder würde er die Augen öffnen, sich von mir verabschieden und es wäre klar, dass ich mich nun sofort auf den Rückweg begeben würde. Ein Abschied, der höchstens eine Umarmung beinhaltete. Ich wünschte mir, dass es nicht so enden würde. Die Erfüllung dieses Szenarios hätte mir unterstellt, dass ich mit meiner Interpretation dieses Aktes komplett falsch liegen würde. Es hätte bedeutet, dass ich Captain Happy Meals Beweggründe falsch eingeschätzt und zu viel hineininterpretiert hatte. Ich hatte mit ihm geschlafen, weil ich in ihm einen potentiellen Partner gewittert hatte. Doch was, wenn ich wirklich nur eine weitere Trophäe für ihn gewesen war, die seine Sammlung ergänzte? Auch wenn ich mich vor dieser erdenklichen Wahrheit fürchtete, so musste ich mir die Möglichkeit eingestehen, dass er nicht gleich empfand wie ich. Da Captain Happy Meal und ich ja aber eigentlich Freunde waren, bestand in mir die Hoffnung, dass er mich noch bei sich haben wollen würde. Ich wusste, welches dieser beiden Szenarien ich mir wünschte, bereitete mich jedoch mental bereits auf den Heimweg vor. Endlich öffnete Captain Happy Meal die Augen und sah mich an. Nun musste er sich entscheiden. Damit er sich nach der Abkühlung flach in das Bett legen konnte, richtete ich meinen gesamten Körper etwas auf und balancierte auf meiner rechten Flanke. Von hier aus konnte ich ihn sehen und mitverfolgen, für welches Ende er sich entscheiden würde. Captain Happy Meal verstand meine Geste und räumte sich die Hälfte des Platzes auf der Matratze ein. Dann winkelte er seinen linken Arm zu meiner Seite einladend auf, damit ich reinschlüpfen konnte. Er stellte sich mir somit als mein persönliches Kissen. Eine nette Geste, die ein Mann nach dem Sex offeriert, um das Kuscheln der Geliebten so bequem wie möglich zu gestalten. Wäre dies hier nur ein One-Night-Stand gewesen, hätte er sich sicherlich nur noch schlafen legen wollen. Doch sich nach dem Sex so zu verhalten, nahm ich mit einem fröhlichen Herzen als ein Zeichen dafür an, dass er noch weiterhin mit mir Zeit verbringen wollte. Ich schmiegte entspannt meinen Kopf auf seine Schulterpartie und blickte seinen Körper entlang runter. Meine freie Hand legte ich auf seinen straffen Brustkorb, welcher seine unregelmäßige Atmung preisgab. Mein Zeigefinger streichelte langsam sämtliche Stellen und ich fühlte nach seinem Herzschlag. Mit meinem Gehör an seinem Körper lauschte ich seinem Puls, welcher sich nur langsam regulierte. Wir verharrten in der schmusenden Pose und ich dachte über den soeben erlebten Sex mit Captain Happy Meal nach. Ich freute mich darüber, dass ich den Schritt gewagt hatte. Der Sex war ungeheuerlich gut gewesen. Zwar nicht ganz so versaut, wie es sicherlich noch werden könnte, aber trotzdem top. Ich hatte jede seiner Berührungen mit der feurigen Leidenschaft erfahren, wie ich es von Hackar gewohnt war. Die Erinnerungen an unsere Verbindung ließ mich erschaudern. «Ich würde sagen,» unterbrach er unseren Ruhemoment, «dass die Invasion erfolgreich zu einer Koalition umgestimmt worden ist.» Ich errötete bei dem Gedanken, dass ich für meine Sexkünste ein Kompliment erhielt. Ich schmunzelte über sein Fazit und stimmte ein: «Meine Nation stimmt diesem Fazit zu. Und ich muss sagen, dass du ein echt guter Liebhaber bist.» «So ein Kompliment nehme ich natürlich gerne dankend an. Ich habe dir doch gesagt, dass du den Vibrator nicht brauchen wirst», rühmte er sich mit einem grollenden Lachen. Ich errötete erneut und wusste nicht anders, als ein beschämtes Lächeln von mir zu geben: «Selbst ist die Frau. Ich wollte nur sichergehen, dass ich zu meinem Spaß kommen würde», rechtfertigte ich mich nach kurzer Bedenkzeit. Captain Happy Meal lachte auf und fragte mich: «Hattest du denn kein Vertrauen in mich, dass ich mich gut um dich kümmern würde?». Die Erinnerung an den Orgasmus, welchen er mir beschert hatte, ließ meinen Körper erbeben. «Nimm ihn aber das nächste Mal trotzdem wieder mit», murmelte er mit einem gefährlichen Unterton. «Ich will noch ein bisschen damit spielen. Heute war nur ein Bruchteil davon, was ich noch mit dir anstellen will.» Mein Herz verfehlte den nächsten Schlag, als ich seine Anspielung verstand. Er wollte mich an einem anderen Abend erneut bei sich in seinem Zimmer haben. Ich hatte meine Sache in diesem Fall schon richtig gemacht, wenn er mich bereits in seine Zukunft mit einbezog. Ich konnte ihm jedoch noch nicht darauf antworten. Ich war mir noch nicht im Klaren, ob es ein weiteres Mal geben würde. Also entschied ich, nicht darauf einzugehen. Es verstrich eine Weile und er streichelte mir liebevoll über die Haare. Ich starrte noch immer seinen Körper entlang das Bett runter und kommentierte seine Zimmereinrichtung. Wir witzelten über die Kargheit des Raumes und wechselten zu einer Beschreibung seines Schlafzimmers zu Hause in London. Er erzählte mir von seinem großen schwarzüberzogenen Kingsize-Bett, in dem er gemäß seiner Erfahrung problemlos drei Frauen und sich selbst beherbergen konnte. «Wie unpraktisch», kommentierte ich seine Schilderung. «Auf deinem schwarzen Samtbezug sieht man ja ständig alle Flecken.» Er lächelte sanft vor sich hin und flüsterte: «So ist es doch genau richtig.» Danach beschrieb er mir seinen separaten, zweiten Kleiderschrank im Zimmer. In diesem befanden sich unzählige BDSM-Spielzeuge und Kostüme, derer sich seine Gespielinnen jeweils bedienen durften. Die Kostüme gab es nur in einer Einheitsgröße und nur die war bei ihm im Zimmer erwünscht. Ich empfand Neid, als er mir von seinen hemmungslosen Sexpartys erzählte. Immer wieder mal fantasierte ich darüber, dass ich mich als Frau genauso schamlos austoben wollte, ohne dabei gleich von der Gesellschaft als Schlampe abgestempelt zu werden. Dabei formte sich in mir ein mit Wut gefüllter Knäuel über die Ungerechtigkeit. Ich besänftigte meine Frustration mit meiner inneren Zuversicht, dass ich mich zukünftig nicht mehr von diesen gesellschaftlich vorgegeben Normen einschränken lassen würde. Schließlich konnte es mir egal sein, was die Gesellschaft über mich dachte, solange sie selbst so viel Dreck am Stecken hatte. Captain Happy Meal wechselte das Thema und fragte mich über meine Lieblingsplätze in dieser Welt aus. Auch wenn wir keine gemeinsamen Reisepläne schmiedeten, so probierten wir herauszufinden, welche Ortschaften wir beide noch nicht kannten. Zudem wollte er in Erfahrung bringen, wie ich außerhalb des Militärs wirklich war. Wir belustigten uns mit Geschichten erzählenswerter Erlebnisse mit unseren Freunden. Während wir gemütlich miteinander kuschelten, ließen wir einander an der Welt des Gegenübers teilhaben. Er gab mir sogar zum ersten Mal einen Einblick in seine Familie. Ich merkte, wie er sich mir öffnete. Mein Kopf ruhte noch immer auf seiner Brust, als ich eine rasche Kopfbewegung spürte, gefolgt vom unerwarteten Geräusch eines tiefen Atemzuges: «Mm, riechst du gut», gestand er mir. Ein weiterer Augenblick verging, in dem wir uns hielten und er erneut an meinen Haaren roch. Dann legte er seinen Kopf wieder zurück aufs Kissen und drückte mich etwas fester an sich. «Was meint wohl dein Freund dazu?», erkundigte er sich, wobei seine Stimme keinen Anhaltspunkt preisgab, was er für eine Antwort erwartete. Raphaels enttäuschte Augen schossen mir durch den Kopf. «Was soll er schon dazu meinen?», fragte ich ratlos zurück. Mein Brustkorb fühlte sich an, als ob die eine Herzhälfte gerade von einem schweren Stein zerquetscht wurde. Und das, obwohl sich die andere federleichte Herzhälfte darüber freute, dass ich in diesem Moment in Captain Happy Meals Armen lag und mit ihm ein Gespräch führte. Captain Happy Meal selbst schien darauf keine passende Antwort zu wissen und begann, mir über meine Schulter zu streicheln. Eine peinliche Stille überkam uns. Ich kämpfte darum, diesen Moment weiterhin geniessen zu können und ihn nicht vom Schatten des Steines auf meinem Herzen überdecken zu lassen. Mir war bewusst, dass ich zurück in meinem Container vor Schuldgefühlen zusammenbrechen würde und mir eine qualvolle Nacht bevorstand. Doch solange ich noch hier in diesem Container mit Captain Happy Meal war, wollte ich nichts unsere Vereinigung ruinieren lassen. Vielleicht würde dieser Moment in meiner Zukunft noch eine wichtige Rolle spielen. Vielleicht wäre er der Anbeginn einer Liebesgeschichte, die mich erwartete. Was Captain Happy Meal wohl in diesem Moment dachte? Denn er wusste, was ich riskiert hatte, um in dieser Nacht bei ihm zu sein. Da er Raphael nicht kannte, war ihm dessen Wohlbefinden sicherlich komplett egal. Vielleicht war Raphael für ihn nur ein weiterer Rivale gewesen, gegen den er das Turnier gewonnen hatte. Captain Happy Meal wusste, dass ich viel an diesem Tag durchlebt hatte. Denn er war als Kommandant natürlich über den Vorfall des Hinterhalts informiert worden. Er wusste, dass ich ihm eigentlich eine Abfuhr erteilt und sich meine Meinung erst nach der Schiesserei geändert hatte. Vielleicht freute er sich darüber, dass diese lebensbedrohliche Auseinandersetzung dazu geführt hatte, damit wir zueinander finden konnten? Oder war ich zu naiv und merkte nicht, dass er mich ausnutzte? «Ich mag deine feine Haut», flüsterte er und unterbrach meine deprimierende Gedankenspirale. Nur ein paar Worte reichten aus, um den tobenden Sturm zu besänftigen. Ich hörte an seiner verzögerten Wortformulierung, dass er das Austeilen von Komplimenten nicht gewohnt war und erfreute mich umso mehr, dass er mir eines schenkte. «Ich mag das meiste an dir», retournierte ich sein Kompliment. Mit einer gespielten Empörung wunderte er sich: «Das meiste? Was gibt es denn nicht an mir zu mögen?». Ich hob meinen Kopf und schaute zu ihm auf. Und wieder einmal versank ich in den Farbschichten seiner meerblauen Augen: «Ich werde sicherlich noch eine Eigenschaft an Dir finden, die mich nervt», stutzte ich sein Ego. Mit einem frechen Lachen legte ich meinen Kopf wieder auf seine Brust. «Mir gefällt auch das meiste an dir», konterte er auf meinen Angriff. Nun wollte ich zwar dringend wissen, ob es wirklich etwas gab, was ihn an mir störte. Und wenn ja, ob ich es ändern könnte. Denn ich wollte perfekt für ihn sein. Doch ich entschied die coole Karte zu spielen und ging gar nicht erst darauf ein. Ich wollte, dass er mich als eine selbstbewusste Frau wahrnahm, was ich ja eigentlich auch war. Ich kreiselte weiterhin mit dem Zeigefinger über seine Bauchdecke und dachte darüber nach, ob der Sex mit ihm wohl immer so ablaufen würden. Dann räkelte ich mich und drehte mich auf den Bauch. Die Arme winkelte ich wie bei einer Sphinx an und hob mein Brustbein von der Matratze ab. Nun konnte ich Captain Happy Meal ins Gesicht sehen. Seine zuvor geschlossenen Augen öffneten sich. Er sah mich an und lächelte zufrieden. Ich grinste unsicher zurück, bevor ich seinem durchdringenden Blick auswich. Mit: «17-jährige Minderjährige, hmm?», griff ich die Offenbarung seines Fetisches auf. Captain Happy Meal räusperte sich und begann sich unbehaglich im Bett zu wälzen. Mit zusammengezogenen Augenbrauen gestand er: «Ja... Leider immer eine gefährliche Gratwanderung. Doch meinen Frauen gefällt es normalerweise, sich in die Rolle eines Unschuldslammes versetzen zu können.» Er stand also auf die unschuldigen Körper unerfahrener Mädchen. Ich wusste nicht, was ich darauf erwidern sollte. Müsste ich in diesem Falle immer diese Rolle spielen, wenn ich mit ihm schlafen wollte? Kannte er überhaupt liebevollen Sex, bei dem es nur um die Verbindung mit dem Gegenüber ging? Ich fragte mich, ob ich dies wohl bei unserem nächsten Treffen erfahren würde. Wenn er wie Hackar wäre, dann würde es etwa einen Monat dauern, bis er solch liebevollen und verletzlichen Sex zulassen könnte. Der Stein auf meinem Herzen lastete noch immer auf der zerdrückten Herzhälfte, sodass ich es nicht mehr ignorieren konnte. Ich atmete einmal tief ein, in der Hoffnung, dass der Stein etwas an Gewicht verlieren würde. Doch er blieb beständig. Raphael nahm den größten Teil meines Herzens ein und die Quetschung ließ dieses ausbluten. Ich musste in Erfahrung bringen, ob sich mein unverzeihlicher Akt des Betruges wenigstens gelohnt hatte. Ich schaute Captain Happy Meal wieder in die Augen. Jetzt, wo ich ihn im Fadenkreuz hatte, setzte ich die Erkundung seines unkaschierten Charakters fort. «Gibt es denn bei dir jemanden, dem du gerade das Herz gebrochen hast?», fragte ich ihn, während ich meinen anschwellenden Herzschmerz Raphael gegenüber zu unterdrücken probierte. Dennoch spürte ich, wie sich Wassertropfen in meinen Augen formten. Captain Happy Meal hatte nie eine Freundin erwähnt, sondern immer nur von Gespielinnen geredet. Nun befand ich mich auf einer Mission und musste herausfinden, ob er sonst noch jemanden sah. «Nein», beruhigte er mich, «ich bin nicht der Beziehungstyp. Ich hatte bisher erst eine Beziehung und die war eine Katastrophe. Ich sehe mich eher als ein Frauenheld, welcher auf ewig jungen Frauen nachlüstern wird.» Ich verspürte die Wendung meiner zuvor euphorischen Ekstase nach diesem berauschenden Sex, wie sie unverhofft durch Traurigkeit ertränkt wurde. Da ich nicht wusste, was ich darauf antworten sollte, entschied ich mich dazu, mich wieder auf seine Brust zu legen. In meinem Kopfkino überkam mich die gleiche Realisation, wie ich sie bereits bei Hackar einst erlebt hatte. Hackar hatte damals was ähnliches gesagt. Ihm war von einer Frau das Herz gebrochen worden, woraufhin er sich selbst geschworen hatte, dass er sich nie wieder auf eine Beziehung einlassen wollte. Nach bereits drei Monaten war er mir jedoch so verfallen, dass er mich um eine exklusive Beziehung angefleht hatte. Ich war mir sicher, dass es mit Captain Happy Meal genau gleich ablaufen würde. Ich hatte bereits den gesamten Ablauf mit Hackar in einer Hauptprobe durchgespielt und kannte das vorgeschriebene Skript für diese neue Liebesgeschichte bereits. Doch der Ausblick auf das Ende stimmte mich nachdenklich. Woran würde es mit Captain Happy Meal scheitern? Woran war es mit Hackar gescheitert? Schließlich hatte ich mit ihm eigentlich alles gehabt, was es unserer Meinung nach für ein erfülltes Leben gebraucht hätte. Die physische Anziehung war von Beginn an gegeben gewesen. Der turbulente Anfang hatte mit einer bezaubernden 3-Zimmer Wohnung im Zentrum Zürichs geendet. Mit unserem gemeinsamen Gehalt hätte uns ein spannendes Leben bevor gestand. Er war im Bereich IT und ich in einer Privatbank angestellt gewesen. Wir hatten uns sogar bei einer unserer Mitternachtsgespräche verlobt und ergänzten uns charakterlich in jeder Hinsicht. Die langfristigen Zukunftspläne hatten wir geschmiedet und uns dieselben Ziele gesteckt. Sexuell hatten wir uns auf die geteilte Auslebung unserer Fantasien geeinigt. Ich war von ihm wie sein wertvollster Schatz gehütet und umsorgt worden, solange ich im Schlafzimmer gehorsam war. Und mit dieser Rollenverteilung hatte ich mich eigentlich abgefunden. Dennoch waren wir gescheitert. Trotzdem hatten sich mir Gründe ergeben, die mich unglücklich gestimmt hatten. Ich konnte mich nicht komplett auf die von uns ausgedachte Zukunft verlassen, da sie zu perfekt schien. Das Borderline verstärkte die Intensität meiner mentalen Folter, welcher ich mich selbst unterzog und mich daran erinnerte, dass etwas nicht passte. Als ich keinen Ausweg aus meiner Misere mehr gefunden hatte, fiel der Entschluss, mein Leben zu beenden. Beängstigend, wenn ich daran denke, wie einfach mir damals diese Entscheidung gefallen war. Doch die Erkenntnis, welche sich am Abend meines Suizidversuches herausgestellt hatte, hatte mich die Beziehung zu Hackar gekostet. Die Liebe zu ihm war nicht stark genug gewesen, um mich von dieser endgültigen Entscheidung abzuhalten. Unter anderem war die Schattenseite von Hackars Entdeckungsfreude ein Teil davon gewesen.

Fremde Finger im Spiel (18+)

Mein Kopf ruhte auf Captain Happy Meals durchtrainierter und sexy riechender Brust. Ich konnte der glatten Hautschicht ansehen, dass er von Natur aus einen unbehaarten Brustkorb hatte. Sein Duft war eine erotische Mischung aus einem maskulinen Duschgel und seinem aphrodisierenden Schweiß. Für mich roch er nach einem Sommer ohne Grenzen, nach Entdeckungslust und guter Laune. Jeder Atemzug seiner testosterongeladenen Essenz entspannte meine Körpermuskulatur, bis ich mich komplett in seinen Armen niederließ. Meine Augen hielt ich entspannt geschlossen und schweifte gedanklich ab. Vorstellungen und Erinnerungen unterschiedlicher Zeitepochen begannen, sich zu vermischen. Ich blieb an einem Erinnerungsfetzen über Hackars Duft hängen. Er hatte ähnlich gerochen, wobei sein Duschgel mit einer schokoladigen Tonkabohne-Nuance versehen war. Dadurch hatte er auf seine Art und Weise eine andere Art von Verlockung ausgestrahlt. Seinen Geruch assoziierte ich mit einem maßgeschneiderten Anzug und sexueller Begierde. Ich fühlte, wie mein Körper immer leichter wurde und mein Geist langsam eine andere Welt wanderte. Ich dachte dabei an Hackars milchschokoladenbraune Haut, welche Exotik ausstrahlte. Ich blickte in seine großen, braunen Kulleraugen, welchen ich einst mein gesamtes Vertrauen zur Obhut übergeben hatte. Mich überkam dabei dieses altbekannte, wunderschöne Gefühl der Geborgenheit und in dieser Traumwelt entsprach sie noch der Wahrheit. Doch Hackars stetiger, provokative Blick... Dieser hatte eine feurige Intensität, welcher eine Frau vom ersten Augenblick an verfiel. Nur wer genau hinschauen durfte, erfuhr die Geschichte über all die Schmerzen, welchen seine Seele ausgesetzt worden war. Der Grund, warum er zu dem geworden ist, wer er war. Um seine gesamte Lebensexistenz hatte er eine undurchdringbare Schutzwand erbaut, welche er nur von den wenigsten erklimmen ließ. Um Stärke und Männlichkeit auszustrahlen, hatte er sein äußerliches Erscheinungsbild angepasst. Ich erinnerte mich an das Gefühl an seinen starken Körper. Seine kräftig antrainierten Muskelmassen, mit denen er sich im Taekwondo Auszeichnungen, Medaillen und Pokale erkämpft hatte. Er hatte sich regelmäßig sein schwarzes, krauses Haar kahl rasiert, wodurch seine ästhetisch schöne Kopfform zur Geltung kam. Die Glatze passte zu seiner körperlichen Türsteherstatur. Allein seine Anwesenheit vermittelte durch ihre Präsenz das Gefühl von Sicherheit. Denn ich sah ihm an, dass er für Gerechtigkeit einstehen würde, wenn es die Situation von ihm verlangt. Ich konnte seinen Augen ansehen, dass er zu viele Ungerechtigkeiten erlebt hatte und dies bei niemandem unter seiner Aufsicht geschehen lassen würde. Nur ein 3-Tage Bart durchbrach die Glattheit seiner reinen Gesichtshaut. Er hatte eine flachgedrückte Nase mit breiten Nasenflügeln, welche seine ursprünglichen, jamaikanischen Wurzeln verriet. Die Fülle seiner Lippen verlockte wie die cremige Caramel-Füllung einer Schokoladenpraline. Auch Hackar hatte ein Lächeln mit strahlend weißen und geordneten Zähnen, dem zu widerstehen einem Kraftakt glich. Wenn er laut auflachte, erklang ein mit Selbstbewusstsein erfülltes Brummen, welches eine ansteckende Wirkung auf sein Umfeld hatte. Seine erfolgreiche Ausstrahlung verlockte dazu, das andere sich von seiner Energie mitreißen lassen wollten. Und immer dieser herausfordernde Blick. Er wollte immer mehr. Er wollte mehr Geld, die finanzielle Absicherung seiner Mutter und Schwester, ein größeres Haus, ein geiles Auto, luxuriöse Urlaube. Und wenn er was wollte, dann arbeitete er so lange und hart daran, bis er sein Ziel erreichte. Was auch immer er sich in den Kopf setzte, er fand immer einen Weg. Sein Vorteil hierbei war seine hohe Intelligenz gewesen. Eine Charaktereigenschaft, der ich einfach nicht widerstehen konnte. Und so war ich zum Tool für die Auslebung seiner masochistischen Ader geworden. Unser Verhältnis hatte mit Bondage in seinem Schlafzimmer begonnen. Er hatte mir als semi-Unschuldslamm eine neue Welt der sexuellen Begierde offenbart und mich meine Faszination für Fessel- und Rollenspiele entdecken lassen. Gemeinsam hatten wir unsere Fetische ausgereizt und immer wieder ein neues Level erklommen. Nachdem alle Spielsachen bereits verwendet und ausgetestet worden waren, setzten wir die Messlatte etwas höher. Ich hatte mit Neugierde und großer Vorfreude meinem ersten Dreier mit einer Frau zugestimmt. Es blieb nicht nur bei dieser Erfahrung und im Laufe der Beziehung hatten wir uns einen Spaß aus der Jagd nach neuen Gespielinnen gemacht. Wir hatten die Welt auf der Suche nach sexuellen Erfahrungen bereist und uns in Stripclubs gegenseitig Lapdances durch Stripperinnen geschenkt. Mich entspannte es mit einem wohlduftenden zarten Frauenkörper betanzt zu werden. Nach zwei Jahren folgte unser erster Besuch eines Fetischclubs. Es handelte sich um einen Club, bei dem wir uns zuerst einem Anmeldeverfahren unterziehen mussten. Denn es war nur eine bestimmte Art von Klientel erlaubt. Nebst der horrend hohen Eintrittsgebühr mussten die Besucher einem bestimmten Schönheitsideal entsprechen und einen Gesundheitstest nachweisen. Die Kombination des Eintrittspreises und des Gesundheitschecks stellte sicher, dass wir uns komplett losgelöst und sorgenfrei auf diese Erfahrung einlassen konnten. Denn es war in dieser Community in niemandes Sinne, willentlich Schaden zu verursachen oder jemandem etwas Böses zu wollen. Es bestand somit auch nicht die Angst davor, dass man sich bei dieser Party etwas einfangen würde. Einmal im Monat verwandelten sich die Räumlichkeiten einer Firma in einem Industriegebiet in einen doppelstöckigen Partysaal. Ich hätte zwar ein Auto gehabt, jedoch ließ ich mich mit Hackar von einem Taxi dahin chauffieren. Schließlich wollten wir uns nicht die Möglichkeit entgehen lassen, unsere Sinne mit etwas Alkohol oder Drogen zu betäuben. Nach der Erklimmung fünf metallischer Gitterstufen, öffnete ein Türsteher eine graue, unauffällige Tür. Gleich zur linken Seite des Eingangs betrat ich die Garderobe. Der Dresscode war bereits bei der Anmeldung im Vorfeld bekannt gegeben worden: klassisch Lack oder Leder. Die Schamlosigkeit der anderen Gäste, welche sich vor mir auszogen, ermutigte mich selbst zur hemmungslosen Entblößung meines Körpers. Einige schminken sich komplett, sodass sie ihre Anonymität wahren konnten. Andere experimentierten mit Perücken, Masken oder gesamten BDSM-Lederkostümen. Bereits beim Umziehen konnte ich erkennen, wer in der Partnerschaft welche Rolle eingenommen hatte. Trotz der Nervosität empfand ich die Stimmung in der Garderobe als überraschend nett. Bei der Perfektionierung der Kostümierung wurde einander ohne große Unterredung geholfen und man sorgte dafür, dass jeder zufrieden in das Abenteuer starten konnte. Neugierige Blicke trafen aufeinander und stimmten mit einem Lächeln als Signatur einem späteren Wiedersehen zu. Neid oder Gehässigkeiten waren durch Lust und Begierde ersetzt worden. Der Nervenkitzel hing wie eine feine Dunstschicht in der Luft und war auf der Haut spürbar. Der ganze Raum roch nach Sex und Verruchtheit. Erfüllt mit Pheromonen und zusätzlichen Duftlockstoffen von Menschen, die sich auf die Jagd nach einer abgründigen Gier machten. Die Befriedigung eines Verlangens, welches sie nur innerhalb dieses gegebenen Rahmens ausleben konnten. Der Geruch war eine Mischung aus zerreißender Ungeduld und ungebändigter Vorfreude, da alle einen Monat auf dieses erotische

Spektakel gewartet hatten. Ich trug mein Halloween-Harley-Quinn Outfit, bestehend aus einem rot schwarzen Korsett und einem roten Lederrock. Mit den zwei typischen, frech gebundenen Haarschwänzen hatte ich mich für eine verspielte Frisur entschieden und betonte so meinen langen Hals. Ich hatte dieses fiktive Chaos schon immer als einen äußerst inspirierenden Charakter empfunden und probierte, etwas mehr so zu sein wie sie. Denn sie machte, was sie wollte. Als Nächstes erhaschte ich einen Blick auf den kommenden Abschnitt. Mir stand ein drei Meter breiter Korridor bevor, welcher im ersten Moment wie ein endloser Tunnel wirkte. Doch ich konnte nicht allein schon losgehen. Hackar hatte sich für eine schwarze Stoffhose und eine lederne schwarze Weste entschieden. Die offene Weste erlaubte einen Blick auf seine straffen Brustmuskeln und den glatten Bauch. Seine braune Hautfarbe glänzte durch Körper-Öl, sodass ich am liebsten in diese Schokoladentafel reingebissen hätte. Doch die Erinnerung konnte nicht verändert werden und so wandte sich meine Blickrichtung wieder dem Tunnel zu. Das Einzige, was mich in diesem Moment physisch mit Hackar verband, war eine schwarze Lederleine um meinen Hals. Ich mochte das Gefühl der klaren Zuteilung. Jeder würde wissen, dass ich ihm gehörte. Und genauso würde jeder wissen, dass er mein war. Ich genoss den leichten Druck, mit welchem das Halsband mir minimal die Luft abschnürte. Das Band hatte mir Hackar so angelegt, damit ich möglichst zahm führbar wäre. Bereits ein fein ausgeführter Zug an der Leine hätte mich dazu gezwungen, sofort seinen Befehl auszuführen. Wir beschritten den Gang, der mit einem roten Teppich belegt und nur spärlich ausgeleuchtet war. Beide Seitenwände waren mit schwarzen Lederpolstern ausgeschmückt, sodass eine Art Laufsteg entstand. Am Ende des Tunnels wartete bereits die Empfangsdame mit einer Checkliste auf uns. Doch der Weg zu ihr stimmte mich nervös. Unzählige hungrige Augen erwarteten voller Gier die Ankunft neuer Spielzeuge. Wie Hyänen posierten sie einzeln oder in Gruppen auf den Lederpolstern und fassten sich dabei hemmungslos gegenseitig an. Da alle in schwarzem Lack oder Leder gekleidet waren, leuchteten nur einzelne Körperstellen durch das Ende des Tunnels auf. Einige Gesichter waren mit Masken oder pompösem Gesichtsschmuck verschleiert. Die Sofas wirkten in diesem Moment wie die erste Sitzreihe einer Sklavenverkaufsauktion. Ich spürte die Leine zwischen meinen Schulterblättern runterhängen, was bedeutete, dass Hackar dicht hinter mir stand. Ich wusste nicht, ob er es geil gefunden hätte, wenn ich ihn mit einem Blick zuerst noch um Erlaubnis gebeten hätte. Doch ich war trotz dieser aufgesetzten Rolle als Untergebene noch immer eine Rebellin. Selbstsicher und möglichst erotisch legte ich meinen Catwalk zur Empfangsdame hin. Ich achtete jedoch darauf, dass die Leine weder zu straff noch zu locker durchhing. Denn das mochte mein Meister nicht und ihn nerven wollte ich ja auch nicht. Ich wurde vom wollüstigen Adel gemustert, welcher die Ankunft neuer Ware begutachtete und in offensichtlichen Gesprächen aussortierte. Ich konnte förmlich spüren, wie ich in ihren Fantasien ausgezogen und verschlungen wurde. Der unausgesprochene Befehl Hackars lautete, dem Publikum vorzuführen, was sie nicht haben würden, da mein Körper sich bereits im Besitz eines Meisters befand. Während ich den Gang beschritt, wurde jede einzelne Bewegung von allen Seiten beobachtet. Hackar lief als mein Besitzer hinter mir her und ließ die Leine nur leicht locker. Beim Empfang kümmerte er sich um den Check in, denn ich durfte ungefragt nicht sprechen. Nach dem Eintritt begrüßte uns eine pulsierende Tanzfläche und lustfördernde Musik. Ein tiefbrummender Bass und ein rhythmischer Beat, welcher passend für temperamentvollen Sex war. Gleich zur Linken dieses hohen Saales befand sich eine gut ausgestattete Bar und dahinter eine riesige Spiegelwand. Die Mitte des Tanzsaales zierte ein metallischer Tanzkäfig. Hinter den drei Meter hohen Gitterstäben erkannte ich sogleich eine prachtvolle Treppe, welche in den ersten Stock führte. Zu dem tief im Herz spürbaren Bass floss ich langsam in die tanzende Menge hinein. Um nicht von den sich räkelnden Körpern angerempelt zu werden, passte ich meinen Gang ihren Bewegungen an. An der Bar bestellte ich mir ungefragt einen Drink und zeigte beim Abkassieren mit unschuldiger Miene auf Hackar. Er würdigte mich keines Blickes und bestellte sich gleich etwas mit. Nachdem er mit seiner Kreditkarte die Rechnung beglichen hatte, kassierte ich seinen gemeingefährlichen Blick. Dabei schmälerte er seine Kulleraugen und gab mir damit zu verstehen, dass ich später auf eine nicht monetäre Weise noch für diesen Aufwand aufkommen würde. Ich lächelte ihn neckisch an und verhielt mich wie eine verzogene Göre, die sich nicht um diese Drohung schert. Mein Zukunftsich würde sich dann um die Bezahlung kümmern. Mit dem Drink in der Hand floss ich zurück in den Menschenstrom auf der Tanzfläche. Währenddessen berührten mich von allen Seiten an mir reibende Körperteile. Die Glattheit fremder Lackkleidung auf der eigenen entblößten Haut klebte leicht. Plötzlich schnürte mir mein Halsband die Luft komplett ab und ich drehte mich gut erzogen zu meinem Herrchen um. Hackar stand hinter mir und hatte bereits begonnen zur Musik zu tanzen. Er wollte also noch etwas länger an dieser Stelle verweilen und die Partystimmung geniessen. Ich gehorchte ihm und bewegte mich lasziv zur Musik. Ich spürte, wie mehrere Blicke nebst seinem auf mir ruhten und wie mein Hüftschwung sie hypnotisierte. Ich versuchte, mich nur in einem gewissen Ausmaß zu bewegen, damit ich einen Schweißausbruch vermeiden konnte. Während ich mich gezügelt durchtanzte, beobachtet ich die sich schwungvoll bewegenden Körper im quadratischen Käfig. Ein Teil in mir wollte auch da rauf und tanzen, doch ich konnte nicht. Denn dafür trug ich einen zu kurzen Lederrock. Auch wenn ich gerne oben getanzt hätte, so hätte mein rotes Höschen den unter mir stehenden Besuchern einen ungewollten Blickfang geboten. Um für etwas Abwechslung zu sorgen, drehte ich mein Hinterteil schwungvoll zu Hackars Becken um und rieb rhythmisch an seinem prallen Glied. Das einfache an Hackar war, dass es nicht viel brauchte, um ihn in Fahrt zu kriegen. Er wollte immer. Ich griff nach seiner Hand, um welche er die Leine gewickelt hatte und führte sie zur Taille meines Korsetts. Langsam ertastete er den Weg zu meinen Brüsten. Kurz nachdem er bei ihnen ankam, drehte ich mich wieder zu ihm rum. Ich umschlang mit meinen Armen seine breiten Schultern und überwältigte ihn mit einem leidenschaftlichen Zungenkuss. Ich liebte ihn dafür, dass ich bei ihm einfach komplett ich selbst sein konnte und mit ihm gemeinsam diese sonderbare Sexualpraktik ausleben durfte. Beim BDSM ging es ihm nie darum, mir weh zu tun oder mich böswillig zu quälen. Es war unsere Sprache der Liebe, bei der ich frech zu ihm war und er mich dafür sexuell bestrafte. Aber immer mit dem Endergebnis, dass wir beide einen richtig guten Orgasmus erlebten. Während ich mich diesem verliebten Kuss hingab, spürte ich, wie zwei fremde Hände mich berührten. Doch anstatt mich davon ablenken zu lassen, genoss ich die zusätzliche Aufmerksamkeit. Ich erkannte nur Hackars festen Handgriff an meiner Taille und das Gefühl seiner Dominanz an meinem Hals an. Dann löste er den Kuss und legte seinen Mund an mein Ohr: «Geh da rauf und mach deinen Daddy stolz», befahl er mir. Sein Blick deutete zu dem Käfig. Er musste mir meine Unsicherheit im Gesicht abgelesen haben, den er begann, mir liebevoll die Wange zu streicheln und teuflisch dabei zu grinsen. Er wusste, dass ich tief in mir drin hatte raufgehen wollen und erlaubte es mir. Ich wollte natürlich keinen Befehl meines Herrchens missachten und begab mich zögerlich zu den Stufen Richtung Tanzkäfig. Ich konnte problemlos mein Schamgefühl überlisten, indem ich mich nur auf meine Aufgabe fokussierte.

Denn die Verantwortung über mich trug er mit der um seine Hand gewickelten Leinenschlaufe. Ich wagte den ersten von drei Schritten und sah dabei Hackar an. Er ließ die Leine etwas lockerer, damit ich die nächste Stufe erklimmen konnte. Um mir selbst Mut zu machen, redete ich mir den Charakter von Harley Quinn ein. Ihre Verrücktheit empfand ich für dieses Ambiente passend und ich wollte so unverschämt sein, wie sie. Ich stellte mir vor, was sie nun wohl denken würde. Als ich selbstsicher oben ankam, drehte ich mich zu Hackar um und begann für ihn zu tanzen. Ich liebte das Gefühl auf der Bühne und wollte gesehen werden. Ich fühlte mich schön, erotisch und in absoluter Sicherheit. Ich konzentrierte die ganze Zeit meinen Blick auf Hackar und zeigte ihm, dass dieser Tanz trotzdem nur ihm galt. Ich sah ihm seinen Stolz an, dass ich als tanzende Sklavin ihm gehörte und es jeder auf Grund der Leine sehen konnte. Ich war nur auf dieser Bühne, damit ich mich um die Befriedigung der Gelüste meines Meisters kümmern konnte. Ich spürte die lusterfüllten Seitenblicke anderer Partygäste, die in meiner Nähe waren und mir unter den Rock starrten. Anfangs probierte ich noch, die Beine strikt zusammen zu halten und nur meine Hüfte kreisen zu lassen. Doch ich überzeugte mich selbst, dass, wenn ich es schon bis hier hingewagt hatte, ich die Rolle nun auch voll ausleben könnte. Also begann ich, meine Tanzbewegungen zu erweitern. Die Hüftschwünge wurden noch lasziver, während ich mich manchmal in die Knie hockte. Hackar lächelte mich gierig an und genoss es, mir dabei zuzusehen. Seine Augen hatten eine Form angenommen, bei der ich genau wusste, dass ich bald mit Sex belohnt werden würde. Als Hackar mich genügend vorgeführt hatte, zog er mich zu sich runter und navigierte mich zur großen Treppe am Ende des Raumes. Ich schlängelte mich durch die sich bewegende Masse und spürte über die Leine die Zugehörigkeit zu Hackar. Die Menschenmenge nahm ich so wahr, als ob sie sich vor uns teilte. Denn alle hatten mich da oben zumindest einmal kurz bemerkt und erkannten mich wieder. Hackar hatte seine Einladungskarte zum Spielen versandt. Der Treppenaufgang wurde von einem Wachmann rigoros überwacht. Das Betreten des oberen Stockwerkes war als einzelne Person untersagt. Man musste diesen Bereich zumindest zu zweit betreten. Ich ging wie ein Wachhund voraus und verschaffte mir den Überblick über die Räumlichkeiten. Irgendwann stand ich vor einem weiteren, dunkel gehaltenen Gang. Bei den ersten beiden Türen handelte es sich um zwei Dungeon-Räume, welche im dunklen Holz-Stil düster gehalten waren. Nur einzelne Kerzen flackerten in der Dunkelheit auf. Ich entschied mich für das nähere Zimmer und betrat es. Ich blieb in der Nähe des Eingangs stehen, sodass Hackar das Zimmer auch noch betreten konnte. Brav wartete ich Hackars Observation und Entscheidung ab. Der Raum beherbergte eine Mischung unterschiedlichster Gerüche. Ich vernahm eine klinisch scharfe Note, bei der ich an Reinheit dachte. Unterschwellig dominierten jedoch der Holzgeruch und ein markantes, blumiges Frauenparfüm. Der Raum war nur durch Kerzen ausgeleuchtet, wodurch der angenehme Duft von geschmolzenem Wachs für ein heimeliges Ambiente sorgte. In diesem kleinen Arbeitszimmer befanden sich ein paar Holzgerätschaften zum Festbinden von Personen, wie zum Beispiel ein BDSM-Holzpferd, eine Whipping-Bank oder ein Andreas-Kreuz. Das Kreuz an der Wand bestand aus zwei gleichlange Holzbalken in einer X Formation, wodurch die vier Gliedmaßen eines Menschen gespreizt angekettet werden konnten. In diesem Moment hielt es eine Brünette mittleren Alters fest, die gerade von einer blutjungen Domina grob gefingert wurde. Zwei Männer standen davor, sahen den attraktiven Frauen zu und masturbierten dazu. Ich konnte die Erotik nachempfinden, einem Gegenüber freiwillig so ausgeliefert zu sein, dass man sich nicht mehr wehren konnte. Es war der absolute Kontrollverlust, welcher den Kick verschaffte. Denn in diesem Moment konnte man die Verantwortung über sich selbst, die auch als eine Last empfunden werden konnte, zumindest für einen Augenblick ablegen. In der Ecke des Raumes stand ein Massagetisch. Das Leder war schwarz und das eine Kopfende hatte einen offenen Spalt für das Gesicht. Auf kleinen Abstelltischen spendeten hautverträgliche Kerzen noch etwas mehr Licht und überall lagen unterschiedlich breite Peitschen, Desinfektionssprays, Taschentücher und kleine Mistkübel bereit. Hackar führte mich zum Massagetisch. Ich beobachtete auf dem Weg die anderen Gäste, welche sich mit ihren Spielpartnern genüsslich an den Gerätschaften austobten. Ein Mann war über die Whipping-Bank gestülpt worden, wodurch er die Form eines vierbeinigen Tieres hatte. Seine Hände und Füsse waren am Boden fixiert und der Körper ruhte auf einem Holzbalken. Seine Pobacken leuchteten knallrot von all den Peitschenhieben, die er eingesteckt hatte. Während ich schaulustig an ihm vorbeischlenderte, drang ein knackiger Bodybuilder anal in ihn ein. Ich empfand das zierliche Geräusch von stöhnenden Menschen, die gerade befriedigt wurden, angenehm und betörend. Hackar ergriff als Erstes vom Abstelltisch Servietten und dann das Desinfektionsspray. Hiervon stammte die zitronige, reinliche Duftnote. Die Spraydose drückte er mir wortlos entgegen und ich verstand seinen Befehl. Wie eine engagierte Putzfrau reinigte ich den gesamten Massagetisch vor mir. Ich wusste, dass er mir gleich befehlen würde, mich daraufzulegen und putzte umso gründlicher. Ich bückte mich provokativ über den Tisch und stand dabei auf die Zehenspitzen, damit ich ihm so meinen Arsch präsentieren konnte. Da der Rock nur knapp die Pobacken verdeckte, wurden diese durch das Bücken meines Oberkörpers zur Schau gestellt. Selbst als ich spürte, wie seine warme Hand eine Pobacke anfasste, schrubbte ich unbekümmert weiter. Als ich fertig war, entriss mir Hackar die verwendeten Servietten und drückte meinen Körper an den Tisch. Ich spürte das weiche Leder der Tischkante an meinen Oberschenkeln, setzte mich auf sie drauf und wartete die nächste Instruktion ab. Hackar schmiss die Servietten in den vergoldeten Mülleimer und wandte sich wieder mir zu. Sein Gesichtsausdruck hatte etwas Gefährliches. Er stellte sich vor mich und drückte mit einer Hand meinen Oberkörper auf den Massagetisch. Mit der anderen Hand umklammerte er meine Beine und legte sie auf den Massagetisch. Die Leine rollte er ein und klemmte sie unter meine rechte Schulter: «Wir spielen jetzt ein kleines Spiel, verstanden?», fragte er mich, obwohl die Antwort bereits in Stein gemeisselt war. «Okey Daddy», stimmte ich ihm willenlos zu. Währenddessen ließ er den Blick nicht locker und begann, den Tisch zu umkreisen. Oberhalb meines Kopfes blieb er stehen, griff unter meine Achseln und zog meinen Körper zu sich ran. So weit, bis mein Kopf nicht mehr von der Kopfstütze gehalten wurde und ich direkt sein Becken vor mir hatte. Ich verfolgte kopfüber Hackars Finger, wie diese seinen Hosenverschluss öffneten und er sein grobes Glied auspackte. Er war nicht lang, aber so dick wie eine Gurke. Er griff nach seinem Schwanz und drückte mir diesen ohne Vorwarnung in den Mund. Ich schloss meine Augen und probierte, den Würgereflex zu unterdrücken. Wann immer seine Eichel meine Mandeln anstupste, zuckte mein Körper. Ich spürte, wie er währenddessen mit seinen Händen unter mein Korsett rutschte und meine Brüste brüsk begrabschte. Ich schloss meine Augen, damit ich mich auf die Berührung meiner Brüste fokussieren konnte. Seine großen Hände waren grob und rau, doch ich genoss deren Intensität. Mit den Fingerspitzen machte er kreisende Bewegungen um meine Nippel herum. Manchmal konnte ich mir das Würgen nicht verkneifen, fing mich jedoch wieder. Ich hatte mir den größten Teil des Reflexes abgewöhnt, indem ich mit der Zahnbürste die Mandelregion massiert hatte. Das Geräusch meines würgenden Rachens schien ihm zu gefallen, denn er rammte mir seinen Penis noch tiefer in meinen Mund. Eine Weile verging, als sich der Rhythmus veränderte und verlangsamte. Die eine Hand löste sich von meiner

Brust, während die zweite erstarrte. Plötzlich berührte etwas meinen Oberschenkel. Ich glaubte, dass es die Finger einer fremden Person waren, da Hackars Schwanz noch immer in meinem Mund steckte und er mit seinem Arm nicht so weit reichen konnte. War seine Einladungskarte von einem Empfänger angenommen worden? Hackar begann wieder, sich selbst durch mich zu befriedigen. Wir verharrten in dieser Position, bei der er meinen Mund missbrauchte. Als ich meine Augen öffnete, sah ich hinter seinen spärlich belichteten Oberschenkeln in der Dunkelheit eine beleuchtete Silhouette vorbeihuschen. Als Nächstes spürte ich nebst den Fingern an einem Bein eine weitere Hand, welche den vorderen Reißverschluss meines Korsetts mit den Fingern umklammerte. Mit jedem Zentimeter, der von meinem Brustkorb freigelegt wurde, stellte ich mir das Gefühl von Freiheit und Unbeschwertheit vor. Ich konnte tiefer einatmen, wodurch sich das Korsett durch die Zunahme des Volumens noch schneller öffnete. Als der Verschluss komplett geöffnet war, hielt Hackar mit beiden Händen mein Gesicht fest. Unzählige Finger berührten meine Brüste. Die Person, welche anfangs noch mein Bein gestreift hatte, war langsam mein Schienbein runtergefahren. Ich war mir sicher, dass dieser Partygast sich sicherlich als Fussfetischist entpuppen würde. Doch eine wichtige Regel in den Fetischszene lautete, dass man niemanden für seine Gelüste verurteilen durfte. Also ließ ich mich davon nicht ablenken. Ich merkte, wie sich Hackars Hüftbewegung erneut verlangsamte, während er mir noch immer sein Glied aufzwang. Er stand wohl kurz vor dem Orgasmus und hatte sich durch die Verlangsamung selbst am Höhepunkt gehindert. Denn er war noch nicht fertig mit mir. Ein neues paar Hände umklammerte den Bund meines Rocks und zog diesen langsam runter. Ich spürte, dass meine Vulva durch mein nasses Höschen verdeckt war, während der Rock langsam meine Beine entlang glitt. Hackar war noch immer in meinem Mund, wodurch ich meinen Kopf nicht aufrichten konnte. Doch ich ließ mich durch das Ausziehen meiner Kleidung nicht aus der Ruhe bringen. Ich beschäftigte mich mit der Eindämmung des Würgereflexes. Mein gesamter Intimbereich pulsierte vor Aufregung und ich genoss das Gefühl des ausgeliefert seins. Jemand berührte die Oberfläche meines Höschens und zupfte sie etwas rauf. Das Gefühl des an meiner Schamlippe reibenden Stoffes ließ meine Bauchdecke zucken. Danach wurde sanft über meine Schamlippen gestreichelt. Ich wusste, dass mein Meister auf mich achtgeben würde. Es fühlte sich an, als ertastete sich die Fingerkuppe gerade ihren Weg in meine triefende Vulva. Ich wusste nicht, wessen Finger es waren. Frau oder Mann, schön oder nicht meinem Geschmack entsprechend. Unerwartet löste Hackar seinen starren Griff und entfernte sich von mir. Ich wollte meinen Kopf anheben, als ich plötzlich eine weibliche Hüfte vor mir erblickte. Ich sah noch Hackars Hand, welche sie zu mir geführt hatte. Mit einer zierlichen Hand stützte sie meinen Kopf, sodass ich zur grauen Decke raufblickte. Ich wurde nicht aus den seltsam geworfenen Schatten der Kerzen schlau. Noch bevor ich ihr Gesicht erkennen konnte, versperrten mir auch schon zwei große Brüste die Sicht. Als Nächstes wurden sie mir gegen mein Gesicht gepresst. Ich fand Gefallen am Gefühl der Weichheit und Wärme ihres Körpers. Sie war die Trägerin des aufreizenden Parfüms gewesen, das den Raum mit Magnolien erfüllt hatte. Doch ihre Brüste rochen noch nach einer Bodylotion, mit welcher sie sich auf diese Nacht der sexuellen Ektase vorbereitet hatte. Die Creme hatte eine süßliche Unternote, welche mich an Honig erinnerte. Auf einmal spürte ich, wie warme Hände mein Höschen umklammerten und dieses runterzogen. Jemand streichelte dabei meine Hand, während andere Hände noch immer meine Brüste umkreisen und sporadisch die Nippel zwickten. Nachdem das Höschen meinen Schritt nicht mehr verhüllte, drangen auch schon zwei kräftige Finger in mich ein. Ich war feucht genug gewesen, wodurch das Eindringen ein leichtes war. Die Finger waren gegen meine Bauchdecke angewinkelt, doch ich war mir nicht sicher, ob ich Hackars Technik spürte. Jemand dribbelte in einem schnellen Rhythmus mit dem Zeige- und Mittelfinger in mir drin. Wann immer ich die Handknöcheln an meinem Schambein spürte, überkam mich eine elektrisierende Welle. Diese Person wusste genau, wo es mein vaginales Nervengeflecht zu massieren galt. Die andere Hand presste gegen meine Bauchdecke, sodass der Befriediger seine eigenen Fingerbewegungen spüren konnte. Während die Finger immer wieder aufs Neue in mich reinglitten, stupste etwas gegen meine Klitoris. Unzählige Finger fremder Menschen krabbelten wie Ameisen über meinen ganzen Körper und sorgten für Gänsehaut. Ich hatte so viele Menschen um mich rum, die meinen Körper wollten und die ihn begehrten. Alle berührten mich, während jemand gleichmäßig seine Finger rein- und rausschob. Ich fühlte, wie es zwischen meinen Beinen zu glühen begann und ich mehr wollte. Doch nur Hackar durfte in mich eindringen. Die Frau mit dem riesigen Busen löste sich aus meinem Blickfeld und bückte sich zu mir runter. Ich starrte in wunderschöne grünbraune Rehaugen, bevor sie mich mit einem passionierten Kuss in ihren Bann zog. Ich spürte, wie zwei Finger noch einmal meine Beine aufzucken ließen, bevor sie mich verließen. Enttäuscht über den Halt der Massage zwang ich meinen Kopf hoch und drückte die Frau von mir weg. Es war anstrengend, doch mich überraschte der Ausblick. Zu meiner Linken befand sich eine blutjunge Blondine mit mandarinengroßen Brüsten, die in einem blauen Netzoutfit verpackt waren und ihre Kulleraugen farblich ergänzten. Sie war weiss, mittelgross und hatte wilde Locken, die ihr einen spannenden Look verliehen. Neben ihr stand ein schlaksiger Mann mit einer braunen Igelfrisur, welcher gerade an meiner linken Brust rumspielte, während er Hackar bei seinem Handwerk beobachtete. Hinter Hackar vernahm ich die Umrisse eines weiteren Mannes. Dieser hatte mir zwischenzeitlich die Schuhe und Socken ausgezogen. Er glitt mit den Fingern durch meine Zehenspitzen durch, spreizte die Zehen voneinander und leckte zwischen den Spalten. Zu meiner Rechten standen zwei weitere trainierte Männer. Der eine dunkelhaarige Beachboy fuhr über sämtliche freie Körperstellen und tastete mich einfach ab, während seine rechte Hand «Manuela» ihm einen runterholte. Dabei hatte er seinen Fokus auf Hackars Hand gerichtet und wartete seine nächste Handlung ab. Der andere Muskelprotz streichelte mit einer Hand meinen Arm, während die andere sich mit meiner rechten Brustwarze vergnügte. Als er seine Entdeckung bemerkte, kniff er zur Vorstellung seiner selbst etwas härter zu. Die Kraft verließ meinen Nacken und ich wollte meinen Kopf wieder runtersacken lassen, als Hackar unerwartet meine Beine packte und mich zu sich ran zog. Nur mein Steißbein fühlte noch die Tischkante unter sich und Hackar reichte je einem Mitspieler neben sich ein Bein. Sie hatten somit die Instruktion erhalten, diese auszustrecken und ihm bei seiner Behandlung zu assistieren. Während unzählige Augenpaare mich beobachteten, streckte ich meine Arme lustvoll über meinen Kopf und hielt mich an der Massagetischkante fest. Die junge Frau mit den riesigen Brüsten machte es sich zur Aufgabe, meine Hände festzuhalten und mich wieder gierig zu küssen. Ich wusste, dass es Hackar sein würde, der mich gleich nehmen würde und war somit beruhigt. Hackar setzte seine Eichel an meine feuchte Öffnung und drückte langsam sein Becken gegen mich. Ich spürte, wie sein grosser Penisumfang meine Schamlippen voneinander spreizte und somit meine Klitoris die erste Reibung widerfuhr. Während er in mich eindrang, spürte ich seine Eichel gegen meine sensible Vagina reiben. Er begann mit sanften Bewegungen und steigerte mäßig die Intensität. Meine Beine zitterten vor Lust, was jedoch von den mich haltenden Männern sogleich unterbunden wurde. Ich spürte unzählige Hände meinen Körper berühren und Augen mich bei meiner Befriedigung beschatten. Mit jeder Penetration wurde Hackars Bewegung kräftiger und aggressiver. Hackar lieferte unseren Zuschauern eine Show, wie man sie aus einem Porno erwarten konnte. Ich stöhnte jedes Mal auf, wenn er tief in mir steckte. Er wurde grob und entlockte mir immer lauteres aufstöhnen. Ich verzweifelte an meiner Lust und wollte nur noch durch die Reibung von Hackars Penis kommen. Er drang immer schneller in mich ein und ich musste mich noch fester an der Kante des Massagetisches festhalten. Dann begann er noch eine kreisende Bewegung in den Prozess zu integrieren. Ich spürte, wie sich die nervliche Überreizung in kürzester Zeit anbahnte. Glücklicherweise nahm Hackar noch seinen Finger dazu und kreiste sanft um meine Klitoris herum. Um ihn für diesen äußerst bereichernden Einfall zu loben, hob ich erneut meinen Kopf an und sah ihn mit einem dankenden Lächeln an. Erst dann erkannte ich jedoch, dass seine beiden Hände sich an meinen Oberschenkeln festhielten. Einer der Muskelmänner hatte seine Finger richtig platziert und sorgte für die Ekstase, welche gleich meinen Körper durchfluten würde. Ich stöhnte laut auf und ließ meinen Kopf wieder nach hinten auf das weiche Leder kippen. Ein überwältigender Orgasmus durchströmte meinen gesamten Körper. Jede Muskelfaser in mir zitterte und belebte jede Zelle. Die Frau küsste mich wieder, doch ich war überwältigt und nicht in der Lage, meinen Mund zu bewegen. Hackar penetrierte mich weiterhin und legte noch den letzten Gang ein, indem er noch fester zustieß. Der Griff fremder Hände an meinem Körper bohrte sich in mich rein. Auch sie wollten meinen elektrisierenden Orgasmus spüren und ein Teil davon werden. Mein gesamter Intimbereich pulsierte. Ich stöhnte melodiös laut auf und genoss das erlösende Gefühl der kompletten Entspannung. Mir war, als konnte ich nun endlich frei atmen und meinen gesamten Körper fühlen.

Ersetzbar (18+)

Hackar fickte mich noch immer, bis seine Regelmäßigkeit plötzlich zu stocken begann. Ich richtete meinen Kopf auf und sah ihm zu, wie er sein Becken von mir löste. Ich spürte, wie der innerliche Druck in meiner Intimzone langsam nachließ und seine Wärme mich verließ. Zurück blieb nur eine feuchte Stelle. Die Männer ließen unaufgefordert meine Beine los. Hackar machte einen Schritt auf die linke Seite, sodass er bei der Blondine stand. Er griff wie ein machtsüchtiger Tyrann gewaltvoll nach ihrer Lockenpracht und drückte sie rücksichtslos auf den Boden runter. Sie ließ sich wie ein liebeshungriger Welpe willenlos führen und kniete sich sofort hin. Den Daumen und Zeigefinger bohrte er in ihre zartrosa Wangen, sodass ihr Mund den Buchstaben O formte. Durch den Druck zwang er sie somit, wie eine brave Gespielin den Mund weit zu öffnen. Sein Ziel war es, ihr reinzuspritzen. Doch seine Begierde wurde für mich das erste Mal, an dem mich eine brennende Eifersucht überkam. Ich war ihm in diesem Moment nicht genug gewesen, um zu kommen und er hatte sich einer jüngeren Frau bedient. Und obwohl ich gerade mit einem unglaublichen Orgasmus befriedigt worden war, hinterließ diese Ersetzung einen bitteren Nachgeschmack. Ich probierte mir verzweifelt einzureden, dass er mich einfach nicht schmutzig machen wollte und sie deswegen wie einen Mülleimer missbrauchte. Doch ich wusste, dass das nicht der wahre Grund gewesen war. Während er dieser Fremden belohnend über die Wange streichelte, sah ich ihm dabei zu und unterdrückte meine emporsteigenden Tränen. Ab diesem Moment hatte ich gedanklich bereits das Ende dieser Beziehung angesteuert. Ich hatte realisiert, dass ich nicht mit dem Eifer Hackars mithalten konnte und ich bereits nach dieser kurzen Beziehung mit meinem persönlichen Limit konfrontiert worden war. Ich fragte mich, ob die Trennung am Ende meine Schuld sein würde. Wir waren zu voreilig gewesen und hatten in zu kurzer Zeit den Zenit erreicht, welchen ich nicht mehr überschreiten konnte. Zumindest nicht ohne von Neid oder Eifersucht ergriffen zu werden. Ich verzweifelte an der Angst, ihm nicht mehr genug zu sein. Es war nur eine Frage der Zeit, bis mein alternder Körper ihm nicht mehr ausreichen würde. Ich war überzeugt davon, dass der nächste Schritt darauf hinauslaufen würde, dass er ohne meine Anwesenheit neue junge Frauen verführt. Nachdem Hackar die fremde Frau mit seinem starren Griff gezwungen hatte, sein Sperma zu schlucken, sah er mich an. Sein Blick wirkte ausgehungert. In meiner wieder erträumten Erinnerung verschwammen die Strukturen des Dungeons, während Hackars Profil bestehen blieb. Als ob von einem Pinsel ein Wassertropfen auf die frisch aufgetragene Farbstruktur gefallen wäre und sich die Wasserfarben zu einer neuen Szene durchmischten. Das gesamte Bild verwirbelte sich und verblasste am Ende zu einem weißen, sterilen Hintergrund. In der Mitte des weißerleuchteten Raumes saß Hackar in einem dunkelblauen Anzug auf einem samtigen, roten Sofa. Er stützte sich mit angewinkelten Armen lässig auf der Rückenlehne ab. Seine Körperhaltung erinnerte an einen gelangweilten König auf seinem Thron. Umzingelt von einer erotisch tanzenden Gruppe junger Frauen, die schöner nicht sein konnten. Endlose, lange Beine, knackig geformte Ärsche und üppige Brüste. Spitze, zartrosafarbene Nippel, an denen ich gerne sanft geleckt hätte. Die Haut sanft und weich anzufassen, wodurch ich bereits erahnen konnte, wie gut sie duften würden. Wie bei einem feuchten

Männertraum, begannen sich die Frauen gegenseitig zu berühren und mit zärtlichen Streicheleinheiten zu liebkosen. Schüchternes Lächeln und leichtes Gekicher durchbrachen als einzige die erotische Spannung dieses Ausblickes. Ihre sanften Hände ertasteten und umkreisten gegenseitig ihre Brüste. Leidenschaftliche Zungenküsse wurden mit allen ausgetauscht. Manche Hände machten sich zwischen fremden Schenkeln auf Entdeckungsreise. Andere begannen, sich oral zu befriedigen und schoben gefühlvoll ihre langen Finger hinein. Schön lackierte Nägel verführten mit ihrer gepflegten Ästhetik. Egal wo ich meinen Blick hinwandte, ich war umgeben von lasziv bebenden Frauenkörpern. Während eine südländische Schönheit von einer dunkelbraunen Asiatin in den Himmel geleckt wurde, saß ihr eine Blondine auf dem Gesicht und ließ sich verwöhnen. Plötzlich tauchte auch Hackars nackter Körper in der Frauengruppe auf. Bei jeder dieser Frauen machte er einen kurzen Halt und penetrierte sie für ein paar Sekunden mit lusterfüllter und gieriger Intensität. In diesem Moment wünschte ich mir, er zu sein. Ich hasste ihn zwar dafür, dass er mein Herz zerschmetterte, doch noch mehr beneidete ich ihn. Seine Hautfarbe wurde langsam heller, die Körperstatur schlanker und etwas größer. Die glattrasierte Glatze verwandelte sich zu einer ungebändigten braunen Mähne. Die braunen Kulleraugen wurden schmaler und die Farbe wechselte zu ozeanblau. Captain Happy Meal stand inmitten von blutjungen Schönheiten und fasste sie gierig an, während sein starrer Blick auf mich gerichtet war. Die Eifersucht entfachte sich in meiner Brustmitte und ließ mich aus meinem Traum zitternd aufschrecken. Ich war wach, doch mein Herz loderte noch immer vor Neid und Schmerz. Es dauerte einen Moment, bis ich realisierte, dass ich eigentlich auf Captain Happy Meals Brust lag und sein regelmäßiger Puls mich in einen Traum versetzt hatte.

Wenn der Traum zerplatzt

Captain Happy Meal war das Aufzucken meines Körpers nicht entgangen und er erkundigte sich sogleich: «Ist alles in Ordnung? Bist du auch eingenickt?». «Sieht wohl so aus», stammele ich noch etwas schlaftrunken, während sich die Öffnung meiner Augen als anstrengend und leicht klebrig erwies. Wie eine Nachwelle ertränkte die Erinnerung an die Eifersucht mein Herz. Ich erkannte den vorbestimmten Pfad, welcher mich mit Captain Happy Meal erwartete. Denn dasselbe wie bei Hackar würde auch mit ihm geschehen. Ich richtete meinen Oberkörper auf und erkundigte mich nach der Uhrzeit. Er räkelte sich zu seinem Handy, ohne mich dabei aus seiner Umarmung verscheuchen zu wollen. Überrascht stellte er fest: «Jetzt 0400». Ich rotierte meinen Körper und entschied mich erneut für die Sphinx-Pose. Dabei sah ich Captain Happy Meal in die Augen, welcher mich noch immer zutraulich anlächelte. Wie ein Film spielte sich in meiner Vorstellung der Ablauf unserer Beziehung ab. Ich sah uns zu, wie wir uns zukünftig immer wieder jeweils am Abend in seinem Container treffen würden. Der Sex wäre prickelnd und aufregend. Nach ein paar Wochen würde uns durch die zunehmende Vertrautheit unser fahrlässigeres Verhalten verraten. Zu Beginn ginge es vor allem um die Befriedigung unserer ungebändigten Lust. Nach dem Sex würden wir jeweils kuscheln und uns lockeren Gesprächsthemen widmen. Und obwohl der Sex die neue Hauptmotivation unserer Treffen werden würde, so wären es die Gespräche, die den Weg in eine Beziehung initiieren. Nach der körperlichen Intimität würde es vereinzelt zu tiefgründigen Unterhaltungen kommen, bei denen wir unsere verborgenen Schwächen einander anvertrauen würden. Irgendwann würde er mir erneut die Frage stellen, wie ich mit Raphael verblieben sei. Ich hätte mich in der Zwischenzeit telefonisch von ihm getrennt und ihm gebeichtet, dass ich jemanden Neues kennengelernt hatte. Es würde kein einfaches Telefonat werden. Und ein noch unangenehmeres Treffen voraussetzen, bei dem ich nach meiner Rückkehr aus Borava meine Kleidung bei ihm abholen müsste. Auf Captain Happy Meals Anfrage würde ich ihn einweihen, dass ich mich von Raphael getrennt hätte. Der weitere Verlauf dieser Affäre würde somit von ihm abhängen und es wäre klar, dass er sich nun für oder gegen eine Beziehung entscheiden müsste. So wie er mir in diesem Moment liebevoll und vertraut über meine Schläfe streichelte, war ich mir sicher, dass er sich auf eine Beziehung mit mir einlassen würde. Er würde jedoch noch eine dramatische Bedenkzeit nehmen, welche mich meine getroffenen Entscheidungen in Frage stellen lassen würden. Denn ich wusste, dass er sich zum Selbstschutz keine Partnerin zulegen wollte. Doch bis dahin hätte er sich bereits in mich verliebt. Captain Happy Meal würde mich vor sich selbst warnen, da eine Beziehung nicht seinen Zukunftsvorstellungen entsprach. Ich würde mich an dem Glauben festhalten, dass er es dennoch probieren würde. Genau wie bei Hackar. Da mich nach dem Auslandseinsatz nichts in der Schweiz erwartete, würde ich ihn gegen Einsatzende mit großer Nervosität fragen, wie es mit uns weitergehen soll. Ich würde ihm zudem offenlegen, dass es nichts in der Schweiz gab, was meine Heimreise erforderte. Es gab keine Besitztümer, um die ich mich kümmern musste. Ich hatte nach meinem Klinikaufenthalt mein gesamtes Hab und Gut verkauft. Nur ein paar Kisten mit Kleidern und ein Tisch erwarteten mich bei einer Rückkehr in der Schweiz. Also würde ich Captain Happy Meal fragen, ob ich zu ihm nach England ziehen sollte. Ihm würde die Entscheidung anfangs zu schnell gehen, was in einem Streit ausarten würde. Doch die Entscheidung würde schlussendlich zu unserem Gunsten ausfallen. Ich würde mich danach bei ihm in der Wohnung einnisten, mich offiziell in England anmelden und nach Stellen als Yogalehrerin suchen. Je nachdem, stünde irgendwann sogar die Selbstständigkeit als therapeutische Yogalehrerin zur Debatte. Neue Freunde zu finden, würde mir ein Leichtes sein, da ich mich bei Kursen und Vereinen meines Interesses anmelden würde. Der Vorteil dieser Selbstständigkeit wäre, dass ich nicht wie ein lästiges Anhängsel von Captain Happy Meal abhängig wäre. Mit den Ersparnissen aus dem Militäreinsatz könnte ich ein paar Jahre mit seinem ausgeprägten Lifestyle mithalten. Wir würden ständig in exklusiven Lokalitäten essen gehen und uns kulinarisch verwöhnen lassen. Captain Happy Meal hatte zudem ein Motorrad, mit dem wir sportliche Ausflüge planen würden. Die Freizeit wäre gespickt mit Partys und aufregenden Anlässen. Wir beide wussten bereits voneinander, dass wir uns ungemein gerne verkleideten. Gerne stellte ich mir vor, wie er mir Kostüme und teure Kleider kaufen würde, um mich vorführen zu können. Gemeinsam würden wir zu Fetisch-Partys spielen gehen und uns junge Gespielinnen aussuchen, damit wir seine Fantasie befriedigen könnten. Der Sex wäre abwechslungsreich und aufregend. Meine Verrücktheit würde ihn immer wieder von Neuem faszinieren und er würde mir verfallen. Und ich war überzeugt davon, dass er mir zu Beginn treu sein würde. Doch die Filmsequenz in meiner Vorstellung sprang zu meinem 40-jährigen Zukunftsich. Sein Fetisch dürstete es nach dem Körper junger Unschuldslämmer. Einer Rolle, der ich aufgrund meines Alterungsprozesses nicht mehr lange würde nachgehen können. Mein Körper würde unausweichlich altern, meine Haut würde faltig werden und meine Beweglichkeit nachlassen. Meine Rolle würde sich durch das zunehmende Alter zu der einer Domina entwickeln, die für die Züchtigung junger Mädchen zuständig wäre. Doch die wollte ich nicht sein. Zumindest für den Moment noch nicht. Eigentlich sehnte ich mich danach, für immer ein Mädchen zu bleiben. Vielleicht würden wir irgendwann Kinder bekommen, welche mich jedoch meine restliche verbliebene Unschuld kosten würden. Daraus folgte, dass er seine Begierde nach jungem Fleisch nicht mehr unterbinden könnte und er sich einer jüngeren Version annehmen würde. Der Film endete mit der Szene eines zerschmetterten Herzens und in diesem Moment wusste ich, dass wir zum Scheitern verurteilt waren. Ich senkte vor Enttäuschung meinen Blick, was er natürlich gleich bemerkte. «Was ist los, Candrissia?», bohrte er nach. Mein Herz fühlte sich so schwer an, dass ich mich nicht mehr bewegen wollte. War mein frevelhaftes Verhalten in diesem Falle umsonst gewesen und hatte ich Raphael für nichts das Herz gebrochen? Hatte ich für nichts eine eigentlich glückliche Beziehung ruiniert? Ich sah ihn wieder an und biss nervös an der Innenseite meines Mundes rum: «Ich mag dich Tom. Und der Sex war fantastisch und äußerst zufriedenstellend.» Um meinen Worten etwas Ernsthaftigkeit zu entnehmen, schlug ich mit einer High Five-Handfläche stolz auf seinen Brustkorb. Humor war mein Bewältigungsmechanismus, um nicht in Tränen auszubrechen. «Aber ich habe gerade realisiert, wie schlecht wir füreinander wären.» Captain Happy Meal blinzelte mich an, sagte jedoch kein Wort. Ich beobachtete seinen glasigen Blick und stellte mir vor, was sich wohl in seiner Gedankenwelt gerade abspielte. Ich konnte nicht einschätzen, ob er dasselbe Vorstellungsvermögen wie ich hatte und wie weit ein Mann seine Fantasie spielen lassen konnte. Schließlich hatte ich schon oft erlebt, dass Männer einfacher gestrickt waren. Doch ich überredete mich dazu daran zu glauben, dass sich auch ihm gerade seine persönliche Vorstellung unserer Liebesgeschichte als Film im Geiste abgespielte. Ich stellte mir vor, wie er mich aus seiner Perspektive als eine einschränkende Verpflichtung sah, die ihn an der Auslebung seiner sexuellen Begierde irgendwann hindern würde. Meine Seele wünschte sich, dass ich ihm in seiner Fantasie auch als seine Partnerin erschienen war. Und dass er mir jetzt zusichern würde, dass wir es schaffen könnten. Auch wenn mir unser unvermeidlicher Untergang bewusst war, so wünschte sich ein um Hackar trauernder Anteil in mir, dass ich mit Captain Happy Meal diese zweite Chance nutzen konnte. Ein winziger Hoffnungsschimmer bestand, dass ich ihm vielleicht doch genügen würde. Das ich es jemandem wert wäre, für immer geliebt zu werden. Ich verharrte in meiner Haltung und wollte ihn bei der Reflektion nicht stören. Irgendwann blinzelte er und richtete seinen Blick auf sich selbst. Seinem Gesicht konnte ich keine Mimik ablesen. Nachdem er nichts darauf zu antworten hatte, setzte ich mich auf und machte mich auf die Suche nach meiner Kleidung. «Du gehst schon?», wunderte er sich über meinen abrupten Aufbruch und setzte sich im Bett auf. «Ja», erwiderte ich mit einem frechen Grinsen, «Ich habe schließlich bekommen, was ich wollte.» Ich lächelte, doch eigentlich war mir zum Heulen zumute. Doch ich musste mich nur noch ein paar Minuten gedulden. Er schmunzelte über meine freche Art und ließ sich wieder auf das Bett fallen. Ich wollte ihm als eine coole Gespielin in Erinnerung bleiben, der gefühlstechnisch diese Zusammenkunft nicht gerade das Herz in tausend Stück zerrissen hatte. Ein Vorteil meiner Borderline-Krankheit war es, dass ich meine Gefühle bei Bedarf komplett ausschalten konnte. Meine Augen rissen sich somit zusammen und warteten den Befehl zur Tränenausschüttung ab, bis mein Gehirn diesen Impuls nicht mehr blockieren würde. Ich zog währenddessen meine Mundwinkel hoch und lächelte mein schönstes Lächeln. Ich zog gemächlich meine Kleidung an und setzte mich zum Anziehen meiner Schuhe wieder auf die Bettkante. Als ich startklar war, klopfte ich als Zeichen der Aufbruchsstimmung mit beiden Handflächen auf meine Oberschenkel. Captain Happy Meal richtete sich sogleich auf und setzte sich so im Bett hin, dass mein linker Oberarm seinen Brustkorb berührte. Sein Handrücken streichelte mir zärtlich über die Wange, bevor er mein Kinn hielt und sich für einen Kuss annäherte. Ich schloss meine Augen und genoss das Gefühl seiner weichen Lippen auf meinen. Es war nur ein sanftes Berühren der Lippen. Ich löste nach einem langen Augenblick wieder den Kuss auf und wir sahen uns in die Augen. Sie wirkten so vertraut. «Sei vorsichtig beim zurückschleichen», warnte er mich. «Ach was», beruhigte ich ihn, «gegen so einen Ninja wie mich hat die MP doch keine Chance. Zudem ist es schon 0400 in der Früh. Die sind jetzt nicht mehr unterwegs.» Daraufhin erhob ich mich von der Bettkante, marschierte zu seiner Containertür und blickte noch einmal zurück. «Gute Nacht Happy Meal», sagte ich in einem zuckersüßen Ton. «Gute Nacht, Candrissia», verabschiedete er sich von mir, bevor ich aus dem Container verschwand. Nachdem ich die Tür hinter mir zugezogen hatte, konnte ich meine Gefühlswelt ungeniert entfalten. Ich wusste, dass mir der Anfang einer schmerzerfüllten Nacht erst noch bevorstand und schlenderte langsam zurück zu meinem Container. Ich fühlte meinen Körper nicht mehr. Selbst wenn ein Windstoss meine Haut gepeitscht hätte, so war die Verbindung mit der physischen Welt verloren. Dieser Körper funktionierte nur noch und verfrachtete meine Seele zu meinem temporären Zuhause.

Eine unverhoffte Rückkehr

Seit der Schießerei in Sekjr Dalab hatte sich in mir der Drang manifestiert, mir nie wieder eine Chance im Leben entgehen zu lassen. Ich wollte mir das Dessert als Vorspeise gönnen, wenn ich Lust darauf hatte. Ich wollte kein Blatt mehr vor den Mund nehmen, selbst wenn dies bedeutete, dass sich gewisse Mitmenschen von mir abwenden würden. Wenn mir nach tanzen war, so wollte ich meinen Körper bewegen und diesem Impuls seinen Freiraum geben. Denn das Leben war einfach zu kurz und zu schnelllebig. Mich erschauderte der Gedanke, wie rasant das letzte Jahrzehnt an mir vorbeigezogen war. Obwohl ich mich in den vergangenen Jahren tagtäglich neuen Situation ausgesetzt hatte, so fühlte sich die vergangene Zeit beim Durchdenken dieser Erinnerungen nur wieein Augenblinzeln an. Und dicht an der Ferse dieser Realisation lauerte die Angst, wie schnell es wohl gehen würde, bis ich plötzlich alt wäre. Denn als Frau alt zu werden hieß für mich fälschlicherweise, dass ich meine Attraktivität und somit Relevanz in der Gesellschaft verlieren würde. Die Vorstellung des langsamen Zerfalls meines Körpers und Geistes ließ mich jedes Mal vor Furcht erzittern. Umso wichtiger wurde es mir, dass ich so wenig wie möglich verpasste und neue wertvolle Erinnerungen kreierte. Getrieben von dem Verlangen nach der Bestätigung, dass mein Zukunftsich mit Stolz auf ihr Leben zurückblicken würde, welches ich in diesem Moment durch meine Entscheidungen formte. In Sekjr Dalab hatte ich mich in solch einer akuten Gefahr befunden, wodurch mir die Kostbarkeit meiner Existenz tiefgründig bewusst geworden war. Mein fleischlicher Körper war nur eine fragile Hülle, der jederzeit etwas zustoßen konnte. Ein Gefühl, welches sich vor allem nach der Schießerei noch tiefer verankert hatte. Denn nichts konnte mir garantieren, dass ich nicht am nächsten Morgen zufälligerweise von einem fremden Auto angefahren werden würde. Somit war ich froh, dass ich meinem neuen Lebensziel treu geblieben war. Ich wollte von nun an das Leben in vollen Zügen auskosten. Doch dieser Lebenspfad setzte das Klarkommen mit der Konsequenz voraus, dass jede meiner Entscheidungen mich einen Preis kosten würde. Ich saß mit den anderen Teammitgliedern im Arbeitsbüro innerhalb des Camps und jeder beschäftigte sich selbst. Soldat Lotti und Leutnant Ronny lasen sich zur Vorbereitung auf den Tag in Reports rein. Adjutant Steiff und Unteroffizier Mättu saßen beim Büroabschnitt des Chefs und unterhielten sich in einem reservierten Ton. Ich starrte gedankenversunken auf mein Handy. Drei Tage waren bereits vergangen, seit ich mich mit Captain Happy Meal getroffen hatte. Ich probierte mich immer wieder davon zu überzeugen, dass ich die richtige Entscheidung getroffen hatte und den nächtlichen Besuch nicht bereuen musste. Wäre ich nicht bei ihm gewesen, so hätte ich mich noch immer nach seinen blauen Augen gesehnt und darüber fantasiert, wie es wohl wäre, mit ihm zusammen zu sein. Doch wann immer mich mein Kopfkino an die Aussicht erinnerte, wie eine Zukunft mit ihm mich meinen Verstand und meine Selbstliebe kosten würde, überkam mich die Schwermut. Dabei war der Sex richtig gut gewesen. Der Kontakt mit ihm war meinerseits erloschen und ich verbot mir, auf seine Textnachricht zu antworten. Er hatte sich am Morgen danach in einer Kurzmitteilung bei mir erkundigt, ob ich sicher in meinem Container angekommen war. Doch ich musste Abstand zu ihm gewinnen. Es war ein unerbittlicher Kampf gegen den irrationalen Drang in mir, welcher noch immer diese sexgetriebene Bekanntschaft mit ihm aufrechterhalten wollte. Mir war bewusst, dass wenn ich ihm schreiben würde, es ein falsches Zeichen gesetzt hätte. Es hätte bedeutet, dass ich mich für ihn von Raphael trennen und stattdessen mit ihm eine Affäre führen würde. Und das wollte ich nicht. Nicht, nachdem ich das Ende unserer Liebesgeschichte bereits erahnte. Ich wollte mit jemandem zusammen sein, der mir das Gefühl gab, mit meiner Selbst genug zu haben. Ich brauchte das Gefühl der Sicherheit, dass mein Partner mich nicht irgendwann durch eine jüngere Frau ersetzen würde. Während ich vergangene Dialoge in Raphaels Chat durchlas, fragte ich mich, ob er mir überhaupt diese Garantie geben konnte. Ich schämte mich, wann immer ich mich daran erinnerte, wie rücksichtslos ich meine Zukunftsaussichten mit ihm verworfen hatte. Es stimmte mich traurig, dass ich mich von einem anderen Mann hatte verführen lassen. Raphael verdiente es nicht, dass ihm jemand anderes bevorzugt wurde. Die ganze Geschichte mit Captain Happy Meal empfand ich als Trauerspiel, dessen Raphaels reine Seele nicht würdig war. Mich betrübte mein eigener Egoismus, welcher sich auf Kosten meines Lieblingsmenschen offenbart hatte. Von meinem ungebändigten Hunger nach Captain Happy Meals Körper eingenommen, war es mir viel zu leichtgefallen, Raphael aus meiner Gedankenwelt zu verbannen. Gelegentlich tröstete mich eine leise Kopfstimme, dass wenn ich es nicht gemacht hätte, eine reueerfüllte Ungewissheit in meinem Leben bestehen geblieben wäre. Eine Fantasie über eine mögliche Zukunft, dessen Verpassen ich irgendwann bereut hätte. Trotzdem wagte ich seit dieser Nacht mit Captain Happy Meal nur noch limitierten Kontakt zu Raphael. Es wurde einander nur über Textnachrichten Guten Morgen und Gute Nacht gewünscht. Mich stimmte das uns bevorstehende Telefonat unsicher, welches wir immer am Sonntagabend führten. Ich konnte mir keine Gesprächsthemen ausdenken, die ich mit ihm besprechen wollte.

Das Einzige, was ich bereits entschieden hatte, war, dass ich ihm den Betrug nicht über das Telefon beichten würde. Doch über was würde ich sonst mit ihm reden? Es bestand nicht mehr nur eine physische Distanz zwischen uns. Er hatte sich auch gefühlsmäßig von mir entfernt. Vielleicht, weil er in Graz selbst ein neues Leben begonnen hatte, in dem ich nur durch Erzählungen einen Bruchteil ausmachen konnte. Ich wusste, warum ich auf Abstand gegangen war, hinterfragte jedoch, was sein Grund dafür sein konnte. So oder so kämpfte ich noch immer mit einem niederschmetternden Schamgefühl, welches nicht mehr Kontakt mit ihm zuließ. Denn jedes Mal, wenn ich Raphael eine Nachricht schreiben wollte, fiel mein Blick als Erstes auf Captain Happy Meals Chat Anzeige. Dabei ertappte ich mich, wie ich seinen Onlinestatus abcheckte. Es hätte zwar nichts an meiner Entscheidung geändert, wenn er online gewesen wäre. Ich hätte ihm nicht geschrieben, sondern mir nur erhofft, dass seine Anzeige plötzlich zu «schreibt...» wechselt. Wann immer wir gleichzeitig online waren, fühlte ich mich ihm auf die einzige Art und Weise verbunden, die ich zulassen durfte. Es war die einzige Nähe, die ich mir heimlich erlauben konnte, um ihn nicht ganz zu verlieren. Es gab vieles, was ich ihm erzählen wollte. Immer wieder fand ich ein Meme oder einen Witz, welchen ich ihm am liebsten zugesandt hätte. Weil ich wusste, dass ihm das ein Lächeln entlocken würde und ich mir für ihn wünschte, dass es ihm gut ging. Manchmal beobachtete ich etwas Erzählenswertes und wollte ihm als Erstes davon berichten, nur damit wir anschließend eine langgezogene Debatte darüber führen konnten. Und ich wollte trotzdem wissen, wie es ihm ging und was er gerade so erlebte. Doch ich musste die Tatsache akzeptieren lernen, dass ich diese Freundschaft für immer verloren hatte. Und dass, obwohl wir solch eine besondere Verbindung zueinander geteilt hatten. Für etwas Ablenkung von diesem Gefühlsschlamassel sorgte die nicht ersehnte Rückkehr von Captain Adlerauge. Beim Betreten des Büros wirkte er niedergeschlagen, ausgelaugt und am Boden zerstört. Die einmonatige Absenz hatte seiner äußerlichen Erscheinung keinen Gefallen getan. Tiefe Augenringe verdunkelten sein Gesicht und wiesen auf schlaflose Nächte hin. Das gesamte Team und ich saßen empfangsbereit an unseren Arbeitsplätzen und probierten mit aufgesetztem Lächeln so viel Einfühlvermögen wie möglich aufzubringen. Die Übergabe der Pendenzen durch Adjutant Steiff verlief zügig, da wir seit der stellvertretenden Führung von Spec Of Regliger extrem effizient und koordiniert gearbeitet hatten. Im Anschluss an die Übergabe des Zepters wurde dem gesamten Team innerhalb kurzer Zeit bewusst, dass nun wieder ein anderes Regime herrschte. Captain Adlerauges Zerstreutheit fiel bereits vom ersten Augenblick an zu Lasten seiner Befehlsausgabe aus. Sie waren unkoordiniert oder ergaben keinen Sinn. Bereits beim ersten Meeting wurden unsichere Blicke innerhalb des Teams ausgetauscht, welche seine Zurechnungsfähigkeit in Frage stellten. Gewisse Aufträge verteilte er doppelt, was zu Missverständnissen innerhalb des Teams führte. Es zeigte uns, dass er gedanklich noch nicht fit für diesen Posten war. Vor allem wenn man bedenkt, dass er davor schon ungeeignet gewesen war. Aber seine Inkompetenz wirkte unprofessionell und chaotisch vor unseren Kontakten. Einmal verordnete er, den gleichen Informanten von zwei unterschiedlichen Parteien bezüglich desselben Themas ausfragen zu lassen, informierte uns jedoch nicht über diese Taktik. Es stellte sich dann heraus, dass es gar keine durchdachte Verwirrungstaktik hätten sein sollen, sondern er es einfach verpeilt hatte. Das Militär hatte bereits mit einer äußerst delikaten Stellung in der Bevölkerung zu kämpfen und konnte sich einen uneinheitlichen Auftritt nicht erlauben. Captain Adlerauge reagierte entscheidungsunfähig bei Diskussionen, wodurch Spec Of Regliger manchmal erneut die Führung übernahm. Bereits vor seiner Abwesenheit hatte seine etwas unbeholfene Art mit deplatzierten Kommentaren gelegentlich für erzürnte Gespräche gesorgt. Nicht nur bei uns im Büro, sondern auch bei den täglichen Ausfahrten in unsere AoA. Das Level seiner gesellschaftlichen Fähigkeiten schien während seiner Abwesenheit noch ein Stückchen weiter gesunken zu sein. Mit frauenfeindlichen Sprüchen sorgte er für Missmut innerhalb des Teams. Allein seine unmögliche Anwesenheit ruinierte die davor lockere Stimmung im Büro oder die Ausfahrten mit mir und Leutnant Ronny. Ich konnte nichts Weiteres tun, als meine Genervtheit während der einstündigen Anfahrt zu unseren Dörfern zu unterdrücken. Es war anstrengend, nicht ständig meine Augen zu verdrehen, wann immer er wieder vor sich hin seufzte und dazu deprimierende Musik laufen ließ. In den Meetings mit unseren Informanten fiel seine fehlende Sozialkompetenz noch katastrophaler aus als zuvor. Er verzichtete selbst auf die Grundlagen der gesellschaftlichen Gepflogenheiten bezüglich der Führung eines Gespräches. Es gab nur noch eine unpersönliche Begrüßung, gefolgt von der Frage, wofür er dieses Treffen einberufen hatte. Ich konnte den verständlichen Frust meiner Kontakte nachempfinden. Er gab ihnen das Gefühl, dass sie als Mensch für ihn absolut irrelevant waren und er sie nur für seine beruflichen Zwecke benutzte. Mir war bewusst, dass es tatsächlich so war. Dem gesellschaftlichen Zusammenleben zuliebe hätte man dies jedoch ganz anders aufziehen können. Dementsprechend wurden Meetings häufig im letzten Moment abgesagt oder die Informationsflüsse fielen viel geringer aus. Ein Kontakt wies Leutnant Ronny und mich darauf hin, dass wir mit ihm im Schlepptau keine Meetings mehr zu organisieren bräuchten. Captain Adlerauge konnte natürlich auch nichts mit unseren weiblichen Kontakten vom Nagelstudio oder den Einwohnern anfangen. Unsere Erklärung, dass es sich bei ihnen um unsere unwissentlichen Informantinnen handelte, schien ihm nicht einzuleuchten. Wahrscheinlich war er sich der offenen Gesprächskultur in diesen Kreisen nicht bewusst und konnte deswegen keinen Sinn in unsere Taktik erkennen. Und obwohl das Team und ich probiert hatten, Verständnis aufzubringen, so erlosch der letzte Funken Respekt für ihn.

Ich hatte es mir jedoch auf meine besondere Art und Weise mit ihm vermasselt. Das gesamte Team hatte ihn entrüstet und seine Wut auf sich gezogen, da wir ihn nicht bereits während seiner Abwesenheit über die Schießerei unterrichtet hatten. Für rationale Erklärungen hatte er keine Auffassungsgabe. Diese Auseinandersetzung hatte Nachmittage zur Folge, an denen er jedes Teammitglied einzeln zu einem Kreuzverhör eingeladen hatte, die bei der Schießerei anwesend waren. Dabei forderte er eine exakte Schilderung der Vorkommnisse. Mich nervte die Tatsache ein Thema wieder aufzurollen, welches wir zwischenzeitlich bereits dutzende Male mit mehreren relevanten Instanzen durchkauen mussten. Denn niemand würde ihm eine Frage stellen, wenn es um dieses Thema gehen sollte. Jeder Offizier wusste, dass er beruflich eine irrelevante Null war und er zu diesem Anlass nicht mal im Dienst gewesen war. Ein relevanter Gesprächspartner würde direkt an Adjutant Steiff verwiesen werden. Wir hatten endlich alle damit abgeschlossen und das Erlebte somit verdaut. Doch der Captain wollte sämtliche Details und Auffassungen der Situation persönlich erzählt bekommen. Er machte sich nicht einmal Notizen und ich bezweifelte, dass er sich alles merken konnte. Dabei entwich mir während meiner Erzählung mit einem etwas schnippischen Unterton der Kommentar, dass ich Adjutant Steiffs Aufsicht an diesem Tag wertgeschätzt hatte. Ich war davon überzeugt gewesen, dass er der bestmögliche Kandidat für die Bewältigung dieser außerordentlichen Situation war. Dies hatte ich auch den übrigen Instanzen klar gemacht. Ich wollte sichergehen, dass er hierfür auch die verdiente Anerkennung erhielt und erhoffte mir, dass ihn dies in seiner restlichen Militärkarriere auch unterstützen würde. Captain Adlerauge empfand meinen Kommentar als persönlichen Angriff auf seine Autorität und als unmissverständlichen Hinweis auf seine nicht vorhandenen Führungsqualitäten. Mit seiner Interpretation lag er theoretisch auch richtig, jedoch war das Heraufbeschwören seines Zornes nicht meine Absicht gewesen. Das Gesagte konnte ich aber nicht mehr zurücknehmen und war seither der Sündenbock für sämtliche Fehlschläge. Wann immer etwas schief lief, wurde mir von Captain Adlerauge die Schuld in die Schuhe geschoben. Selbst wenn es nicht mal einen direkten Zusammenhang zwischen einer Ungereimtheit und mir gab, so fand er einen Weg, um mich damit in Verbindung zu bringen. Egal was es war, ich kassierte den Zusammenschiss «ZS». Jeder meiner Einheit merkte bereits in der zweiten Woche, dass er mich komplett auf dem Kieker hatte Spec Of Regliger und Adjutant Steiff suchten aus Sorge sogar das persönliche Gespräch mit mir, um sich über mein aktuelles Befinden zu erkundigen. Jedem war die Unfairness aufgefallen, mit welcher mich Captain Adlerauge ständig untergrub und mir das Leben im Camp zur Hölle machte. Er fand immer wieder Gründe, um mich in meiner Einheit oder beim militärischen Kader schlecht darzustellen oder mich für mein Fehlverhalten mäßigen zu dürfen. Oft fiel darunter der Kommentar, dass ich das Paradebeispiel dafür war, warum Frauen im Militär nichts verloren hätten. Ich konnte ihm nur bis zu einem gewissen Grad recht geben, wenn es um die rigorose Einhaltung von erzwungenen Regelungen ging. Doch meine Arbeit brachte verdammt gute Resultate und war in diesem Fall das erfolgsversprechende Ergebnis nicht wichtiger? Seiner Meinung nach nicht. Zum Beispiel besagte eine Camp Regel, dass die Kantine, das Café Cremo und das Restaurant Rosa nur in Uniform besucht werden durften. Es gab jedoch ein kleines Schlupfloch bei dieser Regelung, welches von den meisten Soldaten ausgenutzt wurde. Und zwar, wenn das Abendessen beim Restaurant Rosa nur zur Abholung bestellt wurde. Hierfür würde man am Eingang die Bedienung zu sich rufen, die Bestellung aufgeben und dann in der Eingangshalle darauf warten. Die Soldaten wechselten für diesen kurzen Prozess nicht zur Uniform, sondern kamen in der verschwitzten Sportkleidung direkt vom Fitnesscenter. Vor allem im Hochsommer war es die angenehmere Lösung. Mein Sportoutfit bestand aus einem schwarzen Tennisrock und einem farbenfrohen Yoga-Tanktop. Als ich wieder einmal mein Essen gleich nach dem Sport abholte, schoss Captain Adlerauge ein Beweisfoto von mir in dieser Sportkleidung und reichte dieses beim NCC ein, um mich anzuschwärzen. Der NCC wusste zwar, dass dieses Schlupfloch eigentlich eine generell akzeptierte Ausnahme war. Doch er musste der Beschwerde nachgehen und Maßnahmen ergreifen. Von da an wurde die offizielle Regel eingeführt, dass das Schweizer Kontingent nur noch in der Uniform über die Türschwelle des Gebäudes treten durfte. Ein anderes Mal hatte ich die Sofas im Aufenthaltsraum wieder umgestellt, damit ich beim Gamen direkte Sicht auf den Fernseher hatte. Als ich kurz für einen Toilettengang verschwand, schoss Captain Adlerauge davon ein Foto und stellte mich bei der nächsten Teamsitzung vor dem gesamten Team an den Pranger. Die Anklage lautete, dass ich den Aufenthaltsraum im Chaos hinterlassen hatte. Als Strafe für die hinterlassene Unordnung durfte ich den gesamten Aufenthaltsraum in meiner Freizeit für fünf Stunden allein blitzblank putzen. Meine Rechtfertigung, dass ich da gerade kurz auf Toilette war und ich nach Beendigung meines Aufenthaltes wie gewohnt alles wieder zurück an den Platz geräumt hatte, änderte nichts an seiner auferlegten Strafe. Er begann damit, mir falsche Aufträge zu erteilen und im Anschluss mir einzureden, dass ich es falsch verstanden hätte. Mir schien, als bräuchte er einen Sündenbock für alles, was gerade in seinem Leben schieflief, und ich hatte die Rolle unfreiwillig zugeteilt bekommen. Als es nur gegen mich ging, dachte ich mir noch, dass es erträglich sei. Ich erachtete es als meine kosmische Strafe für das Fremdgehen. Doch ab dem Moment, als er Leutnant Ronny noch mitreinzog, konnte ich diese Unfairness nicht mehr hinnehmen. Zweimal passierte es, dass er bewusst einen Auftrag falsch ansagte und uns danach den Fehler dafür zuwies. Ab diesem Moment begann mich sein Fehlverhalten richtig zu stören und ich war bereit, den Streit eskalieren zu lassen. Wenigstens hatte ich durch diesen unglücklichen Zustand ein Gesprächsthema mit Raphael. Er erteilte mir häufig Ratschläge, wie ich mich verhalten und sämtlich Vorkommnisse irgendwie dokumentarisch festhalten sollte. Ab diesem Zeitpunkt begann ich, sämtlich Gespräche mit Captain Adlerauge mit meinem Handy als Tonaufnahme festzuhalten. In der vierten Woche entschied ich, dass ich seinem Mobbing entgegensteuern würde. Ich hielt sämtliche Vorkommnisse schriftlich fest, in denen ich die Tatbestandsmerkmale und meine Sicht schilderte. Wann immer es ging, hielt ich die Umstände noch als Fotos fest und fügte diese meinen Berichten hinzu. Ich hatte sogar damit angefangen, nur noch schriftliche Aufträge von Captain Adlerauge anzunehmen, damit er nichts an meiner Arbeit aussetzen konnte. Mit dem offiziellen Auftragsformular. Dabei handelte es sich um das Melde- und Telegrammformular, welches für jegliche Anträge, Mitteilungen oder Beschwerden verwendet wurde. Die Autorität dieses Formulars wurde von jedem Soldaten geachtet und war rechtlich bindend. Ich erkundigte mich bei meinem Team, ob sie mich bei meinem Vorhaben einer Konfrontation unterstützen würden. Captain Adlerauge war seit einem Monat zurück und die Schonfrist war abgelaufen. Das gesamte Team ermutigte mich dazu, eine Aussprache mit dem NCC und dem Captain zu arrangieren.

Es war ein fantastischer Morgen gewesen, als ich selbstsicher zum Arbeitsbüro marschierte und mein ausgefülltes Melde- und Telegrammformular in meiner Hand hielt. Eine wichtige Voraussetzung für die Gültigkeit des Formulars war die Einhaltung des

Dienstweges. Wenn ich damit ein Gespräch mit dem NCC arrangieren wollte, musste ich es zuerst Captain Adlerauge überreichen, damit er es dann weiterleiten würde. Das Formular existierte in doppelter Ausführung, damit mir seine Unterschrift als Beweismittel verblieb. Als ich ihm meine schriftliche Termineinladung überreichte und sein Visum für die Übergabe einforderte, kam er ins Schwitzen. Seine Körperhaltung erinnerte nun noch stärker an einen Kartoffelsack und in seiner Stimme vibrierte eine unterschwellige Nervosität. Denn er konnte meinem siegessicheren Lächeln entnehmen, dass er sich mit der Falschen angelegt hatte. Er wusste, dass er sich mir gegenüber unfair verhielt und ich ihn dafür nun anprangerte. Als ich das Arbeitszimmer triumphierend verließ, marschierte ich zum Eingang des Bürogebäudes, in dem eigentlich nur die italienische und griechische Nation ihre Räumlichkeiten hatten. Umso weniger Sinn ergab es, als eine unerwartet tiefe, brummende Stimme erklang, welche nichts in diesem Gebäude zu suchen hatte: «Hey Candrissia.» Perplex löste ich mich aus meiner gedanklichen Abwesenheit und blickte vom Boden auf. Captain Happy Meal stand mir gegenüber und ich hinterfragte, warum sich unsere Wege in diesem Eingang kreuzten. Dieses Gebäude tangierte keines seiner Arbeitsgebiete und ich probierte mir seine Anwesenheit zu erklären. «Hey», antwortete ich verwirrt, «Was machst du denn hier?» Captain Happy Meal schenkte mir sein schiefes Lächeln, bei dem der rechte Mundwinkel etwas lockerer war als die gegenüberliegende Seite. Er sah wunderschön aus. «International Affairs», erwiderte er kurz und knapp. Meine Augenbrauen verzogen sich automatisch, da mir noch immer kein Grund eingefallen war, der seinem Dasein Sinn gegeben hätte. «Cool», antwortete ich trocken und wusste nicht genau, wie ich mich nun verhalten sollte. Mein Herz raste nicht vor Nervosität, sondern blieb einfach wie paralysiert stehen. «Wie geht es dir?», erkundigte er sich nach meinem Wohlbefinden. Seine Stimme klang wie cremiger Honig. «Jetzt gerade gut. Ich habe soeben ein Meeting mit dem NCC eingeleitet, bei dem ich Captain Adlerauge so richtig in die Pfanne hauen werde.» Captain Happy Meals Blick barg Erstaunen und war eine indirekte Aufforderung zu einer näheren Ausführung des Sachverhaltes. «Der letzte Monat war ziemlich hart, da er mich zum Sündenbock geupgradet hat», erläuterte ich den Konflikt. Ich zählte ihm ein paar lächerliche Beispiele auf, die Captain Adlerauge mit mir abgezogen hatte und erfreute mich an der Empörung, welche sich in Captain Happy Meals Mimik widerspiegelte. «Kann ich dir irgendwie dabei helfen?», fragte er nach meinem Exkurs mit besorgter Stimme. Wie lieb, dass er sich um mich kümmern wollte. Doch ich wollte seine Hilfe nicht annehmen: «Ich wüsste nicht, was du machen könntest. Ich habe meine Vorfälle bereits dokumentiert und vorbereitet. Sobald ich diese dem NCC vorlege, wird er sich darum kümmern.» Captain Happy Meal nickte abwesend und rieb sich dabei nachdenklich das Kinn. Es trat ein ungemütliches Schweigen ein und ich wusste nicht, was ich als Nächstes sagen sollte. Sollte ich ihn fragen, wie es ihm ging? Ich musste jedoch vermeiden, mich länger mit ihm zu unterhalten. Auch wenn ich es eigentlich wollte, so durfte ich mich nicht auf weiteren Kontakt mit ihm einlassen. Mein Handy begann zu vibrieren und Raphaels Anruf bot mir die perfekte Gelegenheit, um mich aus dieser Situation zu befreien. Captain Happy Meal verstand meine Gestik, als ich ihm das vibrierende Handy demonstrativ vorführte und hob seine Hände theatralisch in die Luft. Er schätzte den Anruf als wichtig genug ein, dass unserer Unterhaltung nun zum finalen Akt angelangt war: «Ah, da musst du in diesem Falle rangehen.» Ich bediente mich der Notlüge und bejahte nur mit einem Kopfnicken. Mit der Hand machte ich die Andeutung, dass ich gleich abheben würde. «Man sieht sich», verabschiedete er sich, noch bevor ich mit einer kurzen Handbewegung winkte und das Gebäude so schnell es ging verließ.

Die Anhörung

Für das Treffen mit dem NCC hatte ich sämtliche Unterlagen vorbereitet, mit denen ich das nicht gerechte Verhalten von Captain Adlerauge unter Beweis stellen konnte. Ich hatte eine Mappe mit 14 unterschiedlichen Fällen aufbereitet. Der Aufbau begann jeweils mit einem kreativen Titel, gefolgt von einer Auflistung der Tatbestandsmerkmale. Zur Visualisierung noch mit Beweisfoto oder Zeugenaussagen meiner Einheit im Anhang. Als der Tag der Aussprache bevorstand, entschied ich mich, für eine lockere Atmosphäre die Sitzung im Aufenthaltsraum meines Wohnkomplex abzuhalten. Ich saß bereits auf dem gelben Sofa im Zimmer und hatte mich um Getränke gekümmert, als der NCC als erster Teilnehmer eintrat. Ich verhoffte mir durch ein Gespräch mit ihm, dass er die Situation entschärfen würde. Ich war mir sicher, dass wenn jemand die diplomatischen Fähigkeiten dazu besaß, er es war. Er kannte mich bereits zu gut. Unter anderem wegen meiner Nussknacker-Selbstverteidigungsnummer oder der mir nachgesagten Affäre mit dem Küchenchef Ebi. Zudem wusste er auch, dass ich bereits ein Diszi am Hals hatte, nachdem mich die MP in der Nacht beim Golden Lion aufgegriffen hatten. Ich ging davon aus, dass ich bei ihm womöglich als Problemkind abgestempelt war und konnte ihm seine Einschätzung nach der Aufzählung dieser Liste nicht mal übelnehmen. Ich erhoffte mir jedoch, dass er auch über meine Erfolge in der Arbeitswelt unterrichtet wurde und daher meinen Wert für diese Einheit kannte. Ich war weder nervös noch beunruhigt, da mich meine Erwartung stärkte, von ihm die geforderte Unterstützung erhoffen zu können. Ich wusste, dass er mir dabei helfen würde, mich gegen die unfaire Behandlung zu wehren. «Wie ich sehe, hast du dich auf dieses Gespräch vorbereitet?», wies er mich auf das Dossier hin, welches ich in der Hand hielt. «Natürlich», bestätigte ich ihm, «Wenn du dir schon die Zeit für mich nimmst, dann will ich sie so effizient wie möglich gestalten.» «Sehr gut. Und vorbildlich», rühmte er mich, «Hast du auch ein Dossier für mich, welches ich dann mitnehmen kann?» Ich nickte ihm bestätigend zu und händigte ihm ein zweites Dossier aus. «Ausgezeichnet. Dann werde ich anschließend noch das Schreiben von Captain Rebley dazulegen.» Verdutzt sah ich den NCC an, da ich nicht wusste, was er damit meinte. Der NCC überreichte mir ein offizielles militärisches Schreiben, welches mit dem Namen Captain Tom Rebley signiert war. Mein Captain Happy Meal hatte ihm einen Brief zukommen lassen? Ich konnte es nur kurz überfliegen, bevor Captain Adlerauge das Zimmer auch schon betrat. Nach einer trockenen Begrüßung nahm Captain Adlerauge als letzter Platz und setzte sich zwischen mir und dem NCC auf die Couch. «Vielen Dank, dass ihr euch beide für diese Aussprache Zeit genommen habt», begann ich mein Plädoyer. Mir schien es wichtig die Rolle der rational argumentierenden Partei einzunehmen, welche entgegen dem weiblichen Stereotyp die Gefühlswelt aus dem Spiel lassen würde. Ich begann mit der Aufzählung der Fälle und legte zur Visualisierung jeweils meine Unterlagen auf den niedrigen Tisch. Wann immer es keinen fotografischen Beweis vorzuweisen gab, verwies ich den NCC auf meine Teamkollegen, welche mir ihre Unterstützung versichert hatten. Bereits chronologisch aufgereiht legte ich ihm noch eine Liste mit den privaten Handynummern meiner Zeugen bei. Je mehr Fälle ich ins Licht rückte, desto mehr fühlte ich mich in meiner Position als Opfer bestärkt. Ich wusste, dass Captain Adlerauge nichts dagegen einwenden konnte und genoss das Gefühl der Selbstsicherheit. Er lehnte sich die gesamte Zeit über mit verschränkten Armen gegen die Rückenlehne und starrte gedanklich abwesend ins Nichts. Ich fühlte mich stolz mir selbst gegenüber, dass ich für mich und meine Rechte einstand und um mich kämpfte. Unerwartet bat mich der NCC, nach meiner Ansprache den Raum zu verlassen. Captain Adlerauge schien in diesem Moment genauso darüber verwundert zu sein. Ohne mich dem NCC widersetzen zu wollen, erhob ich mich und verließ den Aufenthaltsraum. Auf dem Flur des Hauses setzte ich mich auf den Boden und wartete angespannt den weiteren Verlauf des Gesprächs ab. Im Brief hatte ich nur die Worte Wertschätzung und positiver Einfluss aufgeschnappt. Bevor ich mich zu sehr über Captain Happy Meals Brief freute, lenkte ich mich selbst ab. Trotz der Hellhörigkeit der Räume konnte ich dem Gespräch nicht lauschen. Sie unterhielten sich mit gedämpften Stimmen, welche mich durch die dünnen Wände nicht einmal die sprechende Person erkennen ließen. Die Zeit verging nur schleppend und ich war mir sicher, dass Captain Adlerauge die Mitleidskarte ziehen würde. Nicht nur seine Mutter war gerade verstorben, sondern seine Freundin hatte ihn nach seinem spontanen Heiratsantrag abblitzen lassen. Über eine Textnachricht erkundigte sich Raphael, wie das Gespräch verlief. Er befand sich mit seinem besten Freund Timo in der anderen Leitung, nachdem die beiden mich als Militärexperten die vergangenen Tage unterstützt hatten. Gemeinsam hatten wir diesen Schlachtplan ausgearbeitet und somit waren sie genauso gespannt auf das Ergebnis wie ich. Nach einer langgezogenen Viertelstunde öffnete sich endlich die Tür des Aufenthaltsraums und Captain Adlerauge trat hervor. Sein Blick wirkte mürrisch, jedoch nicht geschlagen. Er weigerte sich, mich anzusehen und beorderte mich mit einer abschätzigen Handbewegung in den Aufenthaltsraum. Wortlos verließ er sogleich das Gebäude durch die Haupteingangstür. Ich räkelte mich vom Boden auf und marschierte in den Aufenthaltsraum. Captain Adlerauges Abgang ließ mich davon ausgehen, dass er nicht mehr dazustoßen würde. Also nahm ich den Platz gegenüber dem NCC ein. «Candrissia, Candrissia, Candrissia», begann der NCC mich zu tadeln, «dein Name erscheint oft.» «Ich weiß.», gab ich geschlagen zu, «und dabei gebe ich mir höchste Mühe, nicht aufzufallen», rechtfertigte ich mich. «Ich sehe sämtliche deiner Punkte ein, welche du heute vorgetragen hast. Ich kann erkennen, wie viel Mühe du dir bei der Darstellung gegeben hast und wie sehr dich dieses Thema belastet. Ich verstehe, dass du dich in diesen Fällen ungerecht behandelt fühlst», begann der NCC seine Ansprache. Seine Stimme war tief und beruhigend: «So wie ich die Situation sehe, befindet sich Captain Adlerauge derzeit in einem äußerst tiefsitzenden Trauerprozess. Auch wenn ich deine Argumentation einsehe, so müssen wir uns doch bemühen, etwas mehr Verständnis für ihn aufbringen.» Ich traute meinen Ohren nicht und reagierte mit einem verdutzten Blick. War dies tatsächlich der Lösungsansatz, welchen mir der NCC somit gerade unterbreitete? Ich war zum generellen Sündenbock ernannt worden und nun lag es an mir, die Situation nicht überzubewerten? «Du hast ja nur noch ein paar Monate vor dir, bis diese Mission und somit die Lage vorüber ist», setzte er fort. Für einen Moment spielte ich mit dem Gedanken, diese Story einer Zeitschrift zu verkaufen und somit dem Ruf des Militärs zu schaden. Diese Geschichte hätte sicherlich für Schlagzeilen gesorgt. Doch dies wäre gegenüber allen nicht beteiligten Soldaten unfair gewesen (dafür ist ein Tagebuch ja da, um sich über sowas aufzuregen). Der NCC konnte meine Stimmung meinem entrüsteten Gesichtsausdruck ablesen und hob gleich abwehrend die Hände in die Luft. «Ich schlage vor, dass du weiterhin deine Notizen über sein Fehlverhalten weiterführst und wieder auf mich zukommst, wenn er sich nicht bessern sollte.» «Sagst du mir gerade, dass sein Verhalten keine Konsequenzen nach sich ziehen wird?», hakte ich nach, um mir absolute Klarheit über die Lage zu verschaffen. «Ich denke, er hat derzeit schon genug Sorgen auf seinem Teller. Müssen wir ihm dann noch mehr reinschöpfen?», es folgte ein langer Atemzug, bei dem wir uns gegenseitig anstarrten. Ungläubig wartete ich auf mehr. Ich wusste zwar selbst nicht, was es von diesem Gespräch noch zu erwarten gab. Doch ich wollte diesen Abschluss so nicht akzeptieren. Dann beendete der NCC die Gesprächsstunde mit einer Prophezeiung: «Ich bin mir sicher, dass Captain Adlerauge nach deiner Beschwerde eine ungerechtfertigte Schuldzuweisung bestimmt zweimal überdenkt.» Dann erhob sich der NCC, verließ den Aufenthaltsraum und beendete somit die Unterredung.

Urlaubsreif

Nervös biss ich mir auf die Unterlippe, während Raphael sich gerade im Zimmerspiegel unseres Hotels auf den Nachtspaziergang vorbereitete. Er probierte mit einem braunen Kamm seine langgewachsenen Haare zu bändigen. Die Seiten seines Kopfes hatte er 2mm kurz rasieren lassen. Die Frisur erinnerte mich an einen extrovertierten Fussballspieler, der sich seines Erfolgs bewusst war. Er trug schwarze Shorts und ein weißes Hemd mit kurzen Ärmeln. Auch wenn ich in der Regel nichts von kurzärmeligen Hemden hielt, so konnte er es tragen, ohne dabei wie ein Vollidiot zu wirken. Seine kräftigen Oberarme kamen zum Vorschein und zeigten, dass der Besuch eines Fitnesscenters Teil seiner alltäglichen Routine in Graz geworden war. Zudem musste ich mir eingestehen, dass ich von ihm nicht erwarten konnte, bei mediterranen Wetterverhältnissen in einem langärmligen Hemd zu schmelzen. Wir befanden uns seit drei Tagen auf der portugiesischen Insel Madeira. Meine Eltern ruhten sich nach einem ausflugreichen Tag in ihrem Zimmer nebenan aus. Mit meinem ersten Gehalt beim Militär hatte ich Raphael zu seinem Geburtstag auf einen Kurzurlaub mit meinen Eltern eingeladen. Da sich meine Mutter und Raphael ihren Geburtstag teilten, hatte ich es mir einfach gemacht und sie mit demselben Geschenk überrascht. Es war das erste Mal, dass wir zu viert so viel Zeit miteinander verbrachten. Vor meinem Einsatz waren wir jeweils sonntags zum Familientreffen eingeladen worden und überraschten sie nur alle paar Wochen mit unserer Anwesenheit. Auch wenn ich meine Eltern wertschätzte, so genoss ich die Distanz zwischen uns. Der Abstand symbolisierte für mich die Freiheit, mein Leben so gestalten zu dürfen, wie ich es wollte. Seit Beginn der Mission in Borava hatte ich Raphael und meine Eltern seit Monaten nicht mehr gesehen. Ich freute mich darauf, Zeit mit altbekannten Gesichtern zu verbringen, bevor ich in fünf Tagen wieder zurück nach Borava fliegen würde. Ich brauchte eine Abwechslung vom routinierten Alltag, bei dem der Ablauf sich nie veränderte. Kurz vor der Zusammenkunft mit Raphael hatte mich die Befürchtung gelähmt, dass es zwischen mir und ihm komisch sein würde. Und in der Tat hatte eine spürbare Distanz das Wiedersehen getrübt, als ich ihm am Flughafen gegenübergestanden hatte. Die Begrüßung war ein kurzgehaltener Kuss gewesen, bei dem unsere Lippen für eine Sekunde aufeinandergepresst worden waren. Gefolgt von einer unbeholfenen Umarmung, welche den unausgesprochenen Abstand zwischen uns untermalte. Doch trotz der seelischen Entfernung hatte ich das erdende Gefühl seiner schweigsamen Anwesenheit genossen. Während der wortkargen Taxifahrt zum Hotel hatte Raphael die Initiative ergriffen und seine Hand über meine gelegt. Wir redeten kaum miteinander, doch diese einfache Berührung war zumindest ein Anfang gewesen. Trotzdem hatte sich unsere Zusammenkunft irgendwie komisch angefühlt. Ich hatte ihm nicht in die Augen sehen können, ohne dabei von Schuldgefühlen überrollt zu werden. Ich hatte mir eingeredet, dass zwischen uns etwas zerbrochen war. Der Gedanke hatte mir mein Herz zerrissen, dass ich selbst die Schuld an diesem Umstand trug. Ich hatte mir jedoch nicht erklären können, warum er sich von mir entfernt hatte. Eine Seite, welche ich an Raphael mochte, war seine Eigenschaft, immer ein Gesprächsthema aufbringen zu können. Bei meinem Freundeskreis hatte in der Regel ich die Rolle des Entertainers, dem die Zuständigkeit für die gute Laune innerhalb der Gruppe oblag. Mit Raphael konnte ich zur

Ruhe kommen und die Rolle an ihn abgeben. Umso seltsamer hatte ich seine Schweigsamkeit während der Fahrt empfunden. Als wir beim Hotel angekommen waren, dämmerte mir erst, dass ich natürlich für uns ein Zimmer mit nur einem Bett gebucht hatte. Das Einschlafen hatte mich den verbleibenden Tag über nervös gestimmt. Ich war mir sicher gewesen, dass er nach mehrmonatigem Sexentzug über mich herfallen würde. Doch ich hätte nicht reinen Gewissens mit ihm schlafen können. Also hatte ich beim zu Bett gehen erwähnt, wie müde ich von der Reise war und wie sehr ich mich auf eine erholsame Nacht freute. Dabei hatte ich mich auf den Rücken gelegt, anstatt mich ihm zuzuwenden. Auch Raphael hatte keine sexuellen Anstalten gemacht und nicht die Nähe zu mir gesucht. Und so hatten wir in unserer ersten Nacht nebeneinander gelegen, ohne dass sich unsere Körper dabei berührt hätten. Zuvor waren wir in der Löffelchen-Position eingeschlafen, doch diese stand unausgesprochen für beide außer Frage. Am nächsten Morgen war ich mit der angenehmen Überraschung erwacht, dass Raphael im Schlaf seine starken Arme um mich geschlungen und mein Gesicht sich an seine muskulöse Brust geschmiegt hatte. Intuitiv während dem Schlaf. Und anstatt mich von ihm zu lösen, hatte ich das Gefühl seiner Körperwärme genossen und dabei an ihm gerochen. An diesem Morgen hatte mich die Erkennntnis überkommen, wie sehr ich seinen Duft vermisst hatte. Seinen sportlichen Geruch verband ich mit dem Gefühl von Sicherheit, elektrisierender Anziehung und Männlichkeit. Sein Duft löste in mir die Angst aus, nicht genug davon zu kriegen und ich versuchte, jeden Atemzug voll auszuschöpfen. Je tiefer ich ihn einatmete, desto abhängiger wurde ich von ihm. Sein Duft war meine persönliche Droge, von der ich nie eine Überdosis erleiden konnte. Nach unserer zweiten Nacht miteinander hatte ich mich ihm wieder etwas näher gefühlt und wir waren zumindest kuschelnd eingeschlafen. Während der Tagesausflüge waren wir uns langsam wieder nähergekommen, wann immer meine Mutter ein Foto von uns geschossen und uns hierfür aufgefordert hatte, uns zu küssen. Mit jedem Foto war das Küssen wieder normaler geworden. Irgendwann hatte er begonnen, mich während der Besichtigung touristischer Attraktionen zu umarmen. Ich hatte das Gefühl vermisst, ihm zu gehören. Wir hatten vor meinem Missionsantritt diese unglaublich tiefe Verbindung innerhalb eines Jahres erreicht, bei der ich mich ihm komplett offenbaren konnte. Wir hatten uns einander von Beginn an durchschaut und waren als Paar zu einem unschlagbaren Team zusammengewachsen. Er wusste jeweils instinktiv, was in mir vorging. Ein Blick reichte aus, damit er meine Gedankengänge kannte. Es war auch schon vorgekommen, dass er meine nächste Handlung kannte, noch bevor ich mir selbst darüber im Klaren war. Raphael überraschte mich immer wieder mit kleinen Aufmerksamkeiten. Er hatte zum Beispiel ein Gespür dafür entwickelt, wann ich hungrig war. Für diese Fälle hatte er auch schon einen Notfall-Snack bereit, damit der Umgang mit mir erträglicher wurde. Denn ich gehöre ganz klar zu der Zicken-Kategorie, wenn ich hungrig war. Doch die eine Eigenschaft, welche Raphael für mich unentbehrlich machte, war sein Umgang mit meiner psychischen Borderline-Erkrankung. Nach meinem Erlebnis mit Hackar war ich mir sicher gewesen, dass kein Mann sich mir je annehmen könnte, ohne dabei nicht selbst daran zu zerbrechen. Doch Raphael hatte sich schon mehrmals als ein Kämpfer um unsere Beziehung erwiesen, wenn ich uns zu sabotieren drohte. Wann immer ich selbst mein größter Feind wurde, wusste er genau, wie er mich aus einem emotionalen Tief herausholen konnte. An den Tagen, an denen mich die Krankheit lähmte, kümmerte er sich um mich. Er fütterte mich, bis ich die Kraft aufbringen konnte, um wieder selbst das Besteck zu halten. Auch wenn es mein Ego untergrub, so zog er mir die Hose an und zwang mich, frische Luft zu schnappen. Wann immer ich die schwächste Version meiner selbst war, päppelte er mich wie einen Welpen auf und half mir, meine innere Stärke wiederzufinden. Zudem gab er mir das Gefühl, dass er sich tatsächlich eine Zukunft mit mir vorstellen konnte. Ich liebte ihn für diese Sicherheit, welche er verkörperte. Bei ihm konnte ich so sein, wie ich wirklich war. Jeder Augenblick, welchen ich mit ihm in Madeira verbracht hatte, hatte mich ihm etwas mehr verfallen lassen. Bis ich ihn irgendwann wieder als einen vom Schicksal mir zugesandter Engel empfand, der genau auf mich maßgeschneidert war. Denn er hatte eine Stärke, die ich in keinem Mann zu finden geglaubt hatte. Und während ich Raphael dabei beobachtete, wie er im Hotelzimmer seine langgewachsenen Haare mit Hilfe des Spiegels zu einem Pferdeschwanz band, musterte ich seinen kräftigen Körper. Ich fand seine äußerliche Erscheinung ungemein attraktiv und wollte ihn, wann immer ich ihn mir genauer ansah. Der Sex würde auf seine zärtliche Art und Weise schön sein. Er war nicht zu vergleichen mit Captain Happy Meal oder Hackar. Bei den beiden ging es nur um die Dominanz über meinen Körper und die Herrschaft über meinen Willen. Mit Raphael fühlte ich mich wie eine ebenbürtige Partnerin. An diesem Abend hatte er sich für mein Lieblingsparfüm entschieden und belustigte sich an dem Wissen, dass mich dieser Geruch absolut antörnen würde. Es war eine Mischung aus einem erdenden Holzduft und einer exotischen Frucht, welche für eine süßliche Abwechslung sorgte. Obwohl ich von dem Tagesausflug und dem Abendessen mit meinen Eltern etwas schlapp war, freute ich mich auf unseren privaten Abendspaziergang. Wir würden zu einer sanften Windbriese die Küste entlang flanieren und uns an der frischen Meeresluft satt riechen. Wahrscheinlich würde er auf einer menschenleeren Promenade nach meiner Hand greifen und mich zu einem Tanz unter dem Sternenhimmel auffordern. Ich würde mich von ihm führen lassen und irgendwann in seinen Armen versinken, während er mich seitlich auf meine Schläfe küsst. Ich liebte diese romantischen Momente, welche mir Raphael bescherte. Er war nicht mehr der Typ Mann, der mit Geschenken oder großen Gesten seine Liebe zu mir offenbarte. Das war ihm einst durch andere ausgetrieben worden. Es waren die kleinen Dinge, die er machte, welche ihm seine Liebenswürdigkeit verliehen. Mit ihm wusste ich genau, dass ich jemanden an meiner Seite hatte, mit dem es nie langweilig werden würde. Er war immer für ein Abenteuer zu haben und mir gefiel seine spontane Lebenseinstellung. Raphael war auf seine Art und Weise einfach perfekt. Und ich hasste mich dafür, dass ich ihn so töricht aufs Spiel gesetzt hatte. Captain Happy Meal war der verbotene Apfel aus Edens Garten gewesen, von dem ich abgebissen hatte. Ich hatte ihn seit unserem letzten Gespräch im Bürogebäude nicht mehr wiedergesehen. Ich hatte mich auch noch nicht via Textnachricht bei ihm für seinen Brief bedankt. Wenn, dann wollte ich meinen Dank persönlich übermitteln und hatte hierfür schon seit längerer Zeit ständig eine Tafel Schweizer Schokolade mit mir getragen. Es erschien mir seltsam, dass ich ihm weder im Sportzentrum noch im Restaurant begegnet war. Doch mich entspannte die Tatsache, dass ich mich somit nicht mit meinen Gefühlen für ihn auseinandersetzen musste. Als mich wieder Schuldgefühle bei den Gedanken an ihn überkamen, redete ich mir ein, dass es dennoch die richtige Entscheidung gewesen war. Captain Happy Meal hatte sich mir wie eine zweite Chance, als Ersatz von Hackar angeboten. Denn ein Teil in mir war noch immer nicht über Hackar hinweg gewesen. Erst durch Captain Happy Meal hatte ich mich komplett von der verlorenen Liebesgeschichte mit Hackar lösen können. Ich verstand nun endlich, dass diese Art Mann mich niemals glücklich machen würde. Und dasselbe galt auch für Captain Happy Meal. Ich hatte herausfinden müssen, ob etwas aus uns hätte werden können oder für den Rest meines Lebens einem unrealistischen Ende nachgetrauert. Raphael strich sich die letzten rebellischen Haare mit seinem Kamm glatt und musterte skeptisch sein Spiegelbild: «Weißt du, auf was ich mich beim Altwerden mit dir freue?», riss er mich aus meiner Gedankenspirale. Ich sah ihm in die Augen und er lächelte mich an: «Dass du irgendwann deine Falten hast, für die ich dich lieben werde und ich dafür eine Glatze, die du dann eincremen wirst.» Es war der perfekteste Satz über eine Zukunftsperspektive, den ich je gesagt bekommen hatte. Ich machte einen Schritt auf ihn zu und tippte ihm zögerlich auf die Schultern. Ich wollte direkt in seine Augen sehen. Ich versank gerne in seinen grünen Teddybär-Augen, die ihn durch die herabfallenden Außenwinkel verträumt wirken ließen. Er drehte sich zu mir um und knüpfte dabei die letzten beiden Knöpfe seines Hemdes zu. Zu lange quälten mich schon Schuldgefühle. An manchen Tag mehr, an anderen weniger. Während ich meine Arme um seine kräftigen Schultern legte, zerriss mir der brennende Schmerz beinahe das Herz. Meine Herzmitte fühlte sich beim Versinken in seine liebevollen Augen an, als ob sie gerade im Rauch erstickte. Ich hinterfragte meine bereits getroffene Entscheidung, dass es besser sei, wenn er noch nichts von Captain Happy Meal wüsste. Ein Teil in mir wollte es ihm in diesem Moment sagen. Derselbe Teil wuchs während des Blickkontakts ins unermessliche und ließ jede Faser in meinem Körper nach der Erlösung schreien. Er verdiente die Wahrheit. Er verdiente es, die Wahl zu haben, mein Verhalten zu missbilligen und sich dann für den weiteren Verlauf unserer Geschichte zu entscheiden. Ich kaute die möglichen Auswirkungen eines Geständnisses durch. Was konnte geschehen, wenn ich es ihm in diesem Moment sagen würde? Mich beruhigte die Tatsache, dass meine Eltern gleich nebenan schliefen und er somit keine ausartende Szene machen würde. Ein Gewaltakt passte auch nicht zu ihm. Andererseits konnte ich Raphaels Reaktion in diesem Moment überhaupt nicht einschätzen. Vielleicht wäre er so wütend, dass er sich ein anderes Hotel nehmen würde, bis sein Heimflug bevorstand. Wir hatten noch ein paar Tage vor uns, in denen er über Gespräche das ganze verarbeiten und mir vielleicht verzeihen würde. Doch mein Herz befürchtete die Wahrscheinlichkeit, dass seine Entscheidung gegen mich ausfiel. Eine neue Angst versetzte mein Herz in ein rasendes Tempo und in mir erwachte plötzlich eine lähmende Verzweiflung. Was, wenn der Schmerz des Betruges ihn erschlagen und sein zukünftiges Vertrauen in die gesamte Frauenwelt kosten würde? Ich empfand diese Nebenwirkung noch viel tragischer als das potenzielle Ende unserer Beziehung. Und so egoistisch es auch scheinen mochte, so konnte ich das in diesem Moment noch nicht zulassen. Ich wollte seines würdig sein, wenn ich ihm diese fatale Nacht beichten würde. Während ich ihm in die Augen sah und sich unsere Münder langsam näherten, brach ein Gedankensturm in mir los. Normalerweise dachte ich rational und lösungsorientiert. Verzweifelt ersuchte ich Gehör bei dieser Seite in mir, mit welcher ichdas Leben irgendwie meisterte. Die einzig für mich akzeptable Lösung dieser Situation beinhaltete die Abnahme eines Versprechens. Einen Schwur, welchen ich an meine mir verbliebene Ehre knüpfte, nachdem ich diese eigenhändig beschmutzt hatte. Ich wollte Raphael die bestmögliche Version meiner selbst als Partnerin sein, die er sich verdienen würde. Ich wollte alles daransetzen, ihm jeden Wunsch von den Lippen abzulesen. Ich entschied mich dazu, mich für ihn aufzuopfern und sein Wohlsein als meine oberste Priorität anzusehen. Ich wollte ihn bei allem tatkräftig unterstützen, was er sich als Ziel setzen würde. Mein Lebensziel würde es sein sicherzustellen, dass er seine Ziele erreichte. Da er aufgrund seines Studiums nach Graz in Österreich ausgewandert war, fasste ich den Entschluss, dass ich ihm nach Beendigung meiner Mission nach Österreich folgen würde. Ich würde mit ihm dort einen neuen Lebensabschnitt beginnen und ihn mit der Romantik überhäufen, die er verdiente. Ich würde sogar ab und zu mal für ihn kochen, obwohl er von mir wusste, dass ich das verabscheute. Unsere Gesichter näherten sich, bis nur noch wenige Centimeter sie voneinander trennte. Ich war mir nicht sicher, ob dies der feige Weg war oder ob mein Vorhaben Sinn ergab. Doch ich wusste, dass ich um ein gemeinsames Leben mit ihm kämpfen musste. Das Risiko eines Geständnisses war zu groß, dass ich in diesem Moment den Kampf verloren hätte. Und während wir uns küssten, besiegelte ich das unausgesprochene Versprechen an ihn und mich selbst. Ich würde ihm meinen Betrug eines Tages gestehen und mich seinem Urteil stellen. Doch dieser Tag war nicht heute. Und wenn es so weit sein würde, dann konnte ich nur noch hoffen, dass er mich als seiner würdig ansehen würde.

Die elementarsten Schachfiguren

Zurück aus meinem Urlaub bemerkte ich sogleich das viel entspanntere Arbeitsverhältnis mit Captain Adlerauge. Unter anderem, weil er mich die meiste Zeit über ignorierte und mir zu Lasten von Leutnant Ronny keine direkten Aufträge mehr erteilte. Wenn er mir eine Aufgabe zuteilwerden ließ, verlangte ich jeweils einen offiziell von Hand geschriebenen Auftrag im Melde- und Telegrammformular Format. Dabei nahm ich jedes Wort seines Drei-Punkte-Befehles auf das Detail genau wahr und setzte es so um. Wir mieden uns, wann immer die Gegebenheit es zuließ. Es kam so gut wie nie vor, dass wir uns nur zu zweit in einem Raum aufhielten. Er hatte sogar damit begonnen, sich selbst aus den täglichen Ausfahrten auszuschließen. Unter anderem, weil die Kontakte sich während meiner Abwesenheit erkundigt hatten, wann ich wieder zurück sei und sie den Termin dahin verschieben wollten. Leutnant Ronny und mir, wie auch den Übersetzern, war dies mehr wie recht. So konnten wir ungehindert unserer Arbeit nachgehen und die bestmöglichen Resultate erzielen. Die Arbeitstage waren spannend und bei jeder Ausfahrt kam es zu lehrreichen Interaktionen mit den Kontaktpersonen. Ich ergriff bei den Meetings die Möglichkeit, mehr über ihre Lebensweisen zu erfahren. Für mich war es am spannendsten, einen Einblick in ein fremdes Leben zu erhaschen und mir anschließend Gedanken darüber zu machen, wie sie das Leben wahrnahmen. Auf Grund ihrer tragischen Situation wurde ich durch ihre Erzählungen mit einer Welt konfrontiert, deren Lebensstil sich sehr von meinem unterschied. Und das, obwohl wir auf demselben Planeten lebten und eigentlich eine Spezies waren. Nach jedem Gespräch fühlte sich mein Geist um mindestens eine Ansicht erweitert an. Manchmal schämte ich mich dafür, dass ich die Sicherheit eines Landes als solch ein selbstverständliches Gut erachtet hatte, bevor ich diese Menschen kennengelernt hatte. Und ich wünschte mir nichts mehr, als dass auch diese Mitmenschen irgendwann das Gefühl der Sicherheit ihr Eigen nennen dürften. Doch am meisten Spaß empfand ich bei den stundenlangen Ausfahrten in die hintersten Ecken der boravarischen Gebirge. Es waren für mich diese kostbaren Momente meines Lebens, in denen ich kilometerweit entfernt von meinem Heimatort war. Die Möglichkeit, dass ich in einem Zeitalter lebte, in dem dies überhaupt der Realität entsprechen konnte, faszinierte mich selbst. Das Wissen beruhigte mich, dass ich wieder zurückkehren könnte und würde, wenn ich wollte. In diesen Moment übermannte mich teilweise die Flut an Möglichkeiten, wie ich mein Leben theoretisch formen könnte. Alles, was es dafür brauchte, war ein ausgeklügelter Plan und ein eisernen Durchhaltewille. Das kräftige Grün dieser unberührten Wälder Boravas war mir bei jedem Wetter ein schöner Ausflug in die Natur. Auf Grund der geographischen Gegebenheiten waren die meisten Zonen nicht nur Funklöcher, sondern auch noch unbereinigte Mienenfelder. Freies umherwandern außerhalb des Fahrzeuges galt es somit zu unterlassen. Dennoch überraschten mich ab und zu abgelegene religiöse Stätten inmitten von Waldlichtungen. Je nach Teamkonstellation statteten wir diesen einen Besuch ab, unterhielten uns mit den Geistlichen und ließen uns von ihren Ansichten faszinieren. Die improvisierten Routen, welche teilweise aus anspruchsvollen Schlamm- und Steinwegen oder klapprigen Holzbrücken bestanden, wurden von den Schmugglern missbraucht. Mein Team und ich hielten somit bei diesen Ausfahrten Ausschau nach Indizien. Wenn uns jemand auffiel, galt es eine Reaktion zu unterlassen und ohne weitere Aufmerksamkeit zu erregen, stattdessen die Sichtung der Zentrale zu rapportieren. Die Straßen konnten jedoch nicht blockiert oder gesperrt werden, weil die zivile Bevölkerung abgeschiedener Dörfer den Zugang zu Sekjr Dalab für ihren Alltag benötigte. Diese Bevölkerungsschicht gehörte zwar zu dem ärmsten Teil der Gesellschaft, dennoch besaßen viele ein Fahrzeug. Als Beitrag zur Klimakrise landeten staatlich aussortierte Autos europäischer Länder irgendwann in Borava und wurden günstig verkauft. Meine Beobachtungen vor Ort bestätigten mir die heuchlerische Scheinheiligkeit der angeblich höher entwickelten Gesellschaften nördlicher Staaten. Sie beruhigten ihr ökologisches Gewissen, indem sie ihre nicht mehr zulässigen CO_2-Schleudern unter der Hand loswurden und dabei sogar noch etwas Geld dazu verdienten. Dies, obwohl die klimafreundlichste Variante die Rückgabe des Fahrzeugs an den Hersteller bedeuten würde, welcher sich um die Wiederverwertung und Entsorgung kümmern muss. Der einzige Vorteil an dieser outgesourcten Umweltverschmutzung war, dass die weit entfernten boravarischen Dörfer somit verbunden waren. Während den Ausfahrten durch die Waldabschnitte legten wir vermehrt kleine Pausen ein. Nachdem ich eine halbe bis ganze Stunde von einem Dorf zum nächsten gefahren war, besuchten wir das Dorf-Café. Dabei gab es jeweils Kaffee-Pausen in kleinen Familienbetrieben, welche uns herzlich und mit offenen Armen empfingen. Gemeinsam verbrachten wir eine kurze Rast und unterhielten uns dabei mit der lokalen Bevölkerung mithilfe der Übersetzer. Wenn der Fernseher lief, ließ ich mir die News übersetzen. Um die kleinen Geschäfte zu unterstützen, erledigten Leutnant Ronny und ich einen Teil unserer Einkäufe vor Ort; z.B. Gebäckwaren, Marmeladen, Eier oder Süßigkeiten und Chips. So gab es unter anderem ein abgelegenes Dorf umringt von Bergen und dichtbewachsenen Wälder, in dem die Bevölkerung Nahrungsmittel im Wald sammelte. Das Zentrum dieses Dorfes bestand unter anderem aus einem Café, bei dem wir frisch gepflückte Waldbeeren, Pilze und Nüsse kaufen konnten. Die nächsten beiden Komponenten des Dorfes waren eine kleine Notfallstation und ein Schulhaus, indem sich auch der Kindergarten befand. Da sie zu wenig Schulzimmer hatten, mussten jeweils mehrere Klassen zusammengeführt werden. Die Dörfer kämpften mit der Problematik, dass die Jugend sich mit Erreichen der Volljährigkeit dazu entschied, abzuwandern und ihre Familien aus dem Ausland finanziell zu unterstützen. Die Folge war der kontinuierliche Schwund und die Überalterung der Berggesellschaften. Umso abhängiger wurden die Dorfbewohner von unserer Kaufkraft und freuten sich über jeden Besuch. Eine Saison lang gab es selbstgebrannten Alkohol, welchen sie mir immer zum Testen anboten, damit ich ihn dann kaufen würde. Da ich die Flaschen nicht alle trinken wollte, verschenkte ich sie unter meinen Lieblingsmenschen im Camp. Ich unterstützte somit nicht nur die Einheimischen, sondern verbreitete das Gefühl der Wertschätzung in meinem Camp. Denn während dieses Einsatzes waren die zuvor fremden Menschen, aus den verschiedensten Ecken dieser Welt, meine Gesellschaft geworden. Wir alle hatten uns aufgrund einer kriegerischen Situation in diesem Land kennenlernen dürfen und waren somit durch das Erleben der Weltgeschichte miteinander verbunden. Wir alle strebten nach dem gleichen Ziel: Frieden. Und da ich jeden dieser Menschen für seine Unterstützung durch sein Dasein schätzte und für jede Interaktion Dankbarkeit empfand, pflegte ich das Zusammenleben in dieser neuen Gesellschaft. Ich genoss jedoch auch die ruhigen Arbeitstage, an denen wir die Aufsichtsschicht bei unserem militärischen Informationsbüro in Sekjr Dalab zu besetzen hatten. Das Büro befand sich im hinteren Teil des Stadtkerns, weshalb wir für die Anfahrt das Zentrum der Stadt durchqueren mussten. Der Standort des Büros war bewusst so geplant worden, dass wir schon durch die Anfahrt eine grobe Erstevaluation über die Lage erhielten. Rund um den stillgelegten Stadtbrunnen befand sich das Krankenhaus dieses Gebietes. Es gab zudem mehrere Shops, Cafés und ein Gemeinschaftszentrum mit einem Café. Darin wurden politische Ansprachen, Informationsabende, Aufführungen, Propagandafilme und Ausstellungen abgehalten. Wann immer ich im aufsehenerregenden Geländefahrzeug eine 270 Grad Drehung um den Stadtbrunnen fuhr, verlangsamte sich das Leben auf der anderen Seite der Windschutzscheibe. Jede Körperbewegung erstarrte, Köpfe folgten skeptisch unserer Fahrtroute und das Lächeln verschwand aus den Gesichtern. Die Bevölkerung vermittelte mir im Kollektiv bewusst das Gefühl, dass wir eigentlich unerwünschte Gäste waren. Denn unsere Präsenz erinnerte sie jeweils daran, dass etwas in ihrer Heimat doch nicht ganz in Ordnung war. Meine Erscheinung zeigte ihnen jedes Mal, was passiert war und was noch passieren könnte. Aus den Gesprächen in den Café-Häusern oder beim Stadtladen ergab sich jedoch immer die Erkenntnis, dass sie unseren politischen Schutz dennoch wertschätzten, welcher die militärische Präsenz gewährleistete. Wir waren die unerwünschten Gäste mit einer auf erzwungene Daseinsberechtigung. Das Büro diente als Kontaktstelle zwischen dem Militär und der Bevölkerung. Die Einwohner konnten durch einen persönlichen Besuch oder über einen Briefkasten ihre Anträge einreichen. Problematisch war nur, dass niemand aus der Bevölkerung Gebrauch davon machte und wir somit die gesamte Schicht über nichts zu tun hatten. Die einzelnen Male, wo die Türklingel die gesamte Mannschaft hatte aufspringen lassen, war der Besuch von einer verwirrten Ömi gewesen, die sich nach dem Weg zu einem Laden erkundigte. Dennoch war es wichtig für das Sicherheitsgefühl der Bevölkerung zu wissen, dass wir eigentlich für sie da wären, wenn sie es bräuchten. Die einzige Produktivität in diesem Büro war die gelegentliche Abhaltung von Meetings mit auswärtigen Kontaktpersonen. Gleich am Eingang befand sich ein runder Tisch mit vier Stühlen, an welchem ein offizielles Meeting abgehalten werden konnte. Die Aufbereitung dieser Version eines Sitzungszimmers beschränkte sich auf das absolute Minimum und enthielt keinerlei Dekoration. Die Abtrennung zum hinteren Teil des Raumes erfolgte durch eine selbst eingebaute Trennwand. Dahinter befand sich eine rustikal eingerichtete Küche mit Wasseranschluss, ein Esstisch für acht Personen, eine kleine Sofalandschaft und eine Terrasse. Die Toilette erinnerte an eine Abstellkammer. Unseren Aufenthaltsbereich zierten unzählige Poster von boravarischen Land- oder Stadtkarten, damit wir während dieser Zeit nächste Ausfahrten planen konnte. Aber eigentlich herrschte die Routine des Alltages im Informationsbüro. Die Ausfahrten begannen jeweils mit der Abholung eines Übersetzers auf dem Weg in unsere AoA. Meiner Einheit standen vier Übersetzer zur Verfügung, welche täglich unter den vier Teams getauscht wurden. Ich verstand mich mit allen vier super und konnte mich nicht entscheiden, wen von ihnen ich bevorzugte. Rudru hatte erst gerade begonnen und war daher noch etwas schüchtern. Penar war ein liebenswürdiger Vater, welcher mich mit seinem lockeren Gemüt und reizenden Humor zum Lachen brachte. Seine äußerliche Erscheinung erinnerte mich an Raphael, jedoch war er kleiner und hatte ein paar Kilo mehr auf den Hüften. Sein brummiges und breites Lächeln hatte eine beruhigende Ausstrahlung und seine gelassene Anwesenheit sorgte für eine entspannte Atmosphäre bei Meetings. Er erschien mir bei den Gesprächen immer wie ein pazifistischer Buddha. Mit ihm wurde während der Schicht auf der sonnigen Terrasse über das Leben philosophiert. Auf der Rückseite des Büros hatten die vorherigen Teams einen gemütlichen Sonnenplatz eingerichtet. Die Terrasse wurde von einem vorbeifließenden Bach abgetrennt und die Sicht zu den Nachbarn neben uns war durch Pflanzen versperrt. Direkt gegenüber lagen auf einem Hügel zwei Bauernhäuser, bei denen nie jemand zu Hause zu sein schien. Wir konnten uns somit in diesem Bereich entspannen, während vom Team jemand drinnen die Stellung hielt. Penar hatte eine Tochter im Teenageralter, deren rebellischen Phasen ihm zu schaffen machten. Also erbrachte ich ihm meinen freundschaftlichen Dienst, indem ich ihm manchmal ihre möglichen Gedankenvorgänge offenbarte. Mit Penar wurde auf dieser Terrasse auch gemeinsam gesungen. Wann immer wir eine Büro-Schicht mit ihm vereinbarten, nahm ich mein handliches Keyboard und er seine Gitarre mit. Die Liedauswahl fiel leicht, da wir denselben Geschmack teilten, was die Musikrichtung anbelangte. Es hatte etwas tiefenentspanntes, mit einer Person auf musikalischer Ebene zu viben, ohne dass irgendein Performance-Druck die Experimentierfreudigkeit unterdrückte. Mit der Übersetzerin Lilly hingegen gab es immer viele tiefgründige Gesprächsthemen, die meine Ansichten über wahren Patriotismus veränderten. Sie war so schön wie die Blume, den ihr Name repräsentierte. Sie hatte langes schwarzes Haar, welches sie zu einem dezenten Pferdeschwanz band. Ihre braunen Knopfaugen erinnerten an eine Puppe Schneewittchens und ihr schwarzer Kleidungsstil verlieh ihr einen düsteren Look. Obwohl sie bereits eine Frau mittleren Alters war, besaß sie trotz einiger Falten noch immer eine reine Schönheit. Ihre Stimme klang durch eine zitternde Note zerbrechlich, doch ihre Wortwahl war jeweils harsch. Sie hatte es sich abgewöhnt, um den heißen Brei herumzureden und teilte stattdessen ihre Ansichten, indem sie mit persönlichen Erfahrungswerten argumentierte. Sie erzählte oft vom selbst erlebten Krieg, wodurch ich eine persönliche Einsicht in die Geschichte erhielt. Lilly hatte Grausamkeiten erlebt, jedoch nie die Hoffnung an ein friedliches Zusammenleben verloren. Seit Anbeginn des Konfliktes arbeitete sie als Übersetzerin für das Militär und leistete somit ihren Beitrag zum Erhalt des Friedens. Die Arbeit hatte ihr und ihrer mehrköpfigen Familie jedoch auch eine negative Reputation in ihrem sozialen Umfeld eingebracht. Selbst Freunde hatten sich von ihr abgewandt, welche die Sinnhaftigkeit ihrer Arbeit nicht wertschätzten. Obwohl sich ihr bereits vermehrt die Möglichkeit ergeben hatte, mit ihrer Familie unter militärische Obhut zu flüchten, so hatte sie sich patriotisch für den Kampf um ihr Land entschieden. Sie hatte es sich als Lebensziel gesetzt, beim Aufbau des Landes mitzuwirken und so für eine friedliche Zukunft für ihre Kinder zu sorgen. Ich empfand den größten Respekt für sie und ihre Taten. Doch selbst ihre eigenen Kinder warfen ihr diese Entscheidung als Fehlentscheidung vor. Denn Ziel der meisten Jugendlichen in diesem Land war es, sich im Ausland eine sichere Zukunft aufzubauen. Dass Lilly sich dagegen entschieden hatte, nahmen ihre Kinder ihr übel und gebührten ihr nicht den Respekt, welchen sie verdiente. Und dann gab es noch die Übersetzerin Lepota. Mit ihrer blonden Mähne und den durchdringend grünen Kulleraugen nannte ich sie die orthodoxe Göttin. Ihr Schmollmund wirkte einladend und sie duftet immer sexy und erfrischend. Mit ihrem Lachen hatte sie nicht nur äußerlich eine ungemein anziehende Ausstrahlung. Sie war geschickt darin, undurchsichtige Zusammenhänge zu erkennen und zu verstehen. Ihren diplomatischen Fähigkeiten hatte sie diese Anstellung beim Militär zu verdanken. Aufgrund ihrer platinblond gefärbten Haare wurde sie von der Männerwelt unterschätzt. Jedoch hatte sie gelernt, diese Fehleinschätzungen zu ihren Gunsten auszunutzen. Sie wusste mit ihrem Charme den wortkargen Männern ein Lächeln zu entlocken oder die sie belächelnden Kontakte mit ihrem scharfen Mundwerk in die Schranken zu weisen. Unsere Charakterzüge waren sich ziemlich ähnlich, wodurch ich mich ihr verbunden fühlte. Wir tauschten uns regelmäßig über astrologische Gegebenheiten aus, da wir unser Sternzeichen teilten. Wir redeten oft über unsere Erlebnisse und aktuelle Themen, die uns beschäftigten. Sie war der ewige Single auf der Suche nach einem Mann an ihrer Seite. Es war nicht so, dass es keine Interessenten gegeben hätte. Jedoch hatte sie konkrete Vorstellungen davon, was sie von einem Partner erwartete. Da sie ihren Wert kannte, war sie nicht bereit dazu, Kompromisse einzugehen und folgte ihrer klaren Linie. Ein Grund war auch ihre berufliche Rolle. Dadurch fiel es manchmal den Ex-Partnern schwer, sie nicht für die Zusammenarbeit mit dem Militär zu verurteilte. Dies war der Preis, welchen sie dafür zahlte, dass sie sich für ihr Land einsetzte. In der Rolle als Übersetzerin schätzte ich sie als die elementarste Schachfigur des Militärs ein. Auch wenn sie nur die Sätze der beiden Parteien in die jeweilige Sprache übersetzte, so konnte sie Einfluss auf den Gesprächsverlauf nehmen, wie eine Nachricht übermittelt wurde. Im Französischen gibt es den passenden Spruch zu. C'est le ton qui fait la musique – der Ton macht die Musik. Sie besaß als Übersetzerin die Macht über die stimmliche Ton- und Wortwahl, welche die Entscheidung der Gegenpartei entscheidend beeinflussen konnte. Sie war somit die ausführende Hand des Militärs. Aufgrund ihrer Persönlichkeit war sie die Übersetzerin, welche jeweils für die Treffen mit hochrangigen Kontakten einberufen wurde. Ich bewunderte sie für ihren aufmerksamen Charakter, welcher jeweils das Beste in einer Situation erkannte. Lepota war eine Aufsteh-Frau, welche sich durch nichts unterbringen ließ und mit ihrem Licht die Dunkelheit erleuchtete. Von der inspirierenden Bekanntschaft mit ihr nahm ich mir für meine persönliche Lebensentwicklung mit, dass auch ich mehr Positivität im Leben erkennen wollte. Mit Lepota teilte ich sogar einige meiner Geheimnisse und gab meine wahren Gefühle während der Mission preis. Wir versprachen uns sogar, dass wir uns trotz des Verbotes danach wieder treffen würden. Das Einzige, was ich ihr jedoch nie erzählt hatte, war meine Nacht mit Captain Happy Meal gewesen. Sie wusste nur, dass er existierte und ich mich etwas in ihn verknallt hatte. Doch mehr hatte ich ihr nicht zugestehen können.

«Schreibt...»

Ich hatte Raphael meinen Betrug noch immer nicht gestanden und wollte es auch dabei belassen. Während des Urlaubs hatte es nicht gepasst. Ich würde es ihm irgendwann mal erzählen, wenn dies nicht mehr zwingend das Ende unserer Beziehung zur Folge hätte. Oder als dramatische Einlage, falls ich mich aus irgendeinem Grund mal von ihm würde trennen wollen. Es war schon viel Zeit vergangen, seit ich Captain Happy Meal das letzte Mal gesehen hatte. Trotzdem öffnete ich wieder einmal während meiner Schicht im Infobüro sein Chatfenster, während ich faul auf dem braunen Ledersofa lag und verdaute. Obwohl ich keinen Kontakt mehr zu ihm pflegte, ertappte ich mich noch immer dabei, wie ich seinen Onlinestatus kontrollierte. Ich schaute aus Reflex über die Schultern, doch Leutnant Ronny saß am Esstisch und war mit der Vorbereitung von Rapporten beschäftigt, während Lepota sich nach dem Kochen auf die Terrasse gesetzt und gemütlich zu rauchen begonnen hatte. Happy Meal war nicht online. Ich malte mir aus, wie er sich wohl in diesem Moment gerade die Zeit vertrieb. Wie ein erwarteter Nadelstich überkam mich eine leichte Eifersucht, als ich daran dachte, ob er sich wohl schon eine Neue im Camp angelacht hat. Schon nur die Vorstellung daran, dass er eine andere Frau so berührte, wie er mich berührt hatte, stimmte mich bitter. Ich klickte auf sein Anzeigebild und betrachtete sein heißes Foto. Dabei saß er am Steuer eines kleinen Fliegers. Grüne Kopfhörer drückten seine wuscheligen Haare flach und ein Mikrofon führte zu seinem Mund. Dieser war jedoch geschlossen und zu einer dünnen Linie angespannt. Die schwarzen Gläser seiner Pilotenbrille gaben nur preis, dass er leicht seitlich blickte, doch die Augen erkannte ich nicht. Somit war der Kopf leicht auf die Seite geneigt und ich inspizierte die feinen Umrisse seiner herausstehenden Halsmuskulatur. Seine kräftigen Schultern hatte er angespannt, während seine Hände das Steuer vor ihm umklammerten und das Flugzeug in eine sanfte Linkskurve manövrierten. Sein grünes T-Shirt hatte einen tiefgezogenen V-Ausschnitt, welcher seine leicht gebräunte Brust preisgab. Als ich das Anzeigebild wieder schloss und den Chat verließ, setzte mein Herz einen Schlag aus. Die Anzeige seines Onlinestatus leuchtete grün auf und zeigte mir somit eine kleine Momentaufnahme seines Alltags. Er befand sich irgendwo und hielt gerade sein Handy in der Hand. Ich wunderte mich darüber, mit wem er wohl gerade im Kontakt stand und über was sie miteinander schrieben. Ob er wohl dieselben Textnachrichten an eine neue Gespielin im Camp schickte, wie ich sie einst erhalten hatte? Ich wünschte mir, dass ich ihm in diesem Moment in den Sinn kommen würde. Und das, obwohl ich mich für Raphael entschieden hatte. Wenn ich etwas auf der Insel Madeira gelernt hatte, dann war es das Wissen, dass Raphael derjenige war, den ich wollte. Ich liebte ihn. Ich hatte es bereits in der zweiten Woche gewusst, nachdem ich ihn kennengelernt hatte. Ich hatte mich in dieser lauwarmen Nacht auf der portugiesischen Insel erneut in ihn verliebt und mich für ihn entschieden. Und trotz allem wünschte sich mein verdammtes Herz, dass Captain Happy Meal sich bei mir melden würde. Es gab so vieles, was ich ihm erzählen wollte. Allein die Aussprache mit Captain Adlerauge und dem NCC hätte ihn sicherlich amüsiert. Plötzlich verblasste in der Chatanzeige das Wort online und wechselte zu «schreibt…» Ich traute meinen Augen nicht und ein Energieschub ließ mich von dem braunen Sofa aufspringen. Ich musste sicherstellen, dass mir mein wirrer

Verstand nicht gerade einen Streich spielte. Zu oft hatte ich über diesen Moment fantasiert und ihn mir herbeigewünscht. Tatsächlich stand bei der Anzeige noch immer, dass Captain Happy Meal wohl gerade an mich dachte und mir etwas schreiben wollte. Mit der Erkenntnis begann mein Puls zu galoppieren und ich spürte, wie die Unruhe in mir stieg. Mir wurde heiß vor Nervosität, mein rechtes Bein begann aufgeregt zu wippen. Es war bereits so viel Zeit vergangen, seit wir uns das letzte Mal gesehen hatten und trotzdem war er gerade dabei, sich bei mir zu melden. Ich hielt das Handy gebannt mit beiden Händen fest und glaubte, dass sie schwitzig wurden. Ich wartete angespannt auf den Versand seiner Nachricht. Die Zeit verging nur schleppend und ich bemerkte, wie zweites Bein nervös begonnen hatte mitzuwippen. «Ich muss mit dir sprechen», lautete sein Einzeiler. Ohne ein Emoji oder Zusatzzeichen, das mir die Dringlichkeit dieser Aufforderung verraten würde. Der erste Impuls war die Freude darüber, dass Captain Happy Meal in diesem Moment zumindest in Gedanken bei mir war und den Kontakt zu mir suchte. Gefolgt von den Aussichten auf die möglichen Gesprächsthemen, welche mich unsicher stimmten. Mein Herz stockte vor Schreck, als mehrere mögliche Beweggründe für eine Unterredung mein Vorstellungsvermögen überfluteten. Als schlimmstes Szenario kamen mir gleich mehrere Geschlechtskrankheiten in den Sinn, die er mir nun nachträglich gestehen wollte. Was wiederum bedeutet hätte, dass ich Raphael früher als geplant mein frevelhaftes Verhalten gestehen müsste. Das Schlimme wäre nicht das Geständnis gewesen, sondern die Tatsache, dass ich ihm körperlichen Schaden zugefügt hatte. Dem Menschen, welcher mir doch der Wichtigste auf der Welt war. Doch anstatt einer angsterfüllten Gedankenspirale zu verfallen, probierte ich, mir nicht darüber den Kopf zu zerbrechen und suchte nach positiven Anhaltspunkten. Wieder einmal erfreute ich mich an der Tatsache, die Frau in einem Verhältnis zu sein und mich nicht vor der Ankündigung einer ungewollten Schwangerschaft fürchten zu müssen. Ich starrte noch immer gedankenversunken seine Nachricht an und kontrollierte erneut seinen Onlinestatus. Wie oft hatte ich diesen beschattet und mir gewünscht, dass er sich wieder bei mir melden würde, obwohl ich nicht mehr mit ihm geschrieben hatte. Und nun, wo es so weit war, fürchtete ich mich davor. Genauso wie ich Einsicht in seinen Status hatte, wusste auch er, dass ich gerade online war. Zudem bestätigte ein blauer Haken, dass ich seine Nachricht gelesen hatte. Also entschied ich, ihn nicht weiter warten zu lassen und kommentierte: „Du klingt so ernst... Ist alles in Ordnung bei dir?" Ein Augenblick verflog und er antwortete: „Wann bist du das nächste Mal im Hauptcamp?" Bei dieser Frage verstand ich sofort, warum ich ihm schon so lange nicht mehr über den Weg gelaufen war. Er befand sich in der wichtigsten militärischen Camp-Anlage in der boravarischen Hauptstadt Dnizliro. Ich wunderte mich, warum er wohl das Camp gewechselt hatte. Hatte er es meinetwegen gemacht? Ich wusste um seine Führungsposition, doch was war mit seiner Truppe in Camp Rovo Selo? Ich hielt mich so gut wie nie in diesem Hauptcamp auf und begann, mir Ausreden auszudenken, die mir Zugang verschaffen könnten. Die Hauptkommandozentrale und das Haupt-Ärztezentrum befanden sich dort. Doch welche Krankheit hätte ich schon vortäuschen können, welches nicht in meinem Camp behandelt werden könnte? Als Nächstes ging ich die Freunde durch, welche ich noch aus meiner Ausbildungszeit hatte und die ich theoretisch besuchen könnte. Zumindest eines stand fest. Ich würde mich mit ihm treffen müssen, um mehr zu erfahren. In diesem Moment wollte ich nichts dringender, als zu wissen, was er mir noch zu sagen hatte. Da ich vor Neugierde beinahe platzte, tippte ich zunächst die Frage, ob er es mir nicht einfach schreiben könnte. Doch ist löschte sie wieder. Wenn Captain Happy Meal mich schon so direkt um ein Gespräch bat, dann musste es etwas Ernstes sein. Es bestand zwar noch die Chance, dass es sich hierbei nur um eine weitere Masche handelte, damit ich mich erneut mit ihm einlassen würde. Der Sex war so gut gewesen, dass ich diesen gerne noch einmal Revue passieren ließ. Doch was, wenn es wirklich etwas Ernsthaftes war? Ich musste mir überlegen, wie ich zum Hauptcamp gelangen konnte. Es gab für mich beruflich keinen Grund, mich dort aufzuhalten. Nur Captain Adlerauge und Leutnant Ronny fuhren zweimal die Woche hin, um in einem Meeting unsere Einheit zu repräsentieren und die aktuellen Befehle zu fassen. Plötzlich hinterfragte ich, wieso eigentlich ich zu ihm musste. Schlussendlich wollte er ja etwas von mir und war zudem durch seinen höheren Rang flexibler unterwegs. Entschlossen wollte ich ihm genau diese Frage stellen, als Captain Happy Meals Anzeige wieder zu «schreibt...» wechselte. So wie ich ihn kannte, war ich felsenfest davon überzeugt, dass er mich nicht nur aus reiner Faulheit zu ihm bestellte. «Hey Ronny!», unterbrach ich sie bei der Verfassung ihrer Rapporte über die letzten Besuche, «Fährst du demnächst wieder mal ins Hauptcamp?» Leutnant Ronny blickte von ihren Unterlagen auf und bestätigte: «Heute Abend fahre ich den Captain wieder hin und warte eine Stunde wie bestellt und nicht abgeholt auf seine Rückkehr. Soll ich dir was von einem Shop dort besorgen?» «Wäre es dir recht, wenn ich ihn stattdessen heute fahren würde?», erkundigte ich mich bei ihr. Leutnant Ronny richtete sich kerzengerade auf dem Stuhl auf, drehte sich zu mir um und sah mich komplett entgeistert an: «Du willst freiwillig Captain Adlerauge ins Hauptcamp chauffieren? Gibt es etwas, von dem ich noch nichts weiß?» «Haha, nein nein...», wimmelte ich sie mit einer abwinkenden Handbewegung ab. Ich wollte Leutnant Ronny nicht anlügen und wandte meinen Blick kurz von ihr ab. Dabei fiel dieser auf mein Handy, wo auch schon die neue Nachricht von Captain Happy Meal erschien: «Ich darf das Hauptcamp derzeit nicht verlassen, muss dich aber persönlich sprechen. Ich habe nicht mehr viel Zeit.» Wie dramatisch das klang, dachte ich mir. Ich sah wieder zu Leutnant Ronny hinüber, welche mich verwirrt musterte. Ich konnte ihrem Blick ihre Verwunderung über meinen Sinneswandel ansehen, dass ich mich freiwillig für eine Ausfahrt mit Captain Adlerauge meldete. «Ich würde gerne jemanden besuchen und habe anscheinend nicht mehr so viel Zeit», erklärte ich und grinste Leutnant Ronny bettelnd an. Ich konnte ihren prüfenden Augen ansehen, dass sie meine Beweggründe hinterfragte und ihre Neugierde meiner Privatsphäre zuliebe soeben massiv unterdrückte. So diskret wie sie war, bohrte sie nicht weiter nach und willigte ein: «Ich schaue, was sich machen lässt.» Dann wandte sie ihren Blick wieder von mir ab und setzte die Vervollständigung ihrer Rapporte fort. Ich bedankte mich bei ihr und starrte Captain Happy Meals letzte Nachricht an. Ich hing an den Worten ‚ich habe nicht mehr viel Zeit'.

Die Fahrt ins Ungewisse

Ich saß mit Captain Adlerauge im 7.C und fuhr entgegen meiner üblichen Route in Richtung der Hauptstadt Dnizliro. Wir sprachen die ganze Fahrt über kein Wort miteinander und er kümmerte sich als Beifahrer einzig und allein um die Musikwahl. Für diese unangenehme Fahrt war melancholischer Heavy Metal angesagt. Ich freute mich über die Einstellung der Lautstärke, da ich so seine gelegentlichen Seufzer nicht mitanhören musste. Wie bei einem ungeschriebenen Gesetz war es für uns beide selbstverständlich klar gewesen, dass es auf keinen Fall zu einem Gespräch kommen würde. Mein Körper fühlte sich an, als ob er gerade einen allergischen Schock gegen diesen Menschen erlitt. Meine Haut prickelte vor Hass und meine Muskeln verkrampften sich. Meine Hände hielten sich so versteift am Lenkrad fest, dass die weiße Farbe meiner Knöchel hervortrat. Selten hatte ich solch eine tiefsitzende Abneigung gegen einen Menschen verspürt, wie gegen ihn. Er war für mich menschlicher Abschaum. Und dabei zählte ich mich selbst zu den emphatischsten Charakteren, welche unsere Welt bewandern. Ich probierte immer, in jedem etwas Positives zu entdecken, für das ich ihn oder sie wertschätzen könnte. Diese Einstellung gehörte sich auch in der Praktizierung von Yoga. Den auch ein Täter ist ein Opfer. Die Tatsache, dass er innerhalb eines Monats nicht nur seine Mutter verloren hatte, sondern seine Freundin ihn nach einem Heiratsantrag sitzen gelassen hatte, hätte mir für jedes menschliche Wesen das Herz geöffnet. Doch Captain Adlerauge hatte meine Mission um ein Vielfaches schwerer gestaltet, als es nötig gewesen wäre. Es war selbst den anderen Teammitgliedern aufgefallen, wodurch ich mir wenigstens von Anfang an sicher sein konnte, dass ich mir seine Aversion nicht nur einbildete. Wenigstens hatte das Gespräch mit dem NCC bewirkt, dass Captain Adlerauge mich seine Abneigung nur noch durch seine abschätzigen Blicke spüren ließ. Aber da ich sein schielendes Auge sowieso nicht ernst nehmen konnte, kümmerte mich dieser nicht. Was mich am meisten an dieser Feindschaft nervte, war meine Unwissenheit. Obwohl ich ihn direkt gefragt hatte, was eigentlich sein Problem mir gegenüber war, hatte ich keine Antwort von ihm erhalten. Bei derselben Konfrontation hatte ich ihn mit meiner Frage herausgefordert, ob das Ziel seiner unfairen Handlungen war, mich zu einem «Early End of Mission» zu vergraulen. Auch hierfür strafte er mich nur mit Schweigen. Doch der unwillkürliche Reflex seiner Augen hatte mir damals seine wahre Intention verraten. Während das eine Auge wie immer in die falsche Richtung geblickt hatte, verengten sich die Augenlider seiner Glubschaugen kaum merklich. Zumindest hatte ich danach die Bestätigung gehabt, dass er mich loswerden wollte und dabei gescheitert war. Die ganze Thematik war mir öfter, als mir lieb war durch den Kopf geschossen. Ich störte mich nicht an der Tatsache, dass jemand mich nicht mochte. Ich hatte mich daran gewöhnt, dass ich nicht jedermanns Geschmack traf. Die Liste von Menschen, welche mich nicht ausstehen konnten, befand sich noch immer in einem überschaubaren Rahmen und das war in Ordnung für mich. Es war mir jedoch ein Rätsel, warum Captain Adlerauge mich als seine Nemesis auserkoren hatte. Vor allem, wenn ich an den ersten Monat unserer Mission zurückdachte. Zu Beginn unserer Ausfahrten hatten wir uns in der Tat gut verstanden und immer wieder etwas zu schwatzen gehabt. Auch wenn der Musikgeschmack unterschiedlich war, so suchten wir nach gemeinsamen Interpreten, welche beiden zusprachen. Ich hasste es, im Dunkeln zu tappen. Denn wie konnte ich aus dieser Bekanntschaft meine Lehren ziehen, wenn ich nicht mal wusste, was den Wandel ausgelöst hatte. Diese Frage hatte mich so beschäftigt, dass ich damit begonnen hatte, mein Umfeld nach deren Observation zu fragen. Nach Leutnant Ronny konnte es unter anderem daran liegen, dass mein Charakterzug ihn an seine Exverlobte erinnerte und er daher seine Enttäuschung auf mich projizierte. Die einzigen, welche unsere Zusammenarbeit sonst noch beobachtet hatten, waren meine Übersetzer Penar, Rudru, Lilly und Lepota gewesen. Alle hatten sie bezüglich seiner Abneigung mir gegenüber dieselbe Ansicht. Sie waren davon überzeugt, dass Captain Adlerauge gemerkt hatte, dass ich einen besseren Draht zu unseren Kontakten geknüpft hatte. Somit störte er sich daran, dass ich von ihnen mehr Respekt zugesprochen erhielt als er. Da er in seiner militärischen Ansicht leider Respekt mit Autorität assoziierte, untergrub meine Anwesenheit seine Autorität, was sein Ego zu kränken schien. So, wie ich Captain Adlerauge erlebt hatte, gehörte er im privaten Leben nicht zu der Sorte Mensch, welche man als beliebt kategorisieren würde. Nicht nur aufgrund seiner äußerlichen Erscheinung und seinem schlechten Atem. Es lag vielmehr an seinem unzugänglichen Umgang, wie er mit seinen Mitmenschen interagierte. Sein militärischer Rang war die einzige Möglichkeit für ihn gewesen, um seine Relevanz im System zu rechtfertigen. Ich fühlte mich beinahe schlecht, dass ich nur durch meine Persönlichkeit diese untergraben haben sollte. Dennoch weigerte ich mich, irgendwelche falschen Worte der Freundlichkeit mit ihm während dieser Fahrt auszutauschen. Jeder Täter ist auch ein Opfer. Die Straßen waren aufgrund des Abendverkehrs stark befahren und die boravarische Bevölkerung machte dem Vorurteil ihres riskanten Fahrstils alle Ehre. Obwohl ich die gesetzlich limitierte Höchstgeschwindigkeit einhielt, war ich für einige wohl noch zu langsam unterwegs. Dies führte zu gefährlichen Überholmanövern, welche gleich mehrere Beteiligte hätten das Leben kosten können. Captain Adlerauge ließ sich von der Unruhe jedoch nicht ablenken und versank in seine Notizen für die bevorstehende Besprechung: «Um 1900 erwarte ich dich beim Hauptausgang des Camps auf dem Parkfeld vor dem Restaurant», befahl er mir, während sein Augenmerk noch immer seinen Notizen galt. Mit einem kurz gehaltenen: «Verstanden», nahm ich seine Anordnung entgegen und beendete die Unterhaltung. Unverhofft fuhr er jedoch fort: «Und wieso genau fährst du mich heute?» Leutnant Ronny hatte ihm gesagt, dass sie ein privates Telefonat führen musste, welches sich nicht verschieben ließ. Da ich meinen Atem absolut nicht an Captain Adlerauge verschwenden wollte probierte ich, das Gespräch mit einem kurzgehaltenen: «Ich weiss es nicht» zu unterbinden. Als wir im Camp einfuhren, ließ er mich ihn bis zum Eingang des Gebäudes fahren, in welchem das Meeting abgehalten wurde. Er stieg aus, ohne mich dabei anzusehen und watschelte wie ein depressiver Pinguin zum Gebäude. Ich musste zuerst einmal tief ein- und ausatmen. Die Schweißtropfen rannten meinen Rücken runter. Mein Herz hetzte, als ich mir des bevorstehenden Treffens mit Captain Happy Meal bewusst wurde. Meine Gefühlswelt war im Zwiespalt; die Vorfreude darüber, ihn endlich wieder mal zu sehen und die Unbehaglichkeit, wie dieses Gespräch verlaufen könnte. Ich nahm mein Handy in die Hand und öffnete Captain Happy Meals Chatfenster. In meiner letzten Nachricht hatte ich ihn darüber informiert, dass ich von 1800 - 1845 Zeit hätte. Er hatte darauf geantwortet, dass ich mich bei ihm melden soll, sobald ich da sei. Sein online-Status leuchtete auf. Nun wusste er, dass ich unbeschäftigt genug war, um am Handy zu sein. Ich war an der Reihe. Anstatt unsere kurzgehaltene Zeit mit schreiben zu verlieren, entschied ich mich, ihn anzurufen. Es klingelte nur einmal, als er mich auch schon gut gelaunt begrüßte: «Candrissia! Wo bist du gerade?» «Hey Happy Meal...», grüsste ich ihn verunsichert zurück und probierte erfolglos meinen derzeitigen Standort zu erklären, «Ich bin 500 Meter die Hauptstrasse entlanggefahren, hatte zwei Rechtskurven und stehe nun vor einem grauen Gebäude. In anderen Worten, ich habe keine Ahnung, wo ich genau bin oder wo was hier ist.» «Weisst du, wo das Quartier der Engländer ist?», fragte er. Obwohl ich mit meiner Anwesenheit nicht den Eindruck erwecken wollte, als ob ich nur seinetwegen hergekommen sei, musste ich ihm eingestehen: «Du, ich kenne mich hier überhaupt nicht aus. Schick mir einfach deinen Standort und warte dann an einer Stelle, wo ich dich sehen kann. Aber so, dass ich von niemandem mit dir zusammen gesehen werde.» Captain Happy Meal lachte auf: «Alles klar. Bis gleich Candrissia.» Er legte auf und ich nahm das Handy von meinem Ohr. Ich probierte, mir die Umgebung einzuprägen, für den Fall, dass ich wieder einmal herkommen müsste. Ein paar Sekunden später erhielt ich auch schon seine Lokation und fuhr mit dem Auto los. Das Hauptcamp war viel größer als das Camp Rovo Selo. Die Gebäude waren höher, es waren sämtliche Nationen vertreten und ich entdeckte auf dem Weg einige Grünflächen. Vor seinem Wohnkomplex angekommen, sah ich ein Parkfeld, auf dem ich mein Auto abstellen konnte. Um jeden Verdacht zu vermeiden, parkte ich rückwärts gegenüber beim polnischen Kontingent. Falls ich je nach meinen Aufenthaltsgrund vor Ort gefragt werden sollte, würde sich mein Zukunftsich um eine Ausrede kümmern. Mir fiel eine kleine Gartenanlage auf, welche hinter dem Parkfeld begann. Ich überlegte mir als Vorwand, dass ich von der Ruhe in diesem Garten erfahren hätte und diesen zum Abschalten mal austesten wollte. Gestützt von der Notlüge, dass ich nach meinem Erlebnis bei der Schießerei eine Auszeit gebraucht hätte. Mit einem Kontrollblick im Rückspiegel stellte ich sicher, dass meine fein aufgetragene Wimperntusche saß. Obwohl ich mich auf keinen Fall mit ihm einlassen wollte, hatte ich nach meiner Dusche meinen Körper mit Body-Lotion eingecremt. Gut zu riechen konnte nie schaden und ich war mir sicher, dass wir uns zur Begrüssung umarmen würden. Ich saß noch immer im Auto und starrte das dreistöckige Wohnhaus vor mir an. An der linken Seite verband eine metallische Treppe die Stockwerke und ich hoffte, dass ich diese nicht erklimmen müsste. Ich schrieb Captain Happy Meal, dass ich gegenüber geparkt hätte, als sich auch schon die Tür im dritten Stock öffnete. Eine durchtrainierte Silhouette erschien, jedoch erkannte ich auf Grund des Schattenfalles das Gesicht nicht. Der Körper sah direkt zu mir und winkte mich rauf, bevor er wieder im Gebäude verschwand. Ich erriet, dass das Fenster von Captain Happy Meals Container in diesem Fall auf meine Seite zeigte und er meine Ankunft gesehen hatte. Noch ein letzter Blick in den Rückspiegel und ich öffnete die Tür meines Autos. Ein tiefer Atemzug und ich war bereit, mich auf den Weg zu machen. Während ich die erste Stufe bestieg und das Metall unter mir durch mein Gewicht quietschte, erinnerte ich mich an unsere letzte Nacht zurück. Seine prickelnden Berührungen hatten sich in meine Haut eingebrannt und ich konnte sie noch immer fühlen. Eine Welle der Lust überkam mich, als ich mir seinen durchtrainierten und muskulösen Körper vorstellte. Ich probierte, diese Gedanken zu unterdrücken und konzentrierte mich nur auf die Treppenstufen vor mir. Leicht außer Atem kam ich oben an und wartete noch ein paar Atemzüge ab, bevor ich die Eingangstür öffnete. Ich wollte nicht unfit wirken und hoffte, dass er nicht gleich dahinterstand. Oder anhand der quietschenden Treppe meine Ankunft bereits vernommen hatte und sich nun über meine kleine Auszeit wunderte. Wieso waren meine Hände plötzlich wieder so verschwitzt, ärgerte ich mich über meinen Körper. Ich trocknete sie an meinen Hosenbeinen ab, bevor ich die Türklinke umfasste und die Tür aufzog. Mein Herz wollte sich nicht beruhigen und ich fühlte mich, als ob ich gerade freiwillig in die Höhle des Löwen marschierte.

Das letzte Wiedersehen?

Wie es sich beim Militär gehörte, zog ich meine Kappe innerhalb des Gebäudes ab und konnte somit meine unruhigen Hände besänftigen. Ich hasste diese Schwachstelle meines Körpers, welche meine innere Nervosität durch Zittern oder Erröten verriet. Ein leerer Gang mit 19 geschlossenen Türen erwartete mich. Eine stand sperrangelweit offen und erhellte mit grellem Licht den dunklen Korridor. Der Anblick ließ meinen Bauch kurz verkrampfen. Vor mir befand sich der Eingang zu drei möglichen Verläufen dieses mysteriösen Treffens. Entweder hatte Captain Happy Meal für sich entschieden, dass er um mich als zukünftige Partnerin kämpfen wollte. Bei der Ausmalung dieses möglichen Szenarios erhöhte sich mein Puls und ich beruhigte mich durch eine Atemübung aus meinem Yogaunterricht. Ich füllte zuerst meine Bauchregion mit Luft auf, bevor dann mein Brustbereich an Volumen zunahm. Ich atmete so lange ein, bis selbst meine Luftröhre mit Luft gesättigt war. Beim Ausatmen leerte ich wie bei einer zurückfließenden Wellenbewegung zuerst den Hals, das Brustbein, den Brustkorb und dann meine Bauchregion. Ich spürte, wie sich mein Körper dadurch regulierte und der Puls stabilisierte. Dabei stellte ich mir in meiner Fantasie vor, wie sich diese Variante mit ihm wohl abspielen würde. Ich visualisierte vor meinem geistigen Auge, wie er dabei aussah, wenn er mir seine Liebe gestehen sollte. In meiner Vorstellung würde er mir gegenüberstehen und ein unsicheres Lächeln im Gesicht tragen. Ich konnte förmlich spüren, wie sich unsere Beine berühren würden, nachdem er den letzten Schritt auf mich zugegangen ist. Wie er vor mir thronen und mit einer Hand mein Kinn zu sich ran ziehen würde. Mein hypnotisierter Blick wäre auf seine verlockenden Lippen gerichtet, während er die Worte ausspricht: «Ich will dich.» Der Moment der Realisation würde meine Knie weich werden lassen, da mir eine ganz andere Zukunft bevorstehen könnte. Eine, in der ich mit ihm in England ein unerwartet anderes Leben aufbauen würde. Ich verlor mich in der Traumvorstellung, dass wir es als Paar doch vielleicht schaffen könnten. Ich stellte mir vor, wie mein Blick zu seinen durchdringenden Augen wandern würde. Auf der Suche nach der Ehrlichkeit, welche hinter seinen Intentionen steckte. Über die Frage, wie ich mich dann entscheiden würde, konnte ich mir jedoch keine Gedanken machen. Denn schon nur durch die Vorstellung an seinen betörenden Duft überrannte mich die Lust danach, seine Lippen zu küssen und mich leidenschaftlich mit ihm zu vereinen. Ich konnte nicht einschätzen, wie groß der Anteil in mir war, welcher sich dieses Ergebnis erhoffte. Doch anstatt mich in dieser Fantasie zu verlieren, probierte ich die beiden weiteren Verläufe zu rationalisieren. Es konnte auch durchaus sein, dass er sich einfach zum Sex noch einmal treffen wollte, bevor ihm das Ende seiner Mission bevorstand. Bei dieser Vorstellung wurde mir vor Entrüstung etwas hitziger in der Brust. Konnte es tatsächlich sein, dass er mich unter einem falschen Vorwand wie ein Sexobjekt herbestellt hatte? Auch wenn ich ihm dies nicht zugestehen wollte, so malte ich mir meinen Wutanfall aus. Klar war dabei, dass ich dann wohl zum ersten Mal jemandem mit meiner Faust die Nase brechen würde. Ich beruhigte jedoch mein angeheiztes Gemüt und redete mir ein, dass dies eher unwahrscheinlich sei. Andererseits hatte ich in Captain Happy Meal ein wahres Talent bezüglich Sex entdeckt. Und so spielte ich für einen kurzen Moment mit der Option, ob ich mich nicht doch noch ein letztes Mal mit ihm einlassen sollte. Schließlich hatte ich Raphael ja bereits betrogen, also wieso nicht wenigstens das Beste aus der Situation machen? Noch während der kleine Teufel auf meiner Schulter mir verbotene Gelüste ins Ohr flüsterte, schüttelte ich diesen von mir ab. Schließlich hatte ich Captain Happy Meal ja nicht bis jetzt gemieden, um dann kurzerhand doch noch einmal mit ihm zu schlafen. Ich konnte dies Raphael nicht erneut antun. Ich wollte ihn nicht erneut hintergehen. Es fehlten nur noch ein paar Schritte, bis ich Captain Happy Meals Türe erreichte und ich dachte über die letzte Variante nach. Mir war immer wieder sein letzter Satz durch den Kopf geschossen, dass er nicht mehr viel Zeit hätte. Entweder bezog sich diese Aussage auf die Mission oder auf einen dramatischeren Umstand in seinem Leben. Was, wenn er nicht mehr lange unter uns weilen würde? Bei so viel Sex, wie er in seinem Leben gehabt hatte, war die Wahrscheinlichkeit ziemlich hoch, dass er sich etwas eingefangen hatte. Die für mich viel wichtigere Frage wäre dementsprechend, ob ich nun dieses Schicksal mit ihm teilte. Als Erstes kam mir in den Sinn, wie ich diesen Umstand dann Raphael erklären müsste. Doch im nächsten Moment ergriff mich eine schlimmere Angst. Wie würde sich mein Leben durch diese Krankheit verändern? Könnte man es heilen oder wäre ich dem Tod geweiht? Würde ich von nun an für immer auf Medikamente angewiesen sein? Ich lief auf die offene Tür zu und zupfte nervös meine Uniform zurecht. Im Türrahmen angekommen, lehnte ich mich mit dem Oberkörper rein und stellte sicher, dass es sich um Captain Happy Meals Zimmer handelte. Das Mobiliar war dasselbe wie bei meinem Container, nur die Anordnung war anders. Auf der linken Seite war nur ein Schreibtisch mit einem Stuhl. Darüber ein Fenster, welches wie erwartet eine Aussicht auf den Wohnkomplex der Polen gewährte. Rechts von der Tür befand sich der graue Kleiderschrank, gefolgt von einem 90cm breitem Bett. Das hatte er nicht an die Fensterwand gestellt, sondern mit den Füssen Richtung Ausgang. Captain Happy Meal lag auf seinem Bett, die Hände hinter seinem Kopf verschränkt und die Füße überkreuzt. Er erinnerte mich an das Abbild eines griechischen Gottes, dessen treue Untergebenen gerade neue Trauben pflücken waren. Als ich ihn sah, grinste er mich breit an, sagte jedoch kein Wort. Er sah so gut aus in der olivgrünen Uniform. Seine Haare waren noch etwas länger als bei unserem letzten Treffen und wild zerzaust. Sie wirkten, als ob er gerade von einem Surf-Ausflug zurückgekehrt sei. Seine Hautfarbe hatte eine Bräune angenommen, wodurch sein makelloses Lächeln erstrahlte. Dieses Lächeln verzauberte mich in nur einem Augenblick und ich konnte nichts weiter tun, als närrisch zurückzugrinsen. Er sah zum Anbeißen gut aus und ich fühlte die Nervosität in mir aufsteigen. | Reiß dich zusammen |dachte ich mir. Wortlos betrat ich sein Zimmer, wandte mich von ihm ab und zog die Tür hinter mir zu. Während ich mich wieder zu ihm umdrehte, überlegte ich, wo ich mich am besten platzieren sollte. Denn Captain Happy Meal schien keine Anstalten zu machen, sich vom Bett zu erheben. Ich entschied mich für seinen Schreibtisch. Noch während ich auf diesen zuging, erklang Captain Happy Meals tiefbrummende Stimme: «Willkommen in meinem neuen Reich, Candrissia.» Ich mochte es, wie er meinen Namen mit seinem britischen Englisch aussprach. Ich konnte nicht anders, als kurz aufzulachen, während ich den Stuhl zu mir ran zog und mich verkehrt herum draufsetzte. Ich brauchte die Stabilität der Rückenlehne vor meiner Brust, auf welcher ich meine Arme abstützte. Zudem war ich überzeugt davon, dass dies eine coole Pose war. Captain Happy Meal setzte sich auf seinem Bett auf, sodass er nur einen halben Meter von mir entfernt war. Er hatte sich frisch rasiert und mit einem neuen Aftershave parfümiert. Ich nahm unbemerkt einen etwas tieferen Atemzug und ließ mich von seiner männlichen Essenz fesseln. Er war eine Spur schärfer als bei unserem letzten Treffen. «Und wie bist du zu diesem neuen Reich gekommen?», erkundigte ich mich als Erstes. «Das ist eine lange Geschichte…», erwiderte er, während er mit der Hand seinen Nacken rieb und verlegen den Kopf auf die Seite legte. «Du hast noch 40 Minuten Zeit, um sie mir zu erzählen», animierte ich ihn, «Und sonst tut es eine Kurzfassung sicherlich auch.» «Die Kurzfassung lautet, dass ich Scheiße gebaut habe», gestand er und warf dramatisch seine beiden Hände in die Luft. Ich rollte mit den Augen, bevor ich mich wieder einmal in seinen blauen Katzenaugen verlor: «Wieso überrascht mich das nicht? Warst du unartig?» «Immer doch», witzelte er und lachte auf. Irgendwas sagte mir, dass sicherlich eine Frau in dieser Geschichte involviert war. Ob ich sie dann trotzdem hören wollte, war die andere Frage. Ich glaubte es nicht zu ertragen, wenn er mir jetzt von einer anderen erzählen würde. Dennoch entschied ich nachzuhaken und ihn mir seine Geschichte erzählen zu lassen: «Erzähl, was hast du verbockt?» «Ein paar Tage nach unserem letzten Treffen, auf das ich nachher noch näher eingehen möchte, war ich mit meinem Team in der Hauptstadt unterwegs.» Ich versuchte, mit einer gelassenen Mine nicht auf seine Zwischenbemerkung zu reagieren und mich nur auf die bevorstehende Erklärung für seinen Umzug zu fokussieren. Seinem Blick auf meine rechte Augenbraue konnte ich jedoch entnehmen, dass diese unwillkürlich gezuckt haben muss. Ein nervöser Tick, welcher mir ein Pokerface unmöglich machte. «Wir waren als Zivilisten gekleidet unterwegs und machten Party mit einem potentiellen Informanten. Im Klub wurde ausgiebig gefeiert und Unmengen getrunken, sodass ich mich nicht mehr ganz an alles erinnern kann», sein Blick wanderte beschämt zum Boden, «Gemäß meinem Vorgesetzten ist unsere Deckung als Zivilisten aufgeflogen, nachdem ich die Freundin des Informanten angebaggert hatte. Aber vor allem, nachdem ich meinen militärischen Ausweis beim Tanzen um mich rumgeschmissen hatte. Was unter anderem der Grund für mein jetziges Exil ist.» Da mir das Rollen meiner Augen nicht genug schien, ließ ich meinen Kopf nach hinten sacken und starrte für einen Augenblick die kahle Decke über uns an. «Dumm, ich weiß!», setzte er fort, «Richtig dumm. Und nun sitze ich hier in diesem Drecksloch fest, darf das Camp-Gelände nicht mehr verlassen und wurde zu Büroarbeiten verdonnert. Stundenlanges schreiben von Rapporten, die wahrscheinlich eh nie jemand durchlesen wird und null Relevanz für diese Mission haben. Doch mich einfach nach Hause zu schicken, würde ein falsches Exempel für die anderen statuieren und so bin ich nun halt ein Gefangener.» Wir verstummten beide für einen Moment, bevor ich mir eine neue Frage ausdenken konnte: «Und wie gefällt es dir in diesem Camp so?». Captain Happy Meal änderte seine Körperhaltung und stützte seinen Oberkörper mit nach hinten ausgestreckten Armen am Bett ab: «Es ist ganz in Ordnung. Es gibt mehr Restaurantmöglichkeiten und Aktivitäten, welche man nach der Schicht besuchen kann. Zudem gibt es viel mehr Frauen, was natürlich den Aufenthalt spannender gestaltet.» Der letzte Kommentar fühlte sich an, als ob er mein Herz eigenhändig mit geschärften Fingernägeln zerquetscht hatte. Ich spürte, wie meine Wangen heiß aufglühten. Wieso hatte er das gesagt? Wollte er mir damit zeigen, dass ich ihm nichts bedeutet hätte und er sich im Handumdrehen schon ein neues Spielzeug ausgesucht hat? Auch wenn mich dies für ihn hätte freuen müssen, so verspürte ich im Bauch ätzenden Neid. Ich probierte, besonnen zu denken und rief eine Erinnerung an Raphaels Gesicht hervor. Ich ließ mein gepeinigtes Herz von der Liebe durchfluten, die ich für Raphael empfand. Das erstickende Gefühl des Neids auf die Frauenwelt konnte ich somit etwas eindämmen und ich redete mir ein, dass ich Captain Happy Meal nur das Beste wünschte. Und wenn er sich im Camp bereits eine neue Frau angelacht hatte, dann sollte ich mich darüber freuen. Ich bemerkte, wie sich meine Eifersucht langsam zu Wut transformierte. Hatte mich dieser Arsch deswegen hergerufen? Damit er mich eifersüchtig machen konnte? «Cool», antwortete ich reserviert und ersucht, mein Emotionschaos nicht zu enthüllen. Mir schoss kurz die Vorstellung wieder durch den Kopf, wie sich wohl eine brechende Nase anhören würde. Captain Happy Meal schien meine Reaktion genauestens zu beobachten und nickte dabei leicht mit dem Kopf. Nur ein hauchdünnes Lächeln zierte sein Gesicht und eine peinliche Stille trat ein. Ich wusste, warum ich gerade nichts zu sagen hatte und probierte dabei noch immer, den stechenden Schmerz von Eifersucht und Wut zu unterdrücken. Doch warum sagte Captain Happy Meal nichts? Welche Reaktion hatte er meinerseits auf seinen Kommentar über die Frauenwelt erwartet? Ich sah mich verlegen in seinem Zimmer um und richtete dabei meinen Oberkörper auf. Endlich unterbrach er die Stille: «Wie geht es dir so, Candrissia? Ich habe schon lange nichts mehr von dir gehört.» Während die Zärtlichkeit seiner Worte mein vorheriges Gefühlschaos besänftigte, suchte ich nach einer Antwort in seinen Augen. Sollte ich den Satz so interpretieren, dass dies seine Art war mir zu sagen, dass er mich vermisst hatte? Das ich ihm gefehlt hatte? Ich erkannte in seinen Augen, dass da was war. Das Einzige, was nicht aus seinem Blick ersichtlich war, war die Antwort auf die Frage, was ihm gefehlt hatte. Ich als Mensch oder mein Körper als Untergebene. «Mir geht es gut. Das Camp-Leben ist noch immer dasselbe», und erzählte ihm von dem Gespräch mit dem NCC. Captain Happy Meal hörte gespannt zu und riss hier und da einen Witz über Feminismus. Für einen Moment war mir, als ob ich unbekümmert eine Unterhaltung mit meinem guten Freund führte, den ich schon zu lange nicht mehr gesehen hatte. Seine Anwesenheit in diesem Moment fühlte sich irgendwie richtig an. Doch das durfte eigentlich nicht mehr sein. «Ich hatte kürzlich einen schönen Urlaub mit Raphael und meinen Eltern», erzählte ich frei heraus, um Raphaels Anwesenheit in diesen Raum heraufzubeschwören. Ich musste mich an das Versprechen erinnern, welches ich mir abgenommen hatte: «Ich habe die drei nach Madeira» «Du hast ihn zu einem Urlaub mit deinen Eltern gezwungen?», unterbrach er mich spottend, «Candrissia! Hast du dem Arme nicht schon genug angetan?». Seine schroffe Wahrheit verdutzte mich und ich musste mich für einen Moment fangen. «Hey!», protestierte ich und kopierte sein schüchtern aufgesetztes Lächeln, «es war ein ziemlich schöner und harmonischer Urlaub. Und ich bin mir sicher, dass auch er es mit meiner Familie genossen hat.» «Kein Mann genießt den Urlaub mit Schwiegereltern», konterte Captain Happy Meal. «Woher willst du das wissen? Du hattest so gut wie noch nie eine richtige Freundin», hielt ich dagegen. Diesmal ließ Captain Happy Meal seinen Kopf dramatisch nach hinten sacken und pustete kraftvoll die Luft raus: «Ich war lange genug mit einer zusammen und durfte diese Erfahrung schon selbst sammeln. Glaub mir, Schwiegereltern sind kein Zuckerschlecken.» Und wieder sahen wir uns einfach nur an und ich wusste nicht, was ich mir von dieser Unterhaltung erhoffen sollte. Er war zwar so schön anzusehen und roch so gut. Ich konnte mich einfach nicht sattsehen an seinem perfekten Gesicht, welches für eine Werbekampagne bestimmt gewesen wäre. Aber warum war ich hier? Im Camp gab es ja anscheinend genügend andere Frauen. Und in der Lebensweise, die er sich vorstellte, war kein Platz für eine Partnerin. Ich konnte seinem durchdringenden Blick nicht standhalten und wich auf den Boden unter mir aus: «Umso besser, dass dein geplanter Lifestyle keine solche Zwänge mehr voraussetzt.» Ich wusste selbst nicht, worauf ich mit diesem Kommentar hinauswollte. Ein abgespaltener Anteil in mir wusste ganz genau, was sie sich für eine Kettenreaktion erhoffte. Innerhalb von Sekunden spielte sich in meinem Kopf die Abfolge von Antworten und Fragen ab, welche zu einem bestimmten Ergebnis führen würden. Die Möglichkeit auf dieses ganz andere Leben in England. Als ich Captain Happy Meal wieder ansah, wurde ich nicht aus seiner Mimik schlau. Weder lächelte er, noch bewegte sich irgendetwas in seinem Gesicht. Seine Augen musterten nur meines. Hatte ich was Falsches gesagt? Mich überkam ein Gefühl der Unbehaglichkeit. Wieso bin ich hier, fragte ich mich selbst. Ich hätte nicht auf seine Anfrage reagieren müssen. Ich hatte theoretisch die Wahl gehabt, einfach nicht darauf einzugehen. Erst in diesem Moment, als er nun vor mir war, wurde ich mir dieser Tatsache bewusst. Doch zuvor hatte ich diese Möglichkeit gar nie in Erwägung gezogen. Es war klar gewesen, dass ich ihn noch einmal sehen musste. Das mit uns hatte noch nicht sein Ende gefunden. Ich nahm meinen Mut zusammen und entschied ihn direkt zu fragen: «Wieso bin ich hier?»

Ein artiges Mädchen (18+)

Ich fürchtete mich vor der Antwort und mein Leben fühlte sich an, als ob der Verlauf der Geschichte sich wie bei einem Münzenwurf noch in der Schwebephase befand. Doch ich wollte nicht länger im Dunkeln tappen, wenn er die Oberseite des Münzwurfes bereits verraten könnte. Unerwartet stand Captain Happy Meal auf und tigerte den schmalen Gang seines Wohncontainers auf und hinab. «Ich werde in den nächsten paar Tagen vorerst nach England zurückgeschickt. Meine Vorgesetzten haben eingesehen, dass ich dort dem Militär von größerem Nutzen bin», erzählte er mit nachdenklicher Stimme « vielleicht steht mir eine neue Mission im Osten bevor.» Ich tat es ihm gleich und stand auf. Dann schob ich den Stuhl zurück an den Schreibtisch und lehnte die Rückseite meiner Oberschenkel an der Tischkante an. «Freust du dich darüber?», fragte ich zögerlich nach. Captain Happy Meal drehte sich zu mir um und machte einen großen Schritt auf mich zu. «Was denkst du?», drippelte er die Frage mit finsterer Miene zurück, während er einen weiteren Schritt auf mich zukam. Noch ein letzter Schritt folgte, woraufhin er mir direkt gegenüberstand. Nur noch eine Armlänge lag zwischen unseren Körpern und er schaute zu mir runter. Ich konnte förmlich seine Körperwärme an mir spüren und verwünschte den Abstand zwischen uns. Noch nie hatte ich diesen strengen Gesichtsausdruck an ihm gesehen. Wir sahen uns tief in die Augen, während keiner von uns sich mehr bewegte. Ich fühlte seinen Atem an meiner Stirn und eine neue Duftwelle seines Aftershaves überkam mich. Ein Teil in mir hoffte darauf, dass er seinen Kopf zu mir runterbücken und mich küssen würde. Doch ich durfte diesem Wunsch nicht nachsehnen. Ich hatte gesehen, was aus uns werden würde. Also, wieso war ich hier? Ich konnte seinem intensiven Blickkontakt nicht mehr standhalten und schaute aus dem Fenster. In der Hoffnung, dass mich die Aussicht von der Lust ablenken würde, die sich langsam zwischen meinen Beinen in der Form eines Pulsierens bemerkbar machte. Und obwohl ich wegschaute, drehte meine Fantasie bereits mit mir durch. Dabei packte er mich an den Schultern und mein Kopf rotierte zurück in seine Richtung. Die Intensität seines Blickes strahlte aus, dass er mich wollte. Ich beobachtete ihn, wie sein Kopf sich meinem näherte, konnte mich wie versteinert jedoch nicht bewegen. Das kräftige Blau seiner Augen hatte mich paralysiert und ich war ihm schutzlos ausgeliefert. Dann presste er seine Lippen auf die meinen und ich ließ es willenlos geschehen. Mein Körper verlor jegliche Willenskraft und ich gehörte ihm. Er zwang seine Zunge in meinen Mund und entfachte eine feurige Leidenschaft, welche schon zu lange in uns geschlummert hatte. Mein Herz verfehlte einen Schlag und ich schloss vor Überwältigung die Augen. Ich verfiel seinem leckeren Geschmack, welcher genau auf meine Gelüste abgestimmt zu sein schien. Er hatte zuvor seinen Mund mit einer minzigen Mundspülung gereinigt. Sein Kuss war somit erfrischend und angenehm. Seine Hände wanderten langsam meine Oberarme entlang und verlangsamten bei meinen Händen. Während er meine Sinne mit ekstatischen Zungenküssen benebelte, packte er meine Handgelenke, zog sie zu sich nach vorne und legte sie sich um die Hüfte. Ich wusste nicht, wohin seine Hände verschwunden waren, doch es war mir egal. Meine vor Aufregung zitternden Hände umklammerten seinen durchtrainierten Bauch und mich turnte die Strammheit seiner Muskeln an. Ich genoss unsere Verbundenheit und die Sanftheit seiner zärtlichen

Zungenbewegungen. Seine Küsse waren erfüllt von Sehnsucht, sodass ich mit meinem Kopf etwas dagegenhalten musste. Und wieder einmal meldete sich eine Erinnerung an Raphael. Obwohl ich Captain Happy Meal noch immer gierig zurückküsste, hob ich instinktiv meine Hände an, um ihn von mir weg zu stoßen. Ich hatte den Moment genossen, an dem ich von ihm die Bestätigung erhalten hatte, dass er mich wollte. Wir hatten somit unseren letzten perfekten Kuss gehabt, bevor ich mich nun von ihm verabschieden würde. Diesen finalen Kuss würde mir Raphael sicherlich auch nicht mehr übelnehmen, wenn ich mit dem sexuellen Betrug schon durchkommen sollte. Somit hatte ich Captain Happy Meals letzten Kuss vollkommen genießen können und war bereit, dem Ganzen nun ein Ende zu setzen. Plötzlich umklammerte er meine rechte Hand und wickelte etwas Faseriges, aber Dünnes darum. Ich löste meinen Mund von ihm und blickte runter, als er schon die zweite Hand umklammerte und eine vorbereitete Schlinge darumlegte. Er hatte in seiner hinteren Hosentasche ein schwarzes Bondage-Seil bereitgehalten und mir dieses ohne mein Wissen angelegt. Als ich ungläubig zu ihm aufblickte, empfing mich sein diabolisches Grinsen. Dabei zog er so stark am Seilende, dass sich die beiden Schlaufen zu Handfesseln um meine Hände zusammenzogen. Die Bewegung hatte er mit ausreichend Schwung vollzogen, dass es mich von der Tischkante wegriss. Innerhalb von Sekunden drehte er sich zu seinem Schrank um, öffnete die bereits geöffnete Tür noch etwas weiter und zog das Seil kraftvoll über die obere Kante. Ich hatte körperlich keine Chance und wurde wie von einer Angelrute einfach mitgerissen. Durch den kräftigen Zug waren meine beiden Arme nach oben ausgestreckt und Schock dominierte meinen Gesichtsausdruck. Beinahe wäre ich gestolpert und steuerte direkt auf den Schrank zu. Captain Happy Meal zog noch einmal kräftig an seinem Seilende und presste sogleich die Schranktüre heftig zu. Das Seil wurde dadurch oben eingeklemmt. Meinen Kopf hätte ich beinahe an der Schranktür angeschlagen, drehte mich jedoch im letzten Moment mit meiner Schulter ab. Alles passierte so schnell, als ob er jede Bewegung bereits geplant und einstudiert hatte. Dann stellte er sich vor mich hin und umklammerte mit einer Hand meinen Hals, während die andere meine Wange beruhigend streichelte. Er senkte seinen Kopf und küsste mich erneut. Obwohl dieses Treffen nicht nach meinen Prinzipen verlief, küsste ich ihn überwältigt zurück. Während wir unsere Zungen kreisen ließen, löste er die Hände von meinem Kopf und begann den Reißverschluss meines Oberteiles runterzuziehen. Ich spürte, wie der leicht angespannte Stoff um meine Brüste sich langsam lockerte und konnte so gefühlsmäßig einschätzen, wie tief er den Reißverschluss schon runtergezogen hatte. Da darunter noch ein olivgrünes T-Shirt war, zupfte er es mir ruppig aus meiner Hose und fuhr mit der Hand darunter. Ich spürte, wie seine Finger meine Bauchdecke streiften und empfand Gefallen an seiner Wärme. Die Fingerspitzen schlüpften unter den Bügel meines BH und machten sich an den rechten Nippel ran. Mein Körper bebte vor Erregung, während der letzte Funken Verstand gegen diese Ohnmacht ankämpfte. Verschlungen mit seinem Mund entwich mir noch ein rausgepresstes: «Nein», doch Captain Happy Meal machte reuelos einfach weiter. Ich probierte ihn mit meinem Oberkörper von mir weg zu drücken, doch er bewegte sich kein bisschen. Er war wie ein massiver Felsen, der mich von allen Seiten eingekesselt hatte. Es gab kein Entrinnen von ihm. Ich hätte mich noch mit Fusstritten wehren können, jedoch ließ meine Gier nach ihm dann seine ersehnten Berührungen zu. Beide Hände umkreisten meine straffen Brüste und probierten, so viel wie möglich mit der Handfläche zu umfassen. Dann begann er mit dem Daumen und Zeigefinger die Nippel zu spitzen. Seine zweite Hand machte sich an die Öffnung meines Hosenverschlusses, während die andere noch immer an meinen Brüsten rumfummelte. Captain Happy Meal löste den Kuss, woraufhin ich meine Augen öffnete. Mich überraschte die Tiefe seiner eiswasserblauen Augen, die mich genau durchschaut hatten. Sie stimmten mich angespannt, denn in seinem Gesichtsausdruck war keine Spur von seinem eigentlich freundlichen Wesen mehr vorhanden. Wer auch immer vor mir stand, hatte nichts mit dem Captain Happy Meal zu tun, der mir mal ein Freund gewesen war. Dieser jemand hatte eine bösartige Ausstrahlung. Und obwohl er mich in diesem Moment anlächelte, so strahlte sein Blick eine Boshaftigkeit aus, vor der ich mich beinahe fürchtete. Eine dunkle Seite, welche ich bereits mit Hackar erfahren und sie zu lenken gelernt hatte. Er brauchte das Gefühl, die Kontrolle über mich zu haben. Und ich fühlte mich durch das Wissen bestärkt, dass ich ihm die Kontrolle über mich gewährte und immer noch reagieren könnte, wenn ich mich umentscheiden sollte. Doch das für mich Erschreckende war die Tatsache, dass nichts in mir daran dachte, die Kontrolle wieder zurückgewinnen zu wollen. Durch die ganze Aufregung war ich außer Atem geraten, doch ich kümmerte mich nicht darum. Ich musterte seine Körpersprache und wartete gebannt sein Vorhaben mit mir ab. Ich verfolgte seinen Kopf, welcher wie ein Wassertropfen langsam meinem Körper runterrollte. Auf Höhe meiner Brüste machte er Halt, riss mit beiden Händen mein T-Shirt samt BH hoch und begann, sie zu liebkosen. Er presste sie gegeneinander und drückte sein Gesicht dazwischen. Ich schloss meine Augen und fühlte mich wie warme Butter, welche in seiner Hitze zerrann. Ich hörte, wie er meinen Duft angestrengt einatmete. Zum Glück hatte ich mich eingecremt. Seine breite Zunge wanderte von einem Nippel zum anderen und umkreiste sie. Am feuchten Nippel vernahm ich einen feinen Luftdurchzug. Mit den Zähnen kniff er sanft beim anderen, erregten Nippel zu, was mir einen kurzgehaltenen Schrei entlockte. Um den erträglichen Schmerz zu unterdrücken, hielt ich mich mit den Händen am Seil fest. Als er das Knabbern wieder unterbrach, wanderte sein Kopf weiter runter und blieb bei meinem Hosenverschluss stehen. Während ich meine ausgestreckten Arme entlang nach oben schaute, spürte ich, wie sich der Druck der Hose um meine Hüfte lockerte. Seine Hände packten meinen Hosenbund und er begann sie mir langsam nach unten zu ziehen. Bei den Füßen angekommen, zog er mir gemächlich zuerst noch die Schuhe aus. Wie bei einem Dressurpferd tippte er mir auf mein nacktes Schienbein und forderte mich somit auf, mein Bein anzuheben. Und ich tat es. Ich spürte, wie die Wärme des Stoffes mich nicht mehr umhüllte, als er auch schon an mein anderes Bein tippte. Dann schmiss er die ausgezogene Hose hinter sich auf den Boden. Mit den Fingerspitzen griff er nach meinem fliederfarbenen Tanga, welcher als Nächstes dran war. Ich redete mir ein, dass ich mich nicht dafür zu schämen hatte, dass ich nicht perfekt epiliert war. Schließlich war das hier nicht geplant gewesen. Anstatt zu ihm runterzusehen, blickte ich geradeaus auf die graue Container Wand vor mir. Anfangs presste ich schützend meine Beine gegeneinander, was mit einem starken Kniff meiner Pobacke bestraft wurde. «Böses Mädchen», mahnte mich Captain Happy Meal. Der kurze Schmerz durchströmte meinen Körper, wodurch sich meine Beine lockerten. Ich spürte, wie die gekniffene Stelle heiss wurde und dementsprechend sicher an Röte gewonnen hatte. Der feuchte Stoff meines Höschens entzog er langsam meinem Schambereich. Bei den Füssen angekommen züchtigte er mich mit einer schlagenden Befehlsform. Wann immer er mir auf den Oberschenkel schlug, hob ich einen Fuss an. Bauch abwärts entblößt stand ich nun vor Captain Happy Meal, meine Arme stramm über meinem Kopf und der Blick starr gegen die Wand vor mir gerichtet. Ich spürte, wie er mit einer Hand unter meine Kniekehle griff, mein Bein nach oben anwinkelte und sich dieses über seine kräftige Schulter legte. Ich spürte den Durchzug im Zimmer an meiner feuchten Vulva, was meine Erregung noch verstärkte. Ich wagte einen Blick nach unten und beobachtete Captain Happy Meal, wie er meinen Intimbereich begutachtete. Ein leichtes Unbehagen machte sich breit, weil er meine intimste Zone so genau analysierte. Unverhofft schaute Captain Happy Meal zu mir rauf und ertappte mich bei meiner Beobachtung. Es folgte ein schelmisches Grinsen, während seine hungrigen Augen Bände sprachen. Sie wollten mich bei lebendigem Leibe verschlingen. Dann wandte er sich wieder meiner Vulva zu und näherte sich ihr zielstrebig. Ich konnte den Augenblick kaum erwarten, an dem seine zierliche Zunge mich streicheln würde. Captain Happy Meal ließ sich entgegen meiner Erwartung noch etwas länger Zeit und löste eine ungeduldige Verzweiflung aus. Ich wollte nichts mehr, als von ihm berührt zu werden. Ich erschrak über meine instinktive Bewegung, mein Becken noch näher zu ihm ranzudrücken. Denn es gab nur eines, was ich mir gerade vorstellen konnte. Wie sich sein erster Kuss anfühlt, welcher mich von der lusterfüllten Begierde befreien würde. Seine Hand näherte sich an und er presste eine Fingerspitze gegen meine Öffnung. Nur die Hälfte schob er langsam rein und gleich wieder raus. «Hier ist es ja ganz feucht», dokumentierte er den Sachverhalt. Ich merkte, wie ich errötete und schaute wieder zur Wand vor mir. Sein Finger fuhr langsam meine Schamlippen entlang, als ob er sie behutsam streicheln würde. Jede Zelle meines Körpers schrie nach seiner bitterlich ersehnten Berührung. «Sag mir», brummte er mit einem gefährlichen Unterton und schob wieder die Hälfte seines Fingers in mich rein, «dass du es willst.» Obwohl meine Kopfstimme ihm unweigerlich zustimmte, brachte ich die Worte nicht über meine Lippen. Dabei genoss ich dieses Gefühl seiner Berührung in mir drin. Ich wollte noch mehr von ihm spüren, doch ich durfte mir nicht eingestehen, dass mein Körper nach ihm verlangte. Also blieb ich stumm und starrte ununterbrochen die Wand vor mir an. Ich konnte es nicht zugeben. Langsam rutschte mein Bein von Captain Happy Meal Schulter, als er dieses locker ließ. Er stand abrupt auf und versperrte mir die Sicht, wobei sein Finger noch immer in mir steckte und meine Intimzone durch die Reibung der Beinbewegung stimuliert hatte. Ich spürte, wie sich meine Beckenmuskeln automatisch anspannten und ich ihn dadurch noch intensiver in mir fühlte. Mein Heiligtum prickelte vor Erregung. Der Daumen und Zeigefinger seiner freien Hand bohrte sich in meine Wangen rein und rückte meinen Kopf in seine Richtung. Ich senkte meinen Blick und schaute auf seine Hand. «Sag es!», schrie er mich an, ohne sich um das lauschende Ohr seiner Zimmernachbarn zu kümmern. Währenddessen glitt sein Finger in Zeitlupe weiter in mich rein, bis ich den Anschlag seiner Handknöcheln an meinem Schambein spürte. Meine Gedankenwelt wurde in diesem Moment nur noch von einem Gedanken dominiert. Der Wunsch danach, dass er dieselbe Handbewegung noch einmal wiederholen sollte. Und selbst wenn es auch nur noch ein einziges Mal gewesen wäre, so hätte ich ihm alles dafür von mir gegeben. Ich gehörte ihm und nichts hätte diese Tatsache widerlegen können. Dann legte er seinen Mund an mein Ohr und flüsterte: «Ich will, dass du es zugibst.» Sein brutaler Griff an meinem Gesicht wurde noch enger und begann zu schmerzen. Er löste sich von meinem Ohr und sah mir wieder in die Augen. Da die Lampe genau über ihm war, bescherte sie ihm dunkle Augenringe. «Sieh mich an, kleines Mädchen», forderte er mich auf und ich gehorchte. «Gib zu, dass du das hier genauso willst wie ich», befahl er mir ein letztes Mal, während er seinen Finger langsam aus mir rauszog. Ich wollte noch nicht, dass er vorbei ist. Ich wollte noch mehr von ihm. Auch wenn es mich wundergenommen hätte, was die Alternative wäre, gab ich kampflos auf und gestand mit einem kleinlauten: «Ja.» «Lauter!», verlangte er aggressiv und hatte mir den Finger komplett entzogen. «Ja! Bitte! Ich will es», erwiderte ich und verfiel in Hektik. Plötzlich spürte ich seinen Finger wieder an meiner Intimzone, wie sich dieser den Weg zu meiner Öffnung bahnte. Am richtigen Ort angekommen, wanderte seine Fingerspitze noch etwas weiter rauf zu meiner Klitoris. Während er sachte seine Kreise zog, rückte sein Kopf noch etwas näher zu mir. «Gefällt dir das?», fragte er mich und legte seinen Kopf leicht schief. Seine Berührung fühlte sich wie eine Massage an, von der mein Körper noch mehr benötigte. «Mhmm, das tut es», erwiderte ich geschlagen und gab ein sanftes Stöhnen von mir. Sein Gesicht verzog sich zu einem siegreichen Lächeln: «Das bleibt aber unser kleines Geheimnis, verstanden? Und wenn du dich artig benimmst, dann verspreche ich dir, dass es nur noch besser wird.» Ich hielt den Blick stand, während er durch seinen Griff meinen Kopf zu einem Nicken zwang. Dann sank sein Kopf wieder in die Richtung meines Beckens runter. Erneut nahm er ein Bein über seine Schulter, damit ich gespreizt vor ihm stand. Während sein langer Finger meine Öffnung langsam penetrierte, setzte er seine Zunge an meine Klitoris und begann mit rotierenden Bewegungen. Ich spürte mein angewinkeltes Bein jedes Mal aufzucken, wann immer er einen Kreis vollzog. Mir wurde unglaublich heiß und seine Zungenfertigkeit brachte mich beinahe um den Verstand. Wie konnte es sein, dass er mich dazu brachte, so nach seiner Pfeife zu tanzen? Er unterbrach die befriedigende Liebkosung und entzog mir den Finger. Er nahm seinen Zeige- und Mittelfinger in den Mund, feuchtete diese noch mehr an und schob mir zwei Finger hinein. Durch die Breite seiner beiden Finger wurden meine Schamlippen voneinander gespreizt. Dabei krümmte er die Finger Richtung Bauchdecke, stimulierte mein Nervengeflecht und drückte mit der freien Hand gegen meinen Unterleib. Mit seinem Mund machte er sich wieder an meine Klitoris ran und umschloss sie mit seinen Lippen. Dann begann er mit sanften Saugbewegungen meine Beine zum Vibrieren zu bringen. Ich konnte vor Gier das Stöhnen nicht unterdrücken und umklammerte das Seil noch fester. Ich wusste, dass wenn ich zu fest daran reißen würde, irgendwann der Schrank aufsprengen könnte. Also probierte ich willentlich nicht zu viel Gewicht darauf zu geben und den Oralsex einfach nur zu geniessen. Mein Körper entspannte sich und ich genoss dieses Gefühl des Ausgeliefert seins. Ich hatte es zugelassen, dass er mich zu seiner freiwilligen Gefangenen verführt hatte und mein Körper für diesen Moment ihm gehörte. Zudem hatte er dies auf eine ungeheuerlich erotische Weise geschafft. Ich ließ mich von seinem Geschick mit dem Seil beeindrucken und gestand, dass er es geschafft hatte, noch ein Stückchen attraktiver auf mich zu wirken. Als ich auf mich runter blickte, achtete ich auf meine derzeitige Ausgangslage. Ich bemerkte meinen Taz, das Metall des geöffneten Reißverschlusses und das militärgrüne Muster auf dem klobigen Stoff. Vor mir kniete ein superheißer Typ in Militärkleidung, dessen Muster sich nur leicht von meinem unterschied. Ein englischer Captain, dessen grosse Hand mein olivgrünes Untershirt über meine Brüste schob, während seine Zunge meine körperliche Lieblingsstelle liebkoste. Mein Körpergewicht zog meine Arme in die Länge und ließ meinen Bauch somit noch flacher wirken. Dementsprechend genoss ich den Augenblick, als er zu mir rauf sah und mich seine gierigen Augen anfunkelten. Bisher kannte ich solche Szenarien nur aus Pornos im Internet. Doch in diesem Moment war ich mitten in einem drin und hatte die Hauptrolle gezogen. Die Vorfreude über das mir bevorstehende Grande Finale unseres persönlichen Pornos ließ mir die Nackenhaare zu Berge stehen. Ich wusste, dass sein Penis mich genau an der richtigen Stelle befriedigen würde, sobald er in mich eindringt. Zwischenzeitlich genoss ich noch immer seine Liebkosung meiner Klitoris. Ich spürte, wie sich im Hintergrund meines Bewusstseins langsam ein Orgasmus anbahnte. Ich liebte diesen Moment beim Sex, wo mir klar wurde, dass es nicht mehr lange dauert, bevor mein Körper eine nervliche Explosion überkommen würde. Captain Happy Meal änderte wieder seine Zungentechnik, wodurch die Abwechslung mich noch näher zum Höhepunkt brachte. Mein ganzer Körper schien zu beben und sämtliche Nerven zu kribbeln. Die physische Erlösung durch einen Orgasmus stand mir kurz bevor und ich stöhnte vor Vorfreude laut auf. Schlagartig löste er seinen Mund von mir und zog seine Finger brüsk raus. Verdammt, dachte ich mir. Hätte ich mich nicht verraten, wäre ich gekommen und hätte anschließend einen Abgang gemacht. Doch dann drang er mit seiner feuchten Zunge tief in mich rein und erneut entlockte er mir ein tiefsitzendes Stöhnen. Ich genoss das Gefühl der Wärme seines Muskels in mir und seinen heißen Atem auf meiner Haut. Langsam glitt die Zunge wieder aus mir raus und meine Vulva umfasste eine Kühle. Enttäuscht hielt ich den Blickkontakt stand, als er mein Bein runterstellte und sich erhob. Die Finger, welche soeben noch in mir gesteckt hatten, drückte er mir in den Mund. Er verlangte von mir, dass ich sie sauber leckte. Ich war überrascht über meinen eigenen, angenehmen Geschmack. Während ich seine Finger säuberte, fixierten mich seine machthungrigen Augen. Ich fühlte mich wie seine Bedienstete, welche seine Drecksarbeit für ihn erledigen musste, um später dafür entlohnt zu werden. Mit gereinigten Fingern öffnete er seine Hose und zog sie zum Boden runter. Ich spürte, wie mein hitziger Körper langsam wieder abkühlte und beobachtete ihn beim Ausziehen. Nachdem beide Beine aus den Hosenbeinen draußen waren, schob er mit einem coolen Fussballerkick die Hose auf die Seite. Als er seinen Oberkörper wieder aufrichtete, stand sein pralles Glied stramm und die Eichel hatte bereits ihr Ziel avisiert. Doch anstatt sich nun von mir abzuwenden und ein Kondom zu holen, griff er nach der Kniekehle meines Beines. Meine Gedanken waren so von der Lust benebelt, dass ich für einen Moment in Trance verfallen war und nicht daran dachte zu reagieren. Doch der letzte Funken Rationalität in mir ließ mich ihn fragen: «Hast du kein Kondom mit?» Noch bevor er antwortete, packte er mit der freien Hand sein Glied und setzte es an den Eingang meiner Vulva. Seine Eichel spreizte bereits meine Schamlippen leicht voneinander und wärmte die feuchte Zone. In diesem Moment wollte ich ihn so sehr, dass es mir für mich keine Bedeutung hatte, dass er mich ungefragt nun so nahm. Ich wusste zwar, dass ich es anschließend bitterlich bereuen würde, weil es das Risiko nicht wert gewesen wäre. Doch jede einzelne Faser in meinem Körper verlangte danach, dass ich mich komplett mit ihm vereinen würde. Ich wollte seine Haut direkt an meiner fühlen und mich durch die weichen Rundungen seiner Eichel an meinem G-Punkt befriedigen lassen. Als ob er das gesamte Szenario bereits durchdacht hatte, konterte er: «Ich habe mich letzte Woche testen lassen. Du wirst auch nichts haben, da du seit Jahren nur mit Raphael schläfst und verhütest. Wir sind beide somit abgesichert.» Ich runzelte die Stirn, da mich diese Antwort doch überrascht hatte. Hatte er sich extra testen lassen und diesen Überfall so weit im Voraus inszeniert? Er war sich somit sicher gewesen, dass ich auf seine Anfrage erscheinen würde. Ich fühlte mich ein Stück weit geehrt, dass ich ihm diesen Aufwand tatsächlich wert gewesen war. Doch bevor ich irgendetwas erwidern konnte, spürte ich das komplette aufspreizen meiner Schamlippen und das Eindringen seiner geschwollenen Eichel. Mein Sichtfeld dunkelte sich ein und ich fokussierte meine gesamte Achtsamkeit auf meinen Intimbereich. Ich wollte mich genauestens reinfühlen, wie sein Lustknüppel sich in mir anfühlte. Während er sein gesamtes Glied reindrückte, entspannte er seinen Oberkörper auf mir und sank mit seinem Kopf in meinem Nacken. Endlich waren wir richtig miteinander verbunden und ich konnte spüren, dass er sich nach diesem Moment gesehnt hatte. Er lockerte sein Becken, zog seinen prallen Schwanz raus und begann mich rhythmisch zu penetrieren. Dabei spürte ich seinen heißen Atem in meinem Nacken und ließ ihn mich einatmen. Mit meinem noch stehenden Bein machte ich eine leichte Hüpfbewegung und zog das Bein zu seinem Becken rauf. Ich umklammerte somit seine Hüfte und konnte ihn durch meine Beckenbewegung noch tiefer aufnehmen. Auch wenn mir die möglichen Zimmernachbarn in den Sinn gekommen waren, so war es physikalisch nicht möglich, dass Stöhnen zu unterdrücken. Wann immer er den Eingang meines Muttermundes anstupste, presste es mir etwas Luft aus der Lunge. Der eine Arm stützte meinen Lendenbereich, sodass ich mich nicht zu fest am Seil halten musste. Der andere Arm umklammerte meinen Hinterkopf. Ich verehrte ihn für seine Manneskraft und dass er mich so gut nehmen konnte. Er hatte seine Augen geschlossen und genoss das Eindringen in diesen hilflosen Körper. Obwohl wir einen angenehmen Rhythmus gefunden hatten, ließ er meine Beine runter und ich stand wieder auf meinen Füssen. Mit seinen Händen um meine Hüften ließ er mich um 180 Grad drehen, sodass ich seinen Metallschrank vor mir anstarrte. Zügig öffnete er kurz den Schrank und ließ etwas Seil locker, bevor er die Tür wieder zuschlug. Meine Arme waren dadurch etwas gelockert, als auch schon eine Hand gegen meinen Rücken presste. Meinen Oberkörper drückte er dadurch vorne runter. Unerwartet griff er nach meinem rechten Bein und zog es seitlich zu sich hin. Ich kämpfte mir der Balance auf einem Bein, während er sein Glied bereits wieder ansetzte und mühelos eindrang. Der Winkel fühlte sich äusserst gut an. Bei jedem Mal, wo ich seine Peniswurzel an mir spürte, stimulierte er eine kribbelige Partie in meinem Zentrum. Ich stellte mir vor, dass diese Stelle mein G-Punkt war und sich da alle Nerven verbanden. Wann immer er mit seiner Eichel darüber fuhr, begannen meine Beine zu kribbeln und ich hoffte, dass er genau da weiter machen würde. Als er mich fragte:

«Und, gefällt dir das?», flehte ich mit einer hauchenden Stimme: «Oh Daddy, bitte hör nicht auf.» Captain Happy Meal war wie eine Sexmaschine, welche keinen cm von der richtigen Stelle abwich. Er gab ein brummiges Lachen von sich, während er seine Beckenbewegung minimal verlangsamte und probierte, dafür noch etwas tiefer einzudringen. Beim nächsten Versuch winkelte er mein Bein noch etwas stärker an und kam somit noch ein kleines Stück tiefer. Er machte es langsam genug, dass die Berührung meines Muttermundes nicht schmerzte, sondern meinen Bauch vor Aufregung zucken ließ. «Oh», unterbrach er den Rückzug seines Gliedes und streichelte mit seiner Eichelspitze noch einmal die Öffnung, «das scheint mir eine spannende Stelle zu sein. Wie gefällt es dir?" Dabei drückte er den Penis so tief es nur ging in mich rein und ließ mich vor Erregung laut aufstöhnen. Er berührte mich, wo fast niemand hinkam. «Oh mein Gott,» gab ich von mir, während ich heftig atmete. Mit dem linken Zeigefinger ertastete er zuerst mein Schambein und schlenderte dann zur Klitoris. Ganz sachte begann er zusätzlich noch das entblösste Nervenbündel zu massieren. Doch bevor ich zu viel Gefallen daran finden konnte, wechselte er auch schon seine linke Hand zu meiner Brust. Er schlüpfte wieder unter den BH und zirkelte um meinen Nippel rum. Langsam löste er sein Becken von mir und machte sich bereit für den nächsten Stoß. Meine gesamte Intimzone zuckte vor Vorfreude und Verlangen. Jeder Millimeter seines Eindringens löste eine Ekstase aus. Wieder war es so weit, dass erst die Hälfte seines Gliedes in mir steckte und ich es kaum abwarten konnte, bis er mich komplett ausfüllen würde. Was Captain Happy Meal mit mir anstellte, grenzte an Sex-Kunst. Mein Körper war ein Instrument, welches seinen Meister gefunden hatte. Er wusste, wie er mich zu spielen hatte, um mir den Verstand zu rauben. Das Gefühl war so gut, dass ich es für den Rest meines Lebens bereut hätte, wenn ich diesen Sex mit ihm verpasst hätte.

Schließlich wollte ich ja das Beste aus dem Leben rausholen und er war definitiv eine Erfahrung wert. Und wieder bahnte sich das Gefühl eines bevorstehenden Orgasmus an und ich flehte meinen Meister an: «Darf ich bitte kommen?» Captain Happy Meal verlangsamte die Bewegung, hörte jedoch nicht komplett auf. Der Höhepunkt war somit zwar nicht mehr griffbereit, aber wenigstens noch in Sichtweite. «Du darfst noch nicht kommen. Ich habe noch 17 Minuten mit dir», wies er mich in meine Schranken. Mit seinem Becken begann er wieder kräftigere Stöße zu wagen und ließ mich somit aufstöhnen. Dann ließ er mein Bein runter, öffnete den Schrank und griff nach dem Seil. Wie an einer Leine befahl er mir, als sein Haustier ihm Folge zu leisten. Ich gehorchte und stellte mich ehrfürchtig hinter ihm auf. Er drehte sich zu mir um und löste die Seilknöpfe an meinen Handgelenken auf. Dabei kreuzten sich unsere verstohlenen Blicke, wobei sein vorheriger Hunger durch etwas Neuem ersetzt worden war. Ich wusste jedoch nicht, was ich entdeckt hatte. Als meine Hände frei waren, griff seine Hand um mein Becken und zog mich zu sich ran. Die andere streichelte meine Wange, bevor der Griff zu meinem Nacken wechselte. Er stellte damit sicher, dass ich seinem Kuss nicht ausweichen konnte, jetzt, wo ich wieder frei war. Doch ehrlich gesagt, widmete ich keinen einzigen Gedanken der Flucht, um ihm ausweichen zu können. Wir küssten uns leidenschaftlich und ich genoss den Austausch seines Geschmacks. Mein Körper folgte seiner Körpersprache und wir sanken langsam auf das Bett runter. Als wir beide auf der Bettkante Platz genommen hatten, lösten sich unsere Lippen voneinander. Ich starrte in seine kristallblauen Augen und wurde von deren Schönheit überwältigt. Seine Hände stützten sich auf meinen Oberschenkeln auf, bevor sie langsam zu meinen Untershirt wanderten. Ich verstand sogleich, dass er mir mein Oberteil ausziehen wollte und hob die Arme rauf. Ich weigerte mich jedoch, den Blickkontakt zu unterbrechen und starrte weiterhin in seine Katzenaugen. Als meine Kleidung meine Sicht verdeckte, schloss ich die Augen und genoss die Momentaufnahme. Gleich würde er mich von dem anfangs ruppigen Sex zu sich ins Bett nehmen. Ich ging nicht davon aus, dass es weiterhin so hart zu- und hergehen würde. Doch ich war offen für alles. Ich hatte sowieso keine Entscheidungsgewalt, zumal er sich mich schon genommen hatte. In dieser Gefangenschaft hatte ich das Level des Stockholm-Syndroms erreicht und war vollkommen meinem Geiselnehmer verfallen. Endlich wurde es wieder heller und er schmiss den Stoff auf den Boden. Als Nächstes war ich an der Reihe und öffnete seinen Taz. Er hatte jedoch keinen Zipper, sondern Knöpfe. Diese zu öffnen, dauerte etwas länger und wir sahen uns in der Zwischenzeit ununterbrochen einfach nur in die Augen. Dann zog ich ihm das Untershirt über den Kopf und ließ es neben uns auf den Boden gleiten. Nun saßen wir beide entblößt voreinander. Ich sah mir seinen Körper an und verspürte einen Zuwachs meiner Lust nach ihm. Alles an ihm turnte mich an. Seine äußerliche Erscheinung, sein flacher Bauch, die muskulösen, breiten Schultern, seine verzaubernden Augen, sein rebellischer Wuschelkopf. Ich war beinahe süchtig nach seinem Geruch, seinem Geschmack. Unerwartet stand er auf und stellte sich vor mich hin. Sein erigiertes Prachtstück befand sich auf meiner Augenhöhe. Captain Happy Meals Hände stützte er auf seiner Hüfte ab und wartete geduldig darauf, bis ich meine Hausaufgabe verstand. Während mein Gesicht noch immer nach seinem prallen Glied ausgerichtet war, wanderte mein Blick an seinen Körper rauf. In dem Augenblick, als sich unsere Blicke trafen, öffnete ich brav meinen Mund und ließ meine Zunge leicht raushängen. Ich probierte, meinen Mund so einladend wie möglich zu präsentieren und ihn mit meinem Blick herauszufordern. Ich würde ihm mein Maul geben, jedoch musste er es sich zuerst nehmen. Seine rechte Hand griff nach der Haarpracht an meinem

Hinterkopf und drückte mich zu seinem Becken ran. Dabei verging er sich so gewaltvoll an mir, sodass mich kurz ein Würgereflex überkam. Sein fester Handgriff gab mir klare Instruktionen, wie ich meinen Kopf zu bewegen hatte. Ich empfand Gefallen daran, dass er mich für die Befriedigung seiner Geilheit missbrauchte. Meine eine Hand griff um seinen Peniswurzel, während die andere seine Hoden sanft kraulte. Wann immer er seinen Penis meinem Mund entzog, umschloss ich die Eichel und saugte leicht daran. Wenn er den Penis wieder reinschob, wirbelte ich meine Zunge einmal um das gesamte Glied. Ich stellte zudem sicher, dass sich die Kugel meines Zungenpiercings auf seiner Haut drehte. Die stockende Unregelmäßigkeit seines Handgriffes an meinem Hinterkopf verriet mir, dass er einen bevorstehenden Samenerguss zu unterdrücken probierte. Ich wusste somit, dass es nicht mehr lange dauern würde, bis er mich wieder freilassen würde. Also intensivierte ich den Druck meiner Hoden kraulenden Hand und sog noch etwas stärker an seiner Eichel, wenn sich die Gelegenheit ergab. Da ließ er meinen Kopf los und zog ruckartig seinen Penis zurück. Es folgte noch ein kleiner Ausfallschritt von mir weg, als ob er sicher gehen wollte, dass ich nicht auf eine dumme Idee kommen würde. Anscheinend kannte er mich gut genug, denn ich bückte mich noch einmal nach vorne und leckte über seine entblösste rosarote Eichel. Er zuckte zusammen und gab ein tiefes Brummen von sich. Allem Anschein nach hatte er sich gerade noch im letzten Moment zusammenreißen können. Ich erfreute mich an dieser Kleinigkeit und stützte mich rücklings auf dem Bett ab. Mich überkam Stolz, dass ich gute Arbeit geleistet hatte und mich für meine Zungenfertigkeiten rühmen durfte. Als sich Captain Happy Meal wieder gefasst hatte, verunsicherte mich seine gefährliche Ausstrahlung. Der Schatten seiner Deckenlampe verdunkelte gewisse Gesichtspartien und ließ ihn mir erneut böse erscheinen. Ich las an seiner Körperhaltung, dass er mich für meine Frechheit bestrafen würde. Mit meinem abschätzigen Blick gab ich ihm wie eine Bitch zu verstehen, dass mich die Konsequenzen nicht scherten und ich mich sogar darauf freute. Als er wieder einen Schritt auf mich zu wagte, richtete ich mich herausfordernd vom Bett auf und kam ihm somit provokativ entgegen. Ich sah mir seinen Penis an und bemerkte durch den Einfallswinkel des Lichtes die Feuchtigkeit, welche mein Mund zurückgelassen hatte. Seine Männlichkeit schimmerte somit leicht, als sich seine Hüfte abzudrehen begann. Innerhalb von Sekunden ließ er diese schwungvoll zurückkreisen und verpasste mir mit seinem Prügel eine deftige Ohrfeige. Ich hatte nicht mit solch einer Wucht gerechnet, welche meinen Kopf auf die Seite ausweichen ließ. Es war ein überraschender Schmerz, jedoch kein schlechter. Ich spürte meine Wange sich etwas röten und blickte immer noch seitlich an Captain Happy Meals Körper vorbei. Der Captain ergriff die Gelegenheit meiner Zerstreutheit und fädelte seine Arme unter meinen Beinen und unter meinen Achseln durch. Ohne großen Aufwand hob er mich von der Bettkante und trug mich über das Bett. Er legte mich jedoch nicht hin, sondern drehte mich mit Schwung auf den Bauch. Ich konnte mich gerade noch mit meinen Armen abstützen, sodass ich weich auf der Matratze unter mir landete. Ich nahm die Pose einer Sphinx ein und probierte über die Schultern einen Blick zu erhaschen. Seine Hände kniffen meine Beine weit auseinander. An der Matratze unter meinen Knien spürte ich durch den abfallenden Winkel, dass er sich dazwischen aufgestellt hatte und den Stoff runterdrückte. Seine kräftigen Hände packten mein Becken und drehte meine Intimzone zu ihm. Obwohl ich ihn nicht sah, so fühlte ich seinen Unterbauch an meinem Gesäß und wusste, was er als Nächstes vorhatte. Dementsprechend drückte ich meinen Bauch noch tiefer in die Matratze und winkelte mein Becken auf. Die Knie zog ich etwas näher zu mir ran, wodurch meine Oberschenkel vom Bett abgehoben waren. Mit beiden Fäusten stützt er seinen Oberkörper vom Bett ab und seine Unterarme berührten mein Seitenflanken. Eine Hand löste er ab und streifte dann meinen Po. Ich malte mir aus, wie sie gerade seinen Penis umklammerte und zu meiner Öffnung führte. Da spürte ich auch schon die vertraute Wärme, welche meine Beine gleich zum Aufzucken bringen würde. Es begann wieder mit dem Gefühl eines Zuges meiner Schamlippen. Er hatte die Eichel angesetzt und ließ mich auf ihn warten. Ich presste automatisch mein Becken gegen ihn, damit er endlich in mich reinkommen würde. Es folgt das Gefühl des Druckes, während er seine Fleischmasse in mich reinpresste und mich Stück für Stück dehnte. Captain Happy Meal ließ dabei seinen Körper auf meinem nieder. Mit dem rechten Arm stützte er sich vom Bett ab und balancierte einen Teil seines Körpergewichts. Mit der anderen Hand umarmte er mich und hielt meinen Busen fest. Wenn er eindrang, fuhren seine Fingerkuppen meine Brustpartie entlang. Sobald er sich mir wieder gemächlich entzog, umklammerte die Hand meinen anderen Busen. Beim nächsten Stoß glitt er mit der Hand unter meinen Bauch und drückte mit ihr gegen meine Bauchdecke. Um endlich ungehindert stöhnen zu können, versank ich mit meinem Gesicht in dem Kissen vor mir. Ich ließ die Reizüberflutung meines Intimbereiches mich überrollen und mein gesamter Körper zuckte in unregelmäßigen Abständen. Captain Happy Meals heißer Atem an meinem Nacken glich einer warme Briese an einem Sommertag. Ich fühlte mich von ihm begehrt, wann immer er mich einatmete und meine Essenz zu sich nahm. Seine freie Hand wechselte von meiner Brust, wieder zurück zu meiner Bauchdecke. Er drückte noch einmal dagegen, während er in mich eindrang. Ich vergötterte das Gewicht seines Körpers, welches auf mir lastete. Er war wie meine persönliche Decke mit einer zusätzlichen Massagefunktion. Dann schlenderten seine Finger zu meiner Klitoris und begannen mit einer sanften Bewegung mitzuwirken. Ich musste die sich angestaute Anspannung abbauen, in dem ich mich am Kissen festklammerte und heftig in den Stoff reinatmete. Ich war bereit, zu kommen, wollte jetzt die Erlösung erfahren. Ich wollte mit ihm zusammenkommen und spüren, wie er seinen warmen Samen in mich reinspritzt. «Darf ich bitte kommen?», flehte ich und strengte mich an, den Orgasmus entgegen meinem Verlangen zu unterdrücken. Doch er reagierte nicht. «Bitte!», wimmerte ich erneut und hoffte, dass mein Flehen erhört würde. Doch Captain Happy Meal verlangsamte nur. Mit jedem Mal reinstoßen wurde er etwas zögerlicher, bis er komplett erstarrte. Er steckte noch in mir, bewegte sich aber nicht mehr. Sein heißer Atem wanderte von meinem Nacken schleichend zu meinem Ohr: «Dann dreh dich um.» Ich probierte noch immer, meine unregelmäßige Atmung unter Kontrolle zu bekommen. Dann entspannte ich mein angewinkeltes Becken und spürte, wie sein Schwanz rausglitt. Ich drehte mich auf derselben Stelle des Bettes um und lag somit genau unter ihm. Er lächelte mich mit süß aufgezogenen Mundwinkeln an. Er sah traumhaft aus. Wie ein verzauberter Elf aus einem Fantasieroman. Noch immer stützte er sich mit dem einen Arm ab, während die andere Hand mein Gesicht zu streicheln begann. Ich hob mein rechtes Bein an und legte es um seine Hüfte. Dabei hob ich mein Becken leicht schräg an und ermöglichte ihm, dass er ohne Unterstützung seiner Hand wieder in mich eindringen könnte. Er folgte meinem Blick und sah zu unseren Hüften runter. Er adjustierte seinen Winkel und setzte wie erwartet problemlos seinen Penis an. Er ließ jedoch mit dem Eindringen auf sich warten. Captain Happy Meal drehte seinen Kopf zu mir rauf und inspizierte mich. Es war keine Spur von der Dominanz oder der Bösartigkeit mehr zu erkennen, welche ihn zuvor noch beherrscht hatte. Er schloss langsam seine Augen und verband sich mit mir über einen zuckersüßen Kuss. Während unsere Lippen sich zärtlich berührten, hob er sein Beck an und schwebte über mir. Ich konnte somit mit meinem linken Bein seine Hüfte umschließen und lag vollkommen gespreizt vor ihm. Erst jetzt drückte er langsam sein Glied in mich rein. Da mein Mund durch seinen verdeckt wurde, sog ich kraftvoll die Luft über meine Nase ein. Dabei erfüllt meine Lunge sein angenehmer Körperduft und ich genoss die Verbundenheit mit ihm. Ich schlängelte meine Arme um ihn rum, während er sich mich in genau dem Stil nahm, wie ich es in diesem Moment mit ihm erleben wollte. «Ich bin bereit, wenn du es bist», wies er mich an und ich erkannte die Siegessicherheit in seiner Stimme. Er wusste, dass er mich mit seinem Talent für das Körperliche voll und ganz von sich überzeugt hatte. Er wusste von sich selbst, was für eine Wirkung er auf Frauen hatte und wie er sie zu berühren hatte. Und ich gönnte ihm diese Selbstsicherheit, weil er seine Sache echt gut gemeistert hatte. Ich öffnete meine Augen und ich sah ihn mich erwartungsvoll anlächeln. Während des Sex ist er nicht einmal ins Schwitzen gekommen. Ich konnte seinem Gesicht ablesen, dass er sich darauf freute, mich in eine Euphorie zu vögeln. Er würde mich dabei wie eine Trophäe beobachten und erst dann sich selbst gehen lassen, wenn mein Zenit wieder abflachen würde. Was für ein Gentleman. Ich spannte meine Beine an und umklammerte somit seine Hüfte noch etwas enger. Die Anspannung löste aus, dass seine Reibung an Intensität zunahm und ich die lang ersehnte Krönung sogleich vor mir hatte. Während ich darauf zusteuerte, küsste er mich wieder passionserfüllt. Mit meiner Hand griff ich nach seinen Haaren. Captain Happy Meal fing jedoch meine Hand ab und drückte meinen Handrücken gegen die Matratze unter sich. Er fädelte seine Finger ein, sodass selbst unsere Finger miteinander verschlungen waren. Ich empfand diesen Move als ziemlich romantisch. Eine Seite, welche ich von ihm so schnell nicht erwartet hätte. In diesem Moment drang er noch etwas tiefer in mich ein, sodass ich seine Eier meine Pobacken streifen spürte. Endlich überkam meinen Körper das langersehnte Feuerwerk durch die Überreizung meiner Nervengeflechte. Jede Muskelpartie in mir bebte und es prickelte unter meiner Haut. Meine Atmung wurde unregelmässig und ich öffnete leicht meinen Mund. Ich wusste nämlich, dass dies von der Ästhetik erotisch auf Männer wirkte und hatte mir diesen Reflex angewöhnt. Vor allem, weil ich meinen persönlichen Zuschauer hatte und ich ihn faszinieren wollte. Ich wollte, dass er mich als seine perfekte Untergebene erlebte, die ihm genau das gab, was er wollte. Jemand, der jedoch nicht die Mädchenrolle spielte, sondern so war, wie sie halt war. Ich gab den leichten Zuckungen meines Körpers nach und ließ so Captain Happy Meal an seinem Erfolg teilhaben. Er schwenkte seine Hüfte wie erwartet noch immer weiter und zögerte seine Ejakulation heraus. Als ich meine Augen öffnete, ertappte ich ihn, wie er mich anstarrte. Er trug ein zufriedenes Lächeln im Gesicht und es schien ihm zu gefallen, was er sah. Er bewunderte das Kunstwerk, welches er erschaffen hatte. Ich schloss erneut meine Augen und ließ den finalen Akt meines Höhepunkts über mich ergehen. Mir war, als ob sich jeder Muskelstrang in meiner Intimzone verselbstständigt hätte und unkoordiniert aufzuckte. Anfangs hatte ich mich dafür geschämt. Doch für einen Mann war dies die Art von Bestätigung, dass sie körperlich genau am richtigen Punkt angekommen waren. Also ließ ich ihn meine Zuckungen spüren und gönnte ihm das Abschlusszeugnis, dass er gute Arbeit an mir geleistet hatte. Den Orgasmus empfand ich wie eine Abfolge von auf mich einbrechenden Wellen. Meine Lust war ein unberührter Teich. Sein Glied der Stein, welcher in die Mitte der glatten Oberfläche geworfen wurde. Sein Durchbruch hatte einen Ripple-Effekt von elektrisierenden Strömen ausgelöst. Das Epizentrum der ersten Flutwelle entsprang meiner Klitoris und die überwältigende Welle von positiver Energie breitete sich über meinen gesamten Körper aus. Die erste Welle war jeweils die intensivste. Anschließend folgten die Nachwellen, welche kontinuierlich an Intensität abnehmen würden. Doch da Captain Happy Meal sich noch immer an meinem Körper verging, um sich nach meinem Ende noch selbst eine Belohnung zu bescheren, wurde die Welle noch etwas in die Länge gezogen. Die nächsten paar Wellen fühlte sich noch genau gleich stark wie die Ursprungswelle an. Plötzlich spürte ich, wie mir Captain Happy Meal sanft mit der Hand den Mund zudrückte. Ich war so in diesem langgezogenen Orgasmus aufgeblüht, dass ich unbemerkt beinahe zu schreien begonnen hatte. Als ich meine Augen öffnete, strahlte er vor Selbstgefälligkeit. Aber ich gönnte ihm den Sieg über mich. Mein Höhepunkt verging langsam und ich spürte wie eine Mischung aus Erschöpfung und Entspannung meine gesamte Muskulatur erschlaffen ließ. Doch ich konnte mich noch nicht ausruhen. Nun war ich an der Reihe, ihm einen möglichst erinnerungswürdigen Höhepunkt zu verschaffen. Ich begann mit meiner Hüfte dagegen zu bewegen und passte mich seinem Rhythmus an. Wann immer er sein Becken wegdrehte, zog ich meines auch weg. Ich riskierte zwar dadurch, dass sein Penis mal zu weit rausgezogen werden könnte. Doch das längere Gefühl des Eindringens war das gefährliche Spiel wert. Ich ließ wie eine Bauchtänzerin mein Becken kreisen und spannte meine Beckenbodenmuskulatur an. Ich wollte meine Öffnung möglichst eng zusammenpressen, damit es für ihn noch heftiger werden würde. Meine eine Hand umfasste dabei sein Gesicht und ich küsste ihn liebevoll, während die andere sich an seinem Körper festhielt. Plötzlich spürte ich das Stocken seiner fließenden Körperbewegungen und mir wurde klar, dass ihn gerade sein sexueller Höhepunkt übermannte. Ich genoss das Gefühl, dass er in mich reinspritzte. Seine linke Hand klammerte sich um meine Schulter und seine gepresste Ausatmung wurde unregelmässig. Die ersten feinen Schweißtropfen formen sich am

Stirnrand und er kniff die Augen angestrengt zusammen. Ich wechselte meine Streicheleinheiten vom Gesicht zu seinem Brustkorb. Ich wollte seinen rasanten Herzschlag spüren. Er packte erneut nach meiner freien Hand, umklammerte sie fest und drückte sie in die Matratze runter. Dabei gab er ein primitives Graulen von sich. Das Geräusch klang so sexy, als ob ein Ungeheuer sich soeben an mir vergangen hätte. Doch er war mein Monster. Er hatte mir seine beiden Seiten offenbart. Die Dominante, welche machtbesessen meinen Körper missbraucht hatte. Und seine zärtliche Seite, welche den Sex mit mir genossen hatte. Captain Happy Meal sackte zusammen und die Hitze seines Körpers bedeckte mich. Ich genoss seine Wärme und lauschte seiner angestrengten Atmung. Der Umfang seines Oberkörpers nahm zu und wieder ab. Er versank mit seinem Kopf zwischen meinem Kopf und dem Kissen. Ich kräuselte ihm über sein Haar und zwirbelte einzelne Strähnen. Ich nahm eine Haarsträhne nach der anderen und wickelte sie um meinen Finger. Ich spürte, wie er an meinem Nacken roch. Meine linke Seite war durch seinen Körper eingedeckt und absorbierte seine ausgestrahlte Wärme. Die andere war der Frische des Containers ausgesetzt und kühlte ziemlich schnell aus. Er legte seine linke Hand auf meine Brust und formt ein angenehmes Körbchen. Mir war zumindest dort nicht kalt. Dann griff er hinter seinen Rücken und zog seine Decke über uns. Auch wenn ich in diesem Moment erschöpft war und am liebsten ein Nickerchen mit ihm unternommen hätte, so durfte ich die Zeit nicht vergessen. Ich musste noch Captain Adlerauge abholen und wieder nach Hause fahren. Doch was bedeutete dies nun für mich und Captain Happy Meal? War dies unser letztes Mal gewesen, bevor sich unsere Wege für immer trennen würden? Oder war dies erst der Anbeginn unserer Liebesgeschichte. Ich kraulte noch immer zärtlich sein Haar und traute mich die Frage zu stellen: «Hat dein Plan funktioniert?» Das Aufzucken von Captain Happy

Meals Oberkörper verriet mir sein unterdrücktes Schmunzeln. «Du liegst befriedigt neben mir im Bett und ich rieche an deinen Haaren», murmelte er kleinlaut vor sich hin, «Ich würde sagen, die Mission Impossible war ein voller Erfolg.» Ich lachte kurz auf und genoss noch in vollen Zügen meinen letzten Moment, bevor mich die Last einer zermürbenden Entscheidung einholen würde. Ich lag in Captain Happy Meals Armen und wusste nicht, ob ich Hals über Kopf in ihn verliebt war. Denn wenn er mit Süsse umhüllte Worte sprach, schmolz ich dahin. Ich fühlte seine ausgesprochenen Zärtlichkeiten meine Lippen küssen, jedoch nicht mein Herz. War es genug, dass ich mein Leben ihm widmen würde?

Nur ein Kuss

Mein Blick war noch immer auf den blauen Himmel auf der anderen Seite des Fensters gerichtet. Obwohl ich seit geraumer Zeit hinausstarrte, erkannte ich erst jetzt die einzelnen Umrisse von Objekten. Ich erkannte das Gebäude der polnischen Nation. Ich bemerkte die Schönheit des grünen Gartens, welcher sich über das gesamte Gelände erstreckte. Einzelne Büsche faszinierten mit einer bunten Blütenpracht. Captain Happy Meals Zeigefinger zog sanft mein Kinn in seine Richtung und entriss mich aus meiner Traumwelt. Ihm war aufgefallen, dass ich gedanklich an einen anderen Ort abgeschweift war, sodass er meine Aufmerksamkeit wieder auf sich richten wollte. Ich war dankbar für die Unerschütterlichkeit, mit welchem der Stuhl meinem Stand Halt gewährte. Ich brauchte ihn in diesem Moment. Meine Knie waren durch meine Fantasie zu schwach geworden, so dass ich darum kämpfte, die Haltung nicht zu verlieren. Ich war noch immer so von meinem versauten Tagtraum eingenommen, dass ich mich ihm gegenüber beherrschen musste. Ich wusste zwar, was für grandioser Sex mir dadurch gerade entging. Und ich verabscheute mich dafür, dass ich diesen Moment später bereuen würde, wenn ich im hohen Alter darauf zurückblicke. Doch ich hatte mich entschieden und mir selbst einen Schwur abgenommen. Ich erinnerte mich an Raphaels Gesichtszüge und wie ich für ihn empfand. Ich rief jede einzelne positive Erinnerung hervor, welche ich mit Raphael assoziierte. Es ging um viel mehr als meine körperliche Anziehung zu ihm. Er symbolisierte all das, was ich in einer gesunden Beziehung brauchte. Nichtsdestotrotz war mein ganzer Körper durch meine Fantasie so heiß aufgeglüht, dass er mich mit brennenden Wangen hinterging. Ich hoffte, dass sie mich nicht bei Captain Happy Meal verraten würden. Seinem selbstsicheren Grinsen konnte ich jedoch ansehen, dass ihm die Röte meiner Wangen nicht entgangen waren. «Wo warst du denn gerade?», erkundigte er sich und legte seinen Kopf etwas schief zur Seite. Er zog nur die eine Seite seines Mundes zu einem schelmischen Lächeln hoch. Sein Zeigefinger und Daumen hielten noch immer mein Kinn fest. Ich genoss die unschuldige Natur des einzigen Körperkontaktes, welchen ich guten Gewissens erlauben durfte. Seine Augen hatten eine unerklärlich magische Anziehung, der ich einfach nicht zu entkommen vermochte. Ich spielte mit dem Risiko, in den tiefen Ozeanen seiner Augen zu verschollen. Ich wünschte, dass ich darin schwimmen und für den Rest meines Lebens gefahrlos hineinblicken könnte. Doch mit ihm konnte es nicht gut ausgehen. «Wieso bin ich hier?», fragte ich ihn, ohne meine demütige Unwissenheit zu verbergen. Ich sah, wie er von meinem linken Auge zum anderen wechselte und sich dabei eine Antwort ausdachte: «Ich musste dich noch einmal sehen», gestand er mir, gefolgt von einer langgezogenen Pause, «Candrissia.» Ich liebte es, wie er meinen Namen als süße Melodie von einem romantischen Chanson aussprach. Wir verstummten beide und sahen uns wortlos an. Mit der anderen Hand griff er nach meiner und legte sich diese auf sein Herz. Ich spürte das feine Pochen unter seinem Taz und die Berührung löste eine Entspannung in meinem Körper aus. Wir waren zwei Magnete, welche sich gegenseitig anzogen und sich nicht mehr voneinander trennen wollten. Während er meine Hand noch etwas fester an sich drückte, machte sein Mund eine merkwürdige Bewegung. Als ob er aus Nervosität auf die Innenhaut seines Mundes biss: «Aber wieso bist du hier?», getraute er sich schlussendlich. Eine

Frage, die ich mir zu oft gestellt hatte und die Antwort darauf noch immer nicht kannte. Wieso war ich hier? Einerseits hatte er mich durch seine mysteriöse Aufforderung neugierig gemacht. Ich hatte herausfinden wollen, mit was er mich in seine Fänge locken wollte. Und wie sich herausgestellt hatte, hatte es nichts weiter gebraucht, als mich zu sich zu bitten. Doch warum hatte ich wirklich den Aufwand auf mich genommen? Er war es wert gewesen, dass ich mich den Unannehmlichkeiten mit Captain Adlerauge ausgesetzt und meine Zeit in einen Besuch investiert hatte. Ich glaubte zu wissen, warum ich hier war. Auch ich hatte ihn noch einmal sehen wollen. «Ich bin mir nicht sicher», flüsterte ich verunsichert, während ich jede Ecke meiner Gedankenwelt nach einer gelassenen Antwort durch klapperte. Captain Happy Meal lächelte mich an, während sein Kopf sich langsam meinem näherte. Seine Bewegung war zögerlich, als ob ich ein scheues Reh wäre, das er nicht erschrecken wollte. Endlich dämmerte es mir. Ich war für meinen letzten Abschiedskuss gekommen. Ich öffnete leicht meinen Mund, schloss meine Augen und wartete gespannt das mir bevorstehende Spektakel ab. Kurz bevor wir uns berührten, spürte ich seinen Atem über meiner Oberlippe. Er hatte seine Unterlippe angefeuchtet und ich fühlte, wie er die leicht faltige Haut auf meine Lippen presste. Nur ein kleiner Spalt war offen, durch die er sachte mit seiner Zunge durchschlängelte. Ich öffnete meinen Mund noch etwas weiter, damit ich sie mit meiner Zunge umschlingen konnte. Er schmeckte angenehm nach Pfefferminze. Der Tanz der feurigen Sehnsucht begann. Mit meinen Händen umarmte ich seine Schultern, während er mit seinen kräftigen Händen meine gesamte Taille umklammerte. Unsere Oberkörper rieben sich aneinander und ich presste meine Brüste gegen seine muskulöse Brustpartie. Mit seiner Manneskraft hob er meinen Körper an, sodass ich auf dem Tisch saß. Dann drückte er sein Becken zwischen meine Beine, damit wir uns noch näher sein konnten. Ich umschlang mit meinen Oberschenkeln sein Becken und hielt in somit gefangen. Beide überwältigte uns die Begierde für das Gegenüber. Wir verweilten eine Weile in diesem Kuss und durch ihn gestand mir Captain Happy Meal die Passion, welche er für mich empfand. Ich zog manchmal an seinen Haaren und instruierte so einen Richtungswechsel der Kopfneigung. Am liebsten mochte ich die kleinen Pausen, an denen er mein Gesicht mit seinen Händen vor sich hielt und mich begutachtete. In diesen Augenblicken taten wir nichts weiter, als heftig ein- und auszuatmen und uns gierig anzustarren. Was er in diesen Momenten wohl gerade dachte? Ich dachte daran, dass ich nicht aufhören wollte, ihn zu küssen. Ich war noch nicht bereit für das Ende. Gefolgt von einer weiteren Welle der Begierde für das Gegenüber. Ich wollte seinen Geschmack aufnehmen und spürte, wie mich langsam die Lust auf mehr überkam. Die Entscheidung lag bei mir, ob unsere Körper noch übereinander herfallen würden oder ob es bei diesem Kuss blieb. Ich konnte mir denken, wofür er stimmen würde. Ich wusste genau, was mich bei ihm erwartete, wenn ich mit meiner Hand seinen Hosenverschluss öffnen wurde. Captain Happy Meal drückte währenddessen immer wieder sein Becken gegen meines, sodass ich durch die Hose sein angeschwollenes Glied spüren konnte. Ich verspürte eine ungebändigte Lust, dieses in den Mund zu nehmen und mir danach selbst zu schieben, während er auf dem Bett lag. Captain Happy Meals Küsse verschoben sich langsam zu meiner linken Seite und schlenderten gemächlich meine linke Halsseite hinab. Es gab eine gewisse Stelle an meinem Nacken, welche mich zum Schmelzen brachte. Irgendwie hatte Captain Happy Meal diese Stelle entdeckt und auszunutzen gelernt. Ich erschrak über meine körperliche Intuition, mein Becken gegen seines zu reiben und mich selbst damit noch mehr anzuspornen. Es fehlte nicht viel, damit ich mich für den Sex mit ihm entscheiden würde. Meine Gedanken waren so benebelt, dass mir kein Grund einfiel, der dagegensprach. Ich hatte Raphael bereits betrogen. Spielte es in diesem Falle eine Rolle, ob es einmal oder zweimal passiert ist? Es war sowieso nur Sex. Ein körperlicher Akt zwischen zwei Menschen, welche sich miteinander vereinen wollten. Wieder küsste mich Captain Happy Meal und ich merkte, wie seine Gier die Oberhand gewann. Noch ein letztes Mal erschien mir Raphaels Ebenbild und ich wusste, dass der Moment nun gekommen war. Irgendwann musste der letzte Kuss mit Captain Happy Meal enden und dieser Augenblick war nun eingetroffen. Als ich das erste Mal meinen Kopf von ihm wegzog, folgte er mir, als ob unsere Lippen miteinander versiegelt wären. Ich fühlte mich geehrt, dass er mich noch nicht gehen lassen wollte. Ob er wohl bereits wusste, dass dies das Ende war? Ich legte meine Hände auf seinen Brustkorb und drückte leicht dagegen, als ich ein zweites Mal meinen Kopf von ihm weg zu ziehen probierte. Leider ließ er es zu und das Ende holte uns somit ein. Ich öffnete wie aus einem Traum erwachend langsam meine Augen und versank in den Tiefen des Pazifiks. Nie wieder würde ich diese wunderschönen Wunder der Natur von so nahe anschauen und mich an ihrer Schönheit sattsehen. «Bis bald», verabschiedete ich mich von ihm, wobei wir beide wussten, dass das «bald» nie eintreffen würde. Captain Happy Meal löste sich langsam von mir und brachte mehr Abstand zwischen uns. Ich konnte seinem angestrengten Gesichtsausdruck erkennen, wie sehr er sich dagegen sträubte. Als er sein Becken von mir wegzog, führte ich meine gespreizten Oberschenkel wieder zusammen. Er richtete sich gerade auf und stellte sich militärisch korrekt hin. «Ich weiss, dass wir eine Katastrophe gewesen wären. Aber es wäre sicherlich ein Abenteuer gewesen», gestand er sich ein und lächelte mich trostsuchend an. Ich lächelte zuversichtlich zurück und probierte ihm damit zu zeigen, dass es besser so war. Heimlich erfreute ich mich an dem

Gedanken, dass auch er sich eine Zukunft mit mir vorgestellt hatte. Ich erhob mich vom Tisch und umarmte ihn gefühlsvoll. Ich wollte ihm noch ein letztes Mal nahe sein, bevor ich mich auf den Rückweg machen würde. Er umarmte mich zurück und drückte mich fest an sich. Mit einer Hand fuhr er mir durchs Haar und ich hörte, wie er kraftvoll einatmete. Ich probierte, mir seinen Geruch und das Gefühl seiner athletischen Körperstatur einzuprägen. Dann löste ich mich aus seiner Umarmung und marschierte zur Tür. Ich öffnete sie und blickte noch ein letztes Mal zurück. Captain Happy Meal stand noch immer an der genau gleichen Stelle, die Arme hingen lose runter und nur der Kopf war in meine Richtung geneigt. «Tschüss… mein Happy Meal», sagte ich und probierte mich mit meinem schönsten Lächeln in seinen Erinnerungen zu verewigen. «Bis bald», verabschiedete er sich, bevor ich mich wieder umdrehte und die Tür hinter mir zuzog.

Planänderung

Julie sah ungläubig zu mir rüber, während die Sonne unsere spärlich bekleideten Körper bestrahlte: «Und jetzt haben sie dich für die Mission in Kazjur gesperrt?». Ich hatte mich schnell daran gewöhnt, ohne das Oberteil meines Bikinis mit Julie unsere freien Tage in der Sonne auszunutzen. Ich hatte zwar mal gehört, dass die Ozonschicht in Borava noch dünner sei und man daher das Sonnenbaden vermeiden sollte. Trotzdem hatte ich mich dafür entschieden, diese kleinen Auszeiten wie privatisierte Spa-Behandlungen zu geniessen und meinen sonst uniformierten Körper etwas zu bräunen. An diesem Tag waren auch keine Ankünfte von Helikopter angesagt gewesen, wodurch wir hinter dem blickdichten Zaun machen konnten, was wir wollten. Wir lagen auf gestapelten Holzpalletten, welche eigentlich zum Transport schwerer Ware verwendet wurden. Eines der Kontingente davor musste sich diese irgendwann einmal besorgt und dann zu Sitzgelegenheiten umfunktioniert haben. Julie hatte ein riesiges Badetuch darüber gespannt, damit wir uns nach unserer Abkühlung in ihrem Pool gleich trocknen konnten. Es absorbierte nicht nur das Wasser, sondern schützte unsere nackte Haut auch vor Holzsplitter. Es fehlten nur noch wenige Wochen, bis unsere Mission im Borava zu Ende gehen würde. Es waren erst zwei Tage vergangen, seit ich kurzerhand einen neuen Lebensplan hatte aushecken müssen. In meiner Wunschvorstellung hatte ich auf einen weiteren Verlauf meiner militärischen Karriere gehofft. Bevor ich mich mit Raphael in Graz einlassen wollte, hatte ich mich spontan noch für eine weitere Mission im Nachbarland Kazjur beworben. Diese hätte auch sechs Monate gedauert, jedoch hätte ich die Ausbildung nur teilweise absolvieren müssen. Mich begeisterte dieselbe Funktion aber in einem neuen Krisengebiet. Hierfür war ich einfach bei der Personalverantwortlichen einmarschiert und hatte ihr gesagt, dass ich mich als Informationsbeschafferin für Kazjur bewerben wollte. Doch Kazjur war ein anderes Kaliber und wurde im Militär von der Leistung her höher angesehen. Das Auswahlverwahren war auch dementsprechend anspruchsvoller. Ich wusste bereits, dass sie hierfür Soldaten favorisierten, welche tatsächlich die Rekrutenschule «RS» abgeschlossen hatten und einen höheren Rang bekleideten. Mir war bewusst, dass ich von vielen männlichen Mitsoldaten hierfür Verachtung erfahren würde. Sie würden mich niemals als ein vollwertiges Mitglied der Armee annehmen, da ich anstelle der RS «nur» die MILGA absolviert hatte. Doch mich motivierte die Vorstellung, mir deren Respekt zu verschaffen, indem ich mit meiner Arbeit brillierte. Ich empfand Komfort in dem Wissen, dass das Militär höchstens nein zu meiner Bewerbung sagen konnte und ich es dafür wenigstens probiert hätte. Mit dieser Entscheidung manifestierte ich meine neue Lebensansicht darüber, so viel wie möglich aus dem Leben an Erfahrungen schöpfen zu wollen. Ich war mir sicher, dass ich nie wieder die Gelegenheit dazu erhalten würde und erhielt vom Schicksal nur diesen einen Versuch. Ich fühlte mich immer wieder mal von der Überzeugung beflügelt, dass etwas mich durch diese Welt begleitete und über mich wachte. Bezüglich Raphaels Ansichten machte ich mir keine Gedanken. Wieso sollte ich eine emotionale Diskussion auslösen, solange ich noch kein definitives Jobangebot in der Hand hatte? Ich wollte ihm diesen Stress erst aufbürden, wenn es notwendig gewesen wäre. Zu meiner Überraschung hatte mir Captain Adlerauge eines Morgens die Meldung durchgegeben, dass ich in das nähere Auswahlverfahren für eine Anstellung in Kazjur gerückt war. Ich konnte jedoch nicht einschätzen, ob er mir entgegen seiner ausgestrahlten Abneigung eine gute Referenz gegeben hatte. Oder ob der NCC mir auf diese Weise einen Gefallen retournieren wollte, da er mich bei der Auseinandersetzung mit Captain Adlerauge hatte hängen lassen. Der Termin für das Bewerbungsgespräch hatte am vergangenen Montag stattgefunden. Ich hatte bereits im Büro der Personalverantwortlichen gesessen und den Vertrag vor ihr auf dem Schreibtisch liegen gesehen. Das Militär hatte sich dafür entschieden, mir das Jobangebot für die kommenden sechs Monate zu unterbreiten. Und ich hatte mich entschieden, zuzusagen. «Dabei wolltest du ihm doch nur helfen!», protestierte Julie empört und schlug mit der geballten Faust demonstrativ auf ihr angewinkeltes Knie. Ich konnte ihrem Gesicht die Frustration ablesen, welche mich selbst letzten Sonntag übermannt hatte. Ich hatte Julie gerade erzählt, dass ich am Sonntag von der MP nach 0025 aufgegriffen worden war. Die Sperrstunde an Samstagen lautete jedoch Mitternacht. Der Abend hatte gemütlich im Café Cremo mit Billiard und ein paar Drinks begonnen. Da in meinem routinierten Alltag täglich eine Runde Billard spielen angesagt war, trauten sich die Männer nach dem ersten Bier, mich zu einem Spiel herauszufordern. Entweder wollten sie mir mit ihrer Zielgenauigkeit imponieren oder sich ihren Kollegen beweisen. Ich gewann nicht immer, aber oft genug. Der Samstag war die einzige, offizielle Partynacht und es floss immer viel Alkohol unter den Soldaten. Um 2300 beendete ich erfolgreich das letzte Spiel und stellte mich auf die Terrasse zu den anderen Soldaten fremder Nationen. Ich mochte diese Zusammenkunft von unterschiedlichen Nationalitäten, welche sich durch den Alkoholkonsum auf Gespräche mit Fremden einließen. Viele meiner Lieblingsmomente und Bekanntschaften entstammten den Samstagabenden. Je später es wurde, desto kleiner wurden die Gruppierungen. Ich hatte mich den Rest des Abends einem Freund aus der britischen Nation gewidmet. Jeremy war ein paar Jahre jünger, jedoch körperlich einiges größer als ich. Er hatte einen aschblonden Kurzhaarschnitt, dunkelblaue Augen und ein rundes Gesicht. Ihn hatte ich über meinen Yogaunterricht am Sonntagmorgen kennengelernt, an dem er anfangs nur still und heimlich teilgenommen hatte. Erst nach etwas zwei Monaten hatte er sich mal getraut, mich anzusprechen und eine Unterhaltung zu suchen. Bei gemeinsamen Mittagessen sprachen wir oft über Yoga, das Leben im Militär und über seine Zukunftsvorstellungen. Er kam aus einem englischen Gebiet, dessen starken Akzent ziemlich viel Konzentration erforderte. Vor allem am vergangenen Samstagabend. Ich war so durch die Dringlichkeit unseres Gesprächsthemas absorbiert, dass ich es nicht einmal gemerkt hatte, dass wir am Ende als letzte noch auf der Terrasse übrig waren. Durch den übermäßigen Alkoholkonsum hatte sich an diesem Abend unerwartet seine Zunge gelockert und er hatte mir sein Herz ausgeschüttet. Unter schuldbewussten Tränen hatte er mir gestanden, dass ihm seit dem Morgen eine Meldung schwer zu schaffen machte. Sein bester Freund hatte sich das Leben genommen. Und Jeremy war felsenfest überzeugt davon gewesen, dass er den Suizid hätte verhindern können, wenn er doch nur dort gewesen wäre. In seinem Gericht trug er die alleinige Schuld daran, weil er ihn zurückgelassen hatte. Natürlich hatte ich von Beginn an darauf plädiert, dass er absolut unschuldig war. Während unserer intensiven Debatte bezüglich der Schuldzuweisung offenbarte er mir ein Geheimnis, welches er bisher vor sich selbst verschwiegen hatte. Jeremy hatte um die depressive Seite seines Freundes gewusst, war jedoch nie wirklich darauf eingegangen. Erstens hatte er nicht gewusst, wie er ihm helfen sollte und sich daher dafür entschieden, es lieber zu ignorieren. Zweitens hatte er sich erhofft, dass sich diese Phase von selbst wieder legen würde, wenn er von seiner Mission zurück wäre. Die Thematik Suizid war für mich ein heißes Pflaster. Ich empfand es als ein schwieriges Thema, da ich auf Grund meiner persönlichen Erfahrungen eine ansichtsweise, seltsame Beziehung zum Tod pflegte. Ich erachtete das Sterben als ein mysteriöses Ereignis, auf das ich mich bereits irrsinnig freute. Ich konnte es kaum abwarten zu entdecken, was mich nach dem Tod erwartete. Bei meinem Suizidversuch hatte mein Leben so an Wert verloren gehabt, dass meine Neugierde auf das Leben danach sich wie süßer Balsam auf meiner seelischen Verkrüppelung angefühlt hatte. Ich hatte mir in meinen traurigen Momenten schon so viele mögliche Alternativen des Todes ausgedacht. Egal welche davon eintreffen würde, die Vorfreude darüber versetzte mich in neugierige Aufregung. Mit gut bedachten Worten hatte ich probiert, dem englischen Soldaten Jeremy an diesem Abend einzureden, dass er nichts an der Entscheidung seines Freundes hätte ändern können. Selbst wenn er dort vor Ort gewesen wäre. Seine Anwesenheit hätte seinen Freund vielleicht für den akuten Moment gerettet. Doch die nächste Gelegenheit hätte diesen Freund wieder auf dieselbe harte Probe gestellt und das Todesdatum nur nach hinten verschoben. Ich erzählte ihm von meinen eigenen Erfahrungen, lenkte ihn mit meinen Vorstellungen über das Sterben ab und endete mit einem Fazit. Wenn sich jemand endgültig für das Ende seines Lebenspfads entschied hat, dann konnte so gut wie nichts diese Person aufhalten. Und ich war der Meinung, dass man diese Entscheidung auch zu respektieren hatte. Jeremy weinte bitterlich und meine Wahrheit schien nicht den besänftigenden Effekt zu haben, welchen ich mir erhoffte. Irgendwann kam ich zu dem Punkt, an dem ich endlich verstand, was Jeremy nun brauchte. Durch den Verlust seines besten Freundes fühlte er sich allein und verlassen. Also nahm ich ihn wortlos in den Arm und drückte ihn so fest ich konnte an mich. Obwohl seine Körperstatur meine überragte, nahm ich bewusst Einfluss auf die Ausrichtung meiner Arme. Ich entschied mich dazu, sie über seine Schultern zu schlingen und somit die behütende Elternrolle einzunehmen. Jeremy schlüpfte automatisch unter meinen Achseln durch und gab sich meinem Akt der Nächstenliebe hin. Er hatte somit die Rolle des Kindes eingenommen, welches sich in der Obhut des Erwachsenen in Geborgenheit fühlen durfte. Er kam mir wie eine verloren gegangene Waise vor, der nach langem hin und her endlich Zuflucht gewährt wurde. Während wir in der innigen Umarmung verharrten, wagte ich einen kurzen Blick auf meine Armbanduhr. Ich war so mit Trösten beschäftigt gewesen, dass die Uhr bereits nach 0025 zeigte. Als ich die späte Stunde bemerkte, hörte ich bereits dumpfe Schritte. Ich erkannte am Tenue die MP, wie sie neben uns die Stufen zur Terrasse bestiegen und schloss somit einen möglichen Fluchtversuch aus. Die beiden Polizisten hatten uns ergriffen und gleich nach unseren Personalien verlangt. Der Versuch, ihnen die Notwendigkeit dieses kritischen Gesprächs nahezulegen, scheiterte. Wie konnte es denen egal sein, dass einer von zweien komplett verheult dastand und mit den Nerven am Ende war? Ich probierte noch, die Situation zu entschärfen, damit Jeremy sich nicht für seinen Gefühlsausbruch schämen würde. Doch die MP befolgten ohne Ausnahme die strengen Camp-Verordnungen und erfüllten ihre Daseinsberechtigung. Und obwohl sie dem Briten ansehen konnten, dass dieser gerade einen seelischen Zusammenbruch erlitten hatte, vermerkten sie uns beide. Am Sonntagmorgen folgte die Anhörung bei Captain Adlerauge. Er gewährte mir eine halbe Minute seines Gehörs, damit ich mich für mein Verhalten rechtfertigen konnte. Denn die Entscheidung oblag ihm, ob er mir als Folge für diesen Zwischenfall ein Diszi anhängen würde oder nicht. Ich argumentierte mit meiner Überzeugung, dass ich von Herzen gehandelt hatte. Captain Adlerauge war der Auffassung, dass ich Jeremy bei seinem Vorgesetzten hätte abliefern sollen. Ich protestierte, dass wenn im Militär eine elementare Zutat für den Erfolg gepriesen wurde, es Kameradschaft war. Und da wir alle im selben Camp wohnten, hatte es für mich in diesem Moment keine Rolle gespielt, dass Jeremy von einer fremden Nation war. Ganz unabhängig von der Nationalität oder Lebensgeschichte, hätte ich bei jedem Menschen gleich reagiert. Unter anderem, weil ich doch ziemlich harmoniebedürftig war. Mit einem bösen Funkeln in den Augen ging Captain Adlerauge jedoch überhaupt nicht auf meine Rechtfertigungsversuche ein und schrieb mir genüsslich mein zweites Diszi aus. Als ich dann am darauffolgenden Montag bei der Personalverantwortlichen eingeladen worden war, um den Vertrag für Kazjur zu unterschreiben, kam es gar nicht erst dazu. Sie hatte mir den Vertrag demonstrativ noch hingehalten und dann vor meinen Augen in den Müll geworfen. Mit der Erklärung, dass ein Soldat mit zwei Disziplinarverfahren ein unsicheres Risiko für die Mission in Kanjur bedeutete. «Ich dachte, ich tue das Richtige», erklärte ich Julie, «ich wollte doch nur helfen. Stell dir vor, ich hätte ihn einfach allein gelassen. Er war betrunken, erstickte sich selbst mit Schuldgefühlen und ich wollte sicher gehen, dass es ihm gut ging.» Wir starrten beide den hellblauen Pool vor uns an, welchen wir zuvor mit frischem Wasser aufgefüllt hatten. «Und was nun?», erkundigte sich Julie, während sie ihr Handy hervorzückte und die Playlist zu etwas fröhlicherer Partymusik wechselte. Ich stimmte mich auf den neuen Beat ein und rief gute Laune mit einer lockeren Tanzbewegung hervor: «Nun werde ich in diesem Falle definitiv zu Raphael nach Graz ziehen. Ich hatte mal nur durch die Blume erwähnt, dass Kanjur eine Option sein könnte. Er hat mir dann am Telefon gestanden, dass unsere Beziehung kein weiteres halbes Jahr Fernbeziehung überleben würde. Doch zuerst will ich noch etwas auf Reisen gehen.» Die Entscheidung fühlte sich gut an, als ich sie zum ersten Mal laut aussprach. Ich war bereit dazu, mich wieder einem normaleren Leben zu widmen. Für die vergangenen zwei Jahre hatte ich kein richtiges eigenes zuhause mehr gehabt. Ich hatte nur aus drei Kisten gelebt, die einfach zu transportieren waren. Mit Raphael winkte mir ein stabiles Leben zu, bei dem ich mir wieder Möbel zulegen würde. Bei dem ich einen 0815 Job ausführen würde. Bei dem ich mich an eine Stadt binden und mir neue Freunde zulegen würde. Ich machte mir bereits Gedanken darüber, wie ich wohl am einfachsten neue Menschen kennenlernen könnte. Ein enthusiastischer Teil in mir freute sich über diese Aussichten auf einen neuen Lebensabschnitt. Den restlichen verstreuten Fetzen schenkte ich keine Beachtung. Ich wusste, dass diese Illusion von Captain Happy Meal mich immer begleiten würde und mit einer aufregenden Alternative verführte. Doch ich hatte beschlossen, dem nicht nachzutrauern. «Zu Raphael, hmm?», musterte Julie mich und hob kritisch ihre Augenbraue hoch, «was ist mit Captain Happy Meal?» Ich hatte Julie als einziger von ihm erzählt und sie zensurfrei an meiner Gedankenwelt teilhaben lassen. Sie war die einzige Freundin gewesen, bei der ich mir jeden Gedankenfurz frei von der Seele hatte reden können, ohne dafür verurteilt zu werden. Und wenn, dann nur mit wohlbedachten Argumentationen. Ich wusste, dass nur sie mich in diesem Moment verstand und mich nicht für mein Verhalten missbilligte. «Wir sind noch auf Social Media befreundet. Ich glaube, ich werde ihn weiterhin auf Distanz stalken. Gott hat schließlich schöne Blumen kreiert, damit sie auch bewundert werden. Er ist halt eine, an der ich zusätzlich noch gerochen und etwas gelutscht habe», witzelte ich, meinte es insgeheim jedoch ernst. Julie hakte nach: «Und wirst du es Raphael beichten?» Sie begann selbst zur fröhlichen Musik zu tanzen und schoss nebenbei noch ein Selfie von uns. «Irgendwann mal», erwiderte ich. Ich dachte immer wieder darüber nach, wie ich mich ihm beweisen könnte: «Doch zuerst will ich mich ihm würdig erweisen, bevor er unsere Beziehung bewerten wird.» Julie wandte sich von mir ab und zückte zwei gekühlte Wasserflaschen. Sie reichte mir eine Flasche, bevor sie sich an die Öffnung ihres Getränkes machte. Das Kondenswasser fühlte sich erfrischend angenehm an meinem Nacken an. Ich schloss dabei die Augen und rollte die Flasche rauf und runter. Ich stellte mir vor, wie ich diese Zeit hier vermissen würde. Ich öffnete meine Flasche, während wir beide gleichzeitig den Refrain unseres derzeitigen Lieblingsliedes zu singen begannen. Ich freute mich darauf, den restlichen Tag noch mit ihr zu verbringen. Julie war mir die wertvollste Person, welcher ich während dieser Mission begegnet war. Sie teilte nicht nur ständig faszinierendes Wissen mit mir, welches man ihr aufgrund ihrer Schönheit gar nicht zutraute. Mit ihr geschahen immer die coolsten Mini-Abenteuer. Für den späteren Abend war ein verbotener Besuch eines Sushi-Restaurants angesagt. Die meisten Soldaten im Camp Rovo Selo durften nach der Arbeit das Camp nicht mehr verlassen. Julie hatte jedoch einen hohen Rang und brauchte sich nur bei der dänischen Patrouille auszuweisen. Ich hingegen musste vorbeigeschmuggelt werden. Damit ich in der Masse untergehen würde, hatte sie noch die heißesten Soldaten des Camps zu unserer kleinen Spritztour eingeladen. Eine weitere Anstellung durch das Militär war mir nun sowieso verwehrt, also konnte ich mich unbekümmert auf neue Abenteuer einlassen. Und Julie war hierfür die beste Komplizin.

Auf der anderen Seite

Den gesamten Einsatz über waren Abschiede Teil meiner Routine geworden. Denn alle Nationen hatten unterschiedliche Turnusse. Dadurch wandelten sich monatlich im Camp die Gesichter, nur die Uniformen blieben dieselben. Unter anderem wurde jeweils eine Abschiedsfeier abgehalten, wenn ein Kontingent ausgetauscht wurde. Zu den meisten Feiern war ich eingeladen worden und hatte somit gleich die Gelegenheit, die neuen Mitglieder des Kontingents zu begrüssen. Manche Abschiede waren hart gewesen, weil sich in dieser intensiven Zeit enge Freundschaften ergeben hatten. Zum ersten Mal stand ich nun jedoch auf der anderen Seite der Verabschiedung. Ich war die Person, welche die Heimreise antrat und wusste, dass mich nun wieder das wahre Leben einnehmen würde. Ich deponierte mein Gepäck um 0750 in der Früh beim Abholservice und suchte mir einen gemütlichen Fensterplatz im halbvollen Car aus. Ich blickte aus dem Fenster und entschied mich dafür, noch ein letztes Mal meinen Wohnkomplex zu begutachten. So vieles war in den vergangenen zehn Monaten geschehen und hatte für spannende Erinnerungen gesorgt. Während ich einzelne Szenen noch einmal Revue passieren ließ, probierte ich, mich noch ein letztes Mal hier in Borava zu Hause zu fühlen. Das Leben in einem Camp hatte etwas erdendes. Im Augenblick der Verabschiedung verstand ich, warum einige Soldaten immer wieder an diesen Ort zurückkehrten. Zum einen, weil sie das Geld brauchten. Das Militär bot eine hohe Entlohnung auf Kosten des Privatlebens und der Freiheit. Entweder hatten die Soldaten eine Familie zu ernähren oder sparten für anderweitige Ziele, wofür sie etwas mehr Kapital benötigten. Wahrscheinlich sehnte sich ein kleiner blutrünstiger Teil nach gewaltvollen Ereignissen und Auseinandersetzungen. Ich wusste, warum ich wieder kommen würde. Hier fühlte ich mich wie in einer sicheren Blase (abgesehen vom Tag der Schiesserei – aber da war ich ja theoretisch auch nicht im Camp). Ich befand mich in einer beinahe selbstfunktionierenden Stadt. Ich musste kein einziges Mal kochen, da ich in der Kantine kostenlose Verpflegung erhielt. Abgesehen davon, dass ich es hasste zu kochen, gewann ich dadurch mehr Freizeit. Die ausgewogene Küche stellte zudem sicher, dass das Essen gesund für den Körper war und die Soldaten ihre körperliche Fitness maximieren konnten. Es gab eine Wäscherei, bei der ich meine schmutzigen Kleider reinigen lassen konnte. Putzfrauen kümmerten sich um die Hygiene in den Badezimmer-Containern. Ich brauchte nur mein Schlafzimmer sauber zu halten und da war fast nichts drin. Dennoch hatte ich alles, was ich wirklich benötigte. Bei einem medizinischen Notfall befand sich das Medic-Center gleich in der Nähe. Das Gröbste konnte somit behandelt werden. Zudem gab es theoretisch für eine Evakuierung noch einen Helikopterplatz. Es gab sogar eine eigene Feuerwehr. Ich musste zugeben, dass mir diese Umstände schon ein ziemlich sicheres Gefühl vermittelten. Ich war umgeben von Kampfmaschinen. Metallische, wie auch Menschliche. Während meinen täglichen Joggingrunden hatte ich gesehen, wie die Ungaren trainierten. Im Fitnesscenter hatten wir im Training gegeneinander gekämpft und uns auf physische Auseinandersetzungen vorbereitet. Durch die Schiessübungen hatte ich mich selbstsicherer den je im Waffenumgang gefühlt. Ich wusste, dass ich mich bis zu einem gewissen Grad selbst beschützen konnte. Die Tatsache, dass ich hierbei eine sexy Uniform und eine Waffe tragen musste, war mir eine Ehre. Ich setzte mein Leben dafür ein, dass ich durch das Militär wenigstens einen kleinen Einfluss auf einen Konflikt ausüben konnte. Diese Anstellung beim Militär war vom Autoritäts-Level her die höchste Stufe, welche ich in diesem Lebensabschnitt beruflich hätte erreichen können. Und während ich noch da war, fiel mir kein besserer Grund zum Sterben ein, als sich für die Erschaffung einer besseren Welt zu opfern. Da ich meine militärische Rolle mit Herzensenergie ausgeführt hatte, hatte sich meine Arbeit nicht wie etwas Anstrengendes angefühlt. Ich war an einen Ort, an dem ich half und mein Lebenszweck mich konstant mit einem unterschwelligen Glücksgefühl nährte. Das Leben im Camp reduzierte meine Bedürfnisse auf ein Minimum. Durch den Minimalismus lernte ich, das Positive an Einfachheit zu erkennen. Die vorbestimmte Routine in meinem Alltag hatte das Leben reichlich vereinfacht. Ich hatte es genossen, wenn ich nach einer erfüllenden Ausfahrt nicht mit einer grossen Auswahl bezüglich des Abendprogramms konfrontiert wurde. Denn im echten Leben gab es manchmal eine überfordernde Anzahl an Möglichkeiten, wie sich der Feierabend gestalten liess. Da ich so viel wie möglich aus dem Leben rausholen wollte, probierte ich automatisch, allem zuzusagen. Ich war immer auf der Suche nach neuen Sachen gewesen, die ich ausprobieren könnte. Die bestehenden Gegebenheiten im Camp schränkten mich ziemlich ein, was mir aber eigentlich eine Erleichterung war. Mir blieben nur eine Handvoll Optionen und ich konnte nach Lust und Laune entscheiden. Entweder trieb ich Sport, was mich mit Glückshormonen vollpumpte. Und einen geilen Körper trainierte ich mir auf Staatskosten auch noch an. Wenn mir nicht nach Sport war, schärfte ich meine Zielgenauigkeit mit Billard im Café Cremo. Auf der einen Seite liebte ich das Spiel. Auf der anderen kostete ich die Gelegenheit aus, das Ego meiner Herausforderer durch einen Sieg zu stutzen. Es war zudem schön beobachten zu können, wie Übung mich (noch nicht ganz) zu einem Meister machte. Dass ich mich dabei manchmal lasziv bewegte, machte ich aus purer Langeweile. Nach einer Abenddusche chillte ich im Container meines Wohnkomplexes. Ich genoss die Privatsphäre, um mit meinen Freunden über Videochat zu kommunizieren. Ich konnte mich in meinen vier Wänden musisch austoben. Ich hatte mein Klavier und meine Stimme zum Musizieren. Ich nahm mir die Zeit, endlich mal all die Lieder zu lernen, die ich liebte. Meine Liebe zur Poesie entfaltete ich durch handgeschriebene Briefe an meine Liebsten. Zur Expression meiner künstlerischen Ader hatte ich mir ein paar Buntstifte und weiße Blätter zugelegt. Und am Abend traf ich mich mit meinen Freunden. Eine der erinnerungswürdigsten Nächte hatte ich mit einem amerikanischen Soldaten erlebt, welcher ein Eskimo aus Alaska war. Matt hatte nicht ganz den Anschluss in seiner Einheit gefunden und ging davon aus, dass es am visuellen Unterschied lag. Er gehörte mit seinen 1.70 m zu den kleineren Soldaten, hatte einen mocca-braunen Hautteint, pechschwarzes dickes Haar und sehr schmale Augen. Obwohl er schmächtig war, hatte sein Gesicht eine natürliche Rundung. Er und seine paar Stiefgeschwister waren von einer amerikanischen Familie adoptiert und großgezogen worden. Sein ganzes Leben über war Rassismus ein belastendes Thema gewesen und er kämpfte darum, als vollwertiges Mitglied der amerikanischen Gesellschaft anerkannt zu werden. Matt war einiges jünger als ich und ein kleiner Grünschnabel. Da man in Amerika gesetzlich erst ab 21 Jahren trinken durfte, konsumierte er zum ersten Mal während der Mission Alkohol. Dementsprechend kam es auch mal vor, dass er die Grenzen seiner Trinkfestigkeit noch austesten musste. Er wollte die Zeit im Militär ausnutzen, um durch Training etwas an Muskelmasse zuzulegen. Er hatte nach einer meiner Yogalektionen das Gespräch mit mir gesucht und seither waren wir Freunde geworden. Ich hatte automatisch die Rolle der großen Schwester eingenommen, welche sich um ihn sorgte. Ich nahm ihn mit zu gewissen Feiern und stellte ihn anderen Soldaten vor. Doch am liebsten traf ich mich mit ihm für einen gemütlichen Spaziergang um das Campgelände. Dabei sprachen wir über tiefgründige Themen und tauschten Lebensansichten aus. Meine Lieblingserinnerung mit ihm war eine Nacht, in der wir stundenlang nach herumfliegenden Satelliten Ausschau gehalten hatten. Hierfür hatten wir uns wie jedes Mal Pizzen geholt und uns mit zwei Badetüchern auf einem Erdwall breit gemacht. Es war eine abgelegene Stelle, welche ich bei meiner Jogging-Runde entdeckt hatte. Sie befand sich außerhalb der Wohnsiedlungen und niemand hielt sich dort auf. Die Beleuchtung des Camps war spärlich genug gewesen, dass wir eine sternenklare Nacht genießen konnten. Nachdem wir die Pizzen verschlungen hatten, hatte ich chillige Musik laufen lassen und mich auf mein Badetuch gelegt. Die unbeschreibliche Schönheit dieser lauwarmen Nacht hatte uns zu philosophischen Gesprächen verleitet, die mich prägten. Wir hatten uns Paralleluniversen ausgemalt, wie wir unsere Leben gestalten könnten. Auch er wusste noch nicht, wohin sein Lebenspfad ihn führen sollte. Für ihn hatte nur festgestanden, dass er mehr von der Welt entdecken wollte. Sein Lebensziel war es, mit dem Auto von Alaska bis nach Chile zu fahren und dabei Kletterrouten zu entdecken. Mit dem Gehalt des Militärs wollte er sich einen Truck kaufen. Wann immer geschwiegen wurde, probierte jeder von uns, im Himmelszelt die Reflektion der vorbeifliegenden Satelliten zu entdecken. Wer einen fand, zeigte ihn dem anderen und hielt nach dem nächsten Ausschau. Es waren Nächte wie diese, welche einen bereichernden Tag vollkommen abrundeten. Ich schätzte mich glücklich, dass ich mit unterschiedlichen Freunden das Camp auf verschiedenste Weisen erleben durfte. Mit einem anderen amerikanischen Soldaten, welcher hardcore trainierte und eine dieser menschlichen Maschinen war, erlebte ich das verbotene Nachtleben. Mike war bereits 45, hatte philippinische Wurzeln, war 1.75m groß und hatte einen verführerischen braunen Teint. Sein Lächeln war strahlend weiß und seine Haare liess er zu einem Mini-Irokesen schneiden. Ein Grossteil seines Körpers zierten riesige Tattoos, welche er mit seinen trainierten Muskeln tanzen lassen konnte. Wenn er Lächelte, gaben zwei tiefe Grübchen seine Teddybär Seele preis. Mike konnte wie kein anderer das Tanzbein schwingen. Er hatte mich nach einer meiner Unterrichtstunden an einem Sonntagmorgen angesprochen und sich über Yoga im Generellen erkundigt. Seither waren wir Freunde geworden. Er hatte bereits unzählige Missionen absolviert und gehörte zu den Alteingesessenen im Camp. Jeden Freitagabend tanzten wir Salsa im Café Cremo und zogen mit unseren Hüftschwüngen die Blicke auf uns. Er wusste immer, wo was lief und war aufgrund seiner strahlenden Persönlichkeit ein beliebter Gast. Und nicht nur beim Fussvolk, sondern auch bei den Hochrangigen. Er verstand sich mit sämtlichen Nationen und war eine äußerst gemütliche Gesellschaft. Er strahlte diese natürliche Coolness aus, mit welcher ich mich umgeben wollte. Er hatte eine manchmal lustige Phase mit Witzen und spaßiger Laune. Doch die meiste Zeit über war er eine tiefenentspannte, äußerst reflektierte und gesprächige Begleitung. Mit ihm konnte ich über Unterschiedlichstes reden und er wusste zu vielen Fragen eine solide Antwort. Durch ihn hatte ich mir im Camp ein Netzwerk aufgebaut und ungemein viele Kontakte geknüpft. Da wir beide kein bisschen sexuelle Anziehung füreinander empfanden, wurde er zu meinem treuen Gefährten. Mit ihm genoss ich eine reine Freundschaft, bei der unsere Seelen sich ungemein nahe waren. Vor ihm musste ich fast kein Blatt vor den Mund nehmen und schämte mich nicht für mein Ich. In einem Trio mit Julie fühlte ich mich wie ein Teil der drei Musketiere, welche das Camp um den Finger wickelten. Die Größe des Camps ermöglichte doch eine enorme Vielfältigkeit an Charakteren. Da ich es liebte, neue Menschen kennenzulernen, packte ich die Gelegenheit immer am Schopf. Bei den Partys ergab sich dann jeweils die Chance, neue Menschen auszukundschaften. Ich ließ mir gerne von deren fremden Leben in ihrer Heimat erzählen. Da unterschiedliche Nationen da waren, gab es bei jedem Gespräch etwas Neues zu erfahren. Das Camp war zudem ein Ort, an dem das Sexleben als weiblicher Single ein absoluter Traum war. Wenn ich wiederkommen würde, dann nur als Single. Schließlich hätte ich ja dann auch eine Länderliste zu komplettieren. Es stimmte mich traurig, wenn ich daran dachte, dass ich meine neuen Freunde zurückließ. Diese Zusammenkunft unserer Freundschaftskonstellation würde so nie wieder stattfinden. Es waren Freunde gewesen, bei denen Geld keine Rolle gespielt hatte. Denn das Gehalt hatte keinen Wert, da jeder im Camp so gut wie kein Geld ausgeben musste. Sofern ich mich nicht dazu entschied, in unnötigem Überfluss zu leben. Wenn einem die Beliebtheit wichtig war, so musste man sein Gegenüber mit spannenden Geschichten oder einer coolen Persönlichkeit von sich überzeugen. Das Leben war simpel gewesen und ich brauchte mir über nichts Gedanken zu machen. Auch nicht im Aufgabenbereich. Das Militär hatte die Angewohnheit, einen Auftrag idiotensicher zu erteilen. Dadurch wusste ich immer ganz genau, wo ich gerade zu sein und was ich zu machen hatte. Ich konnte in dieser Zeit den Bereich des Gehirns auf Standby setzen, welcher sich mit der Planung des Lebens auseinandersetzte. Ich empfand auch Gefallen am entfallenen Stress über die Kleiderwahl. Bezüglich der Uniform gab es nur eine Regel und die beinhaltete die Einhaltung der militärischen Vorgaben inkl. Gürtel und Unterhemd (-.-). Den Griff in den Kleiderschrank konnte ich somit im Dunkeln ausführen und brauchte keine Gedanken über meine äußere Erscheinung zu verschwenden. Ich stellte nur sicher, dass mein Gesicht frisch gewaschen und die Körperhygiene gegeben war.

Doch ansonsten konnte ich einfach so sein, wie ich geschaffen worden war. Da Raphael zu Hause auf mich wartete, gab es auch keinen Grund, der Männerwelt imponieren zu wollen. Somit entschied ich nur bei Party-Gelegenheiten etwas Wimperntusche aufzutragen. Der Gedanke an die Rückreise stimmte mich jedoch ziemlich nervös. Während sich mein Lebensmittelpunkt komplett verändert und abgeschottet hatte, war in meinem Umfeld alles beim Alten geblieben. Deren Alltag war weiter gegangen und die Lücke, welche ich hinterlassen hatte, war durch etwas Neues ersetzt worden. Ich klammerte mich an die Hoffnung, dass ich wieder einen Platz darin einnehmen konnte. Meine bestehenden Freundschaften erwartete durch meine geplante Auswanderung nach Graz eine neue Distanz, aber wenigstens hatte ich dort die Freiheit, sie besuchen zu können, wann immer ich wollte. Als der Transfercar zum letzten Mal das Gate aus Camp Rovo Selo passierte, weinte ich heimlich ein bisschen. Ich ließ der Trauer um dieses Leben den Freiraum, den sie brauchte. Denn anschließend würde ich für meinen Seelenfrieden mit diesem Kapitel abschließen. Ich schaffte es, mich zusammen zu reißen und meinen Fokus auf die mir bevorstehende Zukunft zu richten. Ich konnte nicht einschätzen, wen ich bei der Willkommensfeier in meinem ehemaligen Ausbildungszentrum noch vorfinden würde. Das Militär hatte für das Missionsende extra eine Zeremonie einberufen und unser Umfeld eingeladen. Die Willkommensfeier fand an einem regulären Wochentag statt, wodurch ich nicht viele Gäste erwartete. Nach der Ankunft in der Heimat blieb nur kurz Zeit, um das Material zu retournieren und dann eine Reihe Sitzbänke hinter dem Rednerpult aufzustellen. Diese reichten jedoch nur für die Ehrengäste und die ältesten Angehörigen. Die Feier war auf einem geteerten Vorplatz der Lagerhalle geplant, damit sich das gesamte Kontingent aufstellen konnte. Während der Ansprache standen mein Kontingent und ich über eine Stunde in der brennenden

Sonne und mussten einer langwierigen Rede zuhören. Ein Klassiker für den Verlauf einer militärischen Rede bestand aus der mehrminütigen Danksagung an alle hochrangigen Gäste. Ein Ritus, welchem jeder Sprecher nachging, wodurch man die Aufzählung der langen Gästeliste mehrmals über sich ergehen lassen musste. Mit der Zeit hatte ich gelernt, dass es nichts nützte, sich über dieses überflüssige Verfahren aufzuregen. Wie viele andere auch war ich bereits daran gewöhnt, mich in diesen Zeiten gedanklich treiben zu lassen. Wenn mein Kontingent und ich in dieser posierenden Formatierung standen, durfte wir uns sowieso weder rühren noch sprechen. Es gab nur zwei Aktivitäten, welche nebst Atmen erlaubt waren und diese wurden immer als Befehle verordnet. In der Regel standen wir in einem Ruhe-Befehl. Die Schultern wurden breit aufgefächert und die Arme hinter den Rücken gebeugt. Wie die Handrücken über dem Po verharrten, war nicht klar definiert worden. Doch als coolste Pose empfand ich, wenn die linken Finger das rechte Handgelenk umklammerten. Dabei ballte ich mit der Rechten eine angespannte Faust. Die linke Hand war somit bereit zur Abwehr, während die rechte schlagbereit eingesetzt werden konnte. Die Füße waren breit aufgestellt und die Knie leicht gebeugt. So, dass man theoretisch sofort wegrennen konnte. Der Blick richtete sich auf den Redner. Wer einen Außenplatz bei der Formation hatte, durfte ausnahmsweise den Kopf in dessen Richtung drehen. Der zweite, jeweils laut gerufene Befehl, forderte eine achtsame Pose ein. Manche Soldaten schrien den Befehl so schnell und knapp, dass die Ansage manchmal nur an einen prähistorischen Laut erinnerte. Hier nahm man blitzartig eine achtsame Körperhaltung ein und zog als Erstes einen Fuß neben den anderen. Die Beine stellte man gerade und spannte den Körper dabei an. Die Arme wurden bis zu den Fingerspitzen körperbündig runtergestreckt. Der Kopf erstarrte mit dem Blick gerade aus und nur die Augen verfolgten uneingeschränkt das Geschehen davor. Dies war die Befehlsform, in der man sich komplett dem Militär unterstellte und seine Bereitschaft für den nächsten Befehl verkörperte. Es gab nur etwas, was einem das Militär in diesem Moment nicht vorschrieb oder verbieten konnte. Und zwar das Furzen. Und so kam es auch bei dieser letzten Formation meines Kontingentes dazu, dass sich einige Soldaten einen Spass daraus machten. Je stinkiger und lauter, desto besser. Entweder litten die Soldaten im unmittelbaren Umkreis darunter oder probierten, sich das Lachen über diese Unverschämtheit zu unterdrücken. Es gab sogar Soldaten, welche bewusst davor Essen verspeisten, welches Blähungen verursachte. Da ich jedoch für diese Zeremonie in die dritte Reihe einberufen worden war, blieb ich davor bewahrt. Von dort aus erhaschte ich am Rednerpult vorbei einen Blick in das Publikum und entdeckte dabei meine Mutter. Sie leuchtet in einem knalligen Rot und trug ein breites Grinsen auf dem Gesicht. Sie hatte kurze Locken, welche ihren runden Kopf umkränzten. Mein Vater befand sich auf seiner Geburtstagsreise, wodurch nur sie hatte kommen können. Ich wusste, dass ich ihn in ein paar Tagen sehen würde. Raphael saß in Graz in einer Vorlesung fest. Doch ihre Anwesenheit war die einzige gewesen, die ich mir wirklich gewünscht hatte. Gegen Ende der Rede erfüllte Stolz meine Brust, als mir der NCC in seiner Abschiedsrunde meine Medaille ansteckte. Ich empfand das pink-gelbe Band und die grün eingefärbte Landkarte Boravas auf der silbernen Münze schön. Ich war so stolz auf dieses kleine Objekt, wofür ich mir zu Hause sogar einen Bilderrahmen kaufen wollte, um es aufzuhängen. Diese Medaille stand für jede Erfahrung, die ich in dieser Zeit gesammelt und die mein Leben so bereichert hatte. Ich hatte Freundschaften geschlossen, zu denen es sonst nie gekommen wäre. Ich hatte den Tod vor Augen gehabt und herausgefunden, wie ich damit umgehe. Ich hatte einen kleinen Einfluss auf ein paar Leben in Borava gehabt und sie ein

Stück weit verbessert. Ich hatte zum ersten Mal einen Job ausgeübt, in welchem ich von Natur aus richtig gut gewesen war. Ich hatte grandiosen Sex erfahren. Ich hatte gelernt, für mich selbst einzustehen und mich nicht von der Männerwelt zu einem Opfer machen zu lassen. Die Medaille, welche mir durch den NCC angepinnt worden war, stand für eine geupdatete Version von mir. Und ich fand, dass dieser neue Mensch einen anderen und besseren Einfluss auf die Welt ausüben würde als mein vorheriges Ich. Noch einprägsamer als diese Gewissheit war der Gesichtsausdruck meiner Mutter gewesen. Sie trug eine mir bisher noch nicht bekannte Miene. In diesem Moment fühlte ich zum ersten Mal, dass ich etwas geleistet hatte, wofür sie mich bewunderte. Und es fühlte sich erfrischend toll an. Bei der letzten Ansprache des NCCs hatten sich unsere Blicke gekreuzt und ich konnte es kaum abwarten, bis ich sie in den Arm nehmen durfte. Während der endlosen Rede war es typischerweise wieder einmal dazu gekommen, dass jemand das Bewusstsein verlor und aus dem Glied abtransportiert werden musste. Durch das lange regungslose rumstehen staute sich Blut in den Beinen an, worunter die Zufuhr zum Gehirn litt. Nicht alle Soldaten kannten den Trick, dass man gelegentlich die Wadenmuskulatur anspannen sollte um die Blutzirkulation zu fördern. Ein Vorfall, welcher sich bei jeder Zeremonie wiederholte. Die Frage lautete nicht, ob es passiert, sondern wem. Der Name des Soldaten machte daraufhin großzügig die Runde bei den Lästergruppen. Wenn es einem weiblichen Soldaten geschah, dann wurde sie als zu schwach abgestempelt. Ich selbst hatte einmal die Grenze zur Bewusstlosigkeit während des Nationalfeiertages am 1. August gestreift, jedoch eine Wasserflasche gezückt und mich mit einem zügigen Schluck abgekühlt. Dies war in den Lästergruppen jedoch genauso negativ angesehen worden. Die einen verurteilten mein fehlendes Durchhaltevermögen und nannten mich trotzdem schwach, die anderen verachteten mich für meinen Ungehorsam. Doch das war mir egal gewesen. Ich persönlich empfand meinen Schachzug als eher clever. Es ergab für mich keinen Sinn, eine Ohnmacht über mich ergehen zu lassen und zwei Soldaten aus dem Glied reißen, wenn so oder so über mich gelästert worden wäre. Für die finale Abschiedsfeier hatte ich bereits im Vorfeld genug Wasser getrunken und konnte somit durchhalten. Als die letzten Worte des NCC gesprochen worden waren und Applaus den Platz beschallte, kam es zur Verabschiedungsrunde. Jeder umarmte jeden, wünschte alles Gute für das restliche Leben und kapselte sich dann irgendwann unauffällig von der Gruppe ab. Ich hatte etwa 40 Soldaten, von denen mir der persönliche Abschied wichtig gewesen war. Die restlichen Verabschiedungen hatte ich aus Anstand eingehalten. Um Captain Adlerauge machte ich selbstverständlich einen großen Bogen. Dabei hatte ich mir eigentlich vorgenommen, ihn vor seinen Bekannten zu blamieren. Doch es war niemand gekommen. Trotz seines Verhaltens hatte er eine Beförderung in Aussicht und ich konnte nur hoffen, dass er sich nicht zu einem größeren Tyrannen entwickeln würde. Nur zwei Abschiede waren mir richtig schwergefallen: Julie und Ronny. Das Einzige, was mich in diesem Moment tröstete, war die Gewissheit, dass dies kein Lebewohl für immer war und ich sie wieder treffen würde. Nach der Abschiedsrunde stolzierte ich auf meine Mutter zu und drückte sie erstmal ein Weilchen. Sie redete auf mich ein, wie toll ich doch in der Uniform aussah. In meinem peripheren Blickwinkel sah ich währenddessen, wie jemand direkt auf uns zusteuerte. Als ich mich von meiner Mutter löste und abwandte, erkannte ich die große Statur Raphaels. Er hatte für meine Ankunft extra frei genommen und war über Nacht aus Graz angereist. Er konnte auch nur einen Tag bleiben, bevor er zurückfahren musste. In dem Moment, als ich seine Anwesenheit realisierte, stürzte ich mich auf ihn und sprang ihm in die Arme. Er verstand sofort und winkelte zur Abfederung leicht seine Beine an. Die Arme hielt er bereits wie ein Körbchen geöffnet, sodass er dann meine Oberschenkel stützen konnte. Ich hatte seine großen, starken Arme vermisst und liebte die Tatsache, dass er mich problemlos für eine Weile halten konnte. Meine Beine umschlangen seine Hüfte und ich klammerte mich wie ein Kletteräffchen um seinen Hals. Für einen kurzen Augenblick sahen wir uns tief in die Augen, bevor wir uns sinnlich küssten. Die Mischung seines Parfüms und seines natürlichen Körperduftes trieb mich in den Wahnsinn, sodass ich mich anstandshalber von ihm los zwingen musste. Schließlich stand meine Mutter noch immer hinter mir und wartete. Wir freuten uns beide darüber, dass die Distanz nun ein Ende fand. Zwar nicht sofort. Ich hatte mit ihm kurz vor meiner Rückkehr besprochen, dass ich erst eine Weile später zu ihm nach Graz ziehen würde. Obwohl er mir bereits Platz in seiner Wohnung verschafft hatte, war ich noch nicht bereit zu diesem Schritt gewesen. Zuerst musste ich mich noch etwas von der Mission erholen. Ich hatte Raphael ein paar Wochen vor meiner Heimreise von meiner Reiselust erzählt. Bevor ich mich wieder auf ein standardisiertes Leben einlassen wollte, musste ich zuerst noch etwas mehr von der Welt entdecken. Raphael hatte sich daraufhin entschieden, mir dabei etwas Gesellschaft zu leisten. Wir hatten den Plan geschmiedet, dass er für zwei Wochen mit mir nach Indien fliegen würde. Ich wollte meine Fähigkeiten als Yogalehrerin vertiefen und er sich auf eine neue Kultur einlassen. Ziel war die Yoga-Geburtsstätte: Rishikesh. Ich erhoffte mir Einblicke in die Tiefen der Yogalehre. Es war für Raphael in Ordnung, dass ich danach selbstständig meine Findungsreise noch fortsetzen wollte. Ich hatte die Kontaktdaten eines Mönches in Aussicht, wusste jedoch noch nicht genau, was dies überhaupt bedeutete. Ich hatte keine Ahnung, was mich bei ihm erwarten würde, doch das machte mir keine Angst. Im Gegenteil ließ mich die Unwissenheit das Leben vor mir kaum abwarten. Wie lange mein Aufenthalt beim Mönches dauern würde, hatte ich Raphael noch nicht zusichern können. Ich hatte auch noch nicht entschieden, ob ich nach dem Treffen mit dem Mönch noch weiterreisen oder zurückkehren würde. Ich wusste nur, dass ich noch viel mehr von dieser Welt erfahren wollte. Es gab noch so viele Erlebnisse, die ausgelebt werden wollten. Ich wollte sicher gehen, dass mein Altes-Ich auf dieses kommende Leben zurückblicken würde und stolz auf sich selbst wäre. Ich wünschte mir, dass Raphael ein Teil dieser Zukunft wird. Umso mehr liebte ich ihn dafür, dass er mir diese Freiheit gewährt und mir ungefragt versprach, dass er geduldig auf mich warten würde. Während mich Raphael wieder zu Boden ließ und wir uns zu meiner Mutter umdrehten, hielten wir Händchen. Endlich waren wir wieder vereint und uns stand nach meiner Reise eine normale Beziehung bevor. Am meisten freute ich mich darauf, jeweils am Abend an seiner Seite einzuschlafen und morgens seine kräftigen Arme mich halten zu spüren.

Cliquen in Banken

|Wie lautet der neue Plan?| beschäftigte mich immer wieder, sobald ich mich gedanklich nicht gerade mit irgendwas ablenkte. Die Frage nach meinem Ziel erdrückte mich seit dem Militär. Nicht nur geografisch, sondern dem Ziel meiner Zukunft. Welche Hoffnung verband ich mit dieser neuen Entdeckungsreise Richtung Indien? Wie sollte ich durch neue Erfahrungen anschließend meine Umgebung positiv formen? Ich hatte ein Stück weit in Borava Hilfe leisten können und mein Lebensstil hatte zur Folge, dass ich nun einen neuen Weg zu finden hatte. Ich wollte weiterziehen, um anderen Menschen helfen zu dürfen. Es war eine überwältigende Frage, auf die ich nicht einfach so eine Antwort aus dem Ärmel schütteln konnte. Doch ich musste irgendwo beginnen. Metaphorisch gesehen, umzingelten mich unzählige Wegmöglichkeiten, sodass sich der Blick in die Weite verirrte. Ich konnte nur auf meine Füsse blicken und zumindest mal den nächsten Schritt vorwärts machen. Gefolgt vom nächsten Schritt. Für die Richtungswahl musste ich mich jedoch zuerst damit auseinandersetzen, woher ich kam. Also probierte ich, mein bisheriges Erlebtes zu analysieren. Tatsachen und persönliche Wahrheiten, die ich im Laufe der Zeit für mich mitgenommen hatte. Denn daraus konnte ich zumindest schon mal schließen, was ich nicht mehr wollte oder konnte. Die militärische Karriere hatte ich mir auf Grund der beiden Diszis verschlossen. Zurück in die Bankenwelt war auch keine Option. Bereits während meiner dreijährigen Banklehre als Jugendliche war für mich klar gewe-

sen, dass ich nicht für immer in dieser Branche bleiben wollte. Ich hatte mich vom ersten Moment an gefühlt, als ob ich nicht komplett ich selbst sein konnte, um Anschluss in dieser Welt der Snobs zu erhalten. Schon von Beginn meiner Ausbildung an hatte mir die Eintönigkeit der Assistenzarbeit in einer Privatbank keine Freude bereitet. Die einzige, tägliche Motivation war die finanzielle Befriedigung gewesen. Denn diese geldbesessene Welt hatte eine magische Anziehung und so war ich während meines alten Lebens einst in Zürich, Schweiz gelandet. Aufgrund des überdurchschnittlich hohen Lohnes leistete ich mir monatliche Städtetrips und teure Markenkleidung. Ich genoss die Freiheit, dass ich nicht selbst kochen musste und ich mir die meisten Aktivitäten leisten konnte, welche meine wenige Freizeit spannend gestalteten. Da ich täglich mit dem monetär beschwerdefreien Leben der Reichen konfrontiert wurde, richteten sich meine eigenen Bedürfnisse automatisch nach deren materialistischer Welt. Doch der Eintritt in diese Welt erforderte natürlich auch einen hohen Preis. Mich beflügelte einzig die Hoffnung, als Angestellte vielleicht einen reichen Kunden kennenzulernen und somit meinen Platz im Kreis der Wohlhabenden und Schönen einzunehmen. Der größte Teil der Kundschaft bestand jedoch nur aus alten Reichen, mit denen ich mir keine romantische Beziehung hätte vorstellen können. Ich gebe zu, dass ich einfachheitshalber mit dem Gedanken gespielt hatte, mir einen Sugardaddy zuzulegen. Doch bestehende Beziehungen störten die innere Debatte, ob ich wirklich dazu im Stande gewesen wäre oder nicht. Und somit blieb mir während der Jahre nur die Hoffnung, dass ein heißer, junger, wohlhabender Mann mir über den Weg laufen würde *(Doch diese Geschichte halte ich mir für ein anderes Tagebuch warm)*. Das Hauptproblem bestand somit von Anfang an. Ich störte mich an der Gastrolle einer besser bezahlten Bediensteten. Die Bankenwelt fühlte sich für mich wie ein Minenfeld von Tabus und Fettnäpfchen an. Mein schulischer Pfad hatte mich in ein Arbeitsumfeld navigiert, in dem viele sich mit Geschick oder etwas List durchzumogeln versuchten. Da der Leistungsdruck in der Schweiz extrem hochgehalten wurde, kam es selbst unter guten Arbeitskameraden immer wieder einmal zu hinterhältigem Verhalten. Dabei betitelte die Schweizer Branche dieses Verhaltensmuster mit dem verniedlichenden Ausdruck «Ellebögle.» Was sich auf das aggressive Vorbeidrängeln mithilfe aufgespannter Ellenbogen bezog. Die einzige Ausnahme waren diejenigen, welche sich ihren Arbeitsplatz durch einwandfreie Performance absichern konnten. Die Arbeitsleistung eines Büros wurde wöchentlich abteilungsweit evaluiert und bewusst veröffentlicht. Über dem Abteilungsdrucker hing immer freitags eine Statistik, welche demonstrativ für jeden ersichtlich sein sollte. Laut der Chefetage ging es bei dieser Kommunikationsform darum, dass man durch den Aushang der Statistik dem am besten performenden Mitarbeiter Ruhm und Ehre zuteilwerden lassen wollte. Ich glaubte, sie durchschaut zu haben und war überzeugt davon, dass dies nur unterbewusst den Leistungsdruck des gesamten Teams ankurbeln sollte. Denn wenn es nur um die Rühmung des Besten gegangen wäre, dann hätte es auch ausgereicht, nur dessen Namen mit einem stolzen Foto im american style auszuhängen. Wer vermehrt den unteren Rang der Liste belegte, konnte bereits sein Verteidigungsplädoyer für den Abteilungsleiter vorbereiten. Doch was auch immer das Ziel der Chefetage gewesen war, es hatte bewirkt, dass der Leistungsdruck noch stärker zugenommen hatte. Die eigenen Ambitionen standen somit im Konflikt mit den verinnerlichten Moralvorstellungen. Schließlich gab es immer Wege, um mehr Umsatz künstlich zu generieren. Doch der Preis hierfür war, dem Kunden bewusst Anlagetipps unterzujubeln, welche nicht seinen wahren Interessen entsprach. Ob dieses Verhalten in Korrelation zu der zunehmenden Zahl der Koksnasen stand, sei dahingestellt. Es gab jedoch einen Alternativplan und dieser lautete, sich seine Position durch das Pflegen eines diversifizierten sozialen Netzwerkes abzusichern. Dabei redet man gerne auch mal von Networking. Als Frau legte ich hierfür viel Wert auf meine äußere Erscheinung. Mein braunes Haar reichte damals bis zu meinem Steißbein und ich flocht es täglich zu einem holländischen Zopf. Das gepflegte Erscheinungsbild trug in dieser Branche dazu bei, mich von meiner besten Seite verkaufen zu können. Dies war einer der wenigen Vorteile davon, eine Frau in der Berufswelt zu sein. Allein durch die äußere Erscheinung wurde bereits über mich gerichtet, ob ich als Frau die nötigen Kompetenzen oder das Fachwissen für die Arbeitsstelle hatte. Hierfür passte die Redewendung «Kleider machen Leute.» Bei den meisten Angestellten einer Privatbank zierten den Kleiderschrank hauptsächlich Markenkleider und möglichst einzigartige Accessoires. Frauen profilierten sich mit Taschen oder Schmuck, die Männer mit maßgeschneiderten Anzügen und goldenen Manschettenknöpfen. Zu den regelmäßigen Opfern einer damaligen Abteilungsclique zählte eine Mitarbeiterin, welche ihre Kleidung zwei Tage am Stück trug. Eine Angewohnheit, worüber sich die Gruppe bösartig lustig machte. Es war jedoch nicht so, dass ihre Hygiene darunter gelitten hätte. Eigentlich war sie voll nett gewesen und versuchte, sich auch immer wieder in die Gruppe einzubinden. Dennoch hatte sie sich durch diesen Habitus eine Zielscheibe umgehängt, die sie nie mehr loswurde. Um nicht in die erbarmungslose Opferrunde einer Lästerclique zu fallen, schloss ich mich während den Raucherpausen einer dieser Gruppierungen an. Theoretisch blieb mir keine große Wahl, denn der Anschluss bei Gruppierungen war unter anderem auch positionsabhängig. So gab es zum Beispiel zwei Cliquen unter den Private Bankern. Die, welche einfach ihrer Arbeit nach bestem Wissen und Gewissen nachgingen und die anderen Private Banker. Denn die Aufgabe der Kundenberater bestand darin, den Besitz vermögender Menschen oder Institutionen für die Bank zu akquirieren und somit die Grundlage der Bank zu gewährleisten. Die gewöhnlichen Private Banker kümmerten sich nicht um die bankinternen Geschichten und arbeiteten auf eine sorgenfreie Zukunft hin. Meistens hatten sie eine Familie im Hintergrund, welche sie finanziell absichern wollten. Die anderen Private Banker hatten ihr Leben dem Geschäft verschrieben und probierten, so viel Geld wie möglich zu verdienen. Sie nahmen exquisite Mittagessen zusammen ein und trafen sich selbst in ihrer Freizeit, um sich im Golfspiel zu messen und dabei neue Kunden anzuwerben. Ich hatte es zwar geschafft, dass die anderen Private Banker mich manchmal zu überteuerten Mittagessen oder Kundenevents mitnahmen. Doch da hörte der Kontakt dann auch schon auf. Bei meiner Ausbildungsstätte konnte ich noch den Vorteil geniessen, dass ich so ziemlich jeden in der Bank gekannt hatte und mir die Gruppe hatte aussuchen können. Während der Ausbildung hatte ich jeweils drei bis sechs Monate in unterschiedlichen Abteilungen verbracht und somit einen Einblick in die verschiedenen Cliquen erhalten. Es gab die hierarchisch gesehen am tiefsten stehenden, welche sich jedoch eigentlich als die angenehmsten Kollegen herausgestellt hatten. Diese arbeiteten unter anderem im Backoffice einer Bank und kümmerten sich um alle administrativen Abläufe, welches sich im Hintergrund des Bankgeschäfts abspielte. Entweder oblag ihrer Zuständigkeit die Weiterverarbeitung und Ablage von Dokumenten oder sie kümmerten sich um die Ausführung von Zahlungen. Die Postabteilung und der Portier gehörten derselben Gruppierung an. Diese hatte ich als die menschlich am herzlichsten Mitarbeiter einer Bank empfunden. Ich verbrachte harmonische Pausen mit ihnen und wir gingen gemeinsam in günstigen Restaurants Mittagessen. Während der Arbeit wurde immer viel gelacht, um der Eintönigkeit der Arbeit entgegenzuwirken. Jede Privatbank hatte noch eine weitere Gruppierung, welche aus den Empfangsdamen oder den Kassierern bestand. In der Regel handelten es sich um gesellschaftlich gesehen schöne Menschen, welche als Erstes Gesicht die Bank gegenüber der Kundschaft repräsentierten. Sie mussten daher immer äußerst gepflegt und charakterlich präsentabel sein. Der Empfang war durch die tägliche Arbeit mit den Private Bankern vernetzt. Denn sie pflegten den Kontakt zu der Kundschaft, wann immer sie diese in einem Kundenzimmer platzierten und die Ankunft des Kundenberaters abwarteten. Es gab immer wieder Kunden, welche sich auf ein kurzes Schwätzchen einließen und dabei einen Hinweis preisgaben. Wie zum Beispiel die Bemerkung, dass sie die Besichtigung einer Ausstellung ins Auge gefasst hatten. Was der Empfang mit solchen gesammelten Informationen über die Kundschaft machte, oblag jeweils dem Vernetzungsgrad mit dem Kundenberater. Denn ein Banker konnte mit diesem Wissen die Kundenbindung stärken und den Kunden daraufhin mit Eintrittskarten zu genau dieser Ausstellung umgarnen. Wer clever war, behandelte also den Empfang äußerst respektvoll, lud die Mitarbeiter hier und da zu einem Mittagessen ein und überraschte sie zu Weihnachten mit einem kleinen Geschenk. Kurze Flirts konnten auch nicht schaden, doch dabei blieb es auch. Nicht selten kam es vor, dass jemand vom Empfang mit jemandem aus dem Backoffice liiert war. Dies machte die Empfangsabteilung zur Schnittstelle, wodurch sie vieles über das Innenleben einer Bank wusste. Diese Abteilung war zudem mit dem Empfang anderer Banken verbunden, da die Mitarbeiter trotz Stellenwechsel den Kontakt noch aufrechterhielten. Während meiner Zeit in der Bank hatte der Empfang immer wieder laufende Affären aufgedeckt. Unter anderem, wenn sich die Paare in der Nähe des Einganges trafen, was dem observierenden Auge des Portiers natürlich nie entging. Als Schnittstelle verbreitete er solche Gerüchte dann wie ein Lauffeuer. Die Snobs in der Bankenwelt spiegelten die Abteilungen wider, welche sich um die rechtlichen Aspekte oder Prozessüberwachungen kümmerten. Diese ließen sich nur selten auf Gespräche während Firmenevents ein und aßen oft separiert zu Mittag. Sobald man fachtechnisch nicht mithalten konnte, gab es keinen Grund zu außergeschäftlichen Interaktionen. Die Mitarbeiter des HR mieden aufgrund ihrer beruflichen Rolle die restlichen Angestellten, um sich vor der Ausnutzung ihrer Funktion zu schützen. Die IT-Crew war eine eigene, aber auch lustige Fraktion für sich. Dann gab es noch Projektmanager und andere Einzelpersonen, welche in ihren Büros abgeschottet an innovativen Projekten und Präsentationen bastelten oder an Kreditvergaben tüftelten. In der restlichen Bankenwelt gab es drei weitere Gattungen, welche sich durch ihre Kompatibilität oftmals vermischten. Die Marketing-Abteilung, die Assistenten des Private Banking und die Trader. Wer in der Bankenwelt das große Geld machen wollte, probierte sich als Trader in der Welt der Zahlen und waghalsigen Risiken. In der Handelsabteilung wurden enorme Beträge in Aktien, Obligationen oder andere Anlageprodukten investiert. Belesen und über alle aktuellen Weltgeschehnisse informiert musste man sein, während man von acht Bildschirmen eingekreist war. Mir persönlich war es da zu hektisch und zu laut gewesen. Auch wenn es im Film spannend wirkte, so konnte ich den Herzinfarkt bereits in meinem Arm spüren. Ich konnte mir nicht vorstellen, mich für den Rest meines Lebens solch einem stressigen Job auszuliefern. Doch die Trader konnten feiern. Denn alle waren sie energetisch aufgeladen und sprühten vor Tatendrang. Die Marketingabteilung gliederte sich durch ihre Kreativität und das lockere Gemüt ein. Sie gehörte zu der angenehmen Gesellschaft, welche immer für eine gute Aktion zu haben war. Eigentlich hatte ich innerlich zu dieser Gruppierung gehören wollen, doch es hatte sich einfach nicht ergeben wollen. Wir Assistenten des Private Banking gehörten in der Regel zu den jüngeren Generationen. Denn unser Ziel durch diese Arbeitsstelle war es gewesen, irgendwann in die Rolle des Client-Relationship-Managers «CRM» zu schlüpfen. Bestenfalls, wenn jemand in Pension ging und die Kunden dem Assistenten auf Grund der mehrjährigen Zusammenarbeit vertrauten. Es konnte jedoch auch sein, dass ein CRM sich für eine andere Bank entschieden hatte. Bei solch einem Wechsel stellte sich immer heraus, ob die Kunden dem Private Banker oder der Bank die Treue hielten. Die Assistenten genossen das Privileg, dass sie als rechte Hand des Private Bankers auch mal an einem exklusiven Kundenevent teilnehmen durften. Unter den Assistenten kreisten die Gesprächsthemen während der gemeinsamen Essen oft um das eigene Ego. Ich war zwar Teil dieser Gruppe, galt jedoch eher als ein unscheinbares Mitglied. Ich hörte nur zu, war somit über alle laufenden Intrigen und das Getratsche informiert und beließ es dann dabei. Doch was war, wenn ich selbst einmal abwesend war? Diese Angst wurde mir persönlich so sehr zum Verhängnis, dass ich eine Art Social Anxiety entwickelte. Mich verfolgte die Befürchtung, das Hauptthema des Tages zu werden, wann immer ich auf Grund von Krankheiten oder sonstigen Terminen abwesend war. Zudem löste die Angststörung aus, dass mir während der Arbeit wieder Flüchtigkeitsfehler unterliefen. Schließlich kannten diese Gruppen kein Erbarmen und würden immer einen Anlass finden, um sich während der Abwesenheit eines Kollegen das Maul zu zerreißen. Der Kundenberater, welchem ich damals zugeordnet war, führte ganz bewusst einen «Candrissias Fehler Ordner.» Leroi ähnelte durch seinen altbackenen braunen Haarschnitt, die Hornbrille und die weiße Haut einem zu schlaksigen Potter-Imitat. Er kompensierte seine persönlichen Unsicherheiten mit einem extravaganten, teuren Lebensstil. Er trug nur dunkelblaue, handgemachte Anzüge, welche seine Initialen eingestickt hatten. Seine Wohnung befand sich im teuersten Viertel in Zürich.

Er hatte seinen Kundenstamm von seinem äußerst erfolgreichen Vater übernommen und wurde daher gerne mal zum Thema dieser Lästerrunden. Da er für seine speziellen Charaktereigenschaften bekannt war, probierte man oft über mich mehr über ihn zu erfahren. Denn jede Information über jemanden konnte gegen einen eingesetzt werden. Durch die enge Zusammenarbeit mit ihm wusste ich über seine Schwächen Bescheid und galt daher in seinen Augen als ein Risiko. Also hatte sich Leroi für die manipulative Ordner-Methode entschieden, welche natürlich verursachte, dass die Anzahl meiner Flüchtigkeitsfehler durch die permanente Nervosität zunahm. Dies war seine Art, ein Druckmittel gegen mich zu haben. Er wollte sichergehen, dass ich es mir nicht erlauben würde, schlecht über ihn zu reden. Denn ich würde ihm ja keinen Grund liefern wollen, über mich oder meine Arbeitshaltung herziehen zu können. Zwei Jahre hatte ich dieses Trauerspiel mitgemacht, bis ich irgendwann rebelliert hatte. Ich wollte dieser erzwungenen Opferrolle entkommen und leistete Widerstand. Ich probierte unterschiedliche Taktiken aus, welche ich mir durch Gespräche mit starken Frauenpersönlichkeiten und Internet Research zusammengetragen hatte. Ich wollte erlernen, wie ich der Männerwelt die Stirn zu bieten hatte. Ich hatte es satt, mir jegliches Verhalten gefallen zu lassen. Ich wandelte meine Schüchternheit gegenüber Autoritätspersonen um, indem ich mir durch ein direktes und manchmal etwas freches Mundwerk Respekt verschaffte. Ich passte meine Umgangsformen der Männerwelt an und lernte auf ihre Weise zu kommunizieren. Ununterbrochenen Blickkontakt und eine standhafte Körperhaltung. Meine Anfragen waren viel direkter, anstatt um gewisse Thematiken mit einer bedachten Wortwahl rumzutänzeln. Wenn ich etwas von einem Mann wollte, formulierte ich meine Anfrage möglichst einfach und zeigte ihm seinen Vorteil, warum er mir dabei helfen sollten. Sobald ich ihm verständlich machen konnte, was er für einen Profit daraus erzielte, erhielt ich immer, was ich benötigte. Bei unangebrachtem Verhalten durch eine Person, gegen die ich rangmäßig nichts ausrichten konnte, ersuchte ich sofort um ein Gespräch mit der Personalabteilung. Im ersten Moment fühlte es sich wie das Verpetzen während Schulzeiten an. Doch die Frage nach Hilfe hatte sich jeweils ausgezahlt und meinen Opponenten gezeigt, dass ich mir nicht jeden Umgang gefallen lassen würde. Mir waren Situationen immer unangenehm, bei denen ich an meinem Bürotisch saß, während sich eine Autorität über mir groß aufbaute und mir einen Auftrag erteilte. Ich konnte den herabschauenden Blick nicht ausstehen, mit denen sie mir einen Befehl durchgaben. Also begann ich damit, mich vom Tisch zu erheben und mich größer zu machen. Mein Ziel war es, das Gegenüber und mich zuerst auf dieselbe Augenhöhe zu bringen, bevor dieser mir eine Aufgabe verordnete. Im Büro halfen Stöckelschuhe und eine aufrechte Körperhaltung mir zudem, größer zu erscheinen. Ich konnte noch im selben Moment den Unterschied wahrnehmen, wenn sich die Körperspannung veränderte. Ein herrischer Ton wechselte somit schnell in eine angepasste Stimmlage. Egal, ob in der Bankenwelt oder später in der Militärwelt, diese Technik hatte meinen Vorgesetzten einen Großteil ihrer Dominanz über mich genommen.

Ein zu großer Anteil meines beruflichen Alltages bestand aus der Planung strategischer Mittagessen oder Kaffeepausen, bei dem ich mich über den neuesten Tratsch und Klatsch austauschte. Wer mit wem gesichtet wurde, wer was verbockt hatte oder vielleicht eine neue Stelle suchte. Im eigentlichen Arbeitsalltag als Bankkauffrau ging es darum, dem Privatkunden jeden Wunsch von den Lippen abzulesen. Ob es jetzt die Ausführung einer Zahlung oder die Recherche über renommierte Zahnärzte war. Schließlich war es die Hauptaufgabe eines CRM, eine stabile Beziehung zu millionenschweren Kunden aufzubauen. Getrieben vom Ziel, den

Kunden so lange wie möglich an sich zu binden und Geld im Namen der Bank für die Dienstleistung zu kassieren. Die Formel zur Errechnung des zusätzlichen Betreuungsaufwandes war ganz einfach. Je größer das Vermögen, desto mehr Sonderwünsche standen dem Kunden zur Verfügung. Eine 40 Millionen schwere Kundin hatte sich zum Beispiel die Spezialbehandlung erlaubt, dass es der Assistentin ihres Kundenberaters nicht mehr erlaubt war, den Hörer abzunehmen. Dabei handelte es sich um dieselbe Dame, welche jeweils zwei Tage lang im selben Outfit erschien. Da die hauchende Stimmlage der Assistentin diese Kundin irritierte, hatte sie mit dem Abzug ihres gesamten Vermögens gedroht. Für den Kundenberater (Fraktion «andere» Private Banker) war die Entscheidung klar gewesen. Die Assistentin musste die Nummer der Kundin auswendig lernen und jeweils ihre Teamkollegen um die Abnahme des klingelnden Hörers bitten, sobald die Nummer auf dem Display erschien. Damit die Kundenberater ihre Beziehung zu den gewünschten und bestehenden Kunden festigen konnten, wurden regelmäßige, aufwendige Kundenevents durchgeführt. Bereits die Auswahl der Gäste kam einer Wissenschaft gleich. Bei großen Familienstrukturen musste genauestens bedacht werden, wer wem nicht bei solch einem Event begegnen durfte. Dafür hatte ich jeweils ganze Ordner mit Familienstammbäumen und Beschreibungen, wer mit wem kompatibel war. Jeder Kunde hatte seine Eigenheiten, deren Umgang es zu erlernen galt. Manche Kunden, mit denen ich mich während der Meetings und Events sehr gut verstand, durfte ich bei einer zufälligen Begegnung in der Öffentlichkeit noch nicht einmal grüßend anlächelnd. Sie wollten nämlich in keiner Weise mit der Bank in Verbindung gebracht werden. Ein überraschend großer Anteil der Kundschaft schien durch eine besondere Eigenheit gekennzeichnet zu sein. Ich konnte mir nicht erklären, ob es das Übermaß an Geld war, welches die Kunden manchmal zu seltsamen Verhalten verleitete.

Leroi hatte einen Kunden gehabt, welcher sich selbst in einem Netz von Schuldgefühlen über die blutige Herkunft des geerbten Vermögens verfangen hatte. Dabei hatte der Kunde plötzlich eine starke Paranoia entwickelt, die ich bei Kundengesprächen jeweils zu beachten hatte. So wurde ich einst zum Kundenmeeting in das Kundenzimmer Nr. 2 gebeten, welches sich jedoch bei meiner Ankunft als leer erwiesen hatte. Also hatte ich die Tür hinter mir wieder zugeschlossen und mich erneut beim Empfang erkundigt, in welchem Zimmer sie den Kunden platziert hatten. Verwirrt hatte sie mir bestätigt, dass der Kunde im Kundenzimmer Nr. 2 saß. Es stellte sich heraus, dass der Kunde tatsächlich in Zimmer Nr. 2 auf mich gewartet hatte. Jedoch hatte er sich aufgrund eines Angstzustandes unter dem Tisch versteckt gehabt. Also war ich zu ihm runtergekrochen und hatte gefragt, ob wir uns für das Meeting hinsetzen wollten. Er hatte sich dann entschieden, hervorzukriechen und die Besprechung durchzuführen. Währenddessen hatte er das gesamte Gespräch über seinen Rücken gegen die Zimmerwand gepresst und immer wieder misstrauisch aus dem Fenster geblickt. Er benötigte den kompletten Überblick und die Kontrolle über den Raum, um nicht in Panik zu verfallen. Das Geld zu spenden war jedoch keine Option, da es einem Kundenberater wie Leroi nicht darum ging, dem Menschen zu helfen, sondern dessen Geld für ein Entgelt zu horten.

Das A und O einer Arbeit

Meine Arbeitssituation gestaltete sich viel angenehmer, als ich den Wechsel von einem ruhigen Schweizer-Team zu einem lebhaften südamerikanischen Team angetreten hatte. Bei diesem Arbeitgeberwechsel hatten einige Arbeitskollegen einen südländischen Hintergrund oder waren zumindest mit jemanden aus den südamerikanischen Breitengraden liiert. Politische Bürospiele wurden dementsprechend anders ausgetragen. Tatsache war, dass es sich hierbei um temperamentvolle Charaktere handelte, welche den Arbeitsalltag nie langweilig werden ließen. Durch meine unkomplizierte Art hatte ich Anklang in der männerdominierten Abteilung gefunden, welche mich in ihren Kreis einband. Nach der Arbeit gingen wir manchmal Zigarren rauchen und Whisky degustieren. Es gab ab und zu Teamevents, bei der nur eine zickige Mitassistentin fehlte. Die Stimmung war locker genug, dass jeder sich einen Scherz mit fast allen anderen Teammitgliedern erlauben durfte. Ich pflasterte einst während meiner Mittagspause den gesamten Arbeitstisch eines Kundenberaters mit kleinen gelben Post-It Zetteln zu. Der Bildschirm, die Tastatur, den Telefonhörer, die gesamte Arbeitsfläche halt. Oder ich hinterließ bei der zickigen Mitassistentin eine Telefonnotiz von Herrn Tiger, wobei es sich bei der Telefonnummer um die des Zoos handelte. Einmal brachte ich einen rosafarbenen Kuchenkarton unserer Lieblings-Konditorei mit und ließ das Team bis um 16:00 Uhr aushungern. Doch in der quadratischen Schachtel erwartete sie nur eine Selektion gesunder Früchte. Dies war der einzige Spaß, welcher mir vom Team verboten worden war, da man über Snacks keine Witze macht. Auch wenn mich die Assistenzarbeit in keiner Weise erfüllte, so war ich in das beste Team geraten, welches mir den gemütlichen Gang um 10 Uhr morgens in die Bank jeden Tag versüßte. Da wir für südamerikanische Kunden zuständig waren, profitierte mein nachtaktives Wesen von der Zeitverschiebung. Ich konnte die Stoßzeiten der öffentlichen Verkehrsmittel umgehen und startete gut gelaunt in den Arbeitsalltag. Unter anderem reichte die Rechtsabteilung unter uns immer mal wieder eine Beschwerde wegen Unruhe bei der Personalabteilung ein. Sie klagten, dass wir über ihnen zu viel Gerumpel und Lärm verursachten, sodass sich die Abteilungsmitarbeiter deswegen nicht mehr auf ihre wesentliche Arbeit konzentrieren konnten. Ich muss ehrlich zugeben, dass wir tatsächlich ab und zu mal Fußball gespielt hatten. Oder uns mit einem kleinen Gummiball durch das Büro gejagt und einander gewaltvoll abgeschossen hatten. Oder dass die Männer spaßeshalber gegenseitig aufeinander eingeprügelten und ihre Kraft so unter Beweis gestellt hatten. Hier bestand keine rangmäßige Grenze zwischen den Kundenberatern und den Assistenten. Die Pausen überbrückten wir in der Kaffeeecke mit Spielereien wie zum Beispiel Schere-Stein-Papier. Dabei durfte der Gewinner einer Partie dem Gegenüber mit aller Kraft eine möglichst saftige Ohrfeige verpassen. Ziel war ein möglichst langeanhaltender Handabdruck auf einer knallroten Wange. Ich durfte mitspielen, indem ich jemandem meine Wahl ins Ohr flüsterte und dieser es für mich ausführte. Dieses Spiel war unter anderem einer der Gründe, weshalb jeder in dieser Abteilung Ersatzkleidung in seinem Wandschrank aufbewahrte. Des Öfteren wurde dabei durch ausgeschütteten Kaffee die Arbeitskleidung in Mitleidenschaft gezogen. Durch die zusätzliche Kleidung hatten wir die Möglichkeit, uns nach dem Spielen für ein Kundenmeeting wieder herzurichten. Eigentlich hätte es bei unserer offenen Umgangsart gepasst, wenn wir uns voreinander umgezogen hätten. Schließlich wussten wir viel intimere Details übereinander, als es üblich war. Wann immer jemand aufgrund eines «Breakfast for Champions» zu spät zur Arbeit kam, brauchte dieser nur mit Stolz erfüllter Brust und erhobenen Armen das Büro zu betreten und ein lauter Beifall erwartete ihn. Natürlich habe auch ich nach ein paar Monaten angefangen, da mitzumachen und dadurch etwas über mein morgentliches Sexleben preisgegeben. Auf was ich mich bei meinen Paraden nicht einließ, war die Beschreibungen, in welcher Position der Sexpartner an dem Morgen vernascht worden war. Ich war ja schließlich noch immer eine Lady. Dennoch kassierte ich abschätzige Blicke von der zickigen Mitassistentin. Sie hatte mich sowieso schon von Anfang an nicht gemocht. Durch sie hatte ich den Unterschied zwischen nördlichen und südländischen Frauen erfahren dürfen. Das südländische Temperament ließ mich ihre Abneigung viel öffentlicher und direkter spüren. Sie machte sich absolut keine Mühe, im geheimen über mich zu lästern oder schlecht über mich zu reden. Es spielte keine Rolle, wie nett ich zu ihr war oder ob ich ihr in Notsituationen sogar ausgeholfen hatte. Wann immer sie mich irgendwie bloßstellen konnte, ergriff sie die Gelegenheit am Schopf oder lachte mich lauthals aus. Zum Beispiel, als ich ihr und den anderen Teammitgliedern Gebäck mitgebracht hatte. Nachdem ihr der Kundenberater nebenan bestätigt hatte, dass die Überraschung von mir sei, schmiss sie das Gebäck dramatisch auf dessen Tisch und meinte: «Sowas tue ich mir nicht an.» Sie war die ersten drei Monate so eklig zu mir gewesen, dass ich zuerst wieder hatte künden wollen. Doch genau wie ich mich in der Männerwelt zu behaupten gelernt hatte, entschied ich dasselbe mit ihr durchzuziehen. Von diesem Moment an kümmerte es mich nicht mehr, wenn sie ihre Abneigung gegen mich öffentlich auslebte. Ich hatte mir nur die Strategie aussuchen müssen, ob ich bei einer Frau die feindliche oder freundliche Schiene fahren sollte. Ich war umso netter zu ihr geworden und probiert so, jede Rechtfertigung für ihre Abneigung zu untergraben. Selbst vor anderen uns bekannten Mitmenschen machte ich mir die Mühe und erzählte nur Gutes über sie. Wann immer sie mit denen über mich ablästern wollte, nahm ihre Reputation automatisch etwas Schaden. Zumindest wusste ich in diesem neuen Team von Anfang an, dass sie mich überhaupt nicht leiden konnten und das war okay. Welche Art von Lästern nun angenehmer war, habe ich mir noch nicht überlegt. Bei den vorherigen Banken wusste ich, dass hinter meinem Rücken gelästert wurde, bei dieser konnte ich mit dabei sein. Ich empfand es angenehm, dass das restliche Team solch einen offenen Umgang mit Konflikten pflegte. Ab und zu kam es zu einem heftigen Wortgefecht, weil jemandem versehentlich ein Fehler unterlaufen war. Darüber wurde jedoch nicht gelästert, sondern das Problem wurde lauthals vor allen ausdiskutiert, ein paar Beleidigungen ausgetauscht und anschließend in der nächsten Pause durch unser Ohrfeigenspiel wieder für Genugtuung gesorgt. Der Arbeitsplatz in einer Bank konnte somit doch ein ziemlich cooler Ort zum Arbeiten sein. Doch wollte ich nach dem Militär nun wieder dorthin? Ich hätte da einsteigen können, wo ich aufgehört hatte. Ich hatte mich im südländischen Männerteam integriert und mir durch Respekt nach zwei Jahren eine Beförderung erarbeitet. Doch selbst mit dem Ruhm dieser Beförderung hatte ich gewusst, dass ich in meinem tiefsten Inneren die Arbeit verabscheute. Ich hasste es, wenn ich wieder einmal die Zahlung für eine Handtasche verifizieren musste, mit der ein Kunde hinter dem Rücken seiner Ehefrau seine Freundin oder Affäre beschenkte. Da ich selbst lieber im Kreis der Wissenden wäre, musste ich mir immer auf die Zunge beißen, um der Kundin nichts vom frevelhaften Verhalten des Ehemannes zu petzen. Ich hasste es, jeden Tag vor dem Computer zu sitzen und nur mit dem Geld reicher Menschen zu jonglieren. Und so ertappte ich mich wieder einmal bei der Frage, ob ich nicht eigentlich für etwas anderes vorherbestimmt war.

Yogis

An einem Leben außerhalb des Heimatlandes hatte ich Gefallen gefunden und war diesbezüglich dankbar für meine Ausbildung im Bereich Yoga. Denn dieses Fachwissen und meine Mehrsprachigkeit ermöglichten mir die Option, beinahe überall auf der Welt Fuß fassen zu können. Ich wusste, was ich konnte und wie ich es positiv zum Wohle meiner Mitmenschen einsetzen konnte. Ich brauchte nur zu wählen, wo ich mein Wissen einsetzen wollte. Für mich stand somit fest, dass ich auf meiner Reise dieser Passion noch mehr Freiraum geben musste. Denn von jedem bisherigen Schüler und auch im Militär-Camp, wo ich immer sonntags freiwillig eine Yogalektion im Gym unterrichtet hatte, war ich gefragt worden, ob ich mich in Indien hatte ausbilden lassen. Allem Anschein nach konnte man nur ein Yogi sein, wenn man dieses Land erlebt hat. Mit dem Antritt dieser neuen Reise hatte ich vor, den Ursprung von Yoga zu entdecken. Raphael leistete mir bei der Hinreise nach Indien Gesellschaft und wir machten uns gemeinsam an das Erleben dieser menschenüberfüllten Destination. Überfordert von der Misere und der Bedeutungslosigkeit des Individuums, reisten wir bereits nach einem Tag von Neu-Delhi ab in den Norden des Landes. Zum Fuße des Himalaya-Gebirges verbrachten wir über einen halben Tag in einem Taxi. Die unüberschaubaren Menschenmengen waren überwältigend, die Landschaften spektakulär anders und der Rhythmus des Alltages ein mir unbekannter gewesen. Die Fahrt allein war ein kribbelndes Abenteuer, bei dem wir in drei Autounfälle mit leichtem Blechschaden involviert gewesen waren. Wer Autofahren in Italien bereits als eine Herausforderung empfand, sollte in Indien die Finger davon lassen. Es herrschte keine geregelte Ordnung auf der Straße, wodurch sich jeder kreuz und quer seinen effizientesten Weg suchte. Für Raphael und mich hatte noch während der Fahrt festgestanden, dass wir uns für die Rückreise einen sicheren Flug leisten würden. Zur wolkenlosen Abenddämmerung erreichten wir dann endlich die Welthauptstadt des Yoga: Rishikesh. Eine Pilgerstadt, die an einer Bergwand aufsteigend gebaut worden war und wo der noch saubere Ganges eine große Tempelanlage am gegenüberliegenden Berganhang abschnitt. Dieses Gewässer galt in Indien als heiliger Fluss, welcher gemäß der Religion des Hinduismus Absolution versprach. Dieser Fluss reinigte von den Sünden. Aber durch die Bevölkerungsdichte und deren Umgang mit dem Fluss wandelte sich der Ganges während seines Verlaufs zu verdrecktem Abwasser. Unter anderem weil täglich ungeklärte oder chemisch verseuchte Flüssigkeiten reingeschüttet wurden. Zudem galt es als Tradition, einen Leichnam über den Fluss zu verabschieden, wodurch täglich hunderte von eingeäscherten oder in Stoff eingewickelte Verstorbene den Fluss hinuntertrieben. Je östlicher der Ganges das Land durchdrang, desto brauner wurde er. Umso bedeutungsvoller wirkte Rishikesh, wo sich oberhalb des Ortes zwei Flüsse mit frischem Quellwasser aus den Gebirgen des Himalayas vereinten und den Ursprung des Ganges formten. Rishikesh brillierte somit mit dem Anfang des Ganges, welcher aus hellblauem, eiskaltem und reinem Wasser bestand. Der Taxifahrer warnte uns vor der roten Lakshman-Jhula-Metallbrücke, welche die Stadt in zwei Hälften unterteilte. Dort wimmelte es von wilden Affen, welche einem die Passage über den Ganges zur sandfarbenen Tempelanlage erschwerten. Auf den Straßen gab es dutzende frei herumschlendernde Kühe, die uns den Weg blockierten.

Doch in der indischen Kultur galten auch diese Tiere als Heiligtum und ihnen wurde somit kein Einhalt geboten. Dass sich die Anwohner größtenteils über die Tiere ärgerten, flüsterten sie jedoch nur in verschlossenen Räumen. Von der Infrastruktur war eigentlich alles gegeben, was ich bisher gewohnt gewesen war. Mein Yogazentrum befand sich etwas weiter oben am Hang und rühmte sich seiner guten Aussicht. Das Zimmer war sauber und das Bett bequem. Ich hatte ein standardisiertes Badezimmer und konnte sogar warm duschen. Die Restaurants in der Umgebung führten meistens nur vegetarische Speisen, da diese Ernährung das Dasein eines engagierten Yogis widerspiegelte. Alkohol war nur schwer erhältlich, da die Nachfrage durch die Besucher nicht gegeben war. Mich erwartete eine Stadt voller Yogis aus sämtlichen Ecken dieser Welt. Sämtliche Touristen waren yogabegeisterte Reisende und liefen in entspannter Trainingskleidung rum. Ich erkannte den Unterschied zwischen den Besuchern, deren Entdeckung von Yoga gerade begann und denen, welche zumindest kleidertechnisch bereits darin aufblühten. Es wimmelte von unzähligen Yogazentren, die sich mit den besten Lehrer der Welt rühmten. Ich entschied mich mit Raphael, die nächsten zwei Wochen in einer Ausbildungsstätte zu verbringen, welche sich auf die Yogastilrichtung Ashtanga spezialisiert hatte. Diese anstrengende Ausführung von Positionen «Asanas» galt als die Königsklasse unter sämtlichen Richtungen und bedeutet aus dem Sanskrit übersetzt «der königliche Weg.» Sie zeichnete sich durch eine sehr dynamische Ausführung aus und galt eher als Sportart. Unser Alltag begann ohne Frühstück um 6 Uhr in der Früh mit schweißtreibenden Asanas und Atemübungen auf dem Dach unseres Zentrums. Raphael verwunderte der harsche Umgang während der ersten Lektion. In seinen Breitengraden assoziierte man Yogalehrer mit einer entspannenden, ruhigen Stimme, welche im sanften Ton den Schüler möglichst angenehm durch den Unterricht begleitet. Er erlebte die indischen Lehrer als richtig streng und fordernd. Die Lehrer waren junge Erwachsene, die von Kind auf mit der Yogalehre in der Schule aufgewachsen waren. Die Ansagen von Positionswechseln waren somit ein laut ausgesprochener Befehl. Doch auch Raphael gewöhnte sich schnell an diesen Unterrichtsstil und blühte im Flow auf. Während die Sonne aufging, genoss ich den Blick über die gemächlich erwachende Stadt und konnte durch die Abfolge des traditionellen Sonnengrusses ausgelassen erwachen. Es folgte das Frühstück, bei dem wir anderen Yogaschülern im Speisesaal begegneten. Deren 200 Stunden Ausbildung lief bereits seit einer Woche. Zurück im Unterrichtsraum folgte nach einer geführten Meditation noch ein Theorieblock. Zur Mittagszeit trafen wir erneut auf die Schüler der Ausbildungseinheit und uns erwartete ein vegetarisches Mittagessen im Gemeinschaftssaal. Wir wurden jedoch nicht mit klassischen Tellern bedient, sondern erhielten ein metallisches Tablett. Ich kannte diese Form nur aus Filmen, bei denen die Mahlzeiten von Gefängnis-Insassen so abgefertigt wurden. Aber eigentlich war es ganz praktisch so. Auf dem Tablett gab es mehrere Fächer, wodurch die unterschiedlichen Speisen geschmacklich aufgeteilt waren. Die unterschiedlichen Farben wirkten harmonisch und ich hatte das Gefühl, mich zum ersten Mal richtig gesund zu ernähren. Die indischen Köche hielten sich mit der Schärfe bewusst zurück, wobei es immer wieder zu laufenden Nasen kam. Am Nachmittag gab es kleine Ausflüge in die Natur oder in die umliegenden Dörfer. Die Stadt Rishikesh war die Ausgangslage für viele heilige Orte im Garhwal-Gebirge. Das Yogazentrum überraschte uns ab und zu mal mit einer privaten Tour durch diese Heilstätten. Abends überquerten Raphael und ich die affenverseuchte rote Metallbrücke und ließen uns beim belebten Markt der Tempelanlage Malas herstellen. Diese Gebetsketten konnten in allen Farben und Formen personalisiert werden. Sie bestanden aus 108 Perlen und einer zusätzlichen Guru-Perle, welches sich in der Form abhob. Ein Mala diente einem Yogi beim Zählen der Wiederholungen während Mantras rezitiert wurden. Jede Perle, welche als Symbol der Vergänglichkeit ursprünglich aus Knochen bestand, symbolisierte eine Wiederholung. Bevor das Mantra wieder von neuem rezitiert wurde, schob man mit dem Daumen eine Perle der Kette von sich weg. So konnte man sich auf die Meditation fokussieren und möglichst wenige Gedanken für das Zählen aufwenden. In Rishikesh war es Tradition, sein persönliches Mala im heiligen Fluss Ganges zu reinigen. Am Ende unseres Aufenthaltes buchten Raphael und ich noch eine mehrtägige Tour, bei der wir im Dorf Chopta in den Gebirgen des Himalayas übernachteten. Ein Yogalehrer hatte für uns das beste Hotel des Dorfes gebucht. Dabei handelte es sich um das einzige Wohnobjekt, welches dem westlichen Standard entsprach. Alle anderen Unterkünfte bestanden aus rustikalen Barracken und waren frei zugänglich. Es gab nur eine Art Restaurant in diesem Dorf, welches auch noch als Dorfladen fungierte. Sie boten nur ein Menu an und die rustikale Einrichtung wirkte eher depressiv. Unser Schlafzimmer war mit nur einem Bett und einem Stuhl karg eingerichtet. Zudem war es von der Temperatur her eiskalt. Nebenan befand sich ein leerer Raum aus ergrauten Fliesen und einer Toilette. Für 30 Rupien hätten wir uns den Luxus leisten können, dass uns warmes Duschwasser in einem Topf in diesen Raum gebracht worden wäre. Neben dem Hotel gab es eine offene Küche, welche das Wasser in Töpfen hierfür aufkochte. Im Baderaum hätten wir uns dann damit reinigen können. Doch wir entschieden uns für eine frühe Nacht. Das Bett war dünn gepolstert mit mehreren wolligen Deckenschichten umhüllt gewesen, welche beim Schlafen schwer auflagen. Da die Hinreise aus Rishikesh mit dem Auto sieben Stunden gedauert hatte, begann der eigentlich Wanderausflug erst am darauffolgenden Morgen. Um 5 Uhr in der

Früh ging es auf zum steinigen Weg nach Tunganath. Dem weltweit höchstgelegenen Shiva-Tempel. Der Weg war steil, anstrengend und führte aufgrund der Höhenlage durch eine karge Landschaft. Der einzige Lichtblick bei dieser Herausforderung war ein herrenloser Hund, welcher mich während der Wanderung moralisch unterstützte. Sein Fell war flauschig warm und der schwarze Mischling ließ sich gerne knuddeln, wann immer eine Pause angesagt war. Dafür setzte er sich neben mich und kam ruhig und aufmunternd hechelnd auf mich zu. Schwer atmend erreichten wir schließlich das greise Dorf und genossen den Sonnenaufgang über den rosafarbenen Bergspitzen. Bei den Häusern des Dorfes handelte es sich um karge Steingebäude. Auf der Spitze thronte die bescheidene Tempelanlage und gewährte jedem Gast mit einem offenen Tor Eintritt. Jeder Besucher läutete die bronzefarbene Willkommensglocke, welche am Eingang des Tempels mit ihrer Pracht und dem knochendurchdringenden Klang faszinierte. Am höchsten Punkt wurden wir mit einer bombastischen Aussicht auf die verschneiten Gebirgsspitzen belohnt. Dabei dachte ich darüber nach, ob ich je den Mount Everest erklimmen würde. Denn ich wollte doch so viele Dinge erleben und irgendetwas außergewöhnliches schaffen. Dieses Ziel setzte jedoch so viel Zeit und Kraft voraus, wobei ich mir nicht sicher war, ob ich dies wirklich zu investieren bereit war. Meine Stimmung stand an der Schwelle der Traurigkeit und ich musste mich entscheiden, ob ich sie betreten wollte oder nicht. Ich wusste was mich erwartete, sobald ich sie passieren würde. Zu oft hatte ich mich schon für diesen Weg entschieden. Dabei verpasste ich die Kostbarkeit dieses Moments und musste mir aus Selbstliebe Einhalt gebieten. Ich besänftigte mein turbulentes Gedankenchaos und fokussierte mich wieder auf das hier und jetzt. Meine Pläne könnte ich auch nach dem Ende meiner Reise noch angehen. Tatsache war, dass die Unmöglichkeit eines Zieles einzig darin bestand, wenn ich mich gar nicht erst auf dessen Weg beging. Wenn ich etwas wirklich erreichen wollte, dann musste ich nur einen Weg finden. Wenn nicht, dann blieb mir halt nur eine Entschuldigung mit einer coolen Alternative. Und mit dieser einfachen Ansicht atmete ich die einzigartige, frische Luft von Tunganath ein und spürte die eisige Windbriese, welche mein Gesicht streifte. Die Aussicht war für den Moment eine akzeptable Alternative zum Mount Everest und ich empfand tiefe Dankbarkeit, diesen Augenblick mit Raphael teilen zu dürfen.

Als ich mit einem Mönch lebte

Für die Rückreise nach Neu-Delhi entschieden Raphael und ich uns für ein Flugzeug. Den Fehler einer achtstündigen Autofahrt wollten wir kein zweites Mal begehen. In dieser pulsierenden Metropole faszinierte mich vor allem der prachtvolle Sikh-Tempel Gurdwara Bangla Sahib. Dort bezeugte ich die Schönheit der Nächstenliebe, da diese religiöse Gemeinschaft durch öffentliche Essensausgaben pro Tag tausende Menschen kostenlos ernährte. Noch nie hatte ich solch eine riesige Küche gesehen, in der sich über 50 Freiwillige um das Überleben einer Menschenmenge sorgten. Die Töpfe waren so groß, dass da gleich drei Leute darin hätten baden können :P . In einer großen Halle durfte jeder seinen Platz einnehmen, sich verköstigen lassen und dann den Platz für den Nächsten wieder räumen. Hier spielte weder die Herkunft, das Geschlecht oder der soziale Status durch das erbliche Kastensystem eine Rolle. Durch den Hinduismus wurde die Bevölkerung nämlich in fünf Kategorien geboren, wobei es in diesem System dann noch Unterkasten innerhalb der Gruppierungen gab. Brahmanen symbolisierten mit den Adligen eines Klosters die erste Klasse, denen das Privileg für die Interpretation heiliger Schriften oblag. In der zweiten Kaste Kshatriyas befand sich der militärische- und Verwaltungsadel, welcher für den Schutz und die Steuereinnahmen zuständig war. Die dritte Klasse nannte sich Vaishyas und kümmerte sich um die Bewirtschaftung des Landes. Die dem europäischem Standard entsprechende Mittelklasse stellte mit den Bauern die

Ernährung und den Kaufleuten den wirtschaftlichen Fortbestand sicher. Shudras, die vierte Kaste, formte den Dienstleistungssektor und die Knechtschaft, welche der dritten Kaste durch ihre Manneskraft untertänig war. Als Außenseiter gab es noch die Unberührbaren, welche vom Kastensystem ausgeschlossen wurden. Die Gruppierung, welche sich selbst Dalits nannte, bezeichnete sich als indische Ureinwohner. Selbst in ihrer Kategorie widerfuhr dieser Gruppierung erneut eine Unterteilung, wodurch sie den niedrigsten sozialen Status erhielten und in der Gesellschaft am meisten Diskriminierung erlebten. Umso schöner empfand ich die religiöse Akzeptanz des Sikh-Tempel Gurdwara Bangla Sahib. Mich faszinierte das gesellschaftliche Zusammenspiel mit der Religion. Bereits während meines Militäreinsatzes hatte ich mich mit der hinduistischen Bhagavad Gita, der christlichen Bibel und dem islamischen Koran befasst, indem ich mich mit ihren Schriften in Form von Hörbüchern auseinandergesetzt hatte. Doch ich wollte mir noch mehr religiöses Wissen aneignen. Ich war auf der Suche nach den mir am sinnvollsten erscheinenden Grundsätzen aller bestehenden Religionen, aus denen ich mir am Ende meine persönliche Moralvorstellung und Prinzipien rauspicken konnte. Nach dem finalen Indien-Abschnitt in Delhi war es an der Zeit, mich von Raphael zu verabschieden. Er reiste wieder zurück nach Graz, um sein Studium fortzusetzen. Für mich stand die nächste Etappe meiner Selbstfindungsreise bevor. Der Buddhismus schien auf einem anderen Grundkonzept aufgebaut zu sein, dessen Akzeptanz und Wertvorstellung mich umgarnten. Er hob sich als Erfahrungsreligion von den größten Dreien ab, welche sich alle um denselben Gott stritten. Durch die Änderung des Propheten und die Praktizierung des Glaubens befanden sich das Christentum, der Islam und das Judentum seit Anbeginn im Kampf. Jede von ihnen probierte noch immer recht zu haben oder die Anhängerschaft zu stärken und die größte Verbreitung auf der

Erde zu erlangen. Beim Buddhismus hingegen lag das Ziel in der Weiterentwicklung des eigenen Geistes. Ich wollte noch mehr über diese Religion erfahren und hatte einen Plan, wie ich mein Wissen in diesem Bereich vertiefen könnte.

Als ich damals nach meinem Suizidversuch und dem Klinikaufenthalt erfolglos probiert hatte, mich wieder in die Bankenwelt einzugliedern, hatten mehrere besorgte Mitarbeiter das Gespräch mit mir gesucht. Denn keinem war natürlich entgangen, dass ich abrupt für drei Monate verschwunden war und ohne Vorwarnung plötzlich wieder im Büro saß. Was anfangs nur als ein Gerücht in der Lästerküche über meine Abwesenheit geflüstert worden war, wurde durch mein Erscheinungsbildbestätigt. Jeder hatte mir angemerkt, dass nur noch meine körperliche Hülle in den Büroräumlichkeiten verloren umhergewandelt war. Ich hatte selbst nicht gewusst, was eigentlich mit mir los war. Denn in der Klinik hatte ich den gesunden Umgang mit Borderline erlernt und somit gewusst, was ich zu tun hatte, damit es mir gut ging. Doch jegliches Gefühl der Zufriedenheit in mir war verloren gegangen und selbst die Erinnerung daran schwand Tag für Tag etwas mehr. Der Druck in meinem Herz hatte mich konstant müde und traurig gestimmt. Ich war zu erschöpft gewesen, um zurück in die Rolle der immer gut gelaunte Candrissia zu schlüpfen. Ich hatte dieser Farce nicht mehr standhalten können, meinen Mitmenschen eine unterhaltsame Version vorzuspielen und so meine Zugehörigkeit sicher zu stellen. Ich hatte es mir selbst verweigert, mich wieder in meinen sozialen Netzwerken einzugliedern und aufgehört, jedem mein offenes Ohr zu bieten, wenn hingegen niemand mein Leiden zu hören schien. Nach der Arbeit und an meinen freien Tagen hatte ich bewusst so lange wie möglich im Bett gelegen, um im Schlaf der Realität zu entkommen. Mich motivierte einzig das Ziel, dass die Tage so schnell wie möglich einfach verstrichen und ich mich in meine Traumwelten flüchten konnte. Manchmal drehte es sich um Hackan, welcher mir noch nicht von der Seite gewichen war. Denn nur dort hatte sich noch ein letzter Funken des Glücksgefühls verirrt gehabt. Doch meine ergriffene Flucht in die Träume hatte nie funktioniert, sondern nur etwas geholfen. Ich hatte jeden lächelnden Menschen hasserfüllt darum beneidet, dass er positive Gefühle empfinden konnte. Ich hatte mein Lächeln verloren und jeden Tag hasste ich mich selbst ein Stück mehr. Ich war zu nichts mehr zu gebrauchen gewesen, außer meine trüben Gedanken mit Musik zu betäuben oder mich durch den flackernden Fernseher in den Schlaf begleiten zu lassen. Mein Wesen war eine mit Rissen übersäte Vase, aus die Lebensessenz stetig verrann, wogegen ich nichts unternehmen konnte. Oder wollte. Apathisch hatte ich stundenlang an meinem Arbeitsplatz gesessen und verkrampft probiert, die Sinnhaftigkeit in meiner Arbeit und dem Leben zu finden. Und so luden mich unterschiedliche Teammitglieder zu einem privaten Businesslunch ein. Der Protagonist war bei den Gesprächen am Mittagstisch jeweils ein anderer, doch die Monologe waren alle dieselben gewesen. Jeder war ein Experte darin mir davon zu erzählen, mit welchen Ansichten sie selbst das Leben zu schätzen gelernt hätten. Und der generelle Tipp lautete, dass ich die Arbeit einfach zu einem Mittel zum Zweck degradieren sollte. Es gab jedoch einen Mitarbeiter, Jones, dessen Gespräch das unerwartete Fundament meiner geplanten Reisedestination gelegt hatte. Er hatte einen orangen Kurzhaarschnitt, dunkle Knopfaugen und einen großgewachsenen, trainierten Oberkörper gehabt. Er war ein schöner Mann gewesen, der jedoch als Kind eher zu den unbeliebten Kids gehört hatte und sich seiner Schönheit erst noch bewusst werden musste. Bei einem Mittagessen hatte er versucht, mich mit seinen persönlichen Themen von meinen düsteren Ansichten abzulenken. Ich war damals jedoch geistig nicht in der Lage gewesen, ihm achtsam zuzuhören. Die Worte der Belanglosigkeit und mein Desinteresse an Positivität hatten mich nur vereinzelte Geschichtsfetzen und ein riesiges Rücken-Tattoo in Erinnerung behalten lassen. Den gesamten Rücken hatten neben Muttermalen asiatische Schriften und Symbole geziert. Zum Ende des Mittagessens hatte ich die Unterhaltung als nette Abwechslung empfunden, doch das war es auch schon gewesen. In der Mitte meines Militäreinsatzes in Borava hatte ich plötzlich eines Nachts begonnen, von Jones Tattoos zu träumen. Dabei hatte mich wieder ein Teil seiner damaligen Erzählung über seine Selbstfindungsphase überkommen. Als Einleitung hatte er mir sein Geheimnis offenbart, dass er sich selbst einst in dieser hektischen Welt das Leben hatte nehmen wollen. Er war daraufhin auf Weiterempfehlung eines Freundes nach Thailand gereist. Denn dieser Freund hatte Jones nach einer überwundenen Krise an einen Mönch vermittelt. Auch wenn ich zu Beginn nicht mehr gewusst hatte, warum mir Jones immer wieder in Traumfetzen erschien, erkannte ich diesen Zufall als ein neues Zeichen des Schicksals. Ich hatte ein neues Ziel für die Zeit nach dem Militär gefunden. Doch hierfür musste ich mich vollständig an dieses vergangene Gespräch zurückerinnern. Da ich es jedoch nicht konnte, baute ich als Lösung den Kontakt zu ihm über Social Media wieder auf. Ich hatte ihn über die Chatfunktion um ein Telefongespräch gebeten und angemerkt, dass ich noch offene Fragen bezüglich unseres damaligen Mittagessens hatte. Er hatte sofort gewusst, auf welches Gespräch ich mich bezog. Ich hatte ihm auch versprochen, dass ich ihm diesmal meine vollste Aufmerksamkeit schenken würde, was mir damals nicht möglich war. Kurze Zeit später hatte ich auch schon die Kontaktdaten seines Mönches, für welchen Jones mich empfehlen wollte. Denn der Mönch nahm nur über diesen Weg Gäste bei sich auf.

    Nach meiner Ankunft in Indien hatte ich endlich die finale Bestätigung erhalten, dass sich der Mönch meiner annehmen wollte. Das Schicksal hatte mich somit über einen Traum auf die thailändischen Insel Koh Samui verschlagen. Bei der Ankunft auf der Insel empfing mich sonniges, heißes und feuchtes Wetter. Ein Abgesandter des Mönchs erwartete mich am Flughafen und fuhr mich direkt zu meinem Hotel. Aufgrund meines Geschlechtes konnte mich der Mönch nicht bei sich persönlich unterbringen. Doch ich schätzte das damit verbundene Privileg, mich ihm dann nicht konstant erklären zu müssen oder kontrolliert zu werden. Ich war auf einer Paradiesinsel gelandet, deren Schönheit mir den Atem raubte. Das kräftige Grün des Urwaldes, die magischen Strandabschnitte, glänzende Monumente, der Duft asiatischer Gewürze und das tropische Flair. Mein Fahrer wartete geduldig beim Eingang meines Hotels bis zum Abschluss meiner Einquartierung. Ich hatte ein rustikales Zimmer gebucht, da ich es nur zum Übernachten benötigte. Anschließend führte mich der Fahrer zum naheliegenden Tempel des Mönchs, welcher sich auf ein bewaldetes Stück Land zurückgezogen hatte. Die Fassade seines Hauses war aus Holzpfählen und Metallstangen erbaut, während innen die wenigen soliden Wände mit religiösen Artefakten bestückt waren. Ein riesiger Ventilator sorgte für etwas Abkühlung in der feuchtigkeitsgeladenen Hitze. Der Mönch wog sich in der Sicherheit, dass niemand auf der Insel ihn bestehlen würde. Er entsprach äußerlich dem Mönch meiner Bilderbuchvorstellung, mit der rasierten Glatze, der orangefarbenen Robe und er meditierte im Schneidersitz. Zum Glück sprach er Englisch, wodurch ich mich direkt mit ihm verständigen konnte. Aufgrund seines starken Akzentes brauchte es manchmal mehrere Anläufe, doch am Ende verstanden wir uns immer. Mir schien, als hätte er mich vom ersten Augenblick an durchschaut. Er stellte gleich zu Beginn unseres Gespräches fest, dass ich dem Element Wasser angehörte. Daraus entstand seine Annahme, dass ich meine emotionalen Schwankungen im Extremen auslebte. Was insgesamt die Krankheit Borderline ziemlich genau beschrieb. Er wusste, dass ich mich bei Problemstellungen schnell für den leichten Weg entschied und sich meine Schwimmrichtung im Leben bedenkenlos im Handumdrehen ändern konnte. Während des Gesprächs löste die Tiefgründigkeit seiner Worte zweimal Tränen aus, welche ich auch unkontrolliert preisgab. Ich sah keinen Grund, meine Seele vor ihm nicht zu entblößen. Nach ein paar Stunden beendete er unsere erste Sitzung mit der Übergabe seiner eigens verfassten Schriften. Ich erhielt die Aufgabe, diese während meines Aufenthalts zu studieren und ihm mehrmals täglich einen Besuch abzustatten. In meiner Freizeit ergriff ich nebst der Hausaufgabe somit noch die Gelegenheit, die Insel und deren versteckte Schätze zu entdecken. Hierfür hatte ich vom Abgesandten des Mönchs einen Roller ausgeliehen bekommen, mit dem ich sämtliche Strecken allein durchforstete. Ich fand versteckte Wasserfälle, erlebte an verschollenen Strandabschnitten die schönsten Sonnenuntergänge, schoss mit spannenden Waffen an einem Schießstand, erklomm zur Meditation steile Bergkanten, genoss die Exotik der einheimischen Küche und badete immer wieder mal im lauwarmen Meerwasser. Durch den Mönch durfte ich mit den Einheimischen Zeit verbringen und fühlte mich für eine Zeit als Teil ihrer Gesellschaft.

Na Mo Put Ta Ya

Das Ende meines Aufenthaltes war noch offen, doch ich hatte aus den Gesprächen mit dem Mönch bereits alles erfahren, was ich eigentlich wissen wollte. Die buddhistische Lehre entstammte einer Lebensphilosophie, welche die Möglichkeit bot, mit sich selbst und der Umwelt besser klarzukommen. Sie geht davon aus, dass in jedem Menschen die Fähigkeit zur Erleuchtung vorhanden sei. Doch was soll die Erleuchtung sein? Buddhisten stellen sich ihren Geist als Teil eines offenen Raumes vor. Wie eine Art zeitloses Gefäß. In jedem neuen Lebewesen steckt daher eine Seele, welche in ein neues Leben reinkarniert ist. Gemäß Buddha kann der Geist nämlich nicht sterben. Nur der Körper als fleischlicher Behälter unseres Geistes verstirbt und zersetzt sich in der Erde. Der Geist hingegen wird kontinuierlich über unendlich viele Existenzen weiterleben. Bei der angestrebten Erleuchtung probierte ich, durch Meditation mich aus dem Zustand zu lösen, in dem ich durch die eigene begrenzte Vorstellung und Begriffswelt blockiert war. Leider hatte ich das Erlebnis der Erleuchtung noch nicht. Doch der Mönch erklärte es mir wie folgt. Bei der Erlangung verbindet sich der eigene Geist mit allem und wird eins mit dem kosmischen Nichts. Sobald eine geistliche Existenz im Leben die Erleuchtung erlangt, bietet sich der Seele die Entscheidung, ob diese noch weiter bewusst im Hier und Jetzt verweilen möchte. Der Buddhismus führt somit den Weg des Menschen in die Eigenverantwortlichkeit. Die Ursache jeder Handlung und Erfahrung soll sogar über das jetzige Leben hinauswirken. Jeder Gedanke, jede Handlung und jedes gesprochene Wort wird Teil des Karma-Prinzips, welches den Verlauf des Lebens definiert. Karma dient dazu, dass man als Mensch nur mit guten oder neutralen Absichten agiert. Aus Furcht davor, dass das Karma die wiederkehrende Ausgangslage des Lebens bestimmt und für kosmische Gerechtigkeit sorgt.

Natürlich wusste mein Mönch schon vor mir, dass ich meine Reise schon bald fortführen würde. Bei meinem vorletzten Besuch empfand mich der Mönch als bereit, mir durch ihn zwei Yantra-Tattoos auf dem Rücken stechen zu lassen. Dies widersprach zwar meinem Vorsatz, dass ich meinen Körper nur mit für mich direkt sichtbaren Tattoos schmücken wollte. Schließlich wollte ich mir ein Tattoo für mich selbst stechen lassen und nicht für fremde Augen, die dann darüber urteilen konnten. Der Mönch hatte bereits meine Unbehagen geahnt und schlug mir vor, die beiden Tattoos anstelle von Tinte mit einer kräuterigen Ölmischung zu stechen. Als ich seinem Alternativvorschlag einwilligte, holte er das zuvor bereits vorbereitete Öl. Beim Tätowieren handelte es sich um ein gesamtheitliches Ritual, bei dem gemäß der buddhistischen Lehre Heil- und Schutzsprüche aufgetragen wurden. Das Ritual begann mit einem vibrierenden Sprechgesang des Mönches, bei dem ich aufgrund der Sprachbarriere nur lauschen konnte. Dabei setzten wir uns in einem separierten, geschlossenen Raum im Schneidersitz auf den Boden. Der Raum war ausgeschmückt mit religiösen Artefakten und verzauberte mich mit seiner goldig glänzenden Pracht. Während des Sprechgesangs klebte er mir Goldpapier auf die Kopfkrone. Anschließend überließ er mir die Wahl, um welchen Schutz er bei der Tätowierung für mich bitten soll. Ich entschied mich für Selbstfindung, Erfolg und die Anziehung kraftbringender Menschen. Diese Schutz-Tattoos wurden fälschlicherweise von vielen Touristen als optisch exotische Motive unter die Haut gestochen. Der Mönch stach mir seine Gebetsformeln mit einem altmodischen Mai Sak. Einem angespitzten, langen Stab aus Bambus. Diese traditionelle Methode war meines Erachtens schmerzhafter als mit den mir bisher bekannten westlichen Gerätschaften. Damit ich das ausstrahlende Brennen überstehen konnte, schrieb er mir ein beruhigendes Mantra auf. Während die dicke Nadel immer wieder aufs Neue meine Haut penetrierte, murmelte ich gleichmäßig die Worte Na Mo Put Ta Ya. Ununterbrochen wiederholte ich die Abfolge dieses Mantras und probierte mich so, vom Schmerz abzulenken. Ich visualisierte, wie sich mein Körper auf die Schutzsprüche einließ und sie verinnerlichte. Das Mantra sollte «Vom Himmel bis zur Erde durch die fünf heiligen Buddhas geschützt» bedeuten. Jedes Mal, wenn er erneut auf den Stab einschlug, dessen Spitze sich in meine Haut bohrte, strahlte der brennende Schmerz über meinen gesamten Rücken aus. Ich fantasierte zur Ablenkung, wie die Hieroglyphen goldschimmernd meinem Körper entstrahlten und somit die positive Energie aufnahmen. Plötzlich war mir, als ob mich eine lebensfreudige Hitzewelle überkommen hätte. Ich probierte mich vom Schmerz abzulenken, indem ich mich an meinem Mantra festklammerte oder seinem Sprechgesang lauschte.

Zwei Tage später machte ich mich mit gerötetem Rücken auf den Weg, um durch Buddha geschützt, noch weitere Horizonte zu entdecken.

Ein neues Leben in Graz

Durch den Abstand zu Raphael und dem Besichtigen mir neuer Naturwunder in Thailand beschäftigte mich die Frage nach meiner Bestimmung. Ich schätzte mich selbst als einen kreativen Geist ein, welcher diesen im Lebenspfad auskosten sollte. Ich glaubte an meine Einstellung, dass ich alles schaffen könnte, wenn ich meine Energie zu 100% darauf fokussieren würde. Doch ich spürte, wie die rasende Zeit mir bereits durch die Finger rasselte und es zu vieles gab, was ich noch erreichen oder erledigen wollte. Während ich die prächtigen Naturlandschaften von Thailands Norden genoss, geisterten mir unterschiedliche Pläne durch den Kopf. Es waren Ideen, von denen ich selbst nicht einmal profitieren würde. Aber es handelte sich um Herzensprojekte, deren Samen ich setzen und pflegen wollte, damit die nächsten Generationen dann in ihrem Schatten Ruhe und Harmonie finden konnten. Ich überlegte, mit welchen Maßnahmen ich welches ToDo zuerst erreichen könnte und ob ich Vorteile durch die Einhaltung einer bestimmten Reihenfolge erlangen konnte. Doch für all diese Pläne brauchte ich zuerst mal wieder eine Basis. Eine Lebensgrundlage, die mir Geld brachte und die den Alltag unterhaltsam gestaltete. Ich fürchtete mich jedoch davor, dass die Welt mich an meinem Vorhaben hindern würde. Denn berufsbegleitend zur Banklehre hatte ich bereits damals eine Ausbildung in Marketing und Kommunikation absolviert. Während eines Jahres hatte ich höchst engagiert jeden Samstag den ganzen Tag in einem Schulzimmer verbracht und mich dort in die kreativen Köpfe der Werbebranche reingedacht. Ich hatte mir erhofft, dass ich mit dieser Ausbildung dann eine Marketing-Anstellung bei einer Bank erhalten könnte. In meiner Vorstellung sah ich in mir das Potential, meine Kreativität mit meinem Bankfachwissen kombinieren zu können. Doch die Branche ließ es trotz meiner überschwänglichen Motivation nicht zu, dass ich ohne Vitamin B im Marketing Fuß fassen konnte. Dies war damals eine bittere Enttäuschung gewesen und der Richtungswechsel nur ein Traum geblieben. Im Marketing hatte mir niemand eine Chance gegeben. Zurück in die Bankenwelt wollte ich jedoch nicht. Das Militär war mir auch verwehrt – ich weiß, selbst schuld. Was blieb mir in diesem Fall bei einer Auswanderung nach Graz noch übrig? Ich wusste es außer Yoga noch nicht. Doch ohne einen konkreten Plan im Blick entschied ich mich für das Ende meiner Reisezeit und ich war bereit für eine neue Entdeckungsreise.

Ich hatte mich bereits nach einer Woche in der neuen Wohnung in Graz eingerichtet. Es war ein Altbau mit knarrenden Böden und alten Heizsystemen. Am meisten gefiel mir die 3 Meter hohe Decke. Mein Lebensmittelpunkt befand sich im dritten Stock eines Wohnblockes innerhalb eines aufkommenden Quartiers. Aus der Marketingperspektive liebte ich diesen Satz, denn es klang so optimistisch positiv. Aber eigentlich bedeutete dies nur, dass die Gegend derzeitig noch einen leichten Ghetto-Vibe hatte, der aber durch staatliche Investitionen und Neuinvestoren langsam ausgetrieben wurde. Raphaels Mitbewohnerin war ausgezogen, da sie selbst den ersten Schritt mit ihrem Partner wagen wollte. Wir hatten somit ein großzügiges Bad, eine riesige Küche, ein Wohnzimmer und neben unserem Schlafzimmer ein zweites, welches auf einen Garten ausgerichtete war. Dieses richtete ich als ein Gästezimmer und Yogaraum ein. Raphael hatte mir in seiner Männerhöhle mehrere Plätzchen freigeräumt, damit ich mich einleben konnte. Als Erstes hatte ich uns ein Bettgestell gekauft, weil ich mich geweigert hatte, langfristig mit der Matratze auf dem Boden zu schlafen. Als ich dann bereit für den Alltag war, bewarb ich mich persönlich als Erstes für einen Job als Yogalehrerin im renommiertesten Fitness-Studio. Nach zwei Wochen erhielt ich auf meine Initiativbewerbung tatsächlich eine Stelle als Hauptyogalehrerin zugesprochen und leitete drei verschiedene Stilrichtungen pro Woche. Mein eigentlicher Vorteil war, dass ich somit kostenlos das Fitnesscenter für mein eigenes Training mitbenutzen durfte. Dort gab es nämlich auch noch ein Hallenbad, Saunen und Dampfbäder. Da die gesamte Stadt am einfachsten mit dem Fahrrad zu durchqueren war, hatte ich jeden Tag bereits nur durch meine Anreisen das Gefühl, dass ich Sport getrieben hatte. Ich brauchte jedoch noch eine weitere Einnahmequelle. Ich war mir sicher gewesen, dass sich noch etwas ergeben würden. In meiner Freizeit spazierte ich am liebsten durch die historische Altstadt und ließ mich von der Schönheit der Architektur faszinieren. Das Zentrum der Stadt formte der Schlossberg, der seine Bezwinger mit einer wundervollen Aussicht über die Region belohnte. Um die Ruinen zu erreichen, konnte ich entweder einen Lift im Berginnern nehmen, zu einer grünen Aussicht mit der Bergbahn den Dolomit entlangfahren oder zu Fuß raufspazieren. Hierfür gab es die Kriegsstiege mit ihren 260 Stufen, welche beim Wahrzeichen Uhrturm endete, oder ich gelangte durch die alten Gassen der Altstadt auf den Berg. Das Herz der Altstadt war die Sporgasse. Sie war die älteste Handelsstraße in Graz und rühmte sich mit Gebäuden aus dem 16. Jahrhundert. Geschichte hatte mich schon immer fasziniert und aus Eigeninteresse hatte ich mir breitgefächertes Wissen über die Stadt angeeignet. In der Zwischenzeit besuchten mich bereits meine liebsten Freunde und ich führte sie durch die Stadt. Ihr Aufenthalt inspirierte mich zu der Idee, mit meinem neu angeeigneten Wissen etwas Geld nebenbei verdienen zu können. Also schaltete ich über eine Plattform im

Internet meine geführte Tour auf, kaufte mir einen Laserpointer und begann als semi-legale Touristenführerin Besucher in der Stadt rumzuführen. Für den Anfang buchten zuerst meine Bekannten eine kostenlose Tour. Deren ernstgemeinten positiven Rezessionen führten dazu, dass ich immer wieder mal Touristen von Graz begeistern durfte. Und mein Engagement mit dem Laserpointer hatte sie schon auch beeindruckt. Am liebsten waren mir die ausländischen Touristen, bei denen mich mein Akzent nicht als Auswärtige entlarvte. Meistens endeten die Führungen damit, dass ich als zusätzliche Wertschätzung von meinen Gästen noch zu einer Mahlzeit oder einem Drink eingeladen wurde. Ich schätzte mich jedes Mal glücklich, dass ich mich so gut mit meinen Gästen verstehen durfte, wodurch der Kontakt auch nach ihrer Abreise noch aufrechterhalten blieb. Mit diesen beiden Jobs hatte ich schonmal genug Geld, damit ich mir die Wohnungsmiete leisten konnte. Doch das Leben zehrte an meinem Ersparten. Während einer meiner Touren fiel mir in der Sporgasse eine handgeschriebene Tafel in einer Vitrine auf. Sie hing am Eingang einer rosa verkleideten Confiserie und suchte nach einer Aushilfe für die Backstube. Ich witterte die Chance, mich in einer Pralinen-Produktionsstätte satt zu naschen und dabei noch ein neues Handwerk zu erlernen. Zu Hause angekommen bereitete ich spontan meine Bewerbungsunterlagen vor und brachte diese persönlich noch am gleichen Tag bei der Confiserie vorbei. Mein Lebenslauf war eine etwas unkonventionellere Version, welche meine Kreativität untermalte. Linksbündig verlief ein 6cm breiter Balken mit einem harmonischen Farbverlauf. Darin war zuoberst ein professionelles Foto von mir, wie ich in einem weißen Arbeitshemd und schwarzen Blazer auf einem Tablet tippte. Der Blick meiner Abbildung deutete auf den ausgeschriebenen Namen rechts. Unter dem Bewerbungsfoto ergänzten meine Kontaktdaten und mehrere weiß geschriebene Kategorien den Farbbalken. Ich stellte meine wichtigsten Skills in einfachen Diagrammen dar. Zum Beispiel zeigte ich das Level meiner Sprachkenntnisse durch unterschiedlich gefüllte Balken an. Für meine Kenntnisse mit Computer-Programmen bediente ich mich nur derer Icons. Zuunterst am Farbbalken verwies ich den Leser mit Symbolen auf meine Hobbies und auf meine Referenzen. Der Hintergrund der restlichen 2 / 3 des Blattes links vom Farbbalken war weiß. Es begann mit meinem Namen als Titel, gefolgt von einem Abschnitt mit einem Fließtext. Darin erzählte ich kurz und bündig von meinem bisherigen Leben und meiner Motivation für den Antritt dieser Stelle. Danach folgte eine Auflistung meiner Karriere, bei dem ein Zeitstrahl die unterschiedlichen Stationen aufzeigte. Ich konnte doch einige Zwischenhalte vorweisen, was für diesen Abschnitt fast die Hälfte der verfügbaren Fläche beanspruchte. Die Überbegriffe waren in violetter Farbe und die Ergänzungen in schwarzer Schrift. Darunter folgte eine kleine Auflistung meiner Diplome und Auszeichnungen. Auch bei denen hatte ich dieselben violetten Linien wie beim Zeitstrahl verwendet, damit die Gesamtheit des Dokumentes nicht zu unruhig wirkte. Die letzte Sparte war eine Beschreibung im selben Stil des ersten Fließtextes. Zum Ende konnte ich so noch suggerieren, wie ich von meinem Umfeld wahrgenommen wurde. Ich wurde nach nur einem Tag zu einem Bewerbungsgespräch eingeladen, jedoch hatte das Ehepaar der Confiserie andere Pläne mit mir. Wie sich herausstellte, suchte die Besitzerin der Confiserie nach genau diesem modernen und dennoch kreativen Stil, um ihr Schokoladen-Handwerk in der Stadt bekannt zu machen. Die Firma produzierte mit sechs Mitarbeitern schon vier Jahre lang, war jedoch sehr unauffällig gewesen. Unverhofft erhielt ich somit das Angebot unterbreitet, eine Stelle als Marketingverantwortliche zu erhalten. Ich konnte es anfangs nicht fassen, dass ich per Zufall an solch einem coolen Job vorbeispaziert war. Ich fühlte mich überaus dankbar dem

Schicksal oder den fünf Buddhas gegenüber, dass meine Lebensgeschichte solch eine unerwartete Wendung nahm. Ich akzeptierte das Angebot dankend und freute mich auf eine spannende Zeit in der köstlichen Welt der Schokolade. Ich erhielt kein offizielles Büro und verbrachte manche Arbeitstage mit meinem Laptop hinter dem Tresen der beiden Shops, welche sie in der Stadt führten. In der Confiserie wurde der Fokus neu auf den Onlinemarkt gelegt, wodurch ich viel Homeoffice genoss. Hierfür lag ich gelegentlich in der Badewanne und arbeitete an meinem Handy oder Laptop. Ich liebte es, dass diese Arbeit keine Routine beinhaltete. Die Schichten im Laden konnten sich wöchentlich ändern. An jedem Wochenstart dachte ich mir ein neues Marketing-Projekt aus und gestaltete meine Arbeitstage eigenständig. Ich konnte entweder am Online-Shop arbeiten und diesen stetig ausbauen. Oder ich konnte einen Nachmittag mit dem Fotografieren der verschiedensten Produkte verbringen, bei dem ich die Pralinen der Confiserie möglichst kunstvoll ausschmückte und die Fotos anschließend auf Social Media postete. Wurde dabei eine Praline beschädigt, schnabulierte ich sie halt. Raphael stand hierfür oftmals als Model vor der Kamera und unterstützte mich bei der Umsetzung meiner Werbevideos. Solche Posts kombinierte ich mit Wettbewerben und ich liebte es, einem Gewinner den Tag versüßen zu dürfen. Ich kümmerte mich immer wieder gerne um neue Designs für Produkte und leitete die Produktlancierungen. Ich begann Hotels und Kooperationspartner zu suchen, sodass man den Wirtschaftsraum Graz gemeinsam stärken konnte. Eigenständig machte ich mich an die Akquise von Firmenkunden. Ich wollte, dass Firmen ihre Kunden- oder Mitarbeitergeschenke über mich bestellten und somit meine Provision aufstockten. Hierfür fuhr ich mit meinem Fahrrad bei Sonnenschein die 20 größten Firmen in Graz ab und hinterließ ein kleines Präsent mit einem Begleitschreiben. Der Briefumschlag war kunstvoll von

Hand geschrieben und das kleine Produktsortiment ließ den Kunden geschmacklich in die Schokoladenwelt eintauchen. Durch meinen persönlichen Besuch konnte ich mich gleich als direkte Kontaktperson etablieren. An anderen Tagen erwartete mich die Aufgabe, im Laden schwarze Pralinenschachteln per Hand zu bemalen, welche dann mit 25 Pralinen befüllt wurden. Hierfür suchte ich mir generelle Motive aus und verbrachte den Nachmittag mit dem Gefühl, als Künstlerin tätig zu sein. Ich nutzte diese Aufgaben, damit ich mich während der Arbeit mit einem kabellosen Kopfhörer durch Podcasts weiterbilden konnte. Ich lernte vieles über Psychologie, Spiritualität und begleitete andere Menschen auf deren Suche nach dem Lebenssinn. Es fehlte mir jedoch, keine Mitarbeiter vor Ort zu haben. In der Bank, wie auch beim Militär und anderen Anstellungen war ich jeweils von Kameraden umgeben gewesen, welche den Alltag etwas spannender gestalteten. In der Confiserie war ich jedoch den gesamten Tag auf mich allein gestellt. Doch wenigstens hatte ich Gäste, welche den Laden und somit mich besuchten. Ich begrüßte sie jeweils herzlichst und probierte, sie als engagierte Verkäuferin zu einem Kauf zu umgarnen. Da ich gerne redete, plauderte ich mit meinen Gästen oder gab ihnen Reisetipps. Ich machte wohl was richtig, da ich selbst bei normalen Einkäufen mit einem kleinen Trinkgeld wertgeschätzt wurde. Innerhalb kürzester Zeit hatte ich zudem eine Reihe von Stammkunden. Wann immer ich meine Schicht antrat, so wurde ich von ihnen auch mal nur für ein Schwätzchen besucht und die Arbeitstage vergingen wie im Flug. Meine Lieblingskundin war eine 50-jährige Koreanerin, welche sich früher als Opernsängerin in der Stadt einen Namen gemacht hatte. Als sie aufgrund ihrer Kinder die Gesangskarriere an den Nagel gehängt hatte, führte sie ein renommiertes Würstelstandl. Dabei kochte sie selbst im Standl und überraschte mit gelegentlichen Arien ihre Kundschaft. Ich nannte sie wegen ihrer anmutigen Ausstrahlung die Königin der Nacht und viele in der Stadt achteten sie. Sie kam mich regelmäßig besuchen und verbrachte auch mal über eine Stunde bei mir im Laden. Irgendwann kannte sie die meisten Produkte auswendig, da sie mir beim Verkauf zugehört hatte. Wenn der Laden mit Touristen überrannt wurde, half sie zum Spaß bei der Kundenberatung aus. Irgendwann wurden wir Freundinnen und verabredeten uns auch privat zu Treffen. Sie brachte mir vieles über die koreanische Ansichtsweise des Christentums bei und war top informiert, was die Weltpolitik betraf. Auf Grund ihrer Trading Skills musste sie wissen, wo was geschah, um so ihre Entscheidung über den Kauf oder Verkauf von Wertanlagen abzuwägen. Ihre großzügige und gutmütige Ader war mir eine Inspiration, denn sie unterstützte tatkräftig viele Hilfsprojekte. Von ihr lernte ich auch praktisches Wissen über Haushaltstricks. Sie lehrte mich während Tagesausflügen in der Umgebung von Graz Pflanzen zu pflücken und sie dann zu Essen zu verarbeitete. Aus Bärlauch machten wir Pesto, aus Erdbeeren Marmelade und aus Holunderblüten ergab sich Sirup. Sie teilt mit mir ihr umfangreiches Wissen bezüglich pflanzlicher Heilmittel und hatte zu jedem Thema eine Antwort bereit. Zwischenzeitlich gehört sie sogar zu meinen besten Freundinnen. Doch meine Lieblingsperson im Zusammenhang mit dem Laden war Prince. Er war ein nigerianischer Flüchtling, welcher auf der Straße Zeitungen verkaufte. Es war die einzige ihm durch den Staat erlaubte Arbeit gewesen, um so für seinen Unterhalt aufzukommen. Seine Schicht in der Sporgasse dauerte jeweils um die vier Stunden und er probierte, den Passanten seine Zeitung anzudrehen. Er durfte 2/3 des Ertrages als Lohn behalten. Wann immer er den Geldschein eines Käufers in Kleingeld tauschen musste, stürmte er in den Laden und bat mich um Hilfe. Ich sah keinen Grund, warum ich ihn nicht mit so etwas Belanglosem unterstützen sollte, und wechselte ihm immer. Im Sommer brachte ich ihm an heißen Tagen ein Glas Wasser. Im Winter gab es eine Tasse Tee für ihn, wann immer ich mir selbst auch einen zubereitete. Durch meine Nettigkeit fühlte er sich wohl genug, um sich mit mir zu unterhalten und wir tauschten uns über unsere Alltagsprobleme aus. Sein Leben war doch ganz anders als meines. Manchmal regten wir uns künstlich über kleine Bagatellen auf, die das Leben unnötig erschwerten. Unsere Motzattacken endeten jedoch immer mit derselben Ansicht. Dass man das Leben nicht zu ernst nehmen und stattdessen lieber mehr darüber lachen sollte. Wenn man sowieso keinen Einfluss mehr auf die Folgen eines negativen Vorfalls hat, wieso dann sich darüber den Kopf zerbrechen? Princes Freundschaft versüßte mir meine Arbeitstage. Wir waren eine Art Arbeitskollegen, die aber nie außerhalb des Büros etwas miteinander unternahmen. Und dieser Abstand passte beiden perfekt. Für meine Freizeit hatte ich nämlich andere Freundesgruppen gefunden.

Wer gerne mit dem Feuer spielt

Um mir einen neuen Freundeskreis aufzubauen hatte ich mir überlegt, wo ich am einfachsten Kontakte schließen konnte. Für mich stand fest, dass in einem Verein Gleichgesinnte zumindest durch ein Thema miteinander verbunden wären. Als eine grandiose und sehr empfehlenswerte Entscheidung erachtete ich meinen Beitritt in die freiwillige Feuerwehr. Nach dem Bewerbungstelefonat erfolgte das erste Kennenlerntreffen und schon war ich dabei. Ich vermutete, dass mein militärischer Background mir als ausreichendes Leumundszeugnis für eine Aufnahme gedient hatte. Aufgrund der obligatorischen Grundausbildung besuchte ich während drei Monaten jeden Sonntag die Feuerwehr und trainierte auf eine Aufnahmeprüfung hin. Mit einer Gruppe unterschiedlichster Charaktere lernte ich unter anderem die Namen der Gerätschaften und Ränge auswendig und eignete mir den Fachjargon an. Wir übten physisch Formationen, welche für die Bekämpfung eines Brandes elementar waren. Wir übten das Zielen mit einem Strahlrohr und das effiziente Löschen unterschiedlicher Feuerarten. Wir seilten uns von unserem Schlauchturm ab, in dem die nassen Schläuche nach einem Einsatz aufgezogen und getrocknet wurden. Obwohl ich während der mehrmonatigen Grundausbildung noch keine offizielle Feuerwehrfrau gewesen war, hatte ich dennoch schon an den Monatsübungen teilnehmen dürfen. Dabei traf sich die gesamte Kompanie an einem Mittwochabend pro Monat und trainierte für den Extremfall. Es gab ein freiwilliges Ausbildungsteam, welches sich hierfür immer wieder neue Szenarien ausdachte und organisierte. Meistens war es eine Kombination aus Feuerlöschen, Menschenrettung und Autos aufschneiden. Ich mochte gleich von Beginn an das Kribbeln, wenn wir dabei mit den Flammen spielten. Es fühlte sich gut an, mich auf einen möglichen Notfall vorzubereiten, wo ich durch meine Unterstützung einen Beitrag leisten konnte. Auch wenn ich meine Arbeitsstelle in der Confiserie schätzte, so war es mir ungemein wichtig, mich noch etwas sinnbringendem zu widmen. Zudem waren diese Übungen eine Möglichkeit, die anderen Mitglieder kennenzulernen. Denn im Anschluss an die Monatsübung gab es jeweils ein Buffet und nach dem Training wurde mit den Hartgesottenen bis spät in die Nacht gefeiert. Was mir dadurch bei der Feuerwehr das Leben verschönerte, waren die gesellschaftlichen Zusammenkünfte außerhalb des Dienstes. Bei der Feuerwehr hatte ich mich in eine Gruppe von Einheimischen und Ausländern eingefunden, mit denen ich abends mal eine Bar aufsuchen konnte oder man gemeinsam einen Tagesausflug unternahm. Wir hatten zwar die unterschiedlichsten Lebensläufe und Ansichten, jedoch wurde bei der Feuerwehr jeder mit seinen Eigenheiten angenommen. Es wurden sogar Gruppenurlaube in umliegenden Ländern unternommen oder zu Hochzeiten eingeladen.

    Durch meine enthusiastischen Erzählungen hatte ich Raphael dafür begeistert, auch der Feuerwehr beizutreten. Er hatte während seiner alleinigen Zeit in Graz keine Freunde gefunden und freute sich über diese Möglichkeit. Durch die Feuerwehr teilten wir zudem ein gemeinsames Hobby. Und ich durfte mich manchmal mit meiner linken Hand an seinem rechten Arm festhalten, wenn wir uns mit den Fahrrädern den steilen Hang zu der Wache rauf kämpften. Nach Abschluss der Grundausbildung meldeten wir uns einmal pro Woche für einen Schichtdienst in der Wache an. Die Schicht begann jeweils um 18:00 Uhr und endete am nächsten Tag um 6:00 Uhr morgens. Während die Einheit gespannt auf das Aufblinken des Alarms über der Tür der Gemeinschaftraumes wartete, wurde gemeinsam in der Küche gekocht, gespielt oder ein Film geschaut. Die acht Schlafzimmer waren mit jeweils drei Betten ausgestattet, woraufhin Raphael und ich immer ein Zimmer gemeinsam bezogen. Jeder von uns hatte zwei Kleiderschränke. Einer befand sich in der Fahrzeughalle und enthielt die Einsatzunform. Diese durfte nur in dieser Halle oder im Freien angezogen werden, da sie auf Grund vergangener Einsätze durch Schadstoffe kontaminiert sein könnte. Im Schlafbereich der Wache hatte ich einen Schrank mit meiner persönlichen Bettwäsche und Hygieneartikeln. Ich schaffte es jedoch nie, komplett entspannt zu schlafen, da mein Unterbewusstsein nervös auf den Alarm wartete. Im Schlafzimmer ging zwar automatisch ein grelles Licht an, dennoch beunruhigte mich die Befürchtung, dass ich durchschlafen würde. Zudem schlief ich zur Zeitersparnis mit einem Teil der Grunduniform in einem Schlafsack, was nicht sehr komfortabel war. Als frischgebackene Feuerwehrfrau durfte ich bei den Einsätzen in der Position des 5er mitfahren. Denn während am Steuer der Fahrer und der Fahrzeugkommandant saßen, gab es hinten im Tanklöschfahrzeug «TLF» fünf Plätze. Die ersten drei rückwärtsfahrenden Sitzplätze gehörten den Atemschutzgeräteträgern «AGTs». Sie waren diejenigen, welche sich bei einem Brand um die Menschenrettung und Feuerlöschung kümmerten. Die 4er Position unterstützte und sorgte für die Wasserzufuhr. In der 5er Position konnte ich eigentlich nur beim Geschehen dabei sein und den Fahrzeugkommandanten als Assistentin unterstützen. Die Feuerwehr wollte so sicher gehen, dass die Neulinge zuerst Praxiserfahrungen sammelten, bevor sie für die spezifischen Ausbildungen der anderen Rollen zugelassen wurden. Raphael und ich setzten also alles daran, so viele Dienste wie möglich zu leisten, damit wir unseren Erfahrungswert steigern konnten. Dem Kommandanten der Feuerwehr fiel unser Elan positiv auf und er ließ uns bereits nach einem Jahr Weiterbildungskurse besuchen. Unter anderem lernte ich während einer Ausbildung, wie man mit einer Kettensäge Bäume fällt. Das zu können, war schon ein cooles Gefühl und machte sich in der Diplom-Sektion meines Lebenslaufes noch interessant. Die Feuerwehr wurde bei Unwettereinsetzen oft angefordert, um Bäume zu entfernen, welche Transferrouten blockierten oder die Sicherheit von Häusern gefährdeten. Raphael besuchte einen Kurs, welcher sich mit der Menschenrettung und Abseiltechniken befasste. Später absolvierten wir gemeinsam den AGT-Kurs. Eine Ausbildung, welche in der Feuerwehr die Elite definierte. Um für diese Ausbildung angenommen zu werden, mussten wir zuerst einen anstrengenden Fitnesstest bestehen. Diese Tauglichkeitsprüfung entschied aber nicht nur, ob man zugelassen war. Das Ergebnis definierte, ob das Attest für ein, drei oder fünf Jahre gültig war, bevor man den Fitnesstest regelmäßig wiederholen musste. Ich hatte mit meiner körperlichen Fitness ein Attest für fünf Jahre geschafft und durfte somit an der Ausbildung teilnehmen. Diese dauerte eine Woche in einem Ausbildungszentrum und war äußerst anspruchsvoll. Am ersten Tag wurde ich mit Theorie vollgequatscht. Am zweiten Tag erfolgte bereits ein entscheidender Stresstest, bei dem manche sich disqualifizierten. In einem kleinen Raum erbaute das Ausbildungsteam einen Parkour aus einem Gittergehäuse, welches das Kriechen und Klettern durch hinterlistige Hindernisse erschwerte. Beim Durchqueren war es zudem stockfinster. Nur aufleuchtende und ohrenbetäubende Sirenen desorientierten die Sinne. Gespickt mit Kindergeschrei und Stimmen, die verzweifelt um Hilfe flehten. Die Sauerstoffflasche hakte sich an manchen Gitterstellen ein und es galt, sich kontrolliert zu befreien. Die einzige Regel dieses Testes lautete, dass man die gesamte Zeit die luftdichte Atemschutzmaske nicht runterziehen durfte. Bei dem Test trug man zudem zwei 5kg schwere Kanister mit sich. Als erste Person eines

Dreierteams kroch ich bei einem der Hindernisse in ein zwei Meter langes Rohr. Es war gleich klar, dass ich mich bei dieser glatten Oberfläche jedoch nicht bis zum Ende durchrobben konnte. Das zweite Teammitglied Raphael drückte gegen meine Fußsohlen und stieß mich somit von sich weg. In der Mitte des Rohres angekommen, umklammerte das dritte Mitglied meine Füße. Er hielt sich an ihnen fest und zwängte sich, soweit es ging, durch das Rohr, bis ich mich als Vorderste mit einem Griff aus diesem engen Rohr zog. Als er dann in der Mitte des Rohrs lag, klammerte sich noch Raphael dran und wir meisterten die Aufgabe. Bei anderen Hindernissen halfen wir uns beim Klettern über Stangen. Dieser Parkour war nicht nur körperlich anstrengend, sondern erforderte absolutes Teamwork unter Feuerwehrmenschen, die ich nicht zwingend kannte oder mit denen ich mich verstand. Am dritten Tag marschierten wir mit der gesamten Montur als Team durch einen brennenden und verwinkelten Keller eines großflächigen Gebäudes und waren zum ersten Mal einem wahrhaftigen Inferno ausgesetzt. Nur der vorderste AGT in der 11 Mann langen Schlange führte die Menschenkette während der 20 Minuten mit Hilfe einer Wärmebildkamera durch die winkelreichen Räumlichkeiten. An unterschiedlichsten Stellen hatte das Ausbildungsteam Heuballen angezündet. Die anderen klammerten sich an der Arbeitsleine fest, welche die menschliche Schlange beisammenhielt und wateten blind durch den blickdichten Rauch. Endlich draußen angekommen, mussten wir in der vollen Montur anschließend noch einen Kilometer laufen gehen. Dabei machte jeder Bekanntschaft mit seinen körperlichen Grenzen und erfuhr, wie anstrengend der Atemschutzgeräteträgeranzug auf den Körper wirkte. Es war heiß und jeder einzelne Atemzug durch die luftdichte Gesichtsmaske erforderte Anstrengung und Saugkraft. Der Laufschritt wurde während dieses Kilometers automatisch auf die niedrigste Laufgeschwindigkeit gedrosselt, welche noch knapp als Laufen beim Prüfer durch ging. Mit der Absolvierung dieser Ausbildung waren Raphael und ich somit Teil einer spezialisierten Einheit geworden, welche sich paradoxerweise auf das schlimmste Ausmaß eines Brandes freute. Schließlich wollten wir das Erlernte ja auch mal einsetzen können. Glücklicherweise gab es fast keine eskalierenden Notfälle. Mir persönlich fehlte jedoch das erhoffte Adrenalin. Ich wollte meine Zeit damit verbringen, anderen zu helfen.

Augenlicht

Graz stellte sich als eine überaus soziale Stadt heraus. Beinahe die Hälfte der Anwohner bekleidete während ihres Lebens in Graz mindestens einmal ein ehrenamtliches Mandat. Am beliebtesten war die kostenlose Ausbildung zum Rettungssanitäter. Auch hier dauerte meine Grundausbildung mehrere Monate, währenddessen ich nebenbei bereits die ersten Praxiserfahrungen sammelte. Während der Tagdienst durch militärische Zivildiener ausgeführt wurde, übernahm die freiwillige Belegschaft die Nachtschichten. Bei der Anmeldung für dieses Programm musste ich mich für einen Abend in der Woche entscheiden, an dem ich anschließend fix eingeteilt war. Der offizielle Dienstbeginn war jeweils um 18 Uhr, jedoch musste ich eine Stunde vorher loszufahren, um rechtzeitig um 17:30 Uhr vor Ort zu sein. Unter anderem, um die Bereitschaft des Autos zu kontrollieren. Da die Krankenwagen ohne Pause im Einsatz waren, oblag es der ablösenden Schicht sicherzustellen, dass das gesamte Material vollständig und einsatzbereit war. Den Grund dahinter erkannte ich schon nach dem ersten Dienst. Nach mind. 12 Stunden durcharbeiten hatte ich schlicht und einfach nicht mehr die Konzentration oder Geduld dafür, den Bestand von sämtlichem Material durchzuzählen und die Funktionalitäten der Gerätschaften zu testen. Die Schicht endete theoretisch um 6 Uhr in der Früh, jedoch war ich meistens noch mit einer Fahrt beschäftigt, wodurch ich immer verspätet entlassen wurde. Wenn es die Situation erlaubte, wurde gemeinsam an einem Essensstandl etwas Fettiges zu

Abend gegessen, was schnell serviert und verspeist werden konnte. Manche Gruppen schlugen sich in der Besatzung die Zeit mit Gesellschaftsspielen tot. Doch meistens war so viel los, dass ich gar nicht dazu kam. In der Zentrale gab es 20 Schlafräume, ausgestattet mit jeweils drei Betten. Die Wahrscheinlichkeit, dass ich mehrmals in der Nacht zu einem Einsatz gerufen wurde, lag bei 90%. Wann immer eine Einsatzmeldung uns alarmierte, erklang eine schrille technische Tonabfolge. Dementsprechend waren diese Schichten um einiges anstrengender als der Dienst bei der freiwilligen Feuerwehr. Doch die Situationen, welche ich durch diese Tätigkeit erlebte, waren die Anstrengung wert. In der Regel bestand die Besatzung eines Rettungswagens aus einem Fahrer und dem Beifahrer. Der Fahrer hatte zwar die erweiterte Ausbildung, jedoch übernahm meistens der Beifahrer aufgrund der Kapazität die Leitung. Über Funk und einen Computer am Dashboard des Autos kamen die Aufträge rein. Darin wurden jeweils die Eckdaten der Patienten und die Dringlichkeit der Lage bekannt gegeben. Wir wussten, wohin wir fahren mussten, was uns ungefähr erwartete und welche Geschwindigkeit hierfür vorgesehen war. Während des Transports eines Patienten war es auch der Beifahrer, welcher im hinteren Teil der Ambulanz die Aufsicht hatte. Je nachdem, welche Kompetenz einem Auszubildenden zugeschrieben wurde, durfte man allein im hinteren Teil der Ambulanz mitfahren. Bei Kontakt mit dem Patienten fungierte ich immer als Assistentin meiner Ausbildner. Während einer Schicht erwarteten mich jedes Mal unterschiedliche Typen von Einsätzen. Beim größten Teil der Fahrten handelte es sich um reine Transportfahrten. Entweder holten wir einen stabilen Patienten bei sich zu Hause ab oder brachten ihn vom Krankenhaus nach Hause. Dann gab es noch die Dialyse-Patienten, welchen ich immer wieder begegnete und sie mit der Zeit kannte. Diese mussten aufgrund einer Nierenerkrankung in regelmäßigen Abständen einem

Gerät angeschlossen werden, welches ihr Blut reinigte. Bei jedem zugeteilten Einsatz hofften wir Freiwilligen aber insgeheim, dass es sich um eine Blaulichtfahrt handelte. Die Aussetzung der Verkehrsregeln war schon ein prickelndes Gefühl. Für den Fahrer war es eine äußerst heikle, aber adrenalinreiche Angelegenheit. Mit hoher Geschwindigkeit auf eine Kreuzung zuzufahren, war ausnahmslos mit Risiken verbunden. Von den Mitfahrern erforderte es einen robusten Magen. Zumindest bei mir, weil meine Sitzbank im hinteren Teil der Ambulanz rückwärts ausgerichtet war. Es kam nicht selten vor, dass sich ein Patient zusätzlich noch übergeben musste, weil er die dynamische Fahrweise nicht verkraftete. Während der gesamten Ausbildung hatte es nur zwei Fälle gegeben, die mich emotional berührt hatten.

Einmal waren mein Team und ich zu einem Mann mittleren Alters nach Hause gerufen worden. Uns erwartete ein einstöckiges, süßes Familienheim etwas außerhalb der Stadt. Über das geöffnete Innenfenster oberhalb meines Sessels klärte mich der Fahrer über seinen politisch-kommunistisch angehauchten Standpunkt auf. Da es keine Blaulichtfahrt war, lief im Hintergrund die Playlist des Beifahrers und wir fuhren entspannt. Kurz vor Ankunft briefte uns der Beifahrer bezüglich des Vorgehens. An der Haustür angekommen, trainierte ich mich darin, nicht wegen der äußerlichen Erscheinung meiner Mitmenschen über sie zu urteilen. Eine kleine, zierliche Frau mit künstlich braun gefärbten kurzen Locken stand an der Tür. Sie hatte einen Rollkragenpullover an, obwohl es Hochsommer war, und ich konnte mir nur wenige Gründe hierfür denken. Ihr Gesicht war freundlich und sie gewährte uns im schüchternem Ton Eintritt in ihr Haus. Mit einer zögerlichen Handbewegung verwies sie uns ins Wohnzimmer, wo ihr Ehegatte auf dem Sofa saß. Das Team und ich stellten uns vor ihm auf und stellten uns kurz vor. Er saß auf der Couch und war optisch absolut abstoßend. Und übermäßig fett wie ein faltiges Walross.

Er hatte dünne Fäden als Haare und fettige Haut. Das Gesicht war durchbohrt von Pigmentflecken und feinen roten Adern. Sein Doppelkinn und der lüsterne Mund ließ mich an Jabba aus Sternenkrieg denken. Er hatte kristallblaue Augen und sie wirkten so hasserfüllt wie die einer Person, welche seine Frau zu Hause schlug. Jedoch war er so fett, dass ich mir nicht vorstellen konnte, wie er für einen Schlag ausholen könnte. Als Erstes stellte sich die Frage, ob er auf Grund seiner Fettleibigkeit überhaupt in unseren mitgebrachten Tragesessel passte. Überall quollen seine Polsterrollen raus und er erschien mir wie ein Berg Menschenfett. Jabba beschwerte sich über ein Unwohlsein und konnte nicht selbst aufstehen. Es erforderte die Zugkraft vom gesamten Dreierteam, um ihn von der Couch anzuheben. Während wir zu dritt seinen Körper um die eigene Achse gedreht hatten, kämpften wir mit der Balance. Währenddessen hatte die Ehefrau den Sessel hinter ihren Mann geschoben, sodass er sich nur noch runterplumpsen lassen musste. Im Stuhl war jeder mögliche Hohlraum ausgefüllt, doch wenigstens hatte er gerade noch so reingepasst. Wie es das standardisierte Verfahren vorschrieb, fixierte ich die Beine Jabbas am Tragestuhl. So konnte ich verhindern, dass diese während des Transports verrutschten oder am Boden nachgezogen wurden. Plötzlich erfüllte ein bitterer Geruch die Luft und ich blickte zum Ekelpacket hoch. Ich erkannte an dem sich ausweitenden dunklen Fleck auf seiner beigen Hose, dass er sich gerade in die Hosen pinkelte. Sein Aufzucken interpretierte ich zu Beginn als schamerfülltes Weinen. Ich wollte ihn beruhigen, dass er sich hierfür nicht zu schämen bräuchte und das passieren konnte. Auch wenn ich ihn noch so abscheulich empfand, wollte ich nicht, dass er sich hierfür vor mir als Rettungssanitäterin schämte. Sein Blick war gesenkt und ich streichelte kurz über seine Hand, um ihm mein Verständnis zu versichern. Plötzlich wechselte seine Atmung zu einer Schnappatmung und sein Körper zuckte immer wieder. Als ich meinen Ausbilder auf dieses merkwürdige Verhalten hinwies, brüllte dieser los, dass wir ihn sofort auf den Boden hinlegen mussten. Ich band die Beine noch während des Befehls bereits los, während der Fahrer die Ehefrau aufforderte, den Raum zu verlassen. Sie schrie panisch auf und räumte uns zu wenig Platz ein. Innerhalb einer Sekunde hatte sich die Atmosphäre in unserem Raum aufgeladen mit Alarmbereitschaft, Konzentration und Aufregung. Mein Team und ich hatten nur einen Augenblick gebraucht, um zu erkennen, was gerade geschah. Ich stellte mich instinktiv auf die Seite und verschaffte den Ausbildnern Platz. Bei einem Notfall war ich mir bewusst, dass ich nur die Befehle der Experten entgegenzunehmen und auszuführen hatte. Mein Ausbildner griff dem Patienten unter die Arme und zog mit seiner gesamten Kraft an ihm. Doch der Patient war einfach zu schwer. Bei einem zweiten Versuch kippte der Fahrer gleichzeitig den Stuhl vorne runter, sodass der Körper des Patienten herausglitt. Als der Patient am Boden lag, ordnete der Ausbildner die Herz-Massage an. Ich kniete mich seitlich des Brustkorbs hin, riss das Hemd auf und legte meine Hände zwischen die Nippel. Theoretisch hätte ich ihn auch durch sein Hemd durch massieren können, jedoch war mir bei diesem Patienten klar, dass später der Defibrillator noch zum Einsatz kommen würde. Während meine rechte Hand gespreizt den Brustkorb berührte, legte ich meine linke Hand darüber und fädelte die Finger zwischen den rechten Fingern durch. Mein gesamtes Körpergewicht verlagerte ich auf meinen Handballen, um möglichst viel Druck zentralisieren zu können. Das Wichtigste bei dieser Wiederbelebungsmaßnahme war, dass ich für die Herzmassage fest genug auf den Brustkorb niederdrückte, sodass der Knorpel zwischen Rippen und Brustbein brach. Deren Aufgabe war es schließlich, dass Herz vor äußeren Einwirkungen zu schützen. Wenn ich dementsprechend einen Herzschlag simulieren wollte, musste ich bis zum Herz runterkommen. Ich konnte das Knacken des Knorpels nicht nur fühlen, sondern auch hören. Die zierliche Frau weinte auf, woraufhin der Fahrer sie erneut mit erzwungener Geduld darum bat, im Nebenzimmer zu warten. Doch wie alle Angehörigen blieb sie paralysiert stehen und begleitete unseren Rettungsversuch mit der weinerlichen Symphonie von Angst und Trauer. Ihre Hände hielt sie gefaltet und bettete womöglich noch um das Überleben ihres Mannes. Nach ein paar Minuten löste der Ausbildner mich ab. Man konnte nie ahnen, wie lange eine Wiederbelebung andauern würde und musste somit seine Kräfte gezielt einsetzen. Entweder ich kümmerte mich um die Herzmassage oder beatmete mit einer Maske den Patienten. Ich war froh um die Maske, denn für eine Mund zu Mund Beatmung hätte ich schon ziemliche Überwindung gebraucht. Auch bei ihm war es vorgekommen, dass nach etwa 10 Minuten Bluttropfen aus dem Mund zu spritzen begannen. Nach vier Minuten wechselten wir uns jeweils ab. Der Fahrer hatte in der Zwischenzeit den Krankenwagen angefunkt, bei dem ein Notarzt mit an Bord war. Nach einer Viertelstunde kümmerte ich mich wieder einmal um die Beatmung. Dabei wartete ich darauf, bis das Gegenüber 30x gepumpt hatte und ich loslegen konnte. Ich beobachtete die Ehefrau, welche noch immer mit verschlossenen Augen dastand, ihre Hände christlich faltete und ihre Stoßgebete flüsterte. Sie stützte sich auf die Hoffnung, dass wir oder Gott ihn noch retten würden und alles wieder gut werden würde. Als die Beatmungsmaske sich verschob, richtete ich sie und starrte seit langem wieder Mal in die Augen des Patienten. In diesem Moment konnte ich an seinem verschollenen Augenlicht erkennen, dass er nicht mehr zurückkommen würde. Seine einst intensiv blauen Augen hatten eine gräuliche Starre bekommen. Als ob der Tod einen grauen Schleier über die Iris gelegt hatte und so seine Opfer zudeckte. Ihnen konnte ich ansehen, dass nur noch eine leere Menschenhülle vor mir lag und der Patient nicht mehr wiederzubeleben sein würde. Ich lauschte dem Ausbildner, welcher bereits bis 30 gezählt hatte und leitete die nächste Beatmung ein. Danach begann der Ausbildner wieder 30-mal etwa 5cm tief in die Brust zu drücken. Ich schaute mir in der Zwischenzeit die Ehefrau an. Ihre Augen weinten immer wieder einzelne Tränen und sie wusste noch nicht, was ich gerade gesehen hatte. Ich fragte mich, ob ein Teil in ihr sich entweder darüber freute oder sich wünschte, dass er es doch noch schaffen würde. Es war eine spannende Erfahrung gewesen. Ich war dankbar für meinen Einfall, beim Rettungsdienst mitzuwirken, denn wo sonst hätte ich die Erfahrung gesammelt das Sterben hautnah miterleben zu können? Klar war es trotz meiner vorurteilsbehafteten Abneigung mein Ziel gewesen, ihn retten zu können. Doch der Tod ist die einzige Beständigkeit, welche das Leben einem garantiert und seine Zeit war gekommen.

Was mir psychisch jedoch richtig nahegegangen war, war der Abschied einer älteren Dame gewesen. Ich hatte zur Abwechslung eine Tagesschicht an einem Samstag angetreten. Vor diesem Einsatz hatte ich nicht einmal gewusst, was Palliativ-Station bedeutet. Dabei ging es darum, dass die Ärzte eine Krankheit nicht mehr heilen konnten, sondern nur noch die Beschwerden lindern. Auf dieser Station handelte es sich dementsprechend um Patienten, welche kurz vor dem Sterben lagen und denen man die verbleibende Zeit noch so angenehm wie möglich gestalten wollte. Mein Patient war eine Frau mittleren Alters gewesen, die körperlich eigentlich noch fit aussah. Sie hatte schönes dunkles Haar mit einzelnen weißen Haarsträhnen. Sie hatte einen schlanken Körper und sah aus, als hätte sie sich vor ihrer Krankheit sportlich fit gehalten. Der Krankheitsverlauf hatte mit der Realisation begonnen, dass sie die Koordination und Steuerung ihrer Feinmotorik und Reflexe verlor. Die ärztliche Diagnose wies auf einen Gehirntumor hin, welcher auf das Kleinhirn drückte. Zum Zeitpunkt unserer letzten gemeinsamen Fahrt hatte der Tumor bereits so gestreut, dass sie nicht mehr eigenständig aufrecht sitzen konnte. Ihre gesamte linke Körperhälfte hatte aufgehört zu funktionieren. Dementsprechend hing die linke Wange runter und das Schlucken war ihr beinahe nicht mehr möglich. Mein Team und ich holten sie mit der Trageliege von ihrem Spitalzimmer ab. Sie hatte einen schmächtigen Körper, wodurch der Bettwechsel schnell ging. Dabei ergriffen wir die Ecken des Bettlackens und hoben sie rüber. Ihren Beinmuskeln konnte ich ansehen, dass sie früher viel gelaufen war. Doch wahrscheinlich war sie schon eine Weile bettlägerig gewesen, wodurch die Muskeln sich zurückgebildet hatten, und somit nun überschüssige Haut hinunterhing. Mir war die Fahrt äußerst unangenehm gewesen. Normalerweise sprach ich mit meinen Patienten und fand immer ein Gesprächsthema, welches sie von ihrer derzeitigen Misere ablenkte. Entweder bediente ich mich eines aktuellen Themas aus den News, oder ich fragte sie nach ihrer Geschichte oder dem Grund ihres derzeitigen Zustandes. Doch mit ihr stand ich in mitten einer geistigen Sackgasse. Jedes Thema, welches ich als Eisbrecher in Betracht zog, verwarf ich sogleich wieder. Ich erkannte die Banalität in jedem Gesprächsthema, mit dem sich eine sterbende Person nicht mehr auseinanderzusetzen brauchte. Und tiefgründige Fragen getraute ich mich nicht zu stellen, da ich ihre Stimmung während ihres letzten Ausflugs nicht unnötig betrüben wollte. Und so blieb mir nichts anderes übrig, als einfach bei ihr zu sitzen und ihre Hand zu streicheln. Während der Fahrt fragte ich ab und zu mal nach, ob sie einen Schluck Wasser bräuchte. Wenn sie stöhnte, hielt ich ihr einen Schnabelbecher hin. Dann stützte ich ihren Kopf so, dass die Flüssigkeit für sie am einfachsten zu schlucken war. Manchmal sahen wir uns in die Augen und ich wusste nichts anderes, als sie zuversichtlich anzulächeln. Sie starrte zurück, doch sie konnte mit ihrem Gesicht kein Lächeln mehr formen. In diesem Augenblick wünschte ich mir nichts mehr, als dass ich irgendwas sagen könnte, um ihr die Angst zu nehmen, die aus ihren Augen auszubrechen versuchte. Sie war wahrhaftig eine Gefangene ihres Körpers und wartete nur darauf, bis sie gar nicht mehr schlucken könnte. Ich wusste jedoch nicht, ob man sie dann weiterhin künstlich ernähren oder verdursten lassen würde. Doch wie lange sollte sie dann nur über eine Infusion noch am Leben erhalten werden? Die Machtlosigkeit zerrte an mir und ich kämpfte darum, meine Tränen zurückzuhalten. Ich realisierte meine eigene Angst, irgendwann so gefangen in meinem Körper zu verenden. Denn selbst wenn sie sich wünschte, dass jemand vorzeitig sie aus diesem Elend erlösen sollte, so konnte sie es nicht mehr kommunizieren. Die Fahrt fühlte sich wie eine Ewigkeit an und ich begann mich mit dem Blick aus dem schmalen Fenster über der Patientin abzulenken. Als der Straßenverlauf holpriger wurde, erkannte ich, dass wir in ein Naturgebiet eingefahren waren. Wir befanden uns in einer großen Gartenanlage und ich glaubte, dass es Schrebergärten waren. Ich fragte die Patientin, ob ich den Kopfteil ihrer Liege etwas aufstellen soll, damit sie sich diese schönen Gärten anschauen könnte. Da hörte ich zum ersten Mal ihre hauchdünne und zittrige Stimme: «Jo…» Sie klang zerbrechlich, ausgemergelt und erschöpft. Sobald sie angefangen hatte zu sprechen, hatte ich mich mit meinem Ohr ganz nahe an ihren Mund gewagt und konnte somit die wenigen Worte verstehen. «Is..», sie machte eine lange Atempause und ich konnte ihr die Anstrengung in den Stirnfalten ansehen, «mei Goaten.» Während sie ihre Augen wieder schloss, sah ich weiter raus. Die gesamte Anlage schien ein einziger Garten zu sein und ich erkannte bereits aus dem Fenster die überwältigende Blumenpracht. Ihr Garten erinnerte an ein buntes Paradies. Ich entdeckte neben dem saftigen Grün der Blätter orange, pinke, violette und blaue Blüten. Während ich die Patientin für die Übergabe vorbereitete, sprach ich ihr meine Bewunderung für ihren grünen Daumen aus: «Sie hinterlassen uns aber ein prachtvolles Erbe. Ich hoffe, dass sich jemand weiterhin um dieses Fleckchen Paradies kümmern wird.» Sie sah mich an und nur das rechte Auge wurde plötzlich wässrig. Also verließ ich die Ambulanz, um anschließend das hintere Heck zu öffnen und die Trageliege rausziehen zu können. Doch ich konnte nicht. Ich musste meinem Ausbilder mitteilen, dass ich die Patientin nicht in den Garten führen konnte. Der Ausbilder erkannte sogleich an meinen roten Augen, dass mir dieser Fall gerade schwer zu schaffen machte und ich mich vor dem Abschied drücken wollte. Er nickte mir nur verständnisvoll zu und kümmerte sich um den restlichen Verlauf. Ich setzte mich in der Zwischenzeit an meinen Platz und lenkte mich mit meinem Handy ab. Die Kostbarkeit des Lebens machte mich fertig und in mir war die Angst davor geboren, einmal zu enden wie sie. Innerhalb eines Jahres hatte sich ihr Körper von der an der Uni erfolgreich lektorierenden Professorin in ein Gefängnis verwandelt. Das Leben war unberechenbar und barg so viele Risiken. Umso wichtiger wurde es mir in diesem Moment, die gesunden Tage nicht für selbstverständlich anzunehmen. Als der Ausbilder nach 10 Minuten zurückkehrte, schob er die Seitentür auf und streckte mir seine Hand entgegen. Ich griff nach ihr und spürte ein gefaltetes Stück Papier zwischen meinen Fingern. Als der Ausbildner seine Hand wieder zurückzog, meinte er: «Ich soll dir das von der Professorin geben. Du hättest alles genau richtig gemacht.» Zum Glück schloss er daraufhin auch schon wieder die Schiebetür und wir machten uns auf den Weg zurück in die Zentrale. Die Professorin würde in ein paar Stunden von einem neuen Team dann abgeholt und wieder zur Palliativstation zurückgeführt werden. Ich sah perplex den EUR 100 Schein in meiner Hand an und entschied, dass ich an diesem Abend auf sie anstoßen würde.

Der Fightclub

Auch wenn ich über die Confiserie und durch mein freiwilliges Engagement neue Bekanntschaften geschlossen hatte, so wollte ich noch mehr Menschen kennenlernen. Ich empfand Gefallen daran, neue Geschichten zu erfahren und mir so einen Einblick in das Leben anderer Menschen zu erhaschen. Am liebsten waren mir die Individualisten, welche nicht zu den 0815-Standards gehörten oder von denen ich noch etwas Spannendes lernen konnte. Ich wollte mich mit inspirierenden Köpfen umgeben, die mich und mein Wesen verstanden und akzeptierten. Also überlegte ich mir, wo ich diese Art kennenlernen könnte, mit denen ich mich in meiner Freizeit umgeben wollte. Ich entschied mich dazu, mich als freiwillige Helferin für den jährlichen Tuntenball anzumelden. Eine Veranstaltung, welche die Homosexualität und die Auslebung jeglicher Sexualpraktiken zelebrierte. Es war ein Fest der Superlative, bei dem es nur so von üppigen oder freizügigen Kostümen wimmelte. Während sich die einen dazu entschieden, so viel Haut wie gesellschaftlich akzeptiert zu zeigen, warfen andere sich in pompöse Schale mit viel Tüll und Drama. Es gab Shows mit exzentrisch geschminkten Dragqueens, die um die Wette rannten oder eine gesangliche Darbietung lieferten. Manche Event-Module hatten eine versaute Spielstation, wie zum Beispiel ein Gloryhole. Dieses wurde jedoch nur als provokative Fotostage genutzt. Beispielsweise von einer als Nonne verkleideten Frau, die durch das penisgroße Loch den Mann auf der gegenüberliegenden Seite der Wand oral befriedigte. Für die Singbegeisterten gab es eine Karaoke-Station. Es gab als Genital geformte Desserts und immer wieder verteilten freiwillige Helfer Kondome. Wer sich an Körperkontakt störte, war hier falsch. Vor dem Event hatte der Veranstalter mir und den anderen Freiwilligen durch die Blume mitgeteilt, dass Freizügigkeit bei unserer einheitlichen Kostümierung gewünscht war. Und absolut niemand der 35 Helfer störte sich an diesem Wunsch. Wir hatten von den Veranstaltern eine weiße Perücke und schwarze Leggins erhalten. Einige hatten sich dazu entschieden, der langen Mähne der Perücke einen neuen Haarschnitt zu verpassen. Ich hatte mir eine Ponyfrisur geschnitten, die bis zu meinen Augenbrauen reichte. Die Augenlider und die Lippen hatte ich mit türkisfarbenen Pailletten beklebt. Die hautengen Leggings wirkten, als ob durchsichtige Netze nur an pikanten Körperstellen mit einem blickdichten Stoff überdeckt worden waren. Die Organisatoren hatten zudem noch ein neon-pinkes Tape zur Verfügung gestellt, mit dessen breitem Band wir uns ein Oberteil hatten kleben können. Die einen trugen über dem Tape noch einen BH, andere genossen die Freizügigkeit. Ich hatte meine Nippel mit einem schwarzen Kleber verdeckt. Kleine Diamantsteinchen umrundeten noch das schimmernde Pflaster. Mit dem pinken Tape klebte ich die Form eines Korsetts um meine Brüste. Die Träger des Korsetts kreuzten sich hinter meinem Nacken und ein weiteres pinkes Tape schlängelte sich um meinen Hals. Das einzige Outfit, welches noch mehr auffiel, war das von Lexy. Sie war eine provokante Dragqueen gewesen, welche sich mit Watte den Ausschnitt und die Hüfte ausgestopft hatte. Den gesamten Körper zierte ein schwarzer Netzoverall und ihre wattierten Kurven waren ein Hingucker. Sie trug im Gegensatz zu den regulären Freiwilligen eine blonde Mähne, die ihr bis zur Hüfte ging. Die Augen ähnelten einer gefährlichen Raubkatze und die Lippen waren blutrot geschminkt. Mit ihrer extrovertierten, strahlenden Art wollten viele in ihre Gruppe eingeteilt werden. Als eine der freiwilligen Helfer musste ich mich für eine Arbeitsgruppe entscheiden. Unter anderem gab es den Empfang beim Eingangsbereich, um dort die Gäste zu begrüßen. Es gab die Partie, welche die Lose für die Tombola unter den Gästen verkaufte und die, welche bei der Preisvergabe mitwirkte. Ich hatte mich bei der Kennenlernrunde für letzteres entschieden und ab 1 Uhr morgens meine vier Stunden hinter einem Tresen abgearbeitet. Doch zuerst durfte ich die Jugend der Partynacht geniessen, wo durch den niedrigen Alkoholpegel die Masse noch schüchtern war. Da ich niemanden gekannt hatte, war ich als Erstes allein das Fest anschauen gegangen. Ich tanzte alleine auf der abgedunkelten Tanzfläche, amüsierte mich bei den Dragqueen-Shows und genoss das Ambiente des vibrierenden Festes. Ich hatte eigentlich kein Problem damit gehabt, einfach eine Menschenmenge anzuquatschen und mich so einer neuen Gruppe anzugliedern. Doch ich war plötzlich schlecht gelaunt und verdächtigte mein Hungergefühl. Die Organisatoren hatten Snacks für die Belegschaft vorbereitet. Also ging ich ins Untergeschoss des Gebäudes, wo sich der Raum für die Mitarbeiter befand. In der Mitarbeitergarderobe hatte ich mich mit einem Sandwich an einen großen Tisch gesetzt und dem laufenden Gespräch einer Frauengruppe gelauscht. Sie besprachen ihre Begeisterung für Lexys Energie und bewunderten ihre körperliche Fähigkeit zu einem Spagat. Ich mischte mich in die Unterhaltung mit ein und hatte so meinen Anschluss auch schon gefunden. Ich fragte jeden von ihnen, was ihr Beweggrund war, bei diesem Fest auszuhelfen. Und warum sie denn in diesem Moment in diesem Raum mit mir hier unten saßen, anstatt oben zu sein und das Leben zu feiern. Meine Frage war direkt und hatte sie alle für einen Moment zum Nachdenken angeregt. Es brauchte etwas Offenheit, um solch eine Unterhaltung auf tiefgründigem Level führen zu können. Doch wir alle fünf Frauen offenbarten ein Stück unseres Daseins und erzählten, warum wir gerade hier waren. In dieser Runde hatte sich herausgestellt, dass jede von uns sich einem Bereich in ihrem Leben stellen musste, welchen sie als erbarmungslosen Kampf empfand. An diesem Abend entstand somit zum ersten Mal unser Übername als Gruppe: Fight-Club. Bixi gehörte zu den schönsten Menschen, die ich je gesehen hatte. Nicht ohne Grund war sie ein Grazer Model und bekanntes It-Girl. Sie hatte makellose weiße Haut, hypnotisierende himmelblaue Katzenaugen, einladende Kusslippen und strahlend weiße Zähne. Während ihren erotisch geschminkten Augen immer ein verführerischer Blick entwich, entzückte ihre engelhaft helle Stimme. Sie hatte einen ziemlich perfekten Körper, sodass man sie beinahe dafür hasste. Es erforderte zudem Energie, nicht den Neid mich überkommen zu lassen, wenn sie davon erzählte, dass Mutter Natur sie mit dem Ausbleiben jeglicher Scham- oder Achselbehaarung gesegnet hatte. Oder die Klage, dass das angefressene Fett sich an den Brüsten, anstelle an ihrem bereits durchtrainierten Knackpo absetzte. Ihr privater Kleidungsstil erinnerte an einen Fashionstar, welcher klaren Linien folgte. Ein Must-have in ihrem täglichen Outfit waren ein Rock und Netzstrumpfhosen. Egal bei welcher Witterung. Zudem war übermäßiger Goldschmuck ihr Markenzeichen und ihren Hals zierten mindestens fünf Ketten. Sie wusste, welche Anziehung ihre Ausstrahlung auf ihre Mitmenschen hatte und nutzte dies gerne für ihre sexuellen Gelüste aus. Für sie spielte es auch keine Rolle, ob sie sich auf einen Mann oder eine Frau einließ, da sie so oder so ihren Spaß haben würde. Von außen wirkte sie perfekt, doch innerlich kämpfte sie mit einschneidenden Bindungsängsten und war in einer Klinik auch mit der psychischen Krankheit Borderline diagnostiziert worden. Sie hatte dort jedoch gelernt, ihre Symptome als eine positive Eigenschafft ihrer selbst anzuerkennen. Denn nur aus der Auseinandersetzung mit diesem extremen Innenleben schöpfte sie die Kreativität, mit welcher sie beruflich ihre eigene Firma aufgebaut hatte. Diese gemeinsame Bürde schaffte von Beginn an eine Verbundenheit zwischen uns. Mit ihr hatte ich eine Freundin gefunden, welche genau verstand, was ich durchmachte, wenn ich mich in einer psychischen Krise verfangen sah. Selbstsabotage war ihr kein Fremdwort und Selbstverletzung auch ein alter Bekannter. Anna hingegen war zwar in einer Beziehung, suchte jedoch vergebens weiter nach der wahren Liebe. Die einzige positive Eigenschaft ihres Lovers waren seine Bettkünste. Wenn sie nicht gerade mit beeinträchtigen Menschen arbeitete, lebte sie sich gerne sexuell im BDSM-Stil aus. Sie liebte Fesselspiele und bewunderte die kunstvolle Art, verbunden zu werden. Ihr Kleidungsstil war sehr schlicht, klimabewusst und alternativ. Ihre düstere Farbpalette ließ ihre mit Henna orangerot gefärbten Haare aufleuchten. Ihre grünen Augen waren intensiv und faszinierend. Sie trug immer einen riesigen Lederbeutel mit sich, in dem sie alles Kreative mitschleppen konnte. Darunter ein künstlerisch geführtes Notizbuch und eine Instant-Kamera. Mit ihr teilte ich die Passion für ergreifende Poesie und kreative Literatur. Wir beide wollten uns literarisch ausleben und Bücher verfassen. Auch sie mochte es, Menschen kennenzulernen und neue Geschichten zu erfahren. Über sie hatte ich mich auf einer Plattform angemeldet, bei der ich Postkarten an verschiedene Menschen aller Welt verschickte und daraufhin auch welche von anderen zurückerhielt. Ich nutzte diese Gelegenheit, um mehr Lebensgeschichten über unterschiedlichste Mitmenschen zu erfahren. Die Plattform hatte zugelassen, dass ich einen Wunsch bezüglich des Motivs äußern konnte. Ich hatte diese Gelegenheit genutzt und den Schreiber darum gebeten, mir einen Einblick in seinen Alltag zu gewähren. Die Dritte im neu gegründeten Fightclub, Carla, studierte Sexualpädagogik und war politisch aktiv. Auch wenn sie optisch wie das ruhige, brave Mädchen von nebenan wirkte, so zeigten ihre dunkelviolett gefärbten Haare ihr feuriges Temperament. Sie war kurvig, was ihr eine gesellige Ausstrahlung verlieh. Sie kämpfte für Gleichberechtigung und war stolze Feministin. Wenn ich mich mit mir unterhielt, überkam mich eine Welle von Enthusiasmus und Kampfgeist. Sie war davon überzeugt, dass sie und ihre politische Partei erfolgreich sein würden, wenn sie nur hart dafür kämpfte. Sie stand für Themen wie zum Beispiel gleiche Lohnverhältnisse für dieselbe geleistete Arbeit. Oder die Einführung von längerem Vaterschaftsurlaub. Mit ihr nahm ich an meiner ersten Demonstration gegen Femizide teil und wir führte energiegeladen gemeinsam eine Menschenmenge an. Sie hatte generell zu vielen Themen eine starke Meinung und mochte es über deren Korrektheit zu diskutieren. Mich inspirierte ihr Talent für politische Argumentationsführung. Die letzte im Bunde war Lexy. Sie war eigentlich ein junger Mann, welcher sich von Geburt an als Frau in einem Männerkörper gefangen gefühlt hatte. Bei den späteren Treffen war sie immer wie eine Wildkatze aufgebrezelt. Im privaten Leben zog sie sich an unrasierten Tagen wie ein stylischer Typ an. Mit ihr vertiefte ich in Gesprächen darüber, wie sich die Hormontherapie anfühlte, welche sie durchmachte. Für sie war es das Wichtigste auf der Welt, sich endlich in eine Frau umwandeln lassen zu können. Sie führte zwar eine Beziehung mit einem Mann, wusste jedoch nicht, was die Umwandlung für ihre gemeinsame Zukunft bedeuten würde. Die hormonelle Therapie förderte bei ihr eine zusätzliche bipolare Störung, wodurch es vorkam, dass sie manchmal einfach untertauchte und ich tagelang nichts mehr von ihr hörte. Doch genau diese Momente zeichneten den FightClub aus. Indem die Gruppe diesen Zustand einer leidenden Person bemerkte, anerkannte und die Mitglieder darauf eingehen konnten. Schon nur diese Präsenz gewährleistete, dass man nie allein war und es andere gab, die einem verstanden. Nach dem Tuntenball kam es somit zu regelmäßigen Fightclub-Treffen, welche entweder bei Bixi oder Anna abgehalten wurden. Alle steuerten mit Snacks, Drinks, manchmal etwas Gras und Gesellschaftsspielen zu den Treffen bei. Über Stunden kam es zu unzähligen Gesprächshemen und Gedankenansätzen, welche wir uns nur in diesem exklusiven Kreis getrauten zu teilen. Durch die intimen Themen entstand eine Nähe, wie ich sie nur mit wenigen Freunden teilen konnte. Wir redeten offen über unsere Körper und schämten uns auch nicht, uns voreinander umzuziehen. Wir tauschten uns über unsere Vorlieben und unsere Fantasien aus. Wir teilten Tipps und Tricks zur Aufbesserung unseres Sexlebens und empfahlen uns Sexspielzeuge. Wir erhellten traurige Stimmungen mit stimmungslockernden Anekdoten und probierten, gemeinsam Lösungen für unsere inneren Kämpfe zu finden. Manchmal hörten wir aufmerksam dem Interpreten eines Liedes zu. Selbst wenn ich gerade eine Downphase durchlebte, welche mich während meiner Zeit in Graz doch noch manchmal überkam, wirkten diese Treffen wie ein entspannendes Bad. Ich konnte schlecht gelaunt hingehen und sie ließen mich in Ruhe. Ich war zwar noch immer Teil der Gruppe und wurde in der Unterhaltung mit einbezogen. Doch wenn mir nicht nach reden zumute war, akzeptierten sie es und empfanden es als in Ordnung. Irgendwann kam immer der Punkt, an dem meine sozialen Batterien wieder aufgeladen war und ich zu etwas mir Naheliegendem meine Meinung äußern wollte. Mit der Zeit nahm die Mitgliederzahl des Fighclubs zu, wann immer jemand jemanden kannte, welcher in dieser Gruppierung Anschluss finden würde. Die Treffen wurden somit regelmäßig abgehalten und auch private Treffen mit vereinzelten Mitgliedern formten meine Freizeit. Je mehr die Verbundenheit innerhalb der Gruppe zunahm, desto enger festigten sich die Freundschaften. Ein Teil dieser Freundschaft war auch die Schaffung neuer gemeinsamer Erinnerungen. Lustige Ausflüge schweißten uns zusammen und man half sich in Notsituationen aus. Wenn jemand im Alltag umzog, packten alle mit an und es folgte am Ende des Tages eine gemütliche Runde in der neuen Wohnung. Jeder leistete mit seiner Art und Weise seinen Beitrag in der Gruppe und niemand wurde ausgeschlossen. Wir hatten sogar einst ein Ritual abgehalten, bei dem jeder ein Armband geschenkt und verschenkt hatte. An einem hellgrauen Stoffband war eine versilberte Tafel mit dem eingravierten Wort «Lieblingsmensch.» Jeder von uns hatte sich eine besorgt und dann die gekaufte Kette einer anderen Person weitergeschenkt. Da jeder somit mit jedem verbunden war, spielte die Reihenfolge der Schenkung keine Rolle. Bei der Übergabe wertschätzte man den Charakter der zu beschenkenden Person, während die anderen mit positiven Ergänzungen die Rede kommentierten. Am Ende bedankte man sich beim zu Beschenkenden für diese Freundschaft.

Ein Stück Wahrheit

Ich erwachte mit einem nervösen Kribbeln im Bauch, als mich Raphael mit einem sanften Abschiedskuss auf die Stirn aus meinem emotional geladenen Traum weckte. Er sah so gut aus und trug das T-Shirt, welches ich ihm vor ein paar Tagen geschenkt hatte. Es war dunkelgrün und erinnerte mit schlichten rosa Blumenmustern an Hawaii. Er war etwas im Stress, weil er sich noch auf ein wichtiges Meeting vorbereiten musste. Ich lag in Graz in unserer gemeinsamen 3-Zimmerwohnung. In dieser Nacht hatte mich die Erinnerung an den letzten Moment eingeholt, als ich mir für einen Augenblick sicher gewesen war, dass ich Raphael und dieses Leben verloren hatte. Noch während ich Raphael hinterher starrte, wie er sich in der Eingangshalle die Jacke für den bevorstehenden Alltag umhing, ließ ich die Filmausschnitte vor meinem geistigen Auge Revue passieren.

Es war einer dieser Tage gewesen, an denen mein Leben wieder einmal nicht viel Sinn ergeben hatte. In solche Tiefen eines emotionalen Lochs war ich schon seit längerer Zeit nicht mehr versunken, doch eine Phase hatte mich wieder einmal eingeholt. Ich verstümmelte meine eigene Seele mit Selbstzweifeln, Hass und Zukunftsängsten. Ein psychischer Zustand, der kaum auszuhalten war. In diesen Momenten wurde ich zu meinem eigenen, größten Feind. Denn ich kannte meine dunkelsten Geheimnisse und verborgensten Ängste. Ich wusste genau, wie ich sie gegen mich selbst einsetzen musste, um mich als Geisel zu nehmen. An solchen Tagen wurde mein Geist zu einem Gefangenen meiner Gedankenwelt. Und ich konnte nicht einfach davonrennen. Innerhalb meines Innenlebens gab es keinen Fluchtweg. Es gab nicht einmal ein Versteck. Vor meinem Klinikaufenthalt hatten solche Aussetzer dazu geführt, dass ich mich selbst verletzte. Ich konnte so den physischen Druck in meinem Körper entlasten. Ich spürte förmlich, wie der Druck in jeder meiner Muskelfasern verringert wurde und die offenen Wunde als Ventil hierfür diente. Der Schmerz dirigierte meine Aufmerksamkeit vom tobenden Gedankensturm auf sich selbst und sorgte so für ein willkommenes Ablenkungsmanöver. Erst während meines Klinikaufenthalts hatte ich erfahren, dass dieses abnormale Verhalten Teil von etwas größerem war: Borderline. Während dreier Monate hatte ich mir dort dann Skills angeeignet, mit denen ich solchen Attacken vorbeugen oder diese lindern konnte. Zum Beispiel hatte ich mir dort als Deeskalationsplan einen stacheligen Metallball mit abgestumpften Spitzen zugelegt. Dieser schmerzte bei kräftigem Kneten, verletzte jedoch nicht die Haut und förderte zusätzlich die Blutzirkulation. Eine Zigarette half beim Gefühl der Dissoziation, da es mich meinen Körper von innen fühlen ließ. Trotzdem fand ich mich an diesem Tag wieder einmal ans Bett gefesselt. Ich musste nicht arbeiten gehen, weshalb ich ausgeschlafen hatte. Als Erstes hatte ich darüber nachgedacht, was ich mit meinem Tag anstellen konnte. Doch ohne Lebensmotivation konnte ich mich nicht Mal überwinden, meinem Harndrang nachzugehen. Doch ich musste mich bewegen. Ich entschied mich, in der Küche eine Zigarette am offenen Fenster zu rauchen. Ich rauchte ziemlich viel in letzter Zeit. Ich gehörte nicht zu den Stressrauchern, die so ihre Nervosität überlisten wollten. Ich tat es, weil mich dieses Gefühl in der Lunge bezirzte. Bei jedem Zug, den ich am brennenden Körper einer Zigarette zog, spürte ich ein warmes Pochen im inneren meines Brustkorbes. Es war kein Schmerz, doch es fühlte sich nicht gesund an. Und dennoch hatte diese Wärme etwas Beruhigendes und leicht Kräuselndes. Beim Rauchen stellte ich mir vor, wie mein Körper das Nervengift Nikotin über die Lungenkammer langsam aufnahm und stetig meinen Körper mehr und mehr betäubte. Mein Nervensystem außer Gefecht setzte, bis ich am Ende mit schwerwiegenden Folgen daran verrecken würde. Mir waren die Risiken des Rauchens bewusst und trotzdem nahm ich noch einen weiteren Zug. Der Geschmack nach der Erlösung durch den näher rückenden Tod war zu köstlich. Ich konnte mir zwar vorspielen, dass ich meine Skills nur im Notfall einer Krise einsetzte, doch ich wusste, dass ich mich mit jeder Zigarette bewusst selbst verletzte. Denn tief in mir drinnen war ich der Auffassung, dass ich es nicht verdiente hier zu sein und ich für meine reine Existenz bestraft werden müsste. Denn was hatte ich im Leben schon erreicht, um mein Dasein zu rechtfertigen. Vor allem wenn ich meinen Output damit verglich, wie viele natürliche Ressourcen ich die Welt stattdessen kostete und eher eine Belastung war. Und mit diesem Gedanken zündete ich mir noch eine zweite Zigarette an und inhalierte so tief, dass jede kleinste Grube meiner Lunge mit dem süßlichen Gift benetzt wurde. Eigentlich passte alles. Ich hatte mir mit Raphael ein neues Leben in Graz aufgebaut. Ich hatte mich bei neuen Freundeskreisen eingegliedert und somit ein solides Netzwerk erschaffen. Ich arbeitete in einem kreativen Job, wo ich ständig neue Menschen kennenlernte. Meine Freizeit pflasterte ich mit Aktivitäten voll. Damit ich mir das Dasein wenigstens etwas verdient habe, leistete ich meine freiwilligen Dienste zum Wohle der Gemeinschaft. Finanziell verdiente ich genau genug, sodass ich durch den Monat kam. Es blieb zwar nichts zum Sparen oder Investieren übrig. Doch das Wichtigste in dieser Zeit war mir, dass es ab und zu für einen Besuch meines Elternhauses ausreichte. Mir war es elementar, den Kontakt zu meinen ältesten Freundschaften aufrechtzuerhalten. Ich konnte mir keinen rationalen Grund denken, um mich nicht glücklich zu fühlen. Doch an diesem Morgen war ich mit diesem altbekannten physischen Unterdruck innerhalb meines Herzens erwacht. Der Muskel fühlte sich so an, als ob die vier Kammern nicht mit Blut durchgepumpt wurden. Sondern, dass die Wände verklebt waren und der ausgetrocknete Muskel sich zu einem Papierknäuel zusammengezogen hatte. Ich wusste, dass dieser Unterdruck nichts Gutes zu bedeuten hatte. Meine Gedanken begannen wild um die Frage zu kreisen: «Was stimmte nicht?» Aus irgendeinem Grund wirkte mein Leben in Graz auf mich, als ob es zum Stillstand gelangt wäre. Mit diesem routinierten Alltag hatte ich das standardisierte Leben vor Augen, welches mich mit Raphael erwartete. Wir würden irgendwann zu sparen beginnen, damit wir dann heiraten und gemeinsam Kinder bekommen könnten. Irgendwo in Österreich würden wir uns dann ein Haus zulegen und die Kinder großziehen. Mein Leben bestünde darin, das Leben einer Familie zu koordinieren und dabei noch den Haushalt zu bewältigen. Je nachdem, wie viel Kapazität ich hätte, würde ich zusätzlich noch arbeiten gehen und somit den Drive beibehalten. Und auch wenn diese Vision für viele nach einer erfüllenden Zukunft aussah, so wirkte es auf mich beängstigend. Eine Welt, in der ich und meine persönlichen Bedürfnisse keinen Platz mehr hatten. Ich würde niemals in einem fernen Land ein Yogaretreat leiten oder ungebunden reisen können. Ein Leben, bei dem ich mich anderen Lebewesen verpflichten musste, für die ich die Verantwortung trug. Ich empfand diese Vorstellung als einschüchternd und hatte mir bereits seit geraumer Zeit darüber den Kopf zerbrochen. Doch an diesem Tag hatte eine neue Realisation mich erschüttert. Ich störte mich an der Aussicht, dass ich nur noch mit Raphael schlafen würde. Ich liebte es, mit ihm zu schlafen, denn er war gut. Doch ich liebte es auch generell, Sex zu haben und diese Intimität mit neuen Menschen auszuleben. Ich empfand Sex als die ehrlichste Art, einen Menschen kennenzulernen, indem ich mich mit jemanden körperlich verband. Schon nur die Entledigung der Kleider offenbarte ein Stückchen Wahrheit. An der Körperhaltung einer Person erkannte ich, wie wohl die Person sich in ihrer eigenen Haut und somit im Leben fühlte. Ein durchtrainierter Körper setzte nicht zwingend Selbstbewusstsein voraus. Genauso, wie ein molliger Körper pure Erotik und Selbstliebe ausstrahlen konnte. Die Intensität eines Blickkontaktes verriet vieles über den persönlichen Willen und über die Erwartungshaltung an mich. Ich war überzeugt davon, dass es durch die Berührungen und den Austausch von Flüssigkeiten zu einer hormonellen Verbindung zwischen zwei Menschen kam. Schon nur nach einem Atemzug an dem Schweiß wusste ich, ob eine Kompatibilität als Paar bestehen könnte oder ob dieser sexuelle Akt nur aus reiner Freude an der Lustbefriedigung vollzogen wurde. Beim Küssen erfuhr ich das leidenschaftliche Feuer, welches das Gegenüber für mich empfand. Es war jeweils ein schönes und bestätigendes Gefühl, begehrt zu werden. Der Einsatz der Mundmuskulatur zeigte mir, wie aufdringlich oder zärtlich eine Person war. Die Art und Weise, wie der Gegenspieler sich während des Sex präsentierte, gab seine innerste Wahrheit preis. Sie erzählte, wie jemand unverhüllt wirklich war. Denn wenn die Lust Oberhand gewann, spielten alle die Nebensächlichkeiten keine Rolle mehr, welche ein Mensch als seine Identität nach außen vorspielte. Jemand, welcher sich von Machtspielen erregen ließ, wies bestimmte stereotype Charakterzüge auf. Wer sich in der Rolle eines zu missbrauchenden Opfers darstellte, hatte eher eine turbulentere Lebensgeschichte erlebt. Wer zärtliche Streicheleinheiten bevorzugte, wies auf einen feinfühligen Charakter hin. Auch die Wahl der Sex-Pose offenbarte die dominante Ader oder die Experimentierfreude eines Menschen. Ich hatte es schon immer geliebt, die Lebensgeschichten von Menschen kennenzulernen und ihr wahres Ich zu entdecken. Während meines Singlelebens hatte sich Sex zu einer weiteren Methodik entwickelt, um noch mehr verborgene Geheimnisse aufzudecken. Jeder Mensch hatte seinen eigenen Geschmack, den es zu entdecken galt. Ich empfand mich diesbezüglich als ein Gourmet, welcher Freude an der Vielfältigkeit hatte. Ich fand es spannend zu sehen, wie jeder Mensch sich sexuell auslebte und welche Vorlieben ihn reizten. Ich erlernte gerne neue Techniken oder wollte so viel wie möglich erleben. Mein sexueller Trieb nährte sich von der Fantasie einer Länderliste sämtlicher Nationalitäten, welche ich probiert hatte oder noch degustieren könnte. Ich wollte spüren, mit welchem Temperament unterschiedlichste Regionen dieser Welt den sexuellen Akt vollzogen *(Ich kann bestätigen, dass die Mittel- und Südamerikaner ihrem leidenschaftlichen Feuer alle Ehre machen)*. Ich sammelte ihre persönlichen Gerüche und sexuellen Begierden. Ich hatte Raphael bereits ein paar Mal mitgeteilt, dass ich mich diesbezüglich in unsere Beziehung eingeschränkt fühlte. Doch obwohl er zugehört hatte, hatte sich nichts danach geändert. Auf der einen Seite konnte ich seine Ansicht verstehen und nachvollziehen. Nicht jeder empfand Sex so abenteuerlich wie ich und das war auch in Ordnung. Deswegen hatte ich ihm als Startversuch Babyschritte vorgeschlagen, damit wir mit etwas lockerem Experimentieren konnten. Zum Beispiel einem Striplokal einen Besuch abzustatten oder noch jemand Drittes dazu nehmen. Raphael war weder darauf eingestiegen noch hatte er irgendwie reagiert. An diesem besagten Morgen hatte sich unerwartet die Angst manifestiert, dass ich nur noch spannende Erotik erleben könnte, wenn ich es anschließend vor ihm geheim halten müsste. Doch jeder Faser in mir widerstrebte es, so jemand zu werden. Ich konnte es um seinetwillen nicht durchziehen aber, noch wichtiger, auch nicht um meinetwillen. Ich wäre daran zerbrochen, einen Menschen hinter das Licht zu führen, wenn er mir doch der wichtigste Mensch auf dieser Welt war. Und somit tobte in mir ein ungebändigter Hunger, welchen ich nie wieder stillen konnte. Ich wollte einen Partner, mit dem ich meine Abenteuer teilen konnte.

Und nicht jemanden, den ich mit Geheimnissen auf der Parallelspur meines Lebens mitfahren ließ. Den ganzen Tag hatte mein Magen aus Nervosität rumort, da ich nicht einschätzen konnte, wie mein geplantes Gespräch verlaufen würde. Ehrlich gesagt hatte ich nicht einmal einen Plan. Mir war nur bewusst geworden, dass es zu einer Auseinandersetzung mit ihm kommen musste. Schon nur bei dem Gedanken daran, was dies womöglich für Kettenreaktionen auslösen könnte, stiegen mir die Tränen empor. Den Nachmittag hatte ich weinend im Bett verbracht und mit traurigen Liedern meine Sinne betrübt. Dazwischen lauschte ich dem Lärm der brausenden Hauptstrasse nebenan. Auf der einen Seite war Raphael das Zentrum meines Universums geworden. Er war meine Sonne, um die ich meine Existenz rotieren ließ. Auch wenn ich mein eigenes Ding in einer neuen Stadt durchgezogen hatte, so hatte ich mich nach ihm gerichtet. Dabei hatte ich mir doch eigentlich vorgenommen, dass ich so vieles wie möglich erleben wollte. Mich quälte die Befürchtung, dass das Ausleben meiner Lebensvorstellungen damit enden könnten, dass ich ihn als meinen Gefährten verlieren würde. Doch was wäre schmerzhafter, der Preis für die Liebe oder die Rechnung der Reue? Negative und verängstigte Vorahnungen schleuderte durch sämtliche Kanten meiner Gedankenwelt und imitierten den Sprung einer sich wiederholende Schallplatte. Immer und immer wieder umkreisen mich dieselben Aussagen und ich suchte verzweifelt nach einem Notausgang. | *Ich werde ihn verlieren* | Mit einer Decke um die Schultern setzte ich mich vom Bett auf und in den Schneidersitz. Nach dem dritten tiefen Atemzug probierte ich es mit einem konstruktiven Ansatz für die Deeskalation meiner emotionalen Krise. Ich konnte mir entweder eine selbstauflösende Tablette auf die Zunge legen und müsste hierfür nur meine Geldbörse erreichen. Die Notfalltablette hätte mich beruhigt, jedoch wäre ich nicht mehr ganz bei Sinnen gewesen und hätte das Gespräch nicht unter voller Kontrolle führen können. Ich brachte Ordnung in mein gedankliches Chaos und fasste jedes Szenario in meinem Notizbuch zusammen. Ich versuchte mich an einer Pro-Contra-Liste, welche mir einen Überblick über die Zukunftsperspektiven aufzeigte. Ich probierte mir dabei auszumalen, auf welche erwünschten Abenteuer mich Raphael womöglich überall begleiten würde. Jeder Punkt auf der Contra-Liste fühlte sich wie ein Messerstich in meine Brust an. Jeder positive Aspekt wie ein heilsames Pflaster, welches eine blutende Wunde überdeckte. Ich debattierte mit mir selbst, ob es für meinen Seelenfrieden akzeptabel wäre, gewisse Punkte von meiner To-Do-Liste zu streichen. Ich war mitten in meinem inneren Monolog verfangen, als sich die Haustür öffnete und Raphael in der Eingangstür stand. Ich saß auf dem Bett und hielt mein Notizbuch in der Hand, während das Taschentuch in meiner anderen Hand eine Träne wegwischte. Ich hörte das Knarren des Bodens beim Eingangsbereich und nach einem Seufzer entledigte sich Raphael seiner Jacke, dann den Schuhen. Mein Gehör verfolgte die Schritte und wir standen in direktem Sichtkontakt. Ich wartete darauf, dass sein Körper im Türrahmen erschien. Er trug sein natürliches, freundliches Gesicht mit einem Lächeln. Raphaels Laune wechselte jedoch blitzschnell, als er meinen Anblick sah. Ich versuchte, meine Emotionalität etwas zu dämpfen, damit ich eine zielführende Unterhaltung mit ihm einleiten konnte. Langsam machte er zögerliche Schritte auf mich zu und setzte sich mir gegenüber auf die Bettkante: «Was ist den los?», fragte er mit besorgter Stimme, während seine Hand zärtlich mein Bein streichelte. Ich nahm einen tiefen Atemzug und sortierte die Worte in meinem Kopf: «Ich glaube», begann ich, «wir müssen uns unterhalten.» Raphaels Schultern sackten zusammen und ich konnte seinen gerunzelten Augenbrauen seine Verwirrung ablesen. Es war, als ob er sämtliche Interaktionen der vergangenen Woche geistig durchspielte und nach dem Fehler suchte, welcher ihm entgangen war:

«Habe ich etwas Falsches gemacht?», fragte er und sein leerer Blick verlor sich auf der Matratze. «Du hast nichts falsch gemacht», beschwichtigte ich ihn und lächelte ihn aufmunternd an. Es war das verkrampfteste Lächeln, welches ich je aufgesetzt hatte. Ich hatte meine angewinkelten Mundmuskeln dazu zwingen müssen, oben zu bleiben und dabei meine Tränen zu unterdrücken. Ich empfand es unfair von mir selbst, dass ich ihn in diesem Moment mit diesem zuversichtlichen Lächeln belog. Denn diese Mimik täuschte vor, dass die Unterhaltung mit einem Happy End enden würde. Ich suchte verzweifelt nach den richtigen Worten und spürte die Unsicherheit seines Blickes auf mir lasten. Ich konnte ihm nicht mehr in die Augen sehen und starrte das zerknitterte Taschentuch in meinen zitternden Händen an. Endlich konnte ich den gefälschten Gesichtsausdruck ablegen. Obwohl ich den ganzen Tag innere Dialoge durchgespielt hatte, welche ich in diesem Moment mit ihm führen sollte, waren meine Gedanken blank. Ich konnte nur daran denken, dass ich etwas sagen musste: «Ich muss dir etwas sagen», begann ich mit vibrierender Stimme, während sich meine Lippen vor Scham verkrampften, «was ich dir bisher verheimlicht hatte.» Ich probierte meine Stimmbänder zu entspannen und ruhig zu halten, doch die emporsteigenden Tränen bahnten sich erbarmungslos ihren Weg. Sie kullerten meine Wangen runter und tropften auf meine Hand. Noch immer konnte ich ihm nicht in die Augen sehen und versteifte meinen Blick auf das zwischenzeitlich entfaltete Taschentusch. Erneut suchte ich in einem Meer von unpassenden Wörtern nach meinem nächsten Satzanfang. «Sag es einfach», forderte Raphael mich mit einer bestimmenden Stimme auf. Ich konnte die Stimmlage nicht einordnen, welcher er sich bediente. Sie klang, als würde das, was ich ihm gerade sagen wollte, ihn nicht überraschen. Ich wagte es, meinen Blick anzuheben und ihm in die Augen zu sehen. Er hatte seinen Körper aufgerichtet und seine Hand zurückgezogen. Erst in diesem Moment bemerkte ich die kühle Stelle an meinem Bein, welche seine wärmende Handfläche zurückgelassen hatte. Seine Augen hatten eine emotionale Kälte angenommen, welche ich noch nie auf mich gerichtet erlebt hatte. Sie sahen mich so an, wie sie normalerweise nur fremde Menschen verurteilten, die er nicht mal kennenlernen wollte. Ich konnte ihnen nicht standhalten und senkte meinen Blick wieder. Ich wollte es nur noch hinter mich bringen und atmete noch einmal tief ein. Dann nahm ich Anlauf und gestand: «Ich hatte im Militär eine Affäre mit einem anderen Mann.» Für einen Augenblick stand die Welt still. Mein Körper versteifte sich und ich probierte, so flach wie möglich zu atmen, um keine ungewollte Aufmerksamkeit auf mich zu ziehen. Wie ein getarntes Tier, welches zwar bereits ertappt worden war und als einzige Reaktion das Erstarren kannte. Und das, während die Zimmerlampe wie ein blendender Scheinwerfer auf mir lastete. Auch wenn ich ihn nicht sah, so konnte ich seine Entgeisterung wie eine energetische Welle meinen Körper durchfluten fühlen. Nachdem ich diese Worte ausgesprochen hatte, wollte ich nichts mehr, wie im Boden zu versinken. Mein Herz hatte den Anfang gemacht, indem es zu meinem Magen runtergerutscht war. Ich stellte mir vor, wie die Schwerkraft mich nur noch runterdrücken müsste und die nicht zu ertragende Situation sich erledigen würde. Ich hasste mich selbst dafür, dass ich mich mit meinen eigenen Taten in diese Situation reinnavigiert hatte. Ich verabscheute mein Vergangenheitsich, das diese Momentaufnahme einer zerbrechenden Beziehung verursacht hatte und ich es nun ausbaden musste. Alles stand still. «Wer war es?», fragte er mit einer hauchdünnen Stimme. Sie war nicht zittrig, nur kaum hörbar. Ich hatte zwischenzeitlich erneut damit begonnen, unbeholfen an meinem Taschentuch zu zupfen: «Der britische Captain.» Erneut dämpfte die Stille jede Bewegung des Raumes. Raphael wusste, von wem ich redete. Denn ich hatte Captain Happy Meal während der Mission in Telefongesprächen erwähnt. Das war jedoch noch zu einer Zeit geschehen, als ich mit Captain Happy Meal bedenkenlose Mittagessen und Gamestunden abgehalten hatte. Ich konnte nur Raphaels Atem hören, welcher langsamer und tiefer wurde. Mein gesamter Körper war zu einer verkümmerten Eisskulptur erfroren und ich konnte nichts außer meine Augen bewegen. Mit nach unten gerichtetem Kopf erhaschte ich einen kurzen Blick und wurde von Raphaels Gesichtsausdruck ausgepeitscht. Es gab seelische Verletzungen, welche eine Liebe zerbrechen ließen. Doch diese hier, ließ die Liebe zersplittern. Ich konnte seinem Gesichtsausdruck ansehen, dass ich sein Herz mit nur wenigen Worten in tausend kleine Stücke zerfetzt hatte. Mit Entsetzen starrte ich vor mir auf die Überreste einer Beziehung und wusste, dass diese nie wieder die ursprüngliche Form einnehmen könnte. Den ganzen Tag hatte mich das Gedankenchaos gefoltert und mir keinen einzigen Moment Pause gegönnt. Doch nachdem ich dieses Geständnis ausgesprochen hatte, glich mein Innenleben einer ausgetrockneten Wüste. Es fühlte sich in mir an, als ob in diesem dörren Land nie wieder Leben wachsen würde. Mit nur einem Satz hatte ich eine eigentlich harmonische Beziehung in den Sand gesetzt. Plötzlich erhob sich Raphael vom Bett und wandte sich von mir ab. Mit langsamen Schritten durchquerte er die Eingangshalle und blieb bei der Garderobe stehen. Ich sah ihn sich wieder anziehen, getraute mich jedoch nichts zu sagen. Ich konnte in diesem Moment meinen Mund nicht bewegen, selbst wenn ich es gewollt hätte. Ich hatte den gesamten Tag sämtliche Tränen ausgeweint, sodass ich in diesem Moment nichts mehr von mir zu geben hatte. Ich beobachtete Raphael dabei, wie er in die Schuhe schlüpfte, sich die Jacke überzog und die Wohnungstür hinter sich zuzog. In dem Moment, als die Tür zuschnappte wusste ich, dass ich ihn verloren hatte.

Der Schlüssel

Es dauerte lange, bis ich einschlafen konnte. Pausenlos starrte ich auf mein Handy und fragte mich, ob er an diesem Abend noch nach Hause kommen würde. Doch er tat es nicht. Seinen Onlinestatus ließ ich die gesamte Zeit über offen, sodass ich es sah, wenn er an seinem Handy war. Gegen 3 Uhr morgens erlaubte ich es mir, den Signalton auf maximale Lautstärke zu stellen und meine Augen sich ausruhen zu lassen. Die Tür des Schlafzimmers ließ ich offen, damit mich die Öffnung der Haustür wecken würde. Ein großer Teil in mir wünschte sich, dass Raphael einen Weg finden würde, um mir mein schändliches Verhalten zu verzeihen. Ich wünschte mir, dass er nach Hause kommen, sich neben mich ins Bett legen und wir uns am nächsten Morgen aussprechen würden. Doch ein noch größerer Anteil meines Ichs war sich sicher, dass ich kein Erbarmen verdiente. Ich überzeugte mich selbst davon, dass ich ihn nicht verdiente. Mein Herz brannte vor Schmerz und fühlte sich an, als ob ich die Liebe meines Lebens vergrault hatte. Durch seine Entscheidung zu gehen, winkte mir zwar eine neue Welt voller aufregender Möglichkeiten zu. Das Ende dieser Beziehung offenbarte mir die Aussichten auf uneingeschränktes Reisen und die Entdeckung neuer Horizonte. Ich konnte ungehindert die Welt bewandern und neue Menschen kennenlernen. Unzählige Geschichten standen mir bevor, welche ich mir von ihnen erzählen lassen würde. Meine Fantasie erblühte bei der Vorstellung darüber, was ich mit der erlangten Freiheit alles anstellen könnte. Ich war mir jedoch nicht im

Klaren, ob diese Aussichten mein aufgewühltes Herz erleichterten oder doch beschwerten. Ich verstand mich selbst nicht. War es nicht das gewesen, was ich zu bezwecken gewollt hatte? Wieso sonst hatte ich ihm von Captain Happy Meal erzählt, wenn nicht um das Ende dieser Beziehung hervor zu beschwören? Meine innere Welt dunkelte ein, als ich daran dachte, wie sich Raphaels Leben entfalten würde, wenn meine Anwesenheit es nicht mehr verpestet. Ich stellte ihn mir glücklich in den Armen einer fremden Frau vor, welche ihm das gab, wozu ich nicht fähig gewesen war. Die Eifersucht entfachte sich, als ich daran dachte, wie sie ihr Leben mit ihm verbringen durfte und nicht ich. Ich spürte die kräftigen Hände des Neides sich um meinen Hals legen und mich langsam erdrosseln. Nur eine kleine lodernde Flamme in mir erhellt die erstickende Dunkelheit, in welcher ich gefangen gehalten wurde. Auch wenn ich mich für meinen Betrug zutiefst schämte, so war nicht alles an mir schlecht gewesen. Ich hatte mir nach Captain Happy Meal vorgenommen, mir meinen Platz an Raphaels Seite zu verdienen. Und ich hatte seither jeden Tag probiert, ihn als bestmögliche Version einer Partnerin zu begleiten. Meine beiden Überzeugungen kämpften gegeneinander. Verdiente oder verdiente ich ihn nicht? Ich versuchte mich selbst davon zu überzeugen, dass dies doch auch einen Wert haben musste. Wieso sonst hatte ich mir seit dem Militär die Mühe gemacht, ihn mit meiner Aufmerksamkeit zu umgarnen? Immer wieder Mal hatte ich probiert, kleine Gesten in unsere Beziehung einzubauen, welche ihn manchmal etwas in Verlegenheit brachten. Denn Raphael war es sich nicht gewöhnt, Romantik zu erfahren. Er behauptete zwar, früher selbst ein Romantiker gewesen zu sein. Doch schweren Herzens hatte er mir einst unter den Hüllen eines verträumten Mitternachtsgespräch anvertraut, mit welch Respektlosigkeit seine ehemalige Freundin seine romantischen Gesten belächelt hatte. Sie hatte ihm seinen romantischen Charakter ausgetrieben, obwohl er es eigentlich als etwas Schönes empfand. Eine Grausamkeit, welche seine liebenswürdige Art nicht verdient hatte. Raphaels große und kräftige Statur erinnerte an einen aggressiven Bären, wobei in seinem Kern ein sanftmütiger Teddybär steckte. Er war ein Mensch, welcher sich nichts weiter als konditionsfreie Liebe wünschte. Es stimmte mich traurig, wenn ich mir vorstellte, wie sie mit verletzenden Sprüchen sein Wesen verformt hatte. Der Einblick in seine ehemaligen Beziehungen hatte mir bewusst werden lassen, dass er sicherlich nicht der einzige Mann war, dem dies widerfahren war. Die gewünschte Intensität von Romantik war bei jedem Menschen unterschiedlich. Für mich stand fest, dass ich sie wollte. Gemäß den gesellschaftlichen Vorstellungen von Romantik oblag es dem Mann, die Frau als wahrer Gentlemen zu verführen. Doch ich störte mich an der Tatsache, dass Romantik nur den Männern als Bürde aufgezwungen wurde. Ich befand mich zwar innerlich im Zwist, da ich mir selbst auch Romantik von meinem Partner wünschte. Doch ich störte mich am Konzept der Gleichberechtigungsforderung und der Kompromisslosigkeit der Frauenwelt. Wenn wir schon Gleichberechtigung beanspruchten, fiel nicht auch Romantik in diese Kategorie der Kompromisse? Ich konnte diese nicht nur von Raphael erwarten, sondern musste sie ihm auch retournieren. Denn wie sonst sollte er die Kunst der Romantik beherrschen, wenn ich ihm nicht zeigte, was ich mir wünschte? Nach der Blumeninsel Madeira hatte ich es mir somit als neues Ziel gefasst, diese Rolle auszuleben. Meine an mich selbst gestellte Aufgabe war es gewesen, Raphael mit verdienter Romantik zu ehren. Ich hatte ihm hier und da eine einzelne Rose gekauft und sie ihm auf den Schreibtisch gelegt. Manchmal hatte er eine süße Postkarte erhalten, welche ihn mit einer Flasche Wein zu einem Abendessen im Kerzenschein verführte. Er wusste dies umso mehr wertzuschätzen, da ich es hasste, in der Küche zu stehen und kochen zu müssen. Ich hatte ihn auch schon auf der Wiese vor seiner Universität mit einem Picknick überrascht. Da er als Geograph eine Vorliebe für seltene Steine hatte, zierten seine Kommode glitzernde Steinbrocken, welche ich ihm aus Borava mitgebracht hatte. Diese hatte ich nach einem Besuch in einer inaktiven Mine behalten dürfen. Die Mienen wurden auf Grund des bestehenden Konfliktes nicht mehr bewirtschaftet und lagen brach. Obwohl es für mich ein kostenloses Mitbringsel gewesen war, hatte Raphael gemeint, dass dies das schönste und bedachteste Geschenk gewesen war, welches er je von jemanden erhalten hatte. Denn auch wenn ich selbst nichts mit den Steinen anzufangen wusste, hatte ich ihm damit gezeigt, dass ich ihm aufmerksam zuhörte. Da seinen Exfreundinnen den Valentinstag belächelt hatten, konnte er nichts mehr mit diesem Tag anfangen. Er war in der Meinung festgefahren, dass dieser Tag ursprünglich eh nur von den Floristen für die kommerzielle Umsatzsteigerung erfunden worden war. Das stimmte, doch die Festlegung dieses Tages bot einen Grund und eine mediale Erinnerung daran, einmal im Jahr aktiv die Liebe wertzuschätzen, die das Leben bereicherte. An einem Valentinstag hatte ich es mir somit zum Ziel gesetzt, ihn den Begriff Liebe während eines kleinen Spaziergangs erleben zu lassen. Für die Liebe zu mir war er diesen unberechenbaren Tag mit mir eingegangen und meinen Überraschungen gefolgt. Als Symbol der Liebe zu sich selbst hatte er mir bei der Aufgabe geholfen, seine 10 bunten Herz-Heliumballone selbst aufzublasen. Für die Liebe zu seinen Mitmenschen waren wir durch Graz geschlendert und ich ließ ihn diese Ballone an die Paare verteilen, welche er als inspirierend empfunden hatte. Er hatte sie an greise Paare, an frisch Verliebte auf einer Parkbank und an harmonisch wirkende Familien verschenkt. Zur Belohnung hatte ihn im Park ein Picknick mit Malutensilien erwartet. Zum Thema Liebe hatte jeder von uns 10 Minuten lang an einem Bild gemalt, bevor es für die nächsten

10 Minuten ausgetauscht worden war. Während einer Stunde hatten wir einander unsere Gemälde ergänzt und über die Liebe gesprochen. Ein anderes Mal hatte ich für ihn eine Schnitzeljagd durch die Stadt Graz organisiert, welche vor dem Kunsthaus begann. 10 Minuten vor seiner Ankunft hatte ich die Gäste an einem Café-Tisch gefragt, ob ich den ersten Hinweis an die Rückseite eines neben ihnen stehenden Blumentopfes kleben dürfte. Sie hatten eingewilligt und dann gespannt Raphaels Ankunft erwartet. Versteckt positioniert hatte ich ihn während seines Parcours beobachtet, ohne dabei von ihm entdeckt zu werden. Über das Telefon hatte ich ihn nach seiner Ankunft instruiert, wo er den ersten Hinweis finden konnte. Er hatte sich dann zu diesem Tisch gewagt und die Gäste schüchtern angefragt, ob sie ihm weiterhelfen könnten. Der gefundene Hinweis verwies ihn auf den nächsten Platz, auf den ich mit Kreide ein großes Herz mit dem nächsten Hinweis auf den Asphalt gemalt hatte. Bei der gesamten Schnitzeljagd hatte er immer Ausschau nach einem Herz halten müssen, was ihn zum nächsten Punkt führte. Am Ende der Tour war er auf der Hauptbrücke gestrandet, welche die Altstadt mit der Neustadt verband. An der drahtigen Brückenwand hinter mir hingen hunderte bunte Herzschlösser von Paaren, die so ihre Liebe glorifiziert hatten. Ich hatte davorgestanden und Raphael hatte mich trotz meiner ausgefallenen hellblauen Perücke erkannt. Ich hatte unsere Seite der Brücke mit mehreren Lichterketten ausgeleuchtet und mit schwebenden Herz-Ballonen dekoriert. Als er dann vor mir gestanden hatte, überreichte ich ihm unser eigenes pinkes Herzschloss, während mein Handy für die musikalische Untermalung der Romantik sorgte. Auf dem pinken Schloss hatte ich eigenhändig unsere Initialen eingraviert. Er musste in diesem Moment nur entscheiden, ob er den Schlüssel dazu behalten oder in den Fluss werfen wollte, nachdem er das Schloss an die Brücke gehängt hatte. Mit dieser Schnitzeljagt oder anderen Aktionen

hatte ich ihm zeigen wollen, dass ich ihn mir verdienen wollte. Bevor mein Körper erschöpft in einen unruhigen Schlaf glitt, probierte ich mich noch daran zu erinnern, was er mit diesem Schlüssel gemacht hatte. Dabei rotierte in mir immer wieder dieselbe Erkenntnis. Ich brauchte Raphael an meiner Seite. Ich wollte ihn bei mir haben und mich sein nennen. Je tiefer ich in die Traumwelt entglitt, desto stärker kristallisierte sich mein Verlangen nach ihm. Ich war bereit, alles daran zu setzen, ihm einen wertvollen Stein aus einer ausgetrockneten Düne zu bringen, in der es nichts ausser Sand gab. Ich wollte ihm ein Königreich erschaffen, in dem die Liebe regierte und unsere Verbindung Gesetz war. In der Hoffnung, dass er seinen Platz als König einnehmen würde.

Mit dem Messer das Herz gestreift

Ich stellte mir gerne vor, dass es am Ende doch um ihn und mich ging. Dass er bereits derjenige war, der Mein bleiben würde. Doch ich konnte nicht aufhören mir darüber den Kopf zu zerbrechen, ob er nur als eine weitere Lektion wieder aus meinem Leben verschwinden würde. Ob das Ziel seiner Teilnahme in meinem Leben war, mir etwas beizubringen, ohne ihn am Ende behalten zu dürfen. Es bestanden meinerseits keine Zweifel an uns, sondern nur die Angst davor, ihn zu verlieren. Denn ich hatte schon so viel verloren, dass ein weiteres Mal bereits absehbar war. Ich öffnete meine Augen, als die ersten Sonnenstrahlen seitlich dem blickdichten Vorhang entwichen. Mit einem Arm ertastete ich die andere Bettseite und griff dabei ins Leere. Flackernde Zusammenschnitte des gestrigen Tages fluteten mein geistiges Auge und ich erinnerte mich an mein Geständnis. Deswegen war ich die einzige in diesem Bett. Ich wusste nicht, wo Raphael die Nacht verbracht hatte. Wahrscheinlich hatte er bei der Feuerwehr Zuflucht gefunden. Im ersten Moment schätzte ich mich glücklich, dass ich von zu Hause arbeiten konnte. Nur so konnte ich sicher wissen, wann Raphael zurückkehren würde. Es machte mich wahnsinnig nicht zu wissen, wo er die Nacht verbracht hatte. Manchmal wünschte ich mir sogar, dass er mich mit jemandem aus Rache betrogen hätte. Zumal ich es nicht so schlimm gefunden hätte, da ich Sex als etwas rein Körperliches empfinden konnte und es fair gewesen wäre. Dann wären wir quitt und könnten einfach da weitermachen, wo wir aufgehört hatten. Doch so war er nicht und ich wusste es auch. Gelegentlich überkamen mich traurige Vorstellungen darüber, wie sich mein Alltag ohne ihn an meiner Seite abspielen würde. Auch wenn ich vielleicht mehr Vielfältigkeit erleben würde, so fehlte er mir, um meine Abenteuer zu teilen. Zudem ertrug ich nicht den Gedanken daran, nicht zu wissen, wie es ihm ging. Es störte mich nicht, dass er irgendwo anders wäre. Doch ich musste sicher sein, dass es ihm dabei gut ging und ich somit noch immer einen Grund zum Atmen hatte. Ich probierte mir vorzustellen, welche meiner Freunde mir einen Unterschlupf gewähren würden. Da ich Scheiße gebaut hatte, war es für mich keine Frage, wer von uns ausziehen müsste. Ich überlegte mir, wie ich mehrere Kisten voller Kleider transportieren würde. Ich wollte Graz noch nicht verlassen, in der Hoffnung, dass sich per Zufall unsere Wege noch in der Stadt kreuzen würden. In diesem Augenblick gab es vieles, was ich getan hätte, um Raphael wenigstens noch als Schatten in seinem Leben begleiten zu dürfen. Mein Gefühl der Vorsorge galt ihm. Ich hatte ihn verletzt und brauchte die Sicherheit, dass er sich wieder davon erholen würde. Selbst wenn dies bedeutete, dass ich ihn nur noch aus der Distanz betrachten durfte, so war ich bereit, dies einzugehen. Mir war nur wichtig, dass ich ihn dabei lachen, tanzen und glücklich leben erlebte. Ich erkannte mich selbst nicht, dass ich bereitwillig war, mein Leben für jemand anderen zurückzustecken. Ich war mir auch nicht sicher, ob das wirklich so gesund war. Ich spielte mit dem Gedanken, ob ich den Job behalten wollte oder mich unbemerkt einfach aus dem Staub machen sollte. Der Tag verging qualvoll schleppend und endete mir der Ernüchterung, dass Raphael nicht zu Hause auftauchte. Ich verzweifelte daran, dass ich bereits die zweite Nacht nicht an seiner Seite verbrachte. Am nächsten Morgen war ich körperlich so kaputt und übermüdet, dass ich mich bei der Confiserie krankmeldete. Ich konnte nicht die Energie aufbringen, um mich anzuziehen und mich um die Überreste eines Lebens zu bemühen, welches gerade einem tragischen Ende zusteuerte. Zudem wollte ich es nicht verpassen, wenn Raphael auch nur für eine Minute das Haus betreten würde. Denn die Wohnung war in diesem Moment der Ort mit der höchsten Wahrscheinlichkeit, ihn treffen zu können. Schließlich befand sich sein gesamter Besitz hier und er musste irgendwann frische Unterhosen holen. Obwohl ich mir sicher war, dass er nun Abstand zu mir wünschte, so entschied ich mich für meinen Egoismus. Ich musste ihn noch einmal sehen. Mich beschäftigte eine Grundsatzfrage, welche ich durch keinen spannenden Film oder bestelltes Essen verdrängen konnte. Wollte ich um ihn kämpfen? Auch wenn mich das Familienleben ängstigte, so war er der einzige Partner, mit dem ich mir diesen Lebenspfad auch nur im Geringsten realistisch vorstellen konnte. Ich wusste, dass er ein ausgezeichneter und liebevoller Vater wäre. Er würde seinen fairen Anteil an Verantwortung übernehmen und diese mit Gravur meistern. Vielleicht würde er mich sogar meine Yogaretreats leiten lassen. Ich stellte mir auch gerne vor, dass er mir einen Teil des Freiraumes einräumen würde, welcher meine flatterhafte Persönlichkeit beanspruchte. Energielos gammelte ich im Bett und wartete gebannt darauf, dass er nach Hause kommen würde. Ich konnte an nichts anderes denken als an seine grünen TeddybärAugen. Mit welcher Abscheu sie mich gepeinigt hatten, nachdem ich es ihm gestanden hatte. Obwohl ich mir nicht über meinen eigenen Gemütszustand im Klaren war, so wollte ich nichts mehr, als ihn in meinen Armen zu halten. Er war für mich die Liebesgeschichte, die ich nie zu Ende lesen wollte. Ich hasste mich dafür, dass ich der Auslöser für seine seelische Verletzung gewesen war. Dabei hatte ich mir geschworen, dass ich ihn mit dem Respekt behandeln wollte, welcher ihm von seiner Expartnerin nicht vergönnt gewesen war. Während ich in meinem Delirium dahinvegetierte, formte sich schleichend die Überzeugung, dass mir sein

Wohlbefinden das Wichtigste in diesem Schlamassel war. Ich konnte nur nicht herausfinden, ob es ihm mit oder ohne mich besser gehen würde. Ich wollte zwar diejenige sein, die an seiner Seite thronte. Gleichzeitig wünschte ich ihm, dass er jemand besseres finden würde. Das Einzige, was ich machen konnte, war ihm zu zeigen, was ich ihm anbieten konnte. Während ich im Marketing probierte, ein Produkt von seiner bestmöglichen Seite zu präsentieren, musste ich mich ihm selbst verkaufen. Ich hatte immer probiert alles zu geben, damit ich mir nicht die Schuld des Versagens zusprechen lassen musste. Die Frage war nur, was ich nun machen konnte, um mich ihm zu beweisen. Am Mittag fasste ich meinen Mut zusammen und schrieb ihm eine Textnachricht. Ich fragte ihn, ob er heute noch nach Hause kommen würde. Wie paralysiert lag ich den gesamten Nachmittag über im Bett und wartete auf den Signalton. Ich bereute es, dass ich immer wieder seinen Onlinestatus kontrollierte. Denn die Enttäuschung fühlte sich jedes Mal wie eine aufreißende Wunde an, wenn er online war und sich gegen eine Antwort entschied. Es vergingen mehrere Stunden, bevor er endlich auf meine Frage reagierte. Der erlösende Eingang der Nachricht versetzte meinen Körper in höchste Bereitschaft. In einem emojilosen Text gab er seine Ankunftszeit um 18 Uhr bekannt. Ich arbeitete einen Plan aus, was ich in zwei Stunden arrangieren konnte. Ein positiver Energieschub ließ mich vom Bett aufspringen und ungeduscht die Alltagskleidung überziehen. Ich hetzte mit dem Fahrrad durch die Stadt und machte einen spontanen Schnelleinkauf. Ich besorgte unter anderem Pizzazeig, welchen ich dann zu Hause zu einer Herzform verarbeitete. Mit den Zutaten kreierte ich ein gleichmäßiges Muster auf der Tomatensauce. Ich versicherte mir selbst, dass dies sein Lieblingsessen war und er sich darüber freuen würde. Ein roter Plakatkarton reichte aus für 30 ausgeschnittene Herzen. In jedes schrieb ich eine Tatsache, welche ich an Raphael liebte. Seine Augen, seine feinfühlige Zärtlichkeit, seine Stärke, seinen prächtigen Penis, seine Fürsorge. Anschließend klebte ich die Herzen an die kahle, weiße Wand der Eingangshalle. Am Boden verteilte ich flackernde Kerzen und gezupfte Rosenblätter, welche Raphael in die Küche lotsen würden. In der verbliebenen Zeit ließ ich ein heißes Schaumbad ein und deckte das Badezimmer mit romantischem Kerzenschein ein. Ich konnte jedoch nicht einschätzen, ob er oder ich das Bad benötigen würden. Die Pizza schob ich so in den Ofen, dass sie um Punkt 18 Uhr auf dem Esstisch war. Ich spielte ungeduldig mit den Rosenblättern, als ich die Haustür sich öffnen hörte. Durch den knarrenden Holzboden konnte ich mitverfolgen, wie zögerliche Schritte die Eingangshalle betraten und sich der Küche näherten. Es vergingen einige Minuten, welche nur durch gelegentliche Parkettgeräusche unterbrochen wurden. Jedes Knarzen verriet, dass nicht mehr viel fehlte, bis er mir gegenüberstehen würde. Ich konnte mir vorstellen, wie Raphael sich beim Ausziehen der Jacke und der Schuhe die Texte der Herzen durchlas. Unerwartet liefen die Schritte plötzlich wieder in die entgegengesetzte Richtung. Für einen Moment überflutete mich die Panik, dass er die Wohnung wieder verließ. Ich wusste nicht, ob ich ihm hinterherrennen oder Freiraum geben sollte. Ich wollte die Chance, mich ihm beweisen zu können. Meine Körperhaltung war aufrecht und die angespannten Beine waren bereit, loszulaufen. Noch bevor ich mich entschied, wie ich reagieren sollte, hörte ich die Badezimmertür sich öffnen. Nach nur wenigen Sekunden vernahm ich das Einschnappen der Tür und fühlte die Erleichterung in mir. Ich atmete einmal tief durch und wusste, dass er sich zumindest noch in der Wohnung befand. Das sich nähernde Knarren des Holzes erübrigte die Frage, ob er sich noch kurz auf der Toilette erleichterte. Nun wurde es ernst. Die Schritte kamen auf mich zu und ich suchte nach Halt vor der überwältigenden Anspannung. Ich lehnte mich an die Rückenlehne und fand so eine körperliche Stütze. Mein Herz galoppierte vor Nervosität im Dreivierteltakt. Je näher er kam, desto schneller raste es. Endlich erschien Raphael im Türrahmen und starrte in die Küche rein. Seine sonst so wärmende Ausstrahlung war kühl und verschlossen. Er hatte tiefe Augenringe und der natürliche Glanz seiner Augen war getrübt. Seine Arme waren zu einem undurchdringbaren Kasten verschränkt. Sein Blick fiel zuerst auf den Küchentisch. Er wagte schleppende Schritte in den Raum und fixierte dabei die vor ihm liegende Pizza. Seine Körperhaltung wirkte geschlagen und schlapp. Ich wartete darauf, dass sich unsere Augen trafen, doch er würdigte mich keines Blickes. Ich konnte seine Abscheu wie ätzende Säure auf meiner Haut spüren. Dann zog er den freien Stuhl zu sich, setzte sich hin und stützte sich mit den Ellenbogen auf seinen Knien ab. Die ausgestreckten Zeigefinger der gefalteten Hände rieben nervös an seiner Unterlippe und er urteilte über die Pizza. Meine Stimme war mir verloren gegangen und ich wusste nicht mehr, wie ich meinen Körper bewegen soll. Die Stille war unerträglich, doch mir blieb keine andere Wahl, als sie über mich ergehen zu lassen. «Hast du mich mit noch mehr Männern betrogen?», brummte er. Seine Stimme war klar und die Wörter klangen, als ob er diese Frage schon tausend Mal durchgegangen war. Ich hasste die mulmige Bestätigung, dass ich zurecht auf der ungewollten Seite eines Verhöres saß. Ich befand mich in seinem Fadenkreuz und ich fühlte mich eingeengt. Doch ich wollte dem gar nicht entkommen und wusste, dass ich dieses Verhör ehrlich bis zum Ende durchstehen musste. Selbst wenn es nur dazu diente, dass er seinen Seelenfrieden finden konnte. Wenn die Hoffnung auf eine zweite Chance bestand, so hatte mich nun der Moment eingeholt, darum zu kämpfen. «Nein», antwortete ich und bereitete mich auf die nächste Frage vor. «Hat es dir gefallen?», schoss sie wie aus einer geladenen Pistole. Ich wollte ihn nicht belügen, selbst wenn ich wusste, dass ich ihn damit verletzen würde: «Ja, das hat es.» «Was hat Dir am meisten gefallen?», hakte er nach, wobei seine Stimme ausgetrocknet klang. Wollte er dies wirklich wissen? Ich hasste es, dass er mich dazu zwang. Doch ich musste ihm antworten: «Er war grob zu mir, was mich doch ziemlich angetörnt hat.» Raphael schwang seinen Kopf theatralisch nach hinten und legte die Hände aufs Gesicht. Ein lautes Aufstöhnen signalisierte seine Frustration. Ich probierte mit meinem Fokus nicht abzuschweifen, während unzählige mögliche Szenarien mir durch den Kopf schwirrten. Was, wenn er jetzt komplett ausrasten würde?

Ich stellte mir vor, wie er dramatisch aufstehen und den Stuhl von sich wegkicken würde. Ich konnte mir den Klang von brechendem Holz vorstellen, wenn der Stuhl an der Wand abprallte. Wie er mich währenddessen mit schnellen Schritten mit seinen Pranken aggressiv an den Oberarmen packen und gegen die kahle Wand pressen würde. Wie er seinen Oberkörper gegen meine Brüste presst und mir dabei ins Ohr faucht, dass er genauso grob sein könnte. Mir wurde heiß bei dem Gedanken daran, dass er mich einfach gewaltsam nehmen würde. Seine Hände würden nach meinen greifen, und sie seitlich über den Kopf raufziehen. Seine Hände waren groß genug, dass er mit nur einer meine beiden Hände über meinem Kopf halten könnte. Mit der anderen Hand könnte er durch seinen langen Arm meine lockere Hose bis zu den Knien runterziehen. Entblößt würde er mir mit der Hand über meinem Kopf an den Haaren reißen und mich wie eine gezähmte Stute zum Esstisch führen. Er würde meinen Oberkörper über die Tischkante beugen und meine Hände mit nur einem Handgriff hinter meinen Rücken fesseln. Als hätte er durch meine Arme die Zügel eines dressierten Tieres in der Hand. Da ich durch das lieblose Gerammel keinen Halt hätte, würde mein Kopf auf dem Tisch in der Pizza liegen und die Sauce mein Gesicht und meine Haare verschmieren. Der Sex wäre energetisch geladen mit Hass, wie auch Leidenschaft. Zwei Emotionen, die sich wie Geschwister bekämpften. Ich wäre sogar bereit dazu gewesen, mich als Entschuldigung ihm willenlos anal hinzugeben. Eine Sexualpraktik, welche ich auf Grund persönlicher Erfahrungen verabscheute. Er hingegen hegte eine Vorliebe dafür. Vielleicht würde das seine Enttäuschung besänftigen oder ihm zumindest die Genugtuung bescheren, damit er sich racheerfüllt aus dieser Beziehung abkapseln könnte.

Nachdem Raphael seinen gesamten Atem kraftvoll ausgestoßen hatte, stützte er sich wieder auf seine Knie. Diesmal sah er mir in die Augen: «Was hatte er, was ich dir nicht geben konnte?» Resignation überschattete seine Stimme. Dass ich mich sexuell nicht so offen wie gewünscht entfalten konnte, hatte Raphael bereits gewusst. Das mir Captain Happy Meal ein Stück weit das gegeben hatte, was mir im Sex gefehlt hatte, hatte ich ihm soeben gestanden. Worauf also zielte in diesem Fall seine Frage genau ab? Ich dachte darüber nach, wie ich für einen Moment in Captain Happy Meal einen potentiellen Partner gewittert hatte: «Seine Art hatte mich an Hackar erinnert.» «Hackar?!», spottete Raphael angewidert, als ob die Aussprache des Namens einen bitteren Nachgeschmack hinterließ. Er verzog sein mit Ekel erfülltes Gesicht. Ich hatte ihm bereits viel über diese vergangene Beziehung erzählt, wodurch er sein eigenes Urteil über Hackar gefällt hatte. Er stand so hastig auf, dass der Stuhl beinahe hinter ihm auf den Boden kippte: «Dass du noch immer nicht begriffen hast, dass ich so viel besser für dich bin, als er es je hätte sein können.» Ich sah Raphael entgeistert an und probierte, seine Aussage zu begreifen. Ich war zur selben Erkenntnis gelangt, doch hatte es hierfür nicht die Bekanntschaft mit Captain Happy Meal gebraucht? Kleinlaut willigte ich ein: «Das habe ich durch ihn dann auch erkannt.» Ruhe kehrte ein und umschlang sämtliche Bewegungen im Raum. Nur ein feiner Windzug vom offenstehenden Küchenfenster scherte sich nicht um die Unbehaglichkeit in der Atmosphäre. Raphael rätselte: «Was erwartest du nun von mir?», während er unruhig in der Küche umher tigerte, «Was sollte ich deiner Meinung nach tun?» Unverhofft blieb er stehen und starrte mich mit einem durchdringenden Blick an. Seine Augen waren starr und intensiv auf mich gerichtet, als ob er mich zu durchschauen versuchte. Selbst wenn ich es gewollt hätte, so hätte ich seiner Verurteilung nicht entrinnen können. Als er einen weiteren Schritt auf mich zu machte, senkte ich beschämt mein Gesicht zu Boden. Ich hatte den Ratschlag einer meiner besten Freundinnen im Sinne, welchen sie einst erwähnt hatte. Vanja hatte die Meinung vertreten, dass man die bisherigen Erfahrungen in Relation setzen musste, um ein faires Gericht abhalten zu können. Sie hätte hinterfragt, ob diese eine schlechte Tat die Bedeutung aller positiven Erinnerungen aufhob, welche ein Paar in der gesamten Zeit miteinander erlebt hatte. Doch diese Einsicht konnte ich nicht von Raphael erwarten. Ich entschied zu schweigen. «Sag es mir!», schrie er mich wutentbrannt an und ich zuckte vor Schock zusammen. Noch nie hatte er sich im Ton mir gegenüber vergriffen. Mein erster Gedanke war, dass seine aufbrausende Stimmung ziemlich erotisch auf mich wirkte. Ich liebte es dieses Feuer in ihm zu sehen. Nur der Beweggrund holte mich zurück auf den Boden der Realität. Ungewollte Tränen begannen zu fließen und meine Atmung schnellte zu einer unkontrollierten Schnappatmung. Ich schämte mich dafür, dass ich zu weinen begann. Schließlich hatte ich von uns beiden nicht das Recht dazu, wenn ich schon als Ursache für diese tragische Kollision verantwortlich war. «Ich weiss nicht, was ich dir sagen soll», flüsterte ich kleinlaut und presste die Worte einzeln raus. Ich hörte, wie er genervt die Luft durch seine Nasenlöcher blies und sich dabei von mir abwandte. Mit dem Rücken zu mir beruhigte er sich gedanklich. Er lenkte sich mit einem aufgehängten Bild über unserer Recycling-Ecke in der Küche ab. Es war ein Gemälde von Mutter Natur, deren Untergang durch die menschliche Hand bevorstand. Es war das Gemälde «Betrayal» vom Künstler Mario Sanchez Nevado. Auf der linken Seite befand sich Mutter Natur, deren grünbewachsene Form an eine Frau erinnerte. Die Silhouette deutete ein Frauengesicht an. Ein mit Pflanzen übersäter Baumstamm verführte den Betrachter mit den Anfängen eines weiblichen Körpers. Das Haar, wie auch das Gesicht überdeckte eine grüngewachsene Landschaft mit farbigen Blumen. Nur die hellrosa Nasenspitze und ein sinnlicher Mund entsprachen dem tatsächlichen Abbild einer jungen Frau. Die rote Farbe der vollen Lippen verführte zum Wunsch nach einem Kuss. Ein Wasserfall verbildlichte herabfließende Tränen aus Mutter Naturs Auge. Auf sie gerichtet war ein schwarzer Revolver, welcher von einer verbrennenden hellfarbenen Hand schussbereit gehalten wurde. Dem angewinkelten Zeigefinger am Abzug konnte ich ansehen, dass die Entscheidung bereits gefallen war. Über die obere Kante der Pistole ragte eine Skyline von grauen Hochhäusern, komplett verpestet und umhüllt von Rauch und Abgasen. Und obwohl die Fläche bereits maximal ausgeschöpft war, so standen bereits Baukräne für weitere Verbauungen bereit. Es wirkte wie eine menschenverseuchte Welt, die das genaue Gegenteil zu Mutter Natur veranschaulichte. Am Ende des Laufes entzückte ein weiterer, rot geschminkter Kussmund einer Femme Fatale. Zwischen den beiden Mündern lag nur ein kleiner Abstand und es fehlte nicht mehr viel, bis sie sich küssen würden. Doch unterhalb des tödlichen Laufes verlief parallel noch ein verstecktes Messer. Die Messerspitze überragte den Kussmund und war kurz davor, sich in Mutter Natur zu versenken. Ich wusste, welche Rolle Raphael in Bezug auf dieses Bild hatte und welche ich repräsentierte. Ich hatte mit meinem Messer direkt in Raphaels Herzmitte gestochen und trauerte nun darüber, dass es ihn verletzt hatte. «Was würdest du tun?», überwältigte Raphael mich und holte mich zurück in die aktuelle, missliche Lage. Meine Hände klammerten sich an die Sitzfläche meines

Stuhles und suchten nach Halt. Ich erinnerte mich zurück an meine Vorstellung von ihm, glücklich in den Armen einer anderen Frau. Die Intensität dieser Fantasie riss die gesamte Fassade ein, welche mein Selbstvertrauen sich die vergangenen zwei Stunden aufgebaut hatte. Die Überzeugung, dass ich um ihn kämpfen sollte, erschien mir nun lächerlich und armselig. Ich fühlte mich nicht dazu berechtigt, um ihn zu kämpfen. Ich fühlte mich, als ob mein Wert dem eines Schandflecks an einer weißen Wand glich: «Ich würde», begann meine Stimme zittrig zu antworten, «mich verlassen.» Mein Körper fühlte sich an, als ob er im freien Fall die Balance zu gewinnen probierte. Ich war selbst über diese Aussage überrascht. Hatte ich nicht gerade eben noch um ihn kämpfen wollen? Doch diese Vorstellung von ihm mit einem harmonischeren Leben ließ mich nicht los. Ich war nur eine unsichere Variable und konnte nicht garantieren, dass ich ihm dasselbe ermöglichen könnte. «Du würdest mich verlassen?», fragte Raphael und näherte sich einen Schritt. Sein Gesicht wechselte zu einer misstrauischen und ungläubigen Miene. «Nein», konterte ich schluchzend. «Aber du hast mich gefragt, wie ich mich entscheiden würde, wenn ich du wäre. Und das ist meine Antwort.» «Aber würdest du mich verlassen, wenn ich das Leben, dessen du dir noch vor Tagen so sicher warst, mit einem Erdbeben in Trümmer zerfallen lassen würde?», ließ er nicht locker. Ich hatte aus Nervosität damit begonnen, meine Fingernägel in meinen Oberschenkel zu rammen. Der lokale Schmerz lenkte mich zumindest etwas von meiner Scham und dem Herzschmerz ab. «Nein», antwortete ich ihm und wischte mir die nächsten Tränen von der Wange. «Nein?», wiederholte er ungläubig, stellte sich aufrecht hin und verschränkte die Arme vor seiner Brust. «Aber bei dir wäre das was anderes», flüsterte ich. «Wieso denn das?», hinterfragte er mich mit einem skeptischen Nasenrümpfen. «Weil die Zeit, welche wir seither miteinander verbracht haben, wunderschön gewesen ist», eröffnete ich mein Plädoyer, «Und ich würde mich selbst hinterfragen, was ich falsch gemacht haben, dass es so weit gekommen ist.» Ich wusste über das Risiko meiner Aussage. Diese Unterhaltung befand sich auf einer Gratwanderung und konnte jeden Augenblick ungesichert in den Abgrund stürzten. Raphael sah mich entgeistert an und wirkte, als ob ich ihn gerade sprachlos gemacht hätte. Ich setzte fort: «Du bist perfekt, so wie du bist. Daher würde ich als Candrissia davon ausgehen, dass der Fehler bei mir gelegen haben muss und mich selbst hinterfragen.» «Und was war mein Fehler?», hackte Raphael gespannt nach und baute sich direkt vor mich auf. Ich war jedoch nicht stark genug, um ihn dabei anzusehen. Mein durch Tränen verschwommener Blick führte an ihm vorbei. Wieder zu dem bedrohlichen Bild von Mutter Natur. Ich brauchte mental kurz eine Pause, damit ich meine nächsten Worte formen konnte: «Es lag überhaupt nicht an dir», rechtfertigte ich mich für ihn, «deswegen können wir unsere Situationen auch nicht miteinander vergleichen. Deswegen kann ich deine Frage auch nicht beantworten.» Und wieder kehrte Stille ein. Nur das leichte Surren eines Staubsaugers wuselte über unseren Köpfen. Raphaels Gesicht begann sich langsam rot zu färben und sein zunehmender Frust zeichnete sich an seinen zusammengezogenen Augenbrauen ab. Selbst seine gepresste Atmung durch die Nase war schneller und lauter. Ruckartig wandte er sich von mir ab und stampfte zielstrebig auf die Arbeitsfläche zu. Erwartung lag elektrisierend in der Luft. Ich hörte ihn kraftvoll durch den Mund pusten und konnte nicht einschätzen, was gerade in ihm vorging. Ich war mir jedoch sicher, dass er mich hasste. Er riss die Schublade neben der Herdplatte auf und seine Hand verschwand im Besteckkasten. Er nahm ein scharfes Steakmesser raus, welches wir für zähe Mahlzeiten verwendeten. Mit dem Rücken zu mir gewandt, versteinerte er für einen Moment und schien die Messerwahl zu überdenken. Ich saß nur da, atmete und beobachtete ihn. Dann drehte er sich wieder zu mir um und sah mir in die Augen.

Das Messer reflektierte während seiner Umdrehung die Küchenlampe. Er setzte sich vor mich an den Tisch und starrte auf die Pizza. Er brauchte einen Moment, bis er sich sicher war, wie er die Herzform am besten in Stücke schneiden würde. Ich saß noch immer wie erstarrt da und traute mich nicht auch nur einen Muskel zu bewegen. Auch wenn er mit geschlossenem Mund kaute, so war es das einzige Geräusch, welches ich vernehmen konnte. Er sah mich beim Essen nicht an und konzentrierte sich auf sein Stück. Losgelöst erkundigte er sich mit einem äußerst genervten Unterton: «Wann wirst du aufhören, uns sabotieren zu wollen?» Ich blinzelte ihn verständnislos an, worauf hin er meinen fragenden Blick schnippisch erwiderte. Ich musste einmal leer schlucken und probierte, seinen Satz zu verarbeiten. Wieso hatte er ihn so formuliert? Hätte er nicht eher etwas fragen sollen wie: hat es sich gelohnt, uns zu sabotieren? Oder zumindest so, dass seine Frage impliziert hätte, dass ich meinen Kamikazeakt erfolgreich vollzogen hatte? «Ist es nicht anstrengend, so gegen uns anzukämpfen?», bohrte er weiter und biss in ein neues Stück Pizza. «Also ich finde es verdammt anstrengend.» Meine Augenbrauen zogen sich automatisch zusammen und verursachten Falten in der Mitte meiner Stirn. Meine Skepsis ließ meine Augen schmaler werden: «Okay?», antwortete ich verunsichert und probierte seine Aussage zuerst einmal zu verarbeiten. Raphael widmete seine gesamte Aufmerksamkeit seinem Pizzastück und strafte mich weitere Minuten mit Schweigen. Was für ihn nur ein paar Bisse gewesen sind, hatte sich für mich nach einer Stunde angefühlt. In meinem Herz herrschte absolutes Chaos und ich probierte, meine Hoffnungen nicht zu hochzuhängen, nur um dann doch noch enttäuscht zu werden. Doch wieso klang er nicht so, als ob er sich von mir trennen würde? Hatte mein Messer vielleicht sein Herz doch nur gestreift? «Seit du von deiner Yogareise zurückgekehrt bist, hatten wir eine intensive, schöne Zeit miteinander. Klar, hier und da hattest du deine kleinen Aussetzer. Aber jetzt Mal abgesehen von denen», unterbrach er sein Abendessen und sein durchdringender Blick forderte nach einer Rückbestätigung, «findest du nicht auch?». Ich sah ihn irritiert an und schluckte. Worauf wollte er hinaus? Die Hoffnung in mir fühlte sich wie ein Heliumballon an, welchen ich mit aller Kraft unter Wasser zu drücken probierte. Denn wenn der Ballon erstmal die Wasseroberfläche durchbrochen hätte, nur um dann doch zu platzen, hätte mein Gemüt dies nicht verkraftet. Und ich wäre diejenige, welche das Schaumbad nutzen musste. Plötzlich fiel mir ein, dass ich ihm noch antworten musste und bejahte mit einem zögerlichen Kopfnicken. «Und möchtest du, dass wir es auch zukünftig noch so gut miteinander haben, wie wir es seither gehabt haben?», wedelte er mir die erhoffte Friedensflagge mit einer irritierten Stimme entgegen. Ich wusste nicht, was antworten. Eigentlich war soeben mein Wunsch in Erfüllung gegangen und es wirkte, als ob er mir verzeihen würde. Doch es fühlte sich falsch an. Diese dunkle Stimme in mir bestärkte meine Befürchtung, dass ich ihn nicht verdient hatte. Und die Tatsache, dass er sogar dazu bereit war, mir meinen Betrug zu verzeihen, machte ihn nur noch wertvoller. «Du entscheidest dich gerade für das Falsche...», flüsterte ich, während eine neue Welle von Tränen mein Gesicht überströmte. Eigentlich hatte ich diesen Satz nicht sagen wollen, doch mein mich strafendes Ich hatte überhandgenommen. Es wollte mich selbst davon überzeugen, dass ich diese gnädige Entscheidung nicht wert war. Meine Hände vergruben aus Scham mein Gesicht. «Nein!», explodierte Raphael und schlug dabei mit der Faust gewaltvoll auf den Tisch, «Du entscheidest dich falsch!» Die Intensität seiner Stimme ließ mich etwas zurückschrecken: «Schon wieder!», er atmete aus und blickte gedankenverloren weg. Ich bewegte mich nicht. «Wenn du es mir während der Militärzeit gesagt hättest, dann wäre der Fall für mich klar gewesen», klärte er mich auf. Dann streckte er theatralisch die eine Hand vor und schlug von unten mir der gestreckten Kante der anderen Hand in die Handfläche: «Tschüss!» Ich sah ihn wieder entgeistert an und wischte meine Tränen mit dem Ärmel meines Oberteils weg. «Aber du hast bewusst die feige Karte gespielt, es mir nicht zu sagen und mich im Glauben zu lassen, dass alles in Ordnung ist. Und für mich war auch alles in Ordnung und wir hatten eine wundervolle Zeit miteinander.» Raphael erhob sich vom Tisch und kniete in zwei Schritten vor mir auf den Boden. Durch seine langen Beine war er beinahe auf derselben Höhe wie ich. «Wir haben uns ein neues Leben in einer neuen Stadt aufgebaut und einen Neuanfang gewagt. Du hast mir gezeigt, wie ein Leben mit dir wäre und mich seither von dir abhängig gemacht», dabei hielt er mit beiden Händen meine Hand fest, «Ich will nicht daran denken müssen, wie es wäre, wenn ich dich, deine crazy Energie, dein ansteckendes Lachen nicht mehr in meinem Leben hätte.» Er drückte meine Hand noch etwas fester, bis ich ihm in die Augen sah: «Jetzt musst du jedoch mit den Konsequenzen leben. Mein Anrecht auf mein Vertrauen hast du vorerst verloren. Und hör endlich damit auf, das, was wir haben, zerstören zu wollen. Ich tue dir gut und du tust mir gut. Das ist eine Tatsache.» Dann stand er auf, setzte sich wieder auf den Stuhl und aß seine Pizza weiter. Ich saß völlig überwältigt auf meinem Stuhl und betrachtete ihn. Raphael schaffte es immer wieder, mich in Staunen zu versetzen. Unter all den Szenarien, durch welche ich mich die vergangenen beiden Tage mental durchgequält hatte, war das Geschehene keines davon gewesen. Es war nicht das erste Mal gewesen, wo mich Raphael mit dem «Raphi-Effekt» umgehauen hatte. Der Effekt setzte sich daraus zusammen, dass er eine ungeplante Lösung aus dem Ärmel schüttelte und mir zeigte, dass alles immer klappen würde. Er war mein Ruhepol im Leben, welcher mir dabei half, die Welt ein Stückchen schöner zu sehen. Ich sah ihn an, wie er sich zwei Stücke aus der Herzform rausschnitt: «Aber wenn du es noch einmal machst», fauchte er und hielt mir das zweite Stück entgegen, «bin ich fertig mit Dir.» Mein Kopf stellte sich automatisch etwas schief. Als ob gerade eine Last von meinen Schultern gefallen wäre und sich mein Körper in völliger Entspannung lockerte. Ich griff nach dem Pizzastück und biss davon ab. Es fühlte sich gut an, mir nach zwei Tagen endlich wieder die Einnahme von warmen Essen erlauben zu dürfen. Keiner von uns sprach ein Wort, während wir beide unsere Pizzastücke verspeisten. «Isst du deinen Rand noch?», erkundigte sich Raphael, als sich mein Stück dem Ende neigte. Er wusste, dass ich den normalerweise nicht aß und ihm schenkte. Er wusste nicht, dass ich den eigentlich selbst mochte, ihm jedoch damit eine Freude bereiten wollte. Ich nahm noch den letzten Bissen mit Tomatensauce und reichte ihm wortlos die abgenagte Brotkruste. «Ich werde jetzt duschen, dann mich hinlegen und schlafen gehen», zeigte mir Raphael den Ablauf des restlichen Abends auf, «du darfst mit mir kuscheln kommen. Und du darfst neben mir einschlafen. Unter anderem, weil ich es hasse, ohne dich einzuschlafen.» Ich nahm noch den letzten Schluck Wasser und er erhob sich mit einer lasziven Körperbewegung vom Tisch. Dabei strich er eine Hand dramatisch über seinen strammen Oberschenkel: «Aber mehr», mahnte er mich und drehte sich Richtung Ausgang, «kriegst du vorerst mal nicht.» Dabei warf er seinen Kopf auf seine Rechte und züchtigte mich mit einem ernstgemeinten bösen Blick. Seine Augen hatten sich hierfür zu zwei zusammengepressten Augenschlitze verengt. Ich probierte erfolglos, ein Kichern zu unterdrücken, wodurch ich das Wasser im Glas gegen mein Gesicht pustete. Es war die Absurdität der Situation, seine Mimik, seine Bestrafungsmethode. Mein Leben fühlte sich in diesem Moment so surreal an und ich konnte das Geschehene nicht fassen. Er war perfekt für mich. Und ich würde alles tun, damit ich auch für ihn perfekt war.

Der Tanz unserer Geschichte

Wann immer ich an unsere Versöhnung zurückdachte, fühlte sich mein Herz federleicht an. Seit ich mir sicher gewesen war, dass ich ihn verloren hatte, wollte ich ihn nie wieder von meiner Seite weichen lassen. Diese Erinnerung hatte mich immer wieder einmal überkommen. Doch an diesem Tag hatte ich sie intensiv geträumt. Ich spürte noch immer den Abdruck von Raphaels Abschiedskuss auf meiner Stirn, während er sich auf seinen bevorstehenden Alltag vorbereitete. Draußen zwitscherten die Vögel, welche ich durch das schief gestellte Zimmerfenster Richtung Garten hören konnte. Raphael trug bereits die Jacke über seinem dunkelgrünen Hawaii-T-Shirt, welches ich ihm geschenkt hatte. Vor der Eingangstür schlüpfte er noch in die Schuhe, was ich von meinem Bett aus beobachten konnte. Mit einem Kontrollblick in den Spiegel stellte er sicher, dass er optisch für sein heutiges Meeting präsentabel aussah. Dabei wünschte er mir einen wundervollen Tag, warf mir mit einem liebevollen Zwinkern einen Kuss zu und verschwand durch die Haustür. Ich hatte nur noch 30 Minuten Zeit, bevor ich meine Arbeitsschicht in der Confiserie antreten musste. Ich hatte etwas länger ausgeschlafen, nachdem Raphael und ich ein abenteuerliches Wochenende mit seinen Eltern und seinem besten Freund Timo verbracht hatten. Seine Eltern schliefen in einem Hotel, während Timo und seine Partnerin bei uns untergebracht waren. Sie waren nur noch für zwei weitere Tage in der Stadt. Raphael störte sich daran, dass er durch dieses Geschäftsmeeting die kostbare Anwesenheit seiner Eltern verpasste. Schließlich waren sie ja nur seinetwegen angereist. Doch er erwartete aufgeregt einen spannenden Arbeitstag auf sich zukommen. Damit er sich das Studentenleben leisten konnte, hatte er eine Anstellung bei einem Professor an der Universität angenommen. Der Professor hatte für diesen Tag ein Geschäftsessen mit einer wichtigen Firma organisiert, welche es als Investor für ein Projekt zu gewinnen galt. Eine delikate Aufgabe, für die der Professor um Raphaels Unterstützung gebeten hatte. Der Kundentermin hatte somit Priorität, worin seine Eltern ihn bewusst bestärkt hatten. Er hatte zu Beginn noch probiert, sie zur Verschiebung ihres Aufenthaltes zu überreden. Doch da sie in mein Vorhaben involviert waren, hatten sie sich wie abgesprochen gegen jegliche Alternativpläne gesträubt. Mit der Ausrede, dass sie davor und danach schon ausgebucht seien und sie ihn sonst dieses Jahr nicht mehr besuchen kommen könnten. Was Raphael jedoch nicht wusste, war die ernüchternde Tatsache, dass es sich bei diesem Mittagessen mit dem Professor nur um einen erfundenen Termin handelte. Ich hatte vor ein paar Wochen den Professor darum gebeten, diese Lüge zu stricken und Raphael so auf eine falsche Fährte zu locken. Die vergangenen drei Monaten hatte ich ohne Raphaels Wissen damit verbracht, unzählige Stunden in die Planung eines Flashmobs zu investieren. Dabei handelte es sich um eine Aufführung, welche ihn anstelle dieses angeblichen Mittagessens mit der erfundenen Firma überraschen sollte. Der Professor hatte von mir die Aufgabe erhalten dafür zu sorgen, dass Raphael sich um 12:30 Uhr an einer markierten Stelle einfand. Vor dem Rathaus gab es den Brunnen von Erzherzog Johann. Für die Dramaturgie hatte ich seine Lieblingsmenschen nach Graz eingeladen, damit sie Teil der Show sein konnten. Seine Eltern und seinen besten Freund Timo. Ich hatte mich vor zwei Monaten ohne Raphael mit ihnen getroffen und sie in mein Vorhaben eingebunden. Während Raphael an damaligen Morgen noch geschlafen hatte, hatte ich seine Eltern um deren Segen zu einer Vermählung gebeten.

Doch ich erbat auch die Zustimmung von Timo. Denn die beiden besten Freunde waren ein Herz und eine Seele. Er wusste um alle Details zwischen mir und Raphael. Mit Timo hielt ich anschließend noch eine Übungseinheit ab, für die ich ihm die Choreografie beigebracht hatte. Selbst Timos Freundin lernte die Tanzabfolge und leistete ihren Beitrag zum Flashmob. Sämtliche Übungssessions mit den Flashmob-Tänzern hatten hinter Raphaels Rücken stattgefunden. Ich hatte mir selbst eine Choreographie ausgedacht und mich beim Vortanzen gefilmt. Alle vierzehn Teilnehmer hatten diesen Tanz mit einer Beschreibung erhalten, sodass sie diesen zuhause eigenständig üben konnten. Die Choreografie stellte unsere Geschichte dar. Ich erhoffte mir davon eine Eselsbrücke, an der sich die Tänzer beim auswendig lernen orientieren konnten. Wann immer ich wieder zur nächsten privaten Übungssession unterwegs war, missbrauchte ich meine Fightclub-Treffen als Alibi. Ich wollte bei jedem Teilnehmer sicherstellen, dass er sich seiner Position an diesem Tag bewusst war und die Schritte fehlerfrei auswendig konnte. Die Tänzergruppe bestand aus zwei Fraktionen. Es gab diejenigen, welche ich durch eine Firma angeheuert hatte und mir somit eine fixe Teilnehmeranzahl von fünf Tänzer gewährleistete. Diese erbrachten zudem noch den Vorteil einer Musikbox, welche im Preis inkludiert war. Bei der zweiten Gruppe handelte es sich um freiwillige Teilnehmer. Ich hatte hierfür meine Kontakte in der freiwilligen Feuerwehr, im Rettungsdienst und bei meinen Arbeitsstellen angezapft. Natürlich waren meine Fightclub-Chicks von Anfang an dabei. Es war ein aufwendiges Projekt, welches ich mit meinem gesamten Herzblut allein organisiert hatte. Während der Organisation des Flashmobs überkam mich der befreiende Moment einer Realisation. Die traurige Tatsache, dass ich mit Hackar damals gescheitert war, war ein Geschenk des Universums gewesen. Endlich hatte ich unser Urteil zum Scheitern verstanden. Denn das, was ich mit Hackar als die wahre Liebe empfunden hatte, konnte ich erst jetzt durch Raphael wirklich erfahren. Erst durch ihn war es mir möglich, Hackar nichts anderes als den Fund seiner eigenen wahren Liebe zu wünschen. Endlich konnte ich den bisher durch Hackar reservierten Platz in meinem Herzen freigeben und die unerfüllte Fantasie von ihm vergehen lassen. Ab diesem Moment hatte ich es mir zum obersten Ziel gesetzt, Raphael meine Dankbarkeit und tiefe Zuneigung zu zeigen. In guten, wie in schlechten Tagen. Das Ziel des Flashmobs war, Raphael mit so viel Aufmerksamkeit und Zuneigung wie möglich an mich zu binden. Ich wollte ihm zeigen, dass ich alles für ihn tun würde. Es ging mir nicht darum, ihn durch die Zurschaustellung zu einer Antwort zu nötigen. Zumal Raphael bereits einmal während eines langweiligen Abendessens in unserer Küche um meine Hand angehalten hatte. Dabei hatte er weder die Frage mit einem Kniefall eingeleitet noch einen Ring gekauft, welchen er mir anstecken konnte. Stattdessen war er gerade daran gewesen, sich eine Gabel mit Salat in den Mund zu stopfen, als er die Frage beiläufig erwähnte. Er hatte seinen Heiratsantrag genauso gemacht, wie es zu seinem ungezwungenen Charakter passte. Er musste sich in diesem alltäglichen Moment so zu mir hingezogen gefühlt haben, dass ihm diese Frage gerade so in den Sinn gekommen war. Und ich hätte mit einem Ja antworten können und wir hätten anschließend gemeinsam einen Ring ausgesucht. Doch ich entschied mich für ein Nein. Unter anderem, weil ich wusste, dass er nie meiner romantischen Erwartungshaltung gerecht werden könnte. Nicht nur, weil er ohne einen Fernseher aufgewachsen und somit nicht demselben überromantisierten Inhalt ausgesetzt worden war wie ich. Nicht nur, weil er von seinen Ex Freundinnen nie Romantik hatte erfahren dürfen. Sondern weil sein Charakter doch nicht so romantisch war wie meiner. Und auch wenn ich mir dieses noch so sehr wünschen mochte, so entsprach mein Wunsch nicht seinem Wesen. Nichtsdestotrotz hatte ich jedoch diese Traumvorstellung einer überaus romantischen Geste, wie ich sie nur aus Romanzen kannte. Ein Heiratsantrag, welcher Herzen schmelzen lassen würde. Die Frage so gestellt zu bekommen, dass ich zu Tränen gerührt wäre. Ich wusste auch, dass diese Vorstellung ihm nie in den Sinn gekommen wäre. Also entschied ich mich kurzerhand als selbstständige Frau dazu, dass Ganze einfach selbst in die Hand zu nehmen. Schlussendlich konnte es mir egal sein, auf welcher Seite ich bei dem Spektakel stehen würde. Ich konnte sogar die Chance ergreifen, mich im absolut besten Licht der Öffentlichkeit zu präsentieren. Mit meinem Heiratsantrag wollte ich unter anderem ein Zeichen in der Frauenwelt setzen. Erstens fühlte ich mich als eigenständige und unabhängige Frau dazu berechtigt, das klischeehafte Konzept zu unterbinden. Ich entschied mich gegen das Vorurteil, dass die Rolle des Fragenden nur dem Mann zugesprochen sein soll. Ich wollte jeder Frau zeigen, dass wir uns nun in einem Zeitalter befanden, in dem das weibliche Geschlecht sich mehr Macht zusprechen darf. Mir war durchaus bewusst, dass nicht alle Frauen auf der Welt das Anrecht auf dieselben Privilegien hatten. Doch ich wollte einen Wandel bezwecken. Die Verwirklichung des Leitspruches #SelbstistdieFrau. Für den Heiratsantrag galt es ihm meine Liebe so zu beweisen, wie ich es mir selbst gewünscht hätte. Ich wollte ihm zeigen, dass das, was wir hatten, einzigartig war. Und dass es sich lohnte, um uns zu kämpfen, wenn ich nicht dazu in der Lage war. Oder wenn ich uns wieder einmal sabotierte. Die Erinnerung an meinen Flashmob sollte als Liebesbeweis die Schattenzeiten erleuchten, welche ich eigenhändig noch verursachen würde. Die Romantik für diesen unspektakulären Montag musste alles übersteigen.

Nun war der Tag gekommen, die Zeit verging wie im Flug und mein Magen gab immer wieder rumorende Laute von sich. Mein gesamter Körper schien vor Aufregung unter Strom zu stehen und ich schaffte es nicht, meine Gedanken von der Planung abzubringen. Ich hatte mir das Ablenkungsmanöver besorgt, an diesem

Tag als Eisverkäuferin in meiner Confiserie im Verkauf auszuhelfen. Immer wieder spielte ich den gesamten Ablauf während meiner Morgenschicht vor meinem geistigen Auge durch, während ich die Eismasse von Hand anrührte. Zuerst würde eine Tänzerin die riesige schwarze Musikbox von der Hauptplatz Tramhaltestelle holen und um 12:30 Uhr gegenüber des Zentrumbrunnens aktivieren. Dann würden sich die anderen einheitlich gekleideten Tänzer zur ersten Tänzerin gesellen und die geübte Choreographie vortanzen. Hinter ihnen wäre das prächtige Grazer Rathaus und vor ihnen der Erzherzog-Johann-Brunnen. Sobald mein Einsatz käme, würde ich mich in die Mitte der Gruppe stellen. Doch was, wenn ich meinen eigenen Einsatz verpassen würde? Was, wenn ich während der Aufführung meine Choreographie vergessen würde? Noch während ich mich selbst in diesem Teufelskreis unsicherer Gedanken verlor, rüttelte eine Nachricht meines Vaters mich zurück in die Realität. Er war am Vorabend zur familiären Unterstützung angereist und hatte sich in einem naheliegenden Hotel einquartiert. Er und Raphaels Mutter hatten die Aufgabe erhalten, mit Helium gefüllte Herzballone zu besorgen und diese nach der gefallenen Antwort dann in die Luft steigen zu lassen. Ich hatte gehofft, dass meine beiden Eltern kommen würden. Doch meine Mutter konnte auf Grund der Geburt meiner Nichte nicht dabei sein. Mein Vater hatte sich über die Textnachricht bei mir erkundigt, wo genau der Treffpunkt für den Flashmob war. Also leitete ich ihm die Nummer von Raphaels Eltern weiter. Ich hatte mich um deren Besuch gekümmert und sie hierfür im gleichen Hotel wie meinen Vater untergebracht. Da Raphael sich an diesem Morgen mit dem Professor in der Universität traf, hatten auch Raphaels Eltern keine geplante Beschäftigung. Mein Plan lautete daher, dass sich die Eltern zu einem Kaffee in der Stadt treffen und die Ballone besorgen würden. Es fehlte nur noch eine Stunde, bis es so weit war. Ich hatte nur ein altes Paar zu Gast, welches ich in diesem Moment nicht bedienen wollte. Meine Nerven lagen blank und ich begann mich in der Küche vorzubereiten. Da für diesen Tag unverhofft Regen angesagt war, hatte ich mir noch wasserfestes Make-Up zugelegt und probierte vor dem Spiegel an der Küchentür mit einem schwarzen Lidstrich die Mandelform meiner Augen zu untermalen. Alle 30 Sekunden machte ich einen kurzen Kontrollblick und hoffte, dass die Gäste bald verschwinden würden. Schließlich war der Service gerade grauenhaft. Doch das Paar ließ sich extrem viel Zeit beim Durchschauen der Produkte. In mir wütete die Angst, dass ich, solange sie da waren, die Tür nicht für meine Mittagspause abschließen konnte. Und das hätte zur Folge haben können, dass noch mehr ungewollte Gäste eingetreten wären. Unvorhergesehen besuchten mich zum Glück drei meiner Fightclub-Freundinnen im Laden. Sie hatten sich freiwillig gemeldet, um die Show mit ihren Handys zu filmen. Die Uhr zeigte ihnen an, dass es bereits 11:30 Uhr war. Sie sahen jedoch auch, dass ich mich noch nicht umgezogen hatte. Zusätzlich kleidete ein 6 Meter langes, weißes Banner den Boden. Darauf hatte ich mit einem schwarzen Filzstift auf dem Stoff erst das Wort «Will» von der Frage «Will U Marry Me?» geschrieben. Und irgendwie stand da noch immer dieses alte Paar, die sich von dem Ganzen nicht stören ließ. In diesem Augenblick realisierte auch ich die späte Stunde und verfiel aus Stress in Hektik. Anna schloss die Eingangstür, damit wenigstens keine neuen Gäste reinplatzen würden. Carla kniete sich auf den Steinboden und kümmerte sich um die Finalisierung des Banners. Anna und Bixi wandten sich mir zu und halfen mit meiner persönlichen Vorbereitung. Da Carla sowieso beschäftigt war, versteckten wir uns in der Küche. Anna zupfte meinen schwarzen Rock zurecht und ich konnte sie mir zum ersten Mal bei der Arbeit mit ihren körperlich oder geistig eingeschränkten Klienten vorstellen. Obwohl sie effizient war, schaffte sie es, mich noch immer liebevoll zärtlich handzuhaben. Das Grazer-It-Girl Bixi kontrollierte mein Make-Up und glättete meine weiße Bluse mit der Handfläche. Jeder Teilnehmer meines Flashmobs war darum gebeten worden, sich ein schwarzes Unter- und weißes Oberteil anzuziehen. Nur bei mir versteckte sich darunter noch ein anderes Outfit. Ich hatte es geschafft, dieses so unter meinem breit geschnittenen Minirock zu verstecken, dass niemand den Kleiderwechsel während der Aufführung erahnen würde. Das Ausziehen meiner ersten Kleiderschicht hatte ich bewusst eine Woche im Voraus mehrmals geübt. Ich musste schließlich sicher gehen, dass ich diese Verwandlung in meinen Flashmob gefahrlos einbauen konnte. Als ich das Paar fragte, ob ich ihnen weiterhelfen könnte, winkten sie dankend ab. Ich freute mich gedanklich darüber, dass das angebliche Kundenmeeting Raphael in seiner Kleiderwahl beeinflusst hatte. Schließlich wollte ich ihn auf dem Video nicht mit einem lächerlichen Outfit haben, welches er an ganz gechillten Tagen manchmal wagte. Sobald die Musik einsetzen würde, könnte der Professor Raphaels Aufmerksamkeit vom Brunnen in die andere Richtung zum Rathaus lenken. Raphael würde mich nicht im Flashmob erwarten, da er von meiner Schicht als Aushilfs-Eisverkäuferin in der Confiserie wusste. Der Shop befand sich passenderweise in der Nähe des Hauptplatzes. Wieder einmal vibrierte mein Handy. Ich erhielt das Update des Professors, dass sie sich nun zu Fuß auf den Weg machten. Die einzige Aufgabe des Professors war es gewesen sicherzustellen, dass Raphael um Punkt 12:30 Uhr am Treffpunkt stand. Das kurze Update informierte mich darüber, dass sie pünktlich vor Ort eintreffen würden. Auf dem Weg zu diesem erfundenen Geschäftsessen sollte er Raphael zum Grazer Hauptplatz locken. Beim Brunnen vor dem Rathaus würde er dann auf eine Stelle treffen, die mit einem X markiert war. Nachdem ich ein letztes Mal in den Spiegel geblickt hatte, bat ich das ältere Paar in einem ungeduldigen Ton, nun bitte den

Laden zu verlassen. Es war mir echt ein Rätsel, was sie wohl so lange gemacht hatten. Denn gekauft hatten sie schlussendlich nichts. Es fehlten nur noch ein paar Sekunden, bis die Uhr 12-mal schlagen würde, als ich auch schon in Richtung Hauptplatz rannte. Sämtliche Tänzer hatten sich unter der Tramhaltestelle versammelt. Ich verteilte an jeden Teilnehmer einen pinken Regenschutz, da es regnen sollte. Um 12:05 Uhr stellten wir uns für eine Hauptprobe auf den Hauptplatz. Ich hatte das Glück gehabt, dass ich mir diesen Platz hatte kostenfrei für den Tag reservieren lassen können. Es handelte sich um eine Fläche, auf der regelmäßige Ausstellungen das Volk zusammenbrachte. Kunstausstellungen, Märkte oder Events. Ich wollte sichergehen, dass die Stadt Graz niemandem das Feld vermieten würde und hatte daher den Magistrat direkt kontaktiert. Zum Glück war meine Zuständigkeit einer Beamtin zugeteilt worden, welche mich bei meinem gewagten Vorhaben unterstützen wollte. Sie hatte unerlaubterweise den Terminkalender blockiert und mir somit den Hauptplatz zur Verfügung gestellt. Und schon dröhnte die Musik aus der Musikbox, woraufhin wir als Gruppe den Tanz gemeinsam einmal übten. Selbst die freiwilligen Helfer, welche sich nicht zum Mittanzen hatten begeistern lassen, übten ihren Part. Nämlich das Hochhalten riesiger roter Herzplakate, welche ich an diesem Morgen ausgeschnitten hatte. Diese sollten sie am Ende der Aufführung in die Luft strecken und das gesamte romantische Bild umrahmen. Die Hauptprobe stellte sich als die reinste Katastrophe raus. Die engagierten Mädchen hatten die Choreographie verkehrt herum geübt. Einige von ihnen waren ohne Rhythmusgefühl oder Körperspannung geboren worden. Zusätzlich war natürlich eine der engagierten Teilnehmerinnen in einer blauen Jeans erschienen. Kompromisslos forderte ich sie auf, sich sofort eine schwarze Hose zu besorgen. Es war mir egal, woher sie diese nun erhalten würde. Ich war sogar bereit gewesen, sie andernfalls aus der

Gruppe auszuschließen. Der Tänzerin, welcher ich meinen Ring hätte anvertrauen wollen, traute ich nach ihrer Tollpatschigkeit nur noch das Atmen zu. Die Bedeutung dieses Ringes war mir zu wichtig, als dass ich es durch sie ruinieren lassen wollte. Es handelte sich um den Ring, welcher mich in Form eines weißen Stück Papiers das gesamte Militär hindurch begleitet hatte. Vor meinem Einsatz hatte Raphael mir einen Ring als Erinnerungsgeschenk kaufen wollen, welcher mich während des Einsatzes als Symbol unsere Liebe hätte begleiten sollen. Im Militär war das Tragen von Schmuck untersagt gewesen. Während des Besuchs des Schmuckgeschäftes hatte ich den Spieß umgedreht und ihn sich selbst einen aussuchen lassen. Unbemerkt hatte ich die Verkäuferin mir die Artikelnummer und Raphaels Ringgröße auf einem weißen Stück Papier notieren lassen. Aufgrund der Entführungsgefahr im Borava war es uns während der Mission nicht erlaubt gewesen, irgendwelche Familienbilder in der Brieftasche mitzuführen. Also hatte ich stattdessen dieses eine Stück Papier in meiner Geldbörse versteckt, was mich an meinen Lieblingsmenschen erinnern sollte. Ein Notizzettel, welcher die Nummer seines Antragringes zeigte. Es war schon 12:15 Uhr, als ich mich spontan für die Planänderung entschied, den Ring meinem Vater zur Aufbewahrung anzuvertrauen. Nach der letzten hoffnungslosen Besprechung mit der Tanztruppe gesellte ich mich zu meinen Ehrengästen. Mein Vater, Raphaels Eltern und sein bester Freund Timo standen alle beisammen und führten eine belanglose Unterhaltung. Alle waren sie gemeinsam und pünktlich auf dem Hauptplatz erschienen. Alle hatten sie mit Freude meinem Plan zugestimmt und ihre persönliche Aufgabe erhalten. Um 12:25 Uhr kümmerte sich mein Vater darum, meine Nerven zu beruhigen. Denn wieder hatte mein Herz vor Aufregung zu rasen begonnen. Ich versteckte mich mit ihm und Raphaels Eltern hinter einem Würstelstand, sodass Raphael uns im Vorbeischlendern mit dem

Professor nicht entdeckte. Es fehlten nur noch fünf Minuten, bis die Uhr 12:30 schlagen würde. Plötzlich kam mir in den Sinn, dass ich die weiße Kreuzmarkierung beim Brunnen vergessen hatte! Würde der Professor wissen, wo er zu stehen hat? Doch mir blieb mit nichts weiter übrig, als auf seinen gesunden Menschenverstand zu hoffen. Zuerst die chaotische Hauptprobe und jetzt noch das. Und schon sprossen Zweifel in meiner Gedankenwelt und ich sah verzweifelt in den Himmel. Ich brauchte irgendein Zeichen von oben, dass ich das Richtige machte. Doch es kam nichts. Und solange nichts von oben kam, brauchte meine Crew die pinken Regenjacken nicht auspacken. War dies das positive Zeichen des Schicksals, nach welchem ich trachtete? Das Ausbleiben des vorhergesagten Regens? Meinem Vater drückte ich im letzten Augenblick noch den Ring in die Hand und instruierte ihn, dass er mir diesen am Ende der Aufführung bringen solle. Raphaels Eltern hielten zwei Herzballone, welchen sie nach Raphaels Antwort als zusätzliche Showeinlage symbolisch in die Luft steigen lassen würden. Endlich schlug die Uhr 12:30 und mein Herzschlag setzte einen Takt aus. Ich beobachtete durch einen Spalt, wie sich die erste Tänzerin in der Mitte der Hauptplatzes positionierte. Hinter sich zog sie die Musikbox mit und stellte diese auf den Boden ab. Mein Herz stand still und die Zeit verging in Zeitlupe. Mein Blick verfolgte ihre Fingerspitze, wie sie den Einschaltknopf der Musikbox aktivierte. Sie musste nur noch bei der vorbereiteten Playlist auf Play klicken. Währenddessen schlenderten noch die letzten Passanten über den Platz. Mein Blick wanderte zum Brunnen und ich betete, dass es der Professor geschafft hatte. Mein Herz rutschte in meinen Minirock, als ich Raphaels Statur durch einen Spalt erkannte. Nachdem die Tänzerin ihren Finger wieder vom Handybildschirm wegzog, begann auch schon die Aufführung. Ich beobachtete von der Seite die Reaktion Raphaels, während der Professor ihn über den Brunnen belehrte. Er stand genau dort, wo er sein sollte. Mit dem Einsatz der Musik forderte der Professor ihn auf, sich umzudrehen. Sämtliche Tänzer hatten nun ein Intro von 17 Sekunden, um sich auf ihre Position zu stellen. Der Professor nutzte Raphaels Unwissenheit aus und ließ ihn die dargebotene Vorstellung mit seinem Handy aufnehmen. Raphael nahm den Auftrag ernst und positionierte sich so, damit er mit dem Handy ein großflächiges Bild erzielte. Bei der ersten Wiederholung des Refrains begann die Crew mit dem ersten schleifenden Ausfallschritt auf die rechte Seite. Dabei wurde der rechte Arm theatralisch mitgezogen und am Ende in die Luft nach oben geworfen. Jede Bewegung symbolisierte einen Teil unserer Liebesgeschichte, welche ich mir in der Form eines Tanzes ausgedacht hatte.

Wie er und ich zusammenkamen. Wie wir uns zu einem vereinten. Egal welcher Wirbelsturm auf uns zukommen mochte, wir würden diesen durchstehen und gemeinsam den Lebensweg beschreiten. Eine leidenschaftliche Liebe, die mein Herz zum Trommeln brachte. Intensität, die manchmal auch verletzen würde (das wurde so verbildlicht, dass die Tänzer ihre Ellenbogen an den diagonal aufschwingenden Knien anschlugen). Mein Wunsch an ihn, dass er mich weiterhin wie ein Vogel in alle Himmelsrichtungen ziehen lassen würde. Gestützt von der Hoffnung, dass ich meinen Weg immer zu ihm zurückfinden würde und wir dann vereint wären.

Nach einer halben Minute hatte ich mich neben Raphael gestellt, was er jedoch nicht realisierte. Denn fleißig, wie er war, versteifte sich Raphael in den Auftrag des Professors. Es fehlten nur noch wenige Sekunden bis zu meinem Einsatz, als ich seine Schulter antippte. Doch er war komplett in die Aufnahmequalität vertieft und sagte nur kurz: «Hi, ich bin gleich bei dir!» Konzentriert starrte er weiter in seine Handykamera, wodurch ich aus dem Schneider war. Danach rannte ich auch schon in die Mitte der Gruppe. Sie hatte sich wie ein Atrium um mich aufgestellt, sodass ich das Zentrum ihrer Einlage bildete. Bei einem erneuten Taktwechsel schloss ich mich dem Tanz der sich bewegenden Gruppe an (gemäß Raphaels späterer Aussage hatte er sich zu diesem Zeitpunkt nur gedacht, dass ich typisch südländisch wieder einmal zu spät gekommen sei). Als sich das erste Lied dem Ende zuneigte, zog ich mich in die Mitte der weiterhin tanzenden Menge zurück. Ich kniete hinter der Musikbox, während die anderen um mich herumwirbelten. Dabei zog ich so schnell es ging mein Oberteil aus. Ich gab die Anfänge eines tiefausgeschnittenen schwarzen Glitzerkleides preis, bei dem mein Busen schön geformt aussah. Goldene Fäden flossen den schwarzen Samtstoff von oben bis zum Ende des Kleides runter. Damit ich aus dem Minirock schlüpfen konnte, mussten auch die Schuhe weg. Ich hatte bewusst schwarze Ballerinas gewählt, welche durch dick und dünn mit mir gingen. Selbst während der Weltreise hatte ich diese getragen und war nun bereit, einen neuen Weg mit ihnen zu beschreiten. Und sie waren super einfach zum schnellen Aus- und Anziehen. Barfuß stand ich kurz auf der Steinplatte des Hauptplatzes und zog meinen Rock langsam bis zu den Füßen runter. Doch entgegen der Erwartung meiner Zuschauer entblößte ich nicht meine Beine, sondern zog das bodenlange Glitzerkleid wie einen Vorhang hinunter. Endlich hatte ich mich meiner äußersten Kleiderschicht entledigt und war bereit zu strahlen. Wie ein Phönix erhob ich mich vom Boden und das goldene Funkeln meines Kleides sorgte für die gewünschte Aufmerksamkeit. Jeder wusste nun, dass ich der Hauptprotagonist dieser Aufführung war. Als Nächstes ergriff ich das Mikrofon, welches auf der Musikbox für mich platziert worden war. Zwei Tänzer hatten die Aufgabe erhalten, vor mir einen roten Samtteppich auszurollen. Diesen hatte ich am Vorabend noch zusammengenäht. Ich wollte den Effekt des roten Teppichs erwecken, welchen normalerweise nur die

Stars und Sternchen unserer Welt beschritten. Ich wollte mich zumindest einmal im Leben so fühlen, als ob ich die Hauptrolle dieses Lebens war. Auch wenn es nur für eine vergängliche Minute war. Zwei weitere Tänzer griffen nach dem gefalteten weißen Banner, welches hinter der Musikbox auf dem Boden lag. Mit diesem versetzten sie sich mit einem Kniefall hinter die Tanzgruppe. Die übrigen Tänzer und Freiwilligen schnappten sich ihr bereit gelegtes rotes Herzplakat und kehrten zurück auf ihre Positionen. Ich war zu sehr um die Stabilisierung meiner nervösen Stimme bemüht und konnte nur hoffen, dass diesmal hinter mir alles nach Plan verlief. Meine Hoffnung war nach der gescheiterten Hauptprobe ziemlich gering, doch sie bestand. In der Mitte des Auftritts war mir das einzig mögliche, meinerseits das Beste zu geben und im Moment des Spektakels aufzublühen. Während ich mich zur gesungenen Melodie passend im Kreis drehte, staunte ich über die Menschenmenge, welche uns zwischenzeitlich umzingelte. Alle schauten sie gespannt auf mich, während mein engagierter Kameramann wie mein Mond um mich rotierte. Die Zeit verging so rasant schnell und ich hatte keine Zeit, mir über Raphaels Antwort Gedanken zu machen. Ich ging davon aus, dass er ja sagen würde. Wenn er mir Captain Happy Meal noch übelnahm, so hatte er nun die Möglichkeit zu einem Racheakt. Doch ich glaubte, es lag nicht in seinem Interesse, mich vor der Menge bloßzustellen und er würde es mir im Nachhinein sagen, wie er wirklich zu einer Verlobung mit mir stand. Im nächsten Augenblick stand mir auch schon der Moment des Liedes bevor, bei dem ich meinen Arm in Raphaels Richtung ausstreckte. Und ich sang «I think I want to marry you». Dies war das Signalwort, bei dem das Banner «Will U Marry Me?» hinter mir aufgespannt und alle roten Herzen in die Luft gestreckt wurden. Bei der offiziellen Frage unterstützten mich die beiden Tänzerinnen, welche sich zuvor um den Teppich gekümmert hatten. Sie machten einen

Kniefall, während eine Hand eine Rose in Raphaels Richtung streckte. Alles war perfekt abgelaufen und erwartungsvoll stand ich nun da. Nur ein maßgebliches Problem hatte ich nicht mit einberechnet. Raphael hatte nicht begriffen, dass es hierbei um ihn ging. Er hatte sich so auf den Auftrag seines Professors fixiert, sodass ihm der Inhalt des Flashmobs entgangen war. Und so stand ich auf dem roten Teppich und durfte zusätzlich Raphael durch das Mikrophon darum bitten, zu mir runterzukommen. Verwirrt blickte er zum ersten Mal vom Handy auf und in meine Richtung. Ich konnte die Realisation in seinem überraschten Gesichtsausdruck erkennen und wusste um seine Überforderung. Er hatte sich so auf den Auftrag des Professors versteift, dass er die Show gar nicht wahrgenommen hatte. Also verschaffte ich ihm noch etwas Zeit und stellte ihn mit einem Satz dem zahlreichen Publikum vor. Ich erklärte, was das alles sollte: «Ich bin hier, weil ich diesen wundervollen Mann heiraten möchte, der mein Leben so bereichert hat.» Mit zögerlichen Schritten bewegte sich Raphael in meine Richtung und schien vor Überraschung überwältigt zu sein. Doch die einzig zählende Hauptsache war, dass er es mit einem breiten Lächeln im Gesicht tat. Endlich stand er vor mir, als ich plötzlich merkte: «da fehlt noch was Kleines.» Verwirrt suchte ich nach meinem Vater. Berührt von der Romantik hatte er seine Rolle als Ringträger vergessen, woraufhin ich auch noch ihn über das Mikrofon ausrufen musste. Jürg hatte vor Aufregung sogar vergessen, in welcher Tasche er den Ring verstaut hatte. Also wartete ich mit dem Publikum auf ihn, solange er diesen unbeholfen, aber süß rauskramte. Wenigstens die Mutter Raphaels hatte sich gemäß meiner Instruktion hinter mich gestellt. Dann fiel mir die Abwesenheit von Raphaels Vaters auf. Dieser hätte eigentlich mitkommen sollen, war jedoch zu müde vom Stehen gewesen und hatte sich beim Brunnen hingesetzt. Die Intention war gewesen, dass Raphael die Zustimmung unserer Familien, wie auch die seines besten Freundes Timo vor sich hatte (später stellte sich noch heraus, dass Raphael deren Teilnahme vor lauter Aufregung gar nicht mal aufgefallen war). Und so war ich nun an der Reihe, mich ihm mit einem Kniefall demütig zu beugen. Mit der verschlossenen Ringschachtel in der einen Hand und dem Mikrofon in der anderen, probierte ich mein Herzflattern zu ignorieren. Als ich in seine treuen Augen sah und mich wieder einmal in sein makelloses Lächeln verliebte, fragte ich ihn: «Willst du den Rest deines Lebens mit mir verbringen?» Und er antwortete mit einem ja, während er bereits seine Hand ausstreckte.

Ich hatte für einen kurzen Moment den Kampf mit der Schachtel, welchen ich erst ein paar Handgriffe später gewann. Doch ich ließ ihn sich den Ring anstecken, während ich die Schachtel auf die Seite legte. Er war komplett überwältigt und konnte das Geschehene noch gar nicht realisieren. Während die Menge applaudierte, beglückwünschte ich ihm. Der letzte Teil mit den aufsteigenden Ballonen scheiterte daran, da seine Mutter die Beschwerungsplatte zu lösen vergessen hatte. Doch das machte nichts. Raphael hatte ja gesagt.

18+

Ein neuer Frühling begann zu sprießen und ich entspannte gedankenversunken in der Küche. Die Normalität im Grazer Leben hatte sich eingependelt und ich übte mich darin, die Schönheit in dem zu erkennen, wie sich mein Leben entwickelt hatte. Ich führte gewohnheitsmäßig Achtsamkeitsübungen durch, welche mir in der Klinik beigebracht worden waren, um die Wertschätzung für das Leben nicht zu verlieren. Unter anderem hatte ich ein kleines Notizbuch, welches ich mir jährlich aufs Neue aussuchte. Bereits bei der Coverauswahl manifestierte ich durch die Auswahl des Motives, was ich von einem neuen Jahr erwartete oder wie ich sein wollte. Jeden Abend notierte ich mir drei positive Ereignisse, welche meinen Tag bereichert hatten. Ich räumte mir bewusst Zeit dafür ein, wann immer ich geistig nicht durch eine Aktivität eingenommen war. Zudem traf ich mich alle zwei Wochen mit einem Psychologen, was half. Ich empfand es als die absolut ehrlichste Gesprächsrunde während meines Alltags, da ich ihn für seine unvoreingenommene, außenstehende Meinung bezahlte. Ich dachte darüber nach, was ich an meiner äußerst vielfältigen Arbeit mochte. Zum einen genoss ich die sich wandelnden Tagesstrukturen, welche meine Arbeitswoche formten. Ich konnte mich entweder für Schichten im Laden einteilen lassen oder von zuhause aus arbeiten. Somit wusste ich nie, was mich im nächsten Monat erwartete. Die regelmäßigen Besuche in die Heimat fühlten sich jedes Mal wie ein Kurzurlaub an. Dadurch schlich sich in mir das Gefühl ein, ständig auf Reisen zu sein. Mein Fernweh war somit zumindest für den Moment befriedigt. Am Abend genoss ich die Zweisamkeit mit Raphael oder engagierte mich noch immer in der Stadt. Die Feuerwehrdienste als Atemschutzträger sorgten für spannende Einsätze und den nötigen Adrenalinkick. Ich nutzte jede Fahrt mit meinen Patienten während des Rettungsdienstes aus, um für einen kurzen Augenblick Teil ihrer Lebensgeschichte zu werden. Ich redete mit fremden Menschen auf den Straßen oder in Cafés, wann immer sie interessant auf mich wirkten. Entweder ergaben sich daraus neue spannende Kontakte oder wir beließen es bei dieser einmaligen Bekanntschaft. In Graz konnte ich meine Hemmungslosigkeit ausleben und frei entfalten. Ich hatte mir selbst vorgenommen, genau das zu machen und so zu sein, wie ich es wollte. Wenn es mir danach war, zog ich eine meiner vielen Perücken an und stimmte mein gesamtes Outfit und Make-Up auf meine Stimmung ab. Jede Perücke entfaltete einen anderen Charakterzug. Zum Beispiel nannte ich meine rote, gewellte Mähne, welche bis zu meinem Bauch reichte, Candy. Die schulterlange Perücke mit hellblauen und hellrosa Strähnen hieß Cosma. Ich konnte meinen vielfältigen Interessen mehr Ausdruck verleihen und durch das dazu passende Outfit eine Gastrolle einnehmen. Entweder traf ich mich mit Freunden, erweiterte meine Sammlung von Lebensgeschichten oder widmete mich zu Hause meiner Kunst. Ich hatte angefangen, meine Kreativität auf Papier zu bringen und durfte die Bilder dann im Wohnzimmer aufhängen. Ob sie dazu schön genug waren, sei dahingestellt. Ich war körperlich fit, da ich jeden Tag mit dem Fahrrad in die Stadt fuhr. Nicht mehr so sportlich fit wie im Militär. Ich war leicht enttäuscht von der Tatsache, dass ich es nie zu einem Sixpack geschafft hatte. Doch ich war dennoch fit genug, dass ich bei langen Hindernisläufen durchhalten konnte. Ich konnte zudem meine Passion für Yoga in eine neue Richtung lenken. In der Stadt gab es unterschiedliche Parks und jeder von ihnen hatte einen eigenen Vibe. Ab dem Frühling hatte ich in der

Stadt Flyer hängen und akquirierte neue Schüler. In drei dieser Parks bot ich jeweils unterschiedliche Yogastilrichtung an, welche das Flair des Parks repräsentierten. Ich hätte sowieso für mich Yoga praktiziert und warum dann nicht meine Mitmenschen kostenlos mitprofitieren lassen und mich über einen Wertschätzungsbeitrag freuen. Es war ein schönes Gefühl, meinen Mitmenschen durch mein Wissen und meine Präsenz einen positiven Dienst zu leisten. Zudem war dies eine spannende Gelegenheit, um neue Menschen mit einem ähnlichen Mindset kennenzulernen. Am meisten genoss ich die Yogastunden, bei denen auch Raphael mitmachte und wir anschließend gemeinsam noch den Nachmittag im Park chillten. Wir hatten einen neuen Höhepunkt in unserer Beziehung erreicht. Unsere verborgensten Schwächen waren ans Licht getreten und wir konnten gemeinsam daran wachsen. Wir waren als Paar verbundener und abgestimmter denn je. Wir hatten uns so daran gewöhnt, in unserer Freizeit so oft wie möglich beieinander zu sein, dass seine Abwesenheit immer eine klaffende Wunde in meinem Herz hinterließ. An Tagen, an denen der physische Abstand nur schwer zu ertragen war, besucht er mich mit Mittagessen im Laden und wir kuschelten an einem abgelegenen Flussufer. Zu Beginn hatte noch die Befürchtung an mir genagt, dass er mich somit kontrollieren wollte. Denn solange er bei mir wäre, könnte ich nicht bei jemand anderem sein. Doch es war bereits einige Zeit vergangen, seit ich ihm meine Affäre mit Captain Happy Meal gestanden und mich dabei mental auf die Trennung vorbereitet gehabt hatte. Raphael trug zwar noch immer die Verletzung des Betruges in sich, doch er hielt es mir nie mehr vor. Ich romantisierte in meiner Fantasie gerne darüber, dass wir zwei Magnete waren, die sich gegenseitig anzogen. Er war mir das fehlende Puzzlestück, welches mein Leben ergänzte und vollendete. Für mich stand fest, dass ich es als ein Kompliment empfinden würde, wenn mich jemand mit ihm vergleichen hätte. Ich hätte mir für mein zukünftiges Kind gewünscht, dass dessen Partner wie Raphael wäre. Denn nur bei ihm konnte ich mein absolutes Selbst sein, ohne mich je verstellen zu müssen.

Ich stand nackt in der Küche, nachdem ich mich kurz aufgrund einer Klimawandel bedingten Hitzewelle abgeduscht hatte. Der mir bevorstehende Abend stimmte mich etwas aufgeregt und ich entschied, in der Küche zu rauchen. Raphael verabscheute es, jedoch hatten ihn die unzähligen, erfolglosen Diskussionen darüber verstummen lassen. Ich probierte es generell zu vermeiden, doch an manchen Tagen fehlte mir der Wille dazu. Ich stand vor dem Waschbecken und äscherte direkt über dem Abfluss. Plötzlich knarrte der Holzboden vor dem Kücheneingang und ich drehte meinen Kopf in die Richtung des Geräusches. Raphael stand in seiner schwarzen Unterhose beim Eingang. Den rechten Arm stützte er gegen den Türrahmen, sodass sein Bizeps sich anspannte. Er verführte mich mit seinem wunderschönen Lächeln, dessen hypnotisierende Wirkung jeden gut gelaunt stimmte. Seine Brustmuskulatur war angespannt und er erinnerte mich an eine künstlerische Steinstatue. Doch nur ich war der alleinige Betrachter, der ihn in diesem Moment bestaunen durfte. Seine massigen Beine wirkten muskulös und stark. «Du bist am schönsten, wenn du nackt bist», brummte er lusterfüllt vor sich hin. Ich konnte noch nicht ganz einschätzen, was seine Intention dahinter war. Ob es sich hierbei um ein lieb gemeintes Kompliment handelte oder es ein Teil seiner Anmache war, um mich an diesem jungen Abend vernaschen zu können. Ich lächelte ihn an und nahm das Kompliment mit unschuldigem Hintergedanken dankend an. Ich war mir sicher, dass er sich jetzt noch nicht verausgaben wollte. Er drehte sich daraufhin um und verschwand im nebenan liegenden Schlafzimmer: «Aber denk nicht, dass ich die Zigarette nicht schon längstens gerochen habe!», schrie er genervt aus dem Nebenzimmer. Ich schmunzelte, ließ mich jedoch nicht von den letzten paar

Zügen abbringen. Ich verstand, dass Raphael sich nun noch etwas hinlegen und entspannen würde. Dies war seine nonverbale Einladung gewesen, ihm dabei Gesellschaft zu leisten. Ich löschte die Zigarette aus, indem ich sie unter den laufenden Wasserstrahl hielt. Ich griff nach meinem Handy, schob mir einen Bubblegum-Kaugummi zwischen die Zähne und machte mich auf den Weg zu ihm. Als ich den Türrahmen des Schlafzimmers erreichte, lag er auf seinem Rücken und überbrückte die Wartezeit mit seinem Handy. Ich legte mich neben ihn auf das Bett und ahmte seine Pose nach. Unsere Schultern berührten sich, während wir beide unsere Handys über dem Kopf hielten. Ich stellte dabei die Playlist Bumsfolder ein, legte das Handy auf die Bettkante und drehte mich zu Raphael um. Mit Beginn des ersten Taktes tat er es mir gleich und legte sein Handy zur Seite. Mit einer rasanten Bewegung rollte er seinen Körper über mich und drückte seine beiden Beine zwischen meine. Im Handumdrehen hatte er sich den Weg in meinen Schoss freigeräumt, doch ich störte mich nicht daran. «Hmm...», grummelte er, «das ist ja meine Lieblingsplaylist.» Ich genoss jeden Berührungspunkt unseres Körpers, bei dem ich seine warme und weiche Haut auf der meinen spüren durfte. Er roch frisch geduscht und hatte sich mit einem männlichen Duschgel parfümiert. Uns blieb nicht mehr viel Zeit, bevor wir uns auf den Weg machen mussten. Er schob seinen linken Arm unter meinen Schultern durch und stützte mit seiner Hand meinen Nacken. Es fehlte nur noch eine Fingerlänge zwischen unseren Mündern, bevor er mich küssen würde. Ich konnte mich nicht bewegen, da sein gesamtes Gewicht auf mir lastete. Ich musste geduldig darauf warten, dass er seinen Kopf zu mir runter senken würde und mir seinen Kuss gewährte. Ich schaute Raphael dabei in seine grünbraunen Augen. Die einzelnen braunen Faserungen erinnerten mich an Blüten, die von grünen Pflanzenblätter umrundet waren. Langsam näherte sich sein Gesicht meinem und ich spürte seinen feuchtheißen Atem auf meiner Oberlippe. Nur noch ein Augenblick fehlt, bis sich seine Lippen mit meinen vereinten und ich spürte ein Kribbeln in meinem Bauch. Obwohl ich seinen angenehmen Geschmack bereits auswendig kannte, erfreute ich mich jedes Mal aufs Neue. Ich empfand es nicht als selbstverständlich, dass ich den Geschmack eines Mannes so begehrten durfte. Als unser Kuss unmittelbar bevorstand, schloss ich meine Augen und öffnete meinen Mund einen Spalt. Seine weichen Lippen berührten die meinen und ich fühlte anhand der Feuchtigkeit, dass auch er seinen Mund bereits etwas geöffnet hatte. Ich streckte ganz sanft meine Zunge raus und tastete nach seiner. Da ihn dieselbe Vorstellung geleitet hatte, fanden sie sich so gleich und wir begannen einander zu berühren und zu schmecken. Er hatte zuvor Schokolade gegessen, wodurch sein Mund einem Dessert glich. Während des Küssens legte ich meine Arme um seinen Oberkörper und wir begannen, uns zu umarmen. Irgendwann wurde Raphael die Berührung unserer Körper wichtiger, sodass er langsam seinen Mund von mir löste. Mit seiner Hand an meinem Nacken drückte er mich näher zu sich ran und presste seinen Oberkörper auf mich drauf. Ich umschlang mit meinen Beinen seine Hüfte und wollte nichts mehr, als ihm so nahe wie möglich zu sein. Je fester ich drückte, desto näher fühlte ich mich ihm. Ich wollte eins werden mit ihm. Er vergrub seinen Kopf zwischen meinem Kopf und meiner rechten Schulter. Da mein Mund neben seinem linken Ohr war, gestand ich: «ich fühle mich dir so nahe, aber nicht nahe genug», und begann sein Haar zu kräuseln. «Du ergänzt mich. Wie ein Ying Yang Muster, sind wir miteinander verschlungen.» Ich stellte mir dabei den Kreis vor, welcher zur Hälfte weiß und zur Hälfte schwarz war. Es kam mir nicht darauf an, wer von uns welche Farbe symbolisierte. Für mich zählte allein die Vorstellung, dass er und ich eine Einheit waren. Raphael schmunzelte vor sich hin und schien meine Metapher verstanden zu haben: «Jetzt fehlt bei deinem Ying-Yang-Muster nur noch die Ergänzung der beiden Punkte innerhalb der jeweiligen Flächen. Ich weiß auch schon, wie wir diese Verbindung herstellen können.» Ich lachte zurück und ließ meine Arme um seine Schultern etwas lockerer. Er folgte meiner langsamen Auflösung unserer intensiven Umarmung und stützte seinen Oberkörper mit seinem rechten Arm ab. Ich lockerte die Umklammerung seiner Hüfte mit meinen Beinen, worauf hin er mit der linken Hand in seine Unterhose schlüpfte. Mit einem Griff holte er sein strammes Glied hervor. Ich konnte es kaum erwarten, ihn in mir zu spüren. Ich folgte seinem Blick und beobachtete ihn, wie er seine Eichelspitze gegen den Eingang meiner entblößten Vulva presste. Ich spürte die angenehme Wärme, welche mich in meinem Intimbereich streichelte. «Ich sollte mal inspizieren, ob du schon bereit für heute Abend bist», erläuterte er den Sachverhalt und presste seine Eichel gegen meinen Eingang. Zu meiner Überraschung glitt er reibungslos rein und füllte mich aus. Raphael ließ sich Zeit bei der Hüftbewegung, wodurch ich jeden weiteren Zentimeter spürte, welchen er eroberte. Ich war mir nicht bewusst gewesen, dass meine Vulva bereits vor Hunger triefte. Während er tief in mir steckte, senkte er erlöst seinen Kopf und vergrub ihn in meinem Hals. Er küsste mich und ich hörte ihn laut einatmen. Ich genoss das Gefühl der Wärme seines prallen Gliedes in mir, als er sich mir zu schnell wieder entzog. Er räkelte sich und zog seine Unterhose über sein Glied. Während er mit beiden Händen den schwarzen Stoff wie ein Verkaufsprodukt präsentierte, erkundigte er sich wie ein unsicherer Junge: «Was haltest du von dieser? Kann ich dich heute Abend mit ihr verführen?» Ich sah sie mir an und nickte zustimmend: «Ich geh mich auch mal anziehen.» Er machte mir Platz, damit ich mich vom Bett erheben konnte. Ich stellte mich vor meinen Kleiderschrank und suchte mir meine schönste Unterwäsche raus. Ich hatte mich für einen schwarzen

Einteiler entschieden. Filigrane Spitze verdeckte knapp die Brustpartie und gab den altrosafarbenen Ansatz eines Nippels preis. Schwarze Lederbänder, welche mit goldigen Steinchen besetzt waren, schlängelten sich wie ein geflochtenes Korsett um meinen Oberkörper. Zwei Bänder kreuzten sich über meinem Schlüsselbein und trafen sich hinter meinem Nacken. Der Abschnitt der Unterhose, welche meine Intimzone bedeckte, überraschte mit einem Schlitz. Dadurch brauchte ich das Outfit während des Sex nicht auszuziehen und konnte mich den gesamten Akt über wie eine versaute Domina fühlen. Ich betrachtete mich selbst im Spiegel und fand Gefallen an meiner erotischen Erscheinung. Ich probierte meinen Körper in unterschiedlichen Posen möglichst sexy zu präsentieren und mich selbst zu bezirzen. Bodylotion sorgte dafür, dass meine Haut nach einer süßen Nachspeise roch. Ich fühlte mich wie eine geladene Sexpistole, welche bereit war, eingesetzt zu werden. Ich verpackte mich mit meiner Alltagskleidung und gab Raphael Bescheid, dass ich abfahrtbereit war. Er knüpfte sich noch sein Hemd fertig zu und stimmte in die Aufbruchsstimmung ein. Bevor wir die Haustür öffneten, blieb ich vor ihm stehen und umklammerte mit beiden Händen seinen Hals. Ich verlangte nur für einen Moment seine gesamte Aufmerksamkeit. Ich konnte in seinen weitgeöffneten Augen seine Aufregung ablesen. Er probierte seine Nervosität mit Coolness zu überdecken, doch ich wusste, was in ihm vorging. Während wir uns für ein paar Atemzüge in die Augen starrten, beobachtete ich die Entspannung, welche sich in ihm ausbreitete. Ich lächelte ihn zuversichtlich an und er spiegelte die Ruhe zurück. «Denk daran», machte ich ihm erneut bewusst, «dass es hierbei um uns beide geht.» Raphael versank in meinen Augen und griff mit seinen Händen um meine Taille. Er ließ meine Worte sich in seinem Bewusstsein absetzen und atmete einmal tief ein. Dann nickte er mir zustimmend zu. «Wir sind es, die sie dazu einladen, eine Nacht ein Teil davon zu sein», setzte ich fort und beendete meine Rede mit einem Kuss. Gemeinsam verließen wir die Wohnung und begaben uns zu unseren Fahrrädern. Sie standen abgeschlossen an der Hauptstrasse. Raphael stellte währenddessen die Navigation in seinem Handy ein und übernahm somit die Führung. Ich fühlte mich glücklich, dass ich mich mit ihm auf solch ein Abenteuer einlassen konnte. Wir hatten angefangen, offener über unsere Wünsche zu reden. Ich hatte ihm von meiner gewünschten Länderliste erzählt, was ihn im ersten Moment hatte schlucken lassen. Die Vereinbarung war schlussendlich gewesen, dass für mich das Geschlecht meiner Snacks eigentlich keine Rolle spielte. Schließlich empfand ich bei beiden Geschlechtern gewisse Attribute erotisch anziehend. Unsere ehrlichen Gespräche hatten somit dazu geführt, dass Raphael sich dazu bereit erklärt hatte, neues zu entdecken. Eines Abends hatten wir vereinbart, dass er uns auf einer Datingplattform eine Gespielin aussuchen würde. Ich wusste, dass wir in etwa denselben Geschmack teilten, und hatte mir von Beginn an keine Sorgen gemacht. Nach etwa einem Monat war er fündig geworden und hatte für diesen Abend ein Treffen mit einer fremden Frau vereinbart - Kristina. Da nur er den Weg zu ihr kannte, folgte ich ihm auf meinem Fahrrad. Es wehte eine lauwarme Briese und unterstützte mich mit etwas Rückenwind. Auf dem Weg stellte Raphael mir noch seine letzten Fragen, bevor wir bei ihr ankamen: «Was machen wir, wenn sie ganz anders als auf dem Bild aussieht?» «Wenn sie sich als absolute Schreckschraube entpuppen sollte, dann gehen wir einfach wieder», beruhigte ich ihn, «wir sind ja schließlich nicht dazu verpflichtet, mit ihr zu schlafen. Und genau deswegen haben wir uns ja mit ihr darauf geeinigt, dass wir uns bei ihr treffen. Damit wir einfach gehen können, falls es uns nicht passen sollte.» In einem mir zuvor unbekannten Quartier bogen wir bei einer Einfahrt ein und parkten unsere Fahrräder. «Wäre es dir lieber», bot ich ihm an, «wenn wir uns auf ein Codewort einigen?» Raphael war schneller als ich und stellte sich neben mich. Während ich mich für die Anbringung meines Fahrradschlosses bückte, stellte er sich hinter mich und bückte sich über mich. Dabei umschlang er mich mit seinen Armen. «Bananensplit fände ich lustig», stieg er darauf ein. Als ich fertig war, drehte ich mich zu ihm auf und umarmte ihn zurück. «Bist du bereit?», fragte ich ihn. Er brummte leicht verunsichert: «Mhmm..», während er mich küsste. Aus dem Nichts durchbrach plötzlich eine weibliche Stimme die Stille der Nacht: «Hallo zusammen.»

2 + 1 = 18+

Die junge Stimme war eher tief, klang aber selbstbestimmt. Raphael löste sich sofort von mir, sodass wir uns beide in die Richtung drehen konnten, wo die betörende Stimme hergekommen war. In der Dunkelheit konnte ich im ersten Moment noch nichts erkennen, als plötzlich eine Silhouette aus dem pechschwarzen Schatten hervortrat. Schwarze Kleidung hatte die Tarnung perfektioniert, wodurch sie uns gar nicht aufgefallen war. Der schwarze Mantel reichte bis zu den Knien und hellblaue Sportschuhe durchbrachen die Eintönigkeit. Sie zog die Kapuze runter und lockiges goldenes Haar umrundeten ihr süßes Gesicht. Die Locken bedeckten knapp ihre Schultern. Sie hatte ein leicht rundliches Gesicht, welches mädchenhaft unschuldig wirkte. Sie trug ein offenes Lächeln und hatte perfekte weiße Zähne. Durch die Strassenbeleuchtung glänzte ein Glitzersteinchen auf ihrem Eckzahn. Ihre dünnen Lippen hatte sie mit einer roten Farbe betont. Es war noch zu dunkel, als dass ich die detaillierten Merkmale ihrer Augen wahrnehmen konnte. Zielstrebig steuerte sie auf uns zu, um uns zu begrüßen: «Habt's ihr gut hergefunden?». Ich stellte mich neben Raphael, während er ihre Fragen bejahte. Dabei zeigte er demonstrativ auf die noch laufende Navigation in seinem Handy. Sie wandte sich mir zu und stellte sich für die körperliche Begrüßung vor mich. Mit den Armen deutete sie die Anfänge eines Handschlages und einer Teilumarmung an, auf welchen dann zwei Wangenküsse folgen würden. Ich fand es einen soliden Anfang, wodurch man gleich sicherstellen konnte, ob man einander auch riechen kann. Doch mir war das zu brav. Als sich ihr Gesicht dem meinem näherte, stimmte ich in ihrem Ansatz eines Wangenkusses ein. Ich winkelte jedoch meinen Kopf nur minimal an, wodurch meine Lippen knapp ihren Mundwinkel streiften. Kurz bevor ihre Lippen meine Wangen berührten, drehte ich meinen Kopf in ihre Richtung und legte meine Lippen vollständig auf die ihren. Ich entschied, mich ihr mit einem zärtlichen Begrüßungskuss vorzustellen. Ich beobachtete ihre Reaktion auf meine Aufdringlichkeit und sah ihr dabei in die Augen. Ich konnte ihr ansehen, dass sie das Geschehende noch nicht realisierte. Nur für einen Bruchteil eines Augenblickes öffnete ich meinen Mund einen Spalt, schloss meine Augenlider und umfasste einen Teil ihrer weichen Unterlippe. Auch wenn ihre Lippen nicht voll waren, so waren sie angenehm sanft. Durch den Geschmacksstoff in ihrem roten Lippenstift schmeckte mein Zungenspitze Kokosnuss. Kristina zog sich nicht instinktiv zurück, sondern verharrte einen Wimpernschlag in der Begrüßung. Dann löste ich mich und sie sah mich mit einer überraschten Miene und großen Augen an. Ich verführte sie mit einem schelmischen Lächeln und zwinkerte ihr zu: «Hi, ich heisse Candrissia.» Sie musterte mich noch immer, als sie mein Hi imitierte und begann plötzlich, breit zu Grinsen. Ihr Kopf wippte leicht zustimmend, als ob ihr meine Visitenkarte sympathisch wäre. Der Blickkontakt blieb weiterhin bestehen und sie gab ein stillgehaltenes Kichern von sich. Ich empfand es süß, dass sie meine dreiste Offenheit aus dem Konzept gelockt hatte. Dann wandte sie sich zu Raphael und glitt in einem langsamen Schritt zu ihm. Kristina konnte ihm genau wie ich die Nervosität ansehen. Er stand da und wusste nicht, wohin mit seinen Händen. Er entschied sich dafür, sie in seinen Jackentaschen zu verstauen. Kristina war mutig genug, dass sie mit einer Hand nach seinem Nacken griff und ihn zu sich runterzog. Er verstand sofort und bückte sich auf ihre Augenhöhe. Dann wandte Kristina dieselbe Begrüßungsformel an. Raphael behielt die Augen offen und schaute zu mir rüber. Er schien überfordert und ich griff zustimmend nach seiner Hand. Ich konnte seinen angespannten Augenbrauen ansehen, wie diese sich entspannten und er sich bedenkenlos auf den Kuss einlassen konnte. Kristina ließ wieder locker und nahm den Platz in unserem Dreieck ein. «Sollen wir zuerst eine Runde spazieren gehen?», fragte sie und deutete auf einen gestampften Pfad, welcher hinter das Haus führte. Ich konnte ihr ihre Selbstsicherheit ablesen. Sie schien eine Frau zu sein, die den Verlauf in ihrem Umfeld selbst in die Hand nahm und formte. «Wieso nicht?», stimmte ich ein und macht den ersten Schritt in diese Richtung. Gemeinsam spazierte wir für ein Weilchen und führten eine gewöhnliche Kennenlernunterhaltung. Ihre Persönlichkeit hatte eine erweckende Frische und lebhafte Erzählform, welche mich mitriss. Sie berichtete uns über ihren beruflichen Werdegang, über verflossene Liebschaften und den Grund für ihre Entscheidung zu diesem Treffen. Ihr Herz war vor kurzem gebrochen worden und sie probierte noch immer, über diesen Ex hinwegzukommen. Sie war auch noch nie mit einer Frau zusammen gewesen und wollte dies aus reiner Neugierde mal austesten. Ich fühlte mich in diesem Moment etwas unter Druck gesetzt. Mich überkam der Stress, dass ich für sie gerade die Gesamtheit der Frauenwelt repräsentierte und ihnen natürlich alle Ehre machen wollte. Ich beruhigte mich mit der Gewissheit, dass sie somit auch kein Vergleichsmaterial hatte und ich gar nicht schlecht performen konnte. Und für den Fall, dass ich sie nicht zum Höhepunkt bringen konnte, hatte ich noch immer Raphael als Backup mit dabei. Er wusste, was er machen musste, um befriedigende Resultate zu liefern. Nach einer Viertelstunde hatten wir uns einmal im Kreis gedreht und standen wieder vor ihrem Wohnblock. «Wollt ihr mit reinkommen?», erkundigte sie sich bei uns und zeigte mit einer Hand in Richtung ihrer Wohnung, «Oder habt ihr einen Termin zum Bananensplitt essen vergessen und müsst doch schon los?» Raphael und ich begannen zu lachen, Kristina stimmte ein. «Also, ich hätte schon Lust auf ein Dessert», offenbarte ich meine Gelüste. Kristina warf mir einen amüsierten Blick zu und spitzte dabei ihre roten Lippen. Ihr lieblicher Mund erinnerte mich an einen Kussabdruck auf einer Serviette. Wir folgten ihr zu einem versteckten Treppenhaus und betraten im zweiten Stock ihre Wohnung. Es war ein kleines, aber feines Apartment für einen Singlehaushalt. Der Empfang bestand aus einem kurzen, nach links verlaufenden Korridor, in dem wir unsere Jacken aufhängen konnten. Sie versinnbildlichte die Rolle der perfekten Gastgeberin und nahm unsere Jacken entgegen. Nach dem Korridor empfing mich rechterhand ein großer Raum, welcher die Küche und das Wohnzimmer vereinte. Kristina begab sich in die offene Küche und offerierte uns Getränke. Sie hatte eine eigenhändig gedruckte Cocktailkarte, aus der wir uns was raussuchen durften. Ich entschied mich für nur einen alkoholischen Drink, um meine Sinne nicht zu stark zu benebeln. Ich genoss den Anblick eines persönlichen Barkeepers, dessen Busen durch das Schütteln des Shakers wogte. Ich verfiel dem Geschmack von einem Fruchtlikör und ließ die Flüssigkeit meinen Mund durchfluten. Ich wollte, dass meine Küsse danach schmecken. Raphael sah ihr gebannt dabei zu, wie sie einen Beerensaft in seinen Cocktail mischte und ihn mit glitzererfüllten Eiskugeln dekorierte. Nachdem jeder mit einem Cocktail bedient war, begaben wir uns zu ihrem beigen Ecksofa. Die beiden standen wie angewurzelt davor und wagten keinen Schritt. Die erste unausgesprochene Frage lautete, was für eine Sitzordnung bei einem Dreier vorgesehen war. Ich ergriff, ohne lange zu zögern, das Zepter und drängelte mich zwischen ihnen durch. Dabei ergriff ich Kristinas Hand und zog sie hinter mir her. Nach uns folgte Raphael, wodurch Kristina zwischen uns saß. Raphael platzierte sich in der Ecke, wodurch wir ein angenehmes Dreieck formten.

Jeder hatte jeden im Blickwinkel und niemand wurde geometrisch ausgeschlossen. Während wir uns weiterhin über das Leben in Graz austauschen, schlürften wir unsere Drinks und begannen mit schüchternen Berührungen. Wann immer es zu einem Lacher kam, ruhte meine Hand auf ihrem Oberschenkel. Wann Kristina eine Geschichte erzählte, hielt sie sich an Raphaels Oberarm fest und sah mich dabei an. Es war angenehm, dass die Unterhaltung so natürlich floss und es zu keinen merkwürdigen Pausen kam. Als Raphael Katarina mit einer Anekdote belustigte, war ihr Gesicht zu ihm gewandt. Ihre Locken hatte sie auf die Seite genommen, wodurch ich ihren Hals wie ein begehrtes Ausstellungsstück vor mir hatte. Er war lang und die makellose, zartrosa Farbe erinnerte an eine Muschelperle. Ich wollte wissen, wie sie roch. Ich rückte auf der Couch etwas näher zu ihr ran und legte eine Hand auf ihren Oberschenkel. Raphael sah mir dabei zu und seine Erzählung über das Bouldern stockte. Er wusste, dass ich soeben meinen Angriff gestartet hatte und was ihm nun bevorstand. In seinen Augen konnte ich die Lust ablesen, welche bald seinen Lendenbereich mit Blut durchpumpen würde. Kristina sah noch immer in seine Richtung und probierte, seinem abgehackten Satz zu folgen. Meine Lippen berührten sachte die weiche Haut ihres Halses und ich spürte, wie der Muskel unter mir vor Schreck zusammenzuckte. Während ich ihr so nah war, nahm ich einen lautlosen tiefen Atemzug. Sie hatte ihr lockiges Haar mit einem Shampoo gewaschen, welches nach Magnolien roch. Der natürliche Blumenduft passte zu ihrer offenen Ausstrahlung und ich ließ meine Sinne damit betören. Was sagte diese Duftwahl über ihre Persönlichkeit aus? Meine Augen waren geschlossen, damit ich ihre Eigennote über mich ergehen lassen konnte. Ich spürte, wie meine Hand von ihrer umklammert wurde und sie ihren Nacken wieder entspannte. Ich küsste sie noch ein weiteres Mal und setzte sanft meine Zähne dabei ein. Ich spürte, wie die Haut zwischen meinen Zähnen dem lockeren Griff wieder entglitt. Langsam löste ich mich wieder von ihr und sie drehte ihren Kopf in meine Richtung. Ihre Augen waren bezaubernd geschminkt und bargen eine aufregende Farbkombination auf dem Augenlid. Sie hatte sich für frühlingshafte Farbtöne entschieden, welche das Grün ihrer Pupille unterstrichen. Die Wimpern hatte sie nur leicht geschminkt und jeder Wimpernaufschlag erinnerte an einen flatternden Schmetterling, welcher sich auf ihrem Auge ausruhte. Eine neue Art von Lust begann in mir zu erwachen. Wie eine Blume, deren Erblühen ich durch einen Zeitraffer mitverfolgen konnte, schoss als Begierde in mir auf. Ihre Augen hatten ein neues Feuer in mir entfacht, welches ich nicht zu haben geglaubt hatte. Ich wollte diesen Schmetterling beherrschen. Ich fühlte mich wie eine Sammlerin, welche ihre nächste Faszination auserkoren hatten und dieses nun besitzen musste. Auch wenn es nur für diese eine Nacht wäre, so wollte ich sie haben. Ich wollte mich mal fühlen, wie sich normalerweise Hackar oder Captain Happy Meal bei mir gefühlt hatte. Ich wollte Besitz über ihren Körper erlangen und sie meine Befehle freiwillig ausführen lassen. Ich war auch bereit dazu, sie mit feinen Schlägen zu züchtigen, falls sie nicht gehorchen sollte. Schon bei unserem Begrüssungskuss hatte ich die Rangordnung nonverbal klargestellt. Ich hatte durch diesen Kuss meine Dominanz markiert und sie in ihre Rolle gedrängt. Und ihre damalige Verlegenheit war die unausgesprochene Einwilligung in mein Konzept gewesen. Es lag daher auch an mir, den ersten physischen Schritt für diesen Dreier zu initiieren. Denn so, wie ich Raphael kannte, konnte er noch Stunden mit ihr reden. Normalerweise war ich diejenige, die meine eigene Passion damit beschrieb, dass ich gerne die Geschichten von Menschen erfuhr. Doch zu dieser Stunde hatte ich ganz andere Intentionen. Erstens wollte ich sicher gehen, dass ich mich nach dem Alkohol nicht noch zuerst auf dem Klo erleichtern müsste und mich nicht mehr 100% frisch geduscht fühlen würde. Doch da war noch etwas anderes. Dunkleres. Ich wollte diese tiefe, sexuelle Gier in mir endlich besänftigen. Katarina verhielt sich nach den Gepflogenheiten und wollte sich nicht in das Beziehungstechnische zwischen mir und Raphael einmischen. Selbst wenn sie mit anderen Partnern auch mal die Oberhand hatte, so nahm sie sich in dieser Runde zurück. Ich empfand Gefallen an der Vorstellung, dass die Aufgabe somit bei mir lag. Ich hatte die Rolle des Jägers eingenommen. Sie kam mir wie ein schüchternes Reh vor, das friedlich in einem Wald graste. Ein Opfer, das wusste, dass ihm etwas auflauerte und trotzdem stehen blieb. Sogar ihren blanken Nacken wie auf einem Serviertablett präsentierte. An ihrem angespannten Oberkörper konnte ich ablesen, dass sie sich ihrer Entdeckung bewusst geworden war. Ihre spitzen Nippel drückten sich durch den schwarzen Stoff ihres Oberteils. Ich wusste von mir selbst, was es bedeutete, wenn meine Nippel mich mit dieser schmackhaften Reaktion überführten. Entweder war mir kalt oder ich bewanderte gedanklich Orte der verbotenen Gelüste. Die Temperatur in diesem Raum war äußerst angenehm und ich schloss somit die erste Option aus. Ich zog meine Hand langsam ihren Körper entlang. Das Ziel war schon, dass ich am Ende ihren Hals mit meiner Hand streicheln würde. Doch ich ließ mir Zeit auf dem Weg, während sie mir noch immer in die Augen starrte. Ich hoffte, dass ihr der Anblick gefiel. Ich hatte für sie einen exotischen Lidstrich kreiert. Ich hatte nicht nur mit einem pechschwarzen Stift mein Augenlied umrandet. Das spitze Ende des schwungvoll geschminkten Liedstriches lag zwischen dem Augenwinkel und dem Ende der Augenbraue. Vom Augenwinkel führte ein zweiter kleiner Bogen runter. Dieser Trick verlieh meinem unteren Wimpernkrank noch etwas mehr Volumen. Zwischen die beiden spitzendigen Ausläufer hatte ich einen goldigen Glitzerstein geklebt. Am Ende des größeren Auslaufes führte eine weitere Linie knapp über die Augenhöhle. Unter der Mitte der Augenbraue lief auch diese Linie in einer Spitze aus. Meine dicht aufgetragene Wimperntusche untermalte jeden Wimpernschlag. Der Ausdruck meiner Augen enthielt somit viel Drama und Kreativität. Mein Make-Up verlieh mir das Gefühl einer Göttin, welche sich für ihren Hunger eines unterwürfigen Untertanen bedienen würde. Als meine Hand ihren abstehenden Nippel streifte, zuckte ihre rechte Augenbraue aus Reflex. Doch der lusterfüllte Blickkontakt blieb bestehen. Unbekümmert glitt meine Hand weiterhin in Richtung Hals und ich ließ mir nichts anmerken. Ich konnte aus dem peripheren Winkel ihrem Hals ansehen, wie sie intensiver zu atmen begonnen hatte. Als meine Fingerspitzen ihren Hals nach einer genüsslichen Reise berührten, begann sie mir ihren Kopf entgegenzustrecken. Sie hatte gierig darauf gewartet, dass ich sie nehmen würde. Ich nahm ihre Körpertemperatur über meine Handfläche war, während mein Zeige- und Mittelfinger sich um das Ohr legte. Mit dem Daumen konnte ich ihre Wange streicheln, während ich mit den anderen Fingern ihren Kopf festhielt. Ich baute mich so auf, dass ich ihr Gesicht überragte. Während ich von weiter oben über mein Opfer spottete, fühlte ich mich zum ersten Mal wie der Kaufmann in einem Sklavenbasar: «Du bist so ein süßes Mädchen.» Ihr Ausdruck wechselte zu dem eines unwissenden Schulmädchens. Ich konnte mich auch in diese Rolle begeben. Ich wollte ihre Lehrerin sein, die sie in die Welt des weiblichen Sex einführte. Aber natürlich würde ich mich als Lehrerin zuerst meinen Gelüsten widmen: «Ich werde mich gut um dich kümmern», log ich sie an und zog ihren Kopf zu mir, bis unsere Lippen sich berührten. Um meine Machtposition zu festigen, übernahm ich den dominanteren Part während unseres Zungentanzes. Sie schmeckte nach dem Gin Tonic, welchen sie zuvor noch geschlürft hatte. Sie küsste mich leidenschaftlich zurück, als ob sie nur darauf gewartet hatte. Ich zog immer wieder etwas zurück und ließ sie mich einfangen. Ich wollte, dass sie sich dafür anstrengte, mich zu bekommen. Als ich Raphael von der Seite mal ansah, saß er mit offenem Mund da und gaffte uns an. Um ihn an diesem Austausch teilhaben zu lassen, stieß ich Katarina von mir weg. Sie sah mich mit einem verwirrten Hundeblick an und suchte in meinen Augen nach dem Grund für die Unterbrechung. Mit dem Richtungswechsel meiner Augen deutete ich zu Raphael hin und gab ihr nonverbal somit den Befehl, sich ihm zu zuwenden. Sie quittierte den Erhalt ihres Auftrages mit einem Nicken, als ob ich ihr eine Hausaufgabe erteilt hätte. Sie wandte sich von mir ab und drehte sich komplett zu Raphael hin. Er sah sie an, bewegte sich jedoch kein Stück. Eine eigene Dynamik entstand zwischen den beiden. Katarina wusste, dass ich die Autoritätsperson war. Doch was war er? Zögerlich näherte sie sich ihm und legte ihre Hände um seinen Nacken. Er griff nach ihrer Hüfte und zog sie grob zu sich ran. Sie spreizte automatisch ihre Beine, damit sie sich auf ihn draufsetzen konnte. Da er solch einen langen Oberkörper hatte, waren sie in dieser Position auf derselben Augenhöhe. Ich beobachtete, wie Katarinas Kopf manchmal von einer Seite auf die andere kippte. Sie war eine talentierte, leidenschaftliche Küsserin, was mich sie als einen passionierten Charakter einschätzen ließ. Raphael streichelte ihren Rücken, während sie rummachten. Ich nutze die Chance ihrer Abgelenktheit und begann, mich auszuziehen. Als ich nur noch in meinem exzentrischen Negligé dasaß, probierte ich mich möglichst attraktiv zu positionieren. Ich setzte mich so hin, dass ich die beiden einwandfrei beobachten konnte. Es schien, als ob sie noch um den nächsthöheren Posten in der Hierarchie fochten. «Raphael», forderte ich ihn auf, «zieh sie aus.» Die Bewegung der beiden verlangsamte sich und endete in einer Erstarrung. Ich hatte mir die Freiheit genommen und die zu spielenden Rollen einfach verteilt. Raphael begann an Kristinas Oberteil zu zupfen.

Ich hatte somit nicht nur eine Gefangene, sondern auch noch einen willenlosen Gehilfen. Ich fühlte ein Machtgefühl in mir wachsen, welches mich darüber nachdenken ließ, wie weit ich gehen konnte. Zu was wären die beiden bereit, damit sie am Ende mit einem befriedigenden Orgasmus entlohnt werden würden. Kristina hob gut erzogen die Arme hoch, damit er ihr den Stoff über den Kopf ziehen konnte. Als das Oberteil nur noch bis zum Hals ragte, offenbarte sich, dass sie sich für einen feinen Spitzen-BH entschieden hatte. Der dünne schwarze Stoff ließ ihre weiße Haut durchschimmern. Ihre prallen Brüste hatten die Größe einer geballten Frauenfaust. Ich konnte es kaum erwarten, mein Gesicht in ihnen zu vergraben. Raphael war auch hypnotisiert vom Anblick und hielt kurz inne. Nachdem er ihr das Top ausgezogen hatte, stand sie auf und zog sich die Hose runter. Ein knalliger, pinker Tanga überraschte mit seiner Frechheit. Es war die Art von Unterwäsche, welche ich damals als Teenager getragen hatte. Der Tanga passte nicht mit dem schwarzen BH überein und spätestens jetzt erinnerte sie mich an ein unerfahrenes Schulmädchen. Ich entschied mich dazu, auch aufzustehen und mich ihnen als Mitspielerin zu präsentieren. Ich wollte ihnen vorführen, wer in diesem Spiel die Schachfiguren führte. Beide Blicke fielen auf mich und ich wurde mit Staunen belohnt. Den beiden schien mein Outfit zu gefallen. «Ich habe noch nie eine echte Frau in so etwas gesehen», gestand sie und geilte sich am Anblick meines Körpers auf. «Oh, hast du das neu?», fragte Raphael und bückte sich zur Couchlehne, um einen Blick auf meinen Po zu erhaschen. Ich musste auf Grund seiner niedlichen Art grinsen und bückte meinen Oberkörper zu ihm runter. Ich näherte mich ihm mit einem vertrauten Lächeln und packte dabei blitzschnell sein Kinn. Meine Fingerspitzen gruben sich in das Kinn und ich wechselte meine Ausstrahlung zu jemandem, mit dem nicht zu spaßen war: «Habe ich dir gesagt, dass du mich ansprechen darfst?» Raphael, welcher diese neue Ader von mir nicht gewohnt war, blinzelte mich überwältigt an. Dann machte er nur eine verneinende Kopfbewegung und grinste mich dabei an. Er schien mit seiner unterwürfigen Rolle ausnahmsweise einverstanden zu sein. Der Moment für einen Putsch war dieser gewesen und er hatte seine Einwilligung dafür gegeben, wie der restliche Abend verlaufen würde. «Zeig mir dein Zimmer», befahl ich Kristina. Sie schenkte mir ein verführerisches Lächeln, drehte sich um ihre Achse und öffnete hinter sich eine Tür. Ich folgte ihr, während Raphael sich hastig bis auf die Unterhose auszog und uns hinterher hetzte. Katarina schaltete das Licht an und blieb in der Zimmertür stehen, sodass Raphael und ich uns hinter sie aufreihten. Dann drehte sie sich zu mir um und lebte die Rolle der Schüchternheit aus: «Das ist mein Zimmer.» Ihr Kopf war leicht nach unten geneigt, sodass ihr beschämter Blick dem eines liebesbedürftigen Hundes ähnelte. Nur an ihren Augen konnte ich erkennen, dass ein starker Wille dahintersteckte. Ich freute mich auf den Spaß, diesen zu brechen. Mein Ziel war es, dass sie mich anflehen würde, kommen zu dürfen. «Und jetzt?», erkundigte sie sich und spielte Ahnungslosigkeit vor. Ich erkannte die Ungeduld in ihrem Unterton, was meinem Vorhaben noch die extra Süße verlieh. «Leg dich auf das Bett», forderte ich sie auf, «und zeig mir, dass sich die Fahrt hierher gelohnt hat.» Wie eine Katze schritt sie auf ihr Bett zu und kniete auf die Matratze. Sie hatte einen fülligen Knackarsch, welcher wie ein schmackhafter Apfel auf mich wirkte. Ich schmiedete meine Pläne, was ich damit noch anstellen könnte und drehte mich kurz zu Raphael um. Dieser stand mit einem Grinsen der Vorfreude da und sah zu mir runter. Als er meine ausgestreckte Faust entdeckte, retournierte er meinen Bro-fist. Ich drehte mich wieder zum Schauspiel um und folgte Katarina. Sie präsentierte sich in der Tischpose und drückte ihren Oberkörper so tief sie konnte zur Matratze runter. Ich kniete mich hinter sie und umklammerte mit beiden Händen ihren Tanga. Ich begann damit, ihr die Unterhose langsam auszuziehen und auf den angewinkelten Waden abzulegen. Ihren Kopf hatte sie so hingelegt, dass sie Raphael im Visier hatte. Es war ein spannendes Gefühl, einen Frauenkörper so entblößt vor mir auf den Knien zu sehen. Ich näherte mich mit meinem Gesicht ihrer Intimzone. Sie hatte sich sogar ihr Arschloch rasiert und schön hergerichtet. Sie offenbarte mir ihr wohlbehütetes Zentrum und es lag in meiner Macht, damit zu machen, was ich wollte. Mein Mund befand sich kurz vor ihrer Öffnung und hauchte sie an. Ich beobachtete, wie sich durch den heißfeuchten Luftstoss ihre Vulva zusammenzog: «Oh, da ist jemand etwas empfindlich.» Katarina sagte nichts. «Beschreib mir mal, wie sich das anfühlt», erteilte ich ihr ihre nächste Aufgabe des heutigen Unterrichts und umschlang ihren Eingang mit meinem Mund. Ich steckte meine Zunge so tief ich konnte in sie rein und bewegte die Zunge leicht. Die Intimzone einer Frau konnte unterschiedlich schmecken, je nachdem, wann sie sich das letzte Mal gewaschen hatte. Katarina hatte sich mit einem duftenden Duschgel auf den Abend vorbereitet. Mandelmilch mit Honig. Ihr entwich nur ein gestöhntes: «Oh!» Also löste ich den Intimkuss nach ein paar Sekunden wieder auf und erhob mich. Ich drückte meinen Bauch gegen ihren Po und lehnte mich über sie. Mit meiner rechten Hand griff ich unter ihren BH und umfasste die Brust mit meiner Handfläche. Meinen Kopf beugte ich so nahe es ging zu ihrem Kopf, damit mein Gewicht auf ihr lastete: «Wenn ich dich um eine Beschreibung bitte», mahnte ich sie und umklammerte dabei ihren Nippel mit zwei angespitzten Fingern, «dann erwarte ich mehr als nur ein Stöhnen.» Ich lockerte wieder den Druck und hörte sie aufatmen: «Mhmm.» Mit meiner linken Hand nahm ich Anlauf und schlug ihr einen saftigen Klapps auf die linke Pobacke. Katarina gab einen kurzen Schrei von sich, wobei ich ihr anhören konnte, dass noch mehr ging. «Ja! Verstanden», bestätigte sie meine Anforderung. «Gut», erwiderte ich. «Im Gegenzug verspreche ich dir, dass das», erneut schlug ich auf dieselbe Stelle, damit sie die Lektion verinnerlichen konnte, «auch nicht mehr vorkommen wird.» Mein Satz wurde beinahe durch ihren Schrei übertönt, was mich störte. Doch meine männliche Gier nach Macht lenkte mich gedanklich sogleich wieder ab. Ich empfand Befriedigung daran mir auszudenken, in was für Fallen ich sie sonst noch locken konnte, um ihr noch einmal ihren Arsch zu versohlen. Es war schön zu sehen, wie die bleiche Haut langsam an Röte gewann. «Also», kündigte ich die zu wiederholende Lektion an, «wir probieren es noch einmal.» Ich bückte mich hinter sie, sodass ich ihre Intimzone vor mir hatte. Ich näherte mich und leckte wie eine Katze ganz sachte über die Kanten ihrer breiten Schamlippen. Katarina bewegte sich leicht und schien an manchen Stellen zusammen zu zucken. Dann umkreiste ich die feuchttriefende Öffnung zärtlich und probierte ihren Geschmack zu ertasten. Sie hatte einen angenehmen Duft. Ich müsste es jetzt nicht gerade trinken, aber er war angenehm genug, dass ich meine Zunge tiefer darin vergraben könnte. «Sag mir,», gab ich erneut den Befehl durch, «wie sich das anfühlt.» Ich drückte meine Zunge wie eine Schlange so tief ich konnte in sie rein und tastete ihre Innenwand ab. Katarina begann zu stöhnen und ich spürte, wie meine Zunge durch ihre Muskulatur eingeengt wurde. Ich liebte es, wenn Frauen das machten. Meine Bewegungen hatten ausgelöst, dass sich ihre Beckenmuskulatur verspannte. Jedoch hatte sich ihr dumpfes Stöhnen so angehört, als ob etwas ihren Mund blockierte. Genervt ließ ich wieder locker und erhob mich. Ich wollte zuerst noch den Grund sehen, für den ich sie dann berechtigterweise bestrafen durfte. Mein Blick fiel auf Raphael, welcher sich neben sie hingestellt hatte und gerade Katarinas Mund mit seinem Penis penetrierte. Ihn hatte ich vollkommen vergessen und hinterfragte mich, ob ich ihn für seinen Eigenwillen bestrafen sollte. Doch ich mochte ihm seine Zwischenbeschäftigung gönnen und fragte ihn: «Und macht sie es gut?» Er lächelte mich an und bewertete: «Nicht so wie du mein Liebling.» «Gib ihr noch etwas Zeit», empfahl ich ihm, «vielleicht braucht sie noch etwas Motivation.» Endlich hatte ich einen weiteren Grund, um noch einmal auf dieselbe Stelle zu schlagen. Schließlich war der Fleck rot genug, dass ich genau wusste, wo ich zu treffen hatte. Katarina stöhnte erneut auf und Raphael nutzte die Gelegenheit, um seinen Schwanz noch etwas tiefer reinzudrücken. Raphael hatte dabei einen eisernen Griff um ihr Haar und wippte seine Hüfte wie ein Cowboy beim Galopp. Er missbilligte sie mit einem abschätzigen Blick, welcher ihn gelegentlich beim Sex überkam. Wie weit konnte ich gehen? Ich war bereit, das Spiel auszureizen. Ich bückte mich das letzte Mal zu ihrem Zentrum runter und widmete meine gesamte Aufmerksamkeit ihrer Lust. Ich wusste, dass es das letzte Mal für heute Abend war. Ich war ehrlich gesagt zu faul und für heute einmal zu egoistisch, um mich bis am Ende nach ihren Bedürfnissen zu richten. Ich war selbst so oft gebraucht worden und heute war ich mal an der Reihe zu missbrauchen. Ich inspizierte ihre pulsierende Pforte und feuchtete meinen Zeigefinger an. Ich fuhr zuerst ein paar Streicheleinheiten auf der rosaglänzenden Haut entlang. Ich bemerkte, wie Katarina mir ihr Hinterteil brünstig entgegenstreckte. «Gefällt dir das?», erkundigte ich mich und drang mit der Fingerkuppe langsam in sie rein. Es war feucht genug, dass mein Finger ohne großen Gegendruck einfach in sie reinglitt. Katarina atmete hierbei wieder kraftvoll auf und es klang, als ob sie lange auf diesen Moment gewartet hatte. Ich entzog wieder den Finger und wiederholte die Bewegung noch einige Male. Es war ein befriedigendes Gefühl, sie im Griff zu haben. Da sie noch immer in der Tischpose ausgestellt war, drehte ich meine Hand so, dass die Handfläche gegen unten zeigte. Ich krümmte meinen Zeigefinger und formte ihn zu einem Haken, um ihren G-Punkt zu stimulieren. Ich konnte es auf meiner Fingerkuppe spüren, wann immer sie ihre Beckenmuskulatur zusammenzog. Jeweils bei einer Stelle, die sich etwas rauer als der Rest anfühlte. Mit der freien Hand streichelte ich um den roten Abdruck auf ihrer Pobacke. Er leuchtete knallrot. «Gefällt dir das?», holte ich mir erneut die Bestätigung. Raphael löste hierfür seinen Penis von ihr und gewährte ihr eine Verschnaufpause. Sie atmete heftig und hatte endlich wieder ihren Rachen für sich selbst: «Ja, es gefällt mir.» Während wir uns in die Augen sahen, drang ich erneut mit dem Zeigefinger in sie ein und sah ihr dabei zu, wie sie die Augen vor Befriedigung schloss. Langsam zog ich den Zeigefinger wieder raus und bot ihr an: «Hättest du Lust auf einen zweiten Finger?» «Ja bitte!», stimmte sie mir enthusiastisch zu. «Das kostet dich jedoch etwas», unterbreitete ich ihr mein Angebot, «deine rechte Pobacke sollte dieselbe Farbe haben wie deine linke.» Ich lächelte sie diabolisch an und ihr Blick funkelte zurück. Sie wandte ihren Kopf von mir ab und willigte gepeinigt ein: «Ok.» Und schon schlug ich auf die osmanische Art mit dem Handrücken auf ihre Pobacke und sie schrie auf. Dem Laut konnte ich entnehmen, dass ihr dieses Spiel genauso viel Freude bereitete, wie mir. Ich hielt die Geschäftskonditionen ein und schob ihr wie versprochen zwei Finger hinein. Der Schmerzensschrei wandelte sich währenddessen zu einem schnurrenden Kätzchen. Ich penetrierte sie für mehrere Minuten, während Raphael sich wieder an ihrem Mund vergriff. Als es meiner Hand langsam zu anstrengend wurde, beorderte ich Raphael zu mir. «Magst du mal mit einem spannenderen Loch spielen?», offerierte ich ihm ihr Heiligtum. Seine Hand ließ den strammen Griff um ihre Haare los und er folgte meiner Fährte. Er kniete sich neben mich hin und streichelte zuerst die beiden roten Flecken auf ihrem Hinterteil. Mit einer Fingerspitze fasste er an ihre Klitoris und begann, diese fein zu umkreisen. Mit der Zunge drang er in sie ein und nahm ihren Geschmack auf. Er liebte es, eine Frau oral zu befriedigen. Er konnte es auch dementsprechend richtig gut und ich wusste, dass sie sich in guten Händen befand. Ich massierte mit einer Hand ihre Brust und streichelte mit der anderen Raphaels Oberkörper. Er sah richtig gut aus und ich stellte ihn mir als geeigneten Pornodarsteller vor. Katarinas Stöhnen wandelte sich mit jeder Minute, die verging und es wirkte auf mich, als ob sie kurz vor dem Höhepunkt stand. Ich legte mich neben sie und flüsterte ihr ins Ohr: «Du musst mich zuerst um Erlaubnis bitten, wenn du kommen willst. Hast du das verstanden?» «Mhmm», murmelte sie. Ich beobachtete Raphaels Silhouette, welche hinter ihrem Gesäß versank. «Ich glaube, ich bin schon kurz davor», warnte sie mich vor. Als ob Raphael meinen nächsten Befehl bereits erahnt hatte, verlangsamte er seine Fingerstimulation. Er war ein guter Gefolgsmann. Ich belohnte seine Intuition mit einem bedankenden Blick. Katarina erhob sich, weil sie genau wusste, dass für sie vorerst mal warten angesagt war. Raphael zog sich einen Gummi über, welchen er bereits auf der Bettkante bereitgelegt hatte. Sie drehte ihren Kopf zu mir und sah mich erwartungsvoll an. Ich streichelte ihr liebevoll die Haare aus dem Gesicht und streifte sie hinter ihr Ohr: «Du wirst dich zuerst mir widmen müssen», führte ich sie in die nächste Unterrichtseinheit ein, «bevor du noch mehr davon kriegst.» Wie ein Dirigent instruierte ich Raphael mit einer Handbewegung, dass er nun in sie eindringen sollte. Er setzte seine angeschwollene Eichel an und presste seine Hüfte in ihre Richtung. Katarina gab ein langersehntes Seufzen von sich und erkannte den massiven Unterschied zu den Fingern. Da es ihr zu gefallen schien, gab ich mit meiner wedelnden Hand den Takt an, mit welchem er sie penetrieren durfte. Dabei streichelte ich ihr jedes Mal zärtlich über ihr lockiges Haar, wenn sie wieder ein erfülltes Stöhnen von sich gab. «Er fühlt sich gut an, nicht wahr?», erkundigte ich mich bei ihr. Meine Stimme klang wie die einer fürsorglichen Lehrerin, die sich um das Wohlbefinden ihres Schülers kümmerte. Sie bejahte zwischen zwei Stößen, die Raphael etwas schneller als durch mich vorgegeben ihr verpasste. Er hielt die Augen geschlossen und kämpfte darum, nicht bereits abzuspritzen. «Hey!», unterbrach ich seinen Kampf und warf ihm einen bösen Blick zu. Mit einer Handbewegung forderte ich das Ende dieser Trance. «Raphael, nimm sie auf die Seite», befahl ich ihm. Er drang gerade noch ein letztes Mal in sie ein und probierte die maximale Länge seines Fingers zu versenken. Dann riss er sich, ohne meine Anordnung zu hinterfragen, von ihr los und packte mit seinem linken Arm über ihre beiden Brüste. Mit seiner großen Pranke hielt er sich an ihrem rechten Busen fest. Mit der anderen Hand packte er nach ihrem lockigen Haarschopf und riss sie gewaltvoll zu sich rauf. Während er ihren Körper mit beiden Händen zur Bettkante zog, kroch sie auf ihren Knien rückwärts. Ich bemerkte ihren Blick, welcher durch die Brutalität vor Erregung strotzte. In Raphaels Augen erkannte ich sein Gefallen an der Kontrolle und Macht. Dabei flüsterte er in einem gespielt freundlichen Ton: «Aufstehen.» Der besänftigende Klang seiner Stimme war eine gemeingefährliche Falle und sie wusste genau, dass sie ihm gehorchen sollte. Und so folgte sie seinen Anweisungen, während er sie mit festen Zügeln beherrschte. Als sie vor ihm stand, riss er ihre Mähne brutal von sich weg und ließ sie sich wie eine Puppe umdrehen. Sie erinnerte mich an eine traditionelle Spielkonsole, welche ich als Kind von meinem Vater erhalten hatte. Darin hatte eine Ballerina sich im Kreis gedreht, wann immer ich den Aufzug der Musik aufzog. Ihr Blick wirkte geschlagen, aber ein Funken Wille war noch da und ich erkannte diesen in ihren Augen. Sie mochte es, dass so mit ihr gespielt wurde. Als Katarina und Raphael sich in die Augen sahen, streckte er ihr seine freie Hand entgegen und sein Blick befahl ihr, ihm ihre Hände zu reichen. Als ihr störrisches Wesen diese nicht gleich hinstreckte, riss er an ihrem Haarschopf. Sie streckte ihm ihre Hände entgegen und er umschloss die Handgelenke wie eine Handschelle. Dann ließ er ihre Haare los und drückte mit der Hand gegen ihren Unterleib. Durch den Druck setzte sie sich auf das Bett. Ich tigerte in die Mitte des Bettes und legte mich hin. Ich spreizte meine Beine und befahl den beiden mit einer herrischen Stimme: «Verwöhnt mich.» Raphael schleppte Katarina an den Händen mit sich und positionierte sich vor meinen angewinkelten Beinen. Ich liebte das Gefühl der Selbstbestimmung und meinen Mut, einfach nach dem zu fordern, worauf ich Lust hatte. «Lass mich dir beibringen», begann er sie zu lehren, «wie man das macht.» Ich schloss meine Augen und ließ mich auf die mir bevorstehende Massage ein. Ein grober Finger streichelte das Tor meiner Pforte. Ein zweiter, sanfter Finger gesellte sich dazu und streichelte eine der Türen. Ich erkannte den Unterschied zwischen Raphaels Druck und Kristinas Unsicherheit, während sie langsam meine Schamlippen entlangfuhr. Ihr gehörten die schüchternen Berührungen und es fühlte sich an, als ob sie sich langsam herantasten würde. «Hast du schonmal eine andere Frau berührt?», hörte ich Raphael sie fragen. «Aber dir selbst schon mal den Finger geschoben?», hakte er nach. In der Stille hörte ich ihre Verneinung. «Fahr einmal mit deinem Zeigefinger hier rein», leitete er sie an. Sie gehorchte und ich spürte, wie sie in mich glitt und meine intimste Zone Stück für Stück entdeckte. Sie tastete gleitend meine Scheidenwand ab und erkundete den weiblichen Körper. Sie wiederholte die Bewegung noch ein paar Mal und ich genoss die Wärme, welche sie mit sich brachte. Ihre Berührung war zögerlich und sanft. Ich war feucht genug, sodass etwas an ihrem Finger haften blieb. Wann immer sie mit dem Finger komplett aus mir glitt, blieb etwas Feuchtigkeit am Rande meines Einganges hängen. Ich spürte die kühlen Stellen, sobald eine kleine Briese an mir vorbeihuschte. «Und jetzt drehst du deinen Finger und beugst in leicht, sobald du in ihr bist», lautete Raphaels nächste Anweisung. Sie drehte den Finger noch während sie ihn in mich schob und krümmte ihn im genau richtigen Moment. Ich spürte, wie ihre Fingerspitze mich an einem Ort berührte, welchen ich als extrem angenehm empfand. «Und jetzt könntest du zum Beispiel eine tippende oder kreisende Bewegung machen», erklärte er ihr das weitere Vorgehen. Zur Belohnung entlockte ich ein brummendes Stöhnen und ließ sie somit wissen, dass sie bei mir an der richtigen Stelle gelandet war. Meine Bestätigung ermutigte sie dazu, noch ein Weilchen in dieser Bewegung zu verharren. Wann immer sie meinen G-Punkt streifte, verspannte sich meine Bauchmuskulatur. «Nun nimm noch deinen Mittelfinger dazu, aber feuchte ihn zuerst an», führte Raphael den Unterricht fort. Katarina war eine ausgezeichnete Schülerin und führte die Tipps gekonnt aus. Zuerst wurde es frisch an meiner Vulva, da sie den Finger rausgezogen hatte und nun mein angefeuchteter Eingang dem Luftzug ausgesetzt war. Nur ein paar Sekunden später folgte auch schon der Ansturm von zwei Fingern. Wie ein General setzte sie ihre beiden Fingerspitzen an die Pforte des zu erobernden Gebietes. Als sie bereit war, tastete sie zuerst mit der einen Spitze und dann mit beiden rein. Der Widerstand schien etwas stärker zu sein und ich genoss das Gefühl, gespreizt zu werden. Sie hatte automatisch den richtigen Winkel gewählt und beschwor ein Wohlbefinden. «Mit der Zunge kannst du nun bei der Klitoris zu lecken beginnen», ergänzte Raphael zum Finale. Ich vernahm etwas Feuchtes an meiner Perle, was mit kreisenden Bewegungen meine Beine zum Zucken brachte. Die Technik war außerordentlich gut und ich blickte stolz zu meinem Schoss runter. Es war jedoch Raphael, welcher ihr gerade demonstrierte, wie er seine Zunge bewegte. Katarina war noch etwas weiter raufgerutscht, damit sie ihm dabei zusehen konnte. Ihre Finger steckten jedoch noch immer in mir und massierten mich ohne Unterlass. Er löste seinen Kopf wieder und räumte ihr den Platz ein. Meine angefeuchtete Klitoris dürstete danach, erneut so zärtlich liebkost zu werden. Katarina begann mit denselben leckenden Umkreisungen, wie es mein Bediensteter ihr gezeigt hatte. Ich belohnte sie erneut mit Stöhnen. Meine Beine zuckten unkontrolliert. Plötzlich umschloss sie meine Klitoris mit ihrem Mund und begann mit feinen saugenden Bewegungen. Ich spürte, wie sich langsam in der Ferne bereits ein Orgasmus anbahnte. «Gut machst du das», bestärkte Raphael sie in ihrem Handwerk, «siehst du wie ihre Beine zittern? Das ist immer ein gutes Zeichen.» Ich ließ meinen Kopf wieder nach hinten sacken und entspannte meinen gesamten Körper. Sie machte fleißig weiter und schob immer wieder ihre beiden Finger in mich rein. Mein Körper fühlte sich heiß an und ich konnte es kaum erwarten, endlich den befreienden Orgasmus über mich kommen zu lassen. Plötzlich wurde sie langsamer. Ich kannte das Problem. Die orale Befriedigung einer Frau konnte ziemlich anstrengend sein. Ich selbst hielt nur etwas fünf Minuten durch, bevor meine Hand zu schmerzen begann. Irgendwann löste sie sich von mir und meinte zu Raphael: «Kannst du hier mal weiter machen?» Er lachte auf und übernahm die Stellung als taktische Reserve. Er hatte während unserer Beziehung die Handgriffe gemeistert, welche mich zum Verzweifeln brachten. Wann immer er mir zwei Finger hineinschob und den tiefstmöglichen Punkt erreichte, verharrte er kurz und zitterte mit den Fingerspitzen. Meine Beine vibrierten dabei unkontrollierbar. Katarina begann sich meinen Körper entlang zu mir nach oben zu streicheln. Dabei bedeckte sie meinen Körper mit unzähligen sanften Küssen. Von der Bauchdecke wanderte sie zu meinen Brüsten rauf und liebkoste sie. Sie umfasste einen Nippel und begann, kräftig daran zu saugen. Mit den Zähnen knabberte sie leicht daran und schien die männliche Faszination für den weiblichen Busen erkannt zu haben. Mit ihren warmen Händen streichelte sie über meine untere Brustpartie und wechselte mit ihrer Zunge die Seite. Raphael war eine gut geölte Maschine, die immer wieder dieselbe Bewegung kontinuierlich ausführte. Katarina nahm ihre Entdeckungsreise wieder auf und wanderte zu meinem Hals. Sie küsste mich leidenschaftlich, biss mir manchmal sanft in den Hals und begrabschte weiterhin meine Brüste. Raphael hatte mich an den Punkt stimuliert, wo der Orgasmus zum Greifen nah war. Zwischen meinen Beinen glühte es vor Erregung und ich presste automatisch mein Becken gegen ihn. Ich wollte mehr. Und er gab mir mehr, indem er die Penetration mit seinen Fingern etwas beschleunigte. Katarinas Gesicht schwebte über dem meinen und verdunkelte das Licht, welches durch meine geschlossenen Augenlieder schien. Also öffnete ich sie und sah direkt in ihre Schmetterling-Augen. Ich hatte mich dazu entschieden, dass ich dieses Make-Up heute noch ruiniert sehen wollte. Während sie den Blickkontakt standhielt, sank sie ihren Kopf und legte ihre roten Lippen auf die meinen. Wir küssten uns und mich erfüllte die Verbundenheit, die ich in diesem Moment zu ihr hatte. Sie hatte mich gut gefingert und ich wollte es ihr gönnen, dass sie anschließend auch einen guten Orgasmus erleben dürfte. Mit meinen Händen öffnete ich ihren BH und zog ihn ihr aus. Dann ertastete ich ihre prallen Brüste und probierte, ihre straffe Form einzufangen. Ihre Brust war etwas größer als meine Handfläche, wodurch zwischen meinen Fingern jeweils etwas Masse durchdrang. Sie waren angenehm fein und warm. Ich kam beinahe durch das Gefühl ihrer Weichheit. Nur ein Richtungswechsel von Raphaels Zunge hatte die Spannung noch etwas herausgezögert. Doch die neue Richtung hatte es auch in sich. Katarina löste die Verbindung unserer Münder auf und griff mit einer Hand unter meinen Kopf. Ich wartete gespannt ihr nächstes Vorhaben ab, während in meinem Becken bereits die Lunten zum Feuerwerk angezündet worden waren. Sie schwebte mit ihrem Oberkörper über meinem Kopf und ich bewunderte ihren perfekten Busen. Die Nippel zierten eine rosafarbene Landschaft. Dann drückte sie meine Nase zwischen ihre Brüste und rieb sich an meinem Gesicht. Es war ein unheimlich angenehmes Gefühl, diese Weichheit auf mir zu spüren. Als ich ihren verlockenden Körperduft einatmete, fühlte ich mich an einen Strandtag versetzt. Ihre Bodylotion kombinierte den Duft einer Sonnencreme mit Kokosnussgeschmack. Raphael legte noch den letzten Gang rein und drückte seine Finger noch etwas tiefer in mich. Und da geschah es endlich. Die Lunte war durchgebrannt und das gezündete Feuerwerk ging los. Mein Körper wurde überströmt von einer energetisch geladenen Welle. Das Epizentrum war mein Becken und die Energie entströmte gleichmäßig durch sämtliche Nervenbahnen. Ich spürte das Erbeben meiner gesamten Muskulatur. Während ich vor Erregung heftig zu atmen begann und dabei immer wieder gedanklich an einen Strand abdriftete, küsste mich Katarina wieder. Während ihre eine Hand meinen Kopf an sich drückte, umklammerte ihre andere Hand die meine. Ich hielt mich fest an ihr und probierte, meine Zuckungen ungeniert über mich ergehen zu lassen. Dann löste sie sich von mir und beobachtete mich dabei, wie ich während meines Orgasmus aussah. Ich war selbst neugierig darauf zu sehen, wie sie ihren durchlebte. Als Raphael durch Intuition verstand, dass sich meine Ekstase wieder abschwächte, verlangsamte er seine Penetration und zog zunächst nur einen Finger raus. Nach ein paar weiteren Stößen löste er sich komplett von mir und robbte zu uns rauf. Dabei legte er seinen Kopf auf meine und Katarinas Hände, welche sich noch immer aneinander festhielten. Es war ein schöner Moment, in dem die beiden bei mir waren, nachdem sie mir diese körperliche Euphorie beschert hatten. Ich war so zufrieden, dass ich vor Entspannung zu lächeln begann: «Dankeschön meine Lieben. Das war geil.» Katarina würdigte ihre eigene Leistung mit einem stolzen

Blick. «Wer ist als Nächstes dran?», stellte ich die beiden vor die Wahl. Raphael sah zu Katarina rüber, streckte seine geöffneten Handfläche ihr entgegen und überließ ihr den Vortritt: «Ladies first.» «Ah, was für ein Gentleman!», flirtete sie und errötete. Dabei nahm ihr Gesicht einen MarilynMonroeAusdruck an. Ich rappelte mich auf und verschaffte den beiden etwas mehr Platz auf dem Bett. «Ich ruhe mich noch etwas aus und genieße das Oxytocin», gab ich meinen Rückzug bekannt, «Ich erwarte jedoch von dir Raphael, dass du dich ausgiebig ihrer annimmst?» Sein sonst bezauberndes Lächeln hatte sich zu einem diabolischen Grinsen gewandelt und enthielt Spuren von Boshaftigkeit. Katarina saß auf ihren angewinkelten Knien und hatte die Beine leicht gespreizt. Ich setzte mich an das obere Ende des Bettes und zog meine Beine zu mir ran. Auch wenn ich selbst nicht mehr aktiv im Spiel war, so konnte ich noch immer delegieren: «Ich glaube, dass Doggystyle ihr gefallen könnte.» Ich interpretierte Katarinas Grinsen als eine Zustimmung und sie hielt auch schon automatisch ihr Hinterteil her. Sie glich einer läufigen Hündin, deren Körper darum flehte, gedeckt zu werden. Raphael baute sich vor ihr auf und sah mich dabei an. Ich bückte mich zu ihm nach vorne und ergriff seinen Schwanz. Er wollte von mir, dass ich ihn führte. Also platzierte ich seine Eichel an ihrem geweiteten Eingang und gab ihm anschließend einen Klapps auf den Po. Er hielt sich daraufhin an ihrer Hüfte fest und begann sie gleichmäßig zu vögeln. Katarina sah dabei zu mir nach hinten, als ob sie den Blickkontakt zu ihrem Herrchen nicht verlieren wollte. Ich streichelte dabei ihren Rücken, als ob ich mein Dressurpferd mit etwas Zuneigung belohnte. Wie mit einem Kriegshammer stieß er manchmal kraftvoll sein Glied in sie rein, da er durch diese Pose tiefer reinkam. Sie gab dabei ein dumpfes Aufstöhnen von sich und ich stellte mir vor, wie die prächtige Länge seines Schwanzes wohl ihren Muttermund penetriert hat, wie er es auch manchmal bei mir tat. Dann wanderte meine Hand zwischen ihren Schoss und ich probierte, ihre Klitoris zu ertasten. Als ich den kleinen Knopf entdeckte, stimulierte ich sie zusätzlich mit einer sanften, kreisenden Bewegung. Ich achtete darauf, nicht zu viel Druck auszuüben und manchmal wieder etwas locker zu lassen. «Gefällt dir das?», fragte ich sie. «Ja!», schrie sie und stöhnte auf, wann immer Raphael wieder seinen tiefsten Punkt erreichte. Ich entschied, nur ihren Bauch zu streicheln. Ich wollte, dass sie darum bettelt. «Bitte hör nicht auf!», flehte sie mich verzweifelt an, «ich komme gleich.» Ich gab Raphael einen alarmierenden Blick, woraufhin er ihr seinen Penis entzog und beide Pobacken mit Handschlägen wieder einen roten Abdruck bescherte. Katarina schrie auf und begann sich zu entschuldigen: «Bitte hört nicht auf! Darf ich bitte kommen?» Ich antwortete nicht und Raphael wartete wie ein angriffslustiger Kampfhund auf mein Kommando. «Bitte», jammerte sie und flehte um ihre Erlösung. Der Gedanke überkam mich, dass ich mich wortlos vor sie hinlegen und meine Beine spreizen könnte. Als ob ich die DessertEiskugel wäre, die es noch zuerst fertig zu schlecken galt. Dabei würde ich ein falsches Lächeln im Gesicht tragen und ihr zeigen, dass ich noch nicht fertig mit spielen war. Ich würde meinen Kampfhund sie erst wieder ficken lassen, wenn ich nochmals gekommen bin. Wenn sie zwischendurch mal an Effizienz verlieren sollte, würde ich ihr aus reiner Gutmütigkeit eine kurze Pause gönnen und Raphael sich etwas abreagieren lassen. Doch sie durfte nicht kommen, ehe ich es ihr erlaubt hätte. Er würde sich nur so lange an ihr vergehen, bis sie wieder Energie hätte und meinen Unterricht mit einem Orgasmus bezahlen könnte. Katarina atmete noch immer heftig ein und aus und sah mich mit diesen flehenden Augen eines Opfers an. Doch ich bückte meinen Kopf zu ihr und gab ihr einen langanhaltenden Kuss auf ihre Lippen. Ich spürte ihren schnellen Atem auf meiner Oberlippe und konnte ihr die brennende Lust nach der Befreiung ansehen. «Du darfst kommen.», sicherte ich ihr mit einer vertraulichen Stimme ihr Happy End zu, «doch das kostet dich dein schönes Make-Up, mein hübscher Schmetterling.» Ich wartete auf ihre Zustimmung zu meiner Offerte: «Okay?» Sie nickte gierig und streckt ihren Allerwertesten wieder Raphael entgegen. «Aber erst, wenn ich es sage. Verstanden?» Verzweifelt nickte sie hastig mit ihrem Kopf. Nur ein Blick zu Raphael reichte aus und er schlug ihr erneut auf eine Pobacke. Für ein letztes Mal ließ ich ihren Schrei meine Machtgier stillen. «Verstanden!», willigte sie in den Deal ein. Ich nickte Raphael zu und er machte da weiter, wo er zuvor abrupt aufgehört hatte. Ich ließ sie die Fingerspitze meines Zeigefingers anfeuchten und legte den Finger wieder auf ihre Perle. Dann begann ich erneut mit einer kreisenden Bewegung und variierte von Zeit zu Zeit den Druck. Wo zuvor noch ihr Stöhnen den Rhythmus von Raphael untermalte, herrschte Stille. «Katarina?», bat ich mit einer bedrohlichen Stimme um eine Rückmeldung. Sie hatte nur noch die Energie, um ein kurz gehaltenes «Ja» wiederzugeben. «Du darfst jetzt kommen», brachte ich ihr die Befreiung aus der sexuellen Unterdrückung. In diesem Moment begann ihr Körper zu beben. Ich hielt mich an ihrer Hand fest, welche ihren erschlaffenden Oberkörper nicht mehr halten konnte. Mit dem Kopf sackte sie runter auf die Matratze und begann heftig zu atmen. Sie sah wunderschön dabei aus und Raphael wechselte zu einem etwas heftigeren Takt. Während sie befreiende Laute von sich gab, verzogen sich ihre Augenbrauen und spannten sich an. In ihrem Gesicht machte sich ein Lächeln breit, während eine Welle von Glückshormonen sie überwältigte. Sie drückte meine Hand in unregelmäßigen Abständen und ich konnte somit an ihren einzelnen Schüben teilhaben. Als ihre Hand langsam wieder erschlaffte, sah ich zu Raphael rüber. «Kümmere dich um dich selbst», erlaubte ich ihm. Er entzog sich ihr und entfernte mit einem Griff das Kondom. Sein Gesichtsausdruck zeigte, wie ausgebrannt er war. Dann ging er vom Bett runter und lief einmal um Katarina rum. Vor ihr stellte er sich hin und Katarina verstand. Es war Zeit, dass sie ihre Schulden beglich. Meine Handfläche legte ich unter ihr Kinn, presste meinen Daumen und Zeigefinger gewaltsam in ihr Wangen. So, dass sie ihren Mund vor Schmerz öffnete und ich durch die Haut ihre Zähen spürte. Raphael stand vor ihr und rubbelte seine Vorhaut vor und zurück. «Du hast gute Arbeit geleistet», lobte ich seinen Einsatz, «Du kannst dich entscheiden, ob du ihr in den Mund oder ins Gesicht kommen willst.» Er grinste mich an und bereitete sich auf seinen Orgasmus vor. Ich fügte noch hinzu: «Ich würde dir eine Kombination von beidem empfehlen.» Und schon spritzte das durchsichtige, milchige Sperma aus seiner Eichel und benetzte einen großen Teil ihrer Augenpartie. Katarina hielt wie ein braves Mädchen reflexartig die Augen geschlossen und wehrte sich nicht. Sie wusste in diesem Falle schon, dass Sperma in den Augen brannte. Raphael spritzte schubweise wie eine kleine Fontäne ab und entschied sich kurz vor dem Ende, Katarina seinen Penis noch in den Mund zu stecken. Anhand seiner zitternden Körperbewegung konnte ich erkennen, dass er das Ende seines Ergusses umhüllt von der Wärme ihres Maules vollzog. Er ließ sein prachtvolles Glied noch einen weiteren Augenblick darin verweilen und sah mich dabei befriedigt an. Ich hob meine flache Hand hoch und er stimmte mit einem Highfive auf den Erfolg ein. Ich liebte ihn dafür, dass er mein bester Freund und treuester Gefährte auf meiner Lebensreise war. Ich merkte mit enthusiastischer Begeisterung an: «Österreich!» Er kreuzte mit einer schreibenden Handbewegung einen Haken im Luftkasten ab und ergänzte: «Check!»

SCHLUSSWORT

Du legst deinen Schreibstift zur Seite und verspürst einen leichten Krampf in der Hand vom vielen Schreiben. Doch dein Schreibfluss wurde durch die Ankunft auf der letzten Seite deines in Leder gebundenen Tagebuches unterbrochen. Du überlegst dir, wann du dir wieder einmal ein Neues kaufst und weiterschreiben wirst.